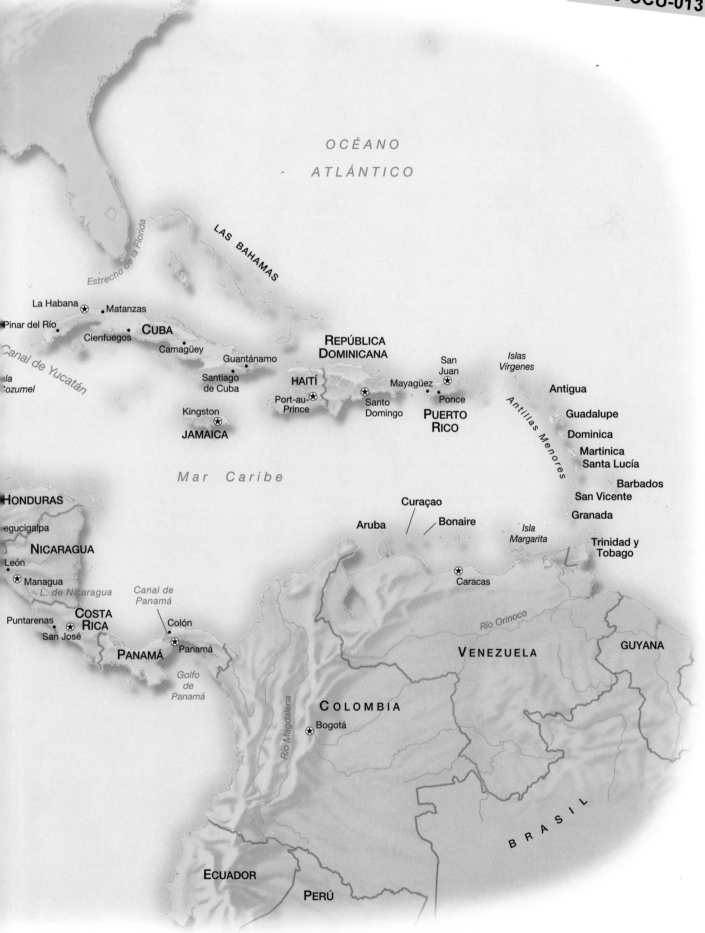

OCÉANO

ATLÁNTICO

LAS BAHAMAS

Estrecho de la Florida

La Habana · Matanzas

Pinar del Río

Cienfuegos **CUBA**

Camagüey

Canal de Yucatán

Isla Cozumel

Guantánamo

Santiago de Cuba

REPÚBLICA DOMINICANA

San Juan

Islas Vírgenes

HAITÍ

Mayagüez

Antigua

Port-au-Prince

Santo Domingo

Ponce

Guadalupe

Kingston

PUERTO RICO

Dominica

JAMAICA

Martinica

Santa Lucía

Antillas Menores

Mar Caribe

Barbados

San Vicente

HONDURAS

Granada

Curaçao

egucigalpa

Aruba

Bonaire

Isla Margarita

Trinidad y Tobago

NICARAGUA

León

Managua

L. de Nicaragua

Caracas

Canal de Panamá

Río Orinoco

COSTA RICA

Colón

Puntarenas

San José

Panamá

VENEZUELA

GUYANA

PANAMÁ

Golfo de Panamá

Río Magdalena

COLOMBIA

Bogotá

BRASIL

ECUADOR

PERÚ

¡Arriba!

Comunicación y cultura Canadian Edition

¡Arriba!

Comunicación y cultura Canadian Edition

Eduardo Zayas-Bazán
East Tennessee State University

Susan M. Bacon
University of Cincinnati

Gary Aitken
Trent University

Anna Saroli
Acadia University

PEARSON
Prentice Hall

Toronto

National Library of Canada Cataloguing in Publication

Arriba! : comunicación y cultura / Eduardo Zayas-Bazán ... [et al.]. — Canadian ed.

Includes index.
ISBN 0-13-177634-7

1. Spanish language—Textbooks for second language learners—English speakers. I. Zayas-Bazán, Eduardo

PC4112.A77 2005   468.2'421   C2004-902112-5

ISBN 0-13-177634-7

Vice President, Editorial Director: Michael J. Young
Executive Acquisitions Editor: Christine Cozens
Marketing Manager: Ryan St. Peters
Developmental Editor: Adrienne Shiffman
Production Editor: Judith Scott
Copy Editor: Nicolas Gulino
Production Manager: Wendy Moran
Photo Research: Lisa Brant
Page Layout: Carolyn E. Sebestyen
Art Director: Julia Hall
Interior and Cover Design: Miguel Acevedo
Cover Image: The Image Bank / Pete Turner

1 2 3 4 5   09 08 07 06 05

Printed and bound in the USA

PEARSON
Prentice
Hall

Dedicado a Mabel J. Cameron
Cuyo amor es constante y cuyo afán de aprender sigue brillante.

Y a Manuel Eduardo Zayas-Bazán recio (1912–1991)

"Y aunque la vida murió, nos dejó harto consuelo su memoria"

—Jorge Manrique

Susan M. Bacon
Eduardo Zayas-Bazán

Dedicado a nuestros estudiantes

Gary Aitken
Anna Saroli

Comparaciones	Cultura

Program Components

Instructor Resources

Instructor's Resource Compact Disc (0-13-149301-9)

This compact disc is a one-stop resource that includes both the **Instructor's Resource Manual (0-13-177631-2)** and the **Testing Program (0-13-177632-0)**. The Instructor's Resource Manual includes:

◆ Pointers for new instructors, including lesson planning, classroom management, warm-ups, error correction, first day of class, quizzes/tests, and other teaching resources
◆ Sample syllabi showing how the program can be used in different educational settings across Canada
◆ Sample lesson plans and expansion suggestions
◆ Situation cards
◆ Complete tapescripts for the audio program and the Ritmos compact disc
◆ Supplemental activities and an answer key for select activities

The Testing Program consists of quizzes and tests for each lección, and alternative midterm and final examinations. The program also includes advanced exercises for those students who are ready for further challenge. The program is accompanied by a separate **Testing Cassette (0-13-091413-4)** for the listening component of each test.

VHS Videocassette (0-13-117568-8) and Video Activities Manual (0-13-089512-1)

This 60-minute video supports chapters in the text with a segment consisting of two main parts:

◆ The first part of the video is a dramatic story (*telenovela*) that follows the experiences of three young Spanish speakers as they explore regional and cultural elements of Mexico.
◆ The second part of the video features interviews with native speakers from the country or region featured in each chapter of the text. Interview questions are related to each chapter theme.

A separate Video Activities Manual contains pre-viewing, while-viewing, and post-viewing activities for each lección.

Music CD: Ritmos de Nuestro Mundo (0-13-117-565-3)

The Music CD contains all of the songs from the Ritmos sections of the text. Each song represents a different musical genre and style based on the country featured in each lección.

Transparencies (0-13-089514-8)

Beautiful, full-colour transparencies of maps, illustrations, and realia offer instructor flexibility in presenting new vocabulary, creating activities, and reviewing the content in each lección.

Comparaciones

Cultura

Scope & Sequence

Preface

Welcome to the Canadian Brief Edition of **¡Arriba! Comunicación y cultura**. The Canadian Brief Edition is a complete and versatile first-year Spanish program, offering a balanced approach to language acquisition and cultural awareness. You will discover that this Canadian edition is an adaptation of the Brief Edition of **¡Arriba!**, rather than an extensive revision. The scope and structure of the Brief Edition remain basically intact. Consequently, the Canadian edition retains the close correspondence between the text-based activities of the classroom and the reinforcing exercises of the supplementary materials.

Highlights of the Canadian Brief Edition

A Choice

The Canadian Brief Edition of **¡Arriba!** provides the option of adopting a shorter version of the text. The complete edition consists of fifteen lessons which, for many Canadian universities, is too much material to cover within a typical 26-week academic year. The Canadian edition contains twelve lessons, which should be a more manageable number for introductory courses that have three to five seminar hours weekly.

Organization and Pedagogy

Although the Canadian Brief Edition has retained several features of the U.S. Brief Edition, you will notice that the Canadian version contains a number of revisions designed to make the material more attractive and accessible to Canadian students who are more likely than American students to be absolute beginners.

Each of the twelve **lecciones** develops a particular theme or topic and presents a part of the Spanish-speaking world. However, in **Lección 12**, the Canadian edition includes a special section devoted to **Los hispanos en el Canadá**, featuring flamenco dancing in Vancouver, the singing of Óscar López in Calgary, "Telelatino" in Toronto, Mexican guest workers in southern Ontario, Hispanic cooking in Montreal, and Hispanic immigration in Halifax.

Each **lección** is divided into two main sections: **Primera parte** and **Segunda parte**.

Each **parte** opens with an introductory **¡Así es la vida!** which may be a combination of conversations, drawings, photos and realia, or a reading, which set the stage for the subsequent language activities.

This is followed by **¡Así lo decimos!**, a vocabulary list which, in the Canadian edition, establishes an active vocabulary by distinguishing between high- and low-frequency words. Also incorporated into the Canadian edition are such useful illustrations as the parts of a house and the household, various foods at the market, clothing, reflexive activities, and the parts of the body. Some of the **¡Así lo decimos!** sections contain a **Repaso** list which recycles words introduced in earlier lessons or an **Expansión** box which provides a list of related words or expressions.

After this comes the **¡Escucha!** section which practices listening comprehension, based on the content of the introductory activities of **¡Así es la vida!** and the vocabulary of **¡Así lo decimos!** This activity may be done in class or at home.

Next, the **¡Así lo hacemos!** sections present basic language points and their application. The grammatical explanations are clear and concise and include thematic examples. **Study Tips** are included in order to provide explanations of particular points that are often difficult for beginning students.

Material presented in both the vocabulary and grammar sections is practiced within the meaningful and interactive classroom activities of the **Practiquemos** sections. What distinguishes the Canadian edition is its progressive approach to this exercise material. The first step consists of **recognition exercises** which introduce our beginning students to the everyday vocabulary and basic forms and constructions. This is followed by structured **drill-work** which is designed to develop a mechanical control of the verb forms and fundamental constructions. The next stage is a progressive expansion into **guided communication**, stressing high-frequency vocabulary and basic constructions, as well as the reinforcement of familiar material. The speaking contexts focus on the personal experiences of the students, with an emphasis on paired and group activities. A variety of different types of activities allows instructors to choose what suits their particular needs and teaching styles. Another feature specific to the Canadian edition is the addition of a Web activity to the final **Practiquemos** section of each **lección**.

Every **lección** has two **Comparaciones** sections which provide information about the Spanish-speaking world as a whole or focus on some specific aspect of the target area of the lesson or a person or a group of people from that area. The reading selections are followed by two sets of activities that allow students to compare what they learn with their own culture. The **¡Vamos a comparar!** questions provide points of departure for classroom discussion and the **¡Vamos a conversar!** activities encourage students to personalize and discuss the topics in small groups. The Canadian edition includes topics of interest to Canadian students, such as the work of CUSO on the island of Chiloé in Chile, the experiences of three Canadian university students who have participated in year-abroad programs in Spanish-speaking countries and a profile of Carlos Delgado, the prominent Puerto Rican baseball player for the Toronto Blue Jays.

The **Segunda parte** of each **lección** concludes with five additional features: **Observaciones**, **Nuestro mundo**, **Ritmos**, **Páginas** and **Taller**.

Observaciones is a new feature. It is linked to the video supplement and includes pre-viewing activities that introduce students to what they will see in the episode, and comprehension activities that allow students to consider what they have gained from the episode.

Nuestro mundo is a cultural section which offers a visual and textual panorama of a featured country or region of the Hispanic world. Each **Nuestro mundo** contains activities that promote discussion of the regions or topics presented. The **Nuestro mundo** sections of the Canadian edition contain weblinks to encourage students to do additional research on areas that may be of particular interest.

Ritmos is also a new feature, consisting of musical selections that present students with a wide variety of rhythms and types of music. Each selection is representative of the cultural focus of the **lección**. **Ritmos** includes pre-listening activities, listening activities, and post-listening activities.

The **Páginas** are reading selections which are quite varied throughout the text. The first five **lecciones** present episodes of *La búsqueda*, an ongoing suspense frame story that practices the target vocabulary and structures and also reviews words and constructions that have been introduced in the preceding **lección**. The readings of the remaining seven **lecciones** include a fable, poems, short stories, and excerpts from novels and plays by contemporary Hispanic writers. All of the readings are supported by pre- and post-reading activities, and, in most **lecciones**, by **¡Escucha!** material for listening comprehension.

Each **lección** concludes with a **Taller**, or *Workshop*, which provides guided writing activities that incorporate the vocabulary, structures, and themes of the chapter. In each **Taller**, students follow carefully planned steps to develop their assignment. The steps include self-monitoring and peer-editing. The **Taller** includes a variety of writing assignments, ranging from personal and business letters to interviews and invitations, as well as a diary entry and an article on health.

Program Components

Instructor Resources

Instructor's Resource Compact Disc (0-13-149301-9)

This compact disc is a one-stop resource that includes both the **Instructor's Resource Manual (0-13-177631-2)** and the **Testing Program (0-13-177632-0)**. The Instructor's Resource Manual includes:

◆ Pointers for new instructors, including lesson planning, classroom management, warm-ups, error correction, first day of class, quizzes/tests, and other teaching resources
◆ Sample syllabi showing how the program can be used in different educational settings across Canada
◆ Sample lesson plans and expansion suggestions
◆ Situation cards
◆ Complete tapescripts for the audio program and the Ritmos compact disc
◆ Supplemental activities and an answer key for select activities

The Testing Program consists of quizzes and tests for each lección, and alternative midterm and final examinations. The program also includes advanced exercises for those students who are ready for further challenge. The program is accompanied by a separate **Testing Cassette (0-13-091413-4)** for the listening component of each test.

VHS Videocassette (0-13-117568-8) and Video Activities Manual (0-13-089512-1)

This 60-minute video supports chapters in the text with a segment consisting of two main parts:

◆ The first part of the video is a dramatic story (*telenovela*) that follows the experiences of three young Spanish speakers as they explore regional and cultural elements of Mexico.
◆ The second part of the video features interviews with native speakers from the country or region featured in each chapter of the text. Interview questions are related to each chapter theme.

A separate Video Activities Manual contains pre-viewing, while-viewing, and post-viewing activities for each lección.

Music CD: Ritmos de Nuestro Mundo (0-13-117-565-3)

The Music CD contains all of the songs from the Ritmos sections of the text. Each song represents a different musical genre and style based on the country featured in each lección.

Transparencies (0-13-089514-8)

Beautiful, full-colour transparencies of maps, illustrations, and realia offer instructor flexibility in presenting new vocabulary, creating activities, and reviewing the content in each lección.

Student Resources

Workbook (0-13-196726-6)

The organization of the Workbook parallels that of the main text. Adapted by Canadian author Anna Saroli, the Workbook features more reading comprehension activities, sentence building and completion exercises, fill-ins, realia, and art-based activities, as well as composition exercises. A **Workbook Answer Key** is provided at the back of the Workbook so that students can check their answers.

Lab Manual (0-13-196724-X) and Audio CDs (0-13-089510-5)

The organization of the Lab Manual parallels that of the main text. Each lección contains activities based on recordings of native Spanish speakers in situations thematically related to the corresponding lección in the main text. The Lab Manual challenges students to move beyond the in-text activities to guided, more realistic listening texts and contexts. There is a select answer key at the back of the manual so students can monitor their progress. The Audio CDs are available for language labs.

Student Audio CDs to Accompany Text (0-13-196723-1)

These CD recordings correspond to listening activities and dialogues in the main textbook.

Student Video CD-ROM (0-13-117552-1)

This CD-ROM features the complete original, dramatic story-line video and cultural interviews that accompany the textbook as well as comprehension-based activities derived from the storyline that develop listening skills. The video is displayed using the Divace® media player developed by Sanako—the only media player on the market that was designed specifically for the language learner.

Supplementary Activities (0-13-146660-7)

This supplement provides additional activities to be used in class to increase student interest and motivation. With games, crossword puzzles, fill-in-the-blank activities, and paired activities, it is a rich resource for the classroom experience.

Online Resources

Companion Website (0-13-149300-0)

The open-access Companion Website™ features the complete audio program to accompany the text and Lab Manual, Web resources, such as cultural activities and links, and comprehensive review materials. These include self-grading vocabulary and grammar exercises with detailed feedback, as well as a flash-card module. Finally, sample tests are included for each lección to enhance self-study. The Companion Website™ has been adapted by Canadian author, Gary Aitken.

Acknowledgements

We gratefully acknowledge and thank our reviewers for this Canadian Edition:

Biana A. Laguardia (Carleton University), Anthony Farrell (St. Mary's University), Janice Connor (University of Alberta), Margarita Lopez (University College of the Cariboo), Messod Salama (Memorial University of Newfoundland), Joyce Bruhn de Garavito (University of Western Ontario), Rita Terrón (Fanshawe College), Thérèse Michel-Mansour (Seneca College), Pastor Valle-Garay (York University), Lilian Zuccolo (Simon Fraser University), Rosa Stewart (University of Victoria), Cristina Santos (Brock University), Silvia Garcia (Algonquin College), Adam Spires (University of Lethbridge), Olivia Montalvo-March (Mount Saint Vincent University), Judith Fairwood (Langara College), Catherine Morabito-King (Nipissing University), Michael Dabrowski (University of Calgary), Patrick Karsenti (Kwantlen University College), Laila Dawson and Silvia Rossi (Mount Royal College), and Grazia Wood (St. Francis Xavier University).

We would like to express our gratitude for the help and contributions that we received from: Professor Olivia Montalvo-March, the author of the **Comparaciones** reading in part one of Lesson 11, Elvira Sánchez de Malicki, founding president of the Canadian Hispanic Congress, for providing the Hispanic population figures that appear in the **Comparaciones** reading in part two of Lesson 1, Chloé Gaudet of Canada World Youth, for providing information about and photos of the CWY programme in Nicaragua, Sean Kelly of CUSO, for his invaluable help with the **Comparaciones** reading in part two of Lesson 12, Acadia University students Miranda Bowen, Andrea Mills, and Jacob Tremblay, for sharing their experiences abroad, and our colleague María Antonieta Álvarez.

We would particularly like to express our gratitude and appreciation to the many people at Pearson Education Canada who have contributed their helpful ideas, tireless efforts and publishing experience. We are especially indebted to our Developmental Editor, Adrienne Shiffman, our Acquisitions Editor, Christine Cozens, and our Production Editor, Judith Scott.

Finally, this project would never have been possible without the support, sacrifices, input, and unending patience of our families: Andrés, Jesse and Miranda, and Harmony, Kelley, and Todd. Big hugs to all of you.

Lucha entre aztecas y españoles. Diego Rivera, 1929–1930.

Comunicación

¡Así es la vida!

Saludos y despedidas

En la clase (por la mañana)

Profa. López: Buenos días. ¿Cómo se llama usted?

Srta. Acosta: Me llamo Elena Acosta.

Profa. López: Mucho gusto. Soy la profesora López.

Srta. Acosta: Encantada, profesora.

En la cafetería (por la mañana)

Elena: ¡Buenos días! ¿Cómo te llamas?

Juan: ¡Hola! Me llamo Juan García.

Elena: Soy Elena Acosta. Mucho gusto.

Juan: Igualmente.

En el gimnasio

Jorge: ¡Hola, Elena! ¿Cómo estás?

Elena: Muy bien, Jorge. ¿Y tú?

Jorge: Eh... estoy mal.

Elena: Lo siento, Jorge.

Jorge: Gracias, Elena.

En la oficina (por la tarde)

Elena: Buenas tardes, profesor.

Prof. Ortiz: Buenas tardes, Elena. ¿Cómo estás?

Elena: No muy bien, profesor.

Prof. Ortiz: ¿Qué pasa, Elena?

Elena: El examen...¿es el viernes?

Prof. Ortiz: No, Elena. Es el martes, el 24 de octubre.

Elena: Gracias, profesor.

Prof. Ortiz: De nada, Elena.

En la biblioteca[1] (por la noche)

Elena: Buenas noches, señora Garrido. ¿Cómo está usted?

Sra. Garrido: Bastante bien, Elena. ¿Y tú? ¿Cómo estás?

Elena: Muy bien, gracias.

Sra. Garrido: Hasta mañana, Elena.

Elena: Hasta mañana, señora.

[1] library

Saludos (Greetings)

Otros saludos	Other greetings
¿Qué pasa?	*What's happening?* (inf.)
¿Qué tal?	*How's it going?* (inf.)
¿Cómo está usted?	*How are you?* (form.)
¿Cómo estás?	*How are you?* (inf.)

Respuestas	Answers
Bastante bien.	*Pretty well.*
(Muy) Bien, gracias.	*Fine (Great), thank you.*
(Muy) Mal.	*(Very) Bad.*
Más o menos.	*So-so.*
No muy bien.	*Not very well.*
Regular.	*So-so.*
¿Y tú? ¿Y usted?	*And you?* (inf./form.)

Otras despedidas	(Other farewells)
Hasta luego.	*See you later.*
Hasta pronto.	*See you soon.*

Otras presentaciones	(Other introductions)
¿Cómo se llama usted?	*What's your name?* (form.)
¿Cómo te llamas?	*What's your name?* (inf.)
Me llamo...	*My name is...*
Mi nombre es...	
Soy...	*I am...*
Encantado/a.	*Delighted.*
Mucho gusto.	*Pleased to meet you.*
Igualmente.	*Same here. / Likewise.* (in introductions)

Otros títulos	(Other titles)
el/la profesor/a (Prof./a)	*Professor*
el señor (Sr.)	*Mr.*
la señora (Sra.)	*Mrs.*
la señorita (Srta.)	*Miss*

Otras palabras y expresiones	(Other words and expressions)
¡Así es la vida!	*That's life!*
¡Así lo decimos!	*This is how we say it!*
¡Así lo hacemos!	*This is how we do it!*
con	*with*
De nada.	*You're welcome.*
(Muchas) Gracias.	*Thank you (very much).*
Lo siento.	*I'm sorry.*
mi/mis	*my* (singular/plural)
o	*or*
tu/tus	*your* (inf. singular/plural)
y	*and*

Expansión

Informal and formal usage

◆ Use informal forms, such as: **¡Hola, Elena! ¿Cómo estás? ¿Qué tal?**, to address your friends and peers, family (in most cases) and younger children. These are people with whom you are on a first-name basis.

◆ Use formal forms, such as: **Buenos días, profesora López, ¿Cómo está usted?**, to address strangers and

people with whom you use such formal terms as: **profesor/a**, **señor/a**, **señorita** and **doctor/a**.

◆ In the **¡Así lo decimos!** section above, the usage is indicated in parentheses: formal (form.) and informal (inf.). When none is indicated, the expression applies to both contexts.

¡Escucha!

¿Quiénes son? (*Who are they?*) Listen to the short conversations. Then, write the number of each conversation next to the corresponding situation below.

___ two friends saying good-bye

___ a young person greeting an elder

___ two friends greeting each other

___ a teacher and student introducing themselves

___ two students introducing themselves

Practiquemos

1-1 ¡Hola! ¿Cómo estás? Respond to each statement or question on the left with the logical reply on the right.

MODELO: ¡Hola! ¿Cómo estás?
　　　　➡ *Bien, gracias. ¿Y tú?*

1. ¿Cómo te llamas?
2. Mucho gusto.
3. ¿Cómo estás?
4. No muy bien.
5. Gracias.
6. Hasta luego.

a Bien, gracias. ¿Y tú?
b. De nada.
c. Me llamo Eduardo.
d. Igualmente.
e. Hasta luego.
f. Lo siento.

1-2 ¡Hola! The following people are meeting at different times of the day. What would they say to each other?

MODELO:　Elena Acosta: *Buenos días, profesor. ¿Cómo está usted?*
　　　　　　Profesor Ortiz: *Bien, gracias, Elena. ¿Y tú?*
　　　　　　Elena Acosta: *Muy bien, gracias.*

9:00 a.m.

11:00 a.m.

Eduardo: _____
Manuel: _____
Eduardo: _____

3:00 p.m.

Elena: _____
Jorge: _____
Elena: _____

10:00 p.m.

Sra. Aldo: _____
Sra. García: _____
Sra. Aldo: _____

1-3 ¿Cómo te llamas? Pair up with the student on your right. Greet each other, ask each other's name and then complete the formality.

> **MODELO:** E1: *¡Hola!*
> E2: *¡Hola!*
> E1: *¿Cómo te llamas?*
> E2: *Me llamo María. ¿Y tú?*
> E1: *Me llamo Juana.*
> E2: *Mucho gusto.*
> E1: *Igualmente.*

1-4 ¿Cómo estás? Pair up with the student on your left. Greet each other, ask each other's name and find out how each of you is doing. Then say good-bye.

A B ¹ **1-5A ¿Cómo está usted?** Assume the role of instructor- **Sr./Sra. Pérez**. Your partner is your student. Greet each other and ask how things are. Use the following information about yourself and the day.

- ◆ It's morning.
- ◆ You don't know this student's name.
- ◆ You feel great today.

Comparaciones...

Introductions and greetings

Many Spanish speakers use nonverbal signs when interacting with each other. These signs vary, depending on the social situation and on the relationship between the speakers. In general, people who meet each other for the first time shake hands, both when greeting and when saying good-bye to each other. Relatives and friends, however, are usually more physically expressive. Men who know each other well often greet each other with a hug (**un abrazo**) and pats on the back. Women tend to greet each other and their male friends with one or two light kisses on the cheek.

¡Vamos a comparar!

How do you greet people you're meeting for the first time? How do you greet relatives? friends? Does the age of the person you are greeting make a difference? When do people embrace, hug, or kiss each other on the cheek in Canada and the U.S.? How does this differ from Latin America or Spain?

¡Vamos a conversar!

Stand up and greet at least five other students. Shake hands as you ask them their names or how they are doing.

María, ¿cómo estás?

---

¹ **A B** When you see this symbol, you will work in collaboration with another student. One of you will use the **A** activity, the other the corresponding **B** activity in the appendix pages A-1 to A-13.

¡Así lo hacemos!

Estructuras

1. The Spanish alphabet

◆ The Spanish alphabet contains twenty-seven letters, including one letter that does not appear in the English alphabet: **ñ**.

◆ The letter names are feminine: **la be**, **la jota**, etc.[1]

◆ Until mid-1994 the Spanish alphabet had three additional letters: **ch**, **ll**, and **rr**. If you use a dictionary published prior to 1995, you will find sections for letters beginning with **ch** (following **c**), and **ll** (following **l**). The letter combination **rr** never appears at the beginning of a word. You will find an explanation of the sounds of these diagraphs (pairs of letters representing a single speech sound) in the pronunciation sections.

Letra (Letter)	Nombre (Name)	Ejemplos (Examples)	Letra (Letter)	Nombre (Name)	Ejemplos (Examples)
a	a	**Ana**	ñ	eñe	**niño**
b	be (grande)	**Bárbara**	o	o	**Oscar**
c	ce	**Carlos; Cecilia**	p	pe	**Pepe**
d	de	**Dios; Pedro**	q	cu	**química; Quique**
e	e	**Ernesto**	r	ere	**Laura; Rosa**
f	efe	**Fernando**	s	ese	**Sara**
g	ge	**gato; Germán**	t	te	**Tomás**
h	hache	**Hernán; hola**	u	u	**Úrsula; usted**
i	i	**Inés**	v	ve (chica) (or uve)	**vamos; Venus**
j	jota	**José**	w	doble ve	
k	ka	**kilómetro**		(or uve doble)	**Washington**
l	ele	**Luis**	x	equis	**excelente; México**
m	eme	**María**	y	i griega	**soy; Yolanda**
n	ene	**nachos; Nora**	z	zeta	**zorro**

◆ Many Spanish speakers use a single sound for the letters **b** and **v**. To create the Spanish sound, pronounce an English **b**, keeping your lips slightly apart and drawing the corners back. You will notice an elastic-band effect as the escaping air causes your lips to vibrate. Repeat the following words, making the same sound for both **b** and **v**:

   Cu**b**a   u**v**a   lo**b**o   la**b**io   la **v**ez   la **v**oz

◆ In the central and northern parts of Spain, the letters **c** (before **e** and **i**) and **z** are pronounced like the **th** of "**th**in". In the southern part of Spain, and throughout all of Spanish America, the sound is the **s** of "**c**ity". The best approach is to select one of these variants and use it consistently. Practice the following:

   cena   **c**iento   gra**c**ias   **z**apato   **z**ona   **c**iviliza**c**ión

◆ The Spanish **d** is often pronounced as an English **th**. Say "loa**the**", emphasizing the **th** sound. Add a final **o** and say "loa**th**o". This is "lo**d**o" (mud) in Spanish. Practice the following, concentrating on retaining the **th** quality of the **d**:

   lo**d**o   esta**d**o   cansa**d**o   Cana**d**á   ciu**d**ad   Buenos **d**ías   los **d**iscos

◆ The Spanish **g** is often pronounced like the relaxed **g** in "su**g**ar". Repeat "su**g**ar" several times, relaxing the **g** until you can feel the air escaping. Then practice the following:

   Hu**g**o   ha**g**o   la**g**o   di**g**o   si**g**lo

---

[1] Gender of nouns is explained in this lesson on p. 20.

However, before the letters **e** and **i**, the **g** is pronounced differently. To create the Spanish sound, raise the back of your tongue towards the roof of your mouth and clear your throat slightly. Practice the following:

    general   **g**eneroso   **g**imnasio   **G**ibraltar   **g**igante

Notice that the **j** is pronounced in much the same way:

    Juan   **j**ulio   hi**j**o   vie**j**o   **J**orge

◆ In Spanish, the letter **r** and the double **rr** have two distinct sounds: a single tap **r** and a trilled **r**.

Between vowels, the Spanish tap **r** is pronounced much like the **-tt-** and **-dd-** of English "bu**tt**er" and "la**dd**er". Repeat both several times and then repeat "pot **o'** gold", "pot **o'**", concentrating on feeling the tip of the tongue tap against the gum ridge. Then practice the following:

    pot o' gold   pot o'   pa**r**a   ca**r**a   co**r**o   lo**r**o   pu**r**a   cu**r**a   mi**r**a   ti**r**a

The same sound is used for **r** before and after a consonant. Practice these sequences:

    para   párate   parte/   cara   cárata   carta/
    coro   córoto   corto/   lara   lárago   largo

    cuatro   sobre   drama   tren   tres   gris

Trilled **r** is also pronounced with the tip of the tongue on the gum ridge but instead of tapping once (pa**r**a, pa**r**te), the tip vibrates to produce a trill. This sound is used for **-rr-** (pe**rr**o, ca**rr**o) and for **r** in the initial position (**r**adio, **R**oberto). Practice these sets:

    para   prara   pra**rr**a   pa**rr**a   ca**rr**o   pe**rr**o
    radio   **r**isa   **r**obo   **R**oberto   **R**aúl   **r**incón

◆ The Spanish **s** is usually pronounced as the **ss** of "la**ss**o". In English, however, the **s** between vowels is pronounced as a **z**. Contrast "ro**s**e" (**z**) and "ro**s**a" (**ss**), "pre**s**ent" (**z**) and "pre**s**ente" (**ss**).

Pronunciación

The Spanish vowels

Each Spanish vowel consists of one clear, short sound that varies little in pronunciation. The crisp sound contrasts with English where often a vowel consists of two sounds, or diphthonged glides[1], as in the words *note, mine,* and *made.*

Pronunciemos

Las vocales. The Spanish vowels are pronounced as follows. Listen and repeat the Spanish words listed for each vowel.

1. **a** is like *a* in *father.*
    casa   **mañana**   **papá**   **Marta**

2. **e** is like the sound in the English word *eighty.*
    Pepe   **mes**   **té**   **mete**

3. **i** is like *e* in the English word *me.*
    ti   **sí**   **mi**   **libro**

4. **o** is like a shortened *o* in the English word *so.*
    poco   **tono**   **rosa**   **caso**

5. **u** is like the *oo* sound in the English word *moon.*
    luna   **usted**   **uno**   **Susana**

---

[1] Pronounce out loud the words given (*note, mine, made*), listening to the sound of the vowels in each. You should note a slight change in the sound as you pronounce the vowels sound. This is a diphthonged glide.

Practiquemos

1-6 ¿Qué letra falta? What Spanish letters are missing from the following place names?

MODELO: M__ __ic__
➥ *é (e con acento), x (equis), o*

1. __rg__ __t__ __a
2. Boliv__ __
3. P__r__
4. Ec__ __dor
5. V__ne__ue__ __

6. El __al__a__o__
7. República D__ __in__cana
8. Cos__a __ica
9. Para__ua__
10. Espa__a

1-7 ¿Cómo se escribe? Take turns spelling these Spanish names out loud.

MODELO: México
➥ *eme - e con acento - equis -i - ce - o*

1. Cuba
2. Puerto Rico
3. Honduras
4. Colombia
5. Guatemala

6. Panamá
7. España
8. Uruguay
9. Argentina
10. Chile

1-8 ¿Quién soy yo? (*Who am I?*) Write your full name and then list several names of friends or Spanish-speaking people. Take turns spelling your names in Spanish. Your partner will write down the names you spell so that you can compare notes when you're finished.

1-9A Otra vez, por favor (*please*).

Primera fase. A classmate will indicate a category and then spell names of cities, people, or things for you to write out. If you need to hear the spelling again, ask your partner to repeat by saying, **Otra vez, por favor.**

MODELO: cosa (*thing*) (enchilada)
➥ *e- ene - ce - hache - i - ele - a - de - a*

1. persona
2. ciudad (*city*)
3. cosa (*thing*)

4. persona
5. ciudad
6. cosa

Segunda fase. Now spell your list shown below to your classmate. Be careful to just spell the names, not say them.

1. persona   (profesora)
2. ciudad   (Barcelona)
3. cosa   (taco)

4. persona   (doctora)
5. ciudad   (Santiago)
6. cosa   (gimnasio)

2. The numbers 0-99

0-9:	cero, uno, dos, tres, cuatro, cinco, seis, siete, ocho, nueve
10-19:	diez, once, doce, trece, catorce, quince, dieciséis, diecisiete, dieciocho, diecinueve
20-29:	veinte, veintiuno, veintidós, veintitrés, veinticuatro, veinticinco, veintiséis, veintisiete, veintiocho, veintinueve
30-39:	treinta, treinta y uno, treinta y dos, treinta y tres, treinta y cuatro, treinta y cinco, treinta y seis, treinta y siete, treinta y ocho, treinta y nueve
40-49:	cuarenta, cuarenta y uno, cuarenta y dos, cuarenta y tres…
50-59:	cincuenta, cincuenta y uno, cincuenta y dos, cincuenta y tres…
60-69:	sesenta, sesenta y uno, sesenta y dos, sesenta y tres…
70-79:	setenta, setenta y uno, setenta y dos, setenta y tres…
80-89:	ochenta, ochenta y uno, ochenta y dos, ochenta y tres…
90-99:	noventa, noventa y uno, noventa y dos, noventa y tres…

◆ **Uno** becomes **un** before a **masculine** singular noun and **una** before a **feminine** singular noun.

un libro	*a book*	**una** mesa	*a table*
un profesor	*a professor (male)*	**una** profesora	*a professor (female)*

◆ In compound numbers, **-uno** becomes **-ún** before a **masculine** noun and **-una** before a **feminine** noun.

veintiún libros	*twenty-one books*
veintiuna profesoras	*twenty-one professors*

◆ The numbers **dieciséis** through **diecinueve** (16-19) and **veintiuno** through **veintinueve** (21-29) are generally written as one word, though you may occasionally see them written as three words, especially in older publications. The condensed spelling is not used after 30.

diez y seis...   **veinte y nueve**

Practiquemos

1-10 Los números. A Count first. **B** Do the addition. **C** Say the numbers in Spanish.

MODELOS: A Cuenten Uds. (ustedes) de 0 a 10. Otra vez (*Again.*)
➥ *cero, uno, dos, tres, cuatro, cinco, seis, siete, ocho, nueve, diez*

B ¿Cuál es el número? 0
➥ *cero*

C ¿Cuántos son 3 + (*más*) 2?
➥ *Tres más dos son cinco.*

1. **A** Cuenten Uds. de 0 a 10. Otra vez.
    B ¿Cuál es el número?   0   3   6   7   9   10
    C ¿Cuántos son?   2 + 2 =   4 + 1 =   5 + 3 =   8 + 2 =

2. **A** Cuenten de 10 a 20. Otra vez.
    B ¿Cuál es el número?   12   13   15   17   18   20
    C ¿Cuántos son?   10 + 1 =   11 + 3 =   14 + 2 =   16 + 4 =

3. **A** Cuenten de 20 a 30. Otra vez.
    B ¿Cuál es el número?   21   22   24   26   28   30
    C ¿Cuántos son?   20 + 3 =   23 + 2 =   25 + 4 =   29 + 1 =

4. **A** Cuenten de 30 a 99 (30, 35, 40, 45, 50 etc.). Otra vez.
    B ¿Cuál es el número?   32   43   54   65   76   87
    C ¿Cuántos son?   30 + 10 =   40 + 15 =   55 + 20 =   75 + 20 =

1-11 ¿Cuántos son? Solve the following math problems in Spanish.

MODELOS: 2 + 3 = *Dos **más** tres **son** cinco.*
            4 - 2 = *Cuatro **menos** dos **son** dos.*
            3 × 5 = *Tres **por** cinco **son** quince.*
            8 ÷ 2 = *Ocho **dividido por** dos **son** cuatro.*
            6 - 5 = *Seis **menos** cinco **es** uno.*

más (+)   menos (-)   por (×)   dividido por (÷)   son/es (=)

1. 5 × 5 =	**2.** 15 × 2 =	**3.** 9 × 5 =	**4.** 63 - 20 =
5. 16 ÷ 4 =	**6.** 72 ÷ 9 =	**7.** 15 + 17 =	**8.** 99 - 3 =
9. 14 - 2 =	**10.** 11 + 11 =	**11.** 20 ÷ 2 =	**12.** 56 + 11 =

1-12 ¿Cuál es el número? Think of a number between **0** and **99**. Ready? A classmate will try to guess your number. To assist, if the guess is too low, you respond with: **Más** (*higher*) and if it is too high, you respond with: **Menos** (*lower*). The student who guesses correctly will then think of another number between **0** and **99**.

AB **1-13A ¿Cuál es el número de teléfono?** Telephone numbers in Spanish are usually expressed in pairs of digits. Take turns dictating the phone numbers to each other. Write down the numbers as you hear them in order to complete the telephone list. Then compare numbers.

MODELO: Pedro (412) 888-2362

> **E1:** *El teléfono de Pedro es el cuatro, doce, ocho, ochenta y ocho, veintitrés, sesenta y dos.*
>
> **E2:** *Pedro (412) 888-2362*

Teresa _____	Yolanda (977) 735-1332
Andrés (415) 399-5120	Luis _____
Emilio _____	Gloria (789) 928-0867
Gabriela (611) 232-0541	Marcos _____

3. The days of the week, the months, the date, and the seasons

Los días de la semana

- The days of the week in Spanish are not capitalized and are all masculine.
- Calendars begin the week with Monday, not Sunday.
- The definite article is not used after **es** when telling what day of the week it is.[1]

¿Qué día es hoy?	*What day is it today?*
Hoy **es jueves.**	*Today is Thursday.*

- *On Monday..., on Tuesday...* etc., is expressed by using the definite article, **el**.[2]

El examen es **el lunes.**	*The exam is on Monday.*

- Days that end in **-s** have the same form in the singular and the plural.

    el lunes   **los lunes**

- In the plural, the days of the week express the idea of doing something regularly.

La clase de filosofía es **los lunes,**	*Philosophy class is on Mondays,*
los miércoles y **los viernes.**	*Wednesdays and Fridays.*
Los sábados voy al[3] gimnasio.	*I go to the gym on Saturdays.*

Los meses del año

enero	*January*	**mayo**	*May*	**septiembre**	*September*
febrero	*February*	**junio**	*June*	**octubre**	*October*
marzo	*March*	**julio**	*July*	**noviembre**	*November*
abril	*April*	**agosto**	*August*	**diciembre**	*December*

- Months are not capitalized in Spanish.

Mi cumpleaños es en **abril.**	*My birthday is in April.*
Hay veintiocho días en **febrero.**	*There are twenty-eight days in February.*

La fecha

- Cardinal, not ordinal, numbers are used when giving the date in Spanish. The exception is the first of the month which is usually expressed as **el primero**.

¿Qué **fecha** es hoy?	*What is the date today?*
Hoy es **el veintisiete** de septiembre.	*Today is September 27th.*

---

[1] Uses of **ser** will be explained in *Lección 2.*
[2] Definite articles will be explained in detail on pp. 19 and 20 of this lesson.
[3] **al** is a contraction of **a** + **el.**

Las estaciones del año

el invierno

la primavera

el verano

el otoño

el invierno	*winter*	**el verano**	*summer*
la primavera	*spring*	**el otoño**	*fall*

◆ The definite article is normally used with seasons. Seasons are not capitalized.

¿Cómo es **la primavera** aquí?   *What is spring like here?*

Practiquemos

1-14 Los días de la semana. Look at the calendar and indicate on which day of the week the following days fall.

L	M	M	J	V	S	D
ABRIL						
					1	2
3	4	5	6	7	8	9
10	11	12	13	14	15	16
17	18	19	20	21	22	23
24	25	26	27	28	29	30

MODELO: el 4

➡ *El cuatro de abril es martes.*

1. el 17
2. el 21
3. el 30
4. el 5

5. el 27
6. el 8
7. el 25
8. el primero (*first*)

1-15 Los meses y las estaciones. Indicate the months that correspond to each season in Canada.

1. el verano _____
2. el otoño _____
3. el invierno _____
4. la primavera _____

1-16 Los meses y las estaciones. Write the season in which each month falls in the Northern Hemisphere. Then do the same with the Southern Hemisphere.

	Canadá	Chile
1. febrero	_____	_____
2. agosto	_____	_____
3. julio	_____	_____
4. diciembre	_____	_____
5. marzo	_____	_____
6. octubre	_____	_____
7. mayo	_____	_____
8. septiembre	_____	_____
9. enero	_____	_____
10. abril	_____	_____

1-17 Fechas importantes. Tell the date of the following celebrations. If the celebration does not always fall on the same day, give the month in which it usually falls.

MODELO: *el veinticinco de diciembre*

1.

2.

3.

4.

5.

6.

 1-18A Trivia. Take turns asking each other questions. One of you will use this page. The other will use the corresponding activity in the **Appendix**.

MODELO: E1: *un mes con veintiocho días*
E2: *febrero*

1. un día sin clases
2. un mes con treinta y un días
3. un mes del otoño
4. un día malo (*bad*)
5. el mes de tu cumpleaños (*birthday*)

 1-19 Las clases. Compare your class schedules.

MODELO: E1: *Tengo (I have) física los lunes. ¿Y tú?*
E2: *Tengo francés y álgebra los lunes.*

Algunas materias[1]

arte	comunicaciones	gimnasia	matemáticas
biología	español	historia	música
ciencias políticas	filosofía	inglés	sociología

---

[1] You will see that many class subjects are cognates. As you use these cognates, remember to use the Spanish sounds for vowels.

Segunda parte

¡Así es la vida!

En la clase

1. el borrador	**7.** los libros	**13.** el bolígrafo	**19.** el escritorio
2. el estudiante	**8.** el pupitre	**14.** el lápiz	**20.** la ventana
3. la estudiante	**9.** el papel	**15.** la puerta	**21.** la pared
4. el mapa	**10.** la pizarra	**16.** la mochila	**22.** la mesa
5. la silla	**11.** la tiza	**17.** la luz	**23.** el techo
6. el cuaderno	**12.** la profesora	**18.** el reloj	**24.** el piso

---

[1] Your instructor may address you with the familiar **tú** (*you*): **Abre (tú) el libro** or with the formal **usted** (*you*): **Abra (usted) el libro**. For more than one student, the form of address is **ustedes** (*you*): **Abran (ustedes) el libro**.

Los colores

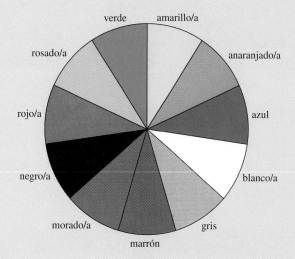

verde	amarillo/a
rosado/a	anaranjado/a
rojo/a	azul
negro/a	blanco/a
morado/a	gris
marrón	

Preguntas

¿Cómo es?	*What is he/she/it like?*
¿Cómo son?	*What are they like?*
¿Cuántos/as...hay?	*How many...are there?*
¿Cuánto cuesta...?	*How much is...?*
¿Cuánto cuestan...?	*How much are...?*
¿De qué color es...?	*What colour is...?*
¿Qué necesitas?	*What do you need?*
¿Qué hay en...?	*What is/are there in...?*
¿Qué es esto?	*What is this?*
¿Tienes un/a..?	*Do you have a...?*

Respuestas

Es...	*He/She/It is...*
Son...	*They are...*
Hay...	*There are...*
Cuesta...	*It costs...*
Cuestan...	*They cost...*
Es...	*It is...*
Necesito un/a...	*I need a...*
Hay un/a	*There is a.../*
(unos/as)...	*There are (some)...*
Esto es un/a...	*This is a...*
Sí, tengo un/a...	*Yes, I have a...*

Adjetivos

aburrido/a	*boring*
antipático/a	*unpleasant, mean*
barato/a	*cheap, inexpensive*
bueno/a	*good*
caro/a	*expensive*
emocionante	*exciting*
extrovertido/a	*outgoing*
fascinante	*fascinating*
grande	*big*
inteligente	*intelligent*
interesante	*interesting*
malo/a	*bad*
mucho/a	*a lot (of)*
pequeño/a	*small*
perezoso/a	*lazy*
poco/a	*a little*
simpático/a	*nice*
tímido/a	*shy, timid*
tonto/a	*dumb, silly*
trabajador/a	*hard-working*

Adverbios

ahí	*there*
allí	*(over) there*
aquí	*here*
mientras (tanto)	*(mean)while*
mucho	*a lot*
poco	*a little*

Expansión

Expresiones para la clase

Abre/Abra(n) el libro.	*Open the book.*
Cierra/Cierre(n) el libro.	*Close the book.*
Contesta/Conteste(n) en español.	*Answer in Spanish.*
Escribe/Escriba(n) en la pizarra.	*Write on the board.*
Escucha/Escuche(n) la cinta.	*Listen to the tape.*
Estudia/Estudie(n) la lección.	*Study the lesson.*
Haz/Haga(n) la tarea.	*Do the homework.*
Lee/Lea(n) la lección, por favor.	*Read the lesson, please.*
Repite/Repita(n) la palabra.	*Repeat the word.*
Ve/Vaya(n) a la pizarra.	*Go to the board.*

¡Escucha!

¿Qué haces cuando...? (*What do you do when...?*) Listen to a Spanish teacher make various requests in the classroom, and write the number of each request by your corresponding reaction.

___ I answer in Spanish.   ___ I sit down.
___ I open my book.   ___ I close my book.
___ I read.   ___ I listen.
___ I do my homework.   ___ I repeat what I hear.

Practiquemos

1-20 ¿Qué hay en la clase? Take turns asking whether or not these people and things are in your classroom.

MODELO: un escritorio

    E1: *¿Hay un escritorio?*
    E2: *Sí, hay uno (dos, tres, etcétera).*

1. una pizarra
2. un estudiante
3. una puerta
4. una mochila
5. una silla
6. un cuaderno

7. una estudiante
8. un borrador
9. una profesora
10. una ventana
11. una mesa
12. un reloj

1-21 ¿Es mucho o poco? Take turns telling each other how much an item in your classroom costs and then asking whether it costs a lot (**mucho**) or a little (**poco**).

MODELO: el bolígrafo / 25 dólares

    E1: *El bolígrafo cuesta 25 dólares. ¿Es mucho o poco?*
    E2: *Es mucho.*

1. el bolígrafo / 25 dólares.
2. la tiza / 4 dólares
3. el lápiz / 5 dólares
4. la mochila / 15 dólares
5. el cuaderno / 8 dólares

6. la silla / 12 dólares
7. la mesa / 19 dólares
8. el mapa / 95 dólares
9. el libro / 30 dólares
10. el reloj / 21 dólares

1-22 ¿Qué hay en la clase? Take turns asking whether or not these people and objects are in your classroom.

MODELO: sillas

    E1: *¿Hay sillas en la clase?*

    E2: *Sí, hay sillas./No, no hay sillas.*

1. estudiantes	6. pizarras
2. cuadernos	7. tizas
3. mochilas	8. pupitres
4. libros	9. mesas
5. bolígrafos	10. ventanas

1-23 ¿Qué necesitas? Take turns saying what you need for the following activities.

MODELO: la tarea *(homework)* de matemáticas

    ➡ *Necesito un lápiz, un libro y papel.*

un bolígrafo	un escritorio	un libro	un reloj
un lápiz	(un) papel	una mochila	un mapa
un cuaderno	una puerta	una tiza	una silla
un diccionario	una ventana	un borrador	un pupitre

1. la tarea de español
2. para escribir *(to write)* una carta *(letter)*
3. para salir *(to leave)* de la sala de clase
4. para mirar *(to look)* afuera *(outside)*
5. para leer *(to read)*
6. para llevar *(to carry)* los libros
7. para escribir en la pizarra
8. para decir *(to tell)* la hora *(time)*
9. para localizar *(to locate)* Uruguay
10. para sentarse *(to sit down)*

1-24 ¿De qué color es? Take turns asking the colour of various classroom objects.

MODELO: **E1:** *¿De qué color es tu (your) mochila?*

    E2: *Mi (My) mochila es verde. ¿Y tu mochila?*

    E1: *Mi mochila es roja.*

1. tu mochila	6. tu silla
2. tu bolígrafo	7. la pizarra
3. tu lápiz	8. la tiza
4. tu libro	9. el piso
5. tu cuaderno	10. la puerta

1-25 Veo algo… (*I see something…*) Describe an object to a classmate to see if he/she can guess what it is. Use colours and adjectives from **¡Así lo decimos!**

MODELO: **E1:** *Veo algo verde y grande.*

    E2: *¿Es la pizarra?*

Pronunciación

El silabeo (*Syllabification*)

Spanish words are divided into syllables as follows.

1. Single consonants (including **ch**, **ll**, **rr**) are attached to the vowel that follows.

    si-lla   **ro-jo**   **me-sa**   **bo-rra-dor**

2. Two consonants are usually separated.

    tar-des   **ver-de**   **i-gual-men-te**

3. When a consonant is followed by **l** or **r**, both consonants are attached to the following vowel.

    Pa-blo   **Pe-dro**

However, the combinations **nl**, **rl**, **sl**, **nr**, and **sr** are separated.

    Car-los   **is-la**   **En-ri-que**

4. In groups of three or more consonants, only the last consonant, or the one followed by **l** or **r** (with the exceptions listed just above) begins a syllable.

    ins-ta-lar   **in-glés**   **es-cri-to-rio**

5. Adjacent strong vowels (**a**, **e**, **o**) form separate syllables.

    ma-es-tro   **le-an**

6. Generally, when there is a combination of a strong vowel (**a**, **e**, or **o**) with a weak vowel (**i** or **u**) with no accent mark, they form one sound called a *diphthong* and the stress falls on the strong vowel.

    E-d*ua*r-do   **p*ue*r-ta**

However, the diphthong is broken when the stress falls on either of the weak vowels, **i** or **u**. In these cases, the weak vowel carries a written accent.

    Ma-rí-a   **dí-as**

7. When two weak vowels are together, the second of the two is stressed.

    vi*u*-da   **bu*i*-tre**   **fu*i***

La acentuación (*Word stress*)

1. Words that end in a **vowel**, **n**, or **s** are stressed on the next to the last syllable.

    mo-*chi*-la   ***Car*-los**   **re-*pi*-tan**

2. Words that end in a consonant other than **n** or **s** are stressed on the last syllable.

    us-*ted*   **to-*tal***   **pro-fe-*sor***

3. Words that do not follow the regular stress patterns mentioned above require a written accent on the stressed syllable.

    lá*-piz**   ***Víc*-tor**   **lec-*ción

4. A written accent is used to differentiate between words that are spelled the same but have different meanings.

él	*he*		**el**	*the*
sí	*yes*		**si**	*if*
tú	*you*		**tu**	*your*

5. A written accent is also used on the stressed syllable of all interrogative (question) words and in exclamatory expressions.

    ¿Cuánto? (*How much?*)   **¿Qué?** (*What?*)   **¡Qué sorpresa!** (*What a surprise!*)

Pronunciemos

A. ¡A dividir! Listen to and repeat each of the following words. Then divide it into syllables.

MODELO: Argentina
        ➥ *Ar-gen-ti-na*

1. pupitre	**4.** regular	**7.** mañana
2. bolígrafo	**5.** luego	**8.** Nicaragua
3. tardes	**6.** bastante	**9.** borrador

B. ¿Cómo se escribe? Listen to and repeat each of the following words. Then underline the stressed vowel and write an accent if required.

MODELO: *mo<u>chi</u>la*

1. mañana	**6.** universidad	**11.** boligrafo
2. clase	**7.** pared	**12.** reloj
3. leccion	**8.** colores	**13.** veintidos
4. repitan	**9.** escritorio	**14.** matematicas
5. lapiz	**10.** estudiante	**15.** lecciones

Comparaciones...
Why study Spanish?

There are over 375 million Spanish speakers in the world today. Spanish is the official language of Spain, Mexico, much of Central and South America, and some islands in the Caribbean. Spanish is spoken in some Asian countries, such as the Philippines, and by a portion of the population in Equatorial Guinea and Morocco in Africa. The U.S. has 37 million people whose first language is Spanish (that's 13% of the U.S. population!), and is the fifth largest Spanish-speaking country in the world. Today, only Spain, Mexico, Argentina and Colombia have more Spanish-speakers than the U.S. By the year 2010, one in every four U.S. citizens will be Hispanic. According to data provided in 2004 by the Canadian Hispanic Congress, Canada has between 700,000 and 1,000,000 people whose first language is Spanish. This figure includes not only Canadian citizens and landed immigrants but also people who are here on employment and student visas, on ministerial permits and as refugee claimants. Most of them reside in Ontario, Quebec, British Columbia and Alberta.

The enormous diversity among Spanish speakers results in differences in pronunciation and vocabulary, similar to differences in expressions and accents in English. Different neighbours and ethnic groups have influenced the words and accents of each country. Below are some examples.

¡Vamos a comparar!
Can you think of differences in accents or in expressions that people use in regions of Canada, the U.S., England and Australia?

¡Vamos a conversar!
Take turns telling each other what country you're in based on the name of the items.

MODELO: E1: *Necesito un camión.*
E2: *Estás (You are) en México.*

English Word	Spanish Words			
	SPAIN	**COLOMBIA**	**MEXICO**	**ARGENTINA**
car	coche	carro	carro	auto
apartment	piso	apartamento	departamento	departamento
bus	autobús	bus	camión	colectivo, micro
sandwich	bocadillo	sándwich	sándwich, torta	sándwich, bocadillo

¡Así lo hacemos!

Estructuras
4. Definite and indefinite articles; gender of nouns

Spanish, like English, has definite (*the*) and indefinite (*a, an, some*) articles. In Spanish, the forms of the definite and indefinite articles vary according to the *gender* (*masculine* and *feminine*) and *number* (*singular* and *plural*) of the noun to which they refer.

el libro, **los** libros   *the book, the books*
la silla, **las** sillas   *the chair, the chairs*

Los artículos definidos (*the*)

Spanish has four forms equivalent to the English definite article, *the*: **el**, **la**, **los**, **las**.

	Masculine		**Feminine**	
SINGULAR	**el** bolígrafo	*the pen*	**la** silla	*the chair*
PLURAL	**los** bolígrafos	*the pens*	**las** sillas	*the chairs*

◆ Use the definite article with titles when talking about someone, but not when addressing the person directly.

> **El** profesor Gómez habla español.   *Professor Gómez speaks Spanish.*
> ¡Buenos días, profesor Gómez!   *Good morning, Professor Gómez!*

Los artículos indefinidos (*a, an, some*)

Un and **una** are equivalent to *a* or *an*. **Unos** and **unas** are equivalent to *some* (or *a few*).

	Masculine		**Feminine**	
SINGULAR	**un** bolígrafo	*a pen*	**una** silla	*a chair*
PLURAL	**unos** bolígrafos	*some pens*	**unas** sillas	*some chairs*

◆ In Spanish, the indefinite article is omitted when telling someone's profession, unless you qualify them by using an adjective (good, bad, hard-working, etc.).

> Lorena es profesora de matemáticas.   *Lorena is a mathematics professor.*
> Lorena es **una** profesora buena.   *Lorena is a good professor.*

El género de los sustantivos

Words that identify people, places, or objects are called nouns. Spanish nouns—even those denoting nonliving things—are either masculine or feminine in gender.

Masculine		**Feminine**	
el hombre	*the man*	**la mujer**	*the woman*
el muchacho	*the boy*	**la muchacha**	*the girl*
el profesor	*the professor*	**la profesora**	*the professor*
el lápiz	*the pencil*	**la mesa**	*the table*
el libro	*the book*	**la clase**	*the class*
el mapa	*the map*	**la universidad**	*the university*

◆ Most nouns ending in **-o** or those denoting males are masculine: **el libro, el hombre**. Most nouns ending in **-a** or those denoting females are feminine: **la mesa, la mujer**. Some common exceptions are: **el día** *(day)* and **el mapa**, which are masculine. Another exception is **la mano** *(hand)*, which ends in **-o** but is feminine.

! Study tips

Gender of nouns
Here are some tips to help you remember the gender of some nouns.

1. Many person nouns have corresponding masculine **-o** and feminine **-a** forms.

   el muchacho / la muchacha   el niño / la niña *(boy / girl)*

2. Most masculine nouns ending in a consonant simply add **-a** to form the feminine.

   el profesor / la profesora   el león / la leona   un francés / una francesa

3. Certain person nouns use the same form for masculine and feminine, but the article used will show the gender.

el estudiante / la estudiante **el artista / la artista**

4. If it is provided, the article will tell you what the gender of the noun is.

una clase **un** lápiz **unos** pupitres

5. Most nouns ending in **-ad, -ión**, **-ez**, **-ud**, and **-umbre** are feminine.

la universidad **la nación** **la niñez** *(childhood)* **la juventud** *(youth)* **la legumbre** *(vegetable)*

6. Most nouns ending in **-ema** are masculine.

el problema **el sistema** **el tema** *(theme)*

Practiquemos

1-26 ¿Qué son? Identify the people and objects in the classroom. Use the definite article.

MODELO: *El número uno es la estudiante.*

1-27 Los artículos. Which definite article (**el**, **la**) is used with these nouns? Which indefinite article (**un**, **una**)?

1. _____ bolígrafo
2. _____ pizarra
3. _____ escritorio
4. _____ mochila
5. _____ luz
6. _____ papel
7. _____ pared
8. _____ reloj
9. _____ pupitre
10. _____ mapa
11. _____ hombre
12. _____ mujer
13. _____ día
14. _____ tarde
15. _____ noche
16. _____ universidad
17. _____ lección
18. _____ problema

5. Plural nouns

Singular	Plural	Singular	Plural
el muchacho	los muchacho**s**	la mujer	las mujer**es**
el hombre	los hombre**s**	el profesor	los profesor**es**
la mesa	las mesa**s**	el lápiz	los lápi**ces**

♦ Nouns that end in a vowel form the plural by adding **-s**.

mesa → **mesas**

♦ Nouns that end in a consonant or a stressed vowel add **-es**.

mujer → **mujeres** **ají** → **ajíes**

♦ Nouns that end in **-s** don't change in the plural.

el lunes, los lunes **la dosis, las dosis**

♦ Nouns that end in a **-z** change the **z** to **c**, and add **-es**.

lápiz → **lápices**

♦ When the last syllable of a word that ends in a consonant has an accent mark, the accent is no longer needed in the plural.

lección → **lecciones**

Practiquemos

1-28 Más de uno. Give the plural form of each of these nouns.

MODELO: el libro

➡ *los libros*

1. la profesora	7. el borrador	13. un hombre
2. el bolígrafo	8. la pared	14. una luz
3. la silla	9. el lápiz	15. una lección
4. el escritorio	10. el lunes	16. un día
5. la estudiante	11. un papel	17. un mapa
6. el pupitre	12. una mujer	18. un sistema

1-29 En la clase de español. Complete the paragraph about a Spanish class using the correct form of the definite or indefinite article in each blank.

En (1)___ clase de español, hay (2)___ mapa, (3)___ pizarra, (4)___ escritorio, (5)___ sillas y (6)___ pupitres. (7)___ estudiantes son (*are*) muy inteligentes. (8)___ profesor / profesora es (9)___ señor / señora / señorita… Todos (*All of*) (10)___ estudiantes preparan (*prepare*) (11)___ lección.

1-30A ¿Qué hay en la clase? Ask your classmate questions about your classroom. Then respond to questions s/he asks you.[1]

MODELO: E1: ¿Cuántos estudiantes hay en la clase?

　　　　　E2: *Hay veinticuatro.*

1. ¿Cuántos estudiantes hay en la clase?
2. ¿Qué hay en la pizarra?
3. ¿Hay un mapa?
4. ¿Cuántas ventanas hay?
5. ¿Cuántas sillas hay?
6. ¿Hay algo más (*anything else*)?

1-31A ¿Qué necesita? Ask each other what the following people or places need. Use the indefinite article.

MODELO: E1: ¿Qué necesita un profesor de informática (*computer science*)?

　　　　　E2: *Un profesor de informática necesita una computadora,…*

bolígrafos	cuaderno	mapas	papeles	reloj
borradores	diccionario	mesa	paredes	sillas
calculadora	estudiantes	puerta	ventanas	computadora
libros	mochila	pupitres		

¿Qué necesita…
1. un profesor de historia?
2. una profesora de japonés?
3. un matemático?
4. una profesora de ingeniería?

6. Adjective form, position, and agreement

Descriptive adjectives, such as those denoting size, colour, shape, etc., describe and give additional information about objects and people.

un libro **romántico**	*a romantic book*
una clase **pequeña**	*a small class*
un cuaderno **rosado**	*a pink notebook*

---

[1] To ask *How many?*, use the question word **¿Cuánto/a(s)?** Like regular adjectives, **¿Cuánto?** must agree in number and gender with the noun it modifies.

◆ Adjectives agree in gender and number with the noun they modify, and they generally follow the noun. Note that adjectives of nationality are not capitalized in Spanish.

el profesor **colombiano**	*the Colombian professor*
la señora **mexicana**	*the Mexican lady*
los estudiantes **españoles**	*the Spanish students*

◆ Adjectives whose masculine form ends in **-o** have a feminine form that ends in **-a**.

el profesor **argentino**	*the Argentinian professor* (male)
la profesora **argentina**	*the Argentinian professor* (female)

◆ Adjectives ending in a consonant or **-e** have the same masculine and feminine forms.

un carro **azul**	*a blue car*	un libro **grande**	*a big book*
una silla **azul**	*a blue chair*	una clase **grande**	*a big class*

◆ Adjectives of nationality that end in a consonant, and adjectives that end in **-dor,** add **-a** to form the feminine. If the masculine has an accented final syllable, the accent is dropped in the feminine and the plural forms.

la estudiante **española**	*the Spanish student (from Spain)*
una mochila **francesa**	*a French backpack*
unos libros **franceses**	*some French books*
una profesora **trabajadora**	*a hard-working professor*

◆ The plural form of adjectives, like nouns, adds **-s** to vowels and **-es** to consonants.

Singular	Plural	Singular	Plural
mexicano	mexicano**s**	trabajador	trabajador**es**
española	española**s**	especial	especial**es**
inteligente	inteligente**s**	popular	popular**es**

Practiquemos

1-32 La concordancia (*agreement*). Make the following sentences plural. Note that the plural of **es** is **son**.

MODELO: El bolígrafo azul es caro.
➥ *Los bolígrafos azules son caros.*

1. La clase pequeña es interesante.
2. La silla azul es buena.
3. La mochila verde es grande.
4. El cuaderno gris es barato.
5. El escritorio grande es caro.
6. El estudiante francés es tímido.
7. La muchacha japonesa es trabajadora.
8. El muchacho mexicano es inteligente.
9. La profesora española es simpática.
10. La estudiante argentina es extrovertida.

1-33 La concordancia. In the following sentences, make the masculine forms feminine and the feminine forms masculine.

MODELO: El profesor argentino es simpático.
➡ *La profesora argentina es simpática.*

1. El estudiante francés es tímido.
2. La muchacha japonesa es trabajadora.
3. La mujer canadiense es inteligente.
4. Las profesoras españolas son simpáticas.
5. Los estudiantes mexicanos son buenos.
6. Los señores colombianos son interesantes.

1-34 ¿De qué color? Look at the following items in your classroom and say what colour they are.

MODELO: las pizarras
➡ *Las pizarras son negras.*

1. las sillas
2. las mesas
3. los bolígrafos
4. las mochilas

5. las paredes
6. los papeles
7. los cuadernos
8. los lápices

1-35 ¿Cómo es? ¿Cómo son? Combine nouns and adjectives to make logical sentences in Spanish. Remember that articles, nouns, and adjectives agree in gender and number.

MODELOS: la profesora
➡ *La profesora es simpática.*

los estudiantes
Los estudiantes son buenos.

el libro de español		fascinante
el profesor		interesante
la profesora		simpático / antipático
las sillas		aburrido / emocionante
la clase		inteligente / tonto
los estudiantes	es / son	bueno / malo
la pizarra		canadiense / español, etcétera
mi (*my*) mochila		rojo / anaranjado / amarillo / negro, etcétera
el bolígrafo		barato / caro
la universidad		grande / pequeño
los cuadernos		trabajador / perezoso

Más fresco que la fruta

PALIFRUTA

100% x 100% Natural

Grosella

Limón

SIN CONSERVANTES
SIN COLORANTES
SIN SABORES ARTIFICIALES

PARA LLEVAR : 24 uds. en 2 sabores
DE VENTA EXCLUSIVA EN TIENDAS

Heladerías Zanzíbar®

1-36 PALIFRUTA. Answer these questions based on the ad.

1. ¿Cuántos palifrutas hay?
2. ¿De qué color es el palifruta de limón?
3. ¿De qué color es el palifruta de grosella?
4. ¿Son buenos o malos los palifrutas? ¿Por qué?
5. ¿Los palifrutas son buenos en el verano o en el invierno?

1-37 ¿Cómo eres? Ask some of your classmates what they are like.

MODELO: E1: *¿Cómo eres?*
E2: *Soy inteligente y simpático. ¿Y tú?*
E1: *Soy...*

simpático / antipático	interesante / aburrido	inteligente / tonto
tímido / extrovertido	trabajador / perezoso	optimista / pesimista
paciente / impaciente	grande / pequeño	bueno / malo

1-38 Una encuesta. Take a survey of class members to find out what they consider to be ideal qualities of the following people, places, and things. Respond with your own opinions as well. You may wish to refer to the lists of adjectives in **1-35** and **1-37** above.

MODELO: E1: ¿Cómo es la clase ideal?
E2: *La clase ideal es pequeña.*
E1: *La clase ideal es interesante.*

1. ¿Cómo es la clase ideal?
2. ¿Cómo es el/la profesor/a ideal?
3. ¿Cómo es el/la amigo/a ideal?

4. ¿Cómo es el libro ideal?
5. ¿Cómo es la universidad ideal?

Observaciones

Toño Villamil y otras mentiras (*deceptions*), Episodio 1

Toño Villamil y otras mentiras is an ongoing *telenovela* that takes place in the small Mexican town of Malinalco.

1-39 ¿Cómo es Malinalco? Read the description below about where the town is located and answer in English the questions that follow.

Malinalco está *(is located)* a 115 kms. de la Ciudad de México, en la parte central de la República de México. En coche, el viaje de la Ciudad de México a Malinalco dura *(lasts)* una hora y 35 minutos. En autobús desde la Ciudad de México hay dos salidas *(departures)* diarias desde la estación de Observatorio a las 3:00 y a las 5:00 de la tarde en la línea "Estrella Blanca". El viaje en autobús es de la Ciudad de México a Toluca, de Toluca a Tenango y de Tenango a Joquicingo. En Joquicingo es necesario tomar un taxi por 20 kms. hasta Malinalco.

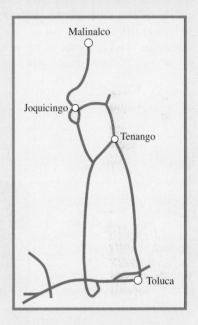

1. How far is Malinalco from Mexico City?
2. How long does it take to get there by car?
3. What bus line can also take you most of the way?
4. How many buses go each day?
5. What is the name of the town where the bus stops last?
6. How do you get the last few miles to Malinalco?
7. Judging from the location, do you think Malinalco receives many tourists? Why, or why not?

1-40 Lucía, Isabel y Toño. Watch the first episode of *Toño Villamil y otras mentiras*. The three main characters are Lucía, Isabel and Toño. Judging from the title and the genre, what do you think it will be about? Keep this question in mind as you watch the video. Then answer the following.

1. La maleta de Lucía es…
   roja _____
   negra _____
   amarilla _____

2. La mochila (*backpack*) de Isabel es…
   azul _____
   blanca _____
   roja _____

3. El chofer (*driver*) lleva (*is wearing*) unos pantalones…
   grises _____
   marrones _____
   azules _____

4. Los trajes de los dos niños son de color blanco y…
   rojo _____
   azul _____
   negro _____

WWW. 1-41 Malinalco. Connect with the *¡Arriba!* Web site (**www.prenhall.com/arriba**) to see photographs of Malinalco and write three adjectives to describe it.

MODELO: *Malinalco es un pueblo…*

Nuestro mundo

Los países de nuestro mundo

1-42 ¿Qué sabes tú? (What do you know?) Work with a class-mate to supply as much of the following information as you can.

1. algunos países y capitales de habla española
2. un bosque lluvioso tropical (*rain forest*)
3. la ciudad más poblada (*populated*) de las Américas
4. el número de países independientes de habla española
5. el número de personas de habla española en el Canadá
6. los países de la Península Ibérica
7. las tres Américas: La América del ___, la América ___ y la América del ___
8. las islas del Caribe donde se habla español: ___ y ___
9. tres ciudades del Canadá donde hay muchos hispanohablantes

La presencia de los hispanos en el Canadá se nota en varias partes, especialmente en las ciudades grandes de Toronto (83.245), Montreal (63.305) y Vancouver (16.720).
Hispanic Canada
http://www.canucklinks.com/hispanic.htm

Map labels:
Vancouver — AMÉRICA DEL NORTE
OCÉANO PACÍFICO
OCÉANO ATLÁ
Montreal
Toronto
HONDURAS
CUBA
REPÚBLICA DOMINICANA
MÉXICO
GUATEMALA
EL SALVADOR
NICARAGUA
AMÉRICA CENTRAL
PANAMÁ
COLOMBIA
ECUADOR
PERÚ
PUERTO RICO
COSTA RICA
VENEZUELA
AMÉRICA DEL SUR
BOLIVIA
CHILE
PARAGUAY
ARGENTINA
URUGUAY

Muchas capitales suramericanas son metrópolis grandes y modernas con sus rascacielos (*skyscrapers*), su comercio, su gente y su contaminación (*pollution*). Santa Fe de Bogotá, la capital de Colombia, incluye un nombre con origen indígena (Bogotá) y español (Santa Fe).
Bogotá D.C.
http://www.bogota-dc.com/

Algunas de las plantas de esta región tienen valor medicinal.
Diccionario On Line de las Plantas Medicionales
http://usuarios.arsystel.com/p.m

EUROPA

ÑA

ÁFRICA

UINEA
ORIAL

OCÉANO
PACÍFICO

A S I A

OCÉANO
ÍNDICO

AUSTRALIA

ANTÁRTIDA

Hoy en día, la comunicación entre España y las
Américas depende de varios medios modernos de
comunicación.
Spanish Speaking World
**http://www.cas.usf.edu/languages/spanish/
world.htm**

La topografía, el clima y la economía de Suramérica varían
de región en región. La majestuosa cordillera de los Andes,
donde hace mucho frío (*it's very cold*) y donde hay poca
vegetación contrasta con la rica y calurosa (*warm*) zona del
Amazonas.

La calurosa zona del Amazonas
Latin America
http://www.geographia.com/indx05.htm

1-43 ¿Dónde está...? (*Where is... ?*) Take turns naming and locating places in the Spanish-speaking world.

MODELO: E1: *¿Dónde está Madrid?*
E2: *Está en España.*

1-44 ¿Cómo es? Working with a classmate, complete the information missing from the chart below. (Note: some answers will vary.)

MODELO: *Cuba*, pequeña, La Habana, *el Caribe*

País	Extensión	Capital	Lugar
1. _____	pequeña	La Habana	_____
2. Colombia	grande	_____	_____
3. _____	grande	Buenos Aires	_____
4. _____	_____	Caracas	Suramérica
5. _____	_____	Ottawa	_____
6. _____	_____	San Salvador	_____
7. _____	grande	_____	_____
8. _____	pequeña	_____	_____
9. _____	_____	Santo Domingo	el Caribe
10. _____	_____	San José	_____

1-45 Conexiones. Consult an encyclopedia, world almanac, or the World Wide Web to find out the following information about the Hispanic world.

1. a Central American country where English is the official language
2. the five smallest countries
3. the three longest rivers
4. the name of an active volcano
5. three important mountain ranges
6. the highest navigable lake
7. a city in Canada with a large Spanish-speaking population.

Ritmos

"Huracán" (Natalia Oreiro, Uruguay)

This contemporary song (from Uruguay) displays different Spanish and Latin American musical influences such as flamenco, salsa, and tropical and incorporates them into a dance-pop rhythm.

Antes de escuchar (Pre-listening)

1-46 El qué dirán. Many countries have expressions and sayings that are commonly used in colloquial speech. In "Huracán" the narrator says she does not care about **el qué dirán.** Roughly translated, this means *what people say* and refers to gossip or hearsay. What sayings from your country or the region where you live can you think of? How do they compare with those of your classmates?

1-47 La canción. With a classmate skim the lyrics to the chorus of "Huracán" below and then look at the list of possible themes: **el amor**, **la independencia**, **la política**, **la vida**, **el tiempo**, **la escuela.**

What do you think this song is about? Why do you think the narrator calls herself **un huracán?**

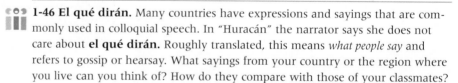

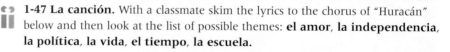

Aunque digan lo que digan	Aunque digan lo que digan
No me importa el qué dirán	No me importa el qué dirán
Sólo basta una mirada	No me importa qué murmuran
Y desato un huracán	Porque soy un huracán

A escuchar *(Listening)*

1-48 Huracán. Here are some of the words in the song. Try to match them with their meaning. Then practice changing the definite articles to their plural forms; change the nouns to the plural form as well. What would be the correct singular and plural forms of the indefinite article for these terms?

1. el sol   _____ a. hurricane
2. el cielo   _____ b. water
3. la mirada   _____ c. sun
4. el huracán   _____ d. salt
5. el agua   _____ e. wind
6. el viento   _____ f. soul
7. la sal   _____ g. glance
8. el alma   _____ h. heaven

Después de escuchar *(Post-listening)*

1-49 ¿Cuál es tu opinión? Now that you are familiar with the song "Huracán," indicate in the spaces below which of the following statements describe the narrator **(N)** and/or the song **(S)** itself.

_____ Es extrovertida.   _____ Es buena.
_____ Tiene un ritmo bueno.   _____ Tiene una letra poética.
_____ Es emocionante.   _____ Es señorita.
_____ Es aburrida.   _____ Es interesante.
_____ Es inteligente.   _____ Es simpática.

1-50 Tus amigos y tú. Which of these statements apply to you? To your classmates? To your friends and family? Use the verb **ser** to write sentences that describe yourself, your classmates, and your friends and family.

Páginas

La búsqueda, Episodio 1

Many of the readings that you will find in the reading section, **Páginas**, come from the Spanish-speaking world and were written for native Spanish speakers. Remember that you are not expected to understand every word. Try to follow the main ideas of the passage by gleaning essential information from the context. The related activities will help you develop reading-comprehension strategies.

Estrategias

Los cognados. Spanish and English share many cognates, words that are identical or similar in the two languages, for example, **profesor** / *professor* and **universidad** / *university*. When you read Spanish, cognates will help you understand the selection.

A. Busca los cognados. Skim the selection from *La búsqueda* and list the cognates you see. For each cognate, guess the meaning of the sentence or document in which it appears.

B. Adivina. Based on the information you gleaned from working with the cognates, guess what kind of story this is. Explain.

___ una historia de amor
___ una historia de detectives
___ una historia de aventura
___ una sátira

La búsqueda, **Episodio 1**

1-51 ¿Comprendiste? Complete each statement as it relates to *La búsqueda.*

1. La mujer se llama ___.
   a. María Flores del Val   b. Lucho Santander

2. La mujer necesita conversar con un hombre en ___.
   a. Agencia MusaMax   b. el festival

3. El festival celebra el día de la ___.
   a. mochila roja   b. raza

4. La contraseña (*password*) es ___.
   a. tengo un bolígrafo gris.   b. Ana Florencia

---

[1] **El día de la raza** is celebrated on Columbus Day.   [2] parade   [3] nickname

5. El festival es en ___.
   a. Avenida Seis   b. Santander

6. Hay un pasaporte y un boleto de avión (*plane ticket*) en ___.
   a. la mochila negra   b. el cuaderno verde

7. Ahora, según (*according to*) el pasaporte, la mujer se llama ___.
   a. Ana Florencia del Río.   b. Cádiz

8. La mujer necesita ___.
   a. la mochila negra   b. apodo (*nickname*)

1-52 ¿Qué pasa? Discuss what you think is going on in the reading. Use the following questions as a guide.

1. ¿Qué tipo de historia es **La búsqueda**?
2. ¿Quién es el hombre de suéter anaranjado?
3. ¿Es bueno o malo el hombre vestido de (*dressed in*) negro?
4. ¿Cuántas mochilas hay en la ventana del hotel?
5. ¿Necesita María la mochila negra?
6. ¿Es interesante este tipo de historia?

¡Escucha!

Una autobiografía. Listen to María Flores describe herself and write as much information about her as you can.

María Flores es _____.
La Agencia MusaMax es _____.
Los detectives son _____.
María Flores es_____ y _____.
Es de _____.
Tiene _____ años. (*She's X years old.*)

Taller

Una carta de presentación

When you write a letter of introduction, you want to tell something about your physical and personal characteristics, and something about your life. In this first introduction, think of information you would share with a potential roommate. Follow the steps below to write five sentences in Spanish to include with a housing application.

1. **Preparación.** Write a list of adjectives that you identify with yourself.
2. **Introducción.** Introduce yourself.
3. **Descripción.** Using adjectives from your list, describe what you are like. Use the connector **y** (*and*) to connect thoughts.
4. **Estudios.** Say something about your classes and/or professors.
5. **Revisión.** Go back and make sure all of your adjectives agree in gender and number with the nouns they modify.
6. **Intercambio.** Exchange your description with a classmate's, make suggestions and corrections, and add a comment about the description.
7. **Entrega.** Rewrite your letter, incorporating your classmate's suggestions. Then turn in the letter to your instructor.

MODELO: *Edmonton, Alberta*
   ➥ *25 de septiembre de 2005*
   ➥ *¡Hola!*
   ➥ *Me llamo… Soy… No soy… Tengo clases… y… (etcétera)*
   ➥ *¡Hasta pronto!*
   ➥ *(firma) (signature)*

Lección

2

¿De dónde eres?

Pablo Picasso, pintor prolífico, nació en Málaga. Esta obra es una de sus más famosas.

Comunicación

Primera parte

¡Así es la vida!

¿Quién soy?

—¡Hola! Me llamo José Ortiz. Soy estudiante de la Universidad de Salamanca,[1] pero originalmente, soy de la República Dominicana. Tengo muchos nuevos amigos.

La muchacha morena se llama Isabel Rojas Lagos. Es de Sevilla. Es inteligente y muy trabajadora. También es muy simpática.

El muchacho rubio se llama Daniel Gómez Mansur. Es de Madrid, la capital de España. Es alto y delgado.

Paco: ¿De dónde eres tú, María?

María: Soy de Valencia, pero mis padres son cubanos. Y tú, ¿de dónde eres?

Paco: Soy de Santander.

María: ¿Cuándo son tus clases, por la mañana o por la tarde?

Paco: Mis clases son por la mañana.

María: ¿Qué hora es?

Paco: Son las nueve de la mañana.

María: ¡Ay! ¡Mi clase de álgebra es a las nueve! Mucho gusto y hasta pronto.

Paco: ¡Hasta luego, María!

Carlos: ¿Ustedes son puertorriqueñas?

Lupe: No, somos venezolanas.

Carlos: ¿Verdad? Yo también soy venezolano.

Lupe: ¿Sí? ¿De qué ciudad eres?

Carlos: De Caracas.

Lupe: ¡Ay! ¡Nosotras también!

Carlos: ¡Qué coincidencia!

¡Escucha!

¿Quién eres tú? Listen to José and his friends. Then, based on the information in **¡Así es la vida!**, write the number of each monologue next to the corresponding name.

MODELO: Mis padres son de Cuba.
　　　　➡ *María*

___ Isabel　___ Daniel　___ María　___ Carlos　___ Lupe　___ José

[1] La Universidad de Salamanca is the oldest university in Spain, and students from around the world come to study here in special programs as well as in the regular curriculum.

Adjetivos de nacionalidad[1]

canadiense

español/a

norteamericano/a*

mexicano/a

cubano/a
dominicano/a
puertorriqueño/a

guatemalteco/a

hondureño/a
panameño/a

salvadoreño/a

nicaragüense
venezolano/a

costarricense
colombiano/a

ecuatoriano/a

peruano/a

boliviano/a

paraguayo/a

chileno/a
uruguayo/a

argentino/a

*The terms **norteamericano/a** and **estadounidense** are used to refer to someone from the United States. The adjective **americano/a** can refer to a person from any country in the Americas (North, Central, and South).

Palabras (*Words*) interrogativas

¿Cómo?	*How? What?*
¿Cuál(es)?	*Which (ones)? What?*
¿Cuándo?	*When?*
¿De dónde?	*Where from?*
¿De qué?	*From which? Of what?*
¿De quién(es)?	*Whose?*
¿Por qué?	*Why?*
¿Qué?	*What?*
¿Quién(es)?	*Who?*

Los lugares (*places*)

la capital	*capital city*
la ciudad	*city*
el país	*country*

Las personas

el/la amigo/a	*friend*
la madre	*mother*
el/la muchacho/a	*the boy/girl*
el/la novio/a	*boyfriend/girlfriend; fiancé/fiancée*
el padre	*father*
los padres	*parents*

[1] Adjectives of nationality are not capitalized in Spanish.

Adjetivos descriptivos

alta/bajo

rica/pobre

morena/rubia

vieja

joven

bonita

delgado/gordito

nuevo

flaco/gordo

feo/guapo

Expresiones adverbiales

ahora (mismo)	*(right) now*
entonces	*then*
muy	*very*
por la mañana	*in (during) the morning*
(tarde/noche)	*(afternoon/evening)*
también	*also*
tarde	*late*
temprano	*early*

Conjunciones

pero	*but*
porque	*because*

Otras palabras y expresiones

débil	*weak*
¿De veras?/ ¿Verdad?	*Is that right? Really?*
la fiesta	*party*
fuerte	*strong*
¿Qué hora es?	*What time is it?*
Es la una.	*It's one o'clock.*
Son las nueve...	*It's nine (o'clock)…*
...de la mañana	*...in the morning*
(tarde/noche)	*(afternoon/night)*

Comparaciones...
Nombres, apellidos y apodos

People with Hispanic backgrounds generally use both their paternal surname (**el apellido paterno**) and maternal surname (**el apellido materno**). For example, María Fernández Ulloa takes her first surname, Fernández, from her father and her second, Ulloa, from her mother. Many Hispanic women keep their paternal surname when they marry. They may attach their husband's paternal surname using the preposition **de**. For example, if María Fernández Ulloa marries Carlos Alvarado Gómez, her married name might be María Fernández de Alvarado. Many would refer to her as **la señora de Alvarado**, and to the couple as **los Alvarado**, although María would be known as María Fernández, as well.

The use of a nickname (**apodo**) in place of a person's first name is very common in Hispanic countries. A person's nickname is often a diminutive form of his/her given first name formed using the suffix **-ito** for men or **-ita** for women. For example, **Clara** becomes **Clarita.** As in English, there are also conventional nicknames like those listed below.

Male		Female	
Alejandro	Alex, Alejo	Ana	Anita
Antonio	Tony, Toño	Carmen	Menchu
Enrique	Quique, Quiqui	Concepción	Concha
Francisco	Paco, Pancho	Dolores	Lola
Guillermo	Memo, Guille	Graciela	Chela
José	Pepe, Chepe, Cheo	Guadalupe	Lupe
Ignacio	Nacho	María Isabel	Maribel, Mabel, Chabela
Luis	Lucho	María Luisa	Marilú
Manuel	Manolo	Mercedes	Mencha, Meche
Ramón	Mongo, Moncho	Rosario	Charo, Chayo
Roberto	Beto	Teresa	Tere

Juan Carlos Etchart
Mirta M.C. Torres
de Etchart

Consultores

Calle Felipe Serrate 1665
48013 Bilbao, España

Carmen Herrera Sáenz
INGENIERA DE SISTEMAS

TVA. ARQUITECTO – 72
C/José Cadalso
Teléfono 965-26 54 48
Salamanca 37008

Nombre: Francisco

Apellidos: Betancourt Sánchez

Domicilio: Cornelio Porro #7,
Camagüey, Cuba

Universidad: Salamanca

Josefina Beatriz Reyes
ABOGADA

Plaza Mane y Flaquer, 14 bajos
08006 Barcelona, España

Ceferino García González
c/Real 14, 3ro 1zdo
Madrid, España
no 8 59-95-94

¡Vamos a comparar!

1. Do women in Canada and the U.S. keep their maiden names after marriage?
2. The Hispanic system places the paternal **before** the maternal surname. Do people in Canada and the U.S. ever use two surnames? In what order are they generally used?

¡Vamos a conversar!

Take turns asking and answering the following questions according to the information on the business cards above.

1. ¿Cuál es el apellido paterno de Ceferino?
2. ¿Cuál es el apellido materno de Carmen?
3. ¿Son casados (*married*) Juan y Mirta?
4. ¿Dónde estudia (*study*) Francisco Betancourt? ¿Cuál es su (*his*) apodo?
5. ¿Cuál es tu apellido materno? ¿paterno?
6. ¿Cuál es tu apodo?

Practiquemos

2-1 ¿Cierto o falso? A/ Indicate whether the following statements are true **(cierto)** or false **(falso)** according to the picture of these students. Correct any false statements.

MODELO: Gonzalo es perezoso.
> ➤ *Falso. Es trabajador.*

1. Eugenio es alto.
2. María es gorda.
3. Antonio es alto.
4. Laura es rubia.

5. Gonzalo es joven.
6. Virginia es morena.
7. Alicia es joven.
8. Juan es fuerte.

B/ Now, indicate whether the following are true **(cierto)** or false **(falso)** for you, and correct any false statements.

MODELO: Soy antipático/a.
> ➤ *Falso. Soy simpático/a.*

1. Soy alto/a.
2. Mis padres son canadienses.
3. Mis amigos son ricos.
4. Mi profesor/a es rubio/a.

5. Mi universidad es grande.
6. Mi madre es baja.
7. Mi mochila es morada.
8. Mi ciudad es pequeña.

2-2 ¿Cómo lo decimos? Complete each of the statements with an appropriate word or phrase from **¡Así lo decimos!**

MODELO: Argentina es un *país* de Suramérica.

1. Bogotá es una _____ colombiana.
2. Lima es la _____ del Perú.
3. Buenos Aires es muy _____ y cosmopolita.
4. Bolivia es un _____.
5. La Ciudad de México no es pequeña. Es _____ grande.
6. Enrique no es moreno. Es _____.
7. Mi madre y mi padre son mis _____.
8. La clase de español es por la _____.

2-3 En una fiesta. Complete the conversation with words from the list.

ciudad	dominicano	capital	dónde
cómo	también	me llamo	verdad

    Juan: ¡Hola! Soy Juan Luis Ruiz. ¿(1)_____ te llamas?
    María: (2)_____ María del Sol. ¿De (3)_____eres, Juan?
    Juan: Soy (4)_____.
    María: ¿(5)_____? ¡Yo (6)_____! ¿De qué (7)_____ eres?
    Juan: Soy de la (8) _____.

2-4A ¿De dónde es? Take turns asking each other the country of origin and the nationality of these famous people. You will each ask the origin of the people for whom no country is indicated. Your partner will start.

MODELO: el rey Juan Carlos
        E1: *¿De dónde es el rey Juan Carlos?*
        el rey Juan Carlos/España
        E2: *Es de España. Es español.*

1. Fidel Castro/Cuba
2. Isabel Allende/Chile
3. Gabriel García Márquez/Colombia
4. Sammy Sosa/la República Dominicana

5. ¿Jorge Luis Borges?
6. ¿Jorge (Papo) Ross?
7. ¿Laura Esquivel?
8. ¿Rubén Blades?

2-5 Preguntas. Take turns interviewing your partner. Note that questions 1 and 2 review structures that you learned in Lección 1.

MODELO: E1: ¿Cuándo es la clase de español?
E2: *Es por la mañana.*

1. ¿Cómo te llamas?
2. ¿Cómo estás?
3. ¿De dónde eres?
4. ¿Cuál es tu nacionalidad?

5. ¿Cómo son tus amigos?
6. ¿Cómo es el/la profesor/a?
7. ¿Cómo son tus clases?
8. ¿Cuándo son tus clases hoy?

2-6 ¿Cómo son? Write short descriptions for these people and places. Then, compare your descriptions with those of your partner.

MODELO: la universidad
E1: *La universidad es pequeña.*
E2: *Sí, es pequeña./ No, es grande.*

1. la universidad
2. el/la profesor/a
3. la ciudad
4. la clase de español

5. mi madre
6. mi padre
7. mi mejor *(best)* amiga
8. mi mejor amigo

Pronunciación

Linking

In Spanish, as in English, speakers group words into units that are separated by pauses. Each unit, called a breath group, is pronounced as if it were one long word. In Spanish, the words are linked together within the breath group, depending on whether the first word ends in a consonant or a vowel.

1. In a breath group, if a word ends in a vowel and the following word begins with a vowel, the vowels are linked.

   Tú eres de la capital. (**Túe**-res de la ca-pi-tal)

   ¿Cómo estás tú? (¿Có-**moes**-tás-tú?)

2. When the vowel ending one word and the vowel beginning the next word are identical, they are pronounced as one sound.

   una amiga (u-**na**-mi-ga)

3. If a word ends in a consonant and the following word begins with a vowel, the consonant and vowel become part of the same syllable.

   ¿Él es de Puerto Rico? (¿É-**les**-de-Puer-to-Ri-co?)

Pronunciemos

¡Así es la vida! Practice reading aloud **¡Así es la vida!** using Spanish linking patterns.

MODELO: *Ho-la/Me-lla-mo-Jo-séOr-tiz*

¡Así lo hacemos!

Estructuras

1. Subject pronouns and the present tense of *ser* (*to be*)

Los pronombres del sujeto

In Spanish, subject pronouns refer to people (*I, you, he*, etc.). They are not generally used for inanimate objects or animals (except for addressing pets).

	Singular		Plural	
1st person	**yo**	*I*	**nosotros/nosotras**	*we*
2nd person	**tú**	*you* (inf.)	**vosotros/vosotras**	*you* (inf., Spain)
3rd person	**usted**	*you* (form.)	**ustedes**	*you* (form.)
	él	*he*	**ellos**	*they* (masc.)
	ella	*she*	**ellas**	*they* (fem.)

- In Spanish, there are four ways to express *you*: **tú, usted, vosotros/as,** and **ustedes. Tú** and **usted** are the singular forms. **Tú** is used in informal situations in which you are addressing friends, family members, and pets. **Usted** denotes formality or respect and is used to address someone with whom you are not well acquainted, or a person in a position of authority, such as a supervisor, teacher, or elder. Use **usted** with people with whom you are not on a first-name basis. When in doubt, it is advisable to opt for the more formal **usted.** In the families of some Hispanic countries, children use **usted** and **ustedes** to address their parents as a sign of respect.
- **Vosotros/as** and **ustedes** are the plural counterparts of **tú** and **ustedes,** but in most of Latin America, **ustedes** is used for both the familiar and formal plural *you.* **Vosotros/as** is used in Spain to address more than one person in a familiar context; e.g., a group of friends or children.[1]
- **Usted** and **ustedes** may be abbreviated as **Ud.** and **Uds.**
- In some parts of Latin America, including Costa Rica, Argentina, Uruguay, and parts of Colombia, the pronoun **vos** is commonly used instead of **tú.** Its corresponding verb forms differ as well.
- Because the verb form indicates the subject of a sentence, subject pronouns are usually omitted unless they are needed for clarification or emphasis.

    ¿Eres de Puerto Rico?   *Are you from Puerto Rico?*
    Yo no, pero **ellos** sí son de Puerto Rico.   *I'm not, but they're from Puerto Rico.*

- **Usted** and **ustedes,** like **él, ella, ellos,** and **ellas,** are third-person forms; therefore, have the same verb conjugations and share many pronoun forms.
- The masculine plural forms (**nosotros, vosotros, ellos**) are used for groups of males and females.

---

[1] *¡Arriba!* uses ustedes as the plural of tú except where cultural context would require otherwise.

El presente de *ser (to be)*

¡Nosotras somos bailarinas!

ser (to be)					
	Singular			**Plural**	
yo	**soy**	*I am*	nosotros/as	**somos**	*we are*
tú	**eres**	*you are* (inf.)	vosotros/as	**sois**	*you are* (inf.)
él/ella	**es**	*he/she is*	ellos/as	**son**	*they are*
Ud.	**es**	*you are* (form.)	Uds.	**son**	*you are* (form.)

◆ **Ser** is an irregular verb whose forms do not follow a set pattern.
◆ **Ser** is used to express origin, occupation, or inherent qualities.

¿De dónde **eres**?	*Where are you from?*
Soy de Ontario.	*I am from Ontario.*
Mi padre **es** profesor.	*My father is a professor.*
Ustedes **son** muy pacientes.	*You are very patient.*

Study tips

Conjugating verbs in Spanish

1. You must learn six basic forms for each verb. Remember that **usted, él,** and **ella** have the same verb form, as do **ustedes, ellos,** and **ellas**.
2. Pay close attention to the verb ending, which tells you who the subject is. The absence of an easily-recognized subject can be difficult for English-speakers, who are used to looking for a noun or pronoun subject in most sentences. Once you can recognize the patterns in Spanish verb conjugation, it will be easy to identify the subject.
3. Practice out loud by saying sample sentences in which you use the target verb forms. For example, how many sentences can you say about yourself using **soy**? (**Soy estudiante. Soy inteligente. Soy de... No soy... No soy de...**, etc.)

Practiquemos

2-7 ¿Quién es? Choose the appropriate **subject pronoun** for each noun subject. *Careful: There may be more than one correct answer.*

MODELO: Maribel (él, ella, usted, ellos, tú)
➡ *ella*

1. Susana y yo (yo, tú, ella, nosotros, ellos)
2. Juan y Paco (ellos, nosotros, ustedes, él, vosotros)
3. las profesoras (ellos, ellas, nosotras, ustedes, vosotras)
4. tú y yo (tú, yo, nosotros, ustedes, vosotros)
5. Ustedes y ella (nosotros, ellos, ustedes, vosotros, ellas)
6 Francisco (yo, tú, él, ella, usted)
7. Anita, Carmen y Pepe (ustedes, ellas, ellos, vosotros, nosotros)
8. Beto, Sandra y tú (ellos, ellas, nosotros, vosotros, ustedes)

2-8 En la clase. Repeat the following sentences, changing the underlined verbs to agree with the subjects given in parentheses. *Note: It is not necessary to repeat the subject pronouns.*

MODELO: <u>Soy</u> de la capital. (Tú...)
> ➡ *Eres de la capital.*

1. <u>Soy</u> de la capital. (Tú, Uds., Nosotros, Ellos, Ud.)
2. <u>Somos</u> estudiantes de español. (Ellas, Uds., Vosotros, *Yo, Tú, Él)
3. <u>Eres</u> muy inteligente. (Yo, Ella, Ud., *Ellos, Uds., Vosotros)

*¡Ojo! *(Careful!)*

2-9 ¿Cierto o falso? Read the following statements and indicate whether they are true **(cierto)** or false **(falso)** for you. Correct the false information.

MODELO: Yo soy de Chile.
> ➡ *Falso. Soy del Canadá.*

1. Yo soy de Nueva Escocia.
2. Soy canadiense.
3. Mi familia es de Québec.
4. Somos francocanadienses.
5. Mi madre es profesora.
6. Mi padre es dentista.
7. Mis amigos son simpáticos.
8. Ellos son trabajadores también.
9. El/la profesor/a es de Madrid.
10. Él/Ella es español/a.

2-10 Biografía. Complete the following paragraph with the appropriate forms of **ser**.

¡Hola! (1 Nosotros) ___ Fernando Mendoza y Marta Pérez. (2) ___ españoles. Fernando (3) ___ de Santander y yo (4) ___ de Barcelona. Mis padres (5) ___ de Madrid. Madrid (6) ___ la capital del país. (7) ___ una ciudad muy bonita y cosmopolita. ¿De dónde (8) ___ tú?

2-11 ¿De dónde son? ¿Cuál es su nacionalidad? With a classmate, say where the following people are from and their nationalities.

MODELO: Laura Esquivel es de la Ciudad de México.
> ➡ *Es de México. Es mexicana.*

1. Chucho Valdés es de La Habana.
2. Juan Carlos de Borbón y Pedro Almodóvar son de Madrid.
3. Juan Luis Guerra es de Santo Domingo.
4. Salma Hayek es de Veracruz, México.
5. Ricky Martin es de San Juan.
6. Isabel Allende es de Santiago de Chile.
7. Rubén Blades es de la Ciudad de Panamá.
8. Gabriel Batistuta es de Buenos Aires.
9. Yo...
10. Tú y yo...

2-12 ¿De dónde eres? First, pair up with a student you do not already know, and ask each other the following questions.

MODELO: E1: *Hola, ¿cómo te llamas?*
E2: *.... ¿Y tú?*
E1: *.... ¿De dónde eres, ...?*
E2: *Soy de .... ¿...?*
E1: *Soy de ...*
E2: *¿Cómo es ...?*
E1: *Es grande/pequeño/etc.*

1. ¿Cómo te llamas?
2. ¿De dónde eres?
3. ¿Cómo es?

Now, join another pair of students and take turns introducing your partners.

MODELO: E1: *Hola, ella/él es.... Es de ...*

2. Telling time

¿Qué hora es?

◆ The verb **ser** is used to express the time of day in Spanish. Use **es la** with **una**, (singular for one hour). With all other hours use **son las**.

Es la una.	*It's one o'clock.*
Son las dos de la tarde.	*It's two o'clock in the afternoon.*
Son las siete.	*It's seven o'clock.*

◆ To express minutes *past* or *after* an hour, use **y.** To express minutes before an hour *(to* or *till)* use **menos**.

Son las tres **y** veinte.	*It's twenty past three (It's three twenty).*
Son las siete **menos** diez.	*It's ten to (till) seven.*

Son las doce.
Es mediodía/medianoche.

Son las diez menos cuarto.

¿Qué hora es?

Es la una.

Son las siete y media (treinta).

Son las cuatro y cuarto (quince).

◆ The terms **cuarto** and **media** are equivalent to the English expressions *quarter (fifteen minutes)* and *half (thirty minutes).* The numbers **quince** and **treinta** are interchangeable with **cuarto** and **media**.

Son las cinco menos **cuarto** (quince).	*It's quarter to five (It's fifteen to five).*
Son las cuatro y **media** (treinta).	*It's half past four (It's four thirty).*

◆ For *noon* and *midnight* use **(el) mediodía** and **(la) medianoche.**

Es **mediodía**.	*It's noon (midday).*
Es **medianoche**.	*It's midnight.*

◆ To ask at what time an event takes place, use **¿A qué hora...?** To answer, use **a las** + time.

A qué hora es la clase?	*(At) What time is the class?*
Es **a las ocho** y media.	*It is at half past eight.*

◆ The expressions **de la mañana, de la tarde,** or **de la noche** are used when telling specific times. **En punto** means *on the dot* or *sharp.*

La fiesta es a las ocho **de la noche**.	*The party is at eight o'clock in the evening.*
El partido de fútbol es a las nueve **en punto**.	*The soccer game is at nine sharp.*

◆ The expressions **por la mañana, por la tarde,** and **por la noche** are used as a general reference to *in the morning, in the afternoon,* and *in the evening.*

No tengo clases **por la mañana.** *I don't have classes in the morning.*

◆ In many Spanish-speaking countries, the 24-hour clock is used for schedules and official time keeping. The zero hour is equivalent to midnight, and 12:00 is noon. 13:00-24:00 are the p.m. hours. To convert from the 24-hour clock, subtract twelve hours from hours 13:00 and above.

21:00 (or 21,00) = **las nueve de la noche**
16:30 (or 16,30) = **las cuatro y media de la tarde**

◆ The punctuation used in giving the time varies from country to country. You might see periods or commas as well as the colon used in English.

mediodía   12:00   12.00   12,00

Study tips

Learning to tell time in Spanish

1. To become proficient in telling time in Spanish, you'll need to make sure you have learned Spanish numbers well. Practice counting by fives to thirty: **cinco, diez, quince, veinte, veinticinco, treinta.**

2. Think about and say aloud times that are important to you: **Tengo clases a las nueve, a las diez,..., Hay una fiesta a las...,** etc.

3. Every time you look at your watch, say the time in Spanish.

Practiquemos

2-13 ¿Qué hora es? A/ Give the time in Spanish.

MODELO: 9:15

➥ Son las nueve y cuarto (las nueve y quince).

1. 10:30   **2.** 1:00   **3.** 12:05   **4.** 7:35   **5.** 12:50   **6.** 3:30

B/ Give the times in Spanish, indicating the part of day (**de la mañana/tarde/noche**).

MODELO: *Son las dos y media de la tarde.*

1.   2.   3.   4.   5.   6.

 2-14A ¿A qué hora? Ask each other at what time these events will take place. Use the times given below to answer your partner's questions.

MODELO: la fiesta de Adela (8:30 p.m.)
     E1: *¿A qué hora es la fiesta?*
     E2: *Es a las ocho y media de la noche.*

1. el examen	el programa *Amigos* en la televisión	7:00 p.m.
2. la clase	la conferencia (*lecture*)	11:30 a.m.
3. el partido (*game*) de fútbol	la fiesta el sábado	1:30 p.m.

	9:00
química	
matemáticas	1:10 p.m.
español	3:30 p.m.
biología	4:45 p.m.
	7:15 p.m.

A B **2-15A El horario (*schedule*) de Gracia Roldán.** Complete Gracia's schedule by asking each other for the missing information. Once you've completed her schedule, ask each other the questions that follow.

MODELO: **E1:** *¿Qué clase tiene Gracia a las nueve?*
E2: *Tiene inglés a las nueve. ¿A qué hora es la clase de matemáticas?*
E2: *Es a la una y diez.*

1. ¿Qué clases tiene Gracia por la mañana?
2. ¿Qué clase tiene por la noche?

3. Formation of yes/no questions and negations

La formación de preguntas sí/no

- A *yes/no question* can be formed by inverting the position of the subject and the verb in a declarative sentence, or simply by modifying the intonation pattern. Note that an inverted question mark (¿) is used at the beginning of the question, and that the standard question mark closes the question at the end.

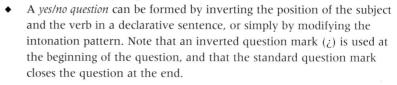

Inversion: Tú eres de Andalucía.
→¿Eres tú de Andalucía?

Intonation: Ellos son de la Comunidad Valenciana.
→¿Ellos son de la Comunidad Valenciana?

Note that if no subject is present, the only way of indicating a question will be with a rising intonation.

- A *yes/no question* can also be formed by adding a tag word or phrase at the end of a statement. In this type of question, the intonation falls and then rises sharply on the question tag.

Juan es de Madrid, **¿verdad?** *Juan is from Madrid, right?*
La profesora es de Málaga, **¿no?** *The professor is from Málaga, isn't she?*

- Other frequently used tag questions are:

¿Cierto? *Right?*
¿De veras? *Really?*
¿Sí? *Yes?*

La negación

- To make a sentence or a question negative, simply place **no** before the verb.

Tú **no** eres de Portugal. *You're not from Portugal.*
Nosotros **no** somos de España. *We're not from Spain.*
¿La profesora **no** es de España? *The professor isn't from Spain?*

◆ When answering a question in the negative, the word **no** followed by a comma also precedes the verb phrase.

¿Son Elena y Ramón de Segovia?	*Are Elena and Ramón from Segovia?*
No, no son de Segovia.	*No, they're not from Segovia.*

¿Es un libro interesante?

No, no es muy interesante.

Practiquemos

2-16 ¿Cuál es la pregunta? Indicate which of the *questions* in each example would elicit the following *answers*.

MODELO: ¿...? Soy de Lima. (¿Eres de Lima?/ ¿Eres de Bogotá?/ ¿De dónde eres?)
   ➥ *¿De dónde eres?*

1. ¿...? No, soy de Lima. (¿Eres de Lima?/ ¿Eres de Bogotá?/ ¿De dónde eres?)
2. ¿...? No, no soy de Lima. (¿Eres de Lima?/ ¿Eres de Bogotá?/ ¿De dónde eres?)
3. ¿...? No es estudiante. (¿Qué es Juan?/ ¿Es Juan profesor?/ ¿Es Juan estudiante?)
4. ¿...? Es estudiante. (¿Qué es Juan?/ ¿Es Juan profesor?/ ¿Es Juan estudiante?)
5. ¿...? No, es estudiante. (¿Qué es Juan?/ ¿Es Juan profesor?/ ¿Es Juan estudiante?)

2-17 ¿Cuál es la pregunta? For each *answer*, form an appropriate *question*.

MODELO: Sí, la clase es grande.
   ➥ *¿Es grande la clase? / La clase es grande, ¿verdad?*

1. No, la profesora no es de España.
2. Sí, somos canadienses.
3. No, no soy de Calgary.
4. Sí, los estudiantes son venezolanos.
5. No, Ramón no es alto.
6. Sí, las chicas son trabajadoras.
7. No, las clases no son a las ocho.
8. Sí, la universidad es pequeña.

2-18 Una conversación en la cafetería. Decide on the appropriate response for each question, and practice the conversation in pairs. *Note: Only one in each set of replies answers the question that has been asked.*

MODELO: **E1:** ¿Quiénes son ellas?
   E2: (Son María y Juan./ Son María y Laura./ Es María.)
   ➥ *Son María y Laura.*

Estudiante 1	**Estudiante 2**
1. María es de Suramérica, ¿no?	(No, no es de Puerto Rico./ No, es de Puerto Rico./ No, él es de Puerto Rico.)
2. Y Laura, ¿es de Puerto Rico también?	(No, es de Mérida./ No, no es de México./ No, es de Puerto Rico.)
3. ¡Ah! Es de España.	(No, no es de México./ No, es de Mérida, México./ No es de México.)
4. ¿Son estudiantes de español?	(Sí, son de España./ Sí, son españolas./ Sí, son estudiantes de español.)

2-19A ¿Es verdad? Take turns answering your partner's questions. If you answer in the negative, you should add the correct information.

MODELO: **E1:** Tú eres canadiense, ¿verdad?
   E2: *No, no soy canadiense; soy mexicano/a.*

1. Eres norteamericano/a, ¿no?
2. Tus padres son profesores, ¿verdad?
3. Tus amigos son trabajadores, ¿cierto?
4. Eres de Ottawa, ¿verdad?
5. Tu familia es grande, ¿verdad?
6. ¿...?

¿Quién eres tú?

4. Interrogative words

◆ Interrogative words are often used at the beginning of a sentence to form questions. The most frequently used are:

¿Cómo...?	**¿Dónde...?**	**¿Qué...?**
¿Cuál(es)...?	**¿De dónde...?**	**¿De qué...?**
¿Cuándo...?	**¿Adónde...?**	**¿Quién(es)...?**
¿Cuánto/a(s)...?	**¿Por qué...?**	**¿De quién(es)...?**

¿Quién es el profesor Martínez?   *Who is Professor Martínez?*
¿De quién es la mochila roja?   *Whose red backpack is it?*
¿Por qué no hay clase hoy?   *Why is there no class today?*

◆ When you form questions with interrogative words, you **must invert** the subject and the verb.

¿Cuál es tu mochila?
¿Cómo está Ud.?

◆ When you ask a question using an interrogative word, your intonation will fall.

¿Cómo se llama el profesor?

Practiquemos

2-20 ¿Cuál? Match the questions in the first column with the corresponding answers in the second.

1. ¿Qué hora es?
2. ¿Cuál es tu mochila?
3. ¿Quién es tu profesora?
4. ¿A qué hora es la clase?
5. ¿Cómo es la clase?
6. ¿De quién es el libro?
7. ¿Cuántos estudiantes hay en la clase?
8. ¿Cuándo es el examen?

___a. Es mañana.
___b. Es a las tres.
___c. Es la roja.
___d ¡Es muy interesante!
___e. Hay treinta.
___f. Son las diez y media.
___g. Es de Juan.
___h. Es la profesora Sánchez.

2-21 ¿Quién eres? Use interrogative words to complete the following exchanges between Carmen y Sebastián.

Sebastián: (1) ¿___ te llamas?
Carmen: Me llamo Carmen Domínguez.
Sebastián: (2) ¿___ eres, Carmen?
Carmen: Soy de Bilbao, España.
Sebastián: (3) ¿___ estudias (*do you study*) en la universidad?
Carmen: Estudio (*I study*) matemáticas y física.
Sebastián: (4) ¿___ estudias matemáticas?
Carmen: ¡Porque es muy interesante!
Sebastián: (5) ¿___ es tu profesor?
Carmen: Es el profesor Sánchez Mejías.
Sebastián: (6) ¿___ es?
Carmen: Es joven y muy inteligente.
Sebastián: (7) ¿___ es la clase?
Carmen: ¡Es ahora!

2-22 ¿Cuál es la pregunta? Take turns asking the *questions* that would elicit each of the following *answers.*

MODELO: ¿...? Estoy bien, gracias.
➡ ? *¿Cómo estás?*

1. ¿...? Me llamo Andrés.
2. ¿...? Es el 843-0092.
3. ¿...? La fiesta es el sábado.
4. ¿...? Hay treinta estudiantes en la clase.
5. ¿...? Mi bolígrafo está en la mesa.
6. ¿...? Soy de Saskatchewan.
7. ¿...? La ciudad de Toronto es grande y cosmopolita.
8. ¿...? Mi mochila es roja y azul.
9. ¿...? Es a las diez de la mañana.
10. ¿...? El libro es de Patricia.

2-23 ¿Quiénes son? ¿Cómo son? A/ Ask each other questions about the people depicted on the I.D. cards.

MODELO: **E1:** *¿Dónde estudia Luisa?*
E2: *Estudia en la Universidad Nacional.*

B/ Now, ask your partner the same type of questions about himself/herself.

2-24 ¿Qué estudias? Answer the questions based on the information in the flier advertising educational opportunities.

1. ¿Cómo se llama la academia?
2. ¿Qué enseñan (*teach*) en la academia?
3. ¿Qué instumentos enseñan?
4. ¿Son grandes las clases?
5. ¿Son caras (*expensive*) las lecciones?
6. ¿Es la clase de movimiento para (*for*) niños pequeños o grandes?
7. ¿Hay exámenes de música en la academia?
8. ¿Cómo son los precios?

PROGRESO MUSICAL DE MADRID
ACADEMIA DE MÚSICA Y GIMNASIA
Centro reconocido por el Ministerio de Educación y Ciencia
Dedicado a las nuevas técnicas
Exámenes oficiales
Nivel elemental y Nivel medio

PROFESORES TITULADOS

GRUPOS REDUCIDOS

PRECIOS ECONÓMICOS

MÚSICA:
Piano - Acordeón - Canto - Guitarra -
Violín - Viola - Trompeta - Saxofón -
Flauta - Clarinete - etcétera
Movimiento para niños de 4 a 8 años

GIMNASIA:
Dinámica corporal - Yoga - Relajación y
control mental - Aeróbic - Danza
española - Ballet

Sofía, 55 (metro Argüelles) tel. 91 559 50 36 ¡INFÓRMATE!
(junto al Corte Inglés de Princesa)

Segunda parte

¡Asi es la vida!

¿Qué haces? ¿Qué te gusta hacer?

Celia Cifuentes Bernal, veinticuatro años, Toledo

Hablo español y francés. Estudio medicina en la Universidad Complutense de Madrid. Hoy tengo que estudiar mucho porque mañana tengo un examen de biología a las dos de la tarde. Los exámenes de mi profesora no son fáciles, pero en mi universidad hay asistentes especiales que ayudan a los estudiantes. Necesito mucha ayuda en biología.

Alberto López Silvero, veintidós años, Bilbao

Hablo español y un poco de inglés. Estudio derecho en la Universidad de Navarra en Pamplona. Por la tarde trabajo en una librería y llego a casa muy tarde. Hoy tengo que practicar fútbol con mis amigos.

Adela María de la Torre Jiménez, diecinueve años, Málaga

Estudio ingeniería en la Universidad de Granada. Trabajo y estudio mucho, pero los sábados por la noche mis amigos y yo bailamos en una discoteca. Converso por teléfono con mis padres los domingos por la mañana.

Rogelio Miranda Suárez, veintiún años, León

Estudio matemáticas en la Universidad de Valencia. Mis clases son difíciles, pero interesantes. Estudio con varios amigos los lunes, miércoles y viernes por la noche. En el verano nado en el mar y practico tenis en un club.

¡Así lo decimos!

¿Qué haces?[1]

ayudar	*to help*
bailar	*to dance*
buscar	*to look for*
caminar	*to walk*
comprar	*to buy*
conversar	*to converse; to chat*
enseñar (a)	*to teach; show*
escuchar	*to listen (to)*
estudiar	*to study*
estudio	*I study*
hablar	*to talk; speak*
hablo	*I speak*
llegar	*to arrive*
llego a casa	*I arrive home*
mirar	*to look at; to watch*
nadar	*to swim*
necesitar	*to need*
practicar	*to practice; to play (a sport)*
preparar	*to prepare*
regresar	*to return*
tener	*to have*
tengo	*I have*
tomar	*to take; to drink*
trabajar	*to work*
trabajo	*I work*
tratar de (+ infin.)	*to try (to do something)*
viajar	*to travel*

Expresiones con tener

tener...	*to be...*
... calor	*... hot*
... cuidado	*... careful*
... frío	*... cold*
... hambre	*... hungry*
... miedo	*... afraid*
... prisa	*... in a hurry*
... razón	*... right*
... sed	*... thirsty*
... sueño	*... sleepy*
tener ganas de (+ infin.)	*to feel like (doing something)*
tener que (+ infin.)	*to have to (+ infin.)*

¿Qué estudias?[2]

la administración de empresas	*business administration*
el arte	*art*
las bellas artes	*fine arts*

la biología	*biology*
las ciencias (físicas)	*(physical) sciences*
las ciencias políticas	*political science*
el derecho	*law*
la filosofía y letras	*humanities/liberal arts*
la geografía	*geography*
la historia	*history*
los idiomas (extranjeros)	*(foreign) languages*
la informática; la computación	*computer science*
la ingeniería	*engineering*
la kinesiología	*kinesiology*
las matemáticas	*mathematics*
la medicina	*medicine*
la pedagogía	*education*
la sociología	*sociology*

¿Qué deportes practicas?

el baloncesto, el básquetbol	*basketball*
el béisbol	*baseball*
el fútbol	*soccer*
el fútbol norteamericano	*football*
el hockey (sobre hielo)	*(ice) hockey*
la natación	*swimming*
el tenis	*tennis*

Sustantivos (*Nouns*)

la ayuda	*help*
el examen	*exam*
la librería	*bookstore*
el viaje	*the trip*

Adjetivos

difícil	*difficult*
fácil	*easy*

Adverbios

hoy	*today*
mañana	*tomorrow*

Otras expresiones

¿Qué te gusta hacer?	*What do you like to do?*
Me gusta (+ infin.)	*I like (+ infin.)*
Me gusta nadar en la piscina.	*I like to swim in the pool.*

---

[1] In Spanish, the infinitive forms end in **–r** (**-ar, -er,** or **-ir**). An infinitive in English is the "to + verb" form.

[2] You have seen some of these subjects earlier. Many subjects are cognates, but be careful as you pronounce them to use the Spanish sounds for the vowels.

¡Escucha!

¿Quién es? Listen to Celia, Alberto, Adela María, and Rogelio from **¡Así es la vida!** After each monologue, write the letter(s) of the corresponding name.

MODELO: Hola. Soy de Toledo y estudio en Madrid.

➡ *C (for Celia)*

C: Celia   **A**: Alberto   **AM**: Adela María   **R**: Rogelio

1. __   2. __   3. __   4. __   5. __   6. __   7. __   8. __

Practiquemos

2-25 En la universidad. Match the following fields of study with the different areas of interest.

___ los niños *(children)*   1. la administración de empresas
___ los experimentos químicos   2. la biología
___ las ventas *(sales)* y los comerciales   3. los idiomas extranjeros
___ los estudios internacionales   4. la medicina
___ los deportes   5. la pedagogía
___ las familias   6. la kinesiología
___ la salud *(health)*   7. la sociología
___ las plantas   8. las ciencias físicas

2-26 ¿Qué pasa? Match each drawing with the corresponding statement.

a. Los amigos estudian para un examen.
b. Hablo francés.
c. Pablo trabaja en una librería.
d. Nosotros practicamos fútbol.
e. Jorge y Teresa toman café y conversan.
f. Ana mira la telenovela.

1. ___   2. ___   3. ___   4. ___   5. ___   6. ___

Expansión

Los idiomas

el alemán	*German*	**el italiano**	*Italian*
el árabe	*Arabic*	**el japonés**	*Japanese*
el chino	*Chinese*	**el portugués**	*Portuguese*
el coreano	*Korean*	**el ruso**	*Russian*
el francés	*French*	**el vietnamita**	*Vietnamese*
el inglés	*English*		

2-27 Una estudiante argentina. Complete Ana María's description of herself with **¡Así lo decimos!** words from the following list.

alemán	camino	hablar	matemáticas
bailar	enseñar	portugués	practico
bellas artes	estudio	librería	trabajo

¡Hola! Me llamo Ana María Torres. Yo (1) _____ en la Universidad de Salamanca. Mis clases favoritas son teatro moderno y arte dramático (*acting*). Soy estudiante de (2) _____. (3) _____ dos días a la semana en una (4) _____. Mis amigos compran libros para sus clases allí. En el trabajo (*At work*), me gusta (5) _____ con los estudiantes internacionales. Son interesantes y divertidos (*fun*), y yo practico (6) _____ con un muchacho de Berlín. Los sábados, (7) _____ tenis. Por la noche, me gusta (8) _____ con mis amigos en una discoteca.

2-28 Tu experiencia. Work with a classmate you do not know to guess what fields of study or sport the following people are referring to. Then, write two or three statements about your own field of study and see if your partner can guess what it is.

MODELO: **E1:** *Trabajo mucho.*
E2: *Estudias ciencias/idiomas.*

1. Hablo mucho.
2. Practico mucho.
3. Estudio mucho.
4. Tengo muchos libros.
5. Tengo muchos mapas.
6. Tengo muchos exámenes.
7. Es muy difícil.
8. Es muy fácil.
9. Necesito mi calculadora.
10. Me gusta enseñar.

2-29 ¿Qué te gusta? First, complete the following statements as they apply to you. Then, compare your answers with those of your partner.

MODELO: **E1:** *Me gusta escuchar salsa.*
E2: *¡A mí también! (A mí no. Me gusta escuchar música clásica.)*

1. Me gusta escuchar…
2. Me gusta bailar…
3. Me gusta mirar…
4. Me gusta practicar…
5. Me gusta caminar en…
6. Me gusta viajar a…
7. Me gusta estudiar…
8. ¡No me gusta estudiar…!

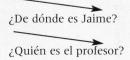

Pronunciación

Spanish intonation in questions

Intonation is the sequence of voice pitch (rising or falling) in normal speech in accordance with the type of message intended and the context in which it is communicated. Intonation patterns in Spanish are very useful when posing questions. With yes/no questions, the pattern is somewhat different. The voice rises to an above normal pitch at the end of the question. Note the following examples:

¿Ellos son de los Estados Unidos?

¿Tú eres de la capital?

In questions that use interrogative words, the pitch level at the beginning is high and gradually falls toward the end of the question. Note the following examples:

¿De dónde es Jaime?

¿Quién es el profesor?

Pronunciemos

¿Es una pregunta? Practice saying these phrases to each other, switching between statements and questions. Judge whether or not it is a question by each other's intonation.

MODELO: E1: es lunes (rising intonation)
E2: *Es una pregunta.*
E1: es lunes (falling intonation)
E2: *No es una pregunta.*

1. hay examen mañana
2. estudias informática
3. el profesor habla japonés
4. necesitamos un lápiz para el examen
5. el/la profesor/a es de España
6. no hay clase mañana
7. estudiamos poco
8. el libro de español es viejo

Comparaciones...

Higher education in Spanish-speaking countries

University studies in Spanish-speaking countries are structured differently than in Canada and the United States, where students usually choose a major during their first or second year of study. Students in Spain and Latin America must choose their field of study prior to enrolling. Moreover, each major requires that students take a pre-established set of courses each semester. Thus few, if any, elective courses are available to Hispanic students outside of their designated field of study.

One of the oldest universities in Europe is La Universidad de Salamanca in Spain. The university was founded in 1218 by King Alfonso IX of León. La Universidad de Salamanca currently has 2,175 professors and a student population of almost 40,000.

¡Vamos a comparar!

What are the advantages and disadvantages of the way studies are structured in Canada or the U.S.? In the Spanish-speaking world? Which system would you prefer? What is the oldest university in Canada?

¡Vamos a conversar!

Tell each other what you prefer.

Prefiero (*I prefer*)...

1. el sistema canadiense/norteamericano/hispano
2. las clases grandes/pequeñas
3. las conferencias (*lectures*)/las discusiones
4. los laboratorios/las conferencias
5. las ciencias/las humanidades
6. las universidades pequeñas/grandes

¡Así lo hacemos!

Estructuras

5. The present tense of regular *–ar* verbs

◆ Spanish verbs are classified into three groups according to their infinitive ending (**-ar**, **-er**, or **-ir**). Each of the three groups uses different endings to produce verb forms (conjugations) in the various tenses.

hablar *(to speak, to talk)*						
habl + ar						
(stem) (ending)						

	SINGULAR FORMS				PLURAL FORMS		
	STEM	ENDING	VERB FORM		STEM	ENDING	VERB FORM
yo	habl	**+ o**	habl**o**	nosotros/as	habl	**+ amos**	habl**amos**
tú	habl	**+ as**	habl**as**	vosotros/as	habl	**+ áis**	habl**áis**
él/ella, Ud.	habl	**+ a**	habl**a**	ellos/as, Uds.	habl	**+ an**	habl**an**

◆ The following verbs are regular **-ar** verbs that are conjugated like **hablar.**

ayudar	mirar
bailar	nadar
buscar	necesitar
caminar	practicar
comprar	preparar
conversar	regresar
enseñar	tomar
escuchar	trabajar
estudiar	tratar de (+ infin.)
llegar	viajar

◆ The Spanish present indicative tense has several equivalents in English. In addition to the simple present, it can express on-going actions and even the future tense. Note the following example.

Estudio ingeniería.   { *I study engineering.*
{ *I am studying engineering.*

Hablamos con Ana mañana.   *We will speak with Ana tomorrow.*

Study tips

Learning regular verb conjugations

1. The first step in learning regular verb conjugations is being able to recognize the infinitive stem: the part of the verb before the ending.

INFINITIVE		STEM
hablar	habl~~ar~~	habl
estudiar	estudi~~ar~~	estudi
trabajar	trabaj~~ar~~	trabaj

2. Practice conjugating several **-ar** verbs in writing first. Identify the stem, then write the various verb forms by adding the present tense endings listed on page 53.

Once you have done this, say the forms you have written out loud several times.

3. Next, you will need to practice **-ar** verb conjugations orally. Create two sets of index cards. In one, write down the subject pronouns listed on page 39 (one per card). In the other set, write some of the **-ar** verbs you have learned. Select one card from each set and conjugate the verb with the selected pronoun.

4. Think about how each verb action relates to your own experience by putting verbs into a meaningful context. For example, think about what you and each of your friends study: **Estudio matemáticas. Juan estudia ingeniería.**

Practiquemos

2-30 En la universidad. Repeat each sentence in part **A,** changing the italicized verbs to agree with the subjects given in parentheses. Answer part **B** affirmatively, and then part **C** naturally, according to your own experience.

MODELOS:

    A - *Camino* a la clase de español. (ella)

    ➡ *Camina a la clase de español.*

    B - ¿Caminan Uds. a la clase de español?

    ➡ *Sí, caminamos a la clase de español.*

    C - ¿Tú caminas a la clase de español?

    ➡ *Sí, camino a la clase de español (No, no camino a la clase.)*

1. Hablar
   A - Yo *hablo* español. (ella, ellas, él, ellos, mi amiga, tú)
   B - ¿Hablan Uds. español? (él, nosotros, las chicas, ellos, tú)
   C - ¿Tú hablas español? (¿francés? ¿italiano? ¿alemán?)

2. Estudiar
   A - *Estudio* en la biblioteca. (los amigos, nosotros, María, Ud., Paco)
   B - ¿Estudian Uds. en la biblioteca? (él, ella, tú, nosotros, ellos)
   C - ¿Tú estudias en la biblioteca? (¿en la residencia? ¿en casa? ¿en la cafetería?)

3. Tomar
   A - *Tomo* cinco clases este semestre. (él, tú, Ud., nosotros)
   B - ¿Toman Uds. cinco clases este semestre? (ella, yo, Ana, Ud., los amigos)
   C - ¿Tú tomas cinco clases?, ¿Qué clases tomas? (¿historia? ¿informática? ¿geografía?)

4. Trabajar
   A - *Trabajo* en la librería. (ella, tú, nosotros, María y Paco)
   B - ¿Trabajan Uds. en la librería? (él, ella, tú, los estudiantes, Luisa)
   C - ¿Tú trabajas en la librería? (¿en la biblioteca? ¿en la cafetería? ¿en la universidad?)

5. Practicar
   A - *Practico* fútbol. (nosotros, ella, los chicos, tú, Uds., Eduardo)
   B - ¿Practican Uds. fútbol? (tú, ellas, nosotros, los estudiantes, yo, Paco)
   C - ¿Tú practicas fútbol? (¿béisbol? ¿tenis? ¿golf? ¿hockey? ¿básquetbol?)

2-31 Una semana típica. Complete the paragraph about a typical week for Sarita by giving the correct forms of the verbs in parentheses.

Yo (1 estudiar) _____ ingeniería en la universidad. Yo (2 tomar) _____ siete clases este *(this)* semestre y (3 estudiar) _____ mucho porque las clases son difíciles. Mi novio Antonio y yo (4 trabajar) _____ en la cafetería de la universidad. Yo (5 trabajar) _____ los lunes y los miércoles y Antonio (6 trabajar) _____ los miércoles y los jueves. Los sábados Antonio y su amigo Luis (7 practicar) _____ tenis por la mañana. Yo (8 mirar) _____ un poco de televisión o (9 escuchar) _____ música. Por la noche, Antonio y yo (10 bailar) _____ en la discoteca con amigos.

2-32 ¿Qué hacen? Create sentences explaining what these people are doing.

MODELO: practicar tenis
→ *Eugenia practica tenis.*

bailar en una fiesta   caminar por la universidad
mirar la televisión   conversar en la cafetería
estudiar en la biblioteca   nadar en la piscina
preparar una pizza   escuchar música
hablar por teléfono   trabajar en el laboratorio

1.   2.   3.   4.   5.

6.   7.   8.   9.   10.

2-33 Mis actividades. Combine elements from each column to form statements about your daily activities and those of your friends. Be creative! Be sure to conjugate the verbs.

MODELO: *Mi amiga Laura nada en la piscina por la tarde.*

Tú (caminar)	al profesor	por la mañana
El/La profesor/a (enseñar)	a la profesora	por la tarde
Nosotros (escuchar)	a la clase de español	por la noche
Daniel y yo (hablar)	la lección de español	a las dos/tres/etc.
Yo (tomar) un café	en español	los lunes/martes/etc.
Mis amigos (estudiar)	en la cafetería	antes/después de la clase
Yo (practicar)	en la biblioteca	mucho/poco
Mi amigo/a (nadar)	en la discoteca	
Nosotros (preparar)	en la piscina	
Los estudiantes (mirar)	fútbol/natación/etc.	
Yo (hablar)	los ejercicios del cuaderno	
Mis amigos y yo (bailar)	la guitarra/el piano	
Mi amigo/a (tocar = *play*)	la televisión	
Tú (trabajar)	por teléfono con mis amigos	

2-34 Maribel y la doctora Recio. Use the following information to write short news articles for *La Prensa*, a student newspaper.

Maribel: estudiante, inteligente, simpática, ciencias políticas, Universidad Complutense de Madrid, España, francés y japonés, fútbol y natación

La doctora Recio: profesora, informática, elegante, alta, Universidad del País Vasco, Bilbao, inglés y alemán, bailar, música clásica

2-35 ¿A qué hora? Say at what time the people do the activities depicted. Follow the model and use the expressions **de la mañana, de la tarde, del mediodía, de la noche.**

MODELO: *Marina llega a la escuela a las ocho y media de la mañana.*

trabajar	estudiar en el parque	enseñar español
tomar café	caminar a la biblioteca	tomar un taxi

1. ustedes

2. Pilar

3. el profesor

4. yo

5. nosotros

6. el cartero
(the mailman)

A B **2-36A Entrevista.** Ask each other the following questions. Be prepared to report back to the class.

MODELO: E1: ¿Qué estudias en la universidad?

E2: *Estudio español,…*

1. ¿Te gusta estudiar? ¿Qué estudias?
2. ¿Qué idiomas hablas bien?
3. ¿Viajas mucho o poco?
4. ¿Trabajas? ¿Dónde trabajas?
5. ¿A qué hora regresas a casa?
6. ¿Te gusta bailar? ¿Dónde bailas?

2-37 ¿Y tú? Write a short paragraph in which you discuss your activities using verbs that end in **-ar**. Connect your thoughts by using the expressions **pero**, **y**, and **también**.

MODELO: *Estudio dos idiomas: inglés y español. Trato de practicar español todos los días. También estudio ciencias y matemáticas. Trabajo en una librería. Me gusta conversar con los amigos y practicar fútbol también. Mañana necesito preparar un examen.*

6. The present tense of *tener (to have)* and *tener* expressions

◆ The Spanish verb **tener** is irregular. As in English, **tener** is used to show possession:

Tengo tres clases y una hora de laboratorio.   *I have three classes and one lab hour.*

¿**Tienes** un bolígrafo?   *Do you have a pen?*

Tengo que terminar esta pintura para las cinco de la tarde.

tener (to have)			
yo	**tengo**	nosotros/as	**tenemos**
tú	**tienes**	vosotros/as	**tenéis**
él/ella, Ud.	**tiene**	ellos/as, Uds.	**tienen**

◆ The verb **tener** is also used in many day-to-day expressions that are expressed in English with forms of the verb *to be*.

¿**Tienes** hambre?   *Are you hungry?*

No, pero **tengo** frío.   *No, but I am cold.*

Nosotros **tenemos** prisa.   *We're in a hurry.*

◆ Here are some of the more common expressions with **tener**: Note that many of these refer to things we might feel (hunger, thirst, cold, etc.).

tener calor

tener hambre

tener miedo

tener cuidado

Dos y dos son cuatro. (2+2=4)

tener razón

tener frío

tener sed

tener sueño

tener prisa

Dos y dos son tres. (2+2=3)

no tener razón

◆ Use the verb **tener** to express age and with the expressions *to have to (do something)* and *to feel like (doing something).*

tener .... años	*to be .... years old*
¿Cuántos años **tienes**?	*How old are you?*
Tengo diecinueve años.	*I am nineteen (years old).*
tener que (+ infin.)	*to have to (do something)*
¿Qué **tienen que** hacer esta noche?	*What do you have to do tonight?*
Tenemos que ayudar con la fiesta.	*We have to help with the party.*
Tener ganas de (+ infin.)	*to feel like (doing something)*
¿**Tienes ganas de** estudiar esta tarde?	*Do you feel like studying this afternoon?*
¡No **tengo ganas de** estudiar!	*I don't feel like studying!*

◆ The adjective *mucho* (or *mucha* with feminine nouns) can be used for emphasis:

Tenemos **mucho** frío.	*We're very cold.*
¡Tengo **mucha** sed!	*I'm very thirsty!*

Practiquemos

2-38 ¿Lógico o ilógico? Say whether you think the following statements are logical **(lógico)** or illogical **(ilógico).**

MODELO: La profesora de inglés tiene un diccionario.

➡ *Es lógico.*

1. La librería de la universidad tiene muchos libros.
2. La clase de español tiene estudiantes chilenos.
3. Estudio historia. Tengo una calculadora.
4. Estudiamos informática. Tenemos computadoras.
5. Los estudiantes de español tienen exámenes en diciembre.
6. Estudias ciencias políticas. Tienes clases los sábados.
7. El profesor de español tiene un libro de biología.
8. Me gusta escuchar música. Tengo una radio.

2-39 ¿Qué tenemos? Repeat each sentence, changing the italicized verbs to agree with the subjects given in parentheses.

MODELO: *Tengo* ganas de tomar café. (tú)

➡ *Tienes ganas de tomar café.*

1. *Tengo* el libro de español. (Juan, tú, nosotros, mi amiga, los profesores)
2. No *tenemos* mucha hambre. (yo, los estudiantes, Ud., Marta, tú)
3. ¿Cuántos años *tienes?* (Uds., Carlos, tus amigos, ellos, la profesora)

2-40 ¡Más lógica! Say whether you think the following statements are logical **(lógico)** or illogical **(ilógico).**

MODELO: Son las seis de la tarde. Tengo hambre.

➡ *Es lógico.*

1. Tengo frío después de *(after)* bailar.
2. Tengo hambre antes de *(before)* nadar.
3. Tengo miedo antes de un examen.
4. Tengo calor en el desierto.
5. Tengo sueño en una clase interesante.
6. Tengo prisa a las tres de la mañana.
7. "La capital de España es Barcelona". Tengo razón.
8. Tengo una reunión importante en cinco minutos. Tengo sed.
9. Tengo calor en el gimnasio.
10. Tengo cuidado con la tarea *(assignment)* de español.

2-41 ¿Qué tienen? Match the two columns to complete the sentences logically.

___ En un accidente, mi amiga…

___ Hoy es el cumpleaños de Pedro. Él…

___ Cuando nosotros practicamos fútbol, …

___ Es muy tarde. Los estudiantes…

___ Hay examen mañana. Tú y yo…

___ ¡La hamburguesa es muy grande! Tú…

___ ¡No, no es correcto! El profesor…

___ La temperatura está a 0° centígrados. Yo…

___ La temperatura está a 40° centígrados. Ud…

___ ¡Es urgente! Yo…

1. … tenemos calor.

2. … tenemos que estudiar.

3. … tiene mucho calor.

4. … tiene veinte años.

5. … tengo frío.

6. … tienes mucha hambre.

7. … tiene miedo.

8. … tengo prisa.

9. … no tiene razón.

10. … tienen sueño.

2-42 ¿Qué tienen? Describe how the following people feel.

MODELO: Yo…

➡ *¡Tengo hambre!*

1. Alicia y Juanita…

2. José Luis…

3. Tú…

4. Rosa y yo…

5. Los muchachos…

2-43 ¡Muchas obligaciones! Ask your partner what he/she has to do **(hacer)** each day of the week. Use the following ideas, or think of something original.

MODELO: **E1:** *¿Qué tienes que hacer el lunes?*

E2: *Tengo que conversar con la profesora. ¿Y tú?*

ir *(go)* a la clase de…

practicar

mirar

estudiar

trabajar (en)

conversar (con)

tomar

escuchar

2-44A Entrevista. Ask each other the following questions.

MODELO: E1: ¿Cuántos años tienes?
E2: *Tengo veintiún años. ¿Y tú?*

1. ¿Cuántos años tienes?
2. ¿Qué tienes que hacer mañana?
3. ¿Tienes ganas de tomar café ahora?
4. ¿Qué tienes ganas de hacer el sábado?
5. ¿Tienes que trabajar mucho en tus clases?
6. ¿Tienes hambre ahora?

2-45 ¿Quién es? ¿Por qué es famoso/a? In your group, choose a famous Spanish-speaking person and answer the following questions about him or her:

¿Quién es? ¿Cómo es?
¿De dónde es? ¿Por qué es famoso/a?

You might want to try the following Web sites, or find ones of your own:

Salvador Dalí: **http://www.dali-gallery.com/**
Rubén Blades: **http://orbita.starmedia.com/efepe2/**
Laura Esquivel: **http://bluehawk.monmouth.edu/~pgacarti/**
    E_Esquivel_Laura.htm
Rigoberta Menchú: **http://almaz.com/nobel/peace/1992a.html**

Observaciones

Toño Villamil y otras mentiras, Episodio 2

2-46 La pirámide. Here is more information about Malinalco. Read the description and respond to the questions briefly in Spanish.

Malinalco es un pueblo pequeño, pero importante en la historia de México. Su arquitectura colonial española es muy pintoresca. Las casas tienen colores brillantes. Por las calles hay autobuses, perros, caballos, burros, coches, bicicletas y motocicletas. Cerca del *(Close to the)* pueblo, hay un yacimiento arqueológico *(site)* azteca, pequeño, pero bien conservado. Es una pirámide religiosa porque tiene esculturas de jaguares, águilas *(eagles)* y serpientes, todos símbolos religiosos aztecas.

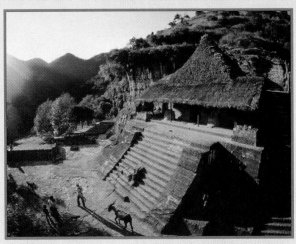

La pirámide cerca de Malinalco es un sitio arqueológico importante.

1. ¿Es grande o pequeño Malinalco?
2. ¿Qué tipo de arquitectura tiene?
3. ¿Qué colores tienen las casas?
4. ¿Qué medios de transporte hay?
5. ¿Cómo es el sitio arqueológico?
6. ¿Qué esculturas hay en la piramide?

2-47 Lucía y Toño. Watch the second episode of *Toño Villamil y otras mentiras*. Here you will see Lucía and Toño meet for the first time. Why do you think Lucía is in Malinalco?

Keep these questions in mind as you watch the video. Then answer the following.

1. Toño tiene...
   _____ un coche rojo.
   _____ un accidente.
   _____ que ayudar a Lucía.

2. Lucía estudia...
   _____ medicina.
   _____ antropología.
   _____ historia.

3. Toño es...
   _____ profesor.
   _____ estudiante.
   _____ actor.

4. Lucía visita...
   _____ el sitio arqueológico.
   _____ la catedral.
   _____ el bar de la universidad.

5. Lucía es española y Toño es...
   _____ estadounidense.
   _____ mexicano.
   _____ español.

6. "Toño" es un...
   _____ apellido materno.
   _____ apellido paterno.
   _____ apodo.

2-48 El próximo episodio. Write three questions that you would like more information about for the next episode.

MODELO: *¿Dónde bailan Lucía y Toño?*

Nuestro mundo

España: Tierra de don Quijote

2-49 ¿Qué sabes tú? How many of the following can you name?

1. la capital de España
2. una famosa obra literaria (*literary work*) de España
3. un autor español famoso
4. el nombre del rey (*king*) de España
5. un producto importante de España
6. el nombre de uno de los mares (*seas*) de España
7. el nombre del otro país que ocupa la Península Ibérica
8. el nombre del océano donde están las Islas Canarias

Mar Cantábrico

Santander
Oviedo
La Coruña ASTURIAS CANTABRIA Bilb
GALICIA V.

Burgos Lo
LA

Valladolid
CASTILLA-LEÓN
Río Duero
Segovia
Salamanca
Madrid
MADRID

Río Tajo
Toledo

EXTREMADURA
C
LA
ESPAÑA

Lisboa Badajoz

Río Guadalquivir
Córdoba
ANDALUCÍA
Sevilla
Gran

Málaga
Cádiz

Gibraltar
Ceuta (Esp.)

OCÉANO ATLÁNTICO

PORTUGAL

ÁF

En las largas y ricas costas de España, la pesca (*fishing*) es maravillosa. La gastronomía española es famosa por sus (*its*) excelentes platos, como la paella.
Spanish cuisine:
http://www.gospain.org/cooking/

El clima de Andalucía en el sur de España es perfecto para el cultivo de las aceitunas (*olives*). De ellas se produce el aceite de oliva y muchas variedades de aceitunas para comer.

La industria automovilística española es la séptima *(seventh)* en el mundo, por el número de automóviles que produce cada *(each)* año. Este coche *(car)* es un SEAT, un auto pequeño y económico muy popular.

FRANCIA

bastián

ANDORRA

Pamplona

ARRA

PIRINEOS

Rio Ebro

CATALUÑA

Zaragoza

Barcelona

ARAGÓN

Menorca

Palma de Mallorca

VALENCIA

Valencia

Mallorca

ISLAS BALEARES

Ibiza

A

Alicante

Mar Mediterráneo

MURCIA

Antoni Gaudí, uno de los arquitectos españoles más famosos, diseñó *(designed)* la Iglesia de la Sagrada Familia en Barcelona. Es una obra de arquitectura moderna que está sin terminar *(yet to be finished)*.
The architecture of Gaudí:
http://www.cyberspain.com/passion/gaudi.htm

Santa
Cruz de
la Palma
Lanzarote

La Palma
Santa
Cruz
Arrecife

Gomera
Puerto del Rosario

Tenerife
Las
Palmas
Fuerteventura

Hierro
Gran
Canaria

**ISLAS CANARIAS
(ESPAÑA)**

ÁFRICA

OCÉANO
ATLÁNTICO

(Esp.)

España tiene una monarquía parlamentaria. El príncipe Felipe de Borbón, nacido el 30 de enero de 1968 y heredero al trono de España, estudió por un año en Lakefield College School, en Ontario.
Crown Prince Felipe de Borbón:
**http://www.sispain.org/english/politics/
royal/prince.html**

Pedro Almodóvar es el director de cine español más conocido hoy en día. Entre sus *(his)* obras se incluyen *La flor de mi secreto* y *Todo sobre mi madre*, por la que recibió un Oscar. *Hable con ella* también recibió un Oscar en 2003.

2-50 ¿Dónde? Match these places in Spain with the things you might find there.

1. Costa del Sol
2. Pirineos
3. Barcelona
4. Madrid
5. la costa
6. Andalucía
7. Galicia

___ la producción de aceite de oliva
___ arquitectura interesante
___ playas
___ la fabricación de automóviles
___ buena gastronomía
___ la casa de Antoni Gaudí
___ montañas
___ el gobierno

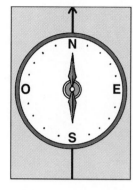

 2-51 El mapa. With a classmate, review the map of Spain. Indicate where the following cities, regions, or geographical phenomena are located.

al este de	*to the east of*	al oeste de	*to the west of*
al norte de	*to the north of*	al sur de	*to the south of*
el centro	*centre*	cerca de	*close to*
la costa atlántica/ mediterránea	*Atlantic / Mediterranean coast*		

MODELO: *Andalucía está en el sur de España.*

1. Madrid
2. Gibraltar
3. Bilbao
4. Toledo
5. el río Tajo
6. Segovia
7. los Pirineos
8. Extremadura
9. Galicia
10. el río Guadalquivir
11. las Islas Canarias
12. las Islas Baleares
13. Málaga
14. Valencia
15. Barcelona
16. Sevilla

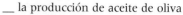 **2-52 Conexiones.** Consult an encyclopedia or world almanac or the World Wide Web to find the following information:

1. el nombre de tres pintores españoles famosos
2. el nombre del rey (*king*) de España
3. el año de los Juegos Olímpicos en Barcelona
4. el idioma del País Vasco
5. el nombre de un baile tradicional español
6. un plato (*dish*) popular en España

 Ritmos

"Cuéntame alegrías" (Tachú, España)

The guitar rhythms and singing style of "Cuéntame alegrías" are reminiscent of Spanish flamenco music, which originated in southern Spain and was greatly influenced by the gypsies in the middle of the nineteenth century.

Antes de escuchar

 2-53 La letra. Skim the lyrics of the following stanza with a partner and list any words that are cognates or that you recognize.

Cuéntame alegrías

Cuéntame alegrías mi vida
Y dáme tu amor
Dáme una caricia, sonrisa
Dáme el corazón

Tienes en mi alma, caramba,
Hay para ti un rincón
Siempre presente en mi mente
Te mantengo yo

A escuchar

2-54 ¿Qué letra falta? As you listen to the song, supply the missing letters for the following key words that appear in the lyrics and then, where possible, give the definition of each word.

1. v i _ a
2. a _ o r
3. c _ r i c i a

4. s o n r _ s a
5. c o r a z _ n
6. a l _ a

7. f l o _ e s
8. c i e _ o
9. c a _ i ñ o

Based on the meanings of these words, what do you think is the song's theme?

Después de escuchar

2-55 Comprensión. Answer the following questions with a complete sentence in Spanish.

1. ¿Cuál es el título de la canción?
2. ¿Cómo se llama el grupo musical?
3. ¿De dónde es el grupo?
4. ¿Quién canta, una mujer o un hombre?
5. ¿Cómo es la canción en tu opinión? (alegre, triste, cómica, seria, melancólica, etcétera)
6. ¿Te gusta este tipo de música? ¿Por qué?

Páginas

La búsqueda, **Episodio 2**

Estrategias

Pistas (*Clues*) extratextuales. When you read a text, extratextual clues— your knowledge of format, style, and genre— help you understand the passage. You have certain expectations when you begin to read a personal letter versus a business letter, a poem versus an essay, a recipe versus an advertisement.

A. Describe el género. Write in Spanish or in English three or four expectations you have regarding the content of *La búsqueda*.

MODELO: *La detective busca un objeto misterioso…*

B. Describe a los personajes. Write several statements in Spanish in which you describe the characters that you met in **Episodio 1**.

María Flores de Val   Ana Florencia del Río   el hombre misterioso

La búsqueda, Episodio 2

2-56 ¿Comprendiste? Complete the paragraph as it relates to *La búsqueda* with words from the following list.

dos	ocho menos cuarto	México	apodo
avión	bajo	dinero	teléfono
prisa	veintiséis años	Altamira	Pepe

Ana Florencia habla por (1) ___ con Luis Lucero Bermejo. Ana Florencia tiene que llegar a (2) ___ para (*by*) las (3) ___. Ahora son las (4) ___. Por eso, ella tiene mucha (5) ___. En Santander, Luis explica que hay un antropólogo que se llama (6) ___. Pepe es un (7) ___ para "José". Es (8) ___ y moreno, y tiene (9) ___. En este momento, está en (10) ___. Ana Florencia recibe documentos y (11) ___ para ir a México. No va a viajar a México en taxi, sino (*but*) en (12) ___.

2-57 ¿Es cierto? Indicate whether the statements are true **(cierto)** or false **(falso)** according to *La búsqueda*. Correct any false statements.

1. Ana Florencia necesita hablar con Santander.
2. Lucho tiene un suéter anaranjado.
3. Ana Florencia toma un taxi a Altamira.
4. La pieza robada *(stolen)* tiene información importante.
5. Pepe es el apodo de Pedro.
6. Ana Florencia tiene documentos para *(for)* Lucho.
7. Ana Florencia tiene que viajar a Guatemala.

¡Escucha!

Una conversación. Listen to Ana Florencia's conversation with a fellow passenger and briefly answer the questions below in Spanish.

1. ¿Con quién habla Ana Florencia?
2. ¿Cómo es él?
3. ¿Por qué tiene cuidado ella?
4. ¿Tiene ella amigos en la capital?
5. ¿Qué necesita ella?
6. ¿Qué más le da (*gives her*) el señor?

Taller

Una entrevista y un sumario

1. **Preguntas.** Write questions you'd like to ask a classmate. Use these interrogatives.

   ¿Cómo...? ¿Por qué...? ¿Dónde...? ¿Cuál(es)...? ¿Qué...? ¿Quién(es)...?

2. **Entrevista.** Interview a classmate and write the responses.
3. **Artículo.** Summarize the information for an article in the university newspaper. Use connecting words such as **y**, **pero** (*but*), and **por eso** (*therefore*).
4. **Revisión.** Review your summary to ensure the following:

   ❏ agreement of nouns, articles, and adjectives
   ❏ agreement of subjects and verbs
   ❏ correct spelling, including accents

5. **Intercambio.** Exchange your summary with a classmate's, and make suggestions and corrections.
6. **Entrega.** Rewrite your summary, incorporating your classmate's suggestions. Then, turn in the summary to your instructor.

Lección

3

¿Qué estudias?

Frida y Diego Rivera, un retrato por la pintora mexicana, Frida Kahlo.

¡Así es la vida!

¿Qué materias vas a tomar?

Alberto: ¡Oye, Luis! Ya tienes tu horario de clases, ¿verdad?

Luis: Sí, ¿y tú? ¿Qué materias vas a tomar?

Alberto: Mi horario es bastante complicado. Voy a tomar cinco materias: informática, inglés, historia, álgebra y química.

Luis: ¡Estás loco! Yo solamente voy a tomar cuatro materias este semestre… ¡Y eso ya es mucho!

Alberto: ¿Vas a tomar la clase de inglés con el profesor Uvalde?

Luis: ¡No, chico! Es una clase muy difícil. Sus estudiantes siempre hacen mucha tarea.

Alberto: Pero, ¡no vas a terminar tus estudios para el año 2007 si no tienes todos los requisitos!

En la Universidad de Monterrey

Luisa: Carmen, ¿qué haces?

Carmen: Hago la tarea de matemáticas.

Luisa: ¿Qué página tenemos que estudiar?

Carmen: Tenemos que completar los ejercicios de la página 340 para mañana.

Luisa: Pues, vamos a la clase de biología, ¿no?

Carmen: ¿Qué hora es?

Luisa: Ya son las nueve. Nuestra clase es en cinco minutos.

Carmen: ¡Ay, sí! Vamos a clase.

Ana: ¡Hola, Roberto! ¿Qué tal?

Roberto: ¡Muy bien, Ana! ¿Y tú?

Ana: Todo está bien. ¿Qué haces aquí?

Roberto: Voy a hablar con el profesor Perales.

Ana: Pues, tienes que regresar más tarde porque a las diez y cuarto enseña una clase de francés. Luego, tiene horas de oficina.

Roberto: Tú estudias muchos idiomas, ¿no?

Ana: Pues sí, Roberto. Estudio francés, alemán y portugués. Hoy en día, aprender idiomas no es un lujo, es una necesidad.

¡Escucha!

¿Quién es? Listen to Alberto, Luis, Luisa, Carmen, Ana, and Roberto from **¡Así es la vida!** and write the letter(s) of the corresponding name.

MODELO: Sí, tengo mi horario y es complicado.

➡ *A (for Alberto)*

A: Alberto   **L:** Luis   **LA:** Luisa   **C:** Carmen   **N:** Ana   **R:** Roberto

1. ____   2. ____   3. ____   4. ____   5. ____   6. ____   7. ____   8. ____

¡Así lo decimos!

Materias académicas

el álgebra	*algebra*
la antropología	*anthropology*
el cálculo	*calculus*
el desarrollo internacional	*international development*
la economía	*economics*
la estadística	*statistics*
los estudios ambientales	*environmental studies*
...canadienses	*Canadian ...*
...de la mujer	*women´s ...*
...nativos	*native ...*
la física	*physics*
la geología	*geology*
la literatura	*literature*
la música	*music*
la psicología	*psychology*
la química	*chemistry*

La vida universitaria

la biblioteca	*library*
la cafetería	*cafeteria*
la calculadora	*calculator*
el centro estudiantil	*student centre*
la computadora; el ordenador *(Sp.)*	*computer*
el curso	*course*
el diccionario	*dictionary*
el gimnasio	*gymnasium*
el horario de clases	*class schedule*
el laboratorio (de lenguas)	*(language) laboratory*
la materia	*(academic) subject*
la rectoría	*administration building*
el semestre	*semester*
el trimestre	*trimester*

Verbos

aprender (a)	*to learn*
hacer	*to do; to make*
hago la tarea	*I do homework*
hacer ejercicio	*to exercise*
hacer preguntas	*to ask questions*
ir (a)	*to go*
me voy	*I'm going, leaving*
voy/vas/vamos a	*I'm/we're/you're going to*

Los números 100-1.000.000

cien, ciento	*100*
ciento uno/a	*101*
doscientos/as	*200*
trescientos/as	*300*
cuatrocientos/as	*400*
quinientos/as	*500*
seiscientos/as	*600*
setecientos/as	*700*
ochocientos/as	*800*
novecientos/as	*900*
mil	*1.000*
dos mil	*2.000*
un millón	*1.000.000*

Adjetivos

complicado/a	*complicated*
exigente	*challenging, demanding*

Adverbios

bastante	*rather*
generalmente	*generally*
luego	*later; then*
solamente	*only*
ya	*already*

Otras palabras y expresiones

el/la chico/a	*kid; boy/girl; man/ woman (coll.)*
cuando	*when*
si	*if*
pues (conj.)	*well*
¡Oye!	*Listen!; Hey!*

Expansión

Todo se usa en muchas expresiones en español. Muchas de estas expresiones incluyen las palabras *every* y *all* en inglés.

todo (*pron.*)	*everything; all*	**todas las noches**	*every night*
todo/a (*adj.*)	*all (of)*	**todos los días**	*every day*
todo el día	*all day*	**Todos** asisten a **todas** sus clases	*Everyone attends*
todos/as; todo el mundo	*everyone; everybody*	**todos** los días.	*all of their classes every day.*
		Estudio **toda** la noche.	*I study all night long.*

Practiquemos

3-1 ¿Cuál no pertenece? Identify the item that *does not belong* in each of the following lists.

1. sociología/ gimnasio/ literatura/ música
2. preguntas/ chico/ tarea/ ejercicio
3. exigente/ calculadora/ diccionario/ computadora
4. economía/ estadística/ cálculo/ literatura
5. bastante/ hacer/ aprender/ ir

3-2 ¿Qué estudias? Match each item with the corresponding class. Then, say what you have and what you study, based on the information.

MODELO: Tengo *un libro de Freud.* Estudio *psicología.*

biología   español   historia   geografía   informática   literatura

1. el libro *Don Quijote de la Mancha*
2. un mapa
3. un libro de Napoleón
4. un diccionario bilingüe
5. un microscopio
6. una computadora

3-3 Las materias. Write a sentence that explains the academic subject that corresponds to the drawing.

MODELO: *El señor Hyde estudia química.*

1. Carmen   2. Rosa   3. Anita   4. Marta y Pepe

PONTIFICIA UNIVERSIDAD CATÓLICA MADRE Y MAESTRA

DEPARTAMENTO DE ADMISIONES

El Departamento de Admisiones de la Pontificia Universidad Madre y Maestra, Recinto Santo Tomás de Aquino, les informa de las fechas de Examen de Admisión y de las fechas límites para depositar los documentos o requisitos de admisión (previos al examen).

FECHA EXAMEN DE ADMISIÓN	FECHA LÍMITE PARA DEPOSITAR DOCUMENTOS
Sábado 19 de marzo, 2005	9 de marzo, 2005
Sábado 16 de abril, 2005	9 de abril, 2005
Sábado 18 de junio, 2005	9 de junio, 2005

Para mayor información debe dirigirse al Departamento de Admisiones de la Pontificia Universidad Católica Madre y Maestra y/o llamar al teléfono 555-7786, Ext. 70.

3-4 Admisiones. Answer the questions based on the information in the following ad.

1. ¿Cómo se llama la universidad?
2. ¿Cuál es el teléfono del Departamento de Admisiones?
3. ¿Cuántos exámenes de admisión hay?
4. ¿Cuáles son las fechas del examen de admisión?
5. ¿Cuál es la fecha límite para presentar la solicitud para el examen de admisión del 16 de abril?

 3-5 ¿Qué clases tomas? Ask your partner questions in order to chart his or her weekly class schedule. Check that you have noted the information correctly, and then reverse roles.

MODELO: E1: *¿Qué clases tienes los lunes?*
 E2: *Tengo la clase de...*
 E1: *¿A qué hora es la clase?*
 E2: *Es a las...*

Pronunciación

Sounds of Spanish *b*, *v*, and *p*

1. In Spanish the letters **b** and **v** are pronounced in exactly the same manner. They have two different sounds.

◆ At the beginning of a breath group or after the letters **m** or **n**, the **b** and **v** are pronounced like the *b* in the English word *boy*, as in the following examples. This is an occlusive sound.

 buen **v**aso **b**astante **v**ino in**v**ierno

◆ In any other position, the **b** and **v** are pronounced with the lips slightly open. These are called fricatives.

 una **b**iblioteca ellos **v**an nosotros **viv**imos la **v**entana

2. The **p** is pronounced like the English *p*, but without the strong puff of air.

 pa**p**a **p**a**p**el **p**oco **p**olítica **P**edro

Pronunciemos

A. *B* y *v* oclusivas. You will hear a series of words containing the letters **b** and **v**. Be sure to pronounce them with your lips pressed together. Repeat each word or phrase after the speaker.

1. veces
2. también
3. biblioteca
4. un beso
5. vida
6. bola
7. visitantes
8. tambor
9. buenos
10. baile

B. *B* y *v* fricativas. You will now hear a series of words that contain the letters **b** and **v** within a breath group. The lips are not quite completely closed and air passes through them. Repeat each word or phrase after the speaker.

1. resolver
2. los labios
3. muy bien
4. yo voy a hablar
5. es buena persona
6. el viernes
7. no vamos
8. una visita
9. estoy bastante preocupado
10. el banco

Comparaciones...

Las universidades hispanas

Generalmente, las clases en las universidades hispanas ocurren en un ambiente más formal que las clases en las universidades del Canadá. En muchos países hispanos:

- Los estudiantes no tienen mucha tarea.
- las clases son conferencias dictadas por profesores y hay poco tiempo para intercambio entre profesores y estudiantes.
- Hay pocas clases opcionales o electivas; casi todas son obligatorias.
- la nota (*grade*) final es el resultado de un examen final.

¡Vamos a comparar!

¿Cuántos estudiantes hay en una clase típica en tu universidad? ¿En una clase de idiomas? ¿Cuántas clases hay por semana? ¿Es muy importante el examen final? ¿Hablan mucho los estudiantes en tus clases?

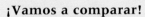 ¡Vamos a conversar!

Lean las siguientes oraciones y túrnense para expresar y anotar sus opiniones.

1. Las clases grandes son más aburridas.

   1   2   3   4   5

2. Los buenos profesores no son formales.

   1   2   3   4   5

3. Me gusta tener varios exámenes en un semestre.

   1   2   3   4   5

4. No me gusta hablar en clase.

   1   2   3   4   5

5. Me gusta más el sistema canadiense.

   1   2   3   4   5

1. ¡Ni modo! No estoy de acuerdo. (*No way! I disagree.*)
2. No es probable.
3. No tengo opinión.
4. Es posible.
5. Estoy completamente de acuerdo.

¡Así lo hacemos!

Estructuras

1. Numbers 100-1.000.000

100	cien, ciento	700	**setecientos/as**
101	ciento uno/a	800	ochocientos/as
200	doscientos/as	900	**novecientos/as**
300	trescientos/as	1.000	mil
400	cuatrocientos/as	2.000	dos mil
500	**quinientos/as**	1.000.000	un millón
600	seiscientos/as		

♦ **Ciento** is used in compound numbers between 100 and 200. **Cien** is used when it precedes a noun and before thousand and million.

> **ciento diez, ciento treinta y cuatro**
> **cien estudiantes, cien mil, cien millones**

♦ When 200-900 modify a noun, they agree in gender and number with it.

> cuatrocient**os** libros (400)   quinient**as** tizas (500)

♦ **Mil** is not used with **un** and is never used in the plural for counting.

> **mil, dos mil, tres mil**, etcétera

> 1985   **mil** novecientos ochenta y cinco
> 2005   dos **mil** cinco

♦ The plural of **millón** is **millones**, and when followed by a noun, both take the preposition **de.**

> un **millón** de pesos
>
> dos **millones** de dólares

♦ In Spain and in most of Latin America, thousands are represented with a period, except for years, and decimals are represented with a comma.

Canada/U.S.	Spain/Latin America
$1,000	$1.000
$2.50	$2,50
$10,450.35	$10.450,35
$2,341,500	$2.341.500

Practiquemos

3-6 Muchos números Write in numerical form the numbers that your instructor reads to you.

3-7 ¡Más números! Read out these numbers.

MODELO: 365

> ➡ *trescientos sesenta y cinco*

1. 226	**2.** 498	**3.** 115	**4.** 1.764
5. 12.500	**6.** 66.014	**7.** 900.835	**8.** 5.600.150

3-8 ¿En qué año? Say the dates and match them with the corresponding historical events.

MODELO: 1867

➡ *mil ochocientos sesenta y siete; el año de la Confederación en el Canadá*

___1. 1492   a. la Guerra *(war)* Civil española

___2. 1939   b. el nuevo milenio

___3. 2001   c. la conquista de México por Cortés

___4. 1616   d. Cristóbal Colón llega a Santo Domingo

___5. 1929   e. la Segunda Guerra mundial

___6. 1521   f. Miguel de Cervantes se muere *(dies)*

___7. 1936   g. la Gran Depresión

___8. ¿...?   h. tu año de nacimiento *(your year of birth)*

3-9A Inventario. Dictate your inventory numbers in Spanish to your partner. Then write the inventory numbers that he/she dictates to you. **¡Ojo!** Be careful with agreement!

MODELO: 747 mesas

➡ *setecientas cuarenta y siete mesas*

1. 202 diccionarios

2. 5.002 escritorios

3. 816 pizarras

4. 52 mapas

5. 326 edificios

6. 2.700.000 libros

7. 110.000 sillas

3-10A ¿Cuánto cuesta? Ask your partner how much the following items cost. Then, respond to his or her answer.

MODELO: una taza de café

E1: *¿Cuánto cuesta una taza de café?*

E2: *Cuesta dos dólares.*

E1: *Estoy de acuerdo. (or, ¡No! Cuesta...)*

1. el libro de texto de español

2. ir al cine

3. un Toyota nuevo

4. estudiar en la universidad por un año

5. pasar una semana en Cuba

2. Possession

A/ Indicating possession with "de + noun"

◆ In Spanish, the construction **de** + *noun* is used to indicate possession. It is equivalent to the English apostrophe *s*.

El libro **de Raúl** es interesante.   *Raúl's book is interesting.*

La hermana **de Laura** estudia química.   *Laura's sister studies chemistry.*

◆ When the preposition **de** is followed by the definite article **el**, it contracts to **del: de + el = del**

Los libros **del** profesor son difíciles.   *The professor's books are difficult.*

◆ The preposition **de** does not contract with **la, los, las,** or the subject pronoun **él.**

Los lápices **de la** estudiante son amarillos.   *The student's pencils are yellow.*

No es mi mochila; es la **de él**.   *It's not my backpack, it's his.*

¡No es mi coche! Es el coche de Raúl.

B/ Possessive adjectives

Singular			Plural		
yo	**mi**			**mis**	*my*
tú	**tu**			**tus**	*your (inf.)*
usted	**su**			**sus**	*your (form.)*
él	**su**			**sus**	*his*
ella	**su**			**sus**	*her*
nosotros/as	**nuestro/a**			**nuestros/as**	*our*
vosotros/as	**vuestro/a**			**vuestros/as**	*your (inf.)*
ustedes	**su**			**sus**	*your (form.)*
ellos	**su**			**sus**	*their*
ellas	**su**			**sus**	*their*

◆ The possessive adjectives can also be used to indicate possession.

◆ Possessive adjectives agree in number with the nouns they modify. Note that **nuestro/a** and **vuestro/a** are the only possessive adjectives that show both gender and number agreement.

◆ In Spanish, possessive adjectives are always placed before the noun they modify and, unlike their English counterparts, they never receive intonation stress.

Mis clases son grandes.	*My classes are big.*
Nuestros amigos llegan a las ocho.	*Our friends arrive at eight o'clock.*

Expansión

Su y sus

The possessive adjectives **su** and **sus** can have different meanings (*your, his, her, its, their*). The context often indicates who the possessor is.

María lee **su** libro.	*María reads her book.*
Luisa vive con **sus** amigas.	*Luisa lives with her friends.*
Ramón y José hablan con **su** profesor.	*Ramón and José talk with their professor.*
¿Ud. tiene **su** bolígrafo?	*Do you have your pen?*
¿Uds. viven con **sus** amigos?	*Do you live with your friends?*

When the identity of the possessor is not clear, the construction **de** + *noun* or **de** + *prepositional pronoun* can be used for clarification.[1]

¿**De quién** es el libro?	*Whose book is it?*
Es **su** libro. Es el libro **de Paco**.	*It's his book. It's Paco's book.*
¿Son **sus** amigas?	*Are they her friends?*
Sí, son las amigas **de ella**.	*Yes, they're her friends.*

---

[1] With the exception of first and second persons singular (**yo** and **tú**), prepositional and subject pronouns are the same: **de él, de usted, de nosotros/as, de ellas**. The prepositional pronouns for **yo** and **tú** are **mí** and **ti**. The preposition **con** has special forms with **yo** and **tú: conmigo** and **contigo**.

Practiquemos

3-11 ¿De quién es? Choose the most likely owner for each object.

MODELO: El lápiz es (del estudiante/de la dentista).
　　　　➥ *El lápiz es del estudiante.*

1. La computadora es (de la estudiante/ del bebé).
2. La biblioteca es (de María/ de la universidad).
3. Las calculadoras son (de María/ de María y Pepe).
4. El diccionario es (de la estudiante de idiomas/ del estudiante de biología).
5. El horario es (de Carlos/ de la mamá de Carlos).
6. La oficina es (de Luisa/ del rector de la universidad).
7. Los mapas son (de los estudiantes de matemáticas/ de la profesora de geografía).
8. El centro estudiantil es (de Paco y Jorge/ de los profesores Sánchez y Rojas).

3-12 ¿De quién es el libro? As your instructor points to different objects within the classroom, indicate to whom each belongs.

MODELO: el libro
　　　　➥ *El libro es de David.*

1. la mochila
2. el bolígrafo
3. el lápiz
4. la tiza

5. el cuaderno
6. el café
7. el diccionario
8. la chaqueta *(jacket)*

3-13 ¿De quiénes son estas cosas? Complete the sentence fragments with the correct forms of the verb *ser* and any other necessary elements to indicate to whom these objects belong.

MODELO: los libros/ los estudiantes
　　　　➥ *Los libros son de los estudiantes.*

1. la clase/ la profesora García
2. el bolígrafo/ Luis
3. los exámenes/ los estudiantes de psicología
4. las tareas/ Rosa
5. el diccionario bilingüe/ el profesor Quispe
6. el horario de clases/ Ana
7. los microscopios/ el laboratorio de biología
8. las mochilas/ Sandra y Ramón

3-14 ¡Es mi cuaderno! Complete the following with the correct forms of the possessive adjectives, changing the italicized elements as necessary.

MODELO: Yo llevo *mis cuadernos* a la clase. (diccionario/calculadora/...)
　　　　➥ Llevo <u>*mi diccionario*</u> a la clase.

MODELO: *Yo llevo mis* cuadernos a la clase. (Tú/ José/...)
　　　　➥ <u>*Tú llevas tus*</u> cuadernos a la clase.

1. José no tiene *sus bolígrafos.* (calculadora/ diccionarios/ tareas/ lápiz)
2. Los estudiantes buscan *su clase* (ejercicios/ mapa/ universidad/ libros)
3. Nosotros necesitamos *nuestros cuadernos.* (laboratorio/ computadora/ bolígrafos/ mochilas).
4. *Paco lleva su* libro. (Tú/ Yo/ Nosotros/ La profesora)
5. *Tú tienes tu* tarea. (José/ Carlos y Miguel/ Ud./ Yo)
6. *Ud. habla* con *sus* amigos. (Nosotros/ Las chicas/ Tú/ Miguel)

3-15 En la cafetería. Complete the following paragraph with the correct forms of the possessive adjective. In each sentence, the italicized subject is the owner of the object.

A las 7:30 de la mañana *yo* tomo (1) ___ primer café porque (2) ___ clase de historia es a las ocho. Mis amigos *Chalo y Beto* llegan a (3) ___ clase de física a las nueve de la mañana. Después de (*after*) clase *nosotros* vamos a la cafetería de (4) ___ universidad al mediodía. En la cafetería, hablamos con (5) ___ amigas y con (6) ___ profesores. Estudiamos (7) ___ lecciones. *Yo* practico inglés con (8) ___ amigos norteamericanos y (9) ___ amigas *Carol y Kim* practican español con (10) ___ amigos mexicanos. ¿Vas *tú* a la cafetería de (11) ___ universidad con (12) ___ amigos también?

A B **3-16A Los detectives** You have one list of items, and another list of possible owners. Use the information your partner will give you to make statements together about who owns what, using the *de + noun* construction.

MODELO: Katia estudia literatura.
➡ *El libro de Cervantes es de Katia.*

1. la calculadora	___ María	
2. el piano	___ la señora Álvarez	
3. el libro sobre Hernán Cortés	___ Pepe	
4. los pacientes	___ el profesor González	
5. los lápices a colores	___ Carmen	
6. la computadora	___ Marcos	
7. los mapas	___ Carlos	
8. la mochila	___ Raquel	

3. The present tense of *hacer* (*to do; to make*) and *ir* (*to go*)

hacer				ir			
yo	*hago*	nosotros/as	**hacemos**	yo	*voy*	nosotros/as	*vamos*
tú	**haces**	vosotros/as	**hacéis**	tú	*vas*	vosotros/as	*vais*
él/ella, Ud.	**hace**	ellos/as, Uds.	**hacen**	él/ella, Ud.	*va*	ellos/as, Uds.	*van*

- The Spanish verbs **hacer** and **ir** are irregular. **Hacer** is only irregular in the first-person singular: **hago.**

  Hago la tarea por las noches. *I do homework at night.*

- **Ir** is almost always followed by the preposition **a**. When the definite article **el** follows the preposition **a**, they contract to **al: a + el = al.**

  Luis y Ernesto **van al** centro estudiantil. *Luis and Ernesto are going to the student centre.*

- The preposition **a** does not contract with **la, las, los** or with the subject pronoun **él**.

  Carmen va **a la** cafetería. *Carmen is going to the cafeteria.*

- The construction **ir a** + *infinitive* is used in Spanish to express future action. It is equivalent to the English construction *to be going + infinitive.*

  ¿Qué **vas a hacer** esta noche? *What are you going to do tonight?*
  Voy a estudiar en la biblioteca. *I'm going to study in the library.*

Expansión

Verbs followed by an infinitive

With few exceptions, when two verbs are used in the same phrase in Spanish, the second verb is in the infinitive form. The infinitive is always used after prepositions and in impersonal expressions.

Tengo que **trabajar** a las nueve.	*I have to work at nine.*
Voy a **estudiar** dos idiomas.	*I am going to study two languages.*
Necesito **tomar** el curso de sociología.	*I need to take the sociology course.*
Espero **estudiar** francés.	*I hope to study French.*
Me gusta **aprender** idiomas.	*I like to learn languages.*
Es importante **hacer** los ejercicios escritos.	*It is important to do the written exercises.*
Es necesario **practicar** el vocabulario.	*It is necessary to practice the vocabulary.*

Practiquemos

3-17 ¿Qué hacen? Complete the sentences with the correct forms of the verb **hacer**.

1. (Yo / Carlos / Los estudiantes / Tú / Nosotros) _____ la tarea por la noche.
2. ¿_____ (tú / Ud./ Uds. / Carmen / Raquel y Sara) muchas preguntas en la clase?
3. (Yo / Nosotros / Tus amigos / María / Ud.) no _____ mucho ejercicio los fines de semana.

3-18 En la universidad. Answer with the correct form of **hacer**.

¿Dónde haces...?

1. la tarea
2. ejercicio
3. preguntas
4. amigos
5. ruido *(noise)*

3-19 ¿Qué haces? Complete each sentence with the correct form of the verb **hacer** and a logical activity.

(la) comida (*meal*)   (el) ejercicio   (la) lección   (la) tarea   (el) trabajo

1. En la biblioteca, yo _____
2. En casa, mi padre _____
3. En clase, nosotros _____
4. En el gimnasio, tú _____
5. En la oficina, los secretarios _____
6. En el restaurante, la señora _____

3-20 ¿Adónde van? Complete the sentences with the correct forms of the verb **ir**.

1. (Nosotros/ Yo/ Nuestros amigos/ La profesora/ Ud.) _____ a la biblioteca ahora.
2. ¿Adónde _____ (los estudiantes/ Uds./ tú/ Ud./ Carlos)?
3. (Yo/ Todo el mundo/ Mis amigos/ Nosotros/ Sara) _____ al cine el viernes.

3-21 En la universidad. Answer with the correct form of **ir**.

¿Adónde vas para ...?

1. comprar un libro
2. estudiar
3. comer
4. escuchar música
5. bailar
6. conversar con tus amigos/as
7. mirar la televisión
8. tomar un café

3-22 Los amigos. Complete the following paragraph with the correct forms of the verb **ir.**

José, Marta, María y yo somos buenos amigos. Nosotros (1) ___ juntos (*together*) a la universidad todos los días. José (2) ___ a la clase de español a las nueve y luego (*then*) (3) ___ a la clase de inglés. Marta y María (4) ___ a la clase de geografía a las once, y a las doce (5) ___ a la clase de biología. Yo también (6) ___ con ellas a la clase de geografía, pero después (7) ___ a la cafetería. Nosotros (8) ___ a la biblioteca a las tres y por la tarde regresamos a casa. ¿A qué hora (9) ___ ustedes a la universidad?

3-23 ¿Adónde van? Decide where each person is going. Include the definite article or the contraction **al** when necessary in your sentences.

MODELO: Tengo hambre.
　　　　➡ *Voy a la cafetería.*

biblioteca	centro estudiantil	gimnasio	librería
cafetería	clase	laboratorio	residencia estudiantil

1. Tenemos sed.
2. Tienes que estudiar.
3. Tienes mucha prisa.
4. Tomás tiene que comprar un cuaderno.
5. Tenemos que practicar vólibol.
6. Elvira y Luisa tienen que trabajar hoy.
7. Los chicos necesitan dinero.
8. Tengo que practicar la lección de francés.

3-24 ¿Qué van a hacer? Use your imagination to complete each sentence with the construction *ir a* + *infinitive* and a logical activity.

MODELO: Esta noche los estudiantes/ en el gimnasio.
　　　　➡ *Esta noche los estudiantes van a practicar básquetbol en el gimnasio.*

1. Mañana yo/ en la biblioteca.
2. El viernes los estudiantes/ en la clase de español.
3. Más tarde Carlos/ en la cafetería.
4. El sábado nosotros/ en una fiesta.
5. Ud./ en la librería.
6. Pepe/ en el laboratorio de idiomas.
7. Marta/ en el centro estudiantil.
8. Los chicos/ en la residencia.

 3-25A Situaciones. Ask your partner the following questions to find out what he or she will do later in the day.

1. ¿Adónde vas después de la clase?
2. ¿Qué vas a hacer allí?
3. ¿A qué hora vas a comer? ¿Dónde vas a comer?
4. ¿Cuándo vas a hacer la tarea de español?
5. ¿Vas a estudiar en la biblioteca?
6. ¿…?

Segunda parte

¡Así es la vida!

¿Dónde está la librería?

Son las once y media de la mañana. Ana Rosa y Carlos están hablando después de clase.

Ana Rosa: ¿Vamos a la cafetería ahora? ¡Estoy muerta de hambre!

Carlos: Yo también, y tengo sed. Necesito beber un refresco antes de ir a la biblioteca. ¿Qué vas a hacer después del almuerzo?

Ana Rosa: Chico, tengo que ir a la librería para comprar un diccionario de inglés-español. Necesito escribir una composición para mañana.

Carlos: ¿Dónde está la librería? Yo tengo que ir mañana.

Ana Rosa: Está detrás de la Facultad de Matemáticas, a la derecha de la rectoría. ¿Por qué no vamos juntos ahora?

Carlos: No, gracias, Ana Rosa. Tengo que ir a la biblioteca después del almuerzo y tratar de terminar una novela para la clase de literatura.

Ana Rosa: ¿Qué novela están leyendo?

Carlos: Esta semana estamos leyendo una novela de Carlos Fuentes. Estoy nervioso, porque la novela es larga y difícil. Tenemos un examen en dos semanas y no comprendo muchas de las novelas que leemos.

Ana Rosa: Debes llamar a Marisa. Ella lee mucho y su especialidad (*major*) es la literatura mexicana.

Carlos: ¿Dónde vive Marisa?

Ana Rosa: Marisa vive lejos de aquí, con sus padres, en Coyoacán. Sólo asiste a clase los martes y jueves, pero mañana es jueves.

Carlos: Sí, y siempre come el almuerzo en la cafetería a la una… Mañana voy a tratar de buscar a Marisa en la cafetería. ¡Necesito mucha ayuda con mi clase de literatura!

¡Escucha!

¿Cierto o falso? Indicate where the sentences are true (**cierto**) or false (**falso**) based on the conversation between Ana Rosa and Carlos of **¡Así es la vida!**

MODELO: Carlos y Ana Rosa tienen que ir a la librería.

➥ *cierto*

1. cierto	falso		**5.** cierto	falso
2. cierto	falso		**6.** cierto	falso
3. cierto	falso		**7.** cierto	falso
4. cierto	falso		**8.** cierto	falso

¡Así lo decimos!

Actividades

abrir	to open
asistir a	to attend
beber	to drink
comer	to eat
comprender	to understand
creer	to believe; to think
deber	ought to, must; to owe
decidir	to decide
escribir	to write
leer	to read
recibir	to receive
vender	to sell
ver	to see; to watch (television)
vivir	to live

¿Dónde está?

a la derecha	to / on the right
a la izquierda	to / on the left
al lado (de)	next to; beside
cerca	nearby
cerca de	near; close to
delante (de)	in front of
detrás (de)	behind
enfrente (de)	in front of; across from
entre	between
junto a...	next to...
juntos/as	together
lejos (de)	far

¿Cómo estás?

aburrido/a	bored[1]
cansado/a	tired
casado/a (con)	married (to)
contento/a	happy
divorciado/a	divorced
enamorado/a (de)	in love (with)
enfermo/a	sick
enojado/a	angry
muerto/a (de)	dead (dying of...)[2]
nervioso/a	nervous
ocupado/a	busy
preocupado/a	worried
triste	sad

¿Cómo está?

abierto/a	open
cerrado/a	closed
limpio/a	clean
sucio/a	dirty

Adverbios

antes (de)	before
después (de)	after
siempre	always
sólo	only

Para comer y beber

el agua mineral	mineral water
el almuerzo	lunch; brunch
la bebida	drink; refreshment
el café	coffee
la cena	dinner; supper
la comida	food; meal; lunch
el desayuno	breakfast
la ensalada	salad
la hamburguesa	hamburger
el jugo	juice
la leche	milk
la merienda	afternoon snack
el refresco	soft drink
el sándwich	sandwich

---

[1] You learned **ser aburrido/a** (to be boring) in **Lección 1**. Note the change in meaning when used with **estar**. You'll learn more about this in this lesson.
[2] **Estar muerto/a de** is the equivalent of the English expression *to be dying of* in colloquial usage, e.g., *to be dying of hunger, thirst, embarrassment*, etc., and is not used literally. **Morirse** is used to say that someone is dying of a disease.

Practiquemos

3-26 En la sala de clase. Indicate whether these statements are true **(cierto)** or false **(falso)** according to the picture and correct the false information.

1. Jorge está lejos de la puerta.
2. La profesora está detrás de la clase.
3. Laura está al lado de Mateo.
4. Laura está a la izquierda de Mateo.
5. La ventana está a la izquierda de la puerta.
6. El mapa está cerca de la pizarra.
7. La pizarra está entre el mapa y la puerta.
8. Mateo está detrás de Laura.

3-27 ¿Dónde está? Complete the sentences to say where these objects are in your classroom or university, using as many different expressions as possible.

MODELO: Raúl está _delante de_ Carmen. Carmen está _detrás de_ Raúl.

1. La pizarra está _____ la puerta.
2. La ventana está _____ la pizarra.
3. Los estudiantes están _____.
4. La profesora/El profesor _____.
5. Mi libro _____.
6. La mochila de (Laura/David/etc.) _____.
7. La biblioteca _____.
8. El centro estudiantil _____.

Ángela
Ching
Estela y Jacobo
Meche
Pablo
Carmiña
Raúl

3-28 Las emociones. Carmiña and her friends talk about their day. Based on what they are thinking, match each person with a word from the list. **¡Ojo!** Use the correct form of the adjective (masculine/feminine, singular/plural).

casado	nervioso	preocupado	cansado
contento	ocupado	triste	

1. Carmiña está…
2. Meche está…
3. Ángela está…
4. Ching está…

5. Estela y Jacobo están…
6. Pablo está…
7. Raúl está…

3-29 ¿Cómo están? Complete the sentences logically, explaining how these people might feel.

1. Estamos en el gimnasio. Estamos_____.
2. La clase es larga y aburrida. Los estudiantes están _____.
3. Es la una de la mañana. Pepe no va a estudiar más. Está _____.
4. El perro *(dog)* de María está muerto. María está muy_____.
5. Tú llegas a casa muy tarde sin llamar por teléfono. Tus padres están _____.
6. ¡Tengo dos composiciones y tres exámenes esta semana! Estoy _____.
7. Es el cumpleaños de Ángela y hay una fiesta. Ella está muy_____.
8. Álvaro está escribiendo un examen difícil. Está_____.

Pronunciación

Sounds of Spanish *k, c,* and *z*

1. In Spanish, the **k** and the combinations **qu, ca, co,** and **cu** are pronounced like the English *c* in the word *cut,* but without the puff of air: **kilómetro, Quito, casa, color, cuna.**
2. In Spanish America, the letters **c** (before **e** and **i**) and **z** are pronounced like the English *s* of the word *sense.* In most of Spain, these sounds are pronounced like the *th* in *think*: **cena, ciudad, zapato, zona, manzana.**

Pronunciemos

A. La *k,* **la** *c* **con** *a, o* **o** *u* **y la combinación** *qu.* You will hear a series of words with the sound of the letras **k, qu, ca, co, cu.** Repeat each word or phrase after the speaker. Practice pronouncing the words without the puff of air.

1. calculadora	3. Colón	5. cura	7. kiosco
2. queso	4. casa	6. kilo	8. clase

B. La *c* **con** *e* **o** *i* **y la** *z.* You will now hear the sounds of the combination **ce** and **ci** and of the letter **z.** Repeat each word or phrase after the speaker.

1. zapato	3. cinco	5. cerveza	7. cemento
2. cesto	4. gracias	6. ciudad	8. cita

¡Así lo hacemos!

Estructuras

4. The present tense of *estar* (*to be*)

Las formas y los usos de estar

The English verb *to be* has two equivalents in Spanish, **ser** and **estar**. You have already learned the verb **ser** in **Lección 2**, and you have used some forms of **estar** to say how you feel, to ask how someone else feels, and to say where things and places are. The chart shows the present tense forms of **estar**.

¿Cómo está Ud. hoy, señora?

Estoy muy enferma.

estar (*to be*)			
yo	**estoy**	nosotros/as	**estamos**
tú	**estás**	vosotros/as	**estáis**
él/ella, Ud.	**está**	ellos/as, Uds.	**están**

♦ **Estar** is used to indicate the location of specific objects, people, and places.

Tu libro **está** allí.	*Your book is over there.*
Ana Rosa y Carmen **están** en la cafetería.	*Ana Rosa and Carmen are in the cafeteria.*
La cafetería **está** en el centro estudiantil.	*The cafeteria is in the student centre.*

♦ **Estar** is also used to express a condition or state, such as how someone is feeling.

¡Hola, Luis! ¿Cómo **estás**?	*Hi, Luis! How are you?*
¡Hola, Carmen! **Estoy** muy ocupado.	*Hi, Carmen! I'm very busy.*
Elena **está** enferma.	*Elena is sick.*

♦ Adjectives that describe physical, mental, and emotional conditions are used with **estar**.

abierto/a	**contento/a**	**enojado/a**	**ocupado/a**
aburrido/a	**divorciado/a**	**limpio/a**	**preocupado/a**
cansado/a	**enamorado/a (de)**	**muerto/a (de)**	**sucio/a**
casado/a (con)	**enfermo/a**	**nervioso/a**	**triste**

Paco **está casado con** Ana.	*Paco is married to Ana.*
Mi mochila **está** muy **sucia.**	*My backpack is very dirty.*
¡Estoy muerto de hambre!	*I'm dying of hunger!*
Alicia **está enamorada del** novio de Úrsula.	*Alicia is in love with Úrsula's boyfriend.*

Practiquemos

3-30 Una conversación telefónica. Complete the telephone conversation between Mar and Pepe with the correct forms of **estar**.

Pepe: ¿Bueno?

Mar: Pepe, habla Mar. ¿Cómo (1) ___ tú?

Pepe: Muy bien, ¿y tú?

Mar: Yo (2) ___ bastante bien, gracias. ¡Oye!, ¿dónde (3) ___ tú ahora?

Pepe: (4) ___ en la cafetería.

Mar: ¿(5) ___ Raúl y Roberto allí?

Pepe: No, ellos (6) ___ en la residencia estudiantil.

Mar: ¿(7) ___ enfermos?

Pepe: No, (8) ___ cansados. Y, ¿dónde (9) ___ María Aurora?

Mar: (10) ___ en la biblioteca porque (11) ___ muy ocupada.

Pepe: Nosotros también (12) ___ muy ocupados. Tenemos que terminar el proyecto para la clase de química.

Mar: Bueno, tienes que trabajar. Hablamos después. Hasta luego.

Pepe: Adiós.

3-31 ¿Cómo están? Describe how the people in the following drawings feel.

MODELO: *Bárbara está preocupada.*

1. La madre ___.   2. Héctor ___.   3. Ana y María ___.   4. José y Juan ___.

3-32 ¿Cómo estás...? Take turns asking a classmate how you might feel in the following situations.

MODELO: E1: ¿Cómo estás si la clase no es muy interesante?
E2: *Estoy aburrido/a.*

1. ...cuando tienes mucha tarea?
2. ...cuando tienes 40° de fiebre (*fever*)?
3. ...después de estudiar muchas horas?
4. ...cuando tienes que estudiar para cuatro exámenes?
5. ...después de un examen muy difícil?
6. ...después de un examen muy fácil?
7. ...si tu mejor amigo/a está muy enfermo/a?
8. ...cuando tienes mucha hambre?

5. The present progressive

The present progressive tense describes an action that is in progress at the time the statement is made. The present progressive is formed using the present indicative of **estar** as an auxiliary verb and the present participle (the **-ndo** form) of the main verb. The present participle is invariable. It never changes its ending regardless of the subject. Only **estar** is conjugated when using the present progressive forms.

¿Qué estás haciendo?

Estoy practicando los verbos irregulares, Mamá.

Present Progressive of *hablar*		
yo	**estoy**	**hablando**
tú	**estás**	**hablando**
él/ella, Ud.	**está**	**hablando**
nosotros/as	**estamos**	**hablando**
vosotros/as	**estáis**	**hablando**
ellos/as, Uds.	**están**	**hablando**

◆ To form the present participle of regular **-ar** verbs, add **-ando** to the verb stem.

hablar + -ando → **hablando**

Los niños **están jugando.**   *The children are playing.*

◆ For **-er** and **-ir** verbs, add **-iendo** to the verb stem.

comer + -iendo → **comiendo**

escribir + -iendo → **escribiendo**

El profesor **está comiendo**   *The professor is eating in the cafeteria.*
en la cafetería.

Estoy escribiendo   *I'm writing my homework.*
la tarea.

◆ **Leer** has an irregular present participle. The **i** from **–iendo** changes to **y.**[1]

leer + iendo → leyendo

Expansión

Para expresar el futuro

Unlike English, the Spanish present progressive is not used to express future. Spanish uses the present indicative or **ir** + **a** + infinitive.

Vamos al cine el próximo domingo.   *We are going to the movies next Sunday.*

Regreso a la universidad el lunes.   *I am returning to the university on Monday.*

Voy a comprar un libro mañana.   *I'm buying a book tomorrow.*

Practiquemos

3-33 ¿Dónde están? ¿Qué están haciendo? Choose the appropriate option to complete the following statements.

1. Luis está en la biblioteca. Él (está leyendo/ está comiendo).
2. Yo estoy en la cafetería. (Estoy comiendo un sándwich/ Estoy escribiendo un examen).
3. Álvaro entra en la clase. Él (está bebiendo café/ está abriendo la puerta).
4. Nosotros estamos en la residencia. (Estamos mirando la televisión/ Estamos practicando tenis).
5. Mis amigos están en una fiesta. Ellos (están aprendiendo la lección/ están bailando).

3-34 ¿Qué están haciendo? Complete the second sentence in each pair with the italicized verb to indicate what the person is doing at this moment.

MODELO: José *estudia* en la biblioteca todas las noches. Esta noche *está estudiando* biología.

1. María *nada* en la piscina los martes. Hoy _____ rápidamente.
2. Nosotros *comemos* a la una. Hoy _____ hamburguesas.
3. Yo *aprendo* mucho vocabulario en la clase de español. Ahora _____ el vocabulario de la Lección 3.
4. Tú *tomas* cinco clases, ¿verdad? ¿Qué clases _____ este semestre?
5. Raúl y Marcos *escriben* composiciones en español. Ahora _____ una composición sobre España.
6. Uds. siempre *hacen* mucha tarea por la noche. ¿Qué _____ Uds. ahora?

---

[1] You will learn other irregular present participles as you learn new verbs. The present participle for **creer** would also be irregular (**creyendo**), but this form is rarely used.

Juanito
Luis
Esteban
Rubén
Gloria
Manuela
Pedro

3-35 En la cafetería. Work with a partner to write descriptions of two or three people in the picture. Use the verb **estar** to indicate where they are, how they are feeling, and what they are doing. Then, compare your descriptions with those of your classmates.

MODELO: *Pedro no está bien. Está enfermo y está tomando sopa.*

A B **3-36A ¿Qué estoy haciendo?** Take turns physically role playing an activity while the other tries to guess what it is.

MODELO: mirar la televisión
> **E1:** *(imita una persona que mira la televisión) ¿Qué estoy haciendo?*
> **E2:** *Estás mirando la televisión.*

beber	escribir
abrir y cerrar el libro	pensar
nadar	estudiar

Comparaciones

La residencia estudiantil

En México, no hay residencias estudiantiles (*dormitories*) como en las universidades canadienses. Los estudiantes viven en casa con sus familias o, si la universidad está en otra ciudad, en una **pensión estudiantil** (*boarding house*) que también se llama **casa de huéspedes** o **residencia estudiantil**. Hoy en día (*Nowadays*) muchos estudiantes viven juntos en un apartamento con unos amigos. Sin embargo, las pensiones son más comunes porque los estudiantes no tienen que preparar comida, lavar ropa (*wash clothes*), etcétera. Sus habitaciones (*bedrooms*) generalmente no tienen teléfono o baño privado, pero una pensión tiene un sabor (*flavor*) más familiar. En muchas pensiones los estudiantes comen con la familia a una hora fija (*set time*).

¡Vamos a comparar!
¿Vives en una residencia estudiantil, con tu familia o en un apartamento cerca de la universidad? ¿Por qué? ¿Vives cerca o lejos de la universidad? ¿Cuál te gusta más: el sistema mexicano o el sistema canadiense?

¡Vamos a conversar!
Lean las siguientes oraciones y túrnense para expresar y anotar sus opiniones.

1. Es divertido vivir en la residencia estudiantil.   1 2 3 4 5
2. Me gusta preparar la comida en casa.   1 2 3 4 5
3. Es importante mantener contacto con la familia. 1 2 3 4 5
4. Aunque (*Although*) estoy ocupado/a, paso tiempo 1 2 3 4 5
   con mis amigos/as.

1. ¡Ni modo! No estoy de acuerdo.
2. No es probable.
3. No tengo opinión.
4. Es posible.
5. Estoy completamente de acuerdo.

6. Summary of uses of *ser* and *estar*

Ser is used

◆ with the preposition **de** to indicate origin, possession, and to tell what material something is made of.

¿**De** dónde **es** Alberto?	**Es de** Guatemala.
¿**De** quién **son** los libros?	**Son de** Luisa.
¿**De** qué **es** la mochila?	**Es de** nilón.

◆ with adjectives to express characteristics of the subject, such as size, colour, shape, religion, and nationality.

¿De qué color **es** el coche de Raúl?	**Es** azul.
¿Cómo **es** Tomás?	**Es** alto y delgado.
¿De qué nacionalidad **son** ustedes?	**Somos** mexicanos.

◆ with the subject of a sentence when followed by a noun or noun phrase that restates the subject.

¿Qué **es** tu hermana?	**Es** profesora.
¿Quiénes **son** Juan Ramón y Lucía?	**Son** mis amigos.

◆ to express dates, days of the week, months, and seasons of the year.

¿Qué estación **es**?	**Es** primavera.
¿Qué fecha **es**?	**Es** el 10 de octubre.

◆ to express time.

¿Qué hora **es**?	**Son** las cinco de la tarde.
	Es la una de la mañana.

◆ with the preposition **para** to tell for whom or for what something is intended or to express a deadline.

¿**Para** quién **es** la hamburguesa?	**Es para** mi amiga Sara.
¿**Para** cuándo **es** la composición?	**Es para** el viernes.

◆ with impersonal expressions.

Es importante ir al laboratorio.
Es fascinante estudiar la cultura hispana.

◆ to indicate where and when events take place.

¿Dónde **es** la fiesta?	**Es** en mi casa.
¿A qué hora **es** el concierto?	**Es** a las ocho.

Estar is used

◆ to indicate the location of persons and objects.

¿Dónde **está** la librería?	**Está** cerca.
¿Dónde **está** Rosa?	**Está** en clase.

- with adjectives to describe the state or condition of the subject.

  | ¿Cómo **están** las chicas? | **Están** contentas. |
  | ¿**Está** abierta la biblioteca? | No, **está** cerrada hoy. |

- in the present progressive tense.

  | ¿Qué **está haciendo** Roberto? | **Está trabajando** en la cafetería hoy. |

- with descriptive adjectives (or adjectives normally used with **ser**) to indicate that something is exceptional or unusual. This structure is often used this way when complimenting someone and in English is often expressed with *look.*

  | Señora Rubiales, usted **está** muy elegante esta noche. | *Mrs. Rubiales, you look very elegant tonight.* |

Expansión

Cambios de significado con *ser* y *estar*

Some adjectives have different meanings depending on whether they are used with **ser** or **estar**.

Adjective	With *ser*	With *estar*
aburrido/a	*to be boring*	*to be bored*
bonito/a	*to be pretty*	*to look pretty*
feo/a	*to be ugly*	*to look ugly*
guapo/a	*to be handsome*	*to look handsome*
listo/a	*to be clever*	*to be ready*
verde	*to be green (colour)*	*to be green (not ripe)*
vivo/a	*to be smart, cunning*	*to be alive*

Practiquemos

3-37 La familia Oquendo. Use the correct forms of **ser** and **estar** to complete the description of the Oquendo family.

La familia Oquendo (1) ___ una familia mexicana que vive en Juárez. Juárez (2) ___ en el norte (*north*) de México. Antonio, el papá (3) ___ muy trabajador. Teresa, la mamá (4) ___ muy amable (*friendly*). Ella (5) ___ originalmente de México, D.F., la capital. Ellos tienen dos hijos: Jaime y Eva. Jaime (6) ___ muy responsable. (7) ___ en Monterrey donde estudia en el Instituto Tecnológico de Estudios Superiores (ITESM). Eva (8) ___ muy inteligente y (9) ___ en la UNAM en México, D.F. Esta noche la familia (10) ___ muy contenta. Todos (11) ___ juntos en Juárez y van a ir a un concierto en El Paso, Texas. El concierto (12) ___ a las nueve de la noche, pero El Paso (13) ___ muy cerca de Juárez. El concierto (14) ___ en la sala de conciertos de la Universidad de Texas, El Paso. Ya (15) ___ hora de salir y todos (16) ___ listos.

3-38 En mi casa esta noche. Ana describes her family and what is happening at home tonight. Complete her description with the correct forms of **ser** or **estar** or the verb **hay.**

Mi familia (1) ___ grande; (2) ___ quince personas. Mi casa (3) ___ pequeña. (4) ___ en la calle (*street*) Florida que (5) ___ en el centro de la ciudad. Esta noche (6) ___ una fiesta en mi casa. La fiesta (7) ___ a las ocho de la noche. Mis tíos ya (8) ___ aquí. Siempre llegan temprano. Ahora (9) ___ en la sala con mi mamá. Mi tío Alfredo (10) ___ alto y guapo.

(11) ___ dentista. Mi tía Julia (12) ___ baja y simpática. Ella (13) ___ psicóloga. Mis hermanas (14) ___ en el patio con mi papá, pero mi hermano, Rafa, no, porque (15) ___ enfermo. Rafa (16) ___ en cama (*bed*). (17) ___ las ocho y quince de la noche y (18) ___ muchas personas en mi casa y veinte coches enfrente de la casa. Mis primos favoritos, Carlos y Saúl, (19) ___ hablando al lado de un coche. Carlos (20) ___ el chico alto y guapo; Saúl (21) ___ el joven bajo y fuerte (*strong*). (22) ___ de México, D.F., la capital. ¡Bienvenidos todos! ¡(23) ___ música, refrescos y comida. ¡Todo (24) ___ para nosotros!

3-39 Entrevístense. First, write six questions using **ser** and **estar** to ask a partner. Then, take turns interviewing each other.

MODELOS: **E1:** *¿De dónde eres?*
  E2: *Soy de Ontario.*
  E1: *¿Cómo eres?*
  E2: *¡Soy muy simpática!*

3-40 ¿Quién es? Working in small groups, take turns giving a short description of a well-known figure. The members of the group can then ask as many "yes/no" questions as they need to guess who it is.

MODELO: **E1:** *Es español. Es pintor. Tiene bigotes (moustache) grandes.*
  E2: *¿Es Salvador Dalí?*

AB **3-41A Dibujos** (*Drawings*). Take turns describing a person using the following information while the other tries to draw the person described. Then, compare your drawings with your descriptions.

MODELO: chica: dieciocho años, alta, bonita, triste, oficina
  E1: *Es una chica. Tiene dieciocho años. Es alta y bonita.*
    Está triste. Está en la oficina.
  E2: …

1. hombre, viejo, bajo, enojado, librería
2. chico, siete años, pequeño, feo, contento, clase
3. chica, veinticuatro años, gorda, tímida, nerviosa, rectoría

7. The present tense of regular *-er* and *-ir* verbs

You learned the present tense forms of regular **-ar** verbs in **Lección 2**. Remember that *rist*the present tense of regular Spanish verbs is formed by adding the endings for each conjugation (**-ar**, **-er**, and **–ir**) to the stem of the infinitive. The following chart includes the forms for regular **-er** and **-ir** verbs.

	hablar (*to speak*)	comer (*to eat*)	vivir (*to live*)
yo	habl*o*	com*o*	viv*o*
tú	habl*as*	com*es*	viv*es*
él/ella, Ud.	habl*a*	com*e*	viv*e*
nosotros/as	habl*amos*	com*emos*	viv*imos*
vosotros/as	habl*áis*	com*éis*	viv*ís*
ellos/as, Uds.	habl*an*	com*en*	viv*en*

- The present tense endings of **-er** and **-ir** verbs are identical except for the **nosotros** and **vosotros** forms.

- Other common **-er** and **-ir** verbs are:

aprender a (+ infinitive)	*to learn (to do something)*	**abrir**	*to open*
beber	*to drink*	**asistir a**	*to attend*
comer	*to eat*	**decidir**	*to decide*
comprender	*to understand*	**escribir**	*to write*
creer	*to believe*	**recibir**	*to receive*
deber	*ought to; should*	**vivir**	*to live*
leer	*to read*		
vender	*to sell*		

- **Ver** (*to see*) is an **-er** verb with an irregular **yo** form. Also note that the **vosotros/as** form has no accent because it is only one syllable.

ver			
yo	**veo**	nosotros/as	**vemos**
tú	**ves**	vosotros/as	**veis**
él/ella, Ud.	**ve**	ellos/as, Uds.	**ven**

Practiquemos

3-42 En la universidad. Repeat each sentence in part **A**, changing the italicized verbs to agree with the subjects given in parentheses. Answer part **B** affirmatively, and then part **C** naturally, according to your own experience.

MODELOS:

    A - *Como* en la cafetería. (ellas) *Comen* en la cafetería.
    B - ¿Comen Uds. en la cafetería? *Sí, comemos en la cafetería.*
    C - ¿Dónde comes normalmente por la mañana? *Como en casa.*

1. Comer
    A - *Como* en la cafetería. (ellas, mis amigos, ella, tú)
    B - ¿Comen Uds. en la cafetería? (él, nosotros, Juan, los alumnos)
    C - ¿Dónde comes normalmente por la mañana? (¿en la cafetería? ¿en casa? ¿en tu cuarto?) ¿Dónde comes por la tarde? ¿Y por la noche?

2. Leer

    A - *Leo* el periódico. (él, Ana y María, mis amigos, tú)

    B - ¿Tú lees el periódico? (ella, nosotros, tu profesora, Ud.)

    C - ¿Tú lees el periódico? ¿Cuándo? ¿Dónde? ¿Qué más lees? ¿Lees revistas?

3. Escribir

    A - *Escribo* en mi cuaderno. (él, tú, mi amigo, nosotros)

    B - ¿Tú escribes en tu cuaderno? (ellos, yo, Uds., Ud., ella)

    C - ¿Dónde escribes tú en la clase de español? ¿Con qué? ¿Dónde escribo yo? ¿Con qué?

4. Vivir

    A - *Vivo* en la residencia estudiantil. (mis amigos, nosotros, María, Ud.)

    B - ¿Tú vives en la residencia estudiantil? (él, ella, ustedes, sus amigos)

    C - ¿Dónde vives tú este año? ¿En qué calle? ¿Dónde vive tu familia? ¿Y tus amigos?

3-43 Quique y yo. Laura Ruiz and Quique Salgado are students in Veracruz, México. Complete Laura's description with the correct form of each verb.

MODELO: Enrique y yo (ser) *somos* estudiantes.

Quique y yo (1 asistir) ___ a la universidad. Él (2 vivir) ___ en una residencia estudiantil pero yo (3 vivir) ___ en un apartamento. Nosotros (4 comer) ___ en la cafetería por la noche porque la comida que ellos (5 vender) ___ en la cafetería no es cara. Quique siempre (6 beber) ___ refrescos y yo (7 beber) ___ leche. Yo (8 creer) ___ que vamos a estudiar en la biblioteca esta noche porque mañana hay examen de literatura mexicana. Nosotros (9 aprender) ___ mucho en esa (*that*) clase. Yo (10 leer) ___ todas las noches para la clase. Nosotros (11 escribir) ___ una composición todas las semanas. ¡Tú (12 deber) ___ tomar la clase! ¡Es difícil, pero muy interesante!

3-44 ¿Qué hacen? Say what the following students do during the week using **-er** and **–ir** verbs.

MODELO: *Anita y Pedro comen un sándwich en la cafetería.*

1.   2.   3.   4.

3-45 La vida estudiantil. Use your imagination to complete the following sentences using the correct forms of the verbs in parentheses.

MODELO: Mis amigos (comer)...

    ➡ *Mis amigos comen en la cafetería.*

  1. Para el desayuno yo (beber)...

  2. En la clase de español nosotros (aprender)...

  3. Por la mañana María (leer)...

  4. El examen va a ser difícil. Yo (deber)...

  5. ¿Ustedes (comprender)...

  6. Los alumnos (abrir)...

  7. ¿Tú (escribir)...

  8. Mi familia (vivir)...

  9. Mi amiga Carla (asistir)...

10. Nosotros (recibir)...

3-46 Entrevístense. In pairs, ask your partner the following questions.

1. ¿Dónde vives? ¿Con quién vives?
2. ¿Dónde comes? ¿Qué comes y bebes al mediodía?
3. ¿Escribes mucho correo electrónico? ¿A quién escribes?
4. ¿Ves mucha televisión? ¿Qué programas ves?
5. ¿Lees mucho? ¿Qué lees? (novelas, revistas, el periódico, etc.)
6. ¿...?

3-47 ¿Cuántos? Working in small groups, ask questions to find out how many people in each group do the following activities. Then, compare your results with those of other groups.

MODELO: vivir en una residencia estudiantil
> **E1:** *Pedro, ¿vives en una residencia estudiantil?*
> **E2:** *Sí, ¿y tú?*
> **E1:** *No, vivo en la ciudad. María, ¿...?*

1. ¿asistir a todas las clases de español?
2. ¿abrir tu mochila en clase?
3. ¿escribir con lápiz en tu libro?
4. ¿comer o beber en clase?
5. ¿leer **¡Así es la vida!** antes de la clase?
6. ¿deber practicar el vocabulario en casa?
7. ¿hacer preguntas cuando no comprender?
8. ¿aprender mucho en esta clase?
9. ¿creer que es fácil o difícil este curso?
10. ¿recibir buenas notas?
11. ¿ir a vender tus libros después del curso?
12. ¿tener hambre? ¿ir a la cafetería después de esta clase?

WWW. **3-48 ¿Dónde estudiamos?** In your group, visit the Web sites of some universities in Spanish-speaking countries, and decide where you would be interested in studying, and why. Try these or other sites:

The University of Salamanca, Spain: **http://www.usal.es/webusal/Principal.htm**
The University of Monterrey, México: **http://www.udem.edu.mx/**
The University of Havana, Cuba: **http://www.uh.cu/**

Observaciones

Toño Villamil y otras mentiras, Episodio 3

3-49 Lucía. Here is more information about Lucía. Read her self-description and answer the questions briefly in Spanish.

Hola, me llamo Lucía Álvarez. Soy española, de Madrid. Ahora estoy en México porque estoy haciendo una investigación para mi tesis doctoral. Mi especialidad en la universidad es la arqueología y estoy aquí para aprender más sobre la vida de los antiguos habitantes de Malinalco. Creo que este lugar (*place*) es muy importante en la historia precolombina de México.

En España, mi familia tiene un piso pequeño en el centro de la ciudad. Mis padres son profesores y trabajan en la Universidad Complutense. Yo voy a clases allí también.

Soy Lucía Álvarez.

1. ¿De dónde es Lucía?
2. ¿Por qué está en México ahora?
3. ¿Qué estudia Lucía en la universidad?
4. ¿Qué va a aprender en México?
5. ¿Dónde viven sus padres?
6. ¿Dónde trabajan ellos?

3-50 Isabel y Toño. Watch the third episode of *Toño Villamil y otras mentiras* where you will see the first encounter between Isabel and Toño. Keep the following questions in mind as you watch the video.

1. Isabel es de...
   _____ Madrid.
   _____ Guadalajara.
   _____ Tegucigalpa.

2. Isabel estudia...
   _____ arqueología.
   _____ arte.
   _____ arquitectura.

3. Toño dice (*says*) que es...
   _____ arquitecto.
   _____ estudiante.
   _____ actor.

4. Isabel busca...
   _____ un hotel.
   _____ un café.
   _____ la catedral.

5. Isabel está...
   _____ cansada.
   _____ triste.
   _____ frustrada.

6. El autobús regresa...
   _____ hoy a las cinco.
   _____ el viernes.
   _____ mañana.

3-51 Más preguntas. Write three other questions you would ask Toño.

MODELO: *Toño, ¿dónde vives?*

Nuestro mundo

¡México lindo!

3-52 ¿Qué sabes tú? What information can you give about Mexico?

1. la capital de México
2. una playa bonita
3. un producto de México
4. el "Tratado de Libre Comercio de América del Norte" en inglés
5. el cambio nuevo peso/dólar
6. una antigua civilización
7. el conquistador español que llegó (*arrived*) a México
8. una península
9. los colores de la bandera (*flag*)

Para muchas personas, los mariachis con sus guitarras, bajos y trompetas representan la música folklórica mexicana. Aunque estos grupos tienen origen en el siglo XVII, todavía son populares en las fiestas y las bodas. Si vives en Guadalajara, parte de la celebración de tu cumpleaños probablemente va a ser una serenata con "Las mañanitas", una canción popular mexicana.
Los mariachis:
http://www.mariachis.com.mx/

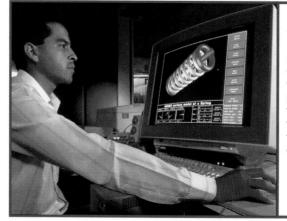

Muchas universidades mexicanas como El Tec de Monterrey tienen programas de intercambio con los Estados Unidos, Canadá, Europa y Asia. Los principiantes (*beginners*) toman clases de lengua y civilización. Los más avanzados toman clases de ingeniería, comercio y economía.

Las figuras de madera son hechas a mano por artesanos de Oaxaca. Representan animales y seres fantásticos.
Mexican handcrafts:
http://www.viva-oaxaca.com/

Las maquiladoras situadas cerca de la frontera de los EE.UU. ensamblan los componentes de automóviles y aparatos electrónicos. Son tan importantes para la economía mexicana como para la norteamericana, aunque los trabajadores mexicanos reciben sueldos (*salaries*) muy inferiores a los sueldos de los norteamericanos.

La vida marina y el agua verde azul cristalina atraen a muchos turistas a la Isla de Cozumel.

U N I D O S

Golfo de México

CUBA

• Tampico

• Mérida   • Cancún

DE ORIENTAL   *Bahía de Campeche*

☆   • Campeche

• Puebla   • Veracruz

Oaxaca   Tuxtla
        Gutiérrez   **BELICE**
•
SIERRA MADRE DEL SUR

GUATEMALA   HONDURAS

EL SALVADOR   **NICARAGUA**

Cuando los españoles llegan a México, ven evidencia de civilizaciones indígenas muy importantes. Los mayas en el sur de México, en Guatemala y en Belice, tienen una civilización avanzada con un sistema de irrigación. Los indígenas también estudian y comprenden mucho de astronomía, como es evidente por este observatorio en Palenque.
The Mayas:
http://www.jaguar-sun.com/maya.html

Frida Kahlo (1907–1954), "Self-portrait with Monkey," 1940. Private Collection.

Frida Kahlo fue (*was*) la esposa del gran muralista mexicano, Diego Rivera. Empezó (*started*) su carrera artística como terapia después de sufrir un horrendo accidente automovilístico. Aunque (*Although*) recibió poca atención durante su vida, hoy en día se la considera una de las mejores pintoras del mundo hispano.
The life and art of Frida Kahlo:
http://www.artcyclopedia.com/artists/kahlo_frida.html

3-53 ¿Dónde? Match these places in México with the following things that can be found there.

___ una playa bonita
___ maquiladoras
___ ruinas arqueológicas
___ música folklórica
___ estudiantes internacionales
___ figuras de madera

a. Monterrey
b. Guadalajara
c. frontera de los EE.UU.
d. Oaxaca
e. Cozumel
f. Palenque

3-54 ¿Cierto o falso? Working in pairs, indicate the false sentences and correct them.

1. México está en América Central.
2. Los mayas tenían (*had*) un sistema de irrigación.
3. La tierra de los mayas está en la costa del Pacífico.
4. Palenque es una ruina azteca.
5. Los mariachis cantan jazz y rock.
6. Los salarios de los trabajadores de las maquiladoras son altos.
7. La artesanía de México no tiene muchos colores.
8. Cozumel es bueno para observar el mundo submarino.
9. Frida Kahlo todavía vive.
10. Hay muchos estudiantes internacionales en El Tec.

3-55 Sugerencias. In pairs, make suggestions for people who want to visit Mexico. Indicate the time of year and place they should visit based on their interests. Use information from **Nuestro mundo**.

MODELO: E1: *Me gusta escuchar música folklórica.*
E2: *¿Por qué no vas a Guadalajara? Es famosa por sus mariachis.*

1. Me gusta la arqueología.
2. Me gusta nadar y tomar el sol.
3. Deseo comprar artículos hechos a mano (*handmade*).
4. Quiero visitar la universidad que enfatiza la educación global.
5. Estudio arte.

3-56 México lindo. Take turns with a classmate to complete the chart with information from **Nuestro mundo** and the map of México.

MODELO: E1: *Es un lugar en la costa del Pacífico. Es popular con los turistas. Tiene playas hermosas. ¿Cómo se llama?*
E2: *Acapulco.*

Lugar	Descripción	Está...	Famoso/a por...
Acapulco	popular con los turistas	en la costa del Pacífico	sus playas hermosas
_____	una de las ciudades más grandes del mundo	_____	construida sobre la antigua capital de los aztecas
_____	antigua ciudad maya	_____	el observatorio
Cozumel	_____	una isla en el Golfo de México cerca de Yucatán	su vida submarina

 Ritmos

"El Chapo" (Los originales de San Juan, México)

This song is a Mexican **corrido,** a form of folk ballad that typically expresses aspects of Mexican life, in lyric, epic, or narrative form. Common themes can be an event, a folk hero, or an economic or political situation. This **corrido** tells the story of "El Chapo", a local character from Michoacán.

Antes de escuchar

3-57 Lugares mexicanos. If you look at a map of Mexico you will find that many of the place names are of Mayan and Aztec (indigenous) origin, not Spanish. Skim the lyrics of "El Chapo" and list the Mexican place names that are mentioned.

A escuchar

3-58 Un personaje mexicano. As you listen to "El Chapo", choose a, b, or c, to complete the sentences. Refer to the partial lyrics below as you do this exercise.

1. El Chapo creció en...
   a. el mar.
   b. la capital.
   c. los montes.

2. "El Chapo" es un...
   a. apellido.
   b. apodo.
   c. insecto.

3. Él es de gente...
   a. tímida.
   b. brava.
   c. antipática.

4. Su hermano sabe usar...
   a. una pistola.
   b. el dinero.
   c. los billetes.

5. El Chapo nació en...
   a. Michoacán.
   b. Antúnez.
   c. Jalisco.

El chapo

1. Nació y creció entre los montes
   Nunca lo podrá olvidar
   Él es de merito Antúnez
   Muy cerca de Apatzingán
   Por su apodo conocido
   El Chapo de Michoacán
   ...

2. Desciende de gente brava
   De los famosos Arriola
   Su hermano, el manchado es gallo
   Que sabe usar la pistola
   ...

3. El Chapo sí que merece
   Que le cante su corrido
   El Chapo nació en Jalisco
   Pero se crió en Michoacán
   ...

Después de escuchar

3-59 Comprensión. After you listen to "El Chapo", complete the following sentences with the correct form of **ser** or **estar** based on what you hear and read in the lyrics.

1. El Chapo _____ de Jalisco originalmente.
2. Jalisco y Michoacán _____ en México.
3. La gente de El Chapo _____ brava.
4. Su gente _____ en Antúnez.

3-60 Entrevista con El Chapo. Now imagine that you are going to interview El Chapo or a well-known person from Mexico that you have learned about in this chapter. Using the verbs listed below, write five questions that you would ask this person to find out more about his or her daily life and culture in Mexico. With a classmate, take turns asking and answering each other's questions.

ser   estar   ir   hacer   tener

Páginas

La búsqueda, **Episodio 3**

Estrategias

Formular una hipótesis. The text format, the title, and other visual clues or background knowledge usually give you an idea about what you will read even before you begin reading. As you read, you test your hypotheses to see if your initial guesses were correct. Sometimes the reading will support your hypothesis; other times you will have to revise your hypothesis as you read. Before reading this episode, answer these questions to help you form a working hypothesis of what will happen.

1. ¿Qué parte de México va a visitar Ana Florencia? ¿El interior o la costa?
2. ¿Va a estar en un pueblo pequeño o una ciudad grande?
3. ¿Va a tener éxito y va a encontrar la pieza en México?
4. ¿Va a tener que viajar a otro país?

3-61 ¿Comprendiste? Reorder the words to form complete sentences in Spanish. Then indicate if each is true (**cierto**) or false (**falso**).

MODELO: Ana una mochila tiene Florencia negra
     ➡ *Ana Florencia tiene una mochila negra. Falso.*

1. Ana México Florencia ahora en está
2. cerca Comala está capital la de
3. un cerca hay de Comala volcán
4. misterioso hombre está perdido el
5. café Ana Florencia el toma leche en
6. una va pieza Ana Florencia busca Guatemala a porque
7. Ana pieza la dinero comprar para tiene
8. del está el Ortaña mochila la dinero en doctor

3-62 ¿Qué pasa? Use the questions to summarize *La búsqueda* up to this episode.

1. ¿Quién es Ana Florencia?
2. ¿Qué busca?
3. ¿Por qué tiene que viajar tanto (*so much*)?
4. ¿Adónde va después de Comala?
5. ¿A quién busca allí?

3-63 ¿Qué? ¿Cómo? ¿Dónde? Ask a classmate to identify, locate, and describe these places.

MODELO: la Ciudad de México
     ➡ *Es la capital. Está en el centro del país. Es grande.*

1. Comala
2. los volcanes de México
3. la Ciudad de Guatemala
4. Costa Rica
5. México

La búsqueda, **Episodio 3**

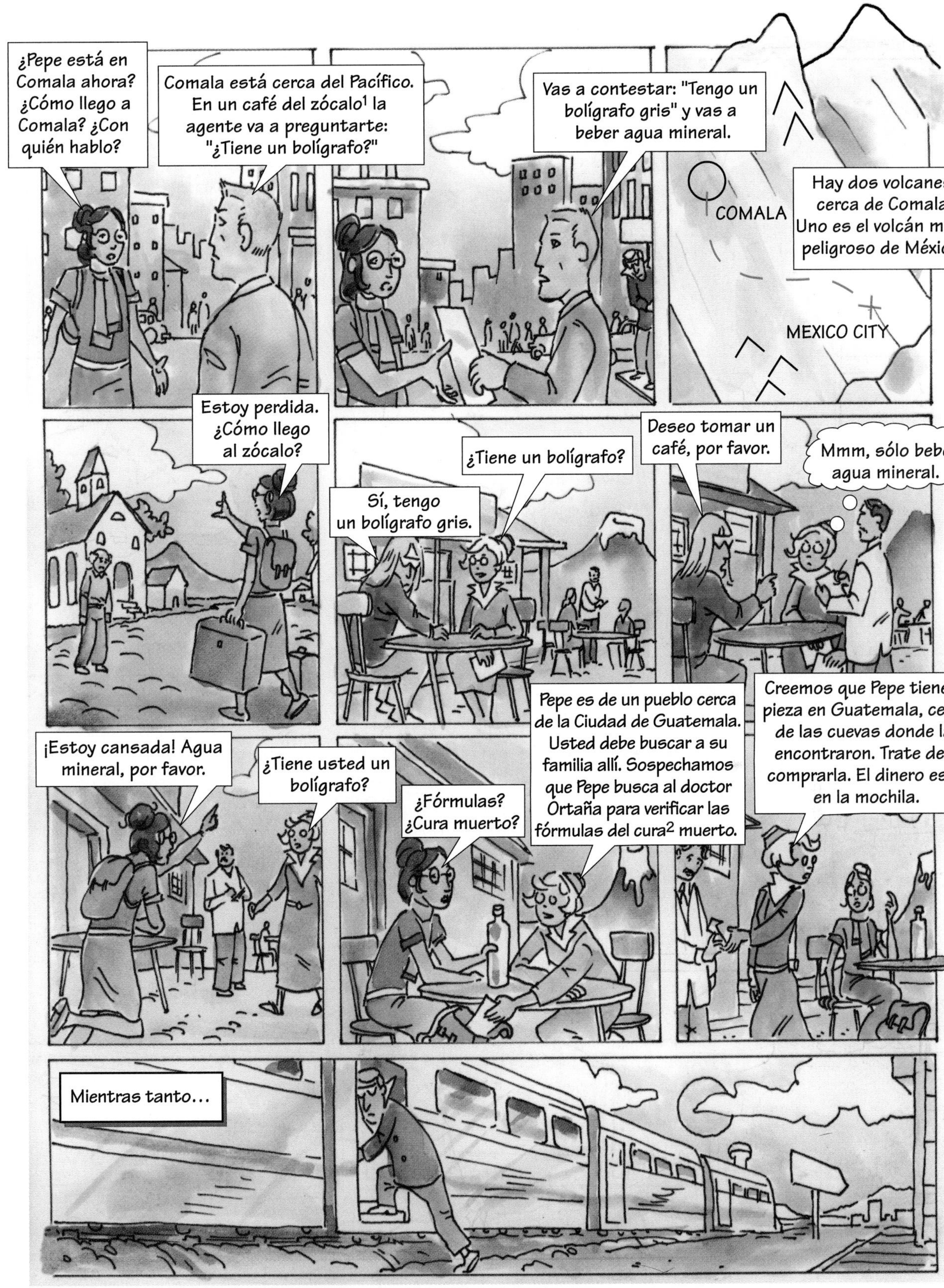

[1] plaza [2] priest [3] **Trate...** Try to

¡Escucha!

El Hostal Comala. Listen as Ana Florencia chats with a receptionist at the hotel where she is staying. Indicate her travel and accommodation preferences.

1. vista…
   a. de la ciudad
   b. del mar
   c. del volcán

2. habitación…
   a. sencilla
   b. doble
   c. triple

3. por…
   a. una noche
   b. dos noches
   c. una semana

4. salir mañana para…
   a. Guatemala
   b. Costa Rica
   c. Panamá

5. pagar (*pay*) con…
   a. cheque
   b. tarjeta de crédito
   c. dinero en efectivo (*cash*)

6. comer en…
   a. la habitación
   b. el restaurante
   c. un bar

7. comer…
   a. tacos
   b. enchiladas
   c. cochinito pibil (*roast suckling pig*)

8. hacer una reserva para…
   a. las ocho
   b. las nueve
   c. las diez

Taller

Una carta personal

1. **Información.** Write a letter to a friend or family member about your student experience. First, respond to the following questions.

¿Dónde estás?	¿Qué fecha es hoy?
¿Qué tiempo hace hoy?	¿Qué estudias este semestre (trimestre/año)?
¿A qué hora son tus clases?	¿Cómo son los profesores?
¿Recibes buenas notas (*grades*)?	¿Con quién asistes a tus clases?
¿Dónde comes?	¿Adónde vas por la noche?
¿Te gusta la universidad?	¿…?

2. **Formato.** Begin your letter with the date and the greeting: **Querido/a/os….**
3. **Carta.** Incorporate your answers to the previous questions in your letter. Connect your ideas with words such as **y**, **pero**, and **porque**.
4. **Respuesta.** Ask your addressee for a reply to your letter.
5. **Conclusión.** Close the letter with a farewell: **un abrazo de…**
6. **Revisión.** Review the following elements of your letter:

   ❏ use of **ir**, **hacer**, and other **-er** and **-ir** verbs
   ❏ use of **ser** and **estar**
   ❏ agreement of nouns, articles, and adjectives
   ❏ agreement of subjects and verbs
   ❏ adjective/noun agreement
   ❏ correct spelling, including accents

7. **Intercambio.** Exchange your letter with a classmate's. Make grammatical corrections and content suggestions. Then, respond to the letter.
8. **Entrega.** Rewrite your original letter, incorporating your classmate's comments. Then, turn in your letter and the response from your classmate to your professor.

La civilización maya era (*was*) una de las más avanzadas de las Américas.

Comunicación

¡Así es la vida!

Un correo electrónico

Juan Antonio recibe un correo electrónico de su buena amiga Ana María Pérez, una joven guatemalteca que estudia en la universidad con él. Juan Antonio es costarricense y vive en San José. Ana María está pasando las vacaciones de verano con su familia.

Fecha: 12 de junio, 2005
Recipiente: JAntonio@UCR.AC.CR

Querido Juan Antonio:

Aquí estoy con mi familia en la Ciudad de Guatemala. Cuando vengo aquí, puedo descansar y dormir mucho.

Gracias por tu mensaje. ¡Tienes una familia muy grande e interesante! Mi familia también es muy unida y un poco grande. Mi papá es profesor en la universidad aquí y mi mamá es dentista. Tengo tres hermanos. Mi hermana mayor se llama Carmen. Tiene 22 años y sigue la carrera de derecho en la universidad. Después vengo yo, con 19 años, y luego mi hermano menor, Ernesto, con 15. Ernesto estudia en una escuela secundaria cerca de casa. La menor es mi hermanita Lucía. Sólo tiene 9 años.

Mis abuelos paternos viven con nosotros. Como tus abuelos, ayudan mucho en casa. Mis tíos Julia y Rosendo no viven muy lejos y pasan mucho tiempo aquí. Tienen un hijo único, mi primo Pedrito. Juega con mi hermano todos los días, pero siempre riñen un poco. En este momento están jugando al fútbol en el patio.

Tu familia viene a Guatemala en julio, ¿verdad? ¡Vengan a visitarnos! Ustedes pueden conocer a mi familia y podemos visitar Tikal. Nosotros vamos a Costa Rica en agosto. Mi familia piensa alquilar una casa por dos semanas en la playa de Manuel Antonio, y yo quiero pasar un fin de semana en San José. ¡No hagan otros planes! Regresamos a Guatemala después de las vacaciones, y yo vuelvo a la universidad el 2 de septiembre. Espero verlos pronto.

Un abrazo,
Ana María

Miembros de la familia

abuelo (Pablo) abuela (Manuela)

tío Gustavo esposa de Gustavo (Elena)

tío José

madre (Juana) padre (Paco)

tía Teresa

hermano (Ernesto) hermana (Carmen) primo (Juan) prima (Cristina)
Yo (Ana María)

Otros miembros de la familia

el/la cuñado/a	brother-in-law/ sister-in-law
el/la hermanastro/a	stepbrother/stepsister
el/la hijastro/a	stepson/stepdaughter
el/la hijo/a	son/daughter
el/la hijo/a único/a	only child
la madrastra	stepmother
la mamá	mom (mother)
el/la nieto/a	grandson/ granddaughter
el/la niño/a	child
el/la novio/a	groom/bride; boyfriend/girlfriend
el padrastro	stepfather
el papá	dad (father)
el pariente	relative
el/la sobrino/a	nephew/niece
el/la suegro/a	father-in-law/ mother-in-law

Adjetivos

alegre	happy
amable	kind
atractivo/a	attractive
materno/a	maternal
mayor	older; oldest
menor	younger; youngest
paterno/a	paternal
responsable	responsible
unido/a	close, close-knit

Verbos

almorzar (ue)	to have lunch
conseguir (i)	to get, to obtain
decir (i)	to say; to tell
descansar	to rest
dormir (ue)	to sleep
empezar (ie)	to begin
encontrar (ue)	to find
entender (ie)	to understand
esperar	to hope; to expect
jugar (ue)	to play (a game or a sport)
pedir (i)	to ask for; to request
pensar (ie) (+ infin.)	to think; to intend (to do something)
perder (ie)	to lose
poder (ue)	to be able; may; or can
preferir (ie)	to prefer
querer (ie)	to want; to like or love (someone)
recordar (ue)	to remember
reñir (i)	to quarrel
repetir (i)	to repeat; to have a second helping
seguir (i)	to follow; to continue
servir (i)	to serve
soler (ue) (+ infin.)	to be in the habit of
soñar (ue) (con)	to dream (about)
venir (ie)	to come
volver (ue)	to return (go back)

Expansión

La correspondencia

el apellido	*last name, surname*	**el correo electrónico**	*e-mail*
la carta	*letter*	**la firma**	*signature*

Saludos y despedidas para cartas y correo electrónico

Saludos:	*Greetings:*	**Despedidas:**	*Closings:*
Mi(s) querido/a(s) amigo/a(s)	*My dear friend(s)*	**Un abrazo (de)**	*A hug (from)*
Queridísima familia	*Dearest family*	**Un beso (de)**	*A kiss (from)*
Querido/a(s)...	*Dear...*	**Cariñosamente**	*Love, Affectionately*
		Con todo el cariño	*With all my love*
		Tu novio/a que te quiere	*Your boyfriend/ girlfriend who loves you*

¡Escucha!

Entre familia. Listen as Roberto Guillén describes his family to his friend Tom. As he talks, complete Roberto's family tree with the names of the three generations of relatives.

_____ _____

_____

Roberto

_____ _____

Practiquemos

4-1 ¿Quién es quién? Look at the family tree of Ana María on the previous page and identify the relationships among the members of her family.

MODELO: Juana es la *esposa* de Paco y la *madre* de Ernesto, Ana María y Carmen.

1. Pablo es el _____ de Manuela, el _____ de José, el _____ de Paco y el _____ de Ana María.
2. Manuela es la _____ de Pablo, la _____ de Teresa, la _____ de Gustavo y la _____ de Juan.
3. Paco es el _____ de Juana, el _____ de Gustavo y el _____ de Juan.
4. José es el _____ de Pablo y Manuela, el _____ de Teresa y el _____ de Ana María.
5. Teresa es la _____ de José y la _____ de Ana María.
6. Elena es la _____ de Pablo y Manuela, la _____ de Gustavo y la _____ de Juan y Cristina.
7. Ana María es la _____ de Pablo y Manuela, la _____ de Teresa y la _____ de Cristina.
8. Juan es el _____ de Pablo y Manuela, el _____de José y el _____ de Ana María.

4-2 ¿Quién es? Identify these family relationships.

MODELO: El padre de mi madre es mi *abuelo materno*

1. La hermana de mi madre es mi _____.
2. El hijo de mi tía es mi _____.
3. La hija de mi hermano es mi _____.
4. El esposo de mi hermana es mi _____.
5. La madre de mi padre es mi _____.
6. La hija de mis padres es mi _____.
7. La madre de mi esposo es mi _____.
8. El hijo de mi hijo es mi _____.

Joaquín Beléndez Buenahora
Hilda Ferrero Bravo

y

José Luis Sosa Loret de Mola
María Elena Fernández de Sosa

tienen el honor de invitarlo

al matrimonio de sus hijos

Hilda Teresa y

Eduardo Antonio

el viernes veintiséis de mayo

de dos mil cinco

a las siete de la tarde

Misa Nupcial en

Iglesia San Jorge

Guatemala, Guatemala

4-3 La boda de Hilda y Eduardo. Answer the questions based on the following wedding invitation.

1. ¿Quiénes son los novios?
2. ¿Cómo se llama el padre del novio?
3. ¿Cómo se llama la madre?
4. ¿Quiénes son los padres de la novia?
5. ¿Cuál es el nombre completo de Hilda antes de casarse (*getting married*)?[1]
6. ¿Cuál es el nombre completo de Hilda después de casarse?[1]
7. ¿Dónde es la ceremonia?
8. ¿En qué fecha y a qué hora es la ceremonia?
9. ¿En qué estación del año es la boda?

4-4 ¿Cómo es esta familia? Describe the family in the photograph.

MODELO: ¿Es grande o pequeña la familia?
➡ *Es grande.*

1. ¿Qué están haciendo los miembros de esta familia?
2. ¿Hay abuelas en la foto?
3. ¿Hay tías?
4. ¿Cuántos nietos hay?
5. ¿A quién están mirando los niños? ¿Es su madre o su tía?
6. ¿Quién es el hombre en la foto?

---

[1] See **Comparaciones: Names:** *Nombres, apellidos y apodos* in **Lección 2** for information on Hispanic last names.

4-5 ¿Cómo es tu familia? Take turns asking and answering questions about your families.

MODELO: E1: *¿Viven tus abuelos con tu familia?*
E2: *Sí, viven con nosotros. ¿Y tus abuelos?*
E1: *No, mis abuelos no viven con nosotros.*

1. ¿Es grande o pequeña tu familia?
2. ¿Dónde vive tu familia?
3. ¿De dónde son tus padres?
4. ¿Cómo son tus padres?
5. ¿Cuántos hermanos/as (hijos/as) tienes?
6. ¿Cuántos tíos/primos tienes?
7. ¿Viven cerca tus primos?
8. ¿Tienes hermanastros?
9. ¿Trabajan o estudian tus hermanos?
10. ¿Tienes sobrinos?

 4-6A La familia real española. Ask each other questions to complete the Spanish Royal Family tree. Each of you has part of the information.

MODELO: E1: *¿Cómo se llama el abuelo de Juan Carlos?*
E2: *Se llama...*

Now take turns describing your own family tree for your partner to draw. He/she may ask you questions but shouldn't show you the tree until it is finished.

 ## Pronunciación

Sounds of *d* and *t*

1. The Spanish **d** has two distinct sounds: dental and interdental. At the beginning of a breath group or after the letters **l** or **n**, the **d** is dental. Pronounce it with the tip of the tongue pressed against the back of the upper front teeth. In all other cases, the **d** is interdental. Place the tip of the tongue between the upper and lower teeth, like the weak English *th* in *that*. Note the following examples:

dental:	**d**ar	an**d**ar	cal**d**era	**D**aniel	fal**d**a	sen**d**a
interdental:	mo**d**o	ca**d**a	ver**d**a**d**	e**d**a**d**	uni**d**a	ca**d**a

2. The Spanish **t** is pronounced by pressing the tip of the tongue against the upper front teeth rather than against the ridge above the teeth as in English. The Spanish **t** is also pronounced without the puff of air that normally follows the English *t*. Note the following examples:

torre	me**t**a	**t**ú
Tomás	puer**t**a	o**t**oño
tanto	oc**t**ubre	**t**aco

Pronunciemos

A. La *d* dental. You will hear a series of Spanish words that contain the dental *d*. Repeat each word after the speaker.

B. La *d* interdental. Now you will hear a series of Spanish words and phrases that contain the interdental *d*. Repeat each word after the speaker.

C. La *t*. Now you will hear a series of Spanish words that contain the **t** sound. Repeat each word after the speaker.

Comparaciones...
La familia hispana

El núcleo familiar generalmente incluye sólo a los padres y a los hijos pero el concepto hispano de familia puede incluir también a los abuelos, a los tíos y a los primos. Los miembros de una familia hispana suelen vivir juntos más tiempo que los miembros de una familia canadiense. Los hijos solteros (*single*) generalmente viven en casa, aun (*even*) cuando trabajan o asisten a la universidad. En muchas casas hispanas, los padres, los hijos y un abuelo, tío o primo viven juntos. Las familias son muy unidas y forman un sistema de apoyo (*support*). Por ejemplo, un abuelo o una abuela puede cuidar a los niños de la casa mientras los padres trabajan. Un tío soltero o una tía viuda (*widowed*) ayuda en la casa y forma parte de la familia y el hogar (*home*). Aunque (*Although*) la situación está cambiando poco a poco, los miembros de la familia que viven fuera de casa (*outside the home*) en muchos casos viven cerca —en la misma ciudad y a menudo (*often*) en el mismo barrio.

¡Vamos a comparar!

¿A quiénes consideras tu núcleo familiar? ¿Cuántos miembros de tu familia viven en casa? ¿En qué lugares viven los otros miembros de tu familia? Y tú, ¿vives en una residencia estudiantil, en tu casa o en un apartamento? ¿Por qué? En las familias que conoces (*you know*), ¿quién cuida a los niños cuando los padres no están en casa? ¿Quién ayuda a los padres con los quehaceres (*chores*) de la casa?

¡Vamos a conversar!

Lean las siguientes oraciones y túrnense para expresar y anotar sus opiniones.

> 1. ¡Ni modo! No estoy de acuerdo.
> 2. No es probable.
> 3. No tengo opinión.
> 4. Es posible.
> 5. Estoy completamente de acuerdo.

1. Me gusta vivir cerca de mi familia.	1	2	3	4	5
2. Voy a tener muchos hijos.	1	2	3	4	5
3. Voy a buscar un/a esposo/a con hijos.	1	2	3	4	5
4. Tengo una buena relación con mis primos.	1	2	3	4	5
5. Los suegros deben vivir lejos de los recién casados (*newlyweds*).	1	2	3	4	5
6. Me gusta ir de fiesta con mis padres.	1	2	3	4	5
7. Me gusta la idea de vivir con abuelos, tíos y primos.	1	2	3	4	5
8. Me gusta vivir en casa con mis padres.	1	2	3	4	5

¡Así lo hacemos!

Estructuras

1. The present tense of stem-changing verbs: $e \rightarrow ie$, $e \rightarrow i$, $o \rightarrow ue$

You have already learned how to form regular **-ar**, **-er**, and **-ir** verbs, and a few irregular verbs. This group of stem-changing verbs requires a change in the stem vowel of the present indicative forms, excluding *nosotros/as* and *vosotros/as*.

El cambio *e→ie*

No señor, prefiero un sándwich de queso.

¿Quiere un sándwich de pollo?

querer (to want; to love)			
yo	**qui*e*ro**	nosotros/as	**queremos**
tú	**qui*e*res**	vosotros/as	**queréis**
él/ella, Ud.	**qui*e*re**	ellos/as, Uds.	**qui*e*ren**

◆ Note that the changes occur in the first, second, and third persons singular, and in the third person plural.[1] Other common **e→ie** verbs are:

empezar *to begin*	**preferir** *to prefer*	**pensar (+ infin.)** *to think;*
entender *to understand*	**perder** *to lose*	*to intend (to do something)*

Te **quiero**, mi corazón.	*I love you, sweetheart.*
Pensamos mucho en nuestro abuelo.	*We think about our grandfather a lot.*
Pienso ver una película esta noche.	*I intend to watch a movie tonight.*
¿A qué hora **empieza** la función?	*At what time does the show start?*

◆ Some common **e → ie** verbs, such as **tener** (which you learned in **Lección 2**) and **venir** (*to come*), have an additional irregularity in the first person singular.

	tener	venir
yo	**tengo**	**vengo**
tú	**tienes**	**vienes**
él/ella, Ud.	**tiene**	**viene**
nosotros/as	**tenemos**	**venimos**
vosotros/as	**tenéis**	**venís**
ellos/as, Uds.	**tienen**	**vienen**

Tengo que hacer mucha tarea hoy.	*I have to do a lot of homework today.*
Si Ester **viene** el viernes, **vengo** también.	*If Ester comes on Friday, I'll come too.*

[1] Note that in these forms the stem contains the stressed syllable.

¡Repito! Mis padres no riñen como tú y yo.

El cambio e→i

Another stem-changing pattern changes the stressed **e** of the stem to **i** in all forms except the first and second person plural.

pedir (*to ask for; to request*)			
yo	**p***i***do**	nosotros/as	**pedimos**
tú	**p***i***des**	vosotros/as	**pedís**
él/ella, Ud.	**p***i***de**	ellos/as, Uds.	**p***i***den**

◆ All **e→i** stem-changing verbs have the **-ir** ending. The following are some other common **e→i** verbs.

conseguir	*to obtain*	**seguir**	*to follow; to continue*
decir	*to say; to tell*	**reñir**	*to quarrel*
servir	*to serve*	**repetir**	*to repeat*

La chica **pide** un menú.	*The girl asks for a menu.*
¿Servimos la sopa primero?	*Shall we serve the soup first?*

◆ Note that **decir** has an irregular first person singular form (like **tener** and **venir**): **digo**.

yo	**dig**o	nosotros/as	decimos
tú	dices	vosotros/as	decís
él/ella, Ud.	dice	ellos/as, Uds.	dicen

◆ Note that **seguir** and **conseguir** drop the **u** in the first person: **sigo, consigo**.

El profesor **sigue** el programa.	*The professor follows the program.*
Nunca **consigo** las clases que necesito.	*I never get the classes I need.*

◆ When **seguir** means **to continue** (to do something), it is followed by the present participle.

Teresa **sigue hablando** con ellos.	*Teresa continues to talk to them.*
Seguimos comiendo.	*We are still eating.*

El cambio o→ue

Ella siempre sueña que está en la playa.

volver (*to return; to come back*)		
yo **vuelvo**	nosotros/as	**volvemos**
tú **vuelves**	vosotros/as	**volvéis**
él/ella, Ud. **vuelve**	ellos/as, Uds.	**vuelven**

Another category of stem-changing verbs is one in which the stressed **o** changes to **ue**. As with **e→ie** and **e→i**, there is no stem change in the **nosotros/as** and **vosotros/as** forms.

◆ Other commonly used **o→ue** stem-changing verbs are:

almorzar	*to eat lunch*	**morir**	*to die*
costar	*to cost*	**poder**	*to be able to*
dormir	*to sleep*	**recordar**	*to remember; to remind*
encontrar	*to find*	**soler**	*to tend to; to be in the habit of*
jugar[1]	*to play*	**soñar (con)**	*to dream (about)*

Mañana **juego** al tenis con mi tía.	*Tomorrow I'm playing tennis with my aunt.*
Almorzamos en el club todos los sábados.	*We have lunch at the club every Saturday.*
¿**Sueñas** con ser rico algún día?	*Do you dream about being rich one day?*
No **recuerdo** bien a mi abuela.	*I don't remember my grandmother well.*
¿**Puedes** acompañarnos?	*Can you accompany us?*

Expansión

Cambios de la radical en los gerundios

Stem-changing **–ir** verbs have changes in other forms as well. This change also occurs in the present participle (**-ndo**). For **e→ie** and **e→i** verbs, the change in the present participle is **e→i**.

preferir: prefiriendo   **pedir:** pidiendo   **servir:** sirviendo

For **o→ue –ir** verbs, the change in the present participle is **o→u**.

dormir: durmiendo

These verbs will be listed with the second change in subsequent **¡Así lo decimos!** and in the end vocabulary, e.g., **preferir (ie, i), servir (i, i), dormir (ue, u)**.

Practiquemos

4-7 Esta noche (*Tonight*). Repeat each sentence in part **A**, changing the italicized verbs to agree with the subjects given in parentheses. Answer part **B** affirmatively, and then part **C** naturally, according to your own experience.

MODELOS:

    A - Esta noche *quiero* estudiar. (él) Esta noche *quiere* estudiar.

    B - ¿Quieren Uds. estudiar esta noche? *Sí, queremos estudiar.*

    C - ¿Quieres estudiar esta noche? *No, no quiero estudiar.*

1. Preferir (**ie**)

    A - *Prefiero* ver la televisión. (ella, ellas, él, ellos, nosotros, tú, mis amigos)

    B - ¿Prefieren Uds. ver la televisión? (tú, ellas, nosotros, Juan, los alumnos)

    C - ¿Qué prefieres hacer esta noche? (¿ver la televisión?, ¿hablar por teléfono? ¿ver un video?)

---

[1] **Jugar** is not an **–o-** verb, but it follows the **o→ue** pattern.

2. Tener (**ie**)

    A - *Tengo* que hacer la tarea. (él, nosotros, Ana y María, ella, tú, Uds.)

    B - ¿Tienen Uds. que hacer la tarea? (tú, ella, nosotros, los estudiantes, Laura)

    C - ¿Tú tienes que hacer la tarea? (¿escribir un ensayo? ¿leer un libro? ¿estudiar?)

3. Pensar (**ie**)

    A - *Pienso* ver una película. (ella, ellos, mi amiga, ellas, nosotros, yo)

    B - ¿Uds. piensan ver una película? (ellos, yo, tus amigos., nosotros, ella)

    C - ¿Tú piensas ver una película? (¿escuchar música? ¿salir (*go out*) con tus amigos?)

4-8 ¡Vamos a comer! Repeat each sentence in part **A**, changing the italicized verbs to agree with the subjects given in parentheses. Answer part **B** affirmatively, and then part **C** naturally, according to your own experience.

MODELOS:

    A - *Pido* agua en el restaurante. (él) *Pide* agua en el restaurante.

    B - ¿Piden Uds. agua en el restaurante? *Sí, pedimos agua.*

    C - ¿Tú pides agua en el restaurante? *Sí, pido agua.*

1. Servir (**i**)

    A - *Sirvo* la comida en casa. (mi madre, mis hermanos, nosotros, tú, él)

    B - ¿Sirven Uds. la comida en casa? (tú, ella, las chicas, nosotros, ellos)

    C - ¿Tú sirves la comida en casa? (¿el desayuno? ¿el almuerzo? ¿la cena?)

2. Seguir (**i**)

    A - *Sigo* conversando después de comer. (mis amigas, los chicos, tú, nosotros)

    B - ¿Siguen Uds. conversando después de comer? (tú, tus amigos, ellos, ella, nosotros)

    C - ¿Tú sigues conversando después de comer? (¿en la cafetería? ¿en el restaurante? ¿en casa?)

3. Decir (**i**)

    A - *Digo* la verdad. (ellas, nosotros, tú, mi amiga, Ana y María, él)

    B - ¿Dicen Uds. la verdad? (tú, ella, nosotros, ellos, los chicos, tus amigos)

    C - ¿Tú dices la verdad? (¿a tus profesores? ¿a tus amigos? ¿a tus padres?)

4-9 Por la tarde. Repeat each sentence in part **A**, changing the italicized verbs to agree with the subjects given in parentheses. Answer part **B** affirmatively, and then part **C** naturally, according to your own experience.

MODELOS:

    A - *Puedo* salir por la tarde. (ellos) *Pueden* salir por la tarde.

    B - ¿Pueden Uds. salir por la tarde? *Sí, podemos salir.*

    C - ¿Tú puedes salir por la tarde? *Sí, puedo salir.*

1. Almorzar (**ue**)

    A - *Almuerzo* en la cafetería. (ellos, ella, él, nosotros, tú, los estudiantes, Paco)

    B - ¿Almuerzan Uds. en la cafetería? (tú, ellas, nosotros, Teresa, mis amigos)

    C - ¿Tú almuerzas en la cafetería? (¿en casa? ¿en tu cuarto? ¿en un restaurante?)

2. Dormir (**ue**)

    A - Luego *duermo* la siesta. (él, nosotros, Ana y María, ella, tú, Uds.)

    B - ¿Duermen Uds. la siesta después de almorzar? (tú, ella, nosotros, los estudiantes, Laura)

    C - ¿Cuántas horas duermes? (¿los lunes? ¿los sábados? ¿cuando hay exámenes?)

3. Jugar (**ue**)

    A - Más tarde *juego* al vólibol. (ella, ellos, mis amigas, Pedro, nosotros, yo)

    B - ¿Uds. juegan al vólibol? (ellos, yo, las chicas, nosotros, Carlos y Pilar)

    C - ¿Tú juegas al vólibol por la tarde? (¿al fútbol? ¿al baloncesto? ¿al squash?)

4-10 Mi novio y yo. María and her boyfriend, Carlos, are making plans for Saturday. Complete each sentence with the correct form of the verb in parentheses.

Mi novio y yo (1 querer) _____ hacer planes para el sábado. Nosotros (2 pensar) _____ ir al cine. Carlos (3 querer) _____ ver una película de acción pero para mí no son interesantes. Yo (4 preferir) _____ las películas románticas pero Carlos no las (5 entender) _____. Mi madre (6 decir) _____ que (7 poder) _____ jugar al tenis. Carlos no (8 jugar) _____ mucho y no le gusta jugar conmigo porque siempre (9 perder) _____. El no (10 servir) _____ muy bien. También hay un concierto el sábado pero (11 empezar) _____ un poco tarde y además, las entradas (12 costar) _____ $100 y nosotros no (13 tener) _____ mucho dinero.

4-11 Vamos a almorzar. You and your friends decide to have lunch together in a restaurant. Complete each sentence with the correct form of the verb in parentheses.

Yo (1 pensar) _____ almorzar en la cafetería con mis amigos pero (*but*) ellos (2 decir) _____ que la comida de la universidad (3 costar) _____ mucho y que (4 preferir) _____ comer en un restaurante. Como (*since*) nosotros no (5 tener) _____ clases por la tarde, (6 encontrar) _____ un buen restaurante. Yo (7 pedir) _____ un sándwich y una ensalada y luego (8 recordar) _____ que no (9 poder) _____ comer mucho porque (10 tener) _____ que ir a una reunión (*meeting*) que (11 empezar) _____ a las dos y media. El camarero nos (12 servir) _____ la comida y nosotros (13 seguir) _____ conversando hasta (*until*) las dos. Luego yo (14 volver) _____ a la universidad en autobús pero mis amigos (15 tener) _____ sueño y (16 querer) _____ ir a casa a dormir la siesta.

4-12 La vida universitaria. Ask each other questions about your daily routine at the university.

1. ¿Cómo vienes a la universidad? (¿en autobús? ¿en coche? ¿en bicicleta?)
2. ¿A qué hora empiezan tus clases hoy?
3. ¿Dónde almuerzas? (¿en la cafetería? ¿en casa? ¿en tu cuarto?)
4. ¿Duermes la siesta después de almorzar?
5. ¿Juegas a algún deporte (*sport*) en tu tiempo libre? (¿al vólibol? ¿al tenis? ¿al fútbol?)
6. ¿Puedes hacer ejercicio en el gimnasio durante el día?
7. ¿Dónde prefieres hacer la tarea? (¿en la biblioteca? ¿en tu cuarto?)
8. ¿Tienes que estudiar mucho por la noche?

AB **4-13A Una entrevista.** Ask each other questions about your daily routine at home with your family and friends.

MODELO: **E1:** Generalmente, ¿a qué hora almuerzas?
E2: *Generalmente almuerzo a la una.*

1 ¿Hasta (*Until*) qué hora duermes los domingos?
2. ¿Qué sueles hacer con tu familia los fines de semana?
3. ¿Dónde puedes pasar tiempo con tus amigos/as los sábados?
4. ¿Con quién almuerzas los domingos?

4-14 Las películas *(movies)*. Read the reviews, then decide which of the movies is more popular among your group and why.

MODELO: *Quiero ver* Como agua para chocolate *porque prefiero las películas románticas.*

En el Cine

Como agua para chocolate-1992-México
La historia de Tita y Pedro, unos enamorados que están condenados a vivir separados, ya que Tita es la hija menor de Mamá Elena. Pedro, para estar cerca de Tita, se casa con Rosaura, su hermana mayor. . .

Frida - 2002 - Estados Unidos
La película presenta la vida de la pintora, Frida Kahlo, centrándose en la relación que mantiene con su esposo, Diego Rivera.

Hable con ella - 2002 - España
Dirigida por Pedro Almodóvar, es la historia de la amistad de dos hombres que se enamoran de dos mujeres que están en estado de coma.

Nueve reinas - 2001 - Argentina
Dos hombres quieren vender unos sellos falsos, llamados "las nueve reinas", que un rico empresario espera comprar para su colección.

Y tu mamá también - 2001 - México
Dos jóvenes mexicanos conocen a una atractiva mujer española. Para impresionarla la invitan a un viaje que van a hacer y ella acepta la invitación.

2. Formal commands

No vean más la televisión. Estudien para el examen.

We use commands to give instructions or to ask people to do things: *Hand in your composition on Monday. Please close the door.* In Spanish, commands have different forms to distinguish between formal (**usted/ustedes**) and informal (**tú/vosotros**) address. To form the formal commands, place the corresponding ending at the end of the stem of the present indicative **yo** form.

Infinitive	Present Indicative		Formal Commands	
	Yo **form**	**Stem**	*Ud.*	*Uds.*
hablar	hablo	habl-	**hable**	**hablen**
pensar	pienso	piens-	**piense**	**piensen**
comer	como	com-	**coma**	**coman**
entender	entiendo	entiend-	**entienda**	**entiendan**
escribir	escribo	escrib-	**escriba**	**escriban**
pedir	pido	pid-	**pida**	**pidan**

◆ The formal commands for **usted** of **-ar** verbs add **-e** to the stem of the first person singular of the present indicative.

| **Hable** con su consejero. | *Speak to your advisor.* |
| **Piense** antes de escribir. | *Think before writing.* |

◆ The formal commands for **usted** of **-er** and **-ir** verbs add **-a** to the stem of the first person singular of the present indicative.

> **Coma** más, Sr. Ruiz.   *Eat more, Mr. Ruiz.*
> **Lea** la lección y **siga** las   *Read the lesson and follow the instructions.*
>   instrucciones.

◆ The formal commands for **ustedes** add **-n** to the **usted** command form.

> **Piensen** antes de hablar.   *Think before speaking.*
> **Recuerden** los libros.   *Remember your books.*

◆ Negative commands are formed by placing **no** in front of the command form.

> **No coma** mucho.   *Don't eat much.*
> **No hablen** en clase.   *Don't talk in class.*

◆ Subject pronouns may be used with commands for emphasis or clarification. As a rule, they are placed after the verb.

> **Piense usted.**   You think.   **No riñan ustedes.**   Don't you fight.

Los mandatos irregulares

◆ The verbs **ir**, **ser**, and **estar** have irregular formal commands.

> **ir: vaya, vayan**   **ser: sea, sean**   **estar: esté, estén**
>
> **Vayan** a clase temprano.   *Go to class early.*
> **Esté** aquí en media hora.   *Be here in half an hour.*
> **Sea** más amable.   *Be nicer.*

◆ Verbs ending in **-car**, **-gar**, and **-zar** change spelling in the formal command. Verbs ending in **-car** change the **c** to **qu**. Verbs ending in **-gar** are spelled with **gu**, while verbs ending in **-zar** change the **z** to **c**.

> **buscar: busque, busquen**   **empezar: empiece, empiecen**
> **jugar: juegue, jueguen**
>
> **Busquen** a su primo.   *Look for your cousin.*
> No **jueguen** al béisbol dentro   *Don't play baseball inside the house.*
>   de la casa.
> **Empiece** la clase a tiempo.   *Begin class on time.*

Expansión

Softened Requests

When we ask people to do things for us, we often soften the requests by using less direct command forms, such as:

> **Tenga la bondad de** no fumar.   *Please refrain from smoking.*
> **Hagan el favor de** cerrar la puerta. *Kindly close the door, please.*

We also soften the requests even more by phrasing them as polite questions:

> **¿Me hace el favor de** abrir la ventana? *Do you mind opening the window for me?*
> **¿Me abre** la ventana, **por favor**?   *Would you open the window for me, please?*

Practiquemos

4-15 ¿Qué piden estas personas? Indicate the command that you would most likely hear from these people.

MODELO: la profesora   Abran los libros. / Esperen el autobús. / Pidan la comida.
➡ *Abran los libros.*

1. el doctor   Lea el libro de español. / Venga a la fiesta conmigo. / No coma mucha grasa.

2. la artista   Estudie la lección esta noche. / Use muchos colores. / Prepare el almuerzo.

3. el hermano   No toquen mi estéreo. / Vayan al gimnasio. / No duerman en el sofá.

4. los padres   Escriban con bolígrafo. / Hagan la tarea. / Pongan la televisión.

4-16 ¡Cierren la puerta! Who in the family is most likely to make each of these requests?

MODELO: ¡Hagan la tarea!
➡ *los padres (a sus niños)*

1. _____ ¡No hablen tanto por teléfono!   **a.** los abuelos (a sus nietos)
2. _____ ¡Salgan del baño (*bathroom*)!   **b.** la hermana (a sus hermanos)
3 _____ ¡Vengan a visitarnos!   **c.** el padre (a sus niños)
4. _____ ¡Tengan mucho cuidado en el coche!   **d.** el hermano (a sus hermanas)
5. _____ ¡No entren en mi cuarto!   **e.** la madre (a sus niños)

4-17 ¡Piense Ud.! Make a formal command using each of these infinitives.

MODELO: No *coma* mucho. (comprar)
➡ *No compre mucho.*

1. No *coma* mucho. (hablar, pedir, beber, dormir, servir, pedir)
2. ¡*Piense* más! (repetir, escribir, leer, practicar, aprender, hacer)
3. *Vuelvan* ahora. (venir, jugar, empezar, almorzar, decidir, ir)

4-18 El/La profesor/a. After class you ask your professor for some advice on how to get more out of the Spanish course. Create command forms to hear this advice.

MODELO: (*Preparar*) bien los ejercicios.
➡ *Prepare bien los ejercicios.*

1. (*Hablar*) más en clase.   **6.** (*Tomar*) muchos apuntes (*notes*) en clase.
2. No (*faltar*) a muchas clases.   **7.** (*Escribir*) con más cuidado.
3. (*Ir*) más al laboratorio de lenguas.   **8.** (*Hacer*) los ejercicios del cuaderno.
4. (*Repetir*) las respuestas en el laboratorio.   **9.** (*Leer*) lo más posible en español.
5. (*Practicar*) el vocabulario.

4-19 Los mandatos. In pairs, give a command to your partner, who has to change singular to plural, affirmative to negative, and vice versa.

MODELO: E1: *Cierre* la ventana.
➡ *No cierren la ventana.*

hablar	llamar	comer
escribir	comprar	venir
pedir	ir	buscar
dormir	volver	servir
repetir	perder	pensar

4-20A Los consejos. Take turns presenting and resolving problems. Try to think of three possible solutions to each problem.

MODELO: E1: *Mis compañeros de casa hacen mucho ruido (noise) por la noche.*
E2: *Hable con ellos. Cierre su puerta. Haga ruido también.*

Los problemas de Estudiante 1:
1. No estoy muy contento/a con las notas que tengo en mis cursos.
2. Necesito más dinero.
3. Echo de menos (*I miss*) a mis amigos.
4. Tengo mucho sueño en mis clases.

Los consejos de Estudiante 1:

estudiar...	volver...	
hablar...	explicar...	
ir...	estudiar...	hacer...
llamar...	contestar...	preparar...

4-21 Una carta a Eulalia. Take turns responding to a letter that appeared in a newspaper advice column. Each of you should give at least four pieces of advice. Use formal commands.

4-22 Un juego. In groups or teams, think of a number of commands that can be carried out easily in your classroom. Take turns giving the commands to the other teams who have to do the action or lose a point.

El Salvador, 2 de noviembre de 2005
Estimada Eulalia:

¡Necesito su ayuda! Este fin de semana mis padres vienen a visitarme y a ver mi nuevo apartamento. Ellos creen que pueden quedarse (stay) conmigo, pero el apartamento es muy pequeño y no hay lugar para tres personas. Además, tengo tres gatos y mi padre tiene alergias. ¿Qué hago?

Un saludo cordial de,
—Una hija desesperada

Segunda parte

¡Así es la vida!

Una invitación

Laura: Aló.

Raúl: Sí, con Laura, por favor.

Laura: Habla Laura.

Raúl: Laura, habla Raúl. ¿Cómo estás?

Laura: Muy bien. ¡Qué sorpresa, Raúl!

Raúl: Pues, te llamo para ver si quieres ir al cine esta noche.

Laura: ¿Sabes qué película ponen?

Raúl: Sí, en el Cine Rialto pasan una de tus películas favoritas, *Lágrimas de amor.*[1]

Laura: ¡Qué bueno! Entonces vamos. ¿A qué hora es la función?

Raúl: Empieza a las siete. A las seis y media paso por ti.

Laura: De acuerdo, pero no tengo mucho dinero. ¿Cuánto es la entrada?

Raúl: No hay problema; yo te invito.

En una fiesta

---

[1] **Lágrimas…** Tears of Love.

¡Así lo decimos!

Actividades y pasatiempos (*pastimes*)

asistir a un partido	*to go to a (ball) game*
conocer (zc)	*to know or meet (someone); to be familiar with (something)*
conversar en un café	*to chat at a cafe*
correr por el parque	*to jog in the park*
dar un paseo	*to take a stroll*
ir a la playa	*to go to the beach*
ir de compras	*to go shopping*
pasear por el centro	*to take a walk downtown*
saber	*to know (how to do) something*
tomar el sol	*to sunbathe*
ver una película	*to see a movie*
visitar a los amigos	*to visit friends*

Cómo hacer una invitación

¿Puedes ir a...?	*Can you go to...?*
¿Quieres ir a...?	*Do you want to go to...?*
¿Vamos a...?	*Shall we go...?*

Cómo aceptar una invitación

Sí, claro.	*Yes, of course.*
Me encantaría.	*I would love to.*
De acuerdo.	*Fine with me; Okay.*
Paso por ti.	*I'll pick you up.*
Vamos.	*Let's go.*

Cómo rechazar (*turn down*) una invitación

Gracias, pero no puedo...	*Thanks, but I can't...*
Lo siento; tengo que...	*I'm sorry; I have to...*

Sustantivos

el carro, el coche	*car*
el concierto	*concert*
el conjunto musical	*(musical) group; band*
la entrada	*admission ticket*
la función	*show*
la orquesta	*orchestra*
la sorpresa	*surprise*
la verdad	*truth*

Lugares de ocio[1]

---

[1] places for leisure time

Expansión

Expresiones de afecto (*affection*)

cariño	*love, dear*	**mi corazón**	*sweetheart*
mi amor	*my love*	**mi vida**	*darling* (fig.)
mi cielo	*sweetheart, darling*	**Te quiero.**	*I love you.*

¡Escucha!

Una invitación. Listen to the telephone conversation between Marilú and José. Then, complete each sentence based on their conversation.

1. Marilú invita a José a ___.
   - a. bailar
   - b. comer
   - c. dar un paseo

2. José acepta la invitación para ___.
   - a. esta noche
   - b. mañana
   - c. las tres de la tarde

3. Los chicos también van a ver ___.
   - a. un partido
   - b. una película
   - c. un programa de televisión

4. Marilú y José pueden ir a bailar también porque ___.
   - a. mañana no hay clases
   - b. su clase es fácil
   - c. no hay tarea para mañana

5. Es evidente que los chicos son ___.
   - a. hermanos
   - b. novios
   - c. primos

Practiquemos

4-23 Los pasatiempos. Complete each sentence with a logical word or expression from **¡Así lo decimos!**

1. Nosotros corremos por ___.
2. Alicia toma el sol en ___.
3. Voy al ___ para ver una película.
4. Yo paseo todos los días por ___.
5. Ana y Pedro toman refrescos en un café ___.
6. Si quieres ir al cine, necesitas ___.
7. La música que toca la ___ es maravillosa.
8. Estoy seguro de que me dices la ___.
9. Voy de ___ al centro.

4-24 Una invitación. Complete this telephone conversation. Try to incorporate vocabulary from **¡Así lo decimos!**

Suena el teléfono. Lo contesta Manuel.

Manuel: Aló.
Concha: Hola, Manuel. Habla Concha.
Manuel: Hola, Concha. ¿...?
Concha: Muy bien, Manuel. ¿...?
Manuel: También.
Concha: Manuel, te llamo para invitarte a...
Manuel: Me... ¿A qué hora...?
Concha: A las...
Manuel: El cine está en el..., ¿verdad? ¿Vamos en...?
Concha: Sí, paso por ti...
Manuel: De acuerdo, Concha. Hasta pronto.
Concha: Hasta..., Manuel.

 4-25A ¡Estoy aburrido/a! Explain to your partner that you are bored, so that he/she will invite you to do something. Accept or reject the invitation. If you reject it, give excuses.

MODELO: E1: *Estoy aburrido/a.*
  E2: *¿Quieres ir a bailar?*
  E1: *Me encantaría. ¡Vamos! / Gracias, pero no puedo. No tengo dinero.*

Algunas excusas

estar cansado/a	no tener coche	tener mucho sueño
estar enfermo/a	no tener tiempo	tener mucha tarea
estar ocupado/a	no tener dinero	tener que estudiar

 4-26 El fin de semana. Make plans for this weekend. Use the activities and questions to guide your conversation.

MODELO: *Vamos a pasear por el centro...*

Algunas actividades

escuchar música	dar un paseo	ir a un partido de fútbol
jugar al béisbol	visitar a mi/tu familia	ir al cine
ir a la playa	ir a una fiesta	ir de compras

¿Adónde quieren ir?	¿Qué quieren hacer?
¿Cómo es?	¿Qué día?
¿A qué hora empieza?	¿Con quiénes van?
¿Cuánto tienen que pagar (*pay*)?	¿A qué hora regresan?
¿Qué necesitan?	

4-27 Una película impresionante. Read the following movie review that appeared with the release of the movie in 1998. Take turns answering questions about the movie.

1. ¿Cómo se llama la película?
2. ¿En qué año y en qué país se produce?
3. ¿Dónde vive el médico?
4. ¿Cómo es el médico? ¿bueno? ¿malo? ¿ignorante?
5. ¿Por qué no encuentra a sus estudiantes?
6. ¿Cómo caracterizas la película? ¿romántica? ¿seria? ¿trágica? ¿de acción? ¿de detectives?
7. ¿Puedes recordar otras películas de este director? ¿Cuáles?
8. ¿Quieres ver la película? ¿Por qué?

HOMBRES ARMADOS

Dirección y guión:	John Sayles
Intérpretes:	Federico Luppi
	Damián Delgado
	Dan Rivera González
Nacionalidad:	EE.UU. 1997
Idioma:	Español

LA PELÍCULA

Humberto Fuentes (Federico Luppi) es un médico que vive en un país centroamericano, y que nunca se ha interesado[1] en la realidad de la vida política de su país. Cuando abre la película, está por jubilarse.[2] Considera el mayor éxito[3] de su vida, su legado[4], la participación en un programa internacional de salud en el que preparó a jóvenes estudiantes para trabajar como médicos en los pueblos más pobres del país. El Dr. Fuentes decide visitar a esos estudiantes en las montañas,[5] pero no encuentra a ninguno[6] de ellos. Finalmente, una mujer le dice que fueron asesinados por "los hombres armados".

EL DIRECTOR

John Sayles es uno de los directores americanos de cine independiente más apreciados. Su última obra fue[7] *Lone Star* (1996), drama multigeneracional ambientado en la frontera de Texas y protagonizado por Chris Cooper, Elizabeth Peña, Matthew McConaughey y Kris Kristofferson. Con *Lone Star*, recibió su segunda nominación a la Academia por mejor guión[8] original; la primera fue por *Passion Fish*.

[1] he has never been interested [2] he's about to retire [3] success [4] legacy
[5] mountains [6] none [7] was [8] script

Comparaciones

Los clubes sociales y la costumbre de la serenata

¿Cómo pasas el tiempo con tus amigos? ¿Dónde? En muchos países hispanos, los amigos socializan en los clubes sociales. En casi todas las ciudades grandes hay clubes que ofrecen deportes y otras actividades recreativas. Estos clubes generalmente son privados y los miembros pagan una cuota mensual. También hay clubes que son de gremios (*trade unions*) o industrias. Típicamente hay una casa club grande donde ofrecen fiestas bailables regularmente. También puede tener una piscina, canchas de tenis, campo de béisbol, etcétera. A estos clubes va toda la familia. Los mayores juegan al dominó, a las cartas (*cards*), al billar (*pool*), etcétera, mientras los jóvenes participan en actividades deportivas.

Si un joven conoce a una chica interesante en un club social, puede expresar su amor o interés con una costumbre hispana muy establecida —la serenata. En Guatemala y en otros países hispanos, la serenata es una expresión típica de afecto y amor. Las serenatas frecuentemente ocurren en ocasiones especiales, como los cumpleaños y aniversarios. El novio o el enamorado llega a la casa de la chica, generalmente durante la madrugada (*early morning hours*), con un grupo de músicos para darle una serenata a la afortunada joven. Toda la familia escucha la serenata y luego invitan a los músicos y al joven a entrar a la casa para tomar un café o un chocolate caliente con panecillos (*sweet rolls*).

¡Vamos a comparar!

¿Es común ir a un club social en el Canadá? ¿Cómo socializan los jóvenes en tu pueblo o ciudad? ¿Cuáles son las ventajas (*advantages*) y desventajas de un club social? ¿Dan serenatas los músicos en tu ciudad? ¿Piensas que la serenata es una buena idea o no? ¿Por qué?

¡Vamos a conversar!

Escribe una lista de ocho actividades que te gusta hacer con tus amigos en orden de preferencia. Luego, compara tu lista con un/a compañero/a de clase para ver qué actividades tienen en común.

MODELO: *Número uno, me gusta correr por el parque. Número dos...*

Pronunciación

Sounds of *j* and *g*

1. The Spanish **j** is pronounced like a forceful English *h* in the word *hat*.

jamón	Ta**j**o	ca**j**a
jugar	**J**aime	**j**arra

2. The letter **g** has three distinct sounds. Before **e** and **i** it is pronounced like a forceful English *h* in *hat*. Note these examples.

gitano	**Ge**rmán	a**gi**tar	co**ge**r

At the start of a breath group or after **n**, the combinations **ga**, **go**, **gu**, **gue,** and **gui** are pronounced like a weak English *g*, as in *gate*. Note these examples.

guerra	**go**l	ma**ngo**
ganar	**gui**tarra	un **ga**to

Everywhere else (except for the combinations **ge** and **gi**) the sound is weaker, with the breath continuing to pass between the palate and the back of the tongue. Note these examples.

al**go**	a**g**ricultura	a**gu**a
conti**go**	o**g**ro	ne**g**ro

Pronunciemos

A. La *j*. You will hear a series of Spanish words that contain the letter **j**. Repeat each word after the speaker.

B. La *g* con *e* o *i*. You will now hear a series of Spanish words that contain the combinations **ge** and **gi**. Repeat each word after the speaker.

C. La *g* con *a, o, u, ue* o *ui*. You will now hear a series of Spanish words that contain the combinations **ga**, **go**, **gu**, **gue**, and **gui**. Repeat each word after the speaker.

D. Más combinaciones con *g*. You will now hear a series of words and phrases that contain the combinations **ga**, **go**, **gu**, **gue**, and **gui** within a breath group. Repeat each word or phrase after the speaker.

¡Así lo hacemos!

Estructuras

3. Direct objects, the personal *a*, and direct object pronouns

Los complementos directos

◆ The direct object is the noun that generally follows the verb and receives its action from it. The direct object is identified by asking *whom?* or *what?* about the verb. Note that the direct object can either be an inanimate object (**la televisión**, **un carro**) or a person (**Jorge**).

Mi hermano ve **la televisión**.	*My brother watches television.*
Pablo va a comprar **un carro**.	*Pablo is going to buy a car.*
Anita está llamando **a su amigo Jorge**.	*Anita is calling her friend Jorge.*

La *a* personal

◆ When the direct object is a definite person or persons, an **a** precedes the noun in Spanish. This is known as the personal **a**. However, the personal **a** is omitted after the verb **tener** when it means *to have* or *possess*.

Veo **a** Juan todos los días.　　　*I see John every day.*
Quiero mucho **a** mi papá.　　　*I love my father a lot.*
Marta y Ricardo tienen un hijo.　*Marta and Ricardo have a son.*

◆ The personal **a** is not used with a direct object that is an indefinite or unspecified person.

Ana quiere **un novio inteligente.** Ana wants an intelligent boyfriend.

◆ The preposition **a** followed by the definite article **el** contracts to form **al.**

Llaman **al** doctor.　　　*They are calling the doctor.*
Alicia visita **al** abuelo.　　*Alice visits her grandfather.*

◆ When the interrogative **quién(es)** requests information about the direct object, the personal **a** precedes it.

¿A quién llama Juanita?　　*Whom is Juanita calling?*

◆ The personal **a** is required before every specific, human direct object in a series.

Visito **a Jorge** y **a Elisa.**　*I'm visiting Jorge and Elisa.*

Los pronombres de complemento directo

A direct object noun is often replaced by a direct object pronoun. The chart below shows the forms of the direct object pronouns.

Singular		Plural	
me	*me*	**nos**	*us*
te	*you* (informal)	**os**	*you* (informal)
lo	*him, you, it* (masc.)	**los**	*you, them* (masc.)
la	*her, you, it* (fem.)	**las**	*you, them* (fem.)

◆ Direct object pronouns are generally placed directly before the conjugated verb. If the sentence is negative, the direct object pronoun goes between **no** and the verb.

Te quiero, cariño.　　*I love you, dear.*
¿Me esperas?　　　*Will you wait for me?*
No, no **te** espero.　　*No, I won't wait for you.*

◆ Third-person direct object pronouns agree in gender and number with the noun they replace.

Quiero **el dinero.**　　　→**Lo** quiero.
Necesitamos **los cuadernos.**　→**Los** necesitamos.
Llamo **a Teresa.**　　　→**La** llamo.
Buscamos **a las chicas.**　→**Las** buscamos.

◆ Direct object pronouns are commonly used in conversation when the object is established or known. When the conversation involves first and second persons (*me, us, you*), remember to make the proper transitions.

La quiero mucho.

¿Dónde ves **a Jorge** y **a Adela**?　*Where do you see Jorge and Adela?*

Los veo en clase.　　*I see them in class.*
¿Visitas **a tu profesora**?　*Do you visit your professor?*
Sí, **la** visito mucho.　　*Yes, I visit her a lot.*
¿**Me** llamas esta noche?　*Will you call me tonight?*
Sí, **te** llamo a las ocho.　*Yes, I'll call you at eight.*

◆ In constructions that use the infinitive or the present progressive forms, direct object pronouns may either precede the conjugated verb, or be attached to the infinitive or the present participle (**-ndo**). Note that when you attach the direct object pronoun to the **-ndo** form, a written accent is used on the vowel before **-ndo**.

Adolfo va a llamar **a Ana**.	*Adolfo is going to call Ana.*
Adolfo va a llamar**la**. }	*Adolfo is going to call her.*
Adolfo **la** va a llamar.	

Julia está repitiendo **las instrucciones**.	*Julia is repeating the instructions.*
Julia **las** está repitiendo. }	*Julia is repeating them.*
Julia está repitiéndo**las**.	

◆ In negative sentences, the direct object pronoun is placed between **no** and the conjugated verb. The object pronoun may also be attached to the infinitive or to the present participle in negative sentences.

Adolfo no **la** va a llamar. }	*Adolfo is not going to call her.*
Adolfo no va a llamar**la**.	

◆ With **affirmative** commands, direct object pronouns follow the command form and are attached to it. An accent mark is added to commands of two or more syllables to show that the stress of the original verb remains the same.

Llámelo por teléfono.	*Call him on the phone.*
Visítenla esta noche.	*Visit her tonight.*

◆ With **negative** commands, direct object pronouns are placed between **no** and the command form.

No lo llame por teléfono.	*Don't call him on the phone.*
No la visiten esta noche.	*Don't visit her tonight.*

Expansión

Para usar los pronombres de complemento directo

Using the direct object pronoun in Spanish takes practice. The following general tips might be helpful.

◆ In English, direct object pronouns are placed after the verb. In Spanish, direct object pronouns usually precede the conjugated verb.

◆ The direct object pronouns **lo, la, los, las** can refer to both people (*him, her, them, you*) and objects (*it, them*).

◆ In Spanish, as in English, a direct object pronoun should be used only after the noun to which it refers has been introduced. Otherwise, the use of a direct object pronoun creates ambiguity.

Practiquemos

4-28 ¿A quién ves? Write the preposition **a** wherever necessary.

–¿(1)___ quién ves todos los días?

–Yo siempre veo (2)___ Tomás en la universidad. Tomás y yo tomamos (3) ___ café juntos todas las tardes.

–¿Ven (4) ___ sus amigos allí?

–Sí, claro. Siempre vemos (5)___ Elisabet y (6)___ Gustavo. A veces (*Sometimes*) sus compañeros de cuarto toman (7) ___ café con nosotros también.

–¿Son interesantes sus compañeros de cuarto?

–Tomás y Gustavo tienen (8)___ un compañero de cuarto muy simpático pero la compañera de cuarto de Elisabet es muy antipática. Esta noche todos, Tomás, Elisabet y yo, vamos a ver (9)___ una película muy buena. Gustavo no puede ir porque él tiene que visitar (10)___ la familia de su novia.

4-29 Sustitución. Replace the direct object nouns with the appropriate direct object pronouns.

MODELO: Pensamos hacer *el almuerzo.*
　　　　　　➥ *Pensamos hacerlo.*

1. Pensamos hacer *el almuerzo.* (la tarea, los ejercicios, las lecciones de español, un poco de ejercicio, el café)
2. Compro *un libro.* (unos libros, dos bolígrafos, un café, una hamburguesa, tres ensaladas)
3. Estoy buscando *mi calculadora.* (mis libros, la casa de José, a la profesora, a mis amigos, al profesor Sánchez)
4. No necesito *el dinero.* (tu coche, las entradas, más refrescos, al médico, a la secretaria)

4-30 ¿Quién es quién? In each of the following sentences, underline and identify the subject (S) and the direct object (DO). Then, complete the question or statement that follows with the correct pronoun.

MODELO: Mis amigos y yo vamos a tomar café en el centro esta tarde. *Lo*
　　　　　　　　S　　　　　　　　　　　　　DO
　　　　　tomamos allí todos los viernes.

1. Mis amigos piensan ver una película española. ¿___ quieres ver?
2. Carlos invita a su novia Amanda. Carlos siempre ___ invita a salir.
3. Amanda invita a Sara y Pedro. ___ veo todos los días en clase.
4. Después de la película tomamos más café. ___ tomamos en un café al aire libre.
5. Más tarde bailamos merengue en una discoteca. Puedes bailar ___ bien, ¿verdad?
6. Carlos y Amanda prefieren escuchar música. ___ escuchan mientras hablan.
7. Tomamos un taxi para la casa. ___ tomamos juntos porque es más fácil.
8. Nosotros queremos invitarte a ti. ¿___ buscamos en tu casa a las cuatro?

4-31 Planes. Match each question with the corresponding response.

1. _____ ¿Dónde miramos *la película?*
2. _____ ¿Quién sirve *la comida?*
3. _____ ¿A qué hora *me* llamas?
4. _____ ¿Tus amigos *te* invitan a cenar el viernes?
5. _____ ¿Vas a invitar *a tus amigas?*
6. _____ ¿Estás tomando *café* con Juana?
7. _____ ¿A qué hora vas a buscar*nos?*
8. _____ ¿Vas a comprar *las entradas?*

a. No, *me* invitan el sábado.
b. Sí, voy a invitar*las.*
c. Voy a buscar*los* a las siete.
d. Sí, voy a comprar*las.*
e. *Te* llamo a las nueve.
f. *La* sirvo yo.
g. No, no estoy tomándo*lo* con ella.
h. *La* miramos en el Cine Rialto.

4-32 ¿Qué haces por la mañana? Answer each question and replace the direct object noun with its corresponding pronoun.

MODELO: ¿Escuchas *la radio* por la mañana?
　　　　　　➥ *Sí, la escucho. / No, no la escucho.*

1. ¿Lees *el periódico?*
2. ¿Preparas *el desayuno?*
3. ¿Bebes *leche?*
4. ¿Comes *un sándwich?*
5. ¿Escribes *los ejercicios?*
6. ¿Haces *la tarea?*
7. ¿Ves *la televisión?*
8. ¿Llamas *a tus amigos?*
9. ¿Buscas *tu mochila?*
10. ¿Tomas *el autobús?*

4-33 ¿Qué vas a hacer esta noche? Answer each question and replace the direct object noun with its corresponding pronoun.

MODELO: ¿Vas a escuchar *la radio* esta noche?
  ➥ *Sí, la voy a escuchar. / No, no la voy a escuchar.*
  ➥ *Sí, voy a escucharla. / No, no voy a escucharla.*

1. ¿Vas a leer *el periódico*?
2. ¿Vas a preparar *la cena*?
3. ¿Vas a tomar *un refresco*?
4. ¿Vas a escribir *los ejercicios*?
5. ¿Vas a practicar *el fútbol*?
6. ¿Vas a hacer *la tarea*?
7. ¿Vas a estudiar *español*?
8. ¿Vas a ver *la televisión*?
9. ¿Vas a llamar *a tus amigos*?
10. ¿Vas a escuchar *música*?

 4-34A. Algunas actividades. Take turns asking each other about some of your weekend activities.

MODELO: E1: *¿Practicas el fútbol?*
  E2: *No, no lo practico. ¿Y tú?*
  E1: *Sí, lo practico los sábados.*

llamar a tu novio/a	ver la televisión
visitar a tus amigos	hacer la tarea
practicar el hockey	comprar la comida

4. *Saber (to know)* and *conocer (to know)*

¡Ellos saben bailar muy bien!

María, conoces a Pablo, ¿verdad?

Although the verbs **saber** and **conocer** can both mean *to know*, they are not interchangeable.

saber (*to know*)		conocer (*to know*)
yo	**sé**	**conozco**
tú	**sabes**	**conoces**
él/ella, Ud.	**sabe**	**conoce**
nosotros/as	**sabemos**	**conocemos**
vosotros/as	**sabéis**	**conocéis**
ellos/as, Uds.	**saben**	**conocen**

◆ The verb **saber** means *to know a fact* or to have knowledge or information about someone or something.

¿Sabes dónde está el cine?	*Do you know where the movie theater is?*
No **sé**.	*I don't know.*

◆ With an infinitive, the verb **saber** means *to know how to do* something.

Sabemos bailar tango.	*We know how to dance the tango.*
Tía Berta **sabe escribir** bien.	*Aunt Berta knows how to write well.*

◆ **Conocer** means *to be acquainted* or *to be familiar* with a person, thing, or place.

Tina **conoce** a mis abuelos.	*Tina knows my grandparents.*
Conozco San Salvador.	*I know (am familiar with) San Salvador.*

◆ Use the personal **a** with **conocer** to express *that you know* a specific person.

La profesora **conoce a mi tío**.	The professor knows my uncle.

◆ The formal command forms of **saber** are irregular and can mean *know, learn,* or *find out.* The **conocer** command forms (**-zc-**) mean *meet* or *get to know*.

Sepan la verdad.	*Find out (Learn) the truth.*
Conozca a otros estudiantes en la fiesta.	*Meet (Get to know) some other students at the party.*

Study tips

Un resumen de *saber* y *conocer*

saber	conocer	saber	conocer
knowing a fact, skill	knowing people	may be followed by an infinitive	may *not* be followed by an infinitive
knowing how to do something	knowing a place		
knowing information	meeting someone for the first time	may be followed by *que*	not normally followed by *que*

Practiquemos

4-35 ¿Conoces bien la universidad? Repeat each sentence in part **A**, changing the italicized verbs to agree with the subjects given in parentheses. Answer part **B** affirmatively, and then part **C** naturally, according to your own experience.

MODELOS:

       A - *Conozco* la universidad. (ellos) *Conocen* la universidad.
       B - ¿Conocen Uds. la universidad? *Sí, la conocemos.*
       C - ¿Tú conoces la universidad? *Sí, la conozco.*

1. Conocer

    A - *Conozco* a muchos estudiantes. (él, ellas, nosotros, Uds., tú, mis amigos)
    B - ¿Conocen Uds. a muchos estudiantes? (tú, ellos, ella, nosotros, tus amigas)
    C - ¿Tú conoces a muchos estudiantes? ¿Qué ciudades conoces? ¿Qué países?

2. Saber

    A - Yo *sé* escuchar. (mi madre, mis amigos, tú, nosotros, Uds.)
    B - ¿Saben Uds. escuchar? (tú, ella, él, ellos, nosotros, tus amigos)
    C - ¿Tú sabes escuchar? (¿nadar? ¿jugar al tenis? ¿la fecha? ¿mi nombre?)

4-36 Una amiga. Complete the following conversation between Marcela and Carmiña with the correct forms of **saber** and **conocer**.

MODELO: Yo _conozco_ a Ligia Gómez.

Marcela: ¿Tú (1) ___ a Ligia también?

Carmiña: No, yo no la (2) ___ personalmente, pero (3) ___ que ella es salvadoreña.

Marcela: Luis (4) ___ que ella está en su clase de química, pero no habla con ella.

Carmiña: Ramona (5) ___ que Ligia vive en San Salvador.

Marcela: Sí, es verdad. Su familia es muy famosa. Julio y Ramona (6) ___ a sus padres pero no (7) ___ dónde viven.

Carmiña: Roberto quiere invitar a Ligia a una fiesta, pero (8) ___ que Ligia tiene novio. ¿Tú (9) ___ al novio de Ligia?

Marcela: Sí lo (10) ___, pero no (11) ___ su apellido.

Carmiña: ¿Tú (12) ___ cuántos años tiene?

Marcela: No (13) ___. Sólo (14) ___ que es poeta y que escribe mucho.

A B **4-37A Una entrevista. I.** Complete statements a) to e) according to your own experiences and then read them one by one to your partner. Then answer his/her questions about that information. **II.** In the second part of the exercise, listen to your partner's statements and then ask the questions below, modifying them according to what your partner has said.

MODELO: E1: ¿Conoces una persona famosa?

      E2: Sí, conozco a Shania Twain.

I.

a) En el verano yo trabajo en _____.

b) Juego bien al _____. (_____ bien.)

c) (No) Me gusta mucho viajar.

d) Hablo _____ en casa con mi familia.

e) Me gusta la comida (food) _____.

II.

1. ¿Sabes _____ también?

2. ¿Conoces la ciudad de _____?

3. ¿Conoces algún hispanohablante allí?

4. ¿Conoces _____?

5. ¿Sabes dónde está _____?

4-38 ¿Quién? Take turns asking each other questions about the following information.

MODELO: la fecha

      E1: ¿Sabes la fecha?

      E2: Sí, la sé. Es el 15 de noviembre.

la fecha	el número de teléfono del/de la profesor/a
una persona hispana	un restaurante salvadoreño
un restaurante español	una persona de Centroamérica
cantar en español	cuándo hay examen
jugar al béisbol	dónde vivo
preparar café	la capital de Honduras
bailar bien	una ciudad interesante
un autor	mi nombre

4-39 Lo que sé. Individually make a list of five things that you know or know how to do, and then another list of five people and places you know. Later, compare your lists with those of your partner to find out what you have in common.

WWW.

4-40 ¿Vamos al cine? In your group, visit one of the following Web sites to see which movies are playing and decide which you would like to see:

http://es.movies.yahoo.com/newreleases.html
http://www.todocine.com/estrenos.htm

Observaciones

Toño Villamil y otras mentiras, Episodio 4

4-41 Toño Villamil. Toño has supplied us with more information. Read his self-description and answer the questions briefly in Spanish.

Hola, me llamo Toño Villamil. Soy mexicano, originalmente de Guadalajara donde mi padre tiene un negocio. Sin embargo (*Nevertheless*), pasamos los fines de semana en nuestro rancho cerca de Malinalco. En el rancho tenemos una casa grande con muchas habitaciones. La necesitamos porque somos muchos en mi familia: mis padres, mis dos hermanas mayores, mi abuela (la mamá de mi mamá), un perro (*dog*) (que se llama Chavo) y yo. Cuando estoy en Guadalajara, estudio en la universidad. En mi tiempo libre, me gusta pasear en moto por las calles de Malinalco. A veces, conozco a gente que visita el sitio arqueológico. Vienen de todas partes del mundo para admirar y estudiar las ruinas de la antigua civilización. Personalmente, prefiero ir al teatro. Después, voy a un café y tomo un refresco con mis amigos. Mañana, espero ver a Lucía, una chica española que está aquí para conocer la pirámide. Es muy bonita y quiero impresionarla. Vamos a ver...

Soy Toño Villamil.

1. ¿Cómo es la familia de Toño?
2. ¿Quién es Chavo?
3. ¿Dónde pasan los fines de semana?
4. ¿Qué hace en su tiempo libre?
5. ¿Qué prefiere hacer en Malinalco?
6. ¿A quién quiere impresionar?
7. En tu opinion, ¿cómo va a tratar de impresionarla?

4-42 Lucía, Isabel y Toño. Watch the fourth episode of *Toño Villamil y otras mentiras* in which you will see Isabel and Lucía meet at the hotel. Keep the following questions in mind as you watch the video.

1. Isabel necesita...
   ___ un taxi.
   ___ una habitación.
   ___ dinero.

2. Lucía la invita a...
   ___ compartir su habitación.
   ___ cenar.
   ___ explorar la pirámide.

3. El día siguiente, Lucía visita la pirámide mientras Isabel...
   ___ duerme.
   ___ busca el autobús.
   ___ conoce a Toño.

4. Algún día, Lucía quiere tener...
   ___ un perro y un gato.
   ___ una familia grande.
   ___ una casa pequeña en Malinalco.

5. Toño dice que...
   ___ vive en la casa grande con su familia.
   ___ trabaja en el rancho en el valle.
   ___ quiere presentarle a Lucía a su familia.

6. El hotel de Malinalco tiene...
   ___ un gimnasio para los visitantes.
   ___ habitaciones muy pequeñas.
   ___ todas las habitaciones ocupadas.

WWW. **4-43 Los hoteles de Malinalco.** Connect with the *¡Arriba!* Web site (**www.prenhall.com/arriba**) to see images of places to stay in Malinalco. Which one do you prefer, and why?

4-44 Más preguntas. Lucía says she would like to have many children. Write a paragraph describing her family ten years from now. Use these questions to guide you.

1. ¿Quién es su esposo? ¿Cuál es su profesión?
2. ¿Dónde viven?
3. ¿Cuántos hijos tienen?
4. ¿Quién más vive con ellos?
5. ¿Tiene animales? ¿Cuántos? ¿Cómo se llaman?

Nuestro mundo

La América Central I: Guatemala, El Salvador, Honduras

Después de muchos años de graves problemas militares, políticos y económicos, los gobiernos centroamericanos entran en un periodo de paz y unificación política con el establecimiento de la democracia.

4-45 ¿Qué sabes tú? What can you name and/or explain?

1. ¿Las capitales de estos tres países?
2. ¿El país que tiene frontera con México?
3. ¿Por qué es famosa Rigoberta Menchú?
4. ¿Un producto agrícola?
5. ¿El clima en las costas?
6. ¿El país más pequeño de los tres?
7. ¿Una civilización antigua?

Rigoberta Menchú recibió el premio Nobel de la Paz en 1992 por su labor para mejorar la situación de los indígenas guatemaltecos.
Rigoberta Menchú
http://www.rigobertamenchu.org

En el interior de El Salvador, donde el clima es más fresco que en la costa, el ecoturismo es una buena manera de conocer el país. En Cerro Verde, por ejemplo, puedes observar una gran variedad de flora y fauna, además del volcán El Izalco, cuyo (whose) cráter se distingue fácilmente. El volcán está activo desde 1722, y en la época de la colonización, los indígenas lo denominaron "el infierno de los españoles".
El Salvador: Atracciones
http://www.cipotes.com/elsalvador/espanol/atracciones.asp

El terreno selvático y montañoso de gran parte de Centroamérica dificulta la implementación de programas y servicios de salud (health). Sin embargo, los gobiernos centroamericanos y organizaciones como CIDA están haciendo grandes esfuerzos para hacer llegar al pueblo los avances de la medicina.
CIDA en Guatemala
http://www.acdi-cida.gc.ca/cidaweb/webcountry.nsf/VLUDocEn/
Guatemala-Regionalprograms

Estos niños indígenas llevan ropa que refleja las antiguas tradiciones artesanales de los tejidos (*woven goods*) guatemaltecos. Los tejidos también son muy populares entre los turistas.
Centro de Textiles Tradicionales
http://www.nimpot.com

Mar Caribe

Islas de la Bahía

uerto Barrios
La Ceiba
Puerto Lempira
San Pedro
Sula
Río Patuca
Juticalpa
HONDURAS
cias
Tegucigalpa
NICARAGUA
San
Miguel
or
Choluteca
Golfo de Fonseca
R
Lago de
Nicaragua
COSTA RICA

La economía de estos países depende mucho de la agricultura. El café, un producto muy importante en toda la región, es especialmente susceptible a los cambios climáticos, como (*like*) los huracanes.

La ciudad de Tikal es la más grande y antigua de las ruinas mayas excavadas hasta ahora. Además de algunas de las más impresionantes edificaciones de la arquitectura maya, el turista puede admirar el maravilloso sistema de canales para usar el agua de lluvia (*rain*) que consumían los 40.000 indígenas mayas que allí vivían.
Photos from Tikal
http://www.mayaruins.com/tikal.html

4-46 ¿Dónde? Identify the place or places on the map of Central America where you can find the following things.

1. playas
2. montañas
3. tejidos multicolores
4. artesanía

5. mucha lluvia
6. ruinas arqueológicas
7. cultivo de café
8. volcanes

4-47 ¿Cierto o falso? Indicate whether each sentence is true or false. Correct the false sentences.

1. Guatemala tiene muchas ruinas aztecas.
2. Los mayas tenían (*had*) un sistema de irrigación.
3. Rigoberta Menchú recibió el premio Pulitzer.
4. Las condiciones meteorológicas no afectan mucho la economía centroamericana.
5. La artesanía indígena ya no es muy popular.
6. La agricultura contribuye mucho a la economía centroamericana.
7. Hay pocos gobiernos democráticos en Centroamérica.

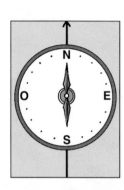

4-48 El mapa. Look over the map of Central America and indicate where the following places are located.

MODELO: Copán

➡ *Copán está en Honduras, cerca de la frontera de Guatemala.*

al oeste de...
al sur de...
en la costa del Golfo
   de México
en la costa del Caribe
en las montañas (*mountains*)

al norte de...
al este de...
en la costa del
   Pacífico
en el centro
en la península de...

1. Belice
2. San Salvador
3. Tegucigalpa

4. Tikal
5. La Ciudad de Guatemala
6. Quezaltenango

4-49 Recomendaciones. Make recommendations for the people who want to visit Central America based on their interests. Use information from **Nuestro mundo.**

MODELO: Me gusta observar los métodos de tejer.

➡ *¿Por qué no vas a Guatemala? Los tejidos guatemaltecos son muy bonitos.*

1. Me gusta la arqueología.
2. Me gusta escalar (*climb*) montañas.
3. Deseo trabajar en un hospital rural.
4. Quiero estudiar las técnicas de cultivo de café.
5. Estudio arte.

 Ritmos

"Marimba con punta" (Los profesionales, Honduras)

"Marimba con punta" combines the marimba, a xylophone-like instrument derived from West Africa, with *punta rock*, a regional dance music that is popular in Central America. Originally, *punta* music was played at wakes by the Garifunas, descendants of West African people.

4-50 Bailar punta. Complete the following sentences that refer to the song by conjugating the stem-changing verbs in parentheses. Then rewrite the sentences using the appropriate direct object pronouns.

MODELO: Todo el mundo (poder) bailar punta.
➡ Todo el mundo _puede_ bailar punta.
➡ Todo el mundo _la_ puede bailar.

1. También yo _____ (querer) bailar punta.
2. Los cantantes (*singers*) _____ (repetir) el coro muchas veces.
3. Uds. _____ (preferir) esta música alegre.
4. Tú _____ (entender) las palabras de la canción.

A escuchar

4-51 Los amantes de punta rock. What types of people do you think like punta rock music? Supply the missing adjectives for the following stanza with the correct word from the list as you listen to the song.

Note: In **Lección 2** you learned about diminutives with names (**-ito/-ita**). Diminutives can also be used with adjectives like those listed below: **bajitos** and **gorditos.**

bajitos / altos / gorditos / ricos / pobres

Marimba con punta
Marimba con punta
Éste es un ritmo sabroso
Que el mundo lo baila ya.
Éste es un ritmo sabroso
Que el mundo entero lo baila ya.
Lo bailan los cocineros,
_____ y _____ , ¡qué rico está!
Bailamos flacos, _____ ,
_____ , _____ , ¡oye mamá!

Después de escuchar

4-52 Mis amiguitos. What diminutives would you use to describe your family members? Your friends? Using the adjectives in Activity 4-51, and others that you know, write five complete sentences describing them.

Páginas

La búsqueda, **Episodio 4**

Estrategias

Eres parte de la acción. If you identify with one or more of the characters, you may anticipate what will happen next in the story. You may also feel the character's indecision or anxiety about his/her actions. Before reading this episode of *La búsqueda*, answer these questions to help you identify with one of the characters.

1. ¿Con quién te identificas más? ¿Por qué?
2. ¿Crees que estás en peligro?
3. ¿Qué te espera en Guatemala?

La búsqueda, **Episodio 4**

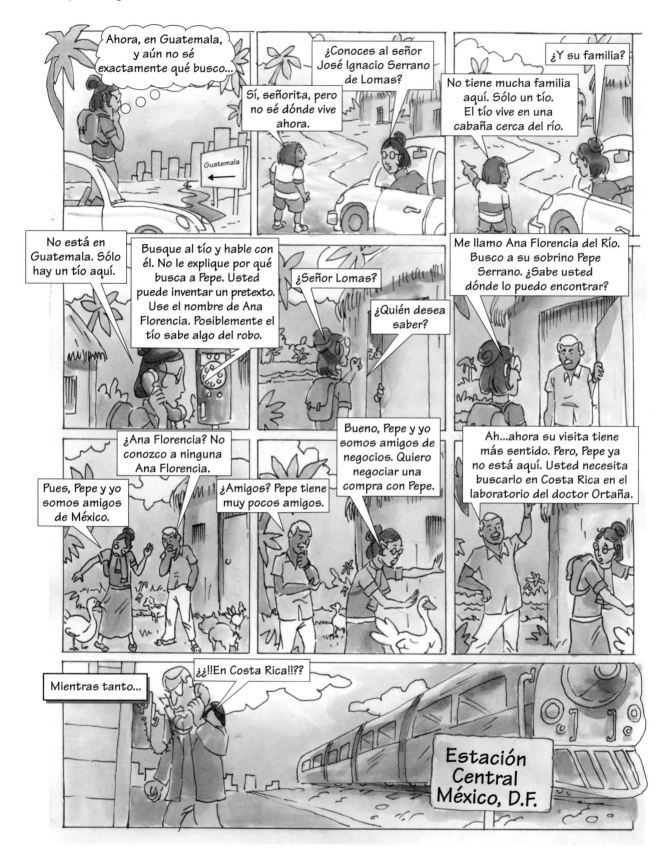

4-53 ¿Comprendiste? Complete these sentences based on this episode.

MODELO: Ana Florencia *viaja* de México a Guatemala.

1. Ana Florencia no _____ exactamente qué busca.
2. El chico _____ a Pepe pero no _____ dónde vive ahora.
3. El _____ de Pepe vive cerca del río.
4. Posiblemente el tío _____ algo del robo.
5. El tío no _____ a Ana Florencia.
6. Ana _____ que quiere negociar una compra con Pepe.
7. Pepe ya no _____ en Guatemala.
8. Ana necesita buscar a Pepe en _____ _____.

4-54 ¿Qué pasa? Use these questions to summarize the action up to this episode.

1. ¿Dónde está Ana Florencia ahora?
2. ¿Por qué?
3. ¿Con quiénes habla?
4. ¿Encuentra a Pepe?
5. ¿Dónde está el hombre misterioso ahora?
6. ¿Qué hace Ana Florencia ahora?

4-55 ¿Qué sabe? ¿A quién conoce? Identify who knows what from the following list.

MODELO: dónde está Pepe
➡ *Lo sabe su tío.*

1. a Pepe
2. al tío de Pepe
3. dónde vive el tío
4. a Ana Florencia

4-56 Investigar. Find out more about the area Ana Florencia visits in this episode. Using the Internet or library resources, investigate the following topics. Prepare a brief oral presentation on at least one topic for the class.

1. la medicina rural en Guatemala
2. el turismo en Guatemala, El Salvador y Honduras
3. los huracanes
4. los mayas
5. Rigoberta Menchú

¡Escucha!

Un informe oral. Ana Florencia dictates and records information for her investigation. Listen to her dictation and complete the following written version.

Día:_____ Fecha: _____ Lugar:_____

Personas entrevistadas:

_____

Nueva información:

_____

Planes para hoy:

_____

Compras:

_____

Llamadas que necesito hacer:

_____

Taller

Una invitación

In this activity, you are going to write a short letter to a friend to invite him/her to spend a weekend with you.

1. **Lista.** Make a list based on the following information.

lugar, fecha	invitación a hacer algo	¿con quiénes?	algunas actividades
saludo	¿por qué?	¿por cuánto tiempo?	despedida
presentación	¿cuándo?		

2. **Saludo.** Use the format of the **modelo**, beginning with the place, date, and a greeting.
3. **Carta.** Incorporate the information from your list in step **1**. Use words such as **y**, **pero**, and **porque** to link your ideas.
4. **Respuesta.** Ask for a reply to your letter.
5. **Despedida.** Close the letter with a farewell, for example, **un abrazo de…** or **un saludo cordial de….**
6. **Revisión.** Review the following elements in your letter.

   ❏ use of stem-changing verbs
   ❏ use of **saber** and **conocer** and the preposition **a**
   ❏ agreement of nouns, articles, and adjectives
   ❏ correct spelling, including accents

7. **Intercambio.** Exchange your letter with a classmate's. Make grammatical corrections and content suggestions. Then, respond to the letter.
8. **Entrega.** Rewrite your original letter, incorporating your classmate's comments. Then, turn in your letter and the response from your classmate to your professor.

MODELO:

> San José, 30 de marzo de 2005
>
>
> Querido Francisco:
>
> Soy Carmen Serrano. El 10 de abril es mi cumpleaños y quiero invitarte a comer a mi casa …

Lección

5

¿Cómo pasas el día?

Las famosas carretas pintadas son una expresión de las tradiciones artesanales de Costa Rica.

Comunicación

Primera parte

Los quehaceres domésticos

La familia Pérez Zamora es una familia panameña que vive en Ciudad Panamá. Esta noche celebran el cumpleaños de Antonio, el hijo mayor. Son las dos de la tarde y la señora Pérez les pide ayuda a sus hijos Antonio, Cristina y Rosa. Tiene una lista de quehaceres y les dice cuáles tienen que hacer.

Sra. Pérez: Antonio, tú vas a sacudir el polvo de los muebles de la sala y pasar la aspiradora por toda la casa, especialmente debajo de la mesa del comedor.

Antonio: Pero, mamita, ¡hoy es mi cumpleaños!

Sra. Pérez: ¡Qué perezoso eres! Aquí todo el mundo tiene que trabajar. Cristina, tienes que lavar la ropa sucia y después secarla.

Cristina: ¿Dónde pongo la ropa limpia más tarde?

Sra. Pérez: Pues, después de doblarla, puedes guardarla en los armarios y las cómodas. También necesitas limpiar los baños y barrer la terraza.

Antonio: ¿Y me puedes planchar la camisa, Cristina?

Cristina: ¡Tú puedes plancharla, Antonio!

Rosa: Mamá, ¿salgo a comprar la comida ahora?

Sra. Pérez: No, Rosa. Primero necesitas poner la mesa y ver si tenemos todo para los sándwiches. Vamos a hacer una lista de compras y te doy dinero para ir al mercado.

Antonio: ¡¿Y qué va a hacer Rosa en casa?! ¿No le vas a dar unos quehaceres?

Sra. Pérez: ¡Antonio! Todos vamos a trabajar aquí. Rosa, también necesitas hacer las camas y ordenar los dormitorios. Yo voy a limpiar la cocina.

Rosa: Bueno, mamá, pero Antonio, cumpleaños o no, tiene que ayudarnos si termina antes que nosotros.

Sra. Pérez: ¡Caramba[1], muchachos! Vamos a trabajar mucho ahora y después celebramos en la fiesta.

Antonio
- sacudir el polvo de los muebles
- pasar la aspiradora

Cristina
- lavar la ropa
- doblar y guardar la ropa
- limpiar los baños
- barrer la terraza

Rosa
- poner la mesa
- comprar la comida
- hacer las camas

[1] For crying out loud!

¡Así lo decimos!

Los quehaceres domésticos (household chores)

	Accesorios y muebles	Quehaceres		Accesorios y muebles	Quehaceres
	la escoba	barrer el piso		el basurero	sacar la basura
	la lavadora	lavar la ropa		los muebles	sacudir el polvo de los muebles
	la mesa	poner la mesa/ quitar la mesa		el lavaplatos	lavar los platos
	la plancha	planchar		la aspiradora	pasar la aspiradora
	la cama	hacer la cama		la casa	limpiar/ordenar la casa
	la secadora	secar la ropa			

Más quehaceres domésticos

comprar la comida	*to buy groceries*
cortar el césped	*to mow the lawn*
doblar la ropa	*to fold the clothes*
guardar la ropa	*to put away the clothes*
preparar la cena	*to prepare dinner*

Más muebles y accesorios

la alfombra	*rug*
la cómoda	*dresser*
el cuadro	*painting*
el cubo	*bucket, pail*
el estéreo	*stereo*
la lámpara	*lamp*
el librero	*bookshelf*
la mesa de noche	*nightstand*
el sillón	*armchair*
el sofá	*sofa*
el televisor	*television set*

Preposiciones de lugar

contra	*against*
debajo de	*under*
dentro de	*within; inside of*
encima de	*on top of*
sobre	*on*

Adverbios

a menudo	*often*
abajo	*downstairs*
arriba	*upstairs*
cada dos (tres...) días	*every two (three...) days*
frecuentemente	*frequently*
nunca	*never*

Expansión

Vez

The noun **vez** is used in several expressions.

a veces — *sometimes; at times*
de vez en cuando — *from time to time*
dos (tres, cuatro...) — *two (three, four...)*
  veces (a la semana) — *times (per week)*
en vez de — *instead of*
otra vez — *again*
una vez — *one time; once*

Las partes de una casa

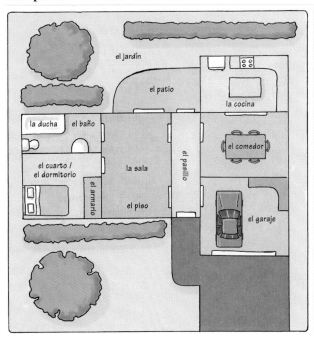

¡Escucha!

¡Todo lo que necesitan para la casa! Escucha el siguiente anuncio de radio sobre productos para la casa. Escribe el nombre y el precio de cada producto debajo del dibujo correspondiente.

MODELO: Pueden comprar una escoba de primera calidad por sólo once dólares con cincuenta centavos.
  ➡ *escoba: $11,50*

1.

_____ : $_____

2.

_____ : $_____

3.

_____ : $_____

4.

Una escoba: $11,50

5.

_____ : $_____

6.

_____ : $_____

7.

_____ : $_____

8.

_____ : $_____

Practiquemos

5-1 ¿Qué necesitas? ¿Qué necesitas para hacer los siguientes quehaceres domésticos?

MODELO: Para limpiar la casa, necesito *la aspiradora.*

1. Para preparar la cena, necesito (la terraza / la cocina / el pasillo).
2. Para poner la mesa, necesito (los platos / los cuadros / los cubos).
3. Para barrer el piso, necesito (el cubo / la escoba / la aspiradora).
4. Para limpiar las alfombras, necesito (el cubo / la escoba / la aspiradora).
5. Para lavar los platos, necesito (la lavadora / la secadora / el lavaplatos).
6. Para lavar la ropa, necesito (la secadora / la lavadora / la plancha).
7. Para secar la ropa, necesito (la secadora / la lavadora / la plancha).
8. Para planchar la ropa, necesito (la secadora / la lavadora / la plancha).
9. Para guardar la ropa, necesito (el sillón / la cómoda / la cama).
10. Para cortar el césped, necesito (el patio / la terraza / el jardín).

5-2 La rutina diaria. Completa las frases para indicar en qué parte de la casa hacemos estas actividades.

MODELO: Yo (poner) *pongo* la mesa en el *comedor.*

1. Mi hermana (preparar) _____ el desayuno en la _____.
2. Nosotros (desayunar) _____ en el _____ pero mis amigos (preferir) _____ desayunar en la _____.
3. Yo (lavar) _____ los platos en la _____.
4. Mi madre (pasar) _____ la aspiradora en el _____, en la _____ y en los _____.
5. ¿Tú (barrer) _____ el piso en la _____ y en los _____?
6. Mi hermano (guardar) _____ la ropa en su _____.
7. Mi familia (ver) _____ la televisión en la _____.
8. Yo (planchar) _____ la ropa en el/la _____ pero mi amiga la (planchar) _____ en el/la _____.

5-3 En tu casa. ¿En qué parte de tu casa se encuentran (*do you find*) estos muebles y accesorios?

MODELO: *Las mesas de noche están en los dormitorios.*

los sillones	los teléfonos	la plancha	las lámparas	el basurero
las cómodas	los televisores	la lavadora	las mesas	la escoba
las camas	el estéreo	la aspiradora	los libreros	el cubo

 5-4 Un apartamento en Panamá. Túrnense para contestar las siguientes preguntas sobre el plano del apartamento.

1. ¿Cuántos dormitorios hay en el apartamento? ¿Cuántas camas hay en total?
2. ¿Qué otros muebles hay en los dormitorios?
3. ¿Cuántos baños hay? ¿Son suficientes?
4. ¿Dónde está la cocina? ¿Es grande o pequeña? ¿Te gusta?
5. ¿Dónde está la sala? ¿Hay un comedor en este apartamento?
6. ¿Cuántas terrazas hay? ¿Dónde están?
7. ¿Crees que este apartamento está en la planta baja?
8. ¿Te gusta el plano del apartamento?

5-5 ¿Cómo es tu dormitorio? Usen los siguientes adverbios para describir su dormitorio.

MODELO: *El escritorio está contra la pared.*

a la derecha de	al lado de	delante de	encima de	contra	cerca de	en
a la izquierda de	dentro de	detrás de	debajo de	entre	enfrente de	sobre

1. La cama...
2. El armario...
3. La silla...
4. La mesa de noche...
5. La lámpara...
6. La cómoda...

7. El librero...
8. El sillón...
9. Los cuadros...
10. El televisor...
11. La radio...
12. La ropa...

5-6 División del trabajo. Túrnense para indicar quiénes hacen los siguientes quehaceres domésticos en su casa.

MODELO: *En mi casa mi madre prepara la cena.*

barrer el piso	pasar la aspiradora	preparar la cena
poner la mesa	hacer las camas	limpiar tu cuarto
lavar los platos	secar la ropa	guardar la ropa
cortar el césped	lavar la ropa	sacudir el polvo de los muebles
sacar la basura	comprar la comida	planchar la ropa

5-7 Los quehaceres domésticos. Durante el año académico, ¿con qué frecuencia hacen Uds. los quehaceres domésticos del ejercicio **5-6**?

MODELO: *Yo barro el piso una vez a la semana.*

una vez (dos veces...) a la semana	cada dos (tres...) días	a veces	a menudo
de vez en cuando	todos los días	nunca	frecuentemente

Comparaciones...

Los quehaceres domésticos

En la gran mayoría de los países hispanos el costo de la mano de obra (*manual labor*) todavía es relativamente barato. Por eso, muchas familias pueden tener empleados domésticos en las casas. Los empleados domésticos o sirvientes ayudan con la cocina, la limpieza, con el mantenimiento del jardín y el lavado de la ropa. Estos empleados frecuentemente viven con la familia.

En algunos países hispanos, ciertos electrodomésticos como la lavadora, el lavaplatos y el horno microondas (*microwave*), son todavía un lujo (*luxury*), y los quehaceres los hacen a mano los empleados o los residentes de la casa.

¡Vamos a comparar!

¿Por qué crees que no hay tantos empleados domésticos en el Canadá? ¿Qué quehaceres domésticos haces tú? ¿Qué electrodomésticos hay en tu casa?

¡Vamos a conversar!

Haz una lista de los tres quehaceres que no te gusta hacer y los tres que prefieres. Luego compara tu lista con la de un/a compañero/a. ¿Tienen algunos quehaceres en común?

MODELO: *No me gusta limpiar el baño... Prefiero planchar...*

Estas mujeres están haciendo algunos quehaceres domésticos en el pueblo de La Guardia, España.

Pronunciación

Los sonidos *r* y *rr*

1. The Spanish **r** has two distinct sounds. The **rr** represents a strong trilled sound and is produced by striking the tip of the tongue against the ridge behind the upper front teeth in a series of rapid vibrations. When a single **r** appears at the beginning of a word or after the consonants **l**, **n**, and **s**, it is pronounced like the **rr**. Listen to and repeat the following words.

Roberto	repetir	correr	alrededor	barrer
cerrar	ratón	enredo	Israel	terraza

2. In all other positions, the Spanish **r** is a tap, pronounced similarly to the *dd* in the English word *ladder*.

cero	oro	arena	abrir	estéreo
ladra	mira	pero	cara	dentro

¡Así lo hacemos!

Estructuras

1. The verb *dar,* and the indirect object and indirect object pronoun

Dar

Te doy mi pelota si me das tu sándwich.

♦ **Dar** has an irregular first person singular form like **ser** and **estar: doy**.
♦ The formal command form of **dar** is irregular—it requires a written accent for the singular formal command to distinguish it from the preposition **de**.

    Dé tres dólares más.   *Give three dollars more.*

♦ **Dar** is often accompanied by an indirect object pronoun.

Los complementos indirectos

♦ In Spanish, the **indirect object** is used to express **to whom** or **for whom** an action is carried out.

    ¿**Me** puede mostrar los modelos   *Can you show **me** the more*
    más económicos?   *economical models?*

◆ The **indirect object** is also used to express **from whom** something is bought, borrowed or taken away.

Les voy a comprar un sofá.   *I am going to buy a sofa **from them.***

Indirect Object Pronouns	
Singular	**Plural**
me (to/for/from) me	**nos** (to/for/from) us
te (to/for/from) you (inf.)	**os** (to/for/from) you (inf. Sp.)
le (to/for/from) him, her, you (form.)	**les** (to/for/from) them, you

◆ The forms of the indirect object pronouns are identical to the direct object pronouns, except for the third person singular and plural forms.

◆ Indirect object pronouns agree only in number with the noun to which they refer. There is no gender agreement.

Le barro el piso.   *I will sweep the floor **for him/her/you.***
¿**Me** planchas esta ropa?   *Can you iron these clothes **for me**?*

◆ Indirect object pronouns usually precede the conjugated verb.

Te limpio el baño el sábado.   *I'll clean the bathroom **for you** on Saturday.*
¿**Le** quitas los platos, por favor?   *Will you take the plates **from him/her**, please?*

◆ In negative sentences, the indirect object pronoun is placed between **no** and the conjugated verb.

No **te** limpio la casa hoy.   *I won't clean the house **for you** today.*

◆ In constructions with an infinitive or the present participle, the indirect object pronouns may either precede the conjugated verb or be attached to the infinitive or the present participle. Note that when you attach an indirect object pronoun to the present participle, you must also use a written accent mark over the vowel in the stressed syllable.

Mamá **nos** quiere enseñar a
   ordenar la casa.
Mamá quiere enseñar**nos** a
   ordenar la casa.   } *Mom wants to teach **us** how to straighten up the house.*

Te estoy diciendo
   la verdad.
Estoy diciéndo**te** la verdad.   } *I am telling **you** the truth.*

◆ As with the direct object pronouns, attach the indirect object pronoun to the affirmative command. Place it before the negative command.

Díga**me** cuándo va a poner
   la mesa.   *Tell **me** when you're going to set the table.*
No **me** pida más dinero ahora.   *Don't ask **me** for any more money now.*

¿**Me** puede mostrar los modelos más económicos?

Redundant indirect objects

When the **indirect object noun** refers to a specific person or group of people and is included in the sentence, the corresponding **indirect object pronoun** is also included. These are called redundant or repetitive object pronouns. They have no English equivalent.

Le damos la aspiradora **a Julia**.   *We give the vacuum **to Julia**.*
Les lavo los platos **a mis amigos**.   *I wash the dishes **for my friends**.*

To emphasize or clarify an **indirect object pronoun**, you can also use the corresponding prepositional pronouns. These are normally used with the preposition **a** in this structure.

indirect object pronouns	prepositional pronouns	indirect object pronouns	prepositional pronouns
me	a mí	nos	a nosotros
te	a ti	os	a vosotros
le	a él/ella	les	a ellos/as
le	a Ud.	les	a Uds.

La niña **le** dice su nombre **a él**.   *The girl tells **him** her name.*
Laura **me** da los platos **a mí**, no **a ti**.   *Laura gives the plates **to me**, not **you**.*

Practiquemos

5-8 Sustitución. Sustituye los pronombres de complemento indirecto.

MODELO: Mi madre *me* plancha la ropa. (a nosotros)
➡ *Mi madre nos plancha la ropa.*

1. Mis padres *nos* compran la comida. (a mí / a mi hermano / a mis abuelos / a ti / a Uds.)
2. Yo *te* preparo la cena. (a mi amigo / a nosotros / a tus padres / a mi familia / a Ud.)
3. Nosotros *les* lavamos los platos. (a ti / a tu madre / a tus padres / a Uds. / a tía Julia)

5-9 Ángela va a Costa Rica. Antes de salir a trabajar en Costa Rica, Ángela vende y regala (*gives away*) algunas de sus posesiones y hace arreglos (*arrangements*) para su casa y sus animales. Completa la lista con los pronombres de complemento indirecto correspondientes.

1. _____ da sus llaves (*keys*) *a sus padres.*
2. _____ regala el librero *a su hermana.*
3. _____ vende el lavaplatos. (*a mí*)
4. _____ pide el número de teléfono. (*a ustedes*)
5. _____ enseña a cuidar a su perro *a su amiga Iliana.*
6. _____ explica dónde está el estéreo *a su hermano.*
7. _____ regala mucha comida *a sus amigos.*
8. ¿ _____ vende su coche? (*a ti*)
9. _____ escribe correos electrónicos *a sus mejores amigos.*
10. _____ dice "Hasta luego" *a todos nosotros.*

5-10 En casa. Este fin de semana tus padres necesitan ayuda en casa y tu madre *te* pide estos favores. ¿Cómo *le* respondes?

MODELO: *¿Me abres la ventana, por favor?*
> *Sí, te abro la ventana.*

1. *¿Me pasas la aspiradora por la sala y el comedor?*
2. *¿Le planchas la camisa a tu hermano?*
3. *¿Nos pones la mesa del comedor?*
4. *¿Le preguntas a tu hermana si te puede ayudar?*
5. *¿Me limpias el baño?*
6. *¿Le cortas el césped a tu padre?*
7. *¿Les dices a tus hermanos que tienen que guardar su ropa?*
8. *¿Me lavas los platos?*

5-11 En casa de tus abuelos. El sábado vas a visitar a tus abuelos para hacer*les* algunos quehaceres domésticos. ¿Cómo los vas a ayudar?

MODELO: limpiar la casa
> *Le voy a limpiar la casa a mi abuela.*

cortar el césped	poner y quitar la mesa	ordenar el garaje
planchar la ropa	lavar y secar los platos	barrer el piso
lavar el coche	sacar la basura	limpiar la piscina

A B **5-12A Tus responsabilidades domésticas.** Túrnense para hacer y contestar las siguientes preguntas sobre los quehaceres de la casa.

MODELO: **E1:** ¿Les sacas la basura a tus padres?
> **E2:** *Sí, les saco la basura./No, no les saco la basura.*

1. ¿Les limpias la casa a tus padres/hijos?
2. ¿Les cortas el césped a tus padres?
3. ¿Le preparas la comida a tu familia?
4. ¿Les planchas la ropa a tus hermanos/hijos?
5. ¿Le quitas la mesa a tu familia?
6. ¿Les lavas los platos a tus padres/hijos?

5-13 Algo especial. Hablen de lo que dan o dicen en las siguientes situaciones.

MODELO: a tu hermano en su cumpleaños
> *Le digo: "¡Feliz cumpleaños!" y le doy un regalo (gift).*

1 a tu madre el Día de la Madre
2. a tu padre el Día del Padre
3. a tu abuela para su cumpleaños
4. a tu novio/a o esposo/a el día de San Valentín
5. a tu hermano/a el día de Navidad
6. a tus amigos/as el día de Año Nuevo

5-14 ¿Qué te hace la familia? Hablen de lo que sus familias les hacen y comparen las cosas que tienen en común.

MODELO: *Mis padres me preparan la comida pero no me lavan los platos.*

2. The present tense of *poner, salir, traer,* and *ver*

Some Spanish verbs are irregular only in the first person singular form of the present indicative tense. You have already seen this in the case of **ver** in **Lección 3.** With these verbs, all other forms follow the regular conjugation patterns.

	poner (to put)	salir (to go out; to leave)	traer (to bring)	ver (to see)
yo	*pongo*	*salgo*	*traigo*	*veo*
tú	pones	sales	traes	ves
él/ella, Ud.	pone	sale	trae	ve
nosotros/as	ponemos	salimos	traemos	vemos
vosotros/as	ponéis	salís	traéis	veis
ellos/as, Uds.	ponen	salen	traen	ven

Si ustedes me **traen** los platos, yo **pongo** la mesa.

Siempre **salgo** al parque a las ocho y **veo** a mis amigos allí.

If you bring me the plates, I'll set the table.

I always go out to the park at eight and see my friends there.

◆ The formal commands for these verbs have the **yo** irregularity.

infinitive	*usted* command	*ustedes* command
poner	ponga	pongan
salir	salga	salgan
traer	traiga	traigan
ver	vea	vean

Traigan las sillas.
¡**Salga** de aquí!

Bring the chairs.
Get out of here!

Expansión

Salir

Each of the following expressions with **salir** has its own meaning.

- ◆ **salir de:** *to leave a place, to leave on a trip*

  Salgo de casa a las ocho.
  Salimos de viaje esta noche.

  I leave home at eight.
  We leave on a trip tonight.

- ◆ **salir para:** *to leave for (a place), to depart*

  Mañana **salen para** Managua.
  ¿Sales para las montañas ahora?

  Tomorrow they leave for Managua.
  Are you leaving for the mountains now?

- ◆ **salir con:** *to go out with, to date*

  Silvia **sale con** Jorge.
  Lucía **sale con** sus amigas
  esta tarde.

  Silvia goes out with Jorge.
  Lucía is going out with her friends this
  afternoon.

- ◆ **salir a** (+ infinitive): *to go out (to do something)*

  Salen a cenar los sábados.

  ¿Sales a pasear por el parque?

  They go out to have dinner on
  Saturdays.
  Do you go out for a walk in the park?

Practiquemos

5-15 En la universidad. Repite las frases de la parte **A**, sustituyendo los sujetos indicados. Contesta afirmativamente a la parte **B**, y luego personalmente a la parte **C**, según tu propia experiencia.

MODELOS:
>   **A** - *Salgo* de casa a las ocho. (ella) *Sale* de casa a las ocho.
>   **B** - ¿Salen Uds. de casa a las ocho? *Sí, salimos de casa a las ocho.*
>   **C** - ¿A qué hora sales de casa por la mañana? *Salgo de casa a las ocho y*
>   *media.*

1. Salir
   A - *Salgo* de casa a las ocho. (ella, nosotros, mis amigos, tú, mi padre)
   B - ¿Salen Uds. de casa a las ocho? (él, ella, ellos, tú, tus amigos, nosotros)
   C - ¿A qué hora sales de casa o de tu cuarto por la mañana?

2. Poner
   A - *Pongo* la mochila en el piso. (ella, él, nosotros, ellos, tú, Uds.)
   B - ¿Ponen Uds. la mochila en el piso? (ella, nosotros, tu profesor/a, tú, los estudiantes)
   C - ¿Dónde pones tu mochila? ¿tu chaqueta? ¿tu bolígrafo? ¿tu libro de texto?

3. Ver
   A - *Veo* la televisión por la noche. (ellas, los estudiantes, nosotros, tú, Uds.)
   B - ¿Ven Uds. la televisión por la noche? (él, ella, ellos, nosotros, tú, las chicas)
   C - ¿Cuándo ves la televisión? ¿Qué programas ves?

5-16 Un viaje a San José. Completa el siguiente párrafo con formas (el presente o el infinitivo) de los verbos indicados.

Esta mañana yo (1 salir) _____ para la capital de Costa Rica para (2 visitar) _____ a mis tíos pero antes de (3 salir) _____, (4 poner) _____ un mapa en mi mochila. Luego (5 llamar) _____ a mi tío para preguntarle si hace fresco (*it's cool*) hoy, y él me (6 decir) _____ que es necesario (7 traer) _____ una chaqueta. Después le (8 mandar) _____ un mensaje _____ a mi secretario y le (9 decir) _____ que (10 ir) _____ a estar en San José hasta el domingo. Cuando (11 salir) _____ de mi casa, (12 ver) _____ el taxi y le (13 decir) _____ al taxista el nombre de la aerolínea. Al llegar al aeropuerto, le (14 dar) _____ 20 dólares por su servicio.

5-17 Una carta de mamá.

Primera fase. Combina las palabras y las frases para reconstruir la carta que Graciela recibe de su madre. Conjuga los verbos y añade las palabras necesarias.

Segunda fase. Contesta las siguientes preguntas sobre el contenido de la carta.

1. ¿Qué celebran los padres de Graciela?
2. ¿Cuándo es la fiesta?
3. ¿Qué trae el hermano de Graciela?
4. ¿Adónde van todos por la tarde?
5. ¿Qué van a hacer después de almorzar?

Querida Graciela,

sábado / tu padre y yo / celebrar / aniversario / tus abuelos. ¿Tú / querer / venir? No tener / que / traer / nada; tu hermano / traer / refrescos / y / tus tíos / traer / aperitivos. Por / tarde / todos / salir / almorzar / nuestro / restaurante / favorito. Después, / ir / a / cine / a / ver / película. Ir / ser / un día / agradable.

Un beso y un abrazo,
Mamá

5-18 En la universidad. Túrnense para hacerse preguntas sobre su rutina diaria.

MODELO: E1: ¿A qué hora sales de tu casa (o tu cuarto) por la mañana?
E2: *Salgo a las nueve menos cuarto. ¿Y tú?*

1. ¿A qué hora sales para venir a esta clase? ¿Cómo vienes?
2. ¿Qué traes a la clase? ¿Traes algo de beber?
3. ¿Dónde pones tu mochila en la clase? ¿Y tu chaqueta?
4. ¿Para dónde sales después de la clase? ¿Con quiénes vas?
5. ¿Qué tarea tienes que hacer hoy? ¿Dónde la haces?
6. ¿Sales a cenar esta noche? ¿Con quiénes?
7. ¿Vas a ver la televisión después de cenar?

5-19 Los quehaceres domésticos. Túrnense para representar a un/a estudiante que les da órdenes a sus compañeros/as de cuarto. Los/Las otros/as no quieren hacerlo y dan excusas.

MODELO: E1: *Tráiganme la aspiradora, por favor.*
E2: *No podemos; estamos ocupados/as.*

Algunas excusas

estar ocupados/as	tener que hacer la tarea	ir a la universidad
estar cansados/as	tener que salir	ir al cine

1. poner la casa en orden
2. sacudir los muebles
3. pasar la aspiradora
4. ver que todo está limpio
5. sacar la basura
6. salir a barrer la terraza
7. traerme las sillas que están allí
8. planchar la ropa

5-20 ¿Qué vemos esta noche? Tú y tus compañeros de apartamento quieren ver un poco de televisión esta noche. Decidan qué programas les interesa ver, basándose en la programación del siguiente sitio Web: **http://www.terra.es/television/**

MODELO: E1: *¿Qué vemos a las ocho?*
E2: *Vamos a ver…*

Segunda parte

¡Así es la vida!

El arreglo personal

Antonio, Beatriz y Enrique Castillo son tres hermanos que viven en San José, Costa Rica, con su mamá. Ésta es su rutina de todas las mañanas.

Antonio es madrugador (*early riser*). Siempre se despierta a las seis de la mañana. Después de levantarse, se cepilla los dientes, se ducha y se seca con una toalla. Luego, le prepara el desayuno a su mamá y ella se pone muy contenta.

Beatriz es madrugadora también, pero esta mañana está atrasada (*running late*) porque su despertador a veces no funciona. Ahora tiene que levantarse, lavarse la cara, vestirse rápidamente y salir de casa sin maquillarse. Como ella es muy puntual, se pone muy nerviosa cuando llega tarde a la universidad.

Enrique nunca se despierta cuando suena el despertador. Le gusta dormir por la mañana porque por la noche siempre se acuesta muy tarde. Después de levantarse, se afeita, se pone loción, se peina y se mira en el espejo. Muchas veces llega tarde al trabajo y su jefe se pone furioso. En el trabajo, Enrique se duerme todas las tardes. ¡El pobre Enrique es un desastre!

8. Para afeitarme, necesito (la crema de afeitar / el champú / el maquillaje).
9. Para lavarme los dientes, necesito (el peine / el cepillo de dientes / la hoja de afeitar).
10. Para peinarme, necesito (el cepillo / la secadora / el peine).

5-22 ¿Probable o improbable? Explica si cada oración a continuación es probable o improbable. Corrige las oraciones improbables.

MODELO: La señora se mira en el despertador.
➥ *Improbable. Se mira en el espejo.*

1. La señora de Rodríguez se maquilla después de lavarse la cara.
2. El señor Rodríguez va a lavarse los dientes con el lápiz labial.
3. La señora de Rodríguez necesita jabón para bañarse.
4. El señor Rodríguez compra una secadora porque tiene que afeitarse.
5. La señora de Rodríguez se pone loción después de afeitarse la cara.
6. Ella quiere lavarse las manos con la loción.
7. El señor Rodríguez se seca después de bañarse.
8. El señor Rodríguez se pone nervioso cuando se mira en el espejo y ve que tiene poco pelo.
9. Los señores Rodríguez se ríen cuando se ponen furiosos.

5-23 El arreglo personal. Haz tres listas para el arreglo personal: una lista de actividades típicamente asociadas con las mujeres, otra para las actividades asociadas con los hombres y otra para las actividades asociadas con los dos.

MODELO: para las mujeres
➥ *pintarse las uñas*

para los hombres   **para las mujeres**   **para los dos**

5-24 La rutina diaria. ¿Cuál es el contexto más lógico?

MODELO: Cuando tengo mucho sueño, *me duermo.*

1. A las once de la noche, (me acuesto / me despierto / me levanto).
2. A las ocho de la mañana, (me duermo / me acuesto / me despierto).
3. Después de despertarme, (me levanto / me acuesto / me duermo).
4. Luego voy al baño donde (me acuesto / me baño / me levanto).
5. Después de bañarme, (me lavo / me seco / me ducho).
6. Después de secarme, (me visto / me ducho / me baño).
7. Voy al espejo donde (me lavo las manos / me seco la cara / me cepillo el pelo).
8. Antes de salir del baño, (me maquillo / me acuesto / me levanto).
9. Salgo para la cocina donde (me despierto / me siento / me acuesto) a desayunar.
10. Después de desayunar, vuelvo al baño donde (me lavo el pelo / me lavo los dientes / me lavo la cara).

5-25 Las emociones. Túrnense para preguntarse cómo se sienten en las situaciones a continuación.

MODELO: llegas tarde a clase
E1: *¿Cómo te sientes cuando llegas tarde a clase?*
E2: *Me pongo nervioso. ¿Y tú?*

Algunos cambios emotivos

cansado/a	feliz	nervioso/a
contento/a	furioso/a	tranquilo/a
curioso/a	impaciente	triste

1. te acuestas muy tarde
2. sacas una "A" en un examen
3. conoces a una persona importante

Segunda parte

¡Así es la vida!

El arreglo personal

Antonio, Beatriz y Enrique Castillo son tres hermanos que viven en San José, Costa Rica, con su mamá. Ésta es su rutina de todas las mañanas.

Antonio es madrugador (*early riser*). Siempre se despierta a las seis de la mañana. Después de levantarse, se cepilla los dientes, se ducha y se seca con una toalla. Luego, le prepara el desayuno a su mamá y ella se pone muy contenta.

Beatriz es madrugadora también, pero esta mañana está atrasada (*running late*) porque su despertador a veces no funciona. Ahora tiene que levantarse, lavarse la cara, vestirse rápidamente y salir de casa sin maquillarse. Como ella es muy puntual, se pone muy nerviosa cuando llega tarde a la universidad.

Enrique nunca se despierta cuando suena el despertador. Le gusta dormir por la mañana porque por la noche siempre se acuesta muy tarde. Después de levantarse, se afeita, se pone loción, se peina y se mira en el espejo. Muchas veces llega tarde al trabajo y su jefe se pone furioso. En el trabajo, Enrique se duerme todas las tardes. ¡El pobre Enrique es un desastre!

¡Así lo decimos!

Las actividades diarias (*daily*)

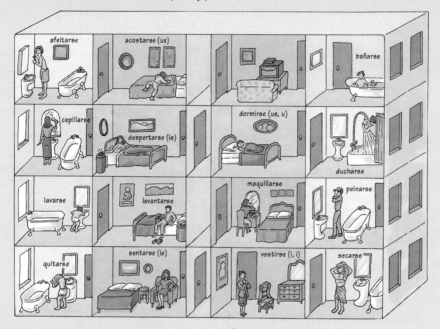

Otros verbos reflexivos

alegrarse (de)	*to become happy*
divertirse (ie, i)	*to enjoy oneself*
enamorarse (de)	*to fall in love (with)*
enfermarse	*to become sick*
enojarse (con)	*to become angry (with)*
olvidarse (de)	*to forget*
quejarse (de)	*to complain (about)*
ponerse contento/a	*to become happy*
furioso/a	*angry*
impaciente	*impatient*
nervioso/a	*nervous*
triste	*sad*
prepararse	*to prepare (oneself)*
reírse (i, i)[1]	*to laugh*
relajarse	*to relax*
sentirse (ie, i)	*to feel*

Artículos de uso personal

el cepillo (de dientes)	*(tooth)brush*
el champú	*shampoo*
la crema (de afeitar)	*(shaving) cream*
la hoja de afeitar	*razor blade*
el desodorante	*deodorant*
el espejo	*mirror*
el jabón	*soap*
el lápiz labial	*lipstick*
la loción (de afeitar)	*(shaving) lotion*

el maquillaje	*makeup*
la máquina de afeitar	*electric razor*
el peine	*comb*
la secadora	*hair dryer*
la toalla	*towel*

Otras palabras y expresiones

el despertador	*alarm clock*
sin	*without*

Algunas partes del cuerpo

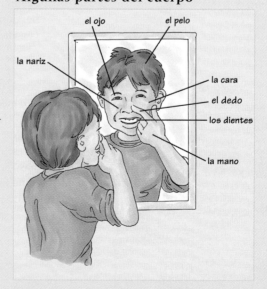

---

[1] reírse (*i, i*) me río, te ríes, se ríe, nos reímos, os reís, se ríen

El arreglo personal

1. **Julia se mira en el espejo.**
2. **María se ducha.**
3. **Isabel se seca el pelo.**
4. **Rosa se pinta los labios.**
5. **Graciela se peina.**

6. **Alfredo se quita el suéter.**
7. **Antonio se seca con una toalla.**
8. **Francisco se lava los dientes.**
9. **Enrique se viste.**
10. **Pepe se cepilla el pelo.**

 ¡Escucha!

Los señores Rodríguez. Escucha la descripción de la rutina diaria de la familia Rodríguez. Luego, indica a quién(es) se refiere cada oración a continuación: al señor Rodríguez, a la señora de Rodríguez o a los dos.

La actividad	El señor	La señora
1. Se levanta temprano todos los días.	_____	_____
2. Trabaja en una oficina.	_____	_____
3. Se viste.	_____	_____
4. Se maquilla.	_____	_____
5. Se afeita.	_____	_____
6. Toma café con leche en el desayuno.	_____	_____
7. Almuerza con otras personas.	_____	_____
8. Hace ejercicio después de comer.	_____	_____
9. Prepara la cena.	_____	_____
10. Cena en casa.	_____	_____

Practiquemos

5-21 ¿Qué necesitas? ¿Qué necesitas para hacer las siguientes actividades?

MODELO: Para pintarme los labios, necesito *el lápiz labial*.

1. Para despertarme, necesito (la secadora / el despertador / la máquina de afeitar).
2. Para ducharme, necesito (el jabón / la crema de afeitar / el desodorante).
3. Para lavarme el pelo, necesito (el lápiz labial / el jabón / el champú).
4. Para secarme, necesito (la toalla / el espejo / el cepillo de dientes).
5. Para mirarme, necesito (el maquillaje / el espejo / el despertador).
6. Para cepillarme el pelo, necesito (el cepillo / el cepillo de dientes / el peine).
7. Para maquillarme, necesito (la secadora / la toalla / el espejo).

8. Para afeitarme, necesito (la crema de afeitar / el champú / el maquillaje).

9. Para lavarme los dientes, necesito (el peine / el cepillo de dientes / la hoja de afeitar).

10. Para peinarme, necesito (el cepillo / la secadora / el peine).

5-22 ¿Probable o improbable? Explica si cada oración a continuación es probable o improbable. Corrige las oraciones improbables.

MODELO: La señora se mira en el despertador.
> ➥ *Improbable. Se mira en el espejo.*

1. La señora de Rodríguez se maquilla después de lavarse la cara.
2. El señor Rodríguez va a lavarse los dientes con el lápiz labial.
3. La señora de Rodríguez necesita jabón para bañarse.
4. El señor Rodríguez compra una secadora porque tiene que afeitarse.
5. La señora de Rodríguez se pone loción después de afeitarse la cara.
6. Ella quiere lavarse las manos con la loción.
7. El señor Rodríguez se seca después de bañarse.
8. El señor Rodríguez se pone nervioso cuando se mira en el espejo y ve que tiene poco pelo.
9. Los señores Rodríguez se ríen cuando se ponen furiosos.

5-23 El arreglo personal. Haz tres listas para el arreglo personal: una lista de actividades típicamente asociadas con las mujeres, otra para las actividades asociadas con los hombres y otra para las actividades asociadas con los dos.

MODELO: para las mujeres
> ➥ *pintarse las uñas*

para los hombres	**para las mujeres**	**para los dos**

5-24 La rutina diaria. ¿Cuál es el contexto más lógico?

MODELO: Cuando tengo mucho sueño, *me duermo.*

1. A las once de la noche, (me acuesto / me despierto / me levanto).
2. A las ocho de la mañana, (me duermo / me acuesto / me despierto).
3. Después de despertarme, (me levanto / me acuesto / me duermo).
4. Luego voy al baño donde (me acuesto / me baño / me levanto).
5. Después de bañarme, (me lavo / me seco / me ducho).
6. Después de secarme, (me visto / me ducho / me baño).
7. Voy al espejo donde (me lavo las manos / me seco la cara / me cepillo el pelo).
8. Antes de salir del baño, (me maquillo / me acuesto / me levanto).
9. Salgo para la cocina donde (me despierto / me siento / me acuesto) a desayunar.
10. Después de desayunar, vuelvo al baño donde (me lavo el pelo / me lavo los dientes / me lavo la cara).

5-25 Las emociones. Túrnense para preguntarse cómo se sienten en las situaciones a continuación.

MODELO: llegas tarde a clase
> **E1:** *¿Cómo te sientes cuando llegas tarde a clase?*
> **E2:** *Me pongo nervioso. ¿Y tú?*

Algunos cambios emotivos

cansado/a	feliz	nervioso/a
contento/a	furioso/a	tranquilo/a
curioso/a	impaciente	triste

1. te acuestas muy tarde
2. sacas una "A" en un examen
3. conoces a una persona importante

4. pierdes tu libro de texto
5. el/la profesor/a llega tarde para un examen
6. te despiertas tarde
7. ves una película estupenda
8. te invitan a cenar en un restaurante bueno

Comparaciones...
El ecoturismo en Costa Rica

Costa Rica es el país centroamericano más activista en cuanto a (*with regard to*) su ecología. El Ministerio de Recursos Naturales desde 1988 respalda (*supports*) el programa de CAPE (*Children's Alliance for the Protection of the Environment*) en el que niños voluntarios todos los veranos limpian de basura las playas de las costas atlántica y pacífica de la nación. El 4 de abril de 1989 una comisión nacional de limpieza amplía el esfuerzo (*broadens the effort*) para incluir las ciudades y los parques de muchas comunidades de la costa.

Costa Rica es uno de los países centroamericanos favoritos entre los ecoturistas del mundo por la riqueza de su flora y de su fauna. Todos los años miles de turistas visitan sus parques nacionales. Varios parques aceptan voluntarios por períodos de dos meses, y cientos de turistas trabajan construyendo senderos (*trails*) o haciendo investigación sobre la flora y la fauna. En Costa Rica los ecoturistas tienen la oportunidad de ver parte de las 850 variedades de pájaros (*birds*), 35.000 variedades de insectos, entre ellas 3.000 clases de mariposas (*butterflies*), 150 variedades de reptiles y ranas (*frogs*), y 10.000 especies de plantas, entre las cuales hay 1.200 variedades de orquídeas.

¡Vamos a comparar!
¿Hay organizaciones en tu país que se dedican a conservar el medio ambiente? ¿En qué lugares es popular hacer ecoturismo? ¿Qué diferencias hay entre el turismo y el ecoturismo para ti? ¿Te interesa la naturaleza? ¿Por qué?

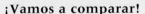 ¡Vamos a conversar!
Lean las siguientes oraciones y túrnense para expresar y anotar sus opiniones.

1. ¡Ni modo! No estoy de acuerdo.
2. No es probable.
3. No tengo opinión.
4. Es posible.
5. Estoy completamente de acuerdo.

1. Cuando voy de vacaciones, me gusta levantarme temprano.   1 2 3 4 5
2. Me gusta el ecoturismo.   1 2 3 4 5
3. Prefiero ir donde hay mucha gente.   1 2 3 4 5
4. No es importante ducharme todos los días cuando estoy de vacaciones.   1 2 3 4 5
5. Me gusta ir de camping.   1 2 3 4 5

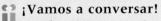 **Eco Travels in Central America:**
http://www.planeta.com/costarica.html

Pronunciación

Los sonidos *s, n* y *l*

1. The Spanish **s** is pronounced like the English *s* in the word *set*. Listen to and repeat the following words.

casa	soy	soñar	sábado	mesa	solo

2. The Spanish **n** is pronounced like the English *n* in the word *never*. Listen to and repeat the following words.

nunca	nadie	andar	nada	pan	lunes

However, before the letters **b, v, m,** and **p,** its pronunciation approximates that of the letter **m**. Listen to and repeat the following words.

un beso	un padre	en vano	sin mamá	inmediato	con prisa

3. To pronounce the **l,** place the tip of your tongue on the ridge behind your upper front teeth. Your tongue does not touch the upper front teeth as it does when pronouncing the English *l*. Listen to and repeat the following words.

Luis	vela	Lola	lunes	sal	loro

¡Así lo hacemos!

Isabel **se** peina.
Isabel combs her (own) hair.

Isabel peina a su hermana.
Isabel combs her sister's hair.

Estructuras

3. Reflexive constructions: Pronouns and verbs

A reflexive construction is one in which the subject is both the performer and the receiver of the action expressed by the verb. Reflexive constructions require reflexive pronouns.

◆ The first drawing depicts a reflexive action (Isabel is combing her own hair); the second drawing depicts a non-reflexive action (Isabel is combing her sister's hair).

Los pronombres reflexivos

◆ Reflexive constructions require the reflexive pronouns.

Subject Pronouns	Reflexive Pronouns	Verb
yo	**me** (*myself*)	lavo
tú	**te** (*yourself*)	lavas
él/ella, Ud.	**se** (*himself, herself, yourself*)	lava
nosotros/as	**nos** (*ourselves*)	lavamos
vosotros/as	**os** (*yourselves*)	laváis
ellos/as, Uds.	**se** (*themselves, yourselves*)	lavan

◆ Reflexive pronouns have the same forms as direct and indirect object pronouns, except for the third person singular and plural. The reflexive pronoun of the third person singular and plural is **se**.

| Paco **se** baña. | *Paco bathes.* |
| Los Rodríguez **se** levantan temprano. | *The Rodríguezes get up early.* |

◆ As with the object pronouns, reflexive pronouns are placed immediately before the conjugated verb. In Spanish, the definite article, not the possessive adjective, is used to refer to parts of the body and articles of clothing.

| **Me** lavo **las** manos. | *I wash my hands.* |
| Pedro **se** pone **los** pantalones. | *Peter puts on his pants.* |

♦ In progressive constructions and with infinitives, reflexive pronouns are either attached to the present participle (**-ndo**) or the infinitive, or placed in front of the conjugated verb. A written accent is required with the present participle if the pronoun is attached.

> El niño **está peinándose**.
> El niño **se está peinando**. } *The boy is combing his hair.*

> Sofía **va a maquillarse** ahora. }
> Sofía **se va a maquillar** ahora. } *Sofía is going to put her makeup on now.*

♦ As with other pronouns, reflexive pronouns are attached to the affirmative command, but precede the negative command.

> **¡Báñese** ahora mismo!   *Take a bath right now!*
> No **se sienten** allí.   *Don't sit there.*

♦ In English, reflexive pronouns are frequently omitted but in Spanish, reflexive pronouns are required in all reflexive constructions.

> Pepe **se afeita** antes de   *Pepe shaves before going to bed.*
> acostarse.[1]

> Marina siempre **se baña** por   *Marina always takes a bath at night.*
> la noche.

Los verbos reflexivos

♦ Verbs that describe personal care and daily habits carry a reflexive pronoun if the same person performs and receives the action.

> **Me voy a acostar** temprano.   *I'm going to bed early.*
> **¿Te afeitas** ahora?   *Are you shaving now?*
> **Mis hermanos se levantan**   *My brothers get up late every morning.*
> tarde todas las mañanas.

♦ Such verbs are used non-reflexively when someone other than the subject receives the action.

> Elena **acuesta** a su hija menor.   *Elena puts her youngest daughter to bed.*
> La enfermera **afeita** al paciente.   *The nurse shaves the patient.*
> **¿Despiertas** a tu abuela?   *Do you wake up your grandmother?*

♦ In Spanish, verbs that express feelings, moods, and conditions are often used with reflexive pronouns. A reflexive pronoun is usually not required in English. Instead, verbs such as *to get*, *to become*, or non-reflexive verbs are used.

acordarse (de) (ue)	*to remember*
alegrarse (de)	*to become happy*
divertirse (ie, i)	*to have fun*
enamorarse (de)	*to fall in love (with)*
enfermarse	*to become sick*
enojarse (con)	*to get angry (with)*
olvidarse (de)	*to forget*
relajarse	*to relax*

> **Me alegro de** ganar.   *I am happy to win.*
> Jorge **se enoja** si pierde.   *Jorge gets angry if he loses.*
> Luis **se está enamorando de** Ana.   *Luis is falling in love with Ana.*
> Siempre **nos divertimos** en   *We always have fun at parties.*
> las fiestas.

---

[1] Remember that the infinitive form of the verb follows a preposition. In these cases, the infinitive translates to the present participle (-ing) in English: **antes de acostarse** = before going to bed.

¿Te acuerdas de Ricardo?	*Do you remember Ricardo?*
Me olvido de todo cuando la veo.	*I forget everything when I see her.*

◆ Some verbs have different meanings when used with a reflexive pronoun.

Non-Reflexive		Reflexive	
acostar	*to put to bed*	**acostarse**	*to go to bed*
dormir	*to sleep*	**dormirse**	*to fall asleep*
enfermar	*to make sick*	**enfermarse**	*to become sick*
ir	*to go*	**irse**	*to go away, to leave*
levantar	*to lift*	**levantarse**	*to get up*
llamar	*to call*	**llamarse**	*to be called*
poner	*to put, to place*	**ponerse**	*to put on*
quitar	*to remove*	**quitarse**	*to take off*
vestir	*to dress*	**vestirse**	*to get dressed*

Practiquemos

5-26 Por la mañana. Repite las frases de la parte **A**, sustituyendo los sujetos indicados. Contesta afirmativamente a la parte **B**, y luego personalmente a la parte **C**, según tu propia experiencia.

MODELOS:

    A - *Me despierto* a las ocho. (él) *Se despierta a las ocho.*

    B - ¿Se despiertan Uds. a las ocho? *Sí, nos despertamos a las ocho.*

    C - ¿A qué hora te despiertas por la mañana? *Me despierto a las ocho y media.*

1. Levantarse

    A - *Me levanto* a las nueve. (ella, nosotros, mis hermanos, tú, mis padres)

    B - ¿Se levantan Uds. a las nueve? (él, ella, ellos, tú, tus amigos, nosotros)

    C - ¿A qué hora te levantas por la mañana? ¿Los fines de semana?

2. Ducharse

    A - *Voy* al baño para *ducharme.* (él, ellas, los estudiantes, nosotros, tú, Uds.)

    B - ¿Van Uds. al baño para ducharse? (ella, él, ellos, nosotros, tú, tus amigos)

    C - ¿Vas al baño para ducharte? ¿Prefieres ducharte o bañarte? ¿Cómo te secas?

5-27 Marianela y Eduardo. Completa el párrafo con la forma correcta de cada verbo entre paréntesis.

Yo siempre (1 alegrarse) ___ mucho de ver a Marianela en la universidad. Nosotros (2 divertirse) ___ haciendo muchas cosas juntos. Cuando la veo, (3 yo/ponerse) ___ muy contento y ella también (4 ponerse) ___ muy contenta. Yo no (5 enojarse) ___ con ella porque es muy paciente y simpática. Ella casi nunca (6 enojarse) ___ conmigo tampoco. Si continuamos así, yo voy a (7 enamorarse) ___ de Marianela. Si ella también (8 enamorarse) ___ de mí, vamos a ser muy felices.

5-28 La rutina diaria. Completa las frases para describir tu rutina diaria y la de tu familia.

MODELO: Los domingos (yo/despertarse) _____ (tarde / temprano / a la misma hora).
    ➡ Los domingos *me despierto tarde.*

1. Para ir a la escuela mis hermanos y yo (levantarse) _____ (a las siete / a las ocho / a las nueve) de la mañana.

2. Cuando (acostarse: nosotros) _____ muy tarde la noche anterior, (sentirse) _____ (bien / mal / regular).

3. Despúes de (levantarse: yo) _____, voy al baño para (ducharse / bañarse / lavarse las manos).

4. Luego, (secarse: yo) _____ y (ponerse: yo) _____ (la crema de afeitar / el desodorante / la loción).

5. Antes de salir del baño, (vestirse: yo) _____ y (mirarse: yo) _____ en (el peine / el espejo / el jabón).

6. Todos vamos a la cocina donde (sentarse: nosotros) _____ a (leer el periódico / escuchar la radio / desayunar).

7. Antes de salir para la escuela, volvemos al baño donde (lavarse: nosotros) _____ (el pelo / los dientes / los labios).

8. Mientras tanto, (*In the meantime*) mis padres (prepararse) _____ para (irse / relajarse / divertirse).

9. Mis hermanos y yo (irse) _____ (a las ocho / a las ocho y media / a las nueve) para (reunirse) _____ con nuestros amigos.

5-29 ¿Qué tienen en común? Háganse las siguientes preguntas para comparar sus horarios. Luego, hagan un resumen de lo que tienen en común.

MODELO: despertarse

     E1: *¿A qué hora te despiertas?*

     E2: *Me despierto a las seis. ¿Y tú?*

1. levantarse	**4.** vestirse	**7.** lavarse los dientes
2. bañarse / ducharse	**5.** maquillarse	**8.** acostarse
3. lavarse el pelo	**6.** afeitarse	**9.** dormirse

A B **5-30A ¿Qué estoy haciendo?** Túrnense para representar cada actividad de la lista mientras el/la compañero/a adivina qué hace.

MODELO: **E1:** (Se levanta.)

     E2: *Te estás levantando. / Estás levantándote.*

1. Te duchas.	**3.** Te afeitas.	**5.** Te vistes.
2. Te lavas el pelo.	**4.** Te peinas.	**6.** Te pones el desodorante.

5-31 ¿Cuándo...? Comparen cuándo y por qué reaccionan de las siguientes maneras.

MODELO: reírse

     E1: *¿Cuándo te ríes?*

     E2: *Me río cuando veo una película cómica.*

     E1: *Pues, yo me río cuando estoy con mis amigos.*

1. ponerse triste	**3.** divertirse	**5.** quejarse
2. sentirse bien	**4.** reírse	**6.** enojarse

4. Reciprocal constructions

The plural reflexive pronouns **nos**, **os**, **se** may be used with verbs that take direct objects to express reciprocal actions. The verbs can be reflexive or non-reflexive verbs, and these actions are conveyed in English by *each other* or *one another*.

Nos queremos mucho.	*We love each other a lot.*
Los tres amigos se ven todos los días.	*The three friends see one another every day.*
Marta y José **se escriben** todas las semanas.	*Marta and José write to each other every week.*

Practiquemos

 5-32 Una relación especial. Túrnense para hacerse preguntas sobre relaciones especiales que tienen. Puede ser con un/a novio/a, un/a amigo/a o un pariente.

MODELO: E1: ¿Se conocen bien?
E2: *Sí, nos conocemos bastante bien.*

1. ¿Con qué frecuencia se ven?
2. ¿Dónde se encuentran generalmente?
3. ¿Cuántas veces al día se llaman por teléfono?
4. ¿Qué se dicen cuando se ven?
5. ¿Se escriben mucho?
6. ¿Se quieren mucho?
7. ¿Se enojan a veces?
8. ¿Se perdonan fácilmente?
9. ¿Se respetan mucho?
10. ¿Cuándo se dan regalos?

 5-33 Tú y tu mejor amigo. Explíquense qué hacen con sus mejores amigos/as. Hablen de actividades de la lista y de otras si las quieren incluir.

MODELO: hacerse favores
➡ *Nos hacemos favores siempre.*

reunirse en la cafetería para almorzar	contarse sus problemas
ayudarse con la tarea	visitarse los fines de semana
verse en el gimnasio	invitarse a cenar
llamarse por teléfono	escribirse correos electrónicos

Observaciones

Toño Villamil y otras mentiras, Episodio 5

5-34 Una casa mexicana. Aquí tienes una descripción de una casa mexicana.

Mi casa se encuentra en Querétaro, una ciudad colonial mexicana. La casa es típica de la época colonial porque refleja el estilo español del siglo XVI. Está construida alrededor de un hermoso jardín lleno de plantas tropicales y hermosas flores. El clima de esta región es muy agradable. Por eso, las ventanas siempre están abiertas por la mañana y por la noche para dejar pasar el aire fresco. La cocina es grande y mucho más moderna ahora que la original. Hay cinco habitaciones; todas dan al jardín. No usamos mucho la sala, porque es más agradable sentarnos en el patio donde muchas veces comemos el desayuno o tomamos un té por la tarde. La casa tiene tres baños: uno para mis padres, otro para mis hermanos y para mí y el tercero para las visitas. La casa no tiene garaje, pero tiene un pequeño establo donde estacionamos el coche porque ya no tenemos caballos (*horses*).

Una casa mexicana de la época colonial

5-35 La casa de Toño. Mira el quinto episodio de *Toño Villamil y otras mentiras*, y completa las oraciones basadas en este episodio.

1. Lucía quiere entrar a la casa porque...
   ___ quiere ver una cocina mexicana.
   ___ tiene que usar el baño.
   ___ quiere conocer a la familia de Toño.

2. Toño no abre la puerta porque...
   ___ no sabe desarmar la alarma.
   ___ sus padres no están en casa.
   ___ no tiene las llaves.

3. Lucía dice que la casa...
   ___ tiene mucho polvo en los muebles.
   ___ está bien ordenada.
   ___ es muy grande.

4. Parece que Toño no sabe dónde está...
   ___ el baño.
   ___ la cocina.
   ___ el jardín.

5. Lucía quiere usar el baño para...
   ___ bañarse.
   ___ ducharse.
   ___ lavarse las manos y la cara.

6. Toño se pone muy nervioso cuando...
   ___ no encuentra comida en la cocina.
   ___ ve a una mujer en el jardín.
   ___ suena el teléfono.

WWW. **5-36 Las casas coloniales de México.** Conéctate con la página electrónica de *¡Arriba!* (**www.prenhall.com/arriba**) para ver fotos de casas coloniales de México. Elige una y descríbela.

5-37 La cocina. Lucía dice que las cocinas mexicanas son grandes y bonitas. En tu opinión, ¿cómo es la cocina perfecta?

- ¿grande o pequeña?
- ¿con ventanas o muchas luces?
- ¿con una mesa grande o una mesita para comer?
- ¿con piso de madera o de losa (*tile*)?
- ¿pintada de blanco, de amarillo o de...?

Nuestro mundo

La América Central II: Costa Rica, Nicaragua, Panamá

5-38 ¿Qué sabes tú? Trata de identificar y/o explicar las siguientes cosas.

1. las capitales de Costa Rica, Nicaragua, y Panamá
2. productos agrícolas centroamericanos importantes
3. los dueños (*owners*) del Canal de Panamá
4. el país que no tiene ejército (*army*)
5. una mola

La fundación Pro-Iguana Verde de Costa Rica se dedica a la protección de los animales en peligro de extinción, como la iguana verde y el guacamayo escarlata.
Iguana Park
http://www.cocori.com/library/eco/igprk.htm

Hay una gran variedad de ranas en las selvas costarricenses. Algunas segregan (*secrete*) líquidos venenosos, otras alucinógenos.
Eco Travels in Central America
http://www.planeta.com/center.html

Juventud Canadá Mundo (*Canada World Youth*) es una organización benéfica (*charitable*) que diseña e implementa programas internacionales de educación para los jóvenes de 17 a 29 años, enfocando el trabajo de voluntarios y el desarrollo (*development*) comunitario en un ambiente que atraviesa culturas. Trabaja en el Canadá y en varios países hispanos incluyendo Nicaragua.
Canada World Youth
http://www.cwy-jcm.org

En el siglo XVI, el Rey Carlos I de España sueña con construir un canal entre los océanos Atlántico y Pacífico. Tres siglos más tarde, los franceses empiezan la primera construcción, pero tienen muchos problemas. En 1903 el gobierno de los EE. UU. empieza una relación especial con Panamá para construir y manejar (*manage*) un canal de 51 millas. Después de diez años, los primeros barcos navegan por el canal entre los dos océanos. Ahora casi 14.000 barcos navegan por el Canal de Panamá cada año. El canal volvió al control del gobierno panameño el 31 de diciembre de 1999.
El Canal de Panamá
http://www.pancanal.com

Mar Caribe

Los desastres naturales son parte de la vida de Centroamérica. Hay volcanes activos, terremotos (*earthquakes*) y huracanes. En el huracán Mitch de 1998, uno de los desastres naturales más destructivos del siglo XX, más de 10.000 personas murieron (*died*) en Centroamérica. Gran parte de la infraestructura, la agricultura y la economía también se perdió (*was lost*) en el huracán.

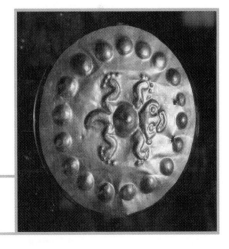

Canal de Panamá
• Colón
Panamá
Balboa •⊛
PANAMÁ
• Santiago
Archipiélago de las Perlas
• La Palma
Golfo de Panamá
AMÉRICA DEL SUR
COLOMBIA
de
iba

La rana, entre otros animales exóticos, sirve de modelo para los diseños de oro.

Cuando visitas las islas coralígenas cerca de la costa de Panamá, vuelves a vivir el pasado de veinte siglos de los Indios Kunas, quienes aún conservan sus viejas costumbres. Las mujeres usan faldas y blusas de vívidos colores, decoradas en el pecho y la espalda con la famosa mola, la expresión más auténtica del arte indígena.
Kuna Yala Mola Gallery
http://www.panart.com/mola_gallery.htm

5-39 ¿Dónde? Identifica en el mapa del texto dónde hay las siguientes cosas.

1. playas
2. artesanía
3. comercio marítimo
4. tejidos multicolores
5. mucha lluvia
6. terremotos (*earthquakes*)

5-40 El mapa. Revisen el mapa de Centroamérica e indiquen dónde se encuentran las siguientes ciudades y características geográficas.

MODELO: Copán

→ *Copán está en Honduras, cerca de la frontera de Panamá.*

1. el Lago de Nicaragua
2. el Canal de Panamá
3. Colombia
4. San José
5. Honduras
6. el Golfo de Panamá

5-41 ¿Cierto o falso? Corrige las oraciones falsas.

1. Panamá tiene muchas ruinas aztecas.
2. Voluntarios canadienses trabajan juntos con nicaragüenses en programas de desarrollo.
3. La Fundación Pro-Iguana Verde es activa en la conservación del medio ambiente (*environment*) en Costa Rica.
4. El huracán Mitch causó daños (*damages*) en gran parte de Centroamérica.
5. La mola es un ejemplo de artesanía nicaragüense.
6. Juventud Canadá Mundo es una organización universitaria.
7. El guacamayo escarlata es un animal en peligro de extinción.
8. Muchos artefactos de oro de Costa Rica reflejan la rica fauna de la región.
9. Los estadounidenses empiezan la primera construcción del Canal de Panamá.
10. El Canal de Panamá es territorio estadounidense.
11. La idea de un canal entre los dos océanos se originó en España.

WWW.

5-42 Investigar. Usa una biblioteca o el Internet para investigar uno de los siguientes temas relacionados con la cultura y la historia centroamericanas. Prepara una presentación en español para la clase.

1. Arnoldo Alemán
2. la fauna de Costa Rica
3. Sandino
4. Rubén Blades
5. la guerra civil nicaragüense
6. la Fundación Pro-Iguana Verde
7. las molas
8. el movimiento de alfabetización (*literacy*)

 Ritmos

"Ligia Elena" (Rubén Blades, Panamá)

Esta canción trata del tema del amor prohibido entre dos jóvenes de distintas clases sociales.

Antes de escuchar

5-43 Los personajes. Lee las siguientes estrofas de "Ligia Elena", y luego identifica y describe a los siguientes personajes con **ser** o **estar** y la forma correcta de los adjetivos de la lista.

Ligia Elena		contento/a
el trompetista	ser/estar	cándido/a
la mamá de Ligia Elena		angustiado/a
el papá de Ligia Elena		feliz

Ligia Elena

Ligia Elena la cándida niña de la sociedad
Se ha fugado con un trompetista de la vecindad
El padre la busca afanosamente
Lo está comentando toda la gente
Y la madre angustiada pregunta ¿en dónde estará?

[...]

Se ha mudado a un cuarto chiquito con muy pocos
muebles
Y allí viven contentos y llenos de felicidad
Mientras tristes los padres preguntan ¿en dónde
fallamos?
Ligia Elena con su trompetista amándose está
Dulcemente se escurren los días en aquel cuartito
mientras que
En las mansiones lujosas de la sociedad
Otras niñas que saben del cuento, al dormir se preguntan
"Ay señor, y mi trompetista, ¿cuándo llegará?"

[...]

Ligia Elena está contenta y su familia está asfixiá*
Ligia Elena está contenta y su familia está asfixiá

5-44 ¿Cómo se sienten? Usa la construcción reflexiva para formar oraciones que describen cómo Ligia Elena, sus padres u otros pueden sentirse sobre un amor prohibido. Usa los sujetos y verbos siguientes.

Ligia Elena	ponerse (adjetivo)	cuando...
los padres	alegrarse	si...
el novio	enamorarse	
yo	enojarse	
mis amigos	divertirse	
la familia		

A escuchar

5-45 La letra. Escucha ahora "Ligia Elena" y mientras la escuchas señala con una cruz (X) cuáles de los temas de la lista siguiente aparecen en esta canción.

___el amor   ___los estudios   ___la música

___el racismo   ___la independencia   ___el chisme (gossip)

___las relaciones familiares   ___la tristeza   ___los niños

Páginas

La búsqueda, **Episodio 5**

Estrategias

Hacer un resumen. You can help yourself get back into a story if you review and summarize what you have read previously. Before reading the concluding episode, use the following questions to guide you in summarizing the previous events. Your summary should be in the form of a paragraph, using connecting words such as **entonces**, **por eso**, **pero**, **después**, etc.

1. ¿Quiénes son los personajes de este drama?
2. ¿Cuál es el problema?
3. ¿Dónde tiene lugar la acción primero? ¿Después? ¿Entonces?

---

* asfixiada

La búsqueda, Episodio 5

¹ **Acabar de** = to have just (done something)   ² **peligroso** = dangerous   ³ **Tutear** means to address someone informally (**tú**). Why is it inappropriate in this situation?   ⁴ **ladrones** = thieves

5-46 ¿Comprendiste? Pon las siguientes palabras en orden para formar oraciones. Luego, indica si cada oración es **cierta** o **falsa**. Corrige las oraciones falsas.

1. acaba secarse Ana Florencia de y cara lavarse la
2. peligrosos miedo insectos los de tiene Ana Florencia
3. es insectos necesario repelente la selva ponerse de entrar antes de en
4. mucho doctor Ana Florencia cuidado con tener Ortaña debe el
5. animal a doctor comprar exótico un va Ortaña al
6. precolombino frágil la es de arte pieza muy
7. secadora su Ana Florencia llevar que plancha y su tiene
8. Carlos Ana ayuda Florencia la y necesita de protección
9. costarricense del Carlos gobierno agente es
10. nada no le al doctor por Ana Florencia la Ortaña pieza paga
11. enfermas información puede a personas curar muchas la
12. ladrones Ana el Ortaña son Florencia y doctor

5-47 Resumir. Usa las siguientes preguntas para resumir el último episodio de *La búsqueda*.

1. ¿Dónde ocurre la acción?
2. ¿Qué busca Ana Florencia?
3. ¿Qué problemas tiene ella?
4. ¿Dónde encuentra lo que busca?
5. ¿Por qué es tan importante tener éxito?

5-48 ¿Cuál es tu opinión? Túrnense para decir si están de acuerdo o no con las siguientes oraciones.

> 1. ¡Ni modo! No estoy de acuerdo.
> 2. No es probable.
> 3. No tengo opinión.
> 4. Es posible.
> 5. Estoy completamente de acuerdo.

1. En un viaje, llevo mucha ropa y muchos artículos de uso personal.	1	2	3	4	5
2. Me molestan los insectos.	1	2	3	4	5
3. Siempre uso crema cuando hace mucho sol.	1	2	3	4	5
4. Es importante ser experto en las artes marciales.	1	2	3	4	5
5. Hay mucha corrupción en el gobierno.	1	2	3	4	5
6. Las plantas medicinales son importantes para curar las enfermedades.	1	2	3	4	5
7. No debe haber patentes (*patents*) basadas en plantas medicinales.	1	2	3	4	5
8. Las compañías farmacéuticas trabajan para el beneficio del consumidor.	1	2	3	4	5

¡Escucha!

Un informe para la radio. Escucha al reportero dar las noticias del día. Completa el resumen a continuación basándolo en la información que escuchas.

1. Noticias desde…
   a. México, D.F.
   b. San José, Costa Rica
   c. Washington, D.C.

2. Clima de hoy…
   a. agradable
   b. feo
   c. regular

Noticias internacionales...

3. Hay un nuevo tratado de libre comercio entre EE.UU., Canadá, México y...
   a. Suramérica
   b. España
   c. Centroamérica

4. El tratado es firmado (*signed*) por...
   a. el ministro de Comercio
   b. el presidente
   c. el secretario de Estado

5. Los políticos están muy...
   a. optimistas
   b. cansados
   c. desesperados

Noticias nacionales...

6. Se resuelve el robo de...
   a. una pieza de arte
   b. un documento político
   c. una foto escandalosa

7. La persona que resuelve el caso es de origen...
   a. chicano
   b. mexicano
   c. costarricense

8. Con esta información se puede...
   a. negociar la paz mundial
   b. devolver (*return*) la pieza al Sr. Ortaña
   c. curar una enfermedad

Noticias deportivas...

9. Victoria para...
   a. los EE. UU.
   b. Costa Rica
   c. Canadá

Taller

Tu rutina diaria
En esta actividad vas a describir en tres párrafos tu rutina diaria durante el año académico.

1. **Contexto.** Piensa en tus actividades de la mañana, la tarde y la noche.
2. **Contenido.** Describe cómo pasas un día típico en la universidad. (Debes incluir varios verbos reflexivos y no reflexivos.)
3. **Revisión.** Revisa tus párrafos para verificar los siguientes puntos.
   ❏ el uso de los verbos reflexivos
   ❏ el género de los sustantivos
   ❏ la concordancia (*agreement*)
   ❏ la ortografía

MODELO: *(párrafo 1) Por la mañana me despierto generalmente...*
   (párrafo 2) Por la tarde almuerzo en...
   (párrafo 3) Por la noche como con mis amigos en...

Lección

6   ¡Buen provecho!

Ajos y col es una naturaleza muerta (*still life*) por el pintor chileno Claudio Bravo.

Comunicación

¡Así es la vida!

¡Buen provecho!

Escena 1

Marta: Me muero de hambre, Arturo. ¿Por qué no vamos a almorzar?

Arturo: Está bien. Vamos a la cafetería. Sirven unas hamburguesas deliciosas con papas fritas.

Marta: No me gustan sus hamburguesas porque tienen mucha grasa. ¿Por qué no vamos al restaurante Don Pepe? Lo conoces bien. Allí sirven platos típicos españoles.

Escena 2

Arturo: Camarero, ¿nos trae el menú, por favor?

Camarero: Enseguida se lo traigo. Mientras tanto, ¿desean algo de beber?

Marta: Sí. ¿Me trae una copa de vino tinto, por favor?

Arturo: Me encantan las limonadas que hacen aquí. Tráigame una.

Escena 3

Marta: ¿Cuál es la especialidad de la casa?

Camarero: Son los camarones a la parrilla.

Arturo: ¿A la parrilla?

Camarero: Sí, señor. Los servimos con arroz y ensalada. ¿Ustedes los quieren probar?

Marta: ¡Yo no! Soy alérgica a los camarones. Prefiero un bistec con papas y judías.

Arturo: Yo sí voy a pedir los camarones. ¿Me los trae con la ensalada, por favor?

Escena 4

Marta: ¿Te gustan los camarones?

Arturo: ¡Mmmm! Están deliciosos. ¿Qué tal está tu comida?

Marta: ¡Riquísima! El bistec está muy bueno y las papas me gustan mucho.

Arturo: Se lo voy a decir a nuestros amigos. Debemos frecuentar más los restaurantes buenos.

En el mercado

Las comidas

cenar	*to have dinner*
desayunar	*to eat/have breakfast*
desear	*to want; to desire*
merendar (ie)	*to snack; to picnic*
probar (ue)	*to taste; to try*
el sabor	*flavour*

Postres (*Desserts*)

el flan	*caramel custard*
la galleta	*cookie; cracker*
el helado	*ice cream*
la tarta	*pie; tart*
la torta	*cake*

Bebidas

el café con leche	*coffee with milk*
el café solo	*black coffee*
la cerveza	*beer*
la limonada	*lemonade*
el té	*tea*
el vino (tinto/blanco)	*(red/white) wine*

Otras comidas y condimentos

el ajo	*garlic*
el arroz	*rice*
el atún	*tuna*
el bocadillo	*sandwich*
la carne de res	*beef*
la cebolla	*onion*
el cereal	*cereal*
los frijoles	*(kidney, pinto, red) beans*
la grasa	*grease; fat*
los huevos	*eggs*
el pan tostado	*toast*
el queso	*cheese*
la salsa (de tomate)	*(tomato) sauce*
la sopa	*soup*
el yogur	*yogurt*

En el restaurante

¡Buen provecho!	*Enjoy your meal!*
el/la camarero/a	*waiter/waitress, server*
el/la cliente	*client*
el cubierto	*place setting*
Enseguida.	*Right away.*
la especialidad de la casa	*the specialty of the house*
el menú	*menu*
pagar la cuenta	*to pay the bill*
la propina	*tip*

En la mesa: el cubierto y los utensilios

Para describir la comida

asado/a	*roast*
caliente	*hot*
crudo/a	*rare; raw*
fresco/a	*fresh*
frío/a	*cold*
frito/a	*fried*
a la parrilla	*broiled; grilled*
picante	*hot (spicy)*
rico/a	*delicious*[1]
vegetariano/a	*vegetarian*

Verbos como *gustar*

caer bien/mal	*to like/dislike (a person)*
encantar	*to delight; to be extremely pleasing*
faltar	*to be lacking, needed*
fascinar	*to be fascinating*
interesar	*to be interesting*
molestar	*to be a bother, annoying*
parecer	*to seem*
quedar	*to be left, remain*

Expansión

Regionalismo

Entre los países de habla hispana, hay mucha variedad de vocabulario y expresión. Esta variedad es aún más acentuada cuando hablamos de la comida. Para algunas comidas, hay varios términos.

la banana	**el plátano**	*banana*
la torta	**el pastel**	*cake*
los huevos	**los blanquillos**	*eggs*
las judías	**las habichuelas**	*green beans*

el jugo	**el zumo**	*juice*
el melocotón	**el durazno**	*peach*
la tarta	**el pastel**	*pie*
las gambas	**los camarones**	*shrimp*
la fresa	**la frutilla**	*strawberry*
la papa	**la patata**	*potato*

Algunas palabras tienen significados diferentes de país a país.

la tortilla *flat corn meal or wheat bread* (Mex., C.A. y S.A.); *potato and onion omelette* (Sp.)

---

[1] Used with **estar, rico/a** means delicious. Used with **ser**, it means rich.

PESCADOS Y MARISCOS

Café El Náufrago

Avenida Allende 489 • Tel. 311-1539 • Valparaíso

FECHA ___/___/___ CAMARERO/A _____ MESA _____

TOTAL _____

VINO _____ TINTO _____ BLANCO	
REFRESCO _____ AGUA MINERAL _____ CERVEZA	
JUGO DE MANZANA _____ DE NARANJA _____	
JUGO DE TORONJA _____	
CAMARONES _____	
ATÚN	
CALAMARES	
SALMÓN	
BACALAO _____ B. DE CHORIZO _____	
ENSALADA MIXTA _____ TOMATE Y CEBOLLA _____	
PAPAS FRITAS _____ PAPA AL HORNO _____	
PAN _____	
HELADO DE LIMÓN _____ DE CHOCOLATE _____	
FLAN _____	
ENSALADA DE FRUTAS _____	
CAFÉ _____ TÉ _____	

	TOTAL	
	(IVA INCLUIDO)	

0003331

¡Buen provecho! Indica en la cuenta la comida y bebida que piden Marta y Arturo en el Café "El Náufrago" con **A** (Arturo) o **M** (Marta).

Practiquemos

6-1 ¿Qué necesitas? Di *(Say)* lo que necesitas para hacer lo siguiente.

MODELO: Para cortar la carne, necesito *un cuchillo.*

1. Para cortar el pan, necesito (la pimienta / una cuchara / un cuchillo / un plato).
2. Para beber vino, necesito (una taza / un vaso / una copa / un cuchillo).
3. Para tomar sopa, necesito (una propina / crema / una taza / una cuchara).
4. Para comer flan, necesito (una cucharita / sal / una servilleta / un cuchillo).
5. Para beber leche, necesito (una copa / una cuchara / mantequilla / un vaso).
6. Para comer papas fritas, necesito (un tenedor / azúcar / pan / una cucharita).
7. Para tomar café, necesito (una servilleta / una taza / pan / salsa).
8. Para sazonar *(season)* la carne, necesito (crema / sal / mantequilla / azúcar).
9. Para ponerle mantequilla al pan, necesito (un plato / una cuchara / un vaso / un cuchillo).
10. Para ponerle azúcar al café, necesito (un tenedor / una cucharita / una servilleta / una copa).

6-2 ¿Qué decimos? Escoge la respuesta *(reply)* o terminación lógica en cada caso.

MODELO: Camarero, quiero un bistec bien cocido *(well-cooked)*. Este bistec está *crudo.*

1. Es un restaurante muy malo. Toda la comida …
   a. está exquisita.
   b. está a la parrilla.
   c. tiene mucha grasa.

2. Es un buen restaurante. Toda la comida…
   a. está cruda.
   b. está muy condimentada.
   c. está muy rica.

3. A mí me gusta la sopa caliente. Esta sopa…
   a. está fría.
   b. está picante.
   c. tiene mucha sal.

4. No me gustan los mariscos. Voy a pedir…
   a. los camarones.
   b. la langosta.
   c. la chuleta de cerdo.

5. —Camarero, ¿nos trae más vino, por favor?
   a. —¡Buen provecho!
   b. —Enseguida.
   c. —¿Desean algo de beber?

6. —¿Quiere usted pedir ahora?
   a. —¡Buen provecho!
   b. —Sí, quiero el pollo asado.
   c. —La especialidad de la casa es el bistec.

7. —¿Qué recomienda usted?
   a. —La especialidad de la casa es el cerdo.
   b. —Están exquisitos.
   c. —Solamente la cuenta, por favor.

8. —¡Hola, Ana! ¿Quieres almorzar conmigo?
   a. —¿Me trae un tenedor, por favor?
   b. —Sí, está rico.
   c. —Sí, me muero de hambre.

6-3 ¿Qué prefieres? Completa las oraciones con palabras o expresiones de ¡**Así lo decimos!**

MODELO: Prefiero *flan* de postre.

1. Prefiero _____ de postre.
2. Prefiero _____ para el desayuno.
3. Me gusta _____ en el café.
4. El/La _____ es mi carne favorita.
5. Siempre bebo _____ con el desayuno.
6. Me gusta comer el pan tostado con _____.
7. Como el cereal con _____.
8. Mi fruta preferida es _____.
9. ¡No me gusta comer _____!
10. Tomo _____ con la cena.

6-4 ¿Qué están comiendo? Indica lo que están comiendo o bebiendo estas personas.

ANTONIO

MODELO: *Antonio está comiendo una hamburguesa. También está bebiendo agua.*

MARÍA

PEDRO

CARMEN

1.

2.

3.

RAMÓN

TERESA

MARCOS

4.

5.

6.

6-5 La comida. Túrnense para hacer preguntas sobre sus preferencias.

MODELO: desayunar todos los días

E1: *¿Desayunas todos los días?*

E2: *Sí, desayuno todos los días./ No, ¡prefiero dormir! ¿Y tú?*

1. desayunar todos los días
2. ser vegetariano/a
3. comer poca grasa
4. cenar tarde

5. comer mucha ensalada
6. tomar mucho café
7. comer mucha "comida rápida"
8. probar comidas nuevas

6-6 Cocina Concha. Estás cenando en el restaurante Cocina Concha en Chile. Tu compañero/a de clase es el/la camarero/a. Completen el siguiente diálogo, usando esta lista de comidas. *(Un dólar canadiense equivale a 500 pesos chilenos.)*

COCINA CONCHA

Pescados y mariscos
Calidad garantizada
(56) (65) (266795)
Angelmó - Puerto Montt - Chile

almejas (clams)	2000 pesos
almejas a la parmesana	2500 pesos
camarones	2000 pesos
cangrejo (crab)	4500 pesos
merluza (hake)	3500 pesos
ostras (oysters)	4500 pesos
salmón frito	4500 pesos
salmón ahumado (smoked)	5500 pesos
salmón a la mantequilla	5000 pesos
salmón a la plancha (grilled)	5000 pesos
sopa marinera	2000 pesos
tortilla de erizos (sea urchins)	2000 pesos
vino tinto chileno (botella)	2500 pesos
vino blanco chileno (botella)	2500 pesos
cerveza	700 pesos
agua mineral	500 pesos
té	500 pesos
café	750 pesos

¿Cómo se llega?
De la estación de autobuses en Puerto Montt, tome un taxi o un colectivo a Angelmó. Allí va a ver un edificio de dos plantas. Suba al segundo piso y busque la Cocina Concha.

Ud.: Camarero, ¿me trae _____?

Camarero/a: _____ se lo traigo. ¿Desea _____?

Ud.: Sí, por favor. ¿Me trae _____?

Camarero/a: Aquí tiene. La especialidad de la casa es _____. ¿Desea probarla?

Ud.: Hmmm, creo que voy a pedir _____.

Camarero/a: Muy bien. ¿Algo más?

Ud.: Sí, _____.

Camarero/a: Aquí tiene su comida. _____. *(Más tarde)*.

Ud.: ¿Me trae _____, por favor?

Camarero/a: Muy bien. Son _____ pesos.

6-7 En el supermercado. Uds. van al supermercado para comprar la comida. ¿Qué compran?

MODELO: E1: *¿Qué carnes compras en el supermercado?*

E2: *Compro pollo y jamón. ¿Y tú?*

1. ¿Qué carnes compras en el supermercado?
2. ¿Qué pescados y mariscos compras?
3. ¿Qué legumbres compras?
4. ¿Qué frutas compras?

5. ¿Qué bebidas compras?
6. ¿Qué postres compras?
7. ¿Qué otras comidas compras?

Comparaciones...

Las comidas

El horario de las comidas en los países hispanohablantes difiere de país a país. Muchas personas desayunan entre las siete y las ocho de la mañana. El desayuno casi siempre es ligero (*light*) y consiste en café con leche o chocolate caliente, pasteles (*pastries*), galletas o pan y mantequilla. En algunos países, como México y Chile, es común el desayuno fuerte (*heavy*), como por ejemplo huevos, pan tostado, frijoles y queso, o también un bistec. La comida más importante del día es el almuerzo y, según el país, lo comen entre la una y las cuatro de la tarde. Un almuerzo típico puede tener cuatro platos (*courses*). Comienza con una sopa, después hay pescado o carne, alguna verdura o arroz y para terminar pueden comer fruta o un postre con café.[1]

A eso de (*At about*) las seis de la tarde, es común la merienda –un sándwich o bocadillo (*sandwich on a baguette*) de jamón y queso o algo parecido (*similar*) y un refresco, batido (*shake*) o café con leche. La última comida es la cena entre las ocho y las once de la noche. La cena es ligera –huevos fritos o una chuleta con ensalada.

A los hispanos les gusta comer sentados a la mesa con la familia. Aunque (*Although*) ahora hay restaurantes de comida rápida, no es típico comer en el auto o solo. Una costumbre en la mesa, especialmente durante el almuerzo y la cena, es la **sobremesa**, es decir, la conversación después de la comida. Muchas comidas duran (*last*) mucho más de una hora, porque la familia y los amigos continúan la conversación después de terminar de comer.

¡Vamos a comparar!

¿Cuáles son algunas diferencias en el horario de las comidas de los canadienses y de los hispanos? ¿En qué consiste el desayuno "típico" en el Canadá? ¿Cuál es la comida más importante en tu región del Canadá? Describe una cena típica. ¿Existe la merienda o su equivalente en el Canadá o en los EE.UU.? ¿Es común la sobremesa?

¡Vamos a conversar!

¿Cómo es la rutina en tu casa? Túrnense para contestar estas preguntas y comparar sus costumbres sobre las comidas.

1. ¿Quién(es) prepara(n) la comida en tu casa?
2. ¿Todos los miembros de la familia cenan juntos?
3. ¿Cuántas veces a la semana comen comida rápida?
4. ¿A veces ven la televisión mientras cenan?
5. ¿Hay sobremesa en tu casa? ¿Cuándo? ¿De qué hablan?

---

[1] In Spanish, **café** when used alone is often understood as referring to the type of coffee called "espresso" in Italian.

Pronunciación

Sounds of *y, ll,* and *ñ*

1. The Spanish **y** has two distinct sounds. At the beginning of a word or within a word, it is pronounced like the *y* in the English word *yes*, but with slightly more force.

yo	o**ye**	**Y**olanda
le**ye**s	**y**a	arro**y**o

2. When **y** is used to mean *and*, or appears at the end of a word, it is pronounced like the Spanish vowel **i**.

Jorge **y** María	ha**y**	cantar **y** bailar	vo**y**

3. The Spanish double l (**ll**) is pronounced in many regions like the **y** in **yo**.

llamar	bri**ll**a	**ll**orar	se**ll**o

4. The **ñ** is pronounced by pressing the middle part of the tongue against the roof of the mouth or palate. Its sound is similar to the *ny* sound in the English word *onion*.

ma**ñ**ana	pu**ñ**o	ni**ñ**o	se**ñ**al

Pronunciemos

A. You will hear a series of Spanish words which contain the letter **y**. Note that the **y** is either at the beginning of the word or within the word. Repeat each word after the speaker.

1. yo	**3.** arroyo	**5.** ayer	**7.** mayo	**9.** leyes
2. oye	**4.** joya	**6.** ya	**8.** yerba	**10.** haya

B. You will now hear a series of words which contain the letter **y** either by itself or at the end of the word. In such cases the **y** will be pronounced like the vowel **i**. Repeat each word after the speaker.

1. hoy	**3.** rey	**5.** ¡ay!
2. y	**4.** hay	**6.** ley

C. You will now hear a series of words and phrases which contain the letter **ll**. Repeat each word or phrase after the speaker.

1. me llamo	**3.** allí	**5.** silla	**7.** la tablilla	**9.** una vista bella
2. lluvia	**4.** llover	**6.** llamar	**8.** amarillo	**10.** voy a llevar

---

D. You will now hear a series of words which contain the letter **ñ**. Repeat each word after the speaker.

1. niño	**3.** señorita	**5.** montaña	**7.** señor	**9.** ñato
2. años	**4.** mañana	**6.** español	**8.** baño	**10.** añadir

¡Así lo hacemos!

Estructuras

1. *Gustar* and similar verbs

Sí, me gusta mucho.

¿Te gusta mi coche?

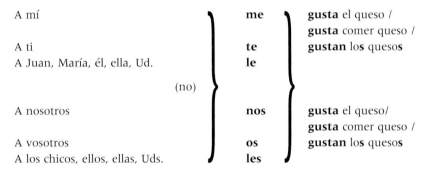

A mí		**me**		**gusta** el queso /
				gusta comer queso /
A ti		**te**		**gustan** los quesos
A Juan, María, él, ella, Ud.		**le**		
	(no)			
A nosotros		**nos**		**gusta** el queso/
				gusta comer queso /
A vosotros		**os**		**gustan** los quesos
A los chicos, ellos, ellas, Uds.		**les**		

◆ The verb **gustar,** used most commonly to express preferences, likes and dislikes, literally means *to be pleasing*, and is used with an **indirect object pronoun**.

Me gusta comer en los restaurantes.   *I like to eat in restaurants. (Eating in restaurants is pleasing to me.)*

No **le gustan** las sopas.   *He doesn't like soups. (Soups are not pleasing to him.)*

◆ The subject of the verb **gustar** is whatever is pleasing to someone. Because we generally use **gustar** to indicate that something (singular) or some things (plural) are pleasing, **gustar** is most often conjugated in the third-person singular or third-person plural forms, **gusta** and **gustan**. The indirect object pronoun indicates who is being pleased.

Me gusta el pollo asado.   *I like roast chicken.*
Nos gusta el pollo asado.   *We like roast chicken.*
No me gustan las chuletas.   *I don't like chops.*
No nos gustan las chuletas.   *We don't like chops.*

◆ To express the idea that one likes to do something, **gustar** is followed by an infinitive. In such cases the third-person singular of **gustar** is used, even when you use more than one infinitive.

Les gusta cenar en casa siempre.   *They always like to have dinner at home.*
Me gusta desayunar y almorzar   *I like to have breakfast and lunch with my*
  con mi novio varias veces a   *boyfriend several times a week.*
  la semana.

◆ Some other verbs like **gustar** are listed. Note that the equivalent expressions in English are not direct translations.

caer bien/mal	*to like/dislike (a person)*
encantar	*to delight, to be extremely pleasing*
faltar	*to be lacking, needed*
fascinar	*to be fascinating*
interesar	*to be interesting*
molestar	*to be a bother, annoying*
parecer	*to seem*
quedar	*to be left, remaining*

Me molestan las cafeterías sucias.	*Dirty cafeterias annoy me.*
Le fascina el cocinero del restaurante.	*The restaurant's chef fascinates her.*
Nos parece caro este restaurante.	*This restaurant seems expensive to us.*

◆ Remember to use the prepositional phrase beginning with **a** to emphasize or to clarify the indirect object pronoun.

A mí me fascina la comida chilena, pero **a ti** no **te** parece buena.	*Chilean food fascinates me but it doesn't seem good to you.*
A Óscar y **a Teresa les** gusta el café.	*Oscar and Teresa like coffee.*

Expansión

◆ Be careful when using the verb **gustar** to express likes and dislikes related to people. In Spanish, **gustar** is used with people to express the idea that you feel *attracted* to a person in a physical sense.

Me gusta María Luisa.	*I like María Luisa. (I am attracted to her.)*
A Elena **le gustan** los hombres rubios.	*Elena likes blond men. (She is attracted to them.)*

◆ Use the expressions **caer bien** and **caer mal** to say that you like or dislike someone for the way that the person behaves or for what the person is like.

Nos cae bien la tía Julia.	*We like Aunt Julia. (She is a great person.)*
Me caen mal los clientes que no dejan propinas.	*I don't like clients who don't leave tips. (I dislike them.)*

◆ When referring specifically to qualities or defects of a person, the verb **gustar** is used.

Me cae mal el camarero.

Me gusta cómo cocina mi papá.	*I like how my father cooks.*
No le gustan los hombres chovinistas.	*She doesn't like chauvinist men.*

Practiquemos

6-8 ¿Qué te gusta? Repite las oraciones, haciendo las substituciones indicadas con cualquier cambio que sea necesario.

MODELO: Me gustan mucho *los camarones.* (el helado)
　　　　　➡ *Me gusta mucho el helado.*

1. Me gustan mucho *los camarones.* (el helado / la leche / el jamón / las frutas / los postres).
2. Nos interesa *ese restaurante.* (conocer Chile / los vinos chilenos / probar nuevas comidas / salir a comer).
3. *A Juan le* molesta cenar muy tarde. (A nosotros / A mí / A los Gómez / A Ud. / A ti).
4. ¿*A Ud. le* falta un plato? (A Uds. / A María / A los Sánchez / A ti / A nosotros).

6-9 ¿Lógico o ilógico? Decide si estas oraciones son **lógicas** (logical) o **ilógicas** (illogical) y corrige las ilógicas.

MODELO: A Juan le gusta desayunar fuerte. Come pan tostado y toma café solo.

➡ *Ilógico. A Juan no le gusta desayunar fuerte.*

1. Lucía y Marta son vegetarianas. Les gusta comer mucha ensalada.
2. Me encantan los postres. Prefiero flan o torta.
3. Felipe no come mucha grasa. Le gustan las papas fritas.
4. No como carne. Me encantan las chuletas de cerdo.
5. Me cae muy bien el camarero. No le voy a dejar una propina.
6. Nos fascina la comida mexicana. Pedimos hamburguesas.
7. El restaurante les parece sucio y desagradable. Van a comer allí esta noche.
8. A Teresa no le caen bien los camareros de la Cocina Concha. Ella come allí todos los sábados.
9. Si te molesta cocinar, puedes salir a comer a un restaurante.
10. ¡No me queda nada en el refrigerador! Tengo que comprar la comida.

6-10 Una carta de Chile. Usa los pronombres de complemento indirecto y las formas correctas de los verbos entre paréntesis para completar la carta.

La vicuña vive protegida en el Parque Nacional Lauca de Chile.

Querida Isabel:

Te escribo para contarte de mi viaje al parque nacional Lauca en el norte de Chile, cerca de la frontera con Bolivia. Es un lugar precioso. Nuestro guía se llama Antonio, y él (1 caer muy bien – a nosotros) _____. (2 fascinar – A mí) _____ las plantas y los animales. (3 encantar – A mí) _____ especialmente las vicuñas, que son parientas de las llamas, pero mucho más bonitas. Están protegidas en el parque, y pueden vivir a una altitud mayor que las llamas. No (4 gustar – a mí) _____ mucho el frío, pero a las vicuñas no (5 molestar – a ellas) _____ nada (at all). Las alpacas también viven en las montañas del parque, pero hay muchas y no están protegidas. Comimos (We ate) alpaca un día para el almuerzo, pero la verdad es que no (6 gustar – a mí) _____ mucho. ¡Prefiero la carne de res! Pero tú sabes que (7 interesar – a mí) _____ probar cosas nuevas. Bueno, Isabel, sé que (8 encantar – a ti) _____ los lugares diferentes. No (9 molestar – a mí) _____ regresar al parque nacional Lauca el próximo año; ¿(10 interesar – a ti) _____ conocerlo conmigo?

Un abrazo,
Eduardo

6-11 ¿A quién le gusta? Completen las siguientes oraciones creativamente, usando los verbos como **gustar**.

MODELO: A la profesora de español …

➥ *A la profesora de español le gusta leer libros en español. ¡No le encanta corregir los exámenes!*

gustar (ver la televisión, escuchar música, hablar por teléfono, salir con los amigos, … el café, la leche, la carne, el pescado, la comida vegetariana, los tomates, los plátanos, las manzanas, los postres, …)

molestar (hacer la tarea, levantarse temprano, lavar los platos, … el frío, el calor, el tráfico, los mosquitos, los exámenes, …)

interesar / encantar / fascinar (estudiar español, probar comidas nuevas, … la química, el cine, el arte, la música, la poesía, la tecnología, los deportes, los libros,…)

caer bien/mal (los profesores, los estudiantes de español, los niños, …)

1. A mí…
2. Al profesor/A la profesora de español…
3. A mi hermano/a…
4. A mi mejor amigo/a…
5. A los estudiantes de español…
6. A mi madre/padre…

6-12 ¿Qué te gusta hacer? Túrnense para completar las frases de manera lógica, usando los verbos como **gustar**.

MODELO: Cuando tengo sed, …

E1: *Cuando tengo sed, me gusta tomar un refresco. ¿Y a ti?*

E2: *A mí no. A mí me gusta tomar té cuando tengo sed.*

1. Cuando tengo mucha hambre, …
2. Cuando tengo frío, …
3. Cuando estoy aburrido/a, …
4. Cuando estoy triste, …
5. Cuando estoy contento/a, …
6. Cuando estoy nervioso/a, …
7. Cuando estoy enfermo/a, …
8. Cuando tengo tiempo libre, …

6-13 Sus gustos culinarios. Túrnense para hacer y contestar preguntas sobre sus gustos culinarios.

MODELO: gustar/ la langosta

E1: *¿Te gusta la langosta?*

E2: *¡Sí, me encanta!/ No, no me gusta nada. ¿Y a ti?*

1. gustar/ la comida mexicana, japonesa, italiana, francesa
2. interesar/ los restaurantes latinos, chinos, baratos, caros, al aire libre
3. fascinar/ las comidas exóticas, los cocineros japoneses, las cenas románticas
4. molestar/ la comida de la universidad, la comida que tiene mucha grasa, los restaurantes sucios
5. caer bien/mal/ los camareros lentos *(slow)*, corteses *(polite)*, simpáticos, arrogantes
6. gustar/ la comida frita, cruda, a la parilla, asada
7. encantar/ los postres, las tartas, las galletas, el chocolate

2. Double object pronouns

◆ When both a direct and an indirect object pronoun are used together in a sentence, they are usually placed before the verb, and the **indirect object pronoun** precedes the **direct object pronoun**.

¿Me pasas la sal?

Te la paso enseguida.

Agustín, ¿**me** traes **el pescado**?	*Agustín, will you bring me the fish?*
Te lo traigo en un momento.	*I'll bring it to you in a moment.*

◆ The indirect object pronouns **le** (*to you, to her, to him*) and **les** (*to you, to them*) change to **se** when they appear with the direct object pronouns **lo, los, la, las**. Rely on the context of the previous statement to clarify the meaning of **se**.

La camarera **le/les** trae **el menú**.	*The waitress is bringing you/him/her/ them the menu.*
La camarera **se lo** trae.	*The waitress is bringing it to you/him/ her/them.*

◆ As with single object pronouns, the double object pronouns may be placed in front of the conjugated verb or attached to the infinitive or the present participle. In all cases, the order of the pronouns is maintained and an accent is added to the stressed vowel of the verb when necessary.

Señorita, ¿puede **traerme un vaso de agua**?	*Miss, can you bring me a glass of water?*
En un segundo voy a **traérselo/ se lo** voy a **traer**.	*I'll bring it to you in a second.*
¿El cocinero **nos está preparando la paella**?	*Is the cook preparing us the paella?*
Sí, está **preparándonosla/ nos la está preparando**.	*Yes, he's preparing it for us.*

◆ As with single object pronouns, double object pronouns are always attached to the affirmative command and precede the negative command. Remember to place an accent on the stressed vowel of the verb in the case of affirmative commands.

Camarero, necesito la cuenta.	*Waiter, I need the bill.*
Tráigamela, por favor.	*Bring it to me, please.*
No **se la dé** a él.	*Don't give it to him.*

Practiquemos

6-14 Enseguida se lo traigo. Repite las oraciones, haciendo los cambios indicados.

MODELO: Enseguida se *lo* traigo. (la cerveza)
➡ *Enseguida se la traigo.*

1. Enseguida se *lo* traigo. (las papas fritas / los refrescos / la leche / una taza de té / el vino)
2. Tráiganos*la* por favor. (los frijoles / los camarones / dos ensaladas / un helado / la cuenta)
3. *Se* la va a traer. (A ellos / A mí / A ti / A nosotros / A Ud.)
4. Va a traér*melos*. (a ti / a Uds. / a los niños / a nosotros / a Juana)

6-15 De viaje en la Patagonia. Éstas son algunas de las preguntas que hace un guía de turismo en la Patagonia, la región al extremo sur de Chile y la Argentina. ¿Cuál de las respuestas es la correcta?

> **MODELO:** **Guía:** ¿Quiere ver el tren que tomamos mañana?
> ➥ **Turista:** *Sí, enséñemelo ahora.*

1. **Guía:** ¿Quiere ver el restaurante donde vamos a cenar?
   Turista:
   a. Sí, enséñeselo, por favor.
   b. Sí, enséñemelo, por favor.
   c. Sí, enséñemelos, por favor.

2. **Guía:** ¿Quiere leer el periódico de ayer?
   Turista:
   a. No, gracias, no me lo dé.
   b. No, gracias, no me la dé.
   c. No, gracias, no nos lo dé.

3. **Guía:** ¿Le traigo la información turística?
   Turista:
   a. Sí, tráigasela.
   b. Sí, tráigamelos.
   c. Sí, tráigamela.

4. **Guía:** ¿Le enseño nuestra ruta para mañana?
   Turista:
   a. No, no me las enseñe.
   b. No, no se la enseñe.
   c. No, no me la enseñe.

5. **Guía:** ¿Le explico los fenómenos naturales?
   Turista:
   a. Sí, explíquemelos, por favor.
   b. Sí, explíquemela, por favor.
   c. Sí, explíqueselos, por favor.

6-16 En la Cocina Concha. Completa la conversación entre Concha y el camarero, usando los pronombres de los complementos directos e indirectos.

Concha: Oiga, Sebastián, (1) tráiga___ (a mí) las servilletas, por favor.
Camarero: Enseguida, señora, (2)___ ___ traigo. ¿Dónde (3)___ ___ pongo?
Concha: (4) Pónga___ ___ en la mesa y (5) búsque___ (a mí) los menús del día.
Camarero: ¿Dónde (6)___ encuentro, señora?
Concha: Creo que están en la cocina. Seguramente la cocinera (7)___ tiene. (8) Pída___ ___ a ella. ¿Tiene usted los platos?
Camarero: Estamos (9) lavándo___ ahora. ¿(10)___ ___ traigo (a usted)?
Concha: Mejor (11) pónga___ ___ en la mesa de enfrente. ¿No quiere tomar su descanso ahora, Sebastián?
Camarero: Gracias, señora. (12)___ tomo en cinco minutos.
Concha: Está bien. Y después (13) prepáre___ (a mí) un cafecito.
Camarero: No se preocupe, señora. (14) ___ ___ preparo ahora.

Study tips

Para aprender los pronombres de los complementos indirectos y directos juntos

Double object pronouns may appear confusing at first because of the number of combinations and positions that are possible in Spanish sentences. Here are a few strategies to help you with this structure.

1. Review the use of pronouns and do the practice activities (on pages 187–188) to reinforce your knowledge of this structure.

2. Learning to use double object pronouns is principally a matter of combining the two pronouns in the right order.

indirect object pronouns	third-person direct object pronouns
me	
te	
le → se	
nos	lo / la / los / las
os	
les → se	

3. Getting used to the way these pronouns sound together will help them become second nature to you. Practice repeating out loud phrases such as the ones below. Increase your pronunciation speed as you become more comfortable with verbalizing the double object pronouns.

me lo da	**te lo** doy	**se los** da
se lo llevo	**se las** llevamos	**se la** llevas

6-17 Una receta chilena. Haz el comentario para la televisión, mientras Concha prepara un plato especial.

MODELO: En este momento Concha le está añadiendo
(adding) sal a la sopa.
➥ *Se la está añadiendo.* o *Está añadiéndosela.*

1. Concha está describiéndoles el plato (*dish*) a los televidentes.
2. El asistente está cortándole el pescado a la cocinera.
3. Concha está explicándoles la receta (*recipe*) a los televidentes.
4. Los ayudantes están mezclándole (*mezclar—to mix*) los condimentos a Concha.
5. Concha le está añadiendo limón al plato.
6. Los camareros están pasándoles la sopa a los miembros de la audiencia.
7. El camarógrafo está pidiéndole la receta a la cocinera.
8. El público le dice a Concha que la sopa está magnífica.

6-18 En el restaurante. Completen el diálogo entre el/la camarero/a y el/la cliente, usando los pronombres de complemento directo/indirecto.

MODELO: **Cliente:** Camarero, ¿nos trae el menú, por favor?
Camarero: *Sí, se lo traigo enseguida.*

Camarero: ¿Les enseño el menú?
Cliente: Sí, _____, por favor. ¿Nos explica las especialidades del día?
Camarero: Sí, señor, _____ enseguida.
Cliente: Camarero, ¿me trae otra cuchara, por favor?
Camarero: Con mucho gusto. _____ ahora mismo.
Cliente: ¿Me trae más pan también?
Camarero: Enseguida _____. ¿Les enseño la lista de postres?
Cliente: Sí, _____, por favor. Muy bien. ¿Me trae el helado de chocolate?
Camarero: ¿_____ con su café?
Cliente: Perfecto, gracias.

6-19A ¿Tienes? Imagínate que estás muy enfermo/a, y tu compañero/a va a traerte unas cosas que necesitas. Pregúntale si tiene las siguientes cosas. Si las tiene, pregúntale si puede traértelas. Si no las tiene, pregúntale si puede comprártelas. Luego, consúltense para hacer una lista de las cosas que tu compañero/a necesita comprar.

MODELO: **E1:** ¿Tienes naranjas?
E2: *Sí, tengo naranjas. / No, no tengo naranjas*
E1: *¿Me las traes? / ¿Me compras unas naranjas?*
E2: *Sí, te las traigo. / Sí, te las compro.*

1. sopa de pollo
2. huevos
3. mantequilla
4. lechuga

5. té
6. manzanas
7. jugo de naranja
8. pan

Segunda parte

¡Así es la vida!

En la cocina

Buenas noches, querida televidente. Ayer te enseñé a hacer un cóctel de camarones. Me imagino que anoche preparaste este delicioso plato. Hoy en el programa de *La tía Julia cocina* vamos a explicarte cómo hacer otro plato exquisito: el arroz con pollo. A continuación te voy a dar una de las mejores recetas.

Primero corta el pollo en pedazos pequeños y luego pon los pedazos en un recipiente. Añádeles a los pedazos jugo de limón y un poco de ajo picado.

Ahora calienta un poco de aceite de oliva en una cazuela, añade los pedazos de pollo y pon a freír el pollo a fuego medio. Añade una cebolla y un pimiento bien picados. Deja cocinar todo unos cinco minutos.

Añade una taza de salsa de tomate, una cucharadita de sal, una pizca de pimienta y azafrán, media taza de vino blanco y dos tazas de caldo de pollo. Deja cocinar todo unos cinco minutos más.

Añádele ahora dos tazas de arroz blanco a la cazuela. Revuelve todo bien y cuando vuelva a hervir (*it returns to a boil*), tapa la cazuela y deja cocinar todo a fuego lento unos veinticinco minutos.

Ya está listo el delicioso arroz con pollo. Sirve el arroz con pollo caliente y… ¡Buen provecho!

Aparatos y utensilios de la cocina

Las medidas (*Measurements*)

la cucharada	*tablespoon*
la cucharadita	*teaspoon*
el kilo	*kilogram*
el litro	*liter*
el pedazo	*piece*
la pizca	*pinch (of salt, pepper, etc.)*
la taza	*cup*

Actividades de la cocina

añadir	*to add*
batir	*to beat*
calentar (ie)	*to heat*
derretir (i, i)	*to melt*
echar	*to add; to throw in*
freír (i, i)[1]	*to fry*
hervir (ie, i)	*to boil*
hornear	*to bake*
mezclar	*to mix*
pelar	*to peel*
picar	*to cut, to slice*
prender	*to light; to turn on*
revolver (ue)	*to stir*
tapar	*to cover*
tostar (ue)	*to toast*
voltear	*to turn over*

Ingredientes y condimentos especiales

el aceite	*oil*
el ají; el chile	*hot pepper*
el azafrán	*saffron*
el cilantro	*coriander; cilantro*
el jugo de limón	*lemon juice*
el pimiento	*green pepper*
la salsa picante	*hot sauce*

Otras palabras y expresiones

a fuego alto/ medio/bajo	*on high/medium/ low heat*
aunque	*although*
el cucharón	*ladle*
la espátula	*spatula*
el molde	*baking pan*
picado/a	*chopped*
la receta	*recipe*

Expresiones adverbiales para hablar del pasado

anoche	*last night*
anteayer	*day before yesterday*
ayer	*yesterday*
el año (enero, febrero, etcétera) pasado	*last year (January, February, etc.)*
la semana pasada	*last week*

Repaso

el lavaplatos

---

[1] **frío, fríes, fríe, freímos, freís, fríen**

¡Escucha!

En la cocina con tía Julia. Escucha la preparación del flan, un postre muy popular en todo el mundo hispano. Indica los ingredientes, los utensilios y las acciones que Julia utiliza para preparar esta receta.

Ingredientes	Utensilios	Acciones
___ agua	___ cucharada	___ añadir
___ arroz	___ cucharadita	___ cortar
___ azúcar	___ licuadora	___ echar
___ huevos	___ molde	___ hornear
___ jugo de limón	___ recipiente	___ mezclar
___ leche condensada	___ sartén	___ pelar
___ leche evaporada	___ taza	___ servir
___ sal		
___ vainilla		

Practiquemos

6-20 En la cocina. Completa cada oración con la palabra correspondiente.

1. Voy a freír el pescado en…
2. Ella revuelve los huevos en…
3. Tú lavas los platos en…
4. Están tostando el pan en…
5. Hay una botella de agua en…
6. Preparamos el café en…
7. Cocino el arroz en…
8. Horneo el pastel en…

a. la cazuela
b. la cafetera
c. el refrigerador
d. el horno
e. la sartén
f. la tostadora
g. el recipiente
h. el fregadero

6-21 ¿Qué necesitas? ¿Qué necesitas para hacer las siguientes actividades? Completa las oraciones con palabras de **¡Así lo decimos!**

1. No tengo lavaplatos. Lavo los platos en _____.
2. Pongo el helado en _____ para mantenerlo frío.
3. ¡Tengo prisa! No tengo tiempo para usar el horno. Voy a usar _____.
4. Quiero preparar café. Voy a usar _____.
5. Para calentar el agua, pongo la cazuela en _____.
6. Quiero freír un huevo. Lo pongo en _____.
7. Mezclo los ingredientes para una torta en _____.
8. Voy a preparar un plato complicado. No recuerdo las instrucciones. Necesito

    _____.

Mario

6-22 ¿Qué hacen? Describe lo que hacen las personas en cada dibujo con expresiones de ¡**Así lo decimos!**

MODELO: *Mario pone el pollo en el horno.*

1. Lola

2. El señor Barroso

3. Dolores

4. Diego

5. Estela

6. Pilar

6-23 Una tortilla española. Ordena las instrucciones lógicamente para preparar una tortilla española.

Para preparar una tortilla española, ….

___ Bate los huevos con un poco de agua.

___ Añade sal y pimienta.

___ Mezcla los ingredientes en un recipiente.

___ Pica la cebolla.

___ Pon la sartén a fuego lento.

___ Pela las papas y córtalas en pedazos pequeños.

___ Voltea la tortilla y cocínala otros diez minutos.

___ Sírvela con pan francés, cerveza o una copa de vino.

___ Primero mira la receta.

___ Pasa todo a una sartén.

___ Fríelas en la sartén y sécalas en una servilleta de papel.

___ Cocínala por diez minutos.

[A][B] **6-24A El arroz con leche.** El arroz con leche es un postre muy conocido por todo el mundo hispano. Imagínate que tú tienes la lista de ingredientes y tu compañero/a tiene algunos de los ingredientes. Decidan qué ingredientes necesitan comprar.

MODELO: E1: *Necesitamos una taza de arroz.*
E2: *No tenemos arroz. Tenemos que comprarlo.*

INGREDIENTES:

1 taza de arroz
2 litros de leche
9 cucharadas de azúcar
2 huevos
corteza (*peel*) de 1 limón
1 palito (*stick*) de canela (*cinnamon*)
canela molida (*ground*)
una pizca de sal

Comparaciones...

La compra de la comida y la cocina chilena

La comida juega un papel (*role*) muy importante en el mundo hispano. Se puede decir que para los hispanos la comida desempeña (*serves*) una función social muy importante. Se dice que en los países hispanos se vive para comer, no se come para vivir. Cada región tiene sus especialidades o platos típicos.

Aunque los supermercados ya son muy populares, todavía es común ir al mercado dos o tres veces por semana para asegurarse (*to be sure*) de que los productos son frescos. El mercado típico es un edificio enorme y abierto, con tiendas (*shops*) pequeñas donde se vende todo tipo de comestibles (*food*). En el mercado hay tiendas especiales como carnicerías, pescaderías y fruterías. En cada barrio (*district*) también hay una panadería, una pastelería y una heladería.

Los mercados y las comidas típicas de cada región varían y dependen mucho de los productos disponibles en esa región. La cocina de Chile refleja la variedad topográfica del país. Debido a (*Due to*) su enorme costa, en Chile se comen muchos mariscos y pescado; también carnes diferentes, frutas frescas y verduras. Hay dos especialidades populares: **la parrillada**, que consiste en distintos tipos de carne, morcilla (*blood sausage*) e intestinos asados a la parrilla; y **el curanto**, que es un estofado (*stew*) de pescado, marisco, pollo, cerdo, carnero (*mutton*), carne y papas. El vino chileno es un gran vino.

La abundancia de pescado en Chile lo hace una parte importante de su cocina.

¡Vamos a comparar!

¿Por qué es común todavía ir al mercado dos o tres veces por semana? ¿Cómo es el mercado típico en el mundo hispano? ¿Cuáles son algunas tiendas especiales que hay en el mercado típico? Por lo general, ¿dónde se compra la comida en el Canadá y en los EE.UU.? ¿Hay mercados? ¿Qué productos se venden en los mercados? ¿Qué tiendas especializadas hay en el Canadá y en los EE.UU.? ¿Dónde compra tu familia la comida? ¿Cuántas veces por semana va de compras?

¡Vamos a conversar!

Conversen sobre las siguientes preguntas.

1. ¿Se comen muchos mariscos y pescado donde vives? ¿Qué comidas son populares?
2. ¿Hay una especialidad de la región donde vives? ¿Cuándo se come?
3. ¿Prefieres comprar la comida en un supermercado, en un mercado o en una tienda especializada? ¿Por qué?

¡Así lo hacemos!

¿Comieron suficiente?

Estructuras
3. The preterit of regular verbs

So far you have learned to use verbs in the present indicative, the present progressive, and the imperative form. In this chapter you will learn about the preterit, one of two simple past tenses in Spanish. In **Lección 9** you will be introduced to the imperfect, which is also used to refer to events in the past.

	-ar tom**ar**	**-er** com**er**	**-ir** viv**ir**
yo	tom**é**	com**í**	viv**í**
tú	tom**aste**	com**iste**	viv**iste**
él/ella, Ud.	tom**ó**	com**ió**	viv**ió**
nosotros/as	tom**amos**	com**imos**	viv**imos**
vosotros/as	tom**asteis**	com**isteis**	viv**isteis**
ellos/as, Uds.	tom**aron**	com**ieron**	viv**ieron**

♦ The preterit endings for the **-er** and **-ir** verbs are the same.

♦ The preterit forms for **nosotros** of **-ar** and **-ir** verbs are identical to the corresponding present tense forms. The situation or context of the sentence will clarify the meaning.

Siempre **hablamos** de recetas.　　*We always talk about recipes.*
La semana pasada **hablamos**　　*Last week we talked about your chicken*
　de tu receta de pollo.　　　*recipe.*

Vivimos aquí *ahora.*　　　*We live here now.*
Vivimos allí *el año pasado.*　　*We lived there last year.*

♦ Always use an accent mark in the final vowel for the first and third person singular forms of regular verbs, unless the verb is only one syllable.

Compré aceite de oliva.　　*I bought olive oil.*
Ana Luisa **prendió** el horno.　　*Ana Luisa turned on the oven.*

♦ All **-ar** and **-er** stem-changing verbs are regular in the preterit.

Generalmente **vuelvo** a casa a las cinco,　*I generally get home at five,*
　pero ayer **volví** a las seis.　　　　*but yesterday I got home at six.*
Usualmente, Jorge **almuerza** en la cafetería,　*Usually, Jorge has lunch in*
　pero el lunes **almorzó** en un restaurante.　　*the cafeteria, but on Monday*
　　　　　　　　　　　　　　　he had lunch in a restaurant.

♦ The preterit tense is used to report actions completed at a given point in the past and to narrate past events.

Gasté mucho dinero en comida.　*I spent a lot of money on food.*
Ayer **comimos** en la cafetería.　*Yesterday we ate at the cafeteria.*

Expansión

Los verbos terminados en *–car, -gar* y *-zar*

Verbs that end in **-car**, **-gar**, and **-zar** have the following spelling changes in the **first person singular** of the preterit[1]. All other forms of these verbs are conjugated regularly.

c → qu	buscar	yo **busqué**
g → gu	llegar	yo **llegué**
z → c	almorzar	yo **almorcé**

Bus*qu***é** el programa en la tele.	*I looked for the program on TV.*
Lle*gu***é** tarde a clase.	*I arrived late for class.*
Almor*c***é** poco hoy.	*I had little for lunch today.*

The following verbs follow this pattern as well.

abrazar	*to embrace*	**obligar**	*to force*
comenzar	*to begin*	**pagar**	*to pay*
empezar	*to begin*	**practicar**	*to practice*
explicar	*to explain*	**tocar**	*to touch; to play a*
jugar (a)	*to play*		*musical instrument*

Practiquemos

6-25 ¿Qué pasó ayer? Repite las frases de la parte **A**, substituyendo los sujetos indicados. Contesta afirmativamente a la parte **B**, y luego personalmente a la parte **C**, según tu propia experiencia.

MODELOS:

    A - Anoche *tomé* jugo con la comida. (él) Anoche *tomó* jugo con la comida.

    B - ¿Tomaron Uds. jugo anoche? *Sí, tomamos jugo.*

    C - ¿Qué tomaste anoche? *Tomé leche.*

1. Comprar

    A - *Compré* fruta para el almuerzo. (él, nosotros, Ana y María, ella, tú, Uds.)

    B - ¿Compraron Uds. fruta ayer? (tú, ella, nosotros, los estudiantes, Laura)

    C - ¿Compraste fruta en el supermercado? (¿leche? ¿carne? ¿algo más?)

2. Comer

    A - *Comí* pescado el domingo pasado. (ella, ellas, él, ellos, nosotros, tú, mis amigos)

    B - ¿Comieron Uds. pescado la semana pasada? (tú, ellas, nosotros, Juan, tu familia)

    C - ¿Qué comiste anoche? (¿ayer por la tarde? ¿esta mañana? ¿el domingo pasado?)

3. Salir

    A - *Salí* tarde de casa esta mañana. (ella, ellos, mi amiga, ellas, nosotros, yo)

    B - ¿Uds. salieron tarde esta mañana? (ellos, yo, tus amigos, nosotros, ella)

    C - ¿A qué hora saliste esta mañana? (¿ayer? ¿el lunes? ¿el sábado?)

---

[1] You have seen these spelling changes before, when you learned the formal commands. Notice that with the preterit, the final vowel is accented.

6-26 Una tortilla española. Conjuga los verbos en el pretérito para explicar cómo preparaste la tortilla.

MODELO: (escribir) _Escribí_ una lista.

Yo (1 salir) ___ para el mercado a las ocho. (2 Comprar) ___ seis huevos, dos cebollas y cinco papas. (3 Lavar: yo) ___ y (4 pelar) ___ las papas. (5 Cortar) ___ las papas y las cebollas en pedazos muy pequeños. (6 Echar) ___ un poco de aceite de oliva en una sartén. Lo (7 calentar) ___ y (8 cocinar) ___ las papas y las cebollas. (9 Batir) ___ los huevos en un plato. (10 Añadir) ___ un poco de sal y (11 echar) ___ los huevos a la sartén. (12 Revolver) ___ los ingredientes con la espátula. (13 Voltear) ___ la tortilla a los cinco minutos. (14 Preparar) ___ un plato con un poco de perejil (_parsley_) y les (15 ofrecer) ___ la tortilla a mis invitados.

6-27 Un restaurante inolvidable. Usa el pretérito de los verbos entre paréntesis para completar el párrafo.

El sábado pasado yo (1 visitar) _____ un restaurante que me (2 gustar) _____ mucho. Nosotros (3 encontrar) _____ el nombre del restaurante en la guía telefónica. Yo (4 llamar) _____ para hacer una reservación. Nosotros (5 salir) _____ a las siete de la noche y (6 llegar) _____ al restaurante a las siete y media. La comida estuvo (_was_) muy buena. Yo (7 comer) _____ pescado y mis amigos (8 comer) _____ arroz con pollo. Todos nosotros (9 tomar) _____ agua mineral y después, café. Para el postre, yo (10 seleccionar) _____ una ensalada de frutas. Cuando era (_was_) hora de salir, yo (11 buscar) _____ mi tarjeta de crédito, pero no la (12 encontrar) _____. Por eso, yo (13 lavar) _____ los platos por tres horas y (14 salir) _____ del restaurante a las dos de la mañana.

6-28 ¿Qué pasó? A/ Túrnense para preguntar si su compañero/a hizo estas actividades _anoche_.

MODELO: E1: _¿Cenaste en la cafetería anoche?_
E2: _Sí, cené en la cafetería. ¿Y tú?_
E1: _Cené en casa._

1 estudiar en la biblioteca
2. hablar por teléfono
3. visitar a tus amigos
4. escuchar música

5. limpiar tu cuarto
6. terminar la tarea
7. bañarte
8. acostarte tarde

B/ Ahora, pregúntale a tu compañero/a si hizo estas actividades _ayer_.

MODELO: E1: _¿Comiste en la cafetería ayer por la tarde?_
E2: _Sí, comí en la cafetería. ¿Y tú?_
E1: _Comí en casa._

1. beber algo para el almuerzo
2. volver a tu cuarto después
3. leer el periódico
4. dormir la siesta

5. salir para ir a clase
6. escribir mucho en la clase
7. aprender algo
8. ver la televisión después

6-29 ¿Qué hicieron Uds. ayer? Túrnense para describir sus actividades de ayer. Háganse preguntas cuando convenga.

MODELO: E1: Ayer _me desperté_ a las ocho.
E2: _Me levanté a las ocho y media._
E3: _Me lavé las manos y la cara en el baño._
E4: _Desayuné en la cocina / en la cafetería._

1. despertarse...
2. levantarse...
3. lavarse...
4. desayunar...
5. bañarse...
6. vestirse...
7. salir...
8. tomar el autobús / caminar...
9. llegar...
10. saludar...
11. escribir...
12. leer...
13. almorzar...
14. comer...
15. ver...

6-30A ¿Cuándo fue *(was)* **la última vez que...?** Primero, termina estas oraciones sobre las actividades que tú hiciste *(did)*. Luego, túrnense para hacer preguntas sobre estas experiencias.

MODELO: **E1:** *Anoche,* salí con *mi amiga Laura* al *cine*.
   E2: *¿Qué película viste?*
   E1: *Vi un drama argentino.*

1. _____ salí con _____ a _____.
2. _____ vi un programa de televisión sobre _____.
3. _____ cené con _____.
4. _____ cociné _____.

¿Qué película viste?	¿Quién pagó?
¿Te gustó?	¿Cuánto tiempo pasaste allí?
¿Bailaste mucho?	¿Qué ingredientes usaste?
¿Qué comiste/bebiste?	¿Dónde compraste la comida?
¿Cuánto costó?	¿....?

4. *Tú* commands

> ¡Échale más sal a la sopa!

In **Lesson 4**, you were introduced to the **formal** commands (**usted/ustedes**). The following chart shows the forms of several regular **informal** commands (**tú**).

Infinitive	Third person singular	Affirmative command
comprar	compra	**¡Compra!**
pensar	piensa	**¡Piensa!**
comer	come	**¡Come!**
volver	vuelve	**¡Vuelve!**
escribir	escribe	**¡Escribe!**
pedir	pide	**¡Pide!**
traer	trae	**¡Trae!**

◆ Most affirmative **tú** commands have the same form as the third-person singular of the present indicative.

Mezcla los huevos en el recipiente. *Mix the eggs in the bowl.*
Come más maíz. *Eat more corn.*
Escribe el nombre del vino. *Write the name of the wine.*

Infinitive	Present Indicative *Yo* Form	Stem	Negative Command
comprar	compro	compr-	**¡No compres!**
pensar	pienso	piens-	**¡No pienses!**
comer	como	com-	**¡No comas!**
volver	vuelvo	vuelv-	**¡No vuelvas!**
escribir	escribo	escrib-	**¡No escribas!**
pedir	pido	pid-	**¡No pidas!**
traer	traigo	traig-	**¡No traigas!**

◆ Negative **tú** commands of **-ar** verbs are formed by adding **-es** to the stem of the first person singular (**yo**) of the present indicative.

No peles las papas ahora. *Don't peel the potatoes now.*
No cortes la zanahoria todavía. *Don't cut the carrot yet.*
No cierres el horno. *Don't close the oven.*

◆ Most negative **tú** commands of **-er** and **-ir** verbs are formed by adding **-as** to the stem of the first-person singular (**yo**) of the present indicative.

No bebas todo el jugo. *Don't drink all the juice.*
No pidas más comida. *Don't ask for more food.*
No abras la ventana. *Don't open the window.*

◆ Verbs that end in **-car, -gar,** and **-zar** have spelling changes in the negative **tú** commands. You have seen these changes before in the formal commands and in the first person singular forms of the preterit.

No busques esa receta. *Don't look for that recipe.*
No pagues la cuenta. *Don't pay the bill.*
No empieces sin los niños. *Don't start without the children.*

Irregular informal (tú) commands

◆ The following verbs have irregular **affirmative** command forms.

decir	**di**	**Di** por qué.	*Tell (Say) why.*
hacer	**haz**	**Haz** la tortilla.	*Make the omelette.*
ir	**ve**	**Ve** a la cocina.	*Go to the kitchen.*
poner	**pon**	**Pon** la mesa.	*Set the table.*
salir	**sal**	**Sal** de aquí.	*Get out of here.*
ser	**sé**	**Sé** amable.	*Be nice.*
tener	**ten**	**Ten** paciencia.	*Be patient.*
venir	**ven**	**Ven** al mercado.	*Come to the market.*

◆ **Ir, ser,** and **estar** have irregular **negative** command forms as well.

No vayas al mercado. *Don't go to the market.*
No seas tonto. *Don't be foolish.*
No estés allí más de una hora. *Don't be there more than an hour.*

◆ As with the formal commands, attach pronouns to the affirmative command and place them in front of the negative command. Remember to accent the stressed syllable of the affirmative command.

Prepárame la cazuela.　　　*Prepare the casserole for me.*
No **le des** helado al bebé.　　*Don't give ice cream to the baby.*

Practiquemos

6-31 ¿Quién lo dice? Empareja estas órdenes con las personas que probablemente las dan.

1. ___ Haz la tarea para mañana.
2. ___ Cómprame un helado.
3. ___ No vuelvas a casa muy tarde.
4. ___ No dejes tu ropa en mi cama.
5. ___ Juega conmigo.
6. ___ Escribe los ejercicios.
7. ___ Limpia tu cuarto.
8. ___ No pongas la música muy alto; tengo que estudiar.
9. ___ No uses mi ropa sin pedir permiso.
10. ___ Ayúdame a preparar la cena.

a. tu mamá
b. tu hermano menor
c. tu compañero/a de cuarto
d. tu profesor/a de español

6-32 El gerente (*manager*) del restaurante. Eres gerente de un restaurante. Dale instrucciones a un/a camarero/a nuevo/a.

MODELO: buscar el menú del día
　　➥ *Busca el menú del día.*
　　no añadir más sillas a las mesas
　　➥ *No añadas más sillas a las mesas.*

1. no comer en el trabajo
2. poner los cubiertos en las mesas
3. ser amable con los clientes
4. estudiar el menú
5. no escribir mal los pedidos
6. servir rápidamente
7. escuchar bien a los clientes
8. limpiar las mesas
9. no hablar con los clientes
10. hacer todo enseguida
11. venir mañana domingo a trabajar
12. no llegar tarde al trabajo

6-33 ¡Ayúdame! Tú estás preparando una cena especial y le preguntas a tu compañero/a de cuarto cómo hacerlo.

MODELO: **E1:** ¿Compro vino?
　　　E2: *Sí, cómpralo./ No, no lo compres (todavía).*

1. ¿Preparo la paella ahora?
2. ¿Compro unas tazas nuevas?
3. ¿Caliento el aceite?
4. ¿Pongo copas en la mesa?
5. ¿Corto pan?
6. ¿Saco los refrescos del refrigerador?
7. ¿Hago la ensalada ahora?
8. ¿Traigo más fruta?
9. ¿Pico las cebollas?
10. ¿Frío el pescado a fuego alto?

6-34 ¡Hazlo! ¡No lo hagas! Túrnense para dar órdenes a tu compañero/a que tiene que cambiar afirmativo a negativo y vice versa.

MODELO: **E1:** *Cierra la ventana.*
　　　E2: *No cierres la ventana.*

hablar	llamar	comer
escribir	poner	venir
salir	ir	buscar
dormir	volver	servir
repetir	perder	pensar

6-35 ¿Te gusta cocinar? Explica tu receta favorita a tu compañero/a que tiene que escribirla. ¡Pruébala esta noche!

MODELO: E1: *Para preparar una ensalada, necesitas una lechuga, …*
E2: *¿Lavo la lechuga?*
E2: *Sí, lávala. Después, toma dos tomates…*

6-36 ¿Qué cocinamos esta noche? En su grupo, busquen recetas interesantes y decidan qué van a cocinar para la cena esta noche. ¿Algo fácil o complicado? ¿Carne, pollo o pescado? ¿Van a preparar una sopa o una ensalada? ¿Les gusta comer postre?

(comida chilena)
http://www.nacionesunidas.com/chile/recetas/segundos.htm

(comida mexicana)
http://mexico.udg.mx/cocina/cocinamex.html

Observaciones

Toño Villamil y otras mentiras, Episodio 6

6-37 Manolo. En este episodio conocemos a Manolo, un amigo de Toño. Lee su autodescripción y contesta brevemente las preguntas en español.

Hola, soy Manolo. Soy mexicano; nací (*I was born*) en Malinalco. Mis padres vinieron aquí de Italia en 1960 y construyeron una casa pequeña en el pueblo. Mi padre abrió un restaurante italiano, pero luego decidió especializarse en comida mexicana. Después de muchos años, mis padres construyeron una casa mucho más grande y elegante en el campo. Es allí donde vivo yo con mi esposa, Elena, y mis dos hijos, Samuel y Carmelita. Mi trabajo en el restaurante es duro; las horas son largas, pero somos felices aquí. Cuando cocino, me gusta cantar, especialmente ópera. Mi especialidad es la cocina mexicana: arroz, frijoles, carne... pero a veces cocino algo diferente, como la tortilla española. No uso receta porque la tortilla no es muy complicada: huevos, aceite, cebollas, papas y un poco de sal. Mi amigo Toño cena aquí mucho, porque la comida es buena, barata y a Toño no le gusta cocinar. Ayer le cociné arroz con pollo y se lo serví con una ensalada. A ver qué pide hoy...

1. ¿Dónde nació Manolo? ¿Dónde nacieron sus padres?
2. ¿Qué tipo de restaurante abrió su padre?
3. ¿Dónde vivieron ellos primero? ¿Dónde vivieron después?
4. ¿Cuál es la especialidad de Manolo?
5. ¿Qué otro plato sabe preparar?
6. ¿Qué pidió Toño la última vez?
7. En tu opinión, ¿qué va a pedir esta vez?

6-38 Toño se pone nervioso. Mira el sexto episodio de *Toño Villamil y otras mentiras* donde vas a ver a Toño ponerse muy nervioso. Luego, completa las siguientes oraciones.

1. En la casa, Toño tiene...
   a. sed.
   b. prisa.
   c. que usar el baño.

2. Cuando salen de la casa, Lucía tiene que...
   a. limpiar la cocina.
   b. ordenar la sala.
   c. cerrar la puerta.

3. En el restaurante, Toño...
   a. le pide ayuda a Manolo.
   b. ayuda a Manolo en la cocina.
   c. le presenta Lucía a Manolo.

4. Lucía le dice a Isabel que cree que Toño es...
   a. el hombre de sus sueños.
   b. bastante aburrido.
   c. buen cocinero.

5. Manolo le prepara a Lucía...
   a. un postre que tiene huevos, azúcar y leche.
   b. la especialidad de la casa.
   c. un plato español.

6. Mañana, Lucía va a visitar...
   a. las iglesias de Malinalco.
   b. un sitio arqueológico.
   c. a la familia de Toño.

La tortilla mexicana es muy diferente de la española.

WWW. 6-39 Un restaurante mexicano. Conéctate con la página electrónica de *¡Arriba!* (**www.prenhall.com/arriba**) para conocer un restaurante en México. Contesta las preguntas a continuación.

1. ¿Cómo se llama?
2. ¿Dónde está?
3. ¿Cuáles son algunas de sus especialidades?
4. ¿Cuándo está abierto los fines de semana?
5. ¿Te parece un restaurante elegante o familiar?
6. ¿Qué plato pides tú en este restaurante? ¿Por qué?

6-40 En tu opinión. Imagínate que Lucía y Toño se casan. ¿Qué hay en el menú para su banquete?

Chile: Un país de contrastes

6-41 ¿Qué sabes tú? Trata de identificar y/o explicar las siguientes cosas.

1. la capital de Chile
2. una cordillera de montañas (*mountains*) importantes
3. una región muy seca
4. una novelista chilena
5. un producto agrícola chileno
6. los países en la frontera de Chile
7. su clima
8. una industria importante

Por sus 10.000 kms. de costas, la industria pesquera es sumamente importante en Chile. No sólo en los restaurantes se puede disfrutar de una variedad de pescado y mariscos, sino también se exportan por todo el mundo.

PERÚ

Arica•

Iquique•

Calama.

Antofagasta.

CHILE

OCÉANO
PACÍFICO

Copaipó•

Coquimbo.

Valparaíso. ⊛
    Santiago

Islas de Juan
Fernández
(Ch.)   Concepción.

Temuco•

Puerto Montt

Puerto Aisén•

En el extremo sur del continente americano, en medio de la legendaria Patagonia y junto al Estrecho de Magallanes, se encuentra Punta Arenas, una de las ciudades más próximas al polo sur.
Punta Arenas
http://www.puntaarenas.cl/

Punta Arenas•

Isabel Allende es una de las novelistas contemporáneas más importantes de las Américas. Es pariente del ex-presidente Salvador Allende, y se exilió después de su derrocamiento (*overthrow*). Aunque hoy en día vive en los EE.UU., todavía escribe muchos cuentos en español que luego se traducen al inglés. Una de sus primeras novelas, *La casa de los espíritus*, fue llevada al cine y en ella actuó Meryl Streep.
Isabel Allende
http://www.isabelallende.com/index.htm

El clima templado del valle central es ideal para el cultivo de frutas y verduras, muchas de las cuales se exportan a los EE.UU. y al Canadá durante el invierno norteamericano. El vino chileno es uno de los mejores del mundo.

Desde junio hasta octubre se puede disfrutar de los deportes de invierno en los Andes chilenos. El Parque Nacional Vicente Pérez Rosales, dominado por el volcán Osorno, es un lugar popular para hacer excursiones y esquiar.
Parques de Chile
http://www.viajeporchile.cl/destinos/parques_chile.htm

Se dice que el desierto de Atacama, en el norte de Chile, es el más seco del mundo. Aunque carece de (*it lacks*) vida, la región es rica en minerales, y es aquí donde se mina el nitrato de sodio para la producción de fertilizantes y explosivos. La minería de otros minerales, especialmente del cobre, es importante también.
Desierto de Atacama
http://www.nortetrekking.com/infoatacam.htm

BRASIL

PARAGUAY

URUGUAY

OCÉANO ATLÁNTICO

Islas Malvinas

6-42 ¿Dónde? Identifica un lugar o unos lugares en el mapa de Chile donde puedes encontrar las siguientes cosas.

1. industria pesquera
2. industria minera
3. producción de vino
4. deportes invernales
5. la sede del gobierno

6. parques nacionales
7. volcanes
8. temperatura alta
9. temperatura baja

6-43 ¿Cierto o falso? Indica si las siguientes oraciones son **ciertas** o **falsas**. Si son falsas, explica por qué.

1. Chile es una nación estrecha y larga.
2. En el extremo norte de Chile hace mucho frío.
3. Chile es un país bastante próspero.
4. El presidente de Chile es Salvador Allende.
5. Punta Arenas se encuentra en una región árida.
6. En el Parque Nacional Vicente Pérez Rosales, puedes nadar en el lago y esquiar en la nieve.
7. La mayoría del pescado de la industria pesquera se consume en Chile.
8. Isabel Allende vive en Santiago.

6-44 Recomendaciones. Háganles recomendaciones a personas que piensan viajar a Chile. Recomiéndenles lugares para visitar según sus intereses.

MODELO: Quiero estudiar mineralogía.
➡ *¿Por qué no vas al desierto Atacama? Allí hay minas de cobre y otros minerales.*

1. Quiero estudiar ecología.
2. Me gusta escalar montañas.
3. Deseo visitar el palacio presidencial.

4. Estudio agricultura.
5. Me gustan los mariscos.
6. Quiero observar los pingüinos.

WWW. **6-45 Investigar.** Investiga uno de los siguientes temas o individuos y prepara un informe para presentárselo a la clase.

1. Augusto Pinochet
2. Pablo Neruda
3. Isabel Allende

4. el turismo en Chile
5. las Islas de Pascua
6. Gabriela Mistral

Ritmos

"Tren al sur" (Los prisioneros, Chile)

Esta canción del grupo chileno Los prisioneros, que cuenta de un viaje al sur, también puede ser una metáfora de los cambios que se producen en la vida.

Antes de escuchar

6-46 Los símbolos. En **Páginas,** vas a leer un poema de Pablo Neruda y vas a aprender sobre los símbolos y la personificación en la poesía. "Tren al sur" es un ejemplo de cómo la letra de una canción se puede considerar poesía. Antes de escuchar la canción, completa el cuadro siguiente.

	¿Cómo es?	¿Qué simboliza?
1. un tren		
2. tu corazón (heart)		
3. un olor (smell)		

En tu opinión, ¿se puede personificar un tren, el corazón o un olor? ¿Cómo?

A escuchar

6-47 Tren al sur. Ahora escucha la canción y completa las palabras que faltan en algunas de las estrofas (*stanzas*) siguientes.

olor   corazón   ferrocarril (*railway*)

Tren al sur

Siete y media en la mañana
el asiento toca la ventana
estación central segundo carro
del (1) _____ que me llevará al sur

Ya estos fierros (hierros) van andando
Y mi (2)_____está saltando
porque me llevan a las tierras
donde al fin podré de nuevo
respirar adentro y hondo alegrías del corazón

y no me digas pobre por ir viajando así
no ves que estoy contento
no ves que estoy feliz

Doce y media en la mañana el (3) _____se mete en la ventana
Son flores y animales
Que me dicen bienvenido al sur

[...]

6-48 Símbolos. Vuelve a escuchar la canción y contesta las preguntas siguientes. Después compara tus respuestas con las de tus compañeros/as.

◆ ¿Cómo son el tren, el corazón del narrador y el olor de la canción?
◆ ¿Qué simbolizan?
◆ ¿Están personificados? ¿Cómo?

Después de escuchar

6-49 Viaje en tren. Imagínate que vas a hacer un viaje en tren al sur de Chile y que necesitas ayuda de un/a amigo/a. Contesta las siguientes preguntas sobre este viaje imaginario usando los pronombres de complemento directo e indirecto.

MODELO: Tú: ¿Me compras el boleto para el viaje de tren?
        Tu amigo: Sí, **te lo** *compro.*

1. ¿Me preparas la comida para el viaje?
2. ¿Me enseñas la estación de tren?
3. ¿Me dices las horas de salida y llegada?
4. ¿Me buscas el asiento en el tren?

Páginas

"Oda a la manzana", Pablo Neruda (1904-1973), Chile

El poeta chileno Pablo Neruda es uno de los poetas más importantes del siglo XX. Por su labor política, fue honrado por Rusia con el Premio Lenin de la Paz, y por su obra literaria, con el Premio Nobel de Literatura en 1971. Siempre amante de lo bello y lo simple, escribió no sólo poemas de amor, sino también odas sencillas. En la película italiana, *Il Postino* (*The Postman*) vemos cómo la poesía cambia la vida de un humilde (*humble*) habitante de la región de Italia donde Neruda vivió por un tiempo. Aunque la historia de la película es ficción, nos ayuda a apreciar el poder de la poesía. La oda que sigue fue publicada en 1956.

Los símbolos. Even the simplest poetry often includes symbols and personification. If you were to write a poem about an apple, how would you describe it? What might it symbolize? Can you think of what kind of person an apple would be? Make a list of everything that occurs to you when you think of an apple, its physical, symbolic, and personified representations. (Your list may be in Spanish, English, or both.) Then, as you read Neruda's poem, compare your description with his.

lo físico   lo simbólico   lo personificado

Oda a la manzana

A ti, manzana,
quiero
celebrarte
llenándome
con tu nombre
la boca
comiéndote.

Siempre
eres nueva como nada
o nadie,
siempre
recién caída⁰   *fallen*
del Paraíso:
¡plena
y pura
mejilla arrebolada⁰   *blushing cheek*
de la aurora⁰!   *dawn*

Qué difíciles
son
comparados
contigo
los frutos de la tierra
las celulares uvas
los mangos
tenebrosos,⁰   *gloomy*
las huesudas⁰   *bony*
ciruelas, los higos⁰   *plums, figs*

submarinos:
tú eres pomada⁰ pura,   *cream*
pan fragante
queso
de la vegetación.

Cuando mordemos⁰   *we bite*
tu redonda inocencia
volvemos
por un instante
a ser
también creadas criaturas:
aún tenemos algo de manzana.

Yo quiero una abundancia
total, la multiplicación
de tu familia,
quiero
una ciudad,
una república
un río Mississippi
de manzanas,
y en sus orillas⁰   *banks*
quiero ver
a toda la población
del mundo
unida, reunida,
en el acto más simple de la tierra⁰   *earth*
mordiendo una manzana.

_____

6-50 La música de la poesía. Lee la oda en voz alta, línea por línea, pausando para saborear (*savour*) la delicia de la manzana.

_____

6-51 Lo físico, lo simbólico, lo personificado. Completa la descripción que hace el poeta para cada uno de estos componentes. ¿Cuáles de éstos te sorprenden?

1 lo físico: _____

2. lo simbólico: _____

3. lo personificado: _____

¡Escucha!

¿Otro Neruda? Escucha las siguientes descripciones de comidas a ver si puedes adivinar qué representan. Identifica los objetos con el número de la descripción correspondiente.

MODELO: Amigo mío… fiel amigo de las mañanas de tostadas… de las tardes en bocadillo… compañero de mesa en las cenas… de masa a miga te quiero…
➥ *el pan*

___ el jugo de naranja   ___ el plátano   ___ la langosta
___ la cebolla   ___ el huevo   ___ la lechuga

Taller

Una reseña de un restaurante

Puedes encontrar reseñas de restaurantes en el periódico o en una revista culinaria. La reseña te ayuda a decidir si te interesa visitar el restaurante. Lee la reseña a continuación para ver la información que se incluye.

1. **Idea.** Busca un restaurante chileno en el Internet. Inventa una visita y escribe una reseña del restaurante, describiendo dónde se encuentra, lo que se come allí, y por qué lo recomiendas o no lo recomiendas.

   http://www.restaurantes.cl/
   http://www.gochile.cl/Food_s/FoodEntQry.asp

2. **Preguntas.** Contesta las siguientes preguntas para organizar tus ideas.

   ¿Cuántos tenedores tiene   ¿Dónde está?
     (1-económico 5-caro)?   ¿Cuáles son sus especialidades?
   ¿Tiene alguna cocina en especial?   ¿Tiene música?
   ¿Cómo es su ambiente?   ¿Qué comiste cuando lo visitaste?
   ¿Cómo es el servicio?   ¿Cuánto costó?
   ¿Qué te gustó o no te gustó?   ¿Se aceptan reservaciones?
   ¿Se puede ir vestido informalmente?   ¿Cuál es tu recomendación?
   ¿Cuál es su número de teléfono?

3. **Organización.** Escribe un párrafo basado en tus respuestas y el modelo.

4. **Revisión.** Revisa tu reseña para verificar los siguientes puntos.

   ❏ el uso del pretérito
   ❏ la concordancia de adjetivos y sustantivos
   ❏ la ortografía

5. **Intercambio.** Intercambia tu reseña con la de un/a compañero/a. Mientras leen las reseñas, hagan comentarios y sugerencias sobre el contenido, la estructura y la gramática.

6. **Entrega.** Pasa tu reseña en limpio, incorporando las sugerencias de tu compañero/a, y entrégasela a tu profesor/a.

🍴🍴🍴 EL SANTIAGO

Restaurante de cocina chilena, se encuentra en el centro de la ciudad, cerca de los teatros y la ópera. Entre sus especialidades se incluyen ceviche (pescado crudo "cocido" en jugo de limón); tapas (tortilla española, queso, calamares), corvina fresca preparada a gusto y los mejores vinos chilenos. Cada noche a partir de las 9:00, Los Chavales (grupo musical del norte de Chile) toca música andina. El lugar es hermoso con varios patios y pequeñas mesas alrededor de una fuente[1] en medio. Las pequeñas luces que decoran los árboles y las plantas contribuyen al ambiente[2] romántico. El servicio es bueno, aunque no excepcional (esperamos media hora para recibir nuestras tapas), pero el ambiente y la música compensaron la demora.[3] Cuando por fin nos llegó la comida, valió la pena[4] esperar. La cuenta para dos personas, que incluyó tapas, comida, una botella de vino tinto, postre y propina, no llegó a $75. Les recomendamos este lindo restaurante para una ocasión especial, o para una cena después del teatro. Se aceptan reservaciones llamando al 555-4876.

[1] *fountain*   [2] *atmosphere*   [3] *delay*   [4] *it was worth the trouble*

Lección

7 ¡A divertirnos!

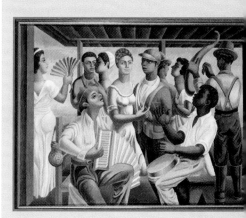

Merengue del artista dominicano Jaime González Colson detalla (*depicts*) los colores y el ritmo de este baile popular las islas caribeñas.

Primera parte

¡Así es la vida!

El fin de semana

Escena 1

Karen, Ricardo, Linnette y Scott estudian en la Universidad de Puerto Rico. Es sábado por la mañana. Karen y su novio Ricardo no saben qué van a hacer y están leyendo algunos anuncios que aparecen en el centro estudiantil de la universidad.

Ricardo: Oye, Karen. ¿Por qué no vamos al partido de básquetbol?

Karen: No sé. Hoy hace buen tiempo y no quiero estar dentro de un gimnasio.

Ricardo: Tienes razón. ¿Qué tal si vamos a la feria internacional?

Karen: No, ya fui ayer y estuve varias horas. Pero, mira, allí están Scott y Linnette. Vamos a ver qué piensan hacer ellos.

Escena 2

Karen: Hola. ¿Qué hay de nuevo? ¿Piensan hacer algo divertido hoy?

Linnette: Nada de particular, pero hoy es un día perfecto para ir a la playa. Hace sol y mucho calor. ¿Por qué no vamos a Luquillo a nadar en el mar y después hacemos un pícnic?

Ricardo: ¡Magnífico! ¡Es una estupenda idea!

Scott: Yo hago los sándwiches.

Linnette: No, mejor los hago yo. Tú los hiciste la última vez.

Scott: Entonces, yo voy a comprar los refrescos.

Karen: ¿Y quién trae la sombrilla?

Ricardo: Yo la traigo y la pongo en mi coche.

Linnette: No, mejor dásela a Scott y así la pone en nuestro coche. Tenemos más espacio allí.

Escena 3

Scott y Linnette llegan a la playa y se sientan en la arena a esperar a Ricardo y a Karen.

Linnette: ¡Qué bonito está el mar!

Scott: ¡Fabuloso! Está ideal para nadar.

Linnette: Oye, Scott. ¿Dónde está la bolsa con los trajes de baño? No la vi en el coche. ¿Se la diste a alguien?

Scott: ¡Ay, no! La dejé en la residencia de estudiantes.

Linnette: No vamos a poder nadar en el mar.

Scott: ¡Qué mala suerte!

Linnette: No importa, mi amor; lo importante es estar con nuestros amigos.

¿Qué tiempo hace? (*What's the weather like?*)

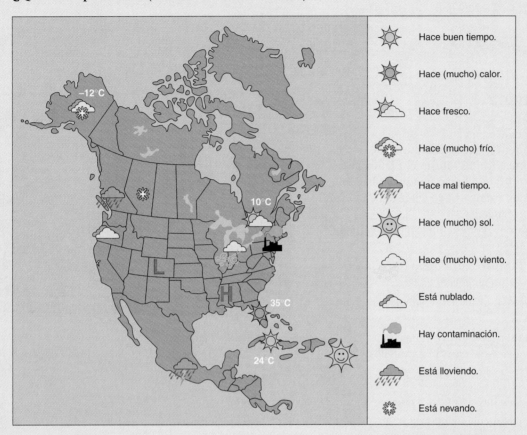

Hace buen tiempo.	
Hace (mucho) calor.	
Hace fresco.	
Hace (mucho) frío.	
Hace mal tiempo.	
Hace (mucho) sol.	
Hace (mucho) viento.	
Está nublado.	
Hay contaminación.	
Está lloviendo.	
Está nevando.	

Actividades para el fin de semana

hacer una excursión	*to take a (day) trip/ excursión; to take a tour*
hacer un pícnic	*to have a picnic/snack*
...una merienda	
ir a un partido	*to go to a game/ concert/club*
...un concierto	
...una discoteca	
nadar en el mar	*to swim in the sea*
pasarlo bien	*to have a good time*

Opiniones y sugerencias (*suggestions*)

Es un día perfecto para...	*It's a perfect day for...*
¿Qué piensan hacer hoy?	*What are you planning to do today?*
¿Qué piensas?	*What do you think?*
¿Qué te parece?	*(How do you feel about that?)*
¿Qué crees?	
¿Qué tal si...?	*What if...?*

Otras palabras y expresiones

el boleto	*ticket (for an event or for transportation)*
el pronóstico	*forecast*
Está despejado.	*It's (a) clear (day).*
Hay neblina.	*It's foggy.*
tocar	*to play (a musical instrument)*

Para la playa

la sombrilla
el traje de baño
la toalla
el hielo
la heladera
la bolsa

WWW. El tiempo: http://ar.weather.yahoo.com

¡Escucha!

A. El pronóstico del tiempo. Escucha el pronóstico del tiempo que se da en la radio para esta semana. Luego, completa la información a continuación. Puedes escuchar más de una vez, si quieres.

ciudad: _____   pronóstico para hoy: _____

siglas (*call letters*) de la
  emisora de radio: _____   _____

fecha: _____   pronóstico para mañana: _____

estación del año: _____   _____

tiempo de ayer: _____   una actividad que puedes hacer mañana:

_____   _____

_____

AB **B. ¿Qué tiempo hace hoy?** Conversen sobre el tiempo. Túrnense para contestar estas preguntas y hacer una pregunta original.

1. ¿Qué tiempo hace hoy?

2. ¿Qué tiempo hace aquí en la primavera?

3. ¿Te gusta cuando hace calor?

4. ¿Hay mucha neblina o contaminación en esta ciudad?

Practiquemos

7-1 ¿Qué hacer? Algunos amigos están haciendo planes para el fin de semana. Completa las oraciones con una palabra o expresión de **¡Así lo decimos!**

MODELO: No quiero tomar sol. ¿Hay *sombrillas* en la playa?

1. Queremos ir a escuchar música. Vamos a un ___.

2. Hace buen tiempo. ¿Por qué no vamos al parque, llevamos sándwiches y hacemos un ___?

3. Hoy hace sol. Vamos a hacer una ___ a Luquillo.

4. Los refrescos están en la ___.

5. El sábado va a hacer mucho calor. ¿Por qué no vamos a nadar en ___?

6. El domingo hay un ___ de básquetbol en el gimnasio.

7. ¡Qué feo! Hace muy mal tiempo: está ___ y hay mucha ___.

8. Si hace mal tiempo, es un día perfecto para ___.

7-2 El tiempo. Describe el tiempo que hace en los dibujos, usando expresiones de **¡Así lo decimos!**

1.

2.

3.

4.

5.

7-3 El Caribe en abril. Túrnense para contestar las preguntas basadas en el mapa meteorológico.

MODELO: **E1:** ¿Qué tiempo hace en Mayagüez?
E2: *Hace sol. Está despejado.*

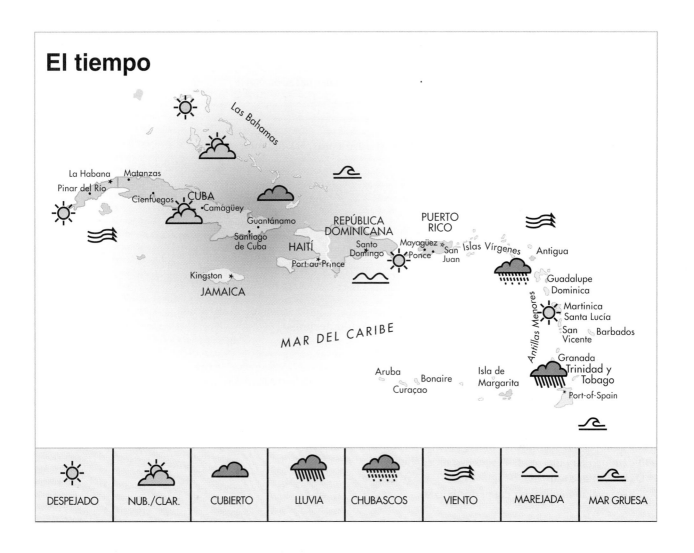

El tiempo

1. Si quieres visitar un lugar donde hace sol, ¿adónde vas?
2. ¿En qué parte hace fresco?
3. ¿Qué tiempo hace en la capital de la República Dominicana?
4. ¿Dónde hace muy mal tiempo?
5. ¿Dónde está lloviendo?
6. ¿Qué tiempo hace en La Habana?
7. ¿Qué ciudad quieres visitar y por qué?

7-4 La entrada. Aquí tienes entradas para una función en Puerto Rico. Contesta las siguientes preguntas. Luego decide si te interesa asistir.

1. ¿Qué hay en el Auditorio Santa Cruz?
2. ¿En qué ciudad es la función?
3. ¿Qué tipo de función es?
4. ¿En qué parte del auditorio es el baile?
5. ¿A qué hora es la función? ¿Qué día?
6. ¿Cuánto es la entrada para el baile?
7. ¿Qué bailes van a presentar?
8. ¿Te interesa asistir? Explica.

¡NUESTRO BAILE! MI TAÍNO

BF PR

Seis Chorreao, Bamba, Plena, Seis De Los Palitos, Danza, Lanceros ¡y más!

BAILE FOLKLÓRICO DE PUERTO RICO	$30.00

AUDITORIO SANTA CRUZ

SALA D	3 ECO

22.30	14-V-04 DOMINGO	FILA	17	N.º	42

Ayuntamiento de San Juan

7-5 Una invitación. Túrnense para hacer y responder a invitaciones. Traten de extender la conversación lo más posible. Pueden usar expresiones de la lista.

Es un día perfecto para…	¿Qué crees?
¿Qué piensas hacer hoy?	¿Qué piensas?
¿Qué te parece?	¿Qué tal si…?

1. Tienes dos entradas para un concierto. Dale información a tu compañero/a sobre quiénes tocan, la fecha, la hora, el lugar, etcétera.
2. Hace buen tiempo y deseas nadar en la playa o en una piscina.
3. No tienes que trabajar hoy y quieres hacer una excursión.
4. Hace muy mal tiempo pero no quieres pasar todo el día viendo la televisión.

7-6 El clima. Hablen del clima en varios lugares del mundo durante diferentes meses del año. Hablen de por lo menos seis lugares.

MODELO: E1: *¿Qué tiempo hace en enero en Santo Domingo?*
E2: *En enero probablemente hace sol y calor.*

7-7A ¿Qué te gusta hacer cuando…? Túrnense para preguntarse qué les gusta hacer en diferentes climas. Anoten y resuman las respuestas.

MODELO: E1: *¿Qué te gusta hacer cuando está nevando?*
E2: *Me gusta esquiar.*

Algunas actividades

dar un paseo/una fiesta	dormir una siesta
esquiar en la nieve/en el agua	hacer un pícnic/una fiesta
invitar a los amigos	ir a un partido/al cine/a la playa
leer una novela/el periódico	nadar en una piscina/en la playa
tomar el sol/un refresco	ver una película/un concierto/ la televisión

¿Qué te gusta hacer cuando…

1. hace calor?
2. está lloviendo?
3. hace frío en la playa?
4. hace fresco?
5. está nevando?
6. hace buen tiempo?

7-8 Una invitación. Presenten las escenas a continuación. Traten de mantener la conversación por varios minutos.

1. Invita a tu amigo/a a un concierto. Él/Ella no tiene mucho interés en asistir y tú tienes que convencerlo/la de que va a ser una experiencia magnífica.

2. Estás en la playa y te das cuenta (*you realize*) de que no tienes algo que necesitas. Tu amigo/a te quiere ayudar.

3. ¡Quieres hacer algo verdaderamente extravagante! Tu amigo/a quiere acompañarte pero no tiene mucho dinero.

4. Eres el profesor o la profesora de esta clase y los estudiantes quieren tener la clase afuera, al aire libre. Trata de convencerlos de que es mejor continuar la clase adentro (*inside*).

Comparaciones...
La vida social de los hispanos

A los hispanohablantes les gusta disfrutar de (*to enjoy*) la vida y dedicar mucho tiempo a las actividades recreativas. Generalmente estas actividades son de tipo social y ocurren por la noche: visitar a la familia y a los amigos íntimos; salir en grupo al cine, al teatro, a un concierto, a dar un paseo por el parque; ir a un partido de fútbol, béisbol o básquetbol; o simplemente quedarse (*to stay*) en la casa para ver la televisión o para jugar juegos de mesa, como la canasta o el ajedrez (*chess*) con la familia. Durante el fin de semana muchas familias de la clase media se pasan el día en el club social, donde los padres y los hijos se reúnen (*get together*) con sus respectivos amigos para participar en actividades deportivas o para jugar juegos de azar (*games of chance*).

A estas personas les encanta jugar canasta.

¡Vamos a comparar!

¿Con quién disfrutas tú de las actividades recreativas? ¿Con tus padres? ¿Con tus hermanos? Con tus amigos, ¿qué haces para pasar el tiempo? ¿Cuáles son algunas diferencias entre los pasatiempos de los hispanos y los pasatiempos de los canadienses?

¡Vamos a conversar!

Pon estas actividades en orden de interés y compara tu lista con la de un/a compañero/a. Si hay diferencias de gustos, expliquen por qué.

___ dar un paseo
___ salir con la familia
___ leer una novela
___ ir al cine
___ ver la televisión

___ jugar juegos de azar
___ ir a una discoteca
___ salir con los amigos
___ practicar deportes
___ ¿... ?

¡Así lo hacemos!

Estructuras

1. Verbs with irregular preterit forms (I)

Irregular Preterit Forms					
	ser/ir	**estar**	**tener**	**dar**	**hacer**
yo	**fui**	**estuve**	**tuve**	**di**	**hice**
tú	**fuiste**	**estuviste**	**tuviste**	**diste**	**hiciste**
él/ella, Ud.	**fue**	**estuvo**	**tuvo**	**dio**	**hizo**
nosotros/as	**fuimos**	**estuvimos**	**tuvimos**	**dimos**	**hicimos**
vosotros/as	**fuisteis**	**estuvisteis**	**tuvisteis**	**disteis**	**hicisteis**
ellos/as, Uds.	**fueron**	**estuvieron**	**tuvieron**	**dieron**	**hicieron**

◆ The verbs **ser** and **ir** have the same forms in the preterit. The context of the sentence or the situation will clarify the meaning.

| ¿Sabes?, nuestros abuelos también **fueron** jóvenes. | *You know, our grandparents were also young.* |
| **Fuimos** al centro a dar un paseo. | *We went downtown for a walk.* |

◆ Note that **estar** and **tener** have the same irregularities in the preterit.

| **Estuve** en la feria internacional. | *I was at the international fair.* |
| Gloria **tuvo** que salir temprano del partido. | *Gloria had to leave the game early.* |

◆ The preterit forms of **dar** are the same as for regular **-er** and **-ir** verbs. However, since the first and third persons have only one syllable, they do not require an accent mark. The same is true of **ver**.

| Víctor me **dio** una película excelente. | *Victor gave me an excellent movie.* |
| **Vi** a Alicia en el partido. | *I saw Alicia at the game.* |

◆ **Hacer** changes the stem vowel from **a** to **i**, and the **c** to **z** in the third person singular.

| **Hice** una merienda estupenda ayer. | *I made a great snack yesterday.* |
| **Hizo** mucho frío anoche en el concierto. | *It was very cold last night at the concert.* |

Practiquemos

7-9 Anoche. Repite las frases de la parte **A**, sustituyendo los sujetos indicados. Contesta afirmativamente a la parte **B**, y luego personalmente a la parte **C**, según tu propia experiencia.

MODELOS:

> **A** - Anoche *estuve* en casa. (él) Anoche *estuvo* en casa.
>
> **B** - ¿Estuvieron Uds. en casa anoche? *Sí, estuvimos en casa anoche.*
>
> **C** - ¿Estuviste en casa anoche? *Sí, estuve en casa. / No, no estuve en casa.*

1. Hacer

> **A** - Anoche *hice* la tarea después de cenar. (ellas, nosotros, mi amigo, tú, los chicos)
>
> **B** - ¿Hicieron Uds. la tarea después de cenar? (ella, él, ellas, tú, tus amigos, nosotros)
>
> **C** - ¿Hiciste la tarea después de cenar? ¿Qué tarea hiciste anoche? ¿Dónde la hiciste?

2. Tener

> **A** - *Tuve* que preparar un ensayo. (ella, él, nosotros, ellos, tú, Uds.)
>
> **B** - ¿Tuvieron Uds que preparar un ensayo? (ella, nosotros, tu amiga, tú, ellos)
>
> **C** - ¿Tuviste que preparar un ensayo? ¿Qué otra tarea tuviste que hacer anoche?

3. Dar

> **A** - Luego *di* un paseo por el parque. (ellos, ella, mis amigas, nosotros, tú, Uds.)
>
> **B** - ¿Dieron Uds. un paseo por el parque? (él, ella, ellos, nosotros, tú, las chicas, yo)
>
> **C** -¿Diste un paseo por el parque? ¿Por la universidad? ¿Por el centro? ¿Con quiénes?

4. Ir

> **A** - *Fui* al centro anoche. (él, ella, ellos, nosotros, tú, Uds., María)
>
> **B** - ¿Fueron Uds. al centro anoche? (tú, ella, él, ellos, las chicas, nosotros, yo)
>
> **C** - ¿Fuiste al centro anoche? ¿Adónde fuiste? ¿Con quiénes? ¿Qué hicieron Uds.?

7-10 En la discoteca. Completa el párrafo con la forma correcta del pretérito de cada verbo entre paréntesis.

El fin de semana pasado mis amigos y yo (1 ir) _____ a una discoteca donde (2 tener) _____ que hacer cola. Por fin un agente nos (3 dar) _____ las entradas. Los músicos (4 ser) _____ muy buenos, así que (5 nosotros: estar) _____ bailando por horas. En el restaurante nos (6 ellos: hacer) _____ unas fajitas que (7 estar) _____ excelentes. (8 Ser) _____ una noche muy divertida. Al salir de la discoteca (9 nosotros: ir) _____ al parque donde (10 dar) _____ un paseo.

7-11 La semana pasada. Túrnense para hacerse preguntas sobre sus actividades de la semana pasada.

MODELO: jugar al béisbol

> **E1:** *¿Jugaste al béisbol?*
>
> **E2:** *Sí, jugué al béisbol. (No, no jugué al béisbol.)*

estar en clase todos los días	dar un paseo	ir a un partido	salir con los amigos
tener problemas con el coche	hacer (*to take*) un viaje	ver una película	empezar un trabajo importante
hacer mucha tarea	pagar las cuentas	hacer un pícnic	llegar tarde a clase
tener que trabajar mucho	ir a una discoteca	jugar al tenis	darle un regalo a un/a amigo/a

2. Indefinite and negative expressions

Afirmativo		Negativo	
algo	*something, anything*	**nada**	*nothing, not anything*
alguien	*someone, anyone*	**nadie**	*nobody, no one*
algún,	*any, some*	**ningún,**	*none, not any*
alguno/a(s)		**ninguno/a**	
siempre	*always*	**nunca, jamás**	*never*
también	*also, too*	**tampoco**	*neither, not either*
o... o	*either... or*	**ni... ni**	*neither... nor*

◆ In Spanish, verbs are positive unless they are made negative through the use of **no** or a negative expression. There can be more than one negative expression (a double or triple negative) in a single sentence in Spanish. When **no** is used in a sentence, a second negative (e.g., **nada, nadie, ningún**) can either immediately follow the verb or be placed at the end of the sentence.

No fuimos **nunca** a la playa con Esteban.	*We never went to the beach with Esteban.*
No le di la bolsa a **nadie**.	*I didn't give the bag to anyone.*

◆ When the negative expression precedes the verb, **no** is omitted.

Nunca fuimos a la playa con Esteban.	*We never went to the beach with Esteban.*
Nadie me dio la bolsa.	*No one gave the bag to me.*

◆ The expressions **nadie** and **alguien** refer only to persons and require the personal **a** when they appear as direct objects of the verb.

No vi **a nadie** en el agua.	*I didn't see anyone in the water.*
¿Viste **a alguien** especial anoche en la discoteca?	*Did you see someone special last night at the club?*

◆ The adjectives **alguno** and **ninguno** drop the **-o** before a masculine singular noun in the same way that the number **uno** shortens to **un**. Note the use of a written accent when the **-o** is dropped.

Ningún amigo vino al partido.	*No friend came to the game.*
¿Te gusta **algún** tipo de refresco?	*Do you like any type of soft drink?*

◆ **Ninguno** is almost always used in the singular form.

¿Quedan **algunas** entradas?	*Are there any tickets left?*
No, no queda **ninguna** entrada.	*No, there aren't any tickets left.*
¿Encontraste los regalos?	*Did you find the gifts?*
No, no encontré **ningún** regalo.	*No, I didn't find any gifts.*

◆ Once a sentence is negative, all other indefinite words are also negative.

No conseguí **ningún** boleto para **ninguno** de los partidos.	*I didn't get any tickets for any of the games.*
Lucía **no** conoce a **nadie tampoco**.	*Lucía doesn't know anybody either.*
No voy a traer **ni** refrescos **ni** sándwiches para **nadie**.	*I'm not bringing either refreshments or sandwiches for anyone.*

Practiquemos

7-12 No. Completa estas respuestas con expresiones negativas.

MODELO: ¿Hay alguien en el coche? No, no hay *nadie* en el coche.

1. ¿Tienes algo en la mano? No, no tengo _____ en la mano.
2. ¿Yo tengo algo en la mano? No, no tienes _____ en la mano _____.
3. ¿Ves a alguien en la calle? No, no veo a _____ en la calle.
4. ¿Hay algún cubano en la clase? No, no hay _____ cubano en la clase.
5. ¿ Tienes alguna entrada para el concierto? No, no tengo _____ entrada para el concierto.
6. ¿Ves alguna mochila en el piso? No, no veo _____ mochila en el piso.
7. ¿Tú conoces a alguno de mis amigos? No, no conozco a _____ de ellos.
8. ¿Vienes siempre en autobús a la universidad? No, no vengo _____ en autobús.

7-13 ¡No quiero hacer nada! Imagínense que uno/a de ustedes no quiere hacer nada hoy. Cuando el/la otro/a haga las siguientes preguntas, respondan con expresiones negativas.

MODELO: E1: ¿Vas a llamar a alguien?
　　　　　E2: *No, no voy a llamar a nadie.*

1. ¿Vas a visitar a alguien?
2. ¿Vas a ver algún programa esta noche?
3. ¿Vas a estudiar o vas a escuchar música?
4. ¿Vas a escribirle una carta a algún amigo?
5. ¿Vas a cenar con alguien?
6. ¿Vas a leer algo?
7. ¿Vas a ver alguna película?
8. ¿Vas a ir a algún concierto?

7-14A ¡Contéstame! Conversen sobre sus planes. Túrnense para contestar estas preguntas. Háganse una pregunta original también.

MODELO: E1: ¿Siempre acompañas a tus padres cuando van al cine?
　　　　　E2: *Sí, siempre los acompaño. / No, no los acompaño nunca.*

1. ¿Siempre vas a la playa en el verano?
2. ¿Tienes algunos invitados en tu casa este fin de semana?
3. ¿Conoces algún buen parque en esta ciudad?
4. ¿Tienes que hacer algo importante hoy?
5. ¿Siempre te gusta dar un paseo cuando hace buen tiempo?
6. ¿Te gusta salir con algún/alguna amigo/a especial?

7-15 Una entrevista. Entrevístense para saber algo de sus gustos. Usen las expresiones *siempre, a veces, casi nunca* y *nunca* en sus respuestas.

MODELO: ver muchas películas de ciencia ficción

        E1: *¿Ves muchas películas de ciencia ficción?*

        E2: *¡Siempre! Soy muy aficionado/a a las películas de ciencia ficción.*

Algunas actividades

dar paseos en el invierno	ver películas extranjeras
ir a un partido los sábados	hacer un pícnic en el verano
ir a una discoteca con los amigos	ir a conciertos de música rock
salir con los amigos los viernes	gustar los días de lluvia

7-16 En resumen. Resume la información de la entrevista en la **Actividad 7-15.** Incluye las opiniones de tu compañero/a y las tuyas, también. ¿Es tu compañero/a un/a estudiante típico/a de esta universidad? ¿Son muy diferentes sus opiniones?

¡Así es la vida!

Los deportes

María Ginebra Rojas (dominicana)
Como se sabe, es muy bueno hacer ejercicio todos los días. Durante el verano, cuando hace calor, juego al tenis y practico ciclismo. En el invierno, cuando hace fresco, me gusta nadar en la piscina de mi club. Mi deportista favorita es la tenista dominicana, Mary Jo Fernández.

Daniel Betancourt Ramírez (cubano)
Soy entrenador de un equipo de fútbol
de niños. En los últimos años este deporte se juega más en Cuba, aunque el béisbol es el deporte más popular. Yo les enseño a mis jugadores a ser agresivos y disciplinados. Cuando ellos juegan bien, los animo gritando: "¡Arriba!", "¡Buena jugada!", "¡Qué pase!" No me caen bien los árbitros, pero respeto sus decisiones. Yo pude ir a ver partidos de la Copa Mundial (*World Cup*) un año. ¡Espero ver a uno de mis jugadores en la Copa Mundial algún día!

Leopoldo Cobb Antúnez (puertorriqueño)
Practico vólibol y béisbol. Aunque se dice que el deporte más popular es el fútbol, mi deporte favorito es el béisbol. Soy jardinero (*outfielder*) derecho del equipo de la universidad. No soy estrella, pero generalmente bateo bastante bien. La temporada de la liga de béisbol puertorriqueña es de noviembre a enero. Mi héroe es Carlos Delgado, que juega al béisbol para el equipo de Toronto de la Liga Americana. Quise ir a Toronto para verlo jugar este año, pero no pude porque me enfermé.

Alejandra Sánchez Sandoval (puertorriqueña)
Hay deportes que me gustan mucho y hay otros que no. Me fascina el tenis porque es un deporte rápido pero no me gusta el golf porque para mí es lento y muy aburrido. La semana pasada conocí en la universidad a un tenista que me llevó a un partido y me gustó mucho. En otra ocasión tuve una mala experiencia cuando fui con un amigo a una pelea de boxeo. ¡Qué violento es ese deporte! Aunque no entiendo el hockey, encontré emocionante un juego que vi en la televisión ayer.

¡Así lo decimos!

Algunos términos deportivos (*sporting*)

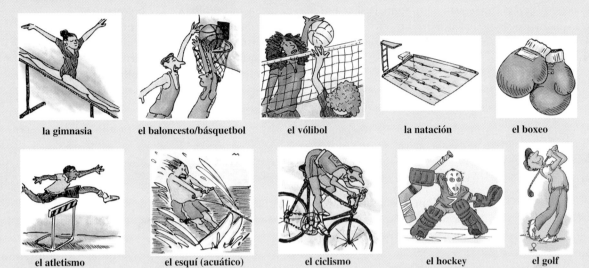

la gimnasia el baloncesto/básquetbol el vólibol la natación el boxeo

el atletismo el esquí (acuático) el ciclismo el hockey el golf

Algunos términos deportivos

el/la aficionado/a	*fan*
el árbitro	*referee*
el/la atleta	*athlete*
el balón	*ball*
...de básquetbol	*basketball*
...de fútbol	*soccer ball*
...de vólibol	*volleyball*
el bate	*bat*
la bicicleta	*bicycle*
el campo	*playing field*
...de béisbol	*baseball field*
...de fútbol	*soccer field*
...de golf	*golf course*
la cancha	*court, playing field*
...de básquetbol	*basketball court*
...de tenis	*tennis court*
el/la entrenador/a	*coach, trainer*
el equipo	*team; equipment*
los esquís	*skis*
la estrella	*star*
el guante	*glove*
la jugada	*play (in/of a game)*
el monopatín	*skateboard*
el palo	*club; stick*
...de golf	*golf club*

...de hockey	*hockey stick*
los patines	*skates*
...en línea	*in-line skates*
la pelota	*ball*
...de béisbol	*baseball*
...de tenis	*tennis ball*
la pista	*track*
...de atletismo	*running track*
...de esquí	*ski run*
...de hielo	*ice rink*
la raqueta	*racket*
la temporada	*season*

Actividades deportivas

animar	*to encourage; to cheer*
batear	*to bat*
competir (i, i)	*to compete*
correr	*to run*
empatar	*to tie (the score)*
entrenar	*to train*
esquiar (esquío)	*to ski*
ganar	*to win*
gritar	*to shout*
hacer ejercicio	*to exercise*
patear	*to kick*
patinar	*to skate*

Expansión

Los deportistas

Generalmente identificamos a la persona que participa en un deporte con el sufijo **–ista**. Otro sufijo posible es **–dor/a**. Una persona que practica deportes es **deportista** o **jugador/a**. ¿Qué practican los siguientes deportistas?

baloncestista/ basquetbolista	**futbolista**
nadador/a	**boxeador/a**
beisbolista	**gimnasta**
esquiador/a	**tenista**
ciclista	**patinador/a**
	volibolista

¡Escucha!

Los deportes. Escucha a Raquel y a Tomás mientras hablan de sus intereses en los deportes. Indica qué frases le corresponden a cada uno. Si una frase no le corresponde a ninguno, marca ninguno.

	Raquel	Tomás	Ninguno
jugar al béisbol	_____	_____	_____
ver los partidos de fútbol	_____	_____	_____
jugar al tenis	_____	_____	_____
practicar gimnasia	_____	_____	_____
practicar atletismo	_____	_____	_____
ver el boxeo	_____	_____	_____
ser campeón/campeona (*champion*)	_____	_____	_____
ser entrenador/a	_____	_____	_____
esquiar	_____	_____	_____
ver la natación en los Juegos Olímpicos	_____	_____	_____

Practiquemos

7-17 Los deportes. ¿Con qué deportes asocias estos términos deportivos?

MODELO: el bate, el guante, la pelota
➡ *el béisbol*

1. los patines, el palo, el hielo _____
2. el balón, patear, el campo _____
3. la raqueta, la pelota, la cancha _____
4. el traje de baño, el agua, la piscina _____
5. los esquís, la nieve, la pista _____
6. el balón, el árbitro, el gimnasio _____
7. la bicicleta, el entrenador, la pista _____
8. la pelota, el palo, el campo _____

7-18 Los deportistas. Identifica a los/las deportistas e indica lo que están haciendo en los dibujos.

MODELO: *La gimnasta está practicando gimnasia.*

1.　　　　　　　　　　2.　　　　　　　　　　3.

4.　　　　　　5.

7-19 Excusas. Emilio detesta hacer ejercicio pero le gustan los deportes. Usa el vocabulario de **¡Así lo decimos!** para completar su conversación con Ana.

Ana: Emilio, ¿por qué no practicas deportes?

Emilio: Bueno…, el (1) ___ es emocionante, pero tienes que correr mucho. Me gusta el béisbol, pero no me gusta (2) ___ la pelota. El (3) ___ es violento y tienes que ser muy fuerte. Además, los (4) ___ son caros. El hockey me gusta, pero no sé (5) ___ bien. El fútbol es interesante, pero no sé (6) ___ el (7) ___.

Ana: Si no te gustan los deportes violentos ¿por qué no practicas algo como el tenis o el (8)___?

Emilio: No tengo (9) ___ y no me gusta la nieve.

Ana: ¿Y el (10) ___?

Emilio: Pues, es estupendo, pero no nado bien y siempre tengo mucho miedo. No tengo (11) ___ para practicar ciclismo. Y la (12) ___es difícil para mí porque no soy ágil.

7-20 Un partido. Túrnense para contestar las preguntas sobre el anuncio. Luego, decidan si quieren asistir al partido.

1. ¿Qué pasa hoy?
2. ¿A qué hora es?
3. ¿De dónde son los equipos?
4. ¿Cómo se llaman los equipos?
5. ¿Dónde van a jugar los equipos?
6. ¿Quieres ir?

Campeonato Nacional de Béisbol

H **Y**　**ALMENDARES (LA HABANA)**
VS.
CIENFUEGOS (CIENFUEGOS)

Hora: 7:00 PM
Lugar: Estadio Nacional
Boletos: Un peso

7-21A Entrevista. Túrnense para pedir más información sobre los gustos de su compañero/a. Expliquen sus respuestas. Vocabulario útil: **¿Qué...?, ¿Cuál es...?, ¿Cómo es...?**

MODELO: deportes que practicas

    E1: *¿Qué deportes practicas?*

    E2: *Practico gimnasia y natación porque...*

1. tu deporte favorito
2. ¿por qué?
3. el equipo que más te gusta
4. ¿por qué?
5. tu jugador/a favorito/a
6. la descripción de él/ella

7-22 Consejos. Explíquense cómo se sienten y pidan consejos sobre lo que deben hacer. Pueden aceptar o rechazar los consejos, pero es necesario dar excusas si no los aceptan.

MODELO: **E1:** *Estoy aburrido/a. ¿Qué hago?*

    E2: *¿Por qué no das un paseo?*

    E1: *No. No me gusta salir de noche.*

    E2: *Bueno, yo voy contigo. ¿Está bien?*

Estoy/Me siento...

impaciente	cansado/a	nervioso/a	de mal humor
aburrido/a	triste	emocionado/a	tenso/a

Sugerencias

comprar entradas para un partido	hacer un pícnic	dar un paseo
jugar al tenis	escuchar música	trabajar en la biblioteca
hacer la tarea	visitar una librería	ir a la playa/un concierto

Reacciones

¡fabuloso!	no me gusta(an)...	¡ideal!	¡qué buena idea!
no me importa	¡qué mala idea!	no quiero porque...	tienes razón
no puedo porque...	¡vamos!		

7-23 Un sondeo *(poll)***.** Haz una lista de ocho deportes en una tabla como la siguiente. Luego, hazles preguntas a tus compañeros/as para saber cuántos aficionados a cada deporte hay, cuántos lo practican y la popularidad de cada deporte. Luego, compara tu cuadro con el de un/a compañero/a.

	el deporte	el número de aficionados	el número de deportistas	escala de popularidad
MODELO:	*el boxeo*	̶H̶H̶ ̶H̶H̶ II	II	5

7-24 En mi tiempo libre. Escribe un párrafo de por lo menos cinco oraciones. Explica cómo te gusta pasar el tiempo libre. Usa algunas de las siguientes palabras para desarrollar *(develop)* tus ideas.

pero	porque	cuando	si	y	aunque

MODELO: *Me gusta pasar tiempo con mi amigo Roberto porque él es mi mejor amigo. A Roberto le fascina el tenis, pero él no lo practica mucho. Prefiere verlo en la televisión. Cuando estoy con él, nos interesa ver a Serena Williams porque ella es muy buena. Mi deporte favorito es el golf, pero no lo juego muy bien.*

Comparaciones...

Carlos Delgado, el célebre beisbolista puertorriqueño de los Azulejos (*Blue Jays*) de Toronto

Carlos Delgado nació el 25 de junio de 1972 en Aguadilla, Puerto Rico, un tranquilo pueblo costeño que está a unas dos horas de San Juan. En 1988 los Azulejos de Toronto contrataron a "Carlitos" a los dieciséis años. Todavía estaba en la escuela superior donde, además del béisbol, se destacaba (*he excelled*) en tales deportes como el vólibol y el atletismo. Delgado empezó su carrera en las Grandes Ligas en 1993 a los veintiún años pero durante esa temporada participó en sólo dos partidos. En 1996 se convirtió en el primera base del equipo y poco a poco demostró que iba a ser uno de los mejores bateadores de la liga. Durante su carrera en Toronto, Delgado ha acumulado varios récords personales pero su hazaña más notable ocurrió el 26 de septiembre de 2003 cuando bateó cuatro jonrones en un solo partido, algo que han conseguido sólo quince jugadores en la historia de las Grandes Ligas. El primer jonrón fue el número 300 de su carrera. Después del partido, Delgado comentó que "definitivamente que es el mejor día de mi carrera. Tengo que reconocer que estaba muy emocionado. Me sentía como flotando en las nubes". Como recuerdo de ese día tan especial, le regaló una de las cuatro pelotas a su madre. Durante la temporada de invierno de béisbol, Carlos Delgado sigue viviendo en Aguadilla, a unos diez minutos de la casa de sus padres. Cuando está en Toronto, sus pasatiempos favoritos incluyen el yoga y el jazz, y le gustan los buenos restaurantes y el teatro. Sin embargo, hay que señalar que a Carlos Delgado le importa tanto el bienestar (*well-being*) de los niños que dedica gran parte de su tiempo libre ocupándose de su fundación benéfica, *Extra Bases*, a la cual hace un donativo anual de $100.000 para ayudar a los niños menos privilegiados en el Canadá, los Estados Unidos y Puerto Rico. Además, visita lo más posible las instituciones que reciben la ayuda de su fundación y organiza congresos y talleres para apoyar los deportes para amateurs y las instalaciones de los jóvenes.

Aquí vemos a Carlos Delgado en Toronto.

¡Vamos a comparar!

¿Crees que Carlos Delgado se acostumbró bastante fácilmente a la vida canadiense? ¿Qué aspectos crees que fueron los más difíciles para él? ¿Por qué crees que vuelve en septiembre a Aguadilla, Puerto Rico para pasar la temporada de invierno? ¿Crees que le importan mucho la familia y los jóvenes? ¿Hay otros jugadores de béisbol que admiras? ¿Por qué?

¡Vamos a conversar!

Conversen sobre los salarios que reciben los mejores jugadores de los equipos canadienses del béisbol, del hockey y del básquetbol. ¿Se justifican estos salarios tan altos? ¿Qué deportistas canadienses reciben pequeños salarios o no reciben ninguno? ¿Deben recibir más dinero del gobierno canadiense?

¡Así lo hacemos!

Estructuras

3. Verbs with irregular preterit forms (II)

¿Dónde pusiste el balón?

	poder	poner	saber	decir	venir	traer
yo	pude	puse	supe	dije	vine	traje
tú	pudiste	pusiste	supiste	dijiste	viniste	trajiste
él/ella, Ud.	pudo	puso	supo	dijo	vino	trajo
nosotros/as	pudimos	pusimos	supimos	dijimos	vinimos	trajimos
vosotros/as	pudisteis	pusisteis	supisteis	dijisteis	vinisteis	trajisteis
ellos/as, Uds.	pudieron	pusieron	supieron	dijeron	vinieron	trajeron

◆ The preterit forms of **poder, poner,** and **saber** have a **u** in the stem. (See also **estar** → **estuve** and **tener** → **tuve** on p. 217.)

Pude ir a la piscina.	*I was able to go to the pool.*
¿**Pusiste** la toalla allí?	*Did you put the towel there?*
Supimos quién ganó enseguida.	*We found out (learned about) who won right away.*

◆ The preterit form of **hay** (from the verb **haber**) is **hubo,** for both singular and plural.

Ayer **hubo** un partido de fútbol en el estadio.	*Yesterday there was a football game in the stadium.*
Hubo más de 50.000 espectadores.	*There were more than 50,000 spectators.*

◆ The preterit of **venir** has an **i** in the stem. Other verbs conjugated similarly in the preterit are: **decir** → **dije** and **querer** → **quise.** (See also **hacer** → **hice** on p. 217.)

Vinimos para esquiar en el mar.	*We came to ski in the sea.*
El entrenador le **dijo** la verdad al equipo.	*The coach told the truth to the team.*
Quise ir al partido contigo, pero no pude.	*I tried to go with you to the game, but I wasn't able to.*

◆ Since the stem of the preterit forms of **decir** and **traer** ends in **j,** the third-person plural form of these verbs ends in **-eron,** not **-ieron.**

Los futbolistas di**jeron** cosas buenas del entrenador.	*The soccer players said good things about the coach.*
Me tra**jeron** los esquís que pedí.	*They brought me the skis that I asked for.*

Expansión

Significados especiales en el pretérito

Certain Spanish verbs have different meanings when used in the preterit.

	Present	**Preterit**
conocer	*to know*	*to meet someone (the beginning of knowing)*
poder	*to be able (have the ability)*	*to manage (to do something)*
no poder	*to not be able (without necessarily trying)*	*to fail (after trying) (to do something)*
querer	*to want*	*to try*
no querer	*to not want*	*to refuse*
saber	*to know*	*to find out, to learn*

Chucho **conoció** a una tenista muy experta.	*Chucho met an expert tennis player.*
Supimos que el boxeador estaba muy grave.	*We learned that the boxer was in very serious condition.*
Quisimos ganar, pero no **pudimos**.	*We tried to win, but we failed.*

Practiquemos

7-25 Hoy. Repite las frases de la parte **A**, sustituyendo los sujetos indicados. Contesta afirmativamente a la parte **B**, y luego personalmente a la parte **C**, según tu propia experiencia.

MODELOS:
> **A** - Hoy *vine* temprano a la universidad. (ella) Hoy *vino* temprano.
> **B** - ¿Vinieron Uds. temprano hoy? *Sí, vinimos temprano hoy.*
> **C** - ¿Viniste temprano hoy a la universidad? *Sí, vine temprano.*

1. Traer
> **A** - *Traje* mi mochila a clase hoy. (ella, él, ellos, nosotros, Ana, tú, las chicas)
> **B** - ¿Trajeron Uds. su mochila a clase hoy? (él, ella, ellas, tú, tus amigos, nosotros, yo)
> **C** - ¿Trajiste tu mochila a clase hoy? ¿Qué más trajiste? ¿Trajiste tu almuerzo?

2. Poner
> **A** - *Puse* la mochila en el piso. (ellas, él, ella, nosotros, ellos, tú, Uds., Ana y María)
> **B** - ¿Pusieron Uds. la mochila en el piso? (él, ella, ellos, nosotros, tu amiga, tú, Juan, yo)
> **C** - ¿Pusiste la mochila en el piso? ¿Dónde pusiste tu chaqueta? ¿tu libro? ¿tu bolígrafo?

3. Poder
> **A** - No *pude* terminar la tarea para hoy. (él, ellos, ella, mis amigas, nosotros, tú, Uds.)
> **B** - ¿Pudieron Uds. terminar la tarea para hoy? (él, ella, ellos, nosotros, tú, yo, las chicas)
> **C** - ¿Pudiste terminar la tarea para hoy? ¿Por qué?

4. Saber
> **A** - *Supe* hoy que mañana hay examen. (nosotros, ellos, ella, él, los estudiantes, tú, Uds., María)
> **B** - ¿Supieron Uds. hoy que mañana hay examen? (tú, ella, él, ellos, las chicas, yo, nosotros)
> **C** - ¿Supiste hoy que mañana hay examen? ¿Qué más supiste hoy?

5. Decir

    A - Hoy no *dije* nada en clase. (ellos, él, ella, ellas, tú, yo, Uds., nosotros)

    B - ¿Uds. no dijeron nada en clase? (tú, yo, los estudiantes, nosotros, él, las chicas)

    C - ¿Hoy no dijiste nada en clase? ¿Dijo mucho el/la profesora? ¿Y los otros estudiantes?

7-26 Un partido. Completa el artículo que escribe un periodista con el pretérito de los verbos regulares e irregulares entre paréntesis.

Hoy (1 ser) _____ el último partido de la Serie Caribeña entre la República Dominicana y Puerto Rico. Los aficionados (2 venir) _____ al estadio con grandes expectativas pero había (*there were*) tantos espectadores que no (3 poder) _____ entrar todos. Muchos padres (4 traer) _____ a sus hijos que (5 ponerse) _____ muy contentos cuando (6 ver) _____ a sus jugadores favoritos. El equipo dominicano (7 ganar) _____ 4 a 3 y al final del partido el entrenador me (8 decir) _____ que fue el partido más emocionante de la serie.

Querido diario:

Anoche Manolo y yo (1 tener) _____ mucha suerte porque yo (2 poder) _____ comprar boletos para un buen concierto de baile folklórico. El concierto (3 ser) _____ en el estadio de Mayagüez. Nosotros (4 salir) _____ de la casa a las siete y media y (5 llegar) _____ al estadio a las ocho en punto. El concierto no (6 empezar) _____ hasta las nueve pero así Manolo y yo (7 poder) _____ encontrar unos buenos asientos para el espectáculo. Al entrar en el estadio, Paco (8 ir) _____ a comprar un programa y yo le (9 dar) _____ dinero para comprarme uno también. Cuando los músicos (10 salir) _____ al escenario, todo el mundo (11 aplaudir) _____. Durante el concierto (12 hacer) _____ mucho calor en el estadio pero todos nosotros (13 bailar) _____ hasta el final del concierto. Luego, nosotros (14 volver) _____ a casa a recordar la emoción de esa noche.

Bueno, esto es todo por hoy. La semana próxima vamos a un concierto de rock.

7-27 Un concierto memorable. Completa la entrada en el diario de Encarnación usando el pretérito de los verbos regulares e irregulares entre paréntesis.

7-28 Pero ayer… Completa las oraciones indicando por qué ayer fue un día excepcional. Usa pronombres de complemento directo cuando sea apropiado.

MODELO: Siempre **hago** ejercicio antes de salir para la clase, pero ayer…

Siempre hago ejercicio antes de salir para la clase, pero ayer no lo hice.

1. Siempre **puedo** hablar con el entrenador, pero ayer…

2. Todas las mañanas **estamos** en el gimnasio, pero ayer…

3. El árbitro siempre **dice** la verdad sobre las jugadas, pero ayer…

4. Todos los días mis padres **quieren** asistir a los partidos, pero ayer…

5. Todas las tardes los deportistas **hacen** gimnasia, pero ayer…

6. Generalmente, los aficionados **se ponen** contentos, pero ayer…

7. Generalmente, mis amigos **quieren** comprar palomitas de maíz (*popcorn*), pero ayer…

8. Casi nunca **sé** quién gana el partido, pero ayer…

A B **7-29A El año pasado.** Túrnense para contestar estas preguntas y hacer una pregunta original. Luego, comparen sus preguntas y respuestas.

MODELO: **E1:** ¿Conociste a alguien interesante el año pasado?

        E2: *Sí, conocí a…*

1. ¿Aprendiste mucho este año?

2. ¿Tuviste clases difíciles?

3. ¿Fuiste a todas tus clases a tiempo?

4. ¿Alguna vez hiciste la tarea en clase?

5. ¿Le dijiste "Buenos días" al/a la profesor/a al llegar a clase?

6. ¿… ?

4. Impersonal and passive *se*

El *se* impersonal para expresar *people, one, we, you, they*

The pronoun **se** may be used with the third person singular form of a verb to express an idea without attributing it to anyone in particular. These expressions are equivalent to English sentences that have impersonal subjects such as *people, one, we, you,* and *they.*

Se dice que ganar por primera vez da mucho placer.	*People say that winning for the first time is very pleasing.*
¿**Se puede** jugar al tenis aquí?	*Can one (Can you) play tennis here?*
Se anuncia el resultado de la competición de atletismo.	*They're announcing the results of the track and field competition.*

El *se* pasivo

The pronoun **se** may also be used with the third person singular or plural form of the verb as a substitute for the passive voice in Spanish. In these expressions, the person who does the action is not identified, because in most cases the speaker is making a general reference. Use **se** + *the third person singular* when the noun acted upon is singular, and **se** + *the third person plural* when the noun is plural.

Se vende comid**a** en el estadio.	*Food is sold in the stadium.*
Se pierden much**as** pelot**as** de golf en el agua.	*A lot of golf balls are lost in the water.*
Se practican vari**os** deport**es** en nuestra universidad.	*Several sports are played at our university.*

Practiquemos

7-30 Algunos deportes canadienses. ¿En qué estaciones se practican estos deportes en el Canadá?

MODELO: *Se practica el golf / Se juega al golf en el verano.*

el atletismo	el esquí acuático	el hockey
el básquetbol	el fútbol	la natación
el béisbol	la gimnasia	el tenis
el ciclismo	el golf	el vólibol

Gran concierto de Baile Folklórico Puertorriqueño
Seis Chorreao
Bomba • Plena • Seis De Los Palitos • Danza • Y más...

Venga y vea el espectáculo
Sábado 13 de octubre
a las ocho de la noche
entradas e información 555-9898

7-31 Un concierto al aire libre. Aquí tienes información sobre un concierto de música caribeña. Completa el párrafo con el **se** impersonal o el **se** pasivo. Ten cuidado de usar la forma correcta de los verbos entre paréntesis.

Si usted quiere asistir a un concierto de música caribeña este fin de semana, le damos la bienvenida a este gran concierto de música folklórica puertorriqueña. (1 Decirse) _____ que este concierto es uno de los mejores del mundo. Para comprar sus boletos, la taquilla (2 abrirse) _____ a las nueve de la mañana y (3 cerrarse) _____ a las ocho de la noche. Además, (4 ofrecerse) _____ una variedad de precios. (5 Recibirse) _____ un descuento si (6 comprarse) _____ más de cinco boletos. En el concierto (7 oírse) _____ la música más típica de Puerto Rico. Además, (8 venderse) _____ programas con bellas fotos de los músicos. Después del concierto, (9 poderse) _____ pasear por los jardines, tomar una copa de champán y conocer a algunos de los músicos.

A B **7-32A ¿Se hace...?** Pregúntense si se hacen las siguientes cosas.

MODELO: batear con un guante en el béisbol
> **E1:** *¿Se batea con un guante en el béisbol?*
> **E2:** *No, no se batea con un guante. Se batea con un bate.*

patinar sobre la nieve en el esquí	jugar al tenis con un palo
correr mucho en el rugby	practicar el atletismo en el gimnasio
necesitar árbitro en el vólibol	patear la pelota en el golf

7-33 ¿Qué se hace? Hagan comentarios impersonales sobre las actividades que se hacen en los siguientes lugares.

MODELO: *Se nada en la piscina.*

el gimnasio	la universidad
el campo	la cafetería
la cancha	el laboratorio de lenguas
el estadio	la biblioteca
las montañas	la clase de español
la playa	el centro estudiantil

WWW. **7-34 ¿Les gusta el fútbol?** El fútbol es un deporte muy popular en los países hispanohablantes. En su grupo, busquen información sobre la próxima Copa Mundial, dónde va a ser y qué países van a participar.

http://www.fifa.com/es/index.html
http://fifaworldcup.yahoo.com/06/es/

Observaciones

7-35 Isabel. En este episodio volvemos a ver a Isabel. Aquí tienes más información sobre ella.

Hola. Soy Isabel Mejías. Soy estudiante de arqueología mexicana y me especializo en iglesias coloniales. Soy de Guadalajara, una linda ciudad cerca de la costa del océano Pacífico. (Es el lugar donde se originaron los mariachis.) Estudio en la Universidad de Guadalajara, que tiene un programa importante de estudios coloniales. Iba (*I was going*) a la Ciudad de México cuando perdí el autobús y tuve que parar en Malinalco por una semana. Aquí conocí a Toño, un estudiante de teatro que me ayudó a encontrar un hotel. En el hotel, conocí a Lucía, una muchacha española que me invitó a quedarme en su habitación. ¡Qué simpática! Hoy, salgo de excursión para ver un poco Malinalco. A ver si encuentro algo interesante en este lugar tan pequeño y aburrido.

Soy Isabel Mejías.

1. ¿Dónde nació Isabel?
2. ¿Qué estudia?
3. ¿Por qué está en Malinalco?
4. ¿A quién conoció primero? ¿Y después?
5. ¿Qué piensa hacer hoy?
6. ¿Crees que va a encontrar algo interesante?

7-36 Isabel y Toño de excursión en Malinalco. Mira el séptimo episodio de *Toño Villamil y otras mentiras* donde vas a ver lo que hace hoy Isabel. Luego, completa las siguientes oraciones.

1. Hoy es un día perfecto para...
   a. visitar las pirámides.
   b. conocer las iglesias de Malinalco.
   c. ver una corrida de toros.

2. Hoy en Malinalco se celebra...
   a. la fiesta de la Virgen de Guadalupe.
   b. la Semana Santa (*Holy Week*).
   c. el día de los muertos.

3. En las paredes de las iglesias de Malinalco se ven...
   a. pinturas de los santos.
   b. decoraciones para la fiesta.
   c. inscripciones (*grafitti*).

4. En su excursión, Isabel...
   a. consulta a su guía.
   b. saca fotos.
   c. toma videos.

5. Según Isabel, ella es bastante...
   a. activa en los deportes.
   b. aficionada al fútbol.
   c. experta en golf.

6. Cuando empieza a llover, Isabel y Toño...
   a. abren su sombrilla.
   b. buscan refugio en un bar.
   c. corren al hotel.

7-37 Malinalco colonial. Conéctate con la página electrónica de *¡Arriba!* (**www.prenhall.com/arriba**) para conocer un poco mejor los atractivos de Malinalco. Dale consejos a Isabel sobre los lugares que puede visitar.

MODELO: *Isabel, ¿por qué no vas a...? Allí puedes ver... (etcétera)*

7-38 El pronóstico para mañana en Malinalco. Escribe un informe (*report*) sobre el tiempo que hace hoy y el pronóstico para mañana en Malinalco.

Nuestro mundo

Las islas hispánicas del Caribe: Cuba, la República Dominicana y Puerto Rico

7-39 ¿Qué sabes tú? Trata de identificar y/o explicar las siguientes cosas y personas.

1. las dos naciones de la isla de la Española (*Hispaniola*)
2. dos productos agrícolas de las islas del Caribe
3. la capital de Puerto Rico
4. la música que se toca en la islas hispánicas
5. un atractivo turístico de todas las islas del Caribe
6. la relación política entre Puerto Rico y los EE.UU.

ESTADOS UNIDOS

Estrecho de la Florida

La Habana · Matanzas

Pinar del Río · Santa Clara · CUBA

Cienfuegos · Morón · Nuevitas

Camagüey · Holguín

Isla de la Juventud · Manzanillo · San de C

Islas Caimanes

Antillas Mayores

JAMAICA

Mar Caribe

La isla de Cuba atrae a turistas de todo el mundo y es el lugar preferido de muchos canadienses que van al país a disfrutar de su agradable clima y de sus bellas playas y paisajes (*scenery*).
Cuba.cu
http://www.cuba.cu/

Además del turismo, el azúcar y el tabaco contribuyen mucho a la economía de Cuba.

Muchos de los puros habanos que se fabrican en Cuba están hechos a mano. Se dice que el tabaco cubano que se cultiva en la zona de Pinar del Río es el mejor del mundo.
http://www.conexioncubana.net/tradiciones/tabaco/_tabaco.htm

El dominó es un juego de mesa muy popular en las islas del Caribe. Hay una variedad de maneras de jugarlo y se tarda años en ser experto.
Domino Plaza
http://www.xs4all.nl/~spaanszt/Domino_Plaza.html

OCÉANO
ATLÁNTICO

REPÚBLICA
DOMINICANA

Puerto Plata

Santiago
San
Juan

HAITÍ

Santo
Domingo

Sabana de La Mar

Mayagüez

*Isla
Mona*

Bayamón

San Juan

Río Piedras

Ponce

**PUERTO
RICO**

Se siente el ritmo afrocaribeño en la música de la República Dominicana.
WebDominicana
http://www.webdominicana.com/index-es.html

Puerto Rico mantiene sus raíces españolas a pesar de ser estado libre asociado (*commonwealth*) de los EE.UU. La isla también se conoce como Borinquen, su nombre indígena. El viejo San Juan conserva el ambiente de la colonia española.
Los Balcones de San Juan
http://www.members.aol.com/ednj/

7-40 Asociaciones. Conversen sobre lo que asocian con las islas hispanas del Caribe. Pueden incluir sus ideas y opiniones en las siguientes categorías.

1. la política
2. el clima
3. la música
4. la composición racial
5. la economía

7-41 ¿Cierto o falso? Corrige las oraciones falsas.

1. Cuba es la isla más grande de las Antillas.
2. Cuba es popular entre los turistas canadienses.
3. La República Dominicana comparte la isla de La Española con Puerto Rico.
4. La música dominicana tiene el ritmo afrocaribeño.
5. El nombre indígena de Puerto Rico es Borinquen.
6. El dominó es un juego popular que tiene muchas variaciones.

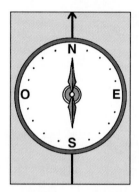

7-42 El mapa. Explica dónde queda cada lugar en relación al otro lugar mencionado.

MODELO: Haití y la República Dominicana
➡ *Haití está al oeste de la República Dominicana. La República Dominicana está al este de Haití.*

| al este de… | al norte de… | al oeste de… | al sur de… |
| a…millas de | cerca de… | entre… | lejos de… |

1. Cuba y la Florida
2. Puerto Rico y La Española
3. Pinar del Río y La Habana
4. Jamaica y Puerto Rico
5. La República Dominicana y las Bahamas

7-43 Recomendaciones. Túrnense para pedir y hacer recomendaciones, según sus intereses.

MODELO: E1: Quiero escuchar ritmo afrocaribeño.
E2: *Debes visitar la República Dominicana. Allí puedes asistir a conciertos en vivo.*

1. Quiero visitar los barrios antiguos.
2. Quiero visitar la isla más bella de las Antillas.
3. Quiero ser un experto en el dominó.
4. Deseo hablar francés.

7-44 Un viaje a… En un grupo de tres o cuatro estudiantes, hagan planes para una excursión a una isla caribeña. Escriban una lista de todo lo que deben hacer antes de salir de viaje.

MODELO: *Primero, tenemos que sacar pasaporte.*

WWW. 7-45 Más información. Consulta el Internet o una agencia de turismo para encontrar más información sobre lo siguiente.

1. los nombres de los presidentes de Cuba, Puerto Rico y la República Dominicana
2. el costo de un vuelo en avión a Santo Domingo o a San Juan
3. el pueblo donde nació Carlos Delgado
4. un ejemplo de música popular del Caribe
5. la artesanía de una de las islas

 Ritmos

"El pregonero" (Tito Nieves, Puerto Rico)

En esta canción Tito Nieves canta sobre el trabajo del pregonero. En los países hispanos del Caribe, cada pueblo tenía un pregonero, un vendedor que iba de pueblo en pueblo vendiendo sus productos, especialmente frutas y vegetales.

Antes de escuchar

7-46 El pregonero. Lee algunas de las estrofas de *El pregonero* y con un/a compañero/a busca en un diccionario bilingüe las palabras de la lista siguiente. Todos son productos que vende el pregonero.

la piña   la naranja   la caña   el coco   el mango   el bacalao

El pregonero

Yo soy el pregonero	Casera, así que cómpreme un poco (se repite)
Que pasa por las mañanas	Ay casera, ven y cómpreme un poco
Vendiendo la fruta fresca	Aquí te traigo un mango y el coco sabroso
Guindando de la vara	Ay casera de mi vida aprovecha la ocasión
Ay casera	Le traigo fruta sabrosa de mi pueblo
Llevo la piña fresca	Caserita de mi vida no me digas no
La naranja madura	Casera, así que cómpreme un poco (se repite)
Llevo la caña dulce	Llevo la piña fresca
Y el coco seco, cáscara dura	También te traigo la naranja madura
	Tengo la cola de bacalao pa' la fritura
[...]	[...]

A escuchar

Mientras escuchas la canción indica con una cruz (X) qué palabras y expresiones en tu opinión caracterizan la letra y el ritmo.

	Ritmo	Letra
triste	_____	_____
alegre	_____	_____
rápido	_____	_____
bueno para bailar	_____	_____
nostálgico	_____	_____
serio	_____	_____
complejo	_____	_____
melancólico	_____	_____
divertido	_____	_____
interesante	_____	_____
variado	_____	_____

7-47 ¡Vamos a bailar salsa! *El pregonero* es un ejemplo de música **salsa**, un estilo musical muy popular en las islas hispánicas del Caribe. La salsa tiene un ritmo alegre y muy bailable. No importa si el tema de una canción de salsa es feliz o serio, a todos les gusta bailar salsa. Mira el diagrama de los pasos de salsa y con los compañeros de clase trata de seguirlos con la música.

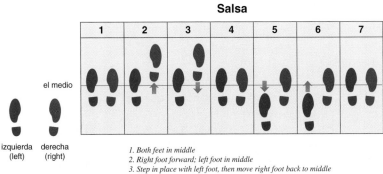

Salsa

izquierda (left)   derecha (right)   el medio

1. *Both feet in middle*
2. *Right foot forward; left foot in middle*
3. *Step in place with left foot, then move right foot back to middle*
4. *Both feet in middle*
5. *Left foot back; right foot in middle*
6. *Step in place with right foot, then move left foot back to middle*
7. *Both feet in middle*

Después de escuchar

7-48 ¿Cuántos verbos puedes usar? Usa los verbos de la lista en el pretérito y escribe un breve párrafo sobre un día imaginario en la vida de un pregonero como el de la canción.

| ser | ir | dar | ver | tener | estar | andar |
| poner | poder | saber | venir | hacer | querer | |

MODELO: *El pregonero **fue** al pueblo y **anduvo** por muchas horas.*

Páginas

"Sensemayá", Nicolás Guillén (1902-1989), Cuba

Nicolás Guillén nació en Camagüey, Cuba, en 1902. Este gran escritor mulato (mezcla de negro y blanco) dedicó su vida a la poesía. Su poesía se caracteriza por su ritmo y belleza y también por su contenido sociocultural. En su obra, Guillén escribe sobre la experiencia afrocubana, mientras que denuncia la discriminación racial que sufren los negros y los mulatos. Guillén perteneció desde joven al Partido Socialista Popular (comunista) y defendió la revolución cubana hasta su muerte en 1989.

A continuación aparece "Sensemayá", uno de sus poemas más populares por su musicalidad. El poema expresa la creencia afrocubana de que todo ser, aun la culebra *(snake)*, tiene alma *(soul)*.

Estrategias

El ritmo. When you read poetry, listen to how the rhythm of the words contributes to the mood the poet portrays. In this poem, Guillén communicates a scene of mounting frenzy as the participants struggle with each other in a test of will. What musical instrument do you hear in this poem?

Sensemayá (Canto para matar a una culebra)

¡Mayombe-bombe-mayombé!
¡Mayombe-bombe-mayombé!
¡Mayombe-bombe-mayombé!

La culebra tiene los ojos de vidrio°;   *glass*
la culebra viene, y se enreda° en un palo;   *twists around*
con sus ojos de vidrio, en un palo,
con sus ojos de vidrio.

La culebra camina sin patas°;   *legs*
la culebra se esconde en la yerba°   *grass*
caminando se esconde en la yerba,
caminando sin patas.

¡Mayombe-bombe-mayombé!
¡Mayombe-bombe-mayombé!
¡Mayombe-bombe-mayombé!

Tú le das con el hacha°, y se muere: *hatchet*
¡dale ya!
¡No le des con el pie, que te muerde°   *bites*
no le des con el pie, que se va!

Sensemayá, la culebra,
sensemayá.
Sensemayá, con sus ojos,
sensemayá.

Sensemayá, con su lengua°,   *tongue*
sensemayá.
¡Sensemayá, con su boca,
sensemayá!

La culebra muerta no puede comer;
la culebra muerta no puede silbar°;   *to hiss*
no puede caminar,
no puede correr.

(continued)

(continued)

La culebra muerta no puede beber;
no puede respirar,
no puede morder.

¡Mayombe–bombe–mayombé!
Sensemayá, la culebra…
¡Mayombe–bombe–mayombé!
Sensemayá, no se mueve…

¡Mayombe–bombe–mayombé!
Sensemayá, la culebra…
¡Mayombe–bombe–mayombé!
¡Sensemayá, se murió!

7-49 La música de la poesía. Este poema es un buen ejemplo de la musicalidad de la obra de muchos escritores afrocubanos. Léelo en voz alta para sentir mejor el ritmo de las palabras.

7-50 La culebra. Haz una lista de las frases del poema que describen a la culebra y di qué cualidades personales te sugieren.

MODELO: *Tiene ojos de vidrio. Tiene una personalidad fría.*

7-51 ¿Qué representa la culebra? Hablen de lo que la culebra puede representar, tanto física como simbólicamente. ¿Cómo reaccionan ustedes cuando ven una culebra?

Taller

Una entrada en tu diario

Cuando escribes en tu diario, relatas algo interesante, curioso o significativo que te ha pasado ese día (por eso se llama **diario**). Contesta las preguntas a continuación para escribir una entrada.

1. **Ideas.** Piensa en lo que hiciste hoy. Escribe una lista de frases que indican brevemente tus acciones; por ejemplo, **asistir a clase, ver a mis amigos, hablar por teléfono con…,** etcétera.
2. **Organización.** Pon tus acciones en orden cronológico.
3. **Introducción.** Comienza tu entrada con la oración que resume tu día, por ejemplo,

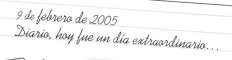

9 de febrero de 2005
Diario, hoy fue un día extraordinario…

4. **Borrador.** Escribe sobre cuatro o cinco actividades que hiciste, o acontecimientos que ocurrieron. Utiliza expresiones de entrada y transición, como **primero, segundo, entonces, después, por eso, aunque,** etcétera. Recuerda que debes usar el pretérito.
5. **Conclusión.** Cierra tu entrada con una oración de despedida.
6. **Revisión.** Revisa tu entrada para ver si fluye bien. Luego revisa la mecánica.
   ❑ ¿Has incluido una variedad de vocabulario?
   ❑ ¿Has conjugado bien los verbos en el pretérito?
   ❑ ¿Has verificado la ortografía y la concordancia?
7. **Intercambio.** Intercambia tu entrada con la de un/a compañero/a. Mientras lean las entradas, hagan comentarios y sugerencias sobre el contenido, la estructura y la gramática.
8. **Entrega.** Pasa en limpio tu ensayo, incorporando las sugerencias de tu compañero/a, y entrégaselo a tu profesor/a.

¿En qué puedo servirle?

El ecuatoriano Oswaldo Guayasamín fue uno de los pintores latinoamericanos más importantes del siglo xx. Muchas de sus obras tienen un tema social.

Comunicación

¡Así es la vida!

De compras

Victoria Prado y su hermano Manuel, dos jóvenes peruanos, van de compras al centro de Lima. Primero van al almacén Saga Falabella.

Manuel: ¿Quieres subir al segundo piso conmigo?

Victoria: Prefiero ver las rebajas que tienen en el tercer piso en la sección de ropa de mujeres.

Manuel: ¿Qué artículos buscas?

Victoria: Pues, un vestido rojo muy elegante y una bolsa negra que vi con mamá la semana pasada. Le pedí a mamá su tarjeta de crédito para comprarlos, pero no quiso dármela.

Manuel: ¡Ay! Victoria, tú sabes por qué. Este semestre papá nos pidió un gran favor —no usar más las tarjetas de crédito. El verano pasado, durante tus vacaciones en Cuzco y en Machu Picchu, preferiste pagar tus gastos con la tarjeta de crédito de papá. Y yo pagué los libros para mis clases con la tarjeta de papá también. Papá dijo que está pagando mucho dinero por tus vacaciones y mis libros.

Victoria: ¡Papá mintió! Yo le di todo el dinero que gasté en las vacaciones. Y ahora, pago todo al contado.

Manuel: Bueno, Victoria, perdona. Yo sé que eres responsable. Te veo en tres horas en la entrada principal de esta tienda.

Victoria: Hasta luego, Manuel, nos vemos en tres horas.

En el Almacén Vigo

Manuel no encuentra ni la chaqueta ni las camisas que quiere en Falabella y decide ir al Almacén Vigo.

Dependiente: Buenos días, joven. ¿En qué puedo servirle?

Manuel: Quisiera ver las chaquetas y las camisas que están en rebaja.

Dependiente: Las chaquetas están en el tercer piso y las camisas están aquí. ¡Son una verdadera ganga! ¿Qué talla usa?

Manuel: Creo que es la 40. ¿Puedo probarme esa camisa?

Dependiente: Sí, claro. Allí está el probador.

Unos minutos más tarde...

Manuel: ¿Qué tal me queda?

Dependiente: Le queda muy bien.... ¡y cuesta solamente 50 soles!

Manuel: Entonces, la compro.

Dependiente: Favor de presentar esta cuenta en la caja.

¡Así lo decimos!

La ropa

Todo para el trabajo · Para la vida activa · Para el verano

la corbata, el traje, el saco, la blusa, la bolsa, la falda, las pantimedias, el calcetín, los zapatos, el impermeable, la billetera, el cinturón, la chaqueta, la camisa, el gorro, la bufanda, el abrigo, el suéter, los vaqueros, los pantalones, las botas, la gorra, la camiseta, el sombrero, el vestido, los pantalones cortos, las sandalias, los zapatos deportivos

Lugares donde vamos a comprar

el almacén	*department store*
el centro comercial	*shopping centre*
la tienda	*store*

En una tienda

la caja	*cash register*
la calidad	*quality*
la ganga	*bargain, good deal*
el mostrador	*counter*
el precio	*price*
el probador	*fitting room*
la rebaja	*sale*

Telas (*Fabrics*)

el algodón	*cotton*
el cuero	*leather*
la lana	*wool*
el nilón	*nylon*
la seda	*silk*

Descripciones

de cuadros	*checked; plaid*
de manga corta/larga	*short-/long-sleeved*
de rayas	*striped*
estampado/a	*printed*
sin manga	*sleeveless*
la talla	*size*

Verbos

atender(ie)	*to serve; look after*
estar de moda	*to be in style*
llevar	*to wear*
mentir (ie, i)	*to lie*
pagar al contado	*to pay cash/*
...con cheque	*with a check/*
...con tarjeta de crédito	*with a credit card/*
...tarjeta de débito	*debit card*
probarse (ue)[1]	*to try on*
regatear	*to bargain; haggle*

Expresiones

Dependiente/a *(Clerk):*

¿En qué puedo servirle(s)?	*How may I help you?*
Le queda muy bien.	*It fits you very well.*
¿Qué número calza?	*What (shoe) size do you wear?*

Cliente/a *(Client):*

¿Puedo probarme...?	*May I try on...?*
¿Qué tal me queda?	*How does it fit me?*
Me queda estrecho/a (grande).	*It's too tight (big).*
Calzo el número...	*I wear a (shoe) size...*

---

[1] In general, **probar** means *to try*. In **Lección 6** you learned **probar** in the context of food: *to try* or *to taste* food. In the reflexive construction, **probarse** is used to express *to try something on oneself*, usually referring to clothing.

Expansión

Las monedas

Las monedas (*currencies*) de los países hispanohablantes varían de país a país. Muchos países usan **pesos**, pero el valor del peso de un país es diferente al valor del peso en otro país. Los países que usan el peso son la Argentina, Bolivia, Colombia, Chile, Cuba, México, la República Dominicana y el Uruguay. Los otros países hispanohablantes usan las monedas indicadas a continuación. Para saber el tipo de cambio (*exchange rate*) de las monedas, busca la página del Banco del Canadá:
http://www.bankofcanada.ca/en/exchform.htm

Costa Rica	el colón
Ecuador	el sucre; el dólar
España	el euro
Guatemala	el quetzal
Honduras	el lempira
Nicaragua	el córdoba
Panamá	el balboa
Paraguay	el guaraní
Perú	el nuevo sol
Puerto Rico	el dólar estadounidense
El Salvador	el colón
Venezuela	el bolívar

¡Escucha!

En el almacén. Escucha la conversación entre Manuel y la dependienta del Almacén Vigo. Primero, indica los artículos que Manuel decide comprar; luego escucha otra vez para escribir el precio de cada artículo. Recuerda que en el Perú usan **soles**.

	Sí	No	Artículo	Costo		Sí	No	Artículo	Costo
1.	❑	❑	calcetines	_____	5.	❑	❑	pantalones	_____
2.	❑	❑	camisa	_____	6.	❑	❑	saco	_____
3.	❑	❑	cartera	_____	7.	❑	❑	suéter	_____
4.	❑	❑	corbata	_____	8.	❑	❑	traje	_____

Pronunciación

Repaso de la acentuación

En la **Lección 1** de este texto, aprendiste las reglas para los acentos.

Pronunciemos

Escucha cada palabra y escribe un acento cuando sea necesario.

MODELO: sueter

➡ *suéter* (termina en una consonante que no es ni **n** ni **s**, pero se acentúa la primera sílaba)

1. almacen	**7.** credito	**13.** jovenes	**19.** apartamento
2. siempre	**8.** articulos	**14.** aqui	**20.** jamon
3. filete	**9.** esparragos	**15.** utensilios	**21.** futbol
4. esqui	**10.** dias	**16.** examen	**22.** universidad
5. mayor	**11.** simpatico	**17.** Mexico	**23.** Paris
6. filosofia	**12.** natacion	**18.** deportes	**24.** español

Practiquemos

8-1 ¿Qué decimos? Escoge el término lógico para completar cada frase.

1. Compré una blusa nueva en…
   a. el probador.
   b. el almacén.
   c. el mostrador.

2. Las rebajas están en el tercer…
   a. ganga.
   b. vestido.
   c. piso.

3. No me gustan mucho las camisas de…
   a. manga corta.
   b. calidad.
   c. crédito.

4. Este vestido es perfecto para el verano porque es de…
   a. algodón.
   b. cuero.
   c. lana.

5. Pagué todas mis compras con…
   a. billetera.
   b. tarjeta de crédito.
   c. rebajas.

6. El precio es excelente; ¡es una…
   a. manga!
   b. ganga!
   c. falda!

7. Hay muchas tiendas en el…
   a. mostrador.
   b. probador.
   c. centro comercial.

8. Estas botas me quedan muy…
   a. cuero.
   b. grandes.
   c. calidad.

9. Favor de pagar la cuenta en la…
   a. rebaja.
   b. caja.
   c. gorra.

10. ¡Este artículo cuesta mucho! Voy a…
    a. mentir.
    b. probármelo.
    c. regatear.

8-2 En un almacén. Contesta las preguntas basándote en la información del dibujo.

1. ¿Qué está comprando la señora?
2. ¿De qué forma paga ella?
3. ¿Quién está detrás del mostrador: la dependienta o la clienta?
4. ¿Cómo son las camisas que miran las dos jóvenes?
5. ¿Qué ropa llevan?
6. ¿Quién las atiende?

8-3 ¿Qué llevas cuando...? Pregúntense qué ropa llevan en diferentes ocasiones.

MODELO: E1: *¿Qué llevas cuando tienes examen?*

E2: *Llevo vaqueros y una camiseta. ¿Y tú?*

E1: *Pues, yo llevo...*

Ocasión

asistes a una boda	practicas un deporte
limpias tu casa	preparas la cena
vas a clase	quieres impresionar a una
hace mucho frío	persona importante
estás en una sauna	trabajas como camarero/a
hace muchísimo calor	vas al cine
invitas a tus compañeros a una fiesta en tu casa	vas de vacaciones a Cuba

Comparaciones...

De compras

Las tiendas y los bancos en los países hispanos no tienen los mismos horarios que las tiendas y los bancos en el Canadá. Generalmente, están abiertos menos horas que los del (*those of*) Canadá. En las ciudades principales del Ecuador y el Perú, las tiendas tienen horarios más amplios, pero en las ciudades pequeñas, por ejemplo, las tiendas abren generalmente a las nueve o diez de la mañana y cierran a las dos de la tarde durante dos o tres horas para el almuerzo. Vuelven a abrir a las cinco de la tarde y cierran a las ocho o nueve de la noche. Las tiendas están abiertas de lunes a viernes y los sábados por la mañana. Por lo general, estas tiendas tienen precio fijo, pero casi todas las ciudades y los pueblos tienen mercados al aire libre en los que se puede regatear el precio de un artículo. También es posible regatear con los vendedores ambulantes (*street vendors*).

En algunos países hispanos los empleados tienen derecho (*the right*) a un mes de vacaciones al año. La mayoría de los empleados prefiere tomar las vacaciones durante el verano. Muchos dueños (*owners*) deciden cerrar sus comercios (*businesses*) durante un mes en el verano y así ellos toman sus vacaciones al mismo (*the same*) tiempo que sus empleados. El turista que va a estos países en los meses de verano va a encontrar muchas tiendas y restaurantes cerrados.

¡Vamos a comparar!

¿Qué diferencias hay entre las tiendas canadienses o estadounidenses y las tiendas del mundo hispano? ¿Qué horarios tienen los almacenes en el Canadá? ¿las tiendas pequeñas? ¿los bancos? ¿Se puede regatear en algunas tiendas en el Canadá? ¿Dónde se puede regatear? ¿Te gusta regatear?

¡Vamos a conversar!

Conversen sobre dónde prefieren comprar los siguientes artículos; por ejemplo, en una tienda especializada, en un almacén grande, en un mercado al aire libre, de un vendedor ambulante, en una tienda de artículos de segunda mano, etcétera.

1. unos vaqueros
2. unos zapatos deportivos
3. un traje de baño
4. una camisa de manga larga
5. unos zapatos de cuero
6. un saco para el trabajo
7. unos calcetines deportivos
8. un abrigo

¡Así lo hacemos!

Estructuras

1. The preterit of stem-changing verbs: $e \to i$ and $o \to u$

¿Qué talla pidió?

	pedir (*to ask for*)	dormir (*to sleep*)
yo	pedí	dormí
tú	pediste	dormiste
él/ella, Ud.	p**i**dió	d**u**rmió
nosotros/as	pedimos	dormimos
vosotros/as	pedisteis	dormisteis
ellos/as, Uds.	p**i**dieron	d**u**rmieron

◆ Stem-changing **-ir** verbs in the present also have stem changes in the preterit: **e→i** and **o→u**. They occur only in the third person singular and plural.

mentir (ie, i)	preferir (ie, i)	seguir (i, i)
morir (ue, u)	reír(se) (i, i)	sentir (ie, i)
pedir (i, i)	repetir (i, i)	servir (i, i)

La dependienta **repitió** el precio.	*The clerk repeated the price.*
Se rieron del nuevo estilo.	*They laughed about the new style.*
Adela **siguió** buscando un vestido negro.	*Adela continued looking for a black dress.*
Manuel le **mintió** a su padre.	*Manuel lied to his father.*

Practiquemos

8-4 ¿Qué pasó ayer? Repite las frases, sustituyendo los sujetos indicados.

MODELO: *Susana repitió* el vocabulario nuevo. (los estudiantes)
➥ *Los estudiantes repitieron el vocabulario nuevo.*

1. *Susana repitió* el vocabulario nuevo. (los estudiantes, Elena, la profesora, nosotros, yo, Ud.)
2. ¿Cuántas horas *durmieron los niños* anoche? (Raúl, tus compañeros de casa, tú, Uds., ella)
3. *Juana se sintió* mal ayer. (Enrique, Ud., los niños, yo*, tú*, Ud.)
   *¡Ojo!

8-5 En el mercado de Otavalo. Usa el pretérito de los verbos regulares e irregulares entre paréntesis para completar la narración sobre dos turistas que visitaron Otavalo, un pueblo en el Ecuador.

Cuando los señores García (1 hacer) ___ el viaje al Ecuador, (2 visitar) ___ el pueblo de Otavalo, situado a tres horas de Quito. Cuando (3 llegar) ___ en taxi, (4 ir) ___ directamente al mercado. La señora de García no (5 poder) ___ creer el espectáculo de ropa, comida, animales… todo un concierto de colores y olores. El señor García (6 reírse) ___ cuando (7 ver) ___ la reacción de su esposa. En un pequeño puesto (*stall*), una mujer les (8 preparar) ___ un plato especial de la región —cerdo con papas. El señor García también (9 pedir) ___ limonada y la señora (10 pedir) ___ agua mineral. La cocinera les (11 servir) ___ dos platos gigantescos de comida exquisita. Los señores García (12 seguir) ___ comiendo hasta las tres de la tarde cuando (13 decidir) ___ hacer sus compras. La señora (14 comprar) ___ un suéter de alpaca; el señor (15 comprar) ___ una billetera de cuero. Los dos (16 regatear) ___ con los vendedores y (17 conseguir) ___ los artículos por precios muy buenos. A las cuatro de la tarde (18 volver) ___ al hotel, (19 acostarse) ___ y (20 dormirse) ___ enseguida.

8-6 ¿Quién mintió? Cada persona debe escribir una oración sobre algo que ocurrió en el pasado. Puede ser verdadera o falsa. Luego, háganse preguntas para descubrir quién (¡o quiénes!) mintió.

MODELO: **E1:** *Cuando estuve en el Perú, comí culebra (snake).*
       E2: *¿Te gustó?*
       E1: *Hmmm, ¡no mucho!*
       E2: *Creo que no es cierto. Mentiste.*
       E1: *No, es verdad. Comí culebra en el bosque tropical.*

2. Ordinal numbers

primero/a	*first*
segundo/a	*second*
tercero/a	*third*
cuarto/a	*fourth*
quinto/a	*fifth*
sexto/a	*sixth*
séptimo/a	*seventh*
octavo/a	*eighth*
noveno/a	*ninth*
décimo/a	*tenth*

◆ Ordinal numbers in Spanish agree in gender and number with the noun they modify.

Es la **primera** rebaja del año.   *It's the first sale of the year.*
Pidió el **segundo** vestido.   *She asked for the second dress.*

♦ **Primero** and **tercero** are shortened to **primer** and **tercer** before **masculine singular** nouns.

El almacén está en el **tercer** piso.   *The store is on the third floor.*
Es el **primer** día.   *It's the first day.*

♦ In Spanish, ordinal numbers are rarely used after **décimo**. The cardinal numbers are used instead and follow the noun.

La oficina del gerente está   *The manager's office is on the twelfth floor.*
en el piso **doce**.

♦ The masculine singular form is used when listing items.

Primero, necesito comprar algunas   *First, I need to buy some things*
cosas para Luisa.   *for Luisa.*

Practiquemos

8-7 El Almacén La Gran Vía. Usa la guía a continuación para completar las siguientes oraciones.

1. Si quieres comprarle una blusa a tu mamá, la vas a encontrar en el ___.
2. Si tienes hambre, puedes ir al ___.
3. Si necesitas ropa para un bebé, vas al ___.
4. Si buscas sandalias, las compras en el ___.
5. Si quieres comprarle una pelota a tu sobrina, vas al ___.
6. Si quieres pagar la cuenta, puedes encontrar la caja en el ___.
7. Si necesitas comprarle una corbata a tu tío, la vas a encontrar en el ___.
8. Si necesitas aceite de oliva, lo puedes comprar en ___.
9. Si buscas empleo, la oficina está en el ___.

Almacén La Gran Vía	
1er Piso	ropa para hombre zapatos, caja
2do Piso	ropa para mujer oficinas de administración
3er Piso	ropa infantil artículos deportivos
4to Piso	restaurante
5to Piso	supermercado

 8-8 En la oficina de información. Uno/a de ustedes trabaja en Información de Saga Falabella, un almacén grande en un barrio de Lima. El/la otro/a le pide información. Sigan el modelo a continuación.

MODELO: E1: *Señor/a (Señorita), ¿dónde está la zapatería?*
         E2: *Está en el segundo piso.*
         E1: *Gracias, ¿y la caja?*

♦ ropa para mujeres
♦ las corbatas de seda
♦ artículos deportivos
♦ tallas especiales
♦ ropa para bebés
♦ los probadores
♦ suéteres para niños
♦ el restaurante
♦ comida
♦ agencia de viajes
♦ ropa para hombres
♦ ¿… ?

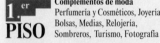

saga falabella
AV. PASEO DE LA REPÚBLICA 3220
URB. JARDÍN — SAN ISIDRO
TEL: (1) 4420500

Sótano   **Tejidos** Boutique, Sedas, Lanas **Supermercado** Alimentación, Limpieza **Imagen y Sonido** Computadoras, Estéreos, Radio, VCR

 1.er PISO   **Complementos de moda** Perfumería y Cosméticos, Joyería, Bolsas, Medias, Relojería, Sombreros, Turismo, Fotografía

5.to PISO   **Agencia de Viajes, Señoras** Boutiques Internacionales, Futura Mamá, Tallas Especiales, Complementos de Moda

 2.do PISO   **Hogar** Artesanía, Cerámica, Cristalería, Accesorios Automóvil, Porcelanas, Platería, Regalos, Electrodomésticos, Muebles de Cocina

6.to PISO   **Juventud** Tienda Vaquera, **Deportes** Prendas deportivas, Zapatería, Marcas Internacionales

 3.er PISO   **Niños/as** cuatro a diez años, **Chicos** 11-14 años, **Bebés, Zapatería** Señoras, Caballeros y Niños

7.mo PISO   **Muebles y Decoración** Dormitorios, Salones, Lámparas

4.to PISO   **Confección Caballeros** Ropa Interior, Artículos de Viajes, Complementos de Moda, Tallas Especiales, Sastrería

8.vo PISO   Restaurante, Cambio de Moneda Extranjera, Caja

3. Demonstrative adjectives and pronouns

Adjetivos demostrativos

Demonstrative adjectives point out people and objects and the relative position and distance between the speaker and the object or person modified.

¿Prefiere esta pulsera?

	Singular	Plural		Related Adverbs
masculine	**este**	**estos**	*this/these (close to me)*	aquí *(here)*
feminine	**esta**	**estas**		
masculine	**ese**	**esos**	*that/those (close to you)*	ahí *(there)*
feminine	**esa**	**esas**		
masculine	**aquel**	**aquellos**	*that/those (over there; away from both of us)*	allí *(over there)*
feminine	**aquella**	**aquellas**		

◆ Demonstrative adjectives are usually placed before the modified noun and agree with it in number and gender.

> ¿De quién son **esos** zapatos? — *To whom do those shoes belong?*
> **Esos** zapatos son de Dulce. — *Those shoes belong to Dulce.*

◆ Note that the **ese/esos** and **aquel/aquellos** forms, as well as their feminine counterparts, are equivalent to the English *that/those*. In normal, day-to-day usage, these forms are interchangeable, but the **aquel** forms are preferred to point out objects and people that are relatively farther away than others.

> Yo voy a comprar **esa** blusa y **aquella** falda. — *I am going to buy that blouse and that skirt (over there).*

◆ Demonstrative adjectives are usually repeated before each noun in a series.

> **Estas** camisetas y **estos** sombreros son mis favoritos. — *These T-shirts and these hats are my favourites.*
> **Este** saco, **ese** cinturón y **aquel** abrigo son míos. — *This jacket, that belt, and that coat are mine.*

Pronombres demostrativos

When the noun that a demonstrative adjective modifies is omitted, use the corresponding **demonstrative pronoun**. To differentiate them from demonstrative adjectives, an accent is written over the stressed vowel of the demonstrative pronouns.

Masculine		Feminine		Neuter
éste	éstos	ésta	éstas	esto
ése	ésos	ésa	ésas	eso
aquél	aquéllos	aquélla	aquéllas	aquello

Esta tienda y **aquélla** son muy buenas. *This store and that one are very good.*

No me gustan aquellos vaqueros, pero me encantan **éstos**. *I don't like those jeans, but I love these.*

◆ The neuter forms **esto, eso,** and **aquello** do not take a written accent nor do they have plural forms. They are used to point out ideas, actions, or concepts, or to refer to unspecified objects or things.

Aquello no me gusta. *I don't like that.*
No dije **eso**. *I didn't say that.*
Esto está mal. *This is wrong.*

◆ These forms are also used to define what something is.

¿Qué es **eso**? *What's that?*
Es un gorro. *It's a toque.*
¿Qué es **esto**? *What's this?*
Es un pedazo de jabón. *It's a piece of soap.*

Practiquemos

8-9 ¿Cuál es? Da las formas apropiadas de los adjetivos demostrativos según los adverbios entre paréntesis.

MODELO: las tiendas (aquí)
➡ *Estas tiendas.*

1. la billetera (aquí)
2. los trajes (ahí)
3. el suéter (allí)
4. las gorras (aquí)
5. el vestido (ahí)

6. los pantalones (allí)
7. la bolsa (ahí)
8. las rebajas (ahí)
9. la camiseta (allí)
10. los vaqueros (aquí)

Tú estás aquí

8-10 ¿Dónde se puede comprar? Basándote en el dibujo, indica en cuál de estas tiendas se puede comprar los siguientes artículos, usando los adjetivos y pronombres demostrativos.

1. Se compran perfumes en _____ tienda.
2. Se puede comprar un reloj en _____ tienda.
3. No se compra champú ni en _____ tienda ni en _____.
4. Quiero comprar unas botas. Voy a _____ tienda, no a _____.
5. Es nuestro aniversario de bodas. Le voy a comprar un regalo a mi esposa en _____ tienda.
6. Si quiero sandalias, no voy ni a _____ tienda ni a _____.

8-11 En Otavalo. Completa la conversación entre Carlos (el vendedor) y Amanda, su clienta, con los adjetivos y pronombres demostrativos correspondientes. Recuerda que en el Ecuador usan sucres.

Carlos: Buenas tardes, señorita. ¿Qué desea?

Amanda: Hmmm... No sé. Tal vez un suéter... ¿Es de buena calidad (1) ___ suéter pequeño de color azul? ¿O es mejor (2) ___ grande, de color rojo?

Carlos: ¡Todos (3) ___ suéteres son buenos!

Amanda: Muy bien, pues ¿tiene un suéter pequeño y rojo como (4) ___ grande de allí?

Carlos: Sí, claro. ¿Quiere usted probarse (5) ___ (*close to vendor*)?

Amanda: No, no es para mí. Es para mi amiga. ¿Cuánto cuesta?

Carlos: Para usted, 228.500 sucres.

Amanda: ¡Es mucho!... pero, a ver. Las camisas de colores. Quiero ver una de (6) ___ medianas.

Carlos: Sí, las camisas son de primera calidad.

Amanda: Y, ¿cuánto cuesta (7) ___ que tengo aquí?

Carlos: (8) ___ que tiene usted ahí... cuesta 171.375 sucres.

Amanda: ¡Uf! Es mucho también. ¿Qué tal si le doy 250.000 sucres por todo (9) ___ que tengo aquí?

Carlos: ¡Ay, señorita! Pero, mire usted la calidad, los colores... Pero como usted es tan amable, le puedo dejar todo (10) ___ que tiene allí en 300.000 sucres.

Amanda: Perfecto. ¡Muchas gracias!

8-12 ¿Qué vas a comprar? Imagínense que están mirando los artículos que vende Carlos en el mercado de Otavalo. Usen el dibujo de la **Actividad 8-11** para hacerse y contestar preguntas sobre lo que le van a comprar a Carlos. Luego, dibujen otros puestos (*stalls*) en el mercado donde venden algunos de los siguientes artículos. Arreglen las cosas cerca (**esto aquí**), un poco apartadas (**eso ahí**) y lejos (**aquello allí**). Entonces, pregúntense qué van a comprar.

MODELO: E1: *¿Vas a comprar esa camisa mediana?*
E2: *No, voy a comprar aquel suéter grande.*

abrigo de lana	calcetines	corbata de seda	suéter
billetera	camisa	guantes de cuero	vestido de seda
botas	camiseta de algodón	bufanda de lana	poncho

Segunda parte

¡Así es la vida!

¿Qué compraste?

Victoria y su hermano Manuel ya volvieron a casa y Victoria está viendo sus compras cuando suena (*rings*) el teléfono.

Victoria: ¿Aló?

Lucía: Hola, Victoria. Te habla Lucía. ¿Cómo estás?

Victoria: Muy bien. ¿Qué tal, Lucía?

Lucía: Oye, llamé tres veces a tu casa y no contestó nadie. ¿Qué hiciste hoy? ¿Adónde fuiste?

Victoria: Fui de compras al centro y estuve allí todo el día.

Lucía: ¡Ah sí!... ¿Y qué compraste?

Victoria: Compré un vestido rojo fabuloso en Falabella. Luego fui a la joyería y le compré un llavero de plata a mi novio Gustavo. Después, en la perfumería, le compré una loción de afeitar a papá y un perfume a mamá.

Lucía: ¿Gastaste mucho?

Victoria: Gasté menos que tú la semana pasada. Desde que (*Now that*) pago al contado tengo mucho más cuidado. Por ejemplo, la cosa más cara que compré fue el vestido, pero como lo encontré en rebaja, sólo me costó 185 soles.

Lucía: ¡Pero Victoria! Aún es mucho para ti.

Victoria: No me critiques. ¡Es el vestido más elegante del mundo! Y necesito un vestido elegante para la fiesta de los padres de Gustavo. Dan las mejores fiestas de la ciudad.

Lucía: Sí, es verdad. Son las más divertidas del año.

¡Así lo decimos!

Las tiendas

En la joyería

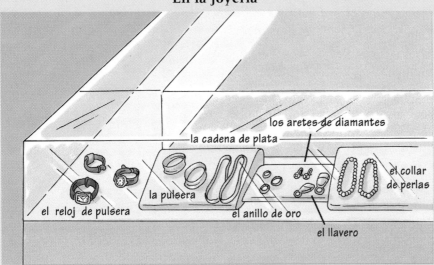

los aretes de diamantes
la cadena de plata
el reloj de pulsera
la pulsera
el anillo de oro
el llavero
el collar de perlas

En la farmacia

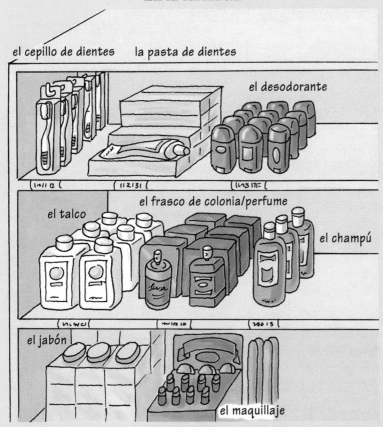

el cepillo de dientes
la pasta de dientes
el desodorante
el talco
el frasco de colonia/perfume
el champú
el jabón
el maquillaje

Las tiendas		Verbos	
la farmacia	*pharmacy*	**arreglar**	*to fix*
la joyería	*jewelry store*	**devolver (ue)**	*to return (something)*
la perfumería	*perfume shop*	**gastar**	*to spend*
la zapatería	*shoe store*	**hacer juego (con)**	*to match; to go well with*
		valer	*to be worth; to cost*

¡Escucha!

¡Yo también fui de compras! Lucía también fue de compras ayer. Indica las tiendas que visitó, los artículos que compró y los que devolvió.

Tiendas	Compró	Devolvió
___ el almacén	___ una falda	_____
___ la farmacia	___ una blusa	_____
___ la joyería	___ unas sandalias	_____
___ la papelería	___ una camisa	_____
___ la perfumería	___ un talco caro	_____
___ la florería	___ un té especial	_____
___ la tienda	___ un frasco de colonia	_____
___ la zapatería	___ una pulsera	_____

Expansión

Muchas tiendas terminan en **–ería**. Para comprar carne, por ejemplo, puedes ir a la carnicería. ¿Qué puedes comprar en las siguientes tiendas?

carnicería		heladería
confitería		panadería
droguería		pastelería
especiería		pescadería
florería/floristería		pollería
frutería		verdulería

Practiquemos

8-13 De compras en el Centro Comercial Arenales en Lima. Completa el párrafo de una manera lógica, usando expresiones de **¡Así lo decimos!**

aceptan	collar	gastar	me quedó	farmacia
cheques	devolver	juego	oro	tiendas

Generalmente, cuando voy de compras, no me gusta (1) ___ mucho dinero. Ayer fui al Centro Comercial Arenales porque tiene una buena selección de (2) ___ y almacenes. En casi todos (3) ___ tarjetas de crédito y (4) ___. Primero, tuve que (5) ___ un vestido que recibí como regalo, pero que (6) ___ muy grande. Luego, encontré una blusa de seda que hace (7) ___ con mi falda de lana. También encontré una bella cadena de (8) ___ para mi padre y un (9) ___ para mi madre. Después pasé por la (10) ___ donde busqué unos artículos.

 8-14 ¿Hacen juego? Decidan si estos artículos hacen juego. Si no, cámbienlos para que hagan juego mejor.

MODELO: traje de baño y zapatos de cuero
➥ *No hacen juego. Es mejor llevar sandalias con un traje de baño.*

1. una camisa de cuadros y pantalones de rayas
2. un vestido de seda y botas de cuero
3. un collar de oro y pendientes de plata
4. un traje de poliéster y una camisa de seda
5. sandalias y calcetines
6. anillos de plástico y una pulsera de diamantes
7. vaqueros y zapatos deportivos
8. una falda y pantalones cortos
9. perfume y talco
10. una corbata y un vestido

8-15 Fui de compras. Túrnense para contestar estas preguntas sobre la última vez que fueron de compras.

MODELO: **E1:** ¿Cuándo fuiste de compras?
   E2: *Fui de compras el sábado pasado.*

1. ¿Cuándo fuiste de compras?
2. ¿Adónde fuiste?
3. ¿Fuiste con alguien o fuiste solo/a?
4. ¿Compraste algo?
5. ¿Encontraste alguna ganga?
6. ¿Gastaste mucho?

Comparaciones...
Las tiendas especializadas y los otavaleños

Aunque en el mundo hispano hay grandes almacenes y supermercados, también hay una gran cantidad de tiendas especializadas. Es fácil identificar estas tiendas porque por lo general llevan el nombre del producto en el que se especializan, seguido por **-ería**. En todos los pueblos y las ciudades puedes encontrar peleterías (tiendas donde venden artículos de pieles), perfumerías, zapaterías, fruterías, sombrererías, etcétera. Los productos que se venden en estas tiendas muchas veces están hechas por los mismos dueños y son de excelente calidad.

En Otavalo, Ecuador, los indígenas otavaleños tienen un pintoresco mercado al aire libre que es mundialmente famoso por su artesanía. Los vendedores otavaleños visten con ropa atractiva indígena cuando van al mercado para vender sus productos. Los tejidos (*woven goods*) de gran calidad incluyen tapetes (*rugs*), blusas, camisas, ponchos, suéteres, gorros (*knit or woven caps*), bolsas, cinturones y bufandas (*scarves*). Los precios son buenos, pero lo mejor y más divertido es regatear el precio con los vendedores.

¡Vamos a comparar!
¿Puedes nombrar algunas tiendas especializadas en el Canadá o los EE.UU.? ¿Por qué crees que no hay más tiendas especializadas? ¿No nos interesa la calidad? ¿Podemos obtener productos de calidad en otros tipos de tiendas? ¿Hay en el Canadá mercados al aire libre donde se venden productos como en Otavalo? ¿Dónde?

¡Vamos a conversar!
¿Qué consideras un buen precio por los siguientes artículos? Por lo general, ¿son más o menos caros en otros países? ¿Qué te gusta comprar cuando vas de viaje? ¿Pagas mucho o poco por lo que compras?

   una bolsa de cuero
   una camiseta de algodón
   un suéter de lana
   una pulsera de plata
   unas botas de cuero
   un sombrero de Panamá

Estructuras

4. Comparisons of equality and inequality

Comparaciones de igualdad

¡Tengo tantos globos como tú!

◆ In Spanish, you may make **comparisons of equality** with **adjectives** (e.g., *as good as*) and **adverbs** (e.g., *as quickly as*) by using the following construction.

tan + adjective/adverb + **como**

Pedro es **tan** amable **como** Juan.   *Pedro is as nice as Juan.*
María habla **tan** despacio **como**   *María speaks as slowly as her sister.*
su hermana.

◆ Make comparisons of equality with **nouns** (e.g., *as much money as; as many friends as*) by using the following construction. Notice that **tanto** is an adjective and agrees in gender and number with the noun or pronoun it modifies.

tanto/a(s) + noun + **como**

Marta tiene **tantos** pares de   *Marta has as many pairs of shoes as you.*
zapatos **como** ustedes.
Tú tienes **tanta** paciencia   *You have as much patience as Eugenio.*
como Eugenio.

◆ Make comparisons of equality with **verbs** (e.g., *works as much as*) by using the following construction.

verb + **tanto como**

Marilú gasta **tanto como** su papá.   *Marilú spends as much as her father.*
Mis hermanos regatean **tanto**   *My brothers bargain as much as you.*
como tú.

Comparaciones de desigualdad

◆ A **comparison of inequality** expresses *more than* or *less than*. Use this construction with **adjectives**, **adverbs**, or **nouns**.

más/menos + adjective/adverb/noun + **que**

Tengo más dinero que tú.

Adjective: Mercedes es **menos**   *Mercedes is less responsible than Claudio.*
responsable **que** Claudio.
Adverb: Yo me pruebo la ropa   *I try on the clothes faster than you.*
más rápidamente **que** tú.
Noun: Tengo **menos** compras   *I have fewer purchases than Anita.*
que Anita.

◆ Make comparisons of inequality with **verbs**, using this construction:

$$\text{verb} + \textbf{más/menos} + \textbf{que}$$

Tú estudias **más que** yo.	*You study more than I (do).*

◆ With numerical expressions, use **de** instead of **que**.

Tengo **más de** cinco buenas camisas.	*I have more than five good shirts.*

Summary of Comparisons of Equality and Inequality

Equal Comparisons	
nouns:	**tanto/a(s)** + noun + **como** + noun or pronoun
adjectives/adverbs:	**tan** + adj./adv. + **como** + noun or pronoun
verbs:	verb + **tanto como** + noun or pronoun
Unequal Comparisons	
adj./adv./noun:	**más/menos** + adj./adv./noun + **que** + noun or pronoun
verbs:	verb + **más/menos** + **que** + noun or pronoun
with numbers:	**más/menos** + **de** + number

Expansión

Los adjetivos comparativos irregulares

Some Spanish adjectives have both regular and irregular comparative forms:

Adjective	Regular Form	Irregular Form	
bueno/a	más bueno/a	mejor	*better*
malo/a	más malo/a	peor	*worse*
viejo/a	más viejo/a	mayor	*older*
joven	más joven	menor	*younger*

◆ The irregular forms **mejor** and **peor** are more commonly used than the regular forms. **Más bueno** and **más malo** are primarily used to refer to character, not quality.

Esta farmacia es **mejor** que ésa.	*This pharmacy is better than that one.*
Pedro es **peor** que Luis en regatear.	*Pedro is worse than Luis at bargaining.*
La señora Dávila es **más buena** que el señor Dávila.	*Mrs. Dávila is a better person than Mr. Dávila.*

◆ **Mayor, menor,** and **más joven** are commonly used with people; **más viejo** may be used with inanimate objects.

Manuel es **menor** que Beba, y yo soy **mayor** que Manuel.	*Manuel is younger than Beba, and I am older than Manuel.*
Cuzco es **más vieja** que Lima.	*Cuzco is older than Lima.*

Practiquemos

8-16 No es tan atractivo. A/ Primero, expresa tu opinión sobre las siguientes comparaciones de *igualdad*.

MODELO: Un abrigo de cuero es tan atractivo como un abrigo de lana.
> ➡ *No estoy de acuerdo. Un abrigo de cuero no es tan atractivo como un abrigo de lana.*

1. Una camisa de algodón no es tan elegante como una camisa de seda.
2. Una pulsera de diamantes es tan cara como un reloj de oro.
3. Yo no gasto tanto dinero como mis amigos.
4. Yo hago tantas compras como mi hermano/a.
5. En el Canadá, no regateamos tanto como en el Ecuador.
6. Las tiendas pequeñas venden tanto como los almacenes.

B/ Ahora, forma comparaciones de igualdad usando la siguiente información.

MODELO: Esta camisa es barata. Esa camisa es barata también.
> ➡ *Esta camisa es tan barata como ésa.*

1. Estos zapatos son caros. Aquellos zapatos son caros también.
2. La joyería está cerca. La perfumería también está cerca.
3. Yo tengo $100. Tú tienes $100 también.
4. María compró tres artículos. Jorge compró tres artículos también.
5. Mario gasta mucho dinero. Marilú también gasta mucho dinero.
6. A Jorge le gusta regatear. A Sandra le gusta regatear también.

8-17 ¡Esta camiseta es mejor! A/ Primero, expresa tu opinión sobre las siguientes comparaciones de *desigualdad*.

MODELO: Un abrigo de cuero es más caliente que un abrigo de lana.
> ➡ *No estoy de acuerdo. Un abrigo de cuero es menos caliente que un abrigo de lana.*

1. Los aretes de oro son más baratos que los aretes de plata.
2. Un collar de perlas es más elegante que una cadena de oro.
3. Halifax tiene más tiendas que Ottawa.
4. Los estudiantes tienen menos dinero que los profesores.
5. Los chicos gastan más que las chicas.
6. Yo tengo más de diez pares de zapatos.

B/ Ahora, forma comparaciones de desigualdad usando la siguiente información.

MODELO: Esta camisa cuesta $25. Esa camisa cuesta $30.
> ➡ *Esta camisa cuesta más que ésa. (Esta camisa es más cara que ésa.)*

1. Esas sandalias cuestan $75. Aquéllas cuestan $60.
2. Saga Falabella está cerca. El Almacén Vigo está lejos.
3. Julia compró tres artículos. Julio compró seis.
4. Julia gastó $80. Julio gastó $150.
5. Estos vestidos estampados son buenos. Esos vestidos no son muy buenos.
6. Esta tienda es buena. Aquella tienda es muy mala.

8-18. De compras. Completa la conversación entre dos amigos que van de compras al centro.

Clave: comparación igual (=); comparación desigual (+/-)

MODELO: Creo que el champú que usas no es _tan_ bueno _como_ el que uso yo. (=)

Ángel: Sí, y tu pelo es (1) _____ bonito _____ mi pelo. (+)

Creo que tu champú es (2) _____ _____ el que uso yo. (+)

Carlota: No me gusta este talco (3) _____ _____ ése. (=) ¿Qué piensas?

Ángel: Tienes razón. Ése es (4) _____ elegante _____ éste, (+) pero ¡también es mucho (5) _____ caro! (+)

Carlota: Ah, aquí hay unos artículos en rebaja. Estos perfumes son (6) _____ caros _____ ésos, (-), pero creo que son (7) _____ buenos _____ los otros. (=)

Ángel: Vamos a la farmacia. Las cosas allí son (8) _____ caras _____ en esta tienda. (-)

Carlota: Sí, pero no tienen (9) _____ selección _____ aquí. (=)

Ángel: ¿Por qué no vamos al Almacén Vigo? Hay muchos (10) _____ artículos _____ en esta tienda, (+) y los precios son (11) _____ buenos. (=)

Carlota: Yo pienso que los precios allí son (12) _____ _____ aquí. _(bueno)_ (+) Tienen muchas rebajas. Pero, el Almacén Vigo no tiene (13) _____ rebajas _____ Falabella. (=) Y los artículos que venden allí son de (14) _____ calidad _____ en Falabella. _(bueno)_ (-) Falabella es una (15) _____ tienda _____ el Almacén Vigo, ¿no crees? _(bueno)_ (+)

Ángel: Muy bien. ¡Pues vamos a Falabella!

8-19 En el hipermercado. Pueden comprar de todo en un hipermercado: ropa, comida, artículos para el coche, muebles, etcétera. Hagan comparaciones entre lo que ven. Usen la imaginación.

MODELO: blusa y camisa

E1: *Esta blusa es bonita.*

E2: *Sí, pero esta camisa es más bonita que esa blusa.* o
Sí, pero esta camisa es tan bonita como esa blusa, etcétera.

Algunos adjetivos y expresiones				
delicioso	exquisito	fresco	horrible	divino
barato	bonito	económico	a buen precio	bello
hermoso	cómodo	moderno	feo	caro

1. zapatos y sandalias
2. pollo y pescado
3. saco y traje
4. espárragos y judías
5. vaqueros y pantalones

6. sofá y sillón
7. queso y jamón
8. armario y cama
9. pulseras y relojes
10. microondas y televisor

8-20 En la joyería. Imagínense que están en una joyería en Lima: uno/a de ustedes hace de dependiente/a y el/la otro/a es cliente/a. Comparen las joyas que tienen. Pueden comparar el tamaño (*size*), la calidad, el estilo y el precio.

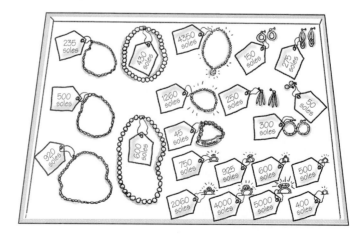

MODELO: **Dependiente/a:** *Este collar es más largo y bonito que ése.*

Cliente/a: *Sí, pero es más caro que este collar. ¿No tiene collares más baratos?*

5. Superlatives

◆ A superlative statement expresses the highest or lowest degree of a quality; for example, the most, the greatest, the least, or the worst. To express the superlative in Spanish, the **definite article** is used with **más** or **menos**. Note that the preposition **de** is the equivalent of *in* or *of* after a superlative.

> definite article + **más** or **menos** + adjective + **de**

Este almacén es **el más elegante de** la ciudad.	*This department store is the most elegant in the city.*
Estos zapatos son **los menos cómodos de** todos.	*These shoes are the least comfortable of all.*

◆ When a noun is used with the superlative, the article precedes the noun in Spanish.

La seda es **el** material más caro de los que venden aquí.	*Silk is the most expensive material of the ones they sell here.*
La Cenicienta es **la** zapatería más popular del barrio.	*Cinderella is the most popular shoe store in the neighborhood.*

◆ Adjectives and adverbs that have irregular forms in the comparative use the same irregular forms in the superlative.

Don Pepe es **el mejor de** los joyeros.	*Don Pepe is the best of the jewelers.*
Tía Isabel es **la mayor de** mis tías.	*Aunt Isabel is the oldest of my aunts.*

Practiquemos

8-21 ¡Somos los mejores! Con un/a compañero/a, pónganse de acuerdo para completar las siguientes oraciones. Luego, comparen sus respuestas con las de otras parejas.

MODELO: La clase más interesante de todas es…
➡ *¡La clase más interesante de todas es la clase de español!*

1. La tienda más cara de esta ciudad es…
2. El mejor restaurante es…
3. El país más bonito del mundo es…
4. La ciudad más contaminada del mundo es…
5. El problema más serio del mundo es…
6. La ciudad más grande del Canadá es…
7. El mejor lugar para ir de vacaciones en el Canadá es…
8. La mejor película de este año es…
9. El peor mes del año es…
10. El mejor día del año es…

8-22 De compras en el Ecuador. Usa la información a continuación para hacer comentarios, usando la construcción superlativa. Haz todos los cambios necesarios.

MODELO: aretes de plata / bonito / joyería

➥ *Estos aretes de plata son los más bonitos de la joyería.*

1. bolsa de cuero / hermoso / puesto (*stall*)
2. gorras de alpaca / bello / mercado
3. bufanda de seda / elegante / almacén
4. frasco de colonia / pequeño / perfumería
5. cadena de oro / caro / joyería
6. sombreros de Panamá / barato / mercado
7. suéteres de lana / bueno / tienda
8. camisas de algodón / cómodo / país

8-23A ¿Cómo eres? Túrnense para preguntarse sobre su familia y sus amigos.

MODELO: más trabajador

E1: *¿Quién es el más trabajador de tu familia?*
E2: *Mi hermana es la más trabajadora de mi familia.*

1. más alegre
2. más alto/a
3. menos responsable
4. menor
5. más deportivo
6. más simpático/a

8-24 ¿Cuál es? Túrnense para identificar y hablar de las siguientes cosas, usando comparaciones y superlativos.

MODELO: un buen coche

E1: *¿Cuál es un buen coche?*
E2: *Pues, el Ford es bueno, pero los coches japoneses son mejores que los Ford.*
E3: *¡Creo que el VW es el mejor de todos!*
E1: *No estoy de acuerdo…*

1. una tienda elegante
2. una buena película
3. unos vaqueros de moda
4. un programa de televisión malo
5. un restaurante bueno y económico
6. un lugar interesante para las vacaciones
7. un buen grupo musical
8. un deporte emocionante

WWW. **8-25 ¡Vamos de compras!** En su grupo, busquen información sobre algunos artículos que se venden en estas tiendas "en línea", y decidan qué quieren comprar. Pueden buscar una tienda de ropa: **http://tienda.elpais.es/compras/Ropa.html** o visitar el Corte Inglés (un almacén español), donde hay una gran variedad de artículos en venta: **http://www.elcorteingles.es/**

Observaciones

Toño Villamil y otras mentiras, Episodio 8

8-26 Una tienda de ropa. En este episodio, vas a ver a Isabel y a Lucía en una tienda de ropa en Malinalco. Aquí tienes una descripción de la tienda. Léela y contesta las preguntas a continuación.

En Malinalco hay una pequeña tienda de ropa para mujeres que se llama La Boutique de María. La dueña de la tienda se llama María (naturalmente), y es la esposa de Manolo, el cocinero del restaurante Las Palomas. María abrió la tienda en 2003 cuando estaba recién casada con Manolo. Como es el mes de agosto, todo está en rebaja: camisas, camisetas, vaqueros, tenis, vestidos, blusas... todo menos las modas nuevas para el otoño. Los días en que María tiene que ir a la capital para hacer las compras para su tienda, Manolo cuida la tienda. Pero, la verdad, es mejor cocinero que vendedor. Vamos a ver si vende algo hoy...

1. ¿Quién es la dueña de la tienda?
2. ¿Cuándo la abrió?
3. ¿Quién la ayuda cuando ella no está?
4. ¿Por qué no está hoy?
5. En tu opinión, ¿va a vender algo hoy? ¿Por qué?

8-27 Isabel y Lucía van de compras. Mira el octavo episodio de *Toño Villamil y otras mentiras* donde vas a ver a Isabel y a Lucía en una tienda de ropa. Luego, completa las siguientes oraciones.

1. Ese día, Isabel está...
   a. enferma.
   b. contenta.
   c. cansada.

2. Busca ropa...
   a. de noche.
   b. de moda.
   c. deportiva.

3. El vendedor dice que la tienda es la...
   a. única en Malinalco.
   b. más grande de Malinalco.
   c. mejor de Malinalco.

4. Isabel necesita una talla...
   a. mediana.
   b. grande.
   c. chica.

5. Antes de comprar, Isabel quiere...
   a. saber si aceptan tarjeta de crédito.
   b. probarse la ropa.
   c. buscar en otra tienda.

6. En el restaurante Las Palomas Manolo dice que...
   a. lava los platos.
   b. es el cocinero.
   c. es un cliente.

7. Según Lucía, la tortilla española que Manolo le prepara es...
   a. la peor de su vida.
   b. diferente de lo que espera.
   c. sabrosa, pero no auténtica.

8-28 Una tienda en Malinalco. Trabajen juntos/as para imaginarse una tienda que abrirían (*you would open*) en el pequeño pueblo de Malinalco. ¿Qué van a vender? ¿Quiénes van a ser sus clientes? ¿Cómo van a atraer a sus clientes? ¿Es posible ganarse la vida vendiendo ropa en ese lugar? ¿Por qué?

Nuestro mundo

El reino inca: el Perú y el Ecuador

8-29 ¿Qué sabes tú? Identifica o explica las siguientes cosas.

1. las capitales del Perú y del Ecuador
2. dónde están las Islas Galápagos
3. el científico inglés que hizo investigaciones en las Islas Galápagos
4. una antigua civilización de la América del Sur
5. dónde originó la papa
6. productos agrícolas importantes del Ecuador
7. los meses de verano en el Perú
8. el nombre del río que pasa por Brasil, el Perú y el Ecuador
9. los países en las fronteras del Perú y del Ecuador
10. el clima de la selva amazónica

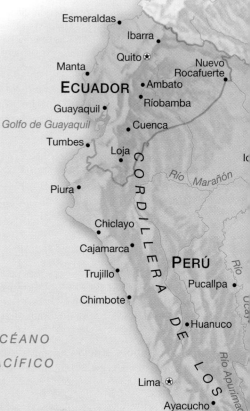

El clima tropical de la zona costeña es ideal para el cultivo de bananas, uno de los productos agrícolas más importantes del Ecuador.

OCÉANO
PACÍFICO

La alpaca es un precioso animal camélido (*of the camel family*) que vive en las altas sierras (*highlands*) de Suramérica. La alpaca fue importante en la civilización incaica, que la usó en sus ceremonias religiosas y para sus tejidos de lana. La lana de la alpaca es más fuerte y mucho más calurosa que la de la oveja, y se produce en 22 colores naturales distintos.
Canadian Llama and Alpaca Association
http://www.claacanada.com/

Cuenca es una bella ciudad que preserva la arquitectura colonial española junto a algunos sitios arqueológicos de la época de los incas.
Fotos de Cuenca
http://www.userfirstweb.com/cuenca/esp.htm

La sierra peruana es la región atravesada (*crossed*) por los Andes. Allí hay ciudades como Cuzco, la antigua capital de los incas, a más de 3.500 metros de altura, y el impresionante Machu Picchu, centro ceremonial de los incas.
Cuzco
http://www.peru.com/cuzco/

Un plato especial que se sirve en el Perú y en el Ecuador es el ceviche, pescado fresco "cocinado" en jugo de limón.

Según la leyenda, el Padre Sol (que se llamaba Tayta Inti) creó la civilización incaica en el Lago Titicaca. Los habitantes de esta región conservan sus antiguas tradiciones.

Se conoce el archipiélago de las Islas Galápagos por su exquisita variedad de vida marítima y terrestre. Aquí también se ubica el Centro de Investigación Charles Darwin, nombrado en honor del famoso científico inglés que visitó las islas y allí formuló su teoría sobre la evolución de las especies. Hoy en día, el gobierno ecuatoriano coopera con el movimiento ecológico para estudiar y proteger las especies únicas, como el galápago (*giant tortoise*), el booby con patas azules (*blue-footed booby*) y la iguana marina.
Fundación Charles Darwin
http://www.darwinfoundation.org/Islas_Galapagos.html

8-30 ¿Dónde? ¿Dónde se puede encontrar las siguientes cosas? Puede haber más de una respuesta para algunas.

___ la industria pesquera (del pescado)

___ artículos hechos de lana de alpaca

___ investigación ecológica

___ deportes invernales

___ la sede del gobierno

___ temperaturas altas

___ temperaturas bajas

___ museos

___ la civilización incaica

___ playas

1. las Islas Galápagos

2. la selva amazónica

3. las costas del Perú y del Ecuador

4. los Andes

5. la sierra andina

6. Lima y Quito

7. Cuzco

8-31 ¿Cierto o falso? Indica si las siguientes oraciones son **ciertas** o **falsas**. Si son falsas, explica por qué.

1. El Ecuador tiene un sólo clima.

2. Las alpacas viven en las Islas Galápagos.

3. Cuenca es una ciudad colonial.

4. En el Ecuador, el cultivo de las bananas es importante.

5. Los incas construyeron Machu Picchu.

6. El ceviche es un plato típico de carne del Perú y del Ecuador.

7. La lana de la alpaca es ideal para los suéteres y las bufandas.

8. Charles Darwin visitó el Ecuador.

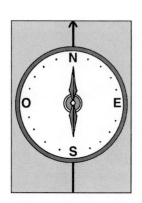

8-32 El mapa. Consulten el mapa de Suramérica y túrnense para indicar dónde se encuentran las ciudades y los lugares a continuación.

en el centro   en la costa del Pacífico   en las montañas (*mountains*)

MODELO: Lima

➡ *Lima es la capital del Perú. Está en la costa del país.*

1. Machu Picchu

2. Quito

3. Guayaquil

4. las Islas Galápagos

5. el Lago Titicaca

6. Cuzco

8-33 Recomendaciones. Háganles recomendaciones a personas que piensan hacer un viaje al Perú y al Ecuador. Recomiéndenles lugares para visitar, según sus intereses.

MODELO: E1: Quiero estudiar las civilizaciones antiguas.

E2: *¿Por qué no vas a Machu Picchu? Allí puedes estudiar el centro ceremonial de los incas.*

1. Quiero estudiar ecología.

2. Me gusta escalar montañas.

3. Estudio agricultura.

4. Me gustan los mariscos.

5. Quiero observar las alpacas.

6. Quiero hacer un crucero (*cruise*).

8-34 Investigar. Investiga uno de los siguientes temas en la biblioteca o en el Internet y prepara un informe para presentárselo a la clase.

1. la papa

2. Alejandro Toledo

3. la iguana marina

4. el quechua (idioma andino)

5. la música andina

6. la artesanía andina

7. Atahualpa

8. Pizarro

9. la zona amazónica del Ecuador

10. los tejedores del Ecuador

Ritmos

"Camino de la montaña" (Los Kjarkas, Bolivia)

El camino de la montaña en esta canción es una metáfora sobre el camino de la vida. Aunque la montaña en la canción es simbólica, la vida de los bolivianos siempre ha estado fuertemente vinculada con los Andes.

Antes de escuchar

8-35 El viaje a los Andes. Imagínate que hiciste un viaje a los Andes y disfrutaste de la belleza que hay allí. Termina las oraciones sobre esta experiencia con el pretérito.

1. Nosotros (ir) _____ a la sierra peruana el año pasado.
2. (Ver) _____ unas vistas muy impresionantes.
3. Después de unos días, yo (acostumbrarse) _____ a la altura.
4. Nos (encantar) _____ los pequeños pueblos pintorescos.
5. (Ponerse – yo) _____ muy triste cuando (tener) _____ que irme.

A escuchar

8-36 "Camino de la montaña". Escucha la canción y completa la letra con las palabras de la lista siguiente.

MUNDO   LIBERTAD   AMORES   VERDAD   DESTINO

1. Camino de la montaña camino de (1) _____
   Yo quiero subir por ella en busca de mi (2) _____
   Ser el santo y peregrino en busca de mi (3) _____
   Y unos ojos soñadores que mi vida me alumbran
   (se repite)

2. Hay (4) _____ en la vida que se buscan locamente
   Que andan perdidos sin rumbo por los caminos del (5) _____
   Más buscarán sus destinos quizás por otros caminos
   Porque la vida misma es un camino por andar
   Más buscarán sus destinos quizás por otros caminos
   Porque la vida misma es un camino por andar

Páginas

"Los rivales y el juez", Ciro Alegría (1909-1967), el Perú

Ciro Alegría nació en Huamachuco, Perú, en 1909. Vivió muchos años entre los indígenas y muchas de sus obras dan vida y validez a sus tradiciones y a su folklore. "Los rivales y el juez" es una fábula.

Estrategias

El género de la obra. By recognizing the genre of a piece you anticipate the style, narrative procedures, and content of the work. What you expect to read on the sports page of a newspaper is different from a mystery or a poem or a play. Before you read this fable, think about the writer's purpose and the characters.

A. ¿Quiénes son? Empareja el personaje con su descripción.

El sapo

La cigarra

La garza

1. ___ el sapo

2. ___ la cigarra

3. ___ la garza

a. pequeña, negra, seis patas

b. alta, gris, elegante, pico largo

c. bajo, verde o pardo, cuatro patas, feo

B. Para pensar. Piensa en una fábula en inglés y da la información a continuación.

1. el nombre de un escritor de fábulas: ___

2. el nombre en inglés de una fábula famosa: ___

3. el nombre de un personaje ufano (*conceited*): ___

¡Escucha!

Los personajes. Escucha las características de estos animales a ver si los puedes identificar.

___ la araña (*spider*)

___ el perro (*dog*)

___ la culebra (*snake*)

___ el zorro (*fox*)

___ la tortuga (*tortoise*)

___ el mapache (*raccoon*)

"Los rivales y el juez (*judge*)"

Un sapo estaba (*was*) muy ufano (*conceited*) de su voz y toda la noche se la pasaba cantando: toc, toc, toc...

Y una cigarra estaba más ufana de su voz, y se pasaba toda la noche y también todo el día cantando: chirr, chirr, chirr...

Una vez se encontraron y el sapo le dijo: "Mi voz es mejor".

Y la cigarra contestó: "La mía es mejor".

Se armó una discusión que no tenía cuándo acabar (*had no end*).

El sapo decía (*said*) que él cantaba toda la noche.

La cigarra decía que ella cantaba día y noche.

El sapo decía que su voz se oía (*could be heard*) a más distancia y la cigarra que su voz se oía siempre.

Se pusieron a cantar alternándose: toc, toc, toc...; chirr, chirr, chirr... y ninguno se convencía (*gave in*).

Y el sapo dijo: "Por aquí a la orilla (*bank*) de la laguna, se para (hay) una garza. Vamos a que haga de juez".

Y la cigarra dijo: "Vamos". Saltaron y saltaron hasta que vieron a la garza...

Y la cigarra gritó: "Garza, queremos únicamente que nos digas cuál de nosotros dos canta mejor".

La garza respondió: "Entonces acérquense (vengan cerca) para oírlos bien"...

El sapo se puso a cantar, indiferente a todo... y mientras tanto la garza se comió a la cigarra.

Cuando el sapo terminó, dijo la garza: "Ahora seguirá la discusión en mi buche (*belly*)", y también se lo comió. Y la garza, satisfecha de su acción, encogió una pata (*drew up a leg*) y siguió mirando tranquilamente el agua.

8-37 ¿En qué orden? Pon estos eventos en orden cronológico.

___ Termina mal para los dos rivales.　　___ La garza quiere oír cantar a los dos.

___ El sapo y la cigarra discuten.　　　___ La cigarra es muy ufana.

___ El sapo canta toda la noche.　　　　___ Piden a la garza que haga de juez.

8-38 ¿Comprendiste? Contesta brevemente en español.

1. ¿Quiénes son los tres personajes de esta fábula?

2. ¿Cuál de los personajes canta mejor? ¿Cuál es el más inteligente?

3. En tu opinión, ¿cuál es la lección de esta fábula? Explica.

4. Compara la lección de esta fábula con la de otra que conoces.

Taller

Una fábula

En esta actividad, vas a escribir una fábula.

1. Lección. Primero piensa en la lección o moraleja *(moral)* que quieres ilustrar en tu fábula.

2. Descripción. Escribe una breve descripción de dos o tres personajes. Incluye sus aspectos físicos y personales.

Algunos animales

el águila	*eagle*	**el gato**	*cat*
la alpaca	*alpaca*	**la iguana**	*iguana*
la araña	*spider*	**el mapache**	*racoon*
la ardilla	*squirrel*	**el pato**	*duck*
la culebra	*snake*	**el perro**	*dog*
el galápago	*tortoise*	**el zorro**	*fox*

3. Problema. Escribe dos o tres oraciones, explicando el problema o el conflicto entre los personajes.

4. Detalles. Escribe dos o tres oraciones, describiendo su encuentro *(encounter)* y los resultados.

5. Opinión. Usa mandatos formales para escribir la moraleja de la fábula.

6. Revisión. Revisa tu fábula para verificar los siguientes puntos.

❏ el uso del pretérito

❏ el uso de los números ordinales

❏ las comparaciones y los superlativos

❏ la ortografía y la concordancia.

7. Intercambio. Intercambia tu fábula con otro/a estudiante para hacer correcciones y sugerencias y comentar sobre el mensaje *(message)* de la fábula.

8. Entrega. Pasa tu fábula en limpio, incorporando las sugerencias de tu compañero/a, y entrégasela a tu profesor/a.

MODELO: *En la alta sierra del Perú viven una alpaca y un águila. La alpaca se cree la criatura más bella de todo el mundo. El águila también se cree muy, muy bella, aún más bella que la alpaca…*

Lección
9 Vamos de viaje

Fernando Botero, pintor y escultor colombiano, es conocido por sus caricaturas de personajes populares. Ésta se llama *El picador*.

Comunicación

Primera parte

¡Así es la vida!

Un viaje de vacaciones

Mauricio Pasos y Susana García son dos jóvenes universitarios venezolanos. Son esposos y quieren tomarse unas vacaciones entre semestres. Van a la agencia de viajes Omega, situada en la Avenida Andrés Bello de Caracas, para hablar con Rosario Díaz, una amiga de Susana que trabaja en la agencia.

Rosario: Hola, ¿cómo están? ¿Qué dicen los tortolitos (*lovebirds*)?

Susana: Pues, aquí nos tienes, corriendo de un lado a otro.

Rosario: Bueno, ¿y ya saben adónde desean ir de vacaciones?

Mauricio: Yo quisiera regresar a Cancún. El hotel donde nos quedamos el año pasado era muy bueno.

Susana: Sí, y se podía hacer muchas excursiones interesantes. ¿Pero no recuerdas cuántos turistas había?

Rosario: (Mostrándoles un folleto): Bueno, si quieren algo diferente, aquí les ofrecen un viaje de una semana a Colombia.

Susana: ¿Qué incluye el viaje?

Rosario: Incluye pasaje de ida y vuelta, hospedaje, comidas y excursiones por tres días y dos noches en la isla de San Andrés, que tiene una playa fabulosa, y cinco días y cuatro noches en la maravillosa ciudad colonial de Cartagena de Indias. ¡Todo esto por sólo 506.000 bolívares por persona!

Susana: ¡Fenomenal!

Mauricio: Pues, mi cielo, entonces… ¡vamos a Colombia!

Un mes más tarde Mauricio y Susana salen para Colombia en su viaje de vacaciones. Ahora se encuentran en la sala de espera de AVIANCA, en el aeropuerto internacional de Caracas. Al poco rato oyen la voz del agente…

Agente: Buenas tardes, señores pasajeros. AVIANCA anuncia la salida del vuelo 79 con destino a San Andrés. Favor de pasar a la puerta de salida número 8. ¡Buen viaje!

(Más adelante, cuando están sentados dentro del avión, ellos escuchan…)

Azafata: De parte del capitán Recio les damos la bienvenida a bordo del vuelo 79. El viaje va a durar dos horas y media y vamos a volar a 4.000 metros de altura. ¡Favor de abrocharse los cinturones de seguridad!

¡Así lo decimos!

En el aeropuerto

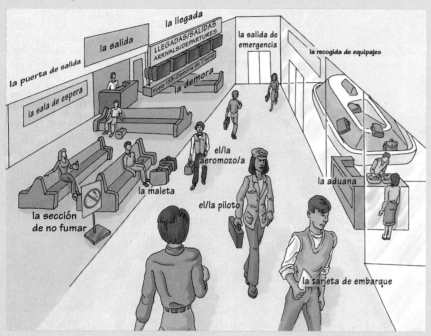

la llegada

la salida

la puerta de salida

LLEGADAS/SALIDAS
ARRIVALS/DEPARTURES

Vuelo 133–Demora de 1 hora

la demora

la sala de espera

la salida de emergencia

la recogida de equipajes

el/la aeromozo/a

la aduana

la maleta

el/la piloto

la sección de no fumar

la tarjeta de embarque

En la agencia de viajes y en casa

el folleto	*brochure*
el/la guía	*tour guide*
la guía	*guide book*
hacer la(s) maleta(s);	*to pack*
...hacer el equipaje	
el hospedaje	*lodging*
el pasaje	*(roundtrip) fare; ticket*
(de ida y vuelta)	
la reserva	*reservation*
el vuelo (sin escala)	*(nonstop) flight*

En el aeropuerto

cancelar	*to cancel*
facturar el equipaje	*to check in the luggage*
hacer cola	*to stand in line*
el/la aduanero/a	*customs inspector*
el equipaje (de mano)	*(hand) luggage*

En el avión

abrocharse	*to fasten (a seatbelt)*
aterrizar	*to land*
despegar (ue)	*to take off*
subir al avión	*to board the plane*
volar (ue)	*to fly*
el asiento	*(window/aisle) seat*
(de ventanilla /	
de pasillo)	
el aterrizaje	*landing*
el cinturón de	*seat belt*
seguridad	
la clase turista	*coach class*

Repaso

viajar   el boleto   el viaje   el mostrador

¡Escucha!

Un vuelo en avión. Escucha el anuncio en el avión. Indica la información correcta del vuelo.

1. aerolínea:	**a.** IBERIA	**b.** AVENSA	**c** LACSA
2. número:	**a.** 895	**b.** 985	**c.** 995
3. destino:	**a.** San Juan	**b.** San José	**c.** San Andrés
4. comida:	**a.** almuerzo	**b.** merienda	**c.** desayuno
5. película:	**a.** cubana	**b.** venezolana	**c.** colombiana
6. temperatura:	**a.** 30° C	**b.** 30° F	**c.** 32° C
7. hora de llegada:	**a.** 2:30 am	**b.** 3:30 pm	**c.** 2:30 pm

Practiquemos

9-1 ¿Lógico o ilógico? Indica si cada una de las siguientes oraciones es **lógica** o **ilógica** y corrige las ilógicas.

1. Busco folletos en la agencia de viajes si pienso ir de vacaciones.
2. Tengo que facturar mi equipaje de mano.
3. Pasamos por la puerta de salida para subir al avión.
4. El aduanero pide mi tarjeta de embarque.
5. La piloto atiende a los pasajeros durante el vuelo.
6. Si hay una demora, vamos a aterrizar a tiempo.
7. Es necesario abrocharse los cinturones de seguridad en la sala de espera.
8. Si no quiero regresar de mi viaje, compro un pasaje de ida y vuelta.
9. El guía revisa nuestras maletas.
10. Si se viaja a otro país, es necesario pasar por la aduana.

9-2 Anuncios. Contesta las siguientes preguntas, basándote en el anuncio a continuación.

1. ¿Cómo se llama la agencia de viajes?
2. ¿Qué anuncia la agencia?
3. ¿Dónde está la agencia?
4. ¿Cuál es el viaje más caro?
5. ¿Cuál es el más barato?
6. ¿A qué ciudades del Caribe hay excursiones?
7. En español, explica la frase, "Precios sujetos a cambio sin previo aviso".
8. ¿Cuál de los viajes prefieres y por qué?

AGENCIA DE VIAJES MUNDIALES

Tarifas de ida y vuelta de Toronto

Centro y Suramérica				Islas del Caribe	
Managua	$595	Panamá	$650	San Andrés	$850
San Salvador	$550	Bogotá	$800	Isla Margarita	$900
Tegucigalpa	$600	Cartagena	$850	San Juan	$500
Caracas	$800	Maracaibo	$900	Santo Domingo	$700

Tenemos más tarifas y excursiones económicas, para destinos en el Canadá y a cualquier parte del mundo.

¡LLÁMENOS HOY! CUMPLIMOS LO QUE PROMETEMOS
SU AGENCIA AMIGA EN EL CORAZÓN DE TORONTO

Precios sujetos a cambio sin previo aviso

(416) 555-8042 1320 8ᵗʰ Ave., Suite 54

9-3 ¿Quién lo dijo? Aquí tienen una conversación mezclada entre una persona que quiere ir de vacaciones a Venezuela y un/a agente de viajes. Pongan en orden lo que dice cada persona y luego practiquen el diálogo.

Agente

___ Aquí tiene algunos folletos.

___ Sí, hay uno que sale todos los sábados a las cinco de la tarde.

___ Sí, y es un buen precio. Con el hotel incluido sólo cuesta $1.900.

___ Buenos días. ¿En qué puedo servirle?

___ Muy bien. Le hago la reserva.

___ Sí, también incluye una excursión a la Isla de Margarita.

Cliente

___ ¿El paquete incluye algo más?

___ Quisiera hacer un viaje a Caracas.

___ Gracias. Aquí tiene mi tarjeta de crédito.

___ Excelente. Entonces voy el sábado 5 de mayo por quince días.

___ Está muy bien. ¿Hay vuelos sin escala?

___ Este paquete parece interesante.

___ Muchas gracias.

9-4 ¿Adónde vamos? En su grupo, van a planear un viaje. Decidan adónde quieren ir y busquen información en el Internet (u otras fuentes *(sources)*) sobre ese lugar. Luego, apunten la siguiente información.

1. el país (la ciudad) que van a visitar
2. la duración del viaje
3. los precios y cuánto piensan gastar
4. dónde se van a hospedar (*to stay in a hotel, etc.*)
5. el tipo de ropa que van a llevar
6. si piensan quedarse en un solo lugar o hacer algunas excursiones
7. algunas actividades que van a hacer

Comparaciones...

El turismo canadiense en los países hispanos

Millones de turistas, entre ellos muchos canadienses, visitan países hispanos todos los años. Ciertos países son más populares que otros. Aquí tienes una pequeña descripción de los cuatro países más visitados por los canadienses.

México: Casi un millón de canadienses visitan México todos los años. Las ciudades preferidas son Acapulco, Cancún, Puerto Vallarta y Ciudad de México. Como México tiene un clima cálido *(warm)* durante todo el año, es un sitio ideal para escaparse de las incomodidades del invierno. La combinación de belleza natural, una rica historia y centros turísticos acogedores *(welcoming)* hace que México sea el destino principal de los vacacionistas canadienses.

Cuba: Cuba está en segundo lugar, con cerca de medio millón de visitantes del Canadá cada año. Esta isla tropical, con sus playas de arena fina, la generosidad de su gente y la riqueza de su música y cultura, atrae a algunos turistas a regresar año tras año.

La República Dominicana: Muchos canadienses también visitan esta isla en el Mar Caribe. Además de sus hermosos balnearios *(beach resorts)*, se puede apreciar ciudades coloniales como Santo Domingo, considerada la capital más antigua del Nuevo Mundo.

España: Por la distancia, son menos los canadienses que llegan a España, pero los que sí van se llevan muy buenos recuerdos de este maravilloso país por su variedad y su riqueza de atracciones culturales. Miles de estudiantes de muchos países también participan en programas de verano ofrecidos por universidades españolas.

RUTAS TURÍSTICAS DE CASTILLA-LA MANCHA

¿En qué país está esta ruta turística?

¡Vamos a comparar!

¿Sabes cuáles son los lugares canadienses más populares entre los visitantes hispanos al Canadá? ¿Cuántos turistas vienen al Canadá de los países hispanohablantes? Busca información sobre las ciudades, los parques y otros lugares en el Canadá que los hispanos visitan más.

¡Vamos a conversar!

¿Conocen algún país hispano? Pongan en orden de preferencia estos aspectos de sus vacaciones y comparen sus gustos. Luego, decidan qué país hispano prefieren visitar y por qué.

___ hacer deportes
___ hacer excursiones
___ visitar museos
___ estar cerca del agua
___ tomar el sol

___ ir al teatro
___ comer en restaurantes étnicos
___ estudiar en un programa especial
___ visitar los barrios viejos
___ ¿... ?

Estructuras

1. The imperfect of regular and irregular verbs

El imperfecto de los verbos regulares

CAMINÁBAMOS, SUBÍAMOS CERROS
Y NOS SENTÍAMOS LOS DUEÑOS DEL MUNDO.
JEEP LIBERTY.

You have already studied the preterit tense in **Lecciones 6, 7,** and **8**. Here you will be introduced to the imperfect, the other simple past tense in Spanish.

◆ The imperfect of regular verbs is formed as follows:

	hablar	comer	escribir
yo	habl*aba*	com*ía*	escrib*ía*
tú	habl*abas*	com*ías*	escrib*ías*
él/ella, Ud.	habl*aba*	com*ía*	escrib*ía*
nosotros/as	habl*ábamos*	com*íamos*	escrib*íamos*
vosotros/as	habl*abais*	com*íais*	escrib*íais*
ellos/as, Uds.	habl*aban*	com*ían*	escrib*ían*

◆ With **-ar** verbs, only the first person plural form has a written accent. All **-er** and **-ir** verbs have the same imperfect endings, and all forms have a written accent.

◆ The Spanish imperfect has three common English equivalents: the simple past, the past progressive, and the *used to* + infinitive construction.

Rosario **trabajaba** en la agencia. {
Rosario worked at the agency.
Rosario was working at the agency.
Rosario used to work at the agency.

◆ Use the imperfect to describe repeated, habitual, or continuous actions in the past with no reference to the beginning or ending.

Cuando yo **viajaba** a Colombia, **volaba** en AVIANCA.
When I traveled to Colombia, I used to fly AVIANCA.

Susana y Mauricio **consultaban** la guía todos los días.
Susana and Mauricio consulted the guide book every day.

Mauricio **pensaba** todo el tiempo en el viaje.
Mauricio was thinking (thought) all the time about the trip.

◆ Use the imperfect to describe an event or action in progress when another event or action took place (in the preterit) or was occurring (in the imperfect).

Estaban en la sala de espera cuando **llegaron** los aeromozos.	*They were in the waiting room when the flight attendants arrived.*
Mientras Rosario **hablaba** con Susana, Mauricio **miraba** el folleto.	*While Rosario was talking with Susana, Mauricio was looking at the brochure.*

◆ The imperfect is used to describe characteristics or states of being (health, emotions, etc.) in the past when no particular beginning or ending is implied in the statement.

Mi abuela **era** muy activa. **Tenía** mucha energía.	*My grandmother was very active. She had a lot of energy.*
Mis padres **estaban** muy contentos en la Isla Margarita.	*My parents were very happy on Isla Margarita.*

Verbos irregulares en el imperfecto

◆ There are only three verbs that are irregular in the imperfect.

Cuando yo era joven, veíamos a nuestros abuelos todas las semanas. Vivían cerca e íbamos en bicicleta para visitarlos.

Only the first person plural forms of **ir** and **ser** have written accent marks; all forms of **ver** require a written accent.

	ir	ser	ver
yo	iba	era	veía
tú	ibas	eras	veías
él/ella, Ud.	iba	era	veía
nosotros/as	íbamos	éramos	veíamos
vosotros/as	ibais	erais	veíais
ellos/as, Uds.	iban	eran	veían

Practiquemos

9-5 Cuando éramos niños. Repite las frases, sustituyendo los sujetos indicados.

MODELO: *Yo iba de vacaciones a las montañas.* (Juan)
➥ *Juan iba de vacaciones a las montañas.*

1. *Juan iba* de vacaciones a la playa. (nosotros, tú, Uds., los Sánchez, yo)
2. *Yo no veía* mucho a los primos. (ellos, Ud., nosotros, yo, Marta)
3. *Tú siempre pedías* una hamburguesa para la cena. (yo, los niños, Carmen, nosotros, él)
4. *Pensábamos* en el fin de semana. (yo, tú, ellos, Uds., Marcos)
5. Cuando *yo era* joven, *tenía* muchos juguetes. (nosotros, Carmen y Luisa, tú, Ud., Juan)

9-6 Caos en la agencia de viajes. Imagínate que eres agente en una agencia de viajes, y ayer cuando llegaste a la agencia, bajaron los precios de los vuelos internacionales. Completa el párrafo con la forma correcta del imperfecto de cada verbo entre paréntesis para saber lo que pasaba cuando entraste.

MODELO: La agente (hablar) _hablaba_ por teléfono.

Cuando entré en la oficina, Carlos (1 estar)___ furioso y (2 reñir)___ por teléfono con un agente de la aerolínea. Ana Julia (3 preparar)___ los boletos para una pareja recién casada. Los novios (4 querer)___ planear su viaje de luna de miel (*honeymoon*). Un chico (5 traer)___ un paquete con los folletos nuevos. Algunos muchachos (6 ver)___ un video sobre Colombia. Una amiga del agente dijo que (7 venir)___ a visitarlo. Dos estudiantes (8 dormir)___ en el sofá. ¡Qué escándalo!

9-7 Cuando iba de viaje. Refiérete a los dibujos para describir lo que hacía Carlos cuando iba de viaje.

MODELO: Cuando Carlos iba de viaje,…
➡ *siempre consultaba con el agente de viajes.*

1. Después..   2. Luego…   3. Siempre…   4. Entonces…

5. Frecuentemente…   6. Por lo general…   7. Después…   8. A menudo…

9-8 En la escuela secundaria. Contesten estas preguntas para comparar su rutina diaria cuando iban a la escuela secundaria.

MODELO: E1: Cuando tú ibas a la escuela secundaria, ¿vivías cerca o lejos de la escuela?
       E2: *Yo vivía lejos de la escuela. ¿Y tú?*
       E1: *Yo vivía muy cerca.*

1. ¿A qué hora te levantabas por la mañana? ¿Te duchabas?
2. ¿A qué hora salías de casa para ir a la escuela?
3. ¿Cómo ibas a la escuela? ¿A pie, en bicicleta, en coche, en autobús o en el metro?
4. ¿Qué hacías cuando llegabas a la escuela?
5. ¿Cuántas clases tenías por la mañana? ¿Qué clase preferías?
6. ¿Dónde almorzabas? ¿Con quiénes? ¿Te gustaba la comida de la cafetería?
7. ¿Practicabas algún deporte? ¿Estabas en algún club estudiantil?
8. ¿Qué hacías después de tus clases?

9-9 ¿Qué hacían a las nueve? Conversen sobre lo que hacían a las horas indicadas.

MODELO: esta mañana a las ocho
➥ *Esta mañana a las ocho me bañaba.*

1. esta mañana a las ocho
2. esta mañana a las diez
3. anoche a las doce
4. anoche a las ocho

5. ayer a las cinco de la tarde
6. ayer al mediodía
7. ayer a las nueve de la mañana
8. hace media hora *(half an hour ago)*

2. *Por* or *para*

Although the prepositions **por** and **para** may sometimes both be translated as *for* in English, they are not interchangeable. Each word has a distinctly different use in Spanish, as outlined below.

Por

◆ expresses the time during which an action takes place, or its duration (*during, for*).

Vamos al aeropuerto **por** la tarde.	*We are going to the airport during the afternoon.*
Pienso estudiar en Caracas **por** un semestre.	*I am planning to study in Caracas for a semester.*

◆ expresses *because of, in exchange for, on behalf of.*

Tuve que cancelar el vuelo **por** una emergencia.	*I had to cancel the flight because of an emergency.*
¿Quieres $10 **por** esa guía?	*Do you want $10 for that guide book?*
¿Lo hiciste **por** mí?	*Did you do it for me?*
¡Gracias **por** el regalo!	*Thanks for the gift!*

◆ expresses the object/goal of an action, person being sought after (*for*).

Venimos **por** usted a las dos.	*We'll come by for you at two.*
Los estudiantes fueron **por** el equipaje.	*The students went for their luggage.*

◆ expresses motion (*through, by, along, around*).

Pasé **por** la agencia ayer.	*I went by the agency yesterday.*
Las chicas salieron **por** la puerta de salida.	*The girls went out through the gate.*

◆ expresses means by or manner in which an action is accomplished (*by, for*).

¿Viajaron a Bogotá **por** avión?	*Did you travel to Bogotá by plane?*
Hicimos las reservaciones **por** teléfono.	*We made the reservations by telephone.*

◆ is used in many common idiomatic expressions.

por ahora	*for now*	**por favor**	*please*
por aquí	*around here*	**por fin**	*finally*
por Dios	*for God's sake*	**por lo general**	*in general*
por eso	*that's why*	**por supuesto**	*of course*
por ejemplo	*for example*	**por último**	*finally*

Para

◆ expresses the purpose of an action (*in order to* + infinitive) or an object (*for*).

Vamos a Colombia **para** conocer el país.
We're going to Colombia in order to get to know the country.

La cámara es **para** sacar fotos.
The camera is for taking pictures.

◆ expresses destination (a place or a recipient).

Mañana salimos **para** Maracaibo.
Tomorrow we're leaving for Maracaibo.

Este pasaje es **para** ti.
This ticket is for you.

◆ expresses work objective.

Ana estudia **para** aeromoza.
Ana is studying to be a flight attendant.

◆ expresses time limits or specific deadlines (*by, for*).

Necesito el pasaporte **para** esta tarde.
I need the passport for this afternoon.

Pienso estar en Cartagena **para** las seis de la tarde.
I plan to be in Cartagena by six in the afternoon.

◆ expresses comparison with others (stated or implicit).

Para diciembre, hace buen tiempo.
For December, the weather is nice.

Para tener cinco años, tu hermanita sabe mucho.
For a five-year-old, your little sister knows a lot.

◆ expresses readiness (*to be about to do something*) when used with **estar** + infinitive.

Estoy **para** salir.
I am about to leave.

Estamos listos **para** visitar la tumba de Bolívar en el centro de Caracas.
We are ready to visit Bolívar's tomb in downtown Caracas.

Expansión

Para usar *por* y *para*

The uses of **por** and **para** have apparent similarities, which sometimes cause confusion. In some cases it may be helpful to link their uses to the questions **¿para qué?** (*for what purpose?*) and **¿por qué?** (*for what reason?*).

— **¿Por qué** viniste?
Why (For what reason) did you come?

— Vine porque necesitaba los boletos.
I came because I needed the tickets.

— **¿Para qué** viniste?
For what purpose did you come?

— Vine **para** pedirte un favor.
I came (in order) to ask you a favor.

In many instances the use of either **por** or **para** will be grammatically correct, but the meaning will be different. Compare the following sentences.

Mario viaja **para** Cartagena.
Mario is traveling to (toward) Cartagena. (destination)

Mario viaja **por** Cartagena.
Mario is traveling through (in) Cartagena. (motion)

Practiquemos

9-10 El viaje de Susana. Completa las oraciones para describir el viaje que hizo Susana a Venezuela.

1. Susana trabaja **para** la compañía _____. El año pasado estuvo de vacaciones **por** _____.
2. Compró un pasaje de ida y vuelta **para** _____, la capital de Venezuela. Se quedó en la capital **por** _____, y luego fue a la Isla de Margarita.
3. Fue a la isla **para** _____. Pasó mucho tiempo caminando **por** _____.
4. En el mercado, compró _____ **para** su amiga Berta. Regateó, y **por** fin pagó _____ **por** el regalo.
5. Susana tuvo que regresar al trabajo **para** _____ de abril. Berta le dio las gracias **por** _____.

9-11 Planes para un viaje a San Andrés. Completa el párrafo con **por** o con **para**.

En enero Carmen y yo decidimos hacer un viaje a San Andrés. Queríamos ir (1)___ una semana en la primavera. El día que hicimos los planes, yo pasé (2)___ Carmen a las tres y luego nosotras salimos (3)___ la agencia de viajes. Carmen y yo caminamos (4)___ el parque, (5)___ la plaza y, (6)___ fin, (7)___ la Calle Central. En la agencia le dijimos a la directora que (8)___ nosotras la primavera era la mejor estación del año. (9)___ eso, queríamos hacer el viaje en abril. Con la agente hicimos los planes. Íbamos a pescar (10)___ el río. Íbamos a hacer una excursión (11)___ el parque nacional. Íbamos a pasar quince días recorriendo la isla. ¿Cuánto pagamos (12)___ un viaje tan bonito? ¡Sólo $850! ¡(13)___ mí era una ganga!

La agente dijo, "Está bien. Estos boletos de avión son (14)___ ustedes (15)___ el viaje. Pero tienen que pasar (16)___ la librería (17) ___ comprar una guía turística (18)___ el viaje". También teníamos que ir al banco (19)___ comprar cheques de viajero. Y entonces, con todo listo, ¡sólo teníamos que esperar (20) ___ tres meses!

A B **9-12A Un viaje a un lugar interesante.** Ustedes piensan visitar un lugar interesante este verano. Háganse preguntas para planear el viaje y después hagan un resumen de sus planes.

1. ¿Para qué hacemos el viaje?
2. ¿Salimos por la mañana o por la tarde?
3. ¿Cuánto dinero vamos a necesitar para el viaje?
4. ¿Por cuánto tiempo vamos?
5. ¿Es necesario cambiar dólares por moneda extranjera antes de salir?

WWW. **9-13 Un viaje a Cartagena de Indias.** Usen el sitio web: **http://www.cartagenacaribe.com/index.htm** (u otras fuentes) para contestar las siguientes preguntas sobre un posible viaje a Cartagena de Indias, en Colombia.

1. ¿Cuándo es la mejor estación **para** visitar Colombia? ¿**Por** qué?
2. ¿Hay vuelos sin escala **para** Colombia desde el Canadá o tienen que pasar **por** otro país **para** llegar?
3. ¿Qué opciones hay **para** hospedarse en Cartagena?
4. ¿Qué sitios de interés hay **para** los visitantes?
5. ¿Adónde se puede ir **para** ir de compras?
6. Si están en un hotel en la zona La Matuna, ¿**por** dónde hay que pasar **para** llegar al mar?
7. ¿Cuántos pesos colombianos vas a recibir **por** un dólar canadiense?
8. ¿Se puede llegar a Cartagena **por** mar? ¿Qué formas de transporte se puede tomar **para** viajar **por** Colombia?

Segunda parte

¡Así es la vida!

Un correo electrónico para Raquel

Al regresar de su viaje de vacaciones, Susana le escribe un mensaje electrónico a su amiga Raquel.

Raquel: 25 de junio de 2005

¡Qué lástima! (What a pity!) ¡No pude despedirme cuando terminaron las clases! Los últimos días fueron de locura.

Mauricio y yo acabamos de regresar de Colombia. Fuimos por una semana y lo pasamos maravillosamente bien. Primero estuvimos en la Isla de San Andrés por tres días. Cuando el botones nos saludó, yo sabía que nuestro hotel era de lujo. Era un hotel grande, muy moderno y hermoso. ¡Nos trataron como a reyes (royalty)! Nos quedamos en un cuarto muy grande, con una cama grande, televisor y sauna, una cocinita y una vista al mar. Nos levantábamos tarde, pedíamos servicio de habitación, desayunábamos y luego nos poníamos los trajes de baño. Salíamos para hacer esquí acuático y bucear. También nadábamos en una pequeña piscina natural formada por el mar al sureste de la isla.

Nuestro hotel tenía un restaurante en la playa y allí almorzábamos un pescado delicioso y unos mariscos. Las dos noches que estuvimos en San Andrés salimos a cenar y a bailar con una pareja (couple) que conocimos en el hotel. El último día, recorrimos la isla en bicicleta con esa pareja. Llevamos mochilas con una merienda y exploramos toda la isla. En esa isla dejamos el estrés de los exámenes finales.

Durante nuestra estadía de cuatro días en Cartagena, nos quedamos en la Ciudad Antigua en un hotel colonial con un jardín tropical divino. El hotel era muy bonito, pero más antiguo y menos cómodo (comfortable) que el hotel de San Andrés. Nos quedamos en un cuarto doble, con dos camas dobles. No había cocinita, ni televisor, ni sauna, pero sí teníamos una vista impresionante. Desde nuestro cuarto podíamos ver la muralla de la ciudad.

En Cartagena visitamos sitios de interés como el Convento de San Pedro de Claver, el Palacio de la Inquisición, el Fuerte de San Felipe, el Teatro Heredia, el Museo del Oro, el Convento de la Popa y la mansión del Marqués de Valdehoyos. Una noche paseamos por toda la ciudad en un coche de caballo (horse-drawn cart). Por las tardes Mauricio salía a pasear por el jardín y me traía flores. ¡Qué romántico!

Bueno, pues, ahora, ¡a trabajar otra vez! Las clases empiezan mañana y volvemos a la rutina. Hablamos muy pronto.

Un abrazo de tu amiga,

Susana

Los viajes

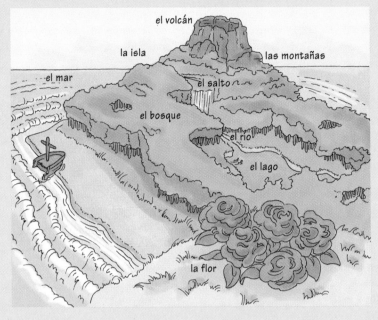

el volcán
la isla
las montañas
el mar
el salto
el bosque
el río
el lago
la flor

El viajero

el mapa
las gafas de sol
la cámara (fotográfica)
el rollo de película
la cámara de video

El hotel

el botones	*bellhop*
la cama doble/grande	*double/king-size bed*
la cocinita	*kitchenette*
el cuarto/	*(double) room*
la habitación (doble)	
la estadía	*stay*
el hotel (de lujo)	*(luxury) hotel*
el servicio de	*room service*
habitación	
la vista	*view*

Actividades típicas de los viajeros

bucear	*to scuba dive*
comprar recuerdos	*to buy souvenirs*
explorar	*to explore*
ir de excursión	*to go on an excursion; to tour*
montar a caballo	*to go horseback*
...en bicicleta	*...bicycle riding*
pescar	*to fish*
planear	*to plan*
prometer	*to promise*
quedarse	*to stay (somewhere)*
recorrer	*to go round; to travel through/across*
sacar fotos	*to take pictures*
saludar(se)	*to greet (one another)*
usar los binoculares	*to use binoculars*

Repaso

esquiar   tomar el sol   el parque   la playa

Expansión

Atracciones turísticas arquitectónicas

el castillo	*castle*	**el fuerte**	*fort*
la catedral	*cathedral*	**la mansión**	*mansion*
el convento	*convent*	**el monumento**	*monument*
la estatua	*statue*	**el museo**	*museum*
la fuente	*fountain*	**el palacio**	*palace*

 ## ¡Escucha!

El viaje de Carlota y Andrés. Carlota le cuenta a su mamá de su viaje con Andrés. Escucha a Carlota y luego contesta brevemente las siguientes preguntas en español.

1. ¿Cuándo regresaron del viaje?
   a. hoy
   b. ayer
   c. la semana pasada

2. ¿Adónde fueron?
   a. Colombia
   b. San Andrés
   c. Venezuela

3. ¿Por cuánto tiempo estuvieron?
   a. diez días
   b. una semana
   c. un mes

4. ¿Qué actividad *no* hicieron allí?
   a. nadar
   b. montar a caballo
   c. escalar montañas

5. ¿Qué tuvieron que comprarse?
   a. unos rollos de película
   b. unas fotos
   c. un helicóptero

6. ¿Qué lugar les impresionó mucho?
   a. las montañas
   b. las atracciones
   c. el salto

7. ¿Cómo llegaron al Salto Ángel?
   a. por las montañas
   b. a caballo
   c. en helicóptero

8. ¿Qué le prometió Carlota a su mamá?
   a. montar a caballo
   b. volver con ella
   c. llamar a Andrés

Practiquemos

9-14 Fuera de serie. Indica la palabra que no va con las demás y explica por qué.

MODELO: a. los árboles   b. las flores   c. el bosque   d. las fotos
➥ *Las fotos, porque las otras palabras se refieren a cosas naturales, vivas.*

1.	**a.** el lago	**b.** la montaña	**c.** la cámara	**d.** el río
2.	**a.** quedarse	**b.** escalar	**c.** montar	**d.** pescar
3.	**a.** el lago	**b.** el salto	**c.** el río	**d.** la montaña
4.	**a.** la cocinita	**b.** la cama grande	**c.** las gafas de sol	**d.** la vista al mar
5.	**a.** el mapa	**b.** la cámara	**c.** los binoculares	**d.** el volcán
6.	**a.** recorrer	**b.** sacar fotos	**c.** ir de excursión	**d.** prometer

9-15 Una tarjeta postal de Colombia. Completa la tarjeta postal con expresiones de
¡**Así lo decimos!** y **Expansión**.

Queridos papás:

Éste es el Hotel Margarita en Bogotá. En su jardín hay unas (1)___ preciosas. Tenemos
una (2)___ impresionante. Para ver mejor aquellas montañas necesitamos (3)___.
Tuvimos que comprar muchos (4)___ para nuestra cámara fotográfica. Por la tarde,
fuimos de (5) ___ a varios lugares. Vimos las obras de arte más importantes en el (6)___
de la ciudad. Un día fuimos a un pueblo lejos de Bogotá porque queríamos nadar y
(7)___. En fin, lo pasamos maravillosamente bien.

9-16 Vacaciones caribeñas. Busquen información sobre hoteles en la Isla de Margarita.
Decidan en cuál de ellos prefieren hospedarse y expliquen por qué. Pueden usar los siguientes sitios Web o buscar otros:

http://www.porlamar.com/spanish/
http://www.ilemargarita-venezuela.com/hoteles.esp/hoteles.htm

Un Caribe muy privado

La felicidad es una isla privada en el Mar Caribe, cerca de la costa venezolana.

Imagínese un mundo aparte para usted en una zona residencial muy cerca de la Isla de Margarita, una terraza o balcón exclusivo, amplios jardines, piscinas junto al mar, playas de arena blanca, canchas de tenis, parques infantiles y todas las habitaciones renovadas con vistas al mar.

Ideal para los deportes náuticos y cercano al campo de golf del Club Real, el Hotel Luz del Mar, un hotel de 5 estrellas, le ofrece una excelente gastronomía, el confort y servicio que usted merece. Elija su propia isla de lujo, una isla privada, exclusivamente para usted.

Para mayor información, acuda a su agente de viajes y pida nuestros Programas Especiales, o llámenos al **900 14 44 44**.

Luz del Mar
Isla Bella, Venezuela

9-17 Una tarjeta postal. Escríbele una tarjeta postal a un amigo para describirle tu viaje
al Caribe. Intercambia tu postal con la postal de un/a compañero/a y escríbele una
respuesta.

Comparaciones...

¡Vamos a estudiar en el extranjero!

Cada año muchos estudiantes canadienses viajan a países hispanohablantes para pasar un semestre o un año académico estudiando en un ambiente universitario. Para ellos los programas en el extranjero representan una magnífica oportunidad de mejorar su español y conocer una parte del mundo hispano.

Se les preguntó a estos tres estudiantes qué aspecto de su experiencia en el extranjero consideraban el más valioso.

Jacob y Miranda

Andrea

"Yo fui a La Rioja, España, para estudiar un año dentro de la cultura española. Aprendí la lengua, pero más que nada, me acostumbré a vivir en una cultura con miles de años de civilización e historia. La cosa más preciosa que me llevo de España es el entendimiento de que entre varias culturas, lenguas y puntos de vista, siempre hay una base común y rica. Estudiar lenguas es ponerte en contacto íntimamente con un mundo más grande y abierto." Jacob

"El año pasado yo estudié en la República Dominicana, en la Universidad PUCMM. Para mí, la experiencia más valiosa fue vivir con mi familia dominicana. Ellos me ayudaron mucho con mi español y me sumergieron en la cultura dominicana. Me llevaron a las casas de sus familiares, diciendo que yo era su hija, o hermana dominicana. También me hicieron conocer la comida y los bailes dominicanos. Sin mi familia dominicana no hubiese podido tener una experiencia tan 'jebi' ("cool" en la R.D.)." Miranda

"Estoy en Heredia, Costa Rica, este año, estudiando en la Universidad Nacional de Costa Rica. Viajar por Costa Rica, conocer gente de todo el mundo, aprender una lengua que siempre me ha encantado, son todas experiencias valiosas. Sin embargo, lo más especial ha sido la oportunidad de vivir con una familia que consiste en padres, hijos y abuelos. He conocido la cultura desde un punto de vista que abarca varias generaciones y he aprendido que tener abuelos puede ser la mejor clase de historia." Andrea

¡Vamos a comparar!

¿Hay estudiantes de tu universidad que estudian en el extranjero? ¿A qué países van? Por lo general, ¿es una experiencia positiva para ellos? ¿Cuáles son las ventajas de estudiar en otro país?

¡Vamos a conversar!

¿Uds. piensan ir a estudiar al extranjero? ¿Adónde les interesa ir? ¿Por qué? ¿Qué aspectos de un programa de estudios en otro país consideran los más interesantes? ¿Creen que estudiar en el extranjero debería ser uno de los requisitos de un programa de lenguas?

¡Así lo hacemos!

Estructuras

3. Preterit vs. imperfect

In Spanish, the use of the preterit and the imperfect reflects the way the speaker views the action or event being expressed. The uses of these two tenses are compared in the following chart.

The preterit...	**The imperfect...**
1. narrates actions or events in the past that the speaker views as completed or finished.	1. describes what was happening in the past, usually in relation to another event or at a given time, with no reference to the beginning or end of an action.
Susana y Mauricio **estuvieron** en la agencia por dos horas. *Susana and Mauricio were at the agency for two hours.*	Mientras **caminaban** por el parque **hablaban**. *While they were walking in the park they were talking.*
2. expresses the beginning or end of a past event or action.	2. expresses habitual actions or events in the past.
El avión **aterrizó** a las tres y cinco. *The flight landed at 3:05.*	Pedro **comía** en ese restaurante todos los sábados. *Pedro used to eat at that restaurant every Saturday.*
La excursión **terminó** a la una. *The tour ended at 1:00.*	Ina **tomaba** el sol todo el tiempo. *Ina used to sunbathe all the time.*
3. narrates completed events that occurred in a series.	3. expresses time and dates in the past.
Carlos **vio** el monumento, **tomó** su cámara y **sacó** la foto. *Carlos saw the monument, got his camera and took the photo.*	**Eran** las cuatro de la tarde. *It was 4:00 in the afternoon.*

9. Al llegar a Madrid, una aeromoza me *ayuda* en el control de inmigración y la aduana.
10. *Me siento* muy contento cuando *veo* a mi padre esperándome.
11. En fin, *es* una experiencia muy interesante.

9-22 ¿Qué hiciste ayer? Túrnense para hacer preguntas sobre lo que hicieron ayer, prestando atención al uso del pretérito o del imperfecto.

MODELO: E1: *¿A qué hora te levantaste ayer?*
E2: *Me levanté a las ocho y media. ¿Y tú?*
E1: *Me levanté tarde, a las once.*

1. ¿A qué hora te levantaste ayer? ¿Cómo te sentías?
2. ¿Desayunaste? ¿Qué comiste?
3. ¿Qué tiempo hacía?
4. ¿Qué hiciste en la universidad?
5. ¿Qué hora era cuando regresaste a casa?
6. ¿Qué hiciste al regresar a casa?
7. ¿Qué hora era cuando cenaste?
8. ¿Alguien te llamó por teléfono? ¿Qué hacías cuando sonó el teléfono?
9. ¿Tuviste que hacer alguna tarea anoche? ¿Estabas cansado/a?
10. ¿A qué hora te acostaste?

9-23A Maleta perdida. Imagínate que acabas de llegar a Cartagena, donde vas a pasar ocho días, en el vuelo 319 de AVIANCA desde Miami. Tu maleta se perdió en el viaje y vienes a hablar con el/la agente de AVIANCA, que va a tomar los datos. Tú quieres saber si van a poder encontrar tu maleta y cuánto te van a pagar si no la encuentran.

9-24 Un viaje inolvidable (*unforgettable*). Descríbanse su último viaje, usando estas preguntas como guía. Pueden inventar viajes si quieren.

MODELO: *El verano pasado fui a España con mi amigo Pepe... Cuando llegamos, hacía un calor tremendo...*

1. ¿Adónde fuiste?
2. ¿Cómo? ¿En avión? ¿En coche? ¿... ?
3. ¿Con quiénes fuiste?
4. ¿Qué tiempo hacía cuando llegaste?
5. ¿Cómo era el lugar?
6. ¿Dónde te quedaste?
7. ¿Qué recuerdos compraste?
8. ¿Cómo estaban los precios?
9. ¿Qué actividades hiciste y qué lugares visitaste?
10. ¿Cuando volviste?

¡Así lo hacemos!

Estructuras

3. Preterit vs. imperfect

In Spanish, the use of the preterit and the imperfect reflects the way the speaker views the action or event being expressed. The uses of these two tenses are compared in the following chart.

The preterit...	**The imperfect...**
1. narrates actions or events in the past that the speaker views as completed or finished.	1. describes what was happening in the past, usually in relation to another event or at a given time, with no reference to the beginning or end of an action.
Susana y Mauricio **estuvieron** en la agencia por dos horas. *Susana and Mauricio were at the agency for two hours.*	Mientras **caminaban** por el parque **hablaban**. *While they were walking in the park they were talking.*
2. expresses the beginning or end of a past event or action.	2. expresses habitual actions or events in the past.
El avión **aterrizó** a las tres y cinco. *The flight landed at 3:05.*	Pedro **comía** en ese restaurante todos los sábados. *Pedro used to eat at that restaurant every Saturday.*
La excursión **terminó** a la una. *The tour ended at 1:00.*	Ina **tomaba** el sol todo el tiempo. *Ina used to sunbathe all the time.*
3. narrates completed events that occurred in a series.	3. expresses time and dates in the past.
Carlos **vio** el monumento, **tomó** su cámara y **sacó** la foto. *Carlos saw the monument, got his camera and took the photo.*	**Eran** las cuatro de la tarde. *It was 4:00 in the afternoon.*

4. expresses changes in mental, physical, and emotional conditions or states in the past.

> Fefa **se puso** furiosa cuando vio el cuarto.
> *Fefa became furious when she saw the room.*

> **Estuve** nerviosa durante la entrevista.
>
> *I was nervous during the interview (but now I'm not).*

5. describes weather and scenes as events or within specific time parameters.

> Ayer fue un día horrible. **Llovió** e **hizo** mucho viento.
>
> *Yesterday was a horrible day. It rained and was very windy.*

4. expresses mental, physical, and emotional conditions or states in the past.

> Fefa **estaba** contenta durante la excursión.
> *Fefa was happy during the tour.*

> **Teníamos** dolor de estómago después de comer allí.
> *We had stomach aches after eating there.*

5. sets the scene (weather, activities in progress, etc.) for other actions and events that take place.

> **Hacía** muy mal tiempo y **llovía**. Yo **leía** en mi cuarto y **esperaba** la llamada.
> *The weather was bad and it was raining. I was reading in my room and waiting for the call.*

The preterit and the imperfect are often used together. In the following examples, the imperfect describes what was happening or in progress when another action (in the preterit) interrupted and took place.

> **Conversábamos** con el aeromozo cuando Elodia **entró** en el avión.
> Las chicas **escalaban** la montaña cuando Jorge las **vio** con los binoculares.

> *We were talking with the flight attendant when Elodia entered the plane.*
>
> *The girls were climbing the mountain when Jorge saw them with the binoculars.*

Study tips

Para distinguir entre el pretérito y el imperfecto

1. Analyze the context in which the verb will be used and ask yourself: does the verb describe the way things were or does it tell what happened? Use the imperfect to describe and the preterit to tell what happened.

> Era de noche cuando llegaron al aeropuerto.
> **Era**: describes → It was nighttime.
> **llegaron**: tells what happened → They arrived.

2. In many instances, both tenses produce a grammatical sentence. Your choice will depend on the message you are communicating.

Así **fue**.	*That's how it happened.*
Así **era**.	*That's how it used to be.*
Ayer **fue** un día horrible.	*Yesterday was a horrible day (this is the point, it's not background information).*
Era un día horrible.	*It was a difficult day (this is background information for the actions that will be narrated).*

3. Here are some temporal expressions that are frequently associated with the imperfect and the preterit. Note that the ones that require imperfect generally imply repetition or habit and those that take preterit refer to specific points in time.

Imperfect	Preterit
a menudo	anoche
con frecuencia	anteayer
de vez en cuando	ayer
muchas veces	esta mañana
frecuentemente	el fin de semana
todos los lunes/martes/	pasado
etcétera	el mes pasado
todas las semanas	el lunes/martes/
todos los días/meses	etcétera pasado
	una vez

Practiquemos

9-18 ¿Pretérito o imperfecto? Decide si estas oraciones en inglés requieren el uso del pretérito, el imperfecto, o los dos y explica por qué.

1. Last summer I *went* to Venezuela for two weeks with a friend.
2. When we *arrived* in Caracas, it *was* raining, but soon the sun *came out.*
3. We *took* a taxi to our hotel, which *was* downtown.
4. The room *was* large and comfortable, but there *was* a lot of noise from traffic.
5. My friend *said* that she *wanted* to change to a quieter room, so they *moved* us to a room at the back of the hotel.
6. After we *took* a nap, *it was* seven o'clock.
7. We *were* hungry, and *decided* to go out to eat.
8. We *found* a restaurant that *served* typical Venezuelan cuisine, and they *served* us pabellón criollo, a delicious dish made with rice, meat and fried plantains.
9. We *enjoyed* it a lot, and *planned* to go back the next day.

9-19 Ayer fue diferente. Ayer fue diferente a todos los otros días. Completa el párrafo con la forma correcta de los verbos indicados en el **imperfecto** o el **pretérito**.

1. ver: Todos los días yo ___ las montañas, pero ayer no las ___.
2. montar: Generalmente, Elsa y Javier ___ a caballo, pero ayer no ___.
3. pescar: Nosotros siempre ___ en el río, pero ayer ___ en el mar.
4. ir: Frecuentemente, mis padres ___ a la playa los sábados, pero ayer no ___.
5. viajar: Antes tú ___ en tren, pero ayer ___ en avión.
6. sacar: Normalmente mis padres ___ fotos en sus viajes, pero en el viaje de ayer no las ___.

9-20 Un día en la playa. Completa la descripción de lo que les pasó a Marta y a Cecilia en la playa con la forma correcta del pretérito o del imperfecto de cada verbo entre paréntesis.

Ayer Cecilia y yo (1 pasamos/pasábamos) el día en la playa de la Isla de Margarita. El mar (2 estuvo/estaba) verde claro y (3 estuvo/estaba) como un plato *(like a plate).* La playa (4 estuvo/estaba) llena de palmeras y (5 tuvo/tenía) arena blanca. (6 Hubo/Había) mucha gente de nuestra edad y nosotros (7 jugamos/jugábamos) al vólibol toda la mañana. Por la tarde, nosotras (8 fuimos/íbamos) a pasear en el bote de Carlos, un amigo de la universidad. Cecilia y yo (9 conocimos/conocíamos) a un joven paraguayo que nos (10 invitó/invitaba) a bailar salsa en un bar de la playa. Por la tarde (11 fuimos/íbamos) a ver los partidos de tenis. Después nosotras (12 volvimos/volvíamos) a la playa a tomar el sol y por la noche (13 cenamos/cenábamos) en un restaurante al lado del mar. Ayer (14 fue/era) un día maravilloso para nosotras y vamos a tratar de volver a la playa la semana próxima.

9-21 Mi primer viaje solo en avión. Cambia los verbos de esta narración al pretérito o al imperfecto, según el sentido.

1. Bueno, *viajo* solo por primera vez cuando *tengo* doce años.
2. *Voy* de Montreal a Madrid.
3. Como *soy* menor de edad, un aeromozo me *acompaña* al avión.
4. Nos *abrochamos* los cinturones de seguridad y el avión *despega.*
5. *Tengo* un poco de miedo al principio porque *hay* mucha turbulencia y el avión se *mueve.*
6. Luego los aeromozos nos *traen* la cena y *ponen* una película.
7. Yo no la *miro* porque la *veo* en el cine el mes pasado.
8. No *estoy* muy cómodo porque el avión *es* pequeño pero al fin *puedo* dormir.

9. Al llegar a Madrid, una aeromoza me *ayuda* en el control de inmigración y la aduana.
10. *Me siento* muy contento cuando *veo* a mi padre esperándome.
11. En fin, *es* una experiencia muy interesante.

9-22 ¿Qué hiciste ayer? Túrnense para hacer preguntas sobre lo que hicieron ayer, prestando atención al uso del pretérito o del imperfecto.

> **MODELO:** E1: ¿A qué hora te levantaste ayer?
> E2: *Me levanté a las ocho y media. ¿Y tú?*
> E1: *Me levanté tarde, a las once.*

1. ¿A qué hora te levantaste ayer? ¿Cómo te sentías?
2. ¿Desayunaste? ¿Qué comiste?
3. ¿Qué tiempo hacía?
4. ¿Qué hiciste en la universidad?
5. ¿Qué hora era cuando regresaste a casa?
6. ¿Qué hiciste al regresar a casa?
7. ¿Qué hora era cuando cenaste?
8. ¿Alguien te llamó por teléfono? ¿Qué hacías cuando sonó el teléfono?
9. ¿Tuviste que hacer alguna tarea anoche? ¿Estabas cansado/a?
10. ¿A qué hora te acostaste?

9-23A Maleta perdida. Imagínate que acabas de llegar a Cartagena, donde vas a pasar ocho días, en el vuelo 319 de AVIANCA desde Miami. Tu maleta se perdió en el viaje y vienes a hablar con el/la agente de AVIANCA, que va a tomar los datos. Tú quieres saber si van a poder encontrar tu maleta y cuánto te van a pagar si no la encuentran.

9-24 Un viaje inolvidable (*unforgettable*). Descríbanse su último viaje, usando estas preguntas como guía. Pueden inventar viajes si quieren.

> **MODELO:** *El verano pasado fui a España con mi amigo Pepe… Cuando llegamos, hacía un calor tremendo…*

1. ¿Adónde fuiste?
2. ¿Cómo? ¿En avión? ¿En coche? ¿... ?
3. ¿Con quiénes fuiste?
4. ¿Qué tiempo hacía cuando llegaste?
5. ¿Cómo era el lugar?
6. ¿Dónde te quedaste?
7. ¿Qué recuerdos compraste?
8. ¿Cómo estaban los precios?
9. ¿Qué actividades hiciste y qué lugares visitaste?
10. ¿Cuando volviste?

4. Adverbs ending in *–mente*

◆ In Spanish many adverbs are formed by adding **–mente** to the **feminine singular** form of the adjectives that end in **–o** or **–a**. Adjectives that have only one form simply add **–mente**. Note that the ending **–mente** is equivalent to the English ending *–ly*. Also note that if the adjective requires an accent mark, the accent remains on the adverb.

¡Están locamente enamorados!

lento → lentamente   rápido → rápidamente
alegre → alegremente   fácil → fácilmente

Lucrecia canceló el viaje   *Lucrecia cancelled the trip*
inmediatamente.   *immediately.*
Esteban escala montañas   *Esteban climbs mountains*
lentamente.   *slowly.*

◆ Remember that you already know a number of adverbs that do **not** end in *–ly*: bien, mal, aquí, ahí, allí, muy, siempre, ahora, tarde, temprano, cerca, lejos, and so on.

Practiquemos

9-25 ¿Cómo se hacía? Completa las oraciones lógicamente usando adverbios de la lista. Puede haber más de una respuesta posible.

1. Cuando vivía en Bogotá, iba _____ al Museo del Oro.
2. _____ hacía buen tiempo en el verano.
3. Mi amigo José siempre caminaba muy _____.
4. A mí me gustaba caminar _____.
5. José leía muy _____ los letreros *(signs)* sobre las piezas.
6. Yo prefería sentarme _____ en un banco a descansar.
7. Luego, nosotros íbamos a la cafetería a conversar _____ sobre la visita.
8. _____ lo pasamos _____ bien.

animadamente
cuidadosamente
frecuentemente
generalmente
lentamente
maravillosamente
rápidamente
tranquilamente
usualmente

9-26 ¿Cómo se hace? Cambia los adjetivos a adverbios.

MODELO: lento
    ➥ *lentamente*

1. enorme
2. cómodo
3. regular
4. único

5. amable
6. tranquilo
7. difícil
8. alto

9. animado
10. frecuente
11. nervioso
12. fácil

9-27A ¿Cómo lo haces? Túrnense para hacerse preguntas. Contesten cada una con un adverbio terminado en **–mente**, basado en un adjetivo de la lista.

MODELO: **E1:** ¿Qué tal lees en español?
    E2: *Leo lentamente en español. ¿Y tú?*

alegre   animado   difícil   fácil   profundo   tranquilo
amable   cuidadoso   elegante   lento   rápido   triste

1. ¿Qué tal escribes en español?
2. ¿Qué tal duermes en el verano?
3. ¿Cómo te vistes cuando sales con tus amigos?
4. ¿Cómo bailas el tango?
5. ¿Qué tal juegas al béisbol?
6. ¿ ... ?

WWW.

9-28 ¿Adónde vamos a estudiar? En su grupo, investiguen éstas y otras universidades en países hispanohablantes y decidan a cuál de ellas les gustaría ir a estudiar por un año.

La Universidad de Salamanca, España:
http://www.usal.es/webusal/Principal.htm

La Universidad Autónoma del Carmen, Campeche, México:
http://www.unacar.mx/

La Universidad Nacional, Heredia, Costa Rica:
http://www.una.ac.cr/

Observaciones

Toño Villamil y otras mentiras, Episodio 9

9-29 Más sobre la gente que construyó la pirámide. En este episodio vas a ver más sobre la pirámide de Malinalco. Lee sobre las personas que la construyeron y contesta las preguntas que siguen.

La pirámide de Malinalco fue construida por los aztecas en 1510 como fortaleza. Los aztecas tenían dos calendarios, uno de 365 días para poder anticipar las estaciones y saber cuándo sembrar y cosechar (*sow and harvest*), y el otro de 260 días que tenía motivos religiosos. Tenían que seguir este calendario, llamado *tonalpohualli*, para evitar la destrucción del mundo por inundación, por huracán o por otro desastre natural. Según los aztecas, el mundo siempre estaba en conflicto entre los dioses y era importante un equilibrio entre ellos. Este sistema se describe en el famoso Calendario Azteca que ahora está en el Museo de Antropología de México. Originalmente estaba pintado de colores muy vivos.

El Calendario Azteca pesa 42 toneladas.

1. ¿Quiénes construyeron la pirámide de Malinalco?
2. ¿Qué función tenía?
3. ¿Cuántos días tenía el Calendario Azteca que se usaba para la agricultura?
4. ¿Por qué necesitaban dos calendarios?
5. ¿Dónde puedes ver el calendario *tonalpohualli*?
6. ¿Cómo estaba pintado el calendario originalmente?

9-30 Isabel y Lucía visitan la pirámide. Mira el noveno episodio de *Toño Villamil y otras mentiras* donde vas a seguir a Isabel y Lucía en su visita a la pirámide. Luego, completa las siguientes oraciones.

1. Isabel tiene todo listo para su viaje menos...
   a. su boleto.
   b. videos de Malinalco.
   c. su ropa.

2. Cuando se oye a alguien tocar a la puerta Lucía cree que es...
   a. el servicio de habitación.
   b. el taxista.
   c. Antonio.

3. El dueño le trae...
   a. el boleto a Isabel.
   b. flores a Lucía.
   c. rollos de película a Isabel.

4. Desde la pirámide hay...
   a. excursiones a otras pirámides monolíticas.
   b. sólo un taxi por día.
   c. vistas preciosas.

5. Lucía conoce...
   a. otras pirámides monolíticas.
   b. el mercado donde Antonio compró las flores.
   c. el Museo de Antropología.

WWW. 9-31 Más sobre el Calendario Azteca. Conéctate con la página electrónica de *¡Arriba!* (**www.prenhall. com/arriba**) para ver más sobre el Calendario Azteca. Describe sus colores y uno de los dioses en conflicto, según los aztecas.

Nuestro mundo

Los países caribeños de Suramérica: Venezuela y Colombia

9-32 ¿Qué sabes tú? Identifica o explica las siguientes cosas.

1. las capitales de Colombia y Venezuela
2. una bebida popular colombiana
3. un país importante por su petróleo
4. la profesión de Gabriel García Márquez
5. el país que tiene costa en el Mar Caribe y en el Océano Pacífico
6. un mineral brillante que se mina en Colombia

Cartagena de las Indias fue fundada en la costa del Caribe en 1533. En pocos años su excelente puerto se convirtió en el puerto más importante para España en el Nuevo Mundo. Cartagena se convirtió en una de las ciudades más ricas del imperio. Hoy día esta acogedora (*welcoming*) ciudad, situada en la costa del Caribe, es el centro turístico más importante de Colombia.

En el siglo XVI los españoles exploraron el interior del país en busca de El Dorado (*the Gilded Man*), porque habían escuchado (*had heard*) que los indios chibchas tenían un cacique (*chief*) tan rico que durante los ritos religiosos se cubría con polvo (*powder*) de oro y que después se bañaba en un lago de los Andes hasta quitarse todo el oro. Otras veces el rito incluía tirar (*to throw*) al lago piedras preciosas y objetos de oro. Este artefacto de oro que está en el Museo del Oro representa la balsa (*raft*) de El Dorado.
El Museo del Oro, Bogotá
http://www.banrep.gov.co/museo/home4.htm

Cuando los españoles llegaron a Venezuela, quedaron tan impresionados por las viviendas construidas dentro del gigantesco lago de Maracaibo que nombraron la región Venezuela, nombre que significa **pequeña Venecia**. Con el descubrimiento, muchos años después, de una gran reserva de petróleo en el subsuelo del lago de Maracaibo, Venezuela llegó a tener el PIB (producto interior bruto) más alto de Hispanoamérica.

Mar Caribe

AN
Aru

Barranquilla
Cartagena
Marac

PANAMÁ

OCÉANO PACÍFICO

Río Cauca

CORDILLERA DE LOS ANDES

CORDILLERA ORIENTAL

Bucaramanga

Bogotá
Río Meta

COLOMBIA

Cali

Calamar

Mi

Río Caque

Río Putumayo

ECUADOR

PERÚ

Lag
Mar

Río

Fernando Botero (1932-) es un pintor y escultor latinoamericano muy prestigioso. Su estilo de formas redondas e infladas refleja su deseo de dar forma y presencia a la realidad, una realidad basada en temas medievales, renacentistas, coloniales y el siglo XX. Aunque nació en Colombia, hoy día tiene apartamentos en EE. UU. y Europa.
Museo Botero
http://www.banrep.gov.co/blaavirtual/donacion/home.htm

Gabriel García Márquez (1928-) es uno de los mejores escritores del siglo xx. En 1982 ganó el Premio Nóbel de Literatura por sus novelas y cuentos. *Cien años de soledad* (1969), la novela que inició su fama, es una de sus novelas más populares e importantes, y uno de los mejores ejemplos del realismo mágico latinoamericano.
http://sololiteratura.com/marquezprincipal.htm

La Isla Margarita, de un tamaño de 920 km², es la mayor de las islas que bordean Venezuela y que forman lo que muchos llaman un bello collar de perlas en el Mar Caribe. Margarita, con su zona franca (*duty-free zone*), magníficos hoteles y restaurantes y espléndidas playas, es un paraíso tropical para el turista. En las playas de Margarita se practican varios deportes acuáticos como el jet ski, el surf, el buceo, la pesca y el windsurf.
Tour de Venezuela
http://www.venezuelatuya.com/tour/

9-33 ¿Dónde? Identifica dónde se puede encontrar lo siguiente.

1. industria petrolera
2. artefactos precolombinos de oro
3. deportes de verano
4. museos
5. arquitectura colonial
6. clima templado
7. una ciudad moderna

9-34 ¿Cierto o falso? Indica si las siguientes oraciones son **ciertas** o **falsas**. Si son falsas, explica por qué.

1. Gabriel García Márquez se conoce más por su poesía.
2. Los conquistadores españoles encontraron El Dorado.
3. Cartagena es una ciudad colonial.
4. La Isla Margarita atrae a muchos turistas por sus deportes invernales.
5. Fernando Botero es colombiano.
6. El petróleo es el producto más importante de Venezuela.
7. Para los conquistadores españoles Venezuela se parecía a una ciudad italiana.
8. Las figuras que pinta y esculpe Fernando Botero son grandes y voluptuosas.

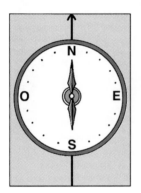

9-35 El mapa. Consulten el mapa de Suramérica y túrnense para indicar dónde se encuentran estas ciudades y lugares.

al norte de…	al sur de…	al este de…	al oeste de…
en el centro	en el interior	en las montañas	en la costa del Caribe
en la costa del Pacífico	en el Caribe		

MODELO: Santa Fé de Bogotá

➡ *Santa Fé de Bogotá es la capital de Colombia. Está en el interior del país, en las montañas.*

| Cartagena | Cali | Medellín | Maracaibo |
| Caracas | la Isla Margarita | el Salto Ángel | el Orinoco |

9-36 Recomendaciones. Háganles recomendaciones a personas que piensan hacer un viaje a Colombia y Venezuela. Recomiéndenles lugares según sus intereses.

MODELO: E1: Quiero buscar El Dorado.

E2: *¿Por qué no vas a Colombia? Allí puedes buscarlo en los Andes.*

1. Me gusta visitar lugares de belleza natural.
2. Deseo visitar una ciudad grande.
3. Me gusta nadar en el mar y tomar el sol.
4. Me interesa visitar la casa donde nació García Márquez.
5. Quiero conocer una ciudad colonial.
6. Me interesan los cuadros de Botero.
7. Me encanta visitar museos no típicos.

WWW. **9-37 Investigar.** Investiga uno de los temas siguientes y prepara un informe para presentárselo a la clase.

1. el café colombiano
2. el ecoturismo en Colombia
3. los indios chibchas
4. Simón Bolívar
5. la batalla contra las drogas
6. la obra de Gabriel García Márquez
7. los contrastes geográficos en Colombia o Venezuela

Ritmos

"Tu ausencia" (Los Tupamaros, Colombia)

En esta canción del famoso grupo colombiano Los Tupamaros, un hombre lamenta la partida de su novia y pregunta por qué se fue.

Antes de escuchar

9-38 Música para bailar. "Tu ausencia" es un ejemplo de **cumbia,** un estilo musical típico de Colombia y es el ritmo favorito del colombiano para bailar. ¿Conoces otros estilos musicales de Latinoamérica que tienen un buen ritmo para bailar? ¿del Canadá? Entrevista a varios/as compañeros/as para ver qué tipos de música les gusta bailar cuando van a una fiesta o a una discoteca.

Encuesta

Nombre	Clase de música: latina/canadiense/otra
_____	_____
_____	_____
_____	_____
_____	_____
_____	_____

9-39 Por qué y para qué. Lee las siguientes estrofas de "Tu ausencia" para familiarizarte con el tema de la canción, y luego completa los espacios en blanco con **por** o con **para** según el caso.

Tu ausencia
No soporto ya tu ausencia
Me destroza el corazón
Son tan lindos tus recuerdos
Me hacen perder la razón
Pasan y pasan los días
Y no sé nada de ti
Lloro y lloro tu partida
Siento que voy a morir
[...]
Vuelve ya mi vida
Calma mi dolor
Me duele tu ausencia
Me duele tu amor

1. El novio quiere saber ___ qué se fue su novia.
2. ____él es triste la ausencia de su novia.
3. Él canta ___decirle a su novia que está triste.
4. Su novia se fue y, ____eso, él está triste.
5. ¡___Dios, se fue la novia!
6. Ella era todo___él.

A escuchar

9-40 Relaciones. Escucha la canción y empareja las palabras y expresiones de la lista de la columna de la derecha con un sinónimo o expresión de la canción de la columna izquierda. Faltan algunas palabras.

1. recuerdos		**a.** _____	destruir
2. _____		**b.** _____	fallecer
3. me duele		**c.** _____	amor
4. destrozar		**d.** _____	memorias
5. adoración		**e.** _____	me hace daño
6. _____		**f.** _____	falta

Páginas

Relato de una vida equivocada (trozo), Rosaura Rodríguez, Colombia

Rosaura Rodríguez es una escritora colombiana que recibe mucha atención crítica en Latinoamérica hoy en día. Sus novelas presentan un dibujo de la mujer latinoamericana y sus problemas dentro de una sociedad tradicionalmente dominada por los hombres. Este trozo es de su primera novela, *Relato de una vida equivocada* (1998). Relata las memorias juveniles de la protagonista, una joven cuyo (*whose*) padre habría preferido que fuera varón (*would have preferred for her to be a male*).

Estrategias

Las narraciones. Stories in the past are usually written in the imperfect to set the scene, then punctuated with the preterit to show events that occurred. As you read this selection, imagine the daily experiences and context in which the young woman grew up, then contrast these with the event that was a turning point for her. Take note of examples of the following:

1. phrases that set the scene (imperfecto)
2. phrases that show habitual activities (imperfecto)
3. phrases that show specific events that occurred (pretérito)

9-41 Lo permitido y lo prohibido. Después de leer el cuento, haz una lista de las actividades que el padre de la protagonista no le permitía hacer y otra lista de lo que tus padres te prohibían hacer de niño/a. Compara las listas. ¿Quién tenía una familia más estricta, tú o la protagonista? ¿Cuáles de las actividades prohibidas hacías tú cuando eras más joven?

9-42 La crisis. Después de leer el cuento, resume lo que le pasó el día en que la madre descubrió el delito de la protagonista. Puedes usar estas preguntas como guía.

1. ¿Dónde estaba?
2. ¿Qué hacía?
3. ¿Quién la esperaba?

4. ¿Cómo se sentía la joven?
5. ¿Cómo reaccionó la mamá?
6. ¿Qué pasó después?

 9-43 Los gustos literarios. Hablen de lo que leían cuando tenían catorce años y por qué les gustaba.

Relato de una vida equivocada (trozo)

… Me llevaban a la finca[1] y me enseñaban el manejo del negocio[2], pero no podía jugar con los hijos de los peones, ni
montarme en los árboles y mucho menos cazar sapos[3] porque
no eran cosas de señoritas. Podía leer todos los libros que
quisiera[4] y mi papá nos ponía de tarea un libro a la semana
sobre política o economía que él mismo nos entregaba[5] y
después nos hacía comentar, pero tenía prohibido leer novelas
con temas románticos porque ésas sólo lograban[6] llenarle a las
mujeres la cabeza de pajaritos[7]. Creo que fueron las novelas
de amor las que me llevaron a desobedecer a mi padre por
primera vez… De todas formas fue en el colegio y a través de
mis compañeras que descubrí el amor escrito y a partir de ese
momento no me podía despegar[8] de esas páginas que habla-
ban de emociones desconocidas para mí. Era tanta mi
obsesión que el dinero que me daban para comer en los recre-
os[9] me lo gastaba en comprar novelas. Me encerraba[10] en el
cuarto que compartía con Elena a leerlas y releerlas sin
atreverme[11] a revelarle mi secreto para no hacerla cómplice de
mi delito[12]. A veces el dinero no me alcanzaba[13] y fue

entonces que descubrí una tienda, a tres cuadras de la escuela,
donde entregaba mis novelas y por unos cuantos pesos me las cambiaban por otras igual de gastadas[14]. Cientos de
hojas[15] que habían pasado por otras manos que buscaban lo mismo que yo: tocar el amor con la imaginación. Corría
a mi casa, me encerraba en el baño. Lo hacía los viernes y así tenía todo el fin de semana para leerlas y meterme[16] en
ese mundo mágico de hombres morenos y fuertes, de pasiones encendidas[17], de mujeres rescatadas[18] de destinos
crueles y de un final feliz donde el amor triunfaba ante la intriga y los malentendidos[19].

   Una tarde cuando salía del baño con mi libro entre las manos me encontré con mi mamá esperándome afuera.
Tenía esa expresión tan usual en los progenitores cuando están seguros de que nos van a agarrar con las manos en la
masa[20]. Instintivamente escondí[21] el libro.

—¿Se puede saber[22] qué hacías tanto tiempo encerrada en el baño?— me preguntó.
—Nada, mami. Es que estoy mal del estómago…
—No me engañes[23] y saca lo que escondiste en la camisa.

   No me quedó más remedio[24] que entregarle el libro con la esperanza de que al ver el título de *Historia de
Hispanoamérica* me dejara tranquila[25]. No fue así y temblaba mientras mi mamá en voz alta leía "Un Ángel de
fuego", "Pasión sin Tiempo", "Invierno de Amor"…

   El corazón me retumbaba[26] en el pecho y las piernas empezaban a doblárseme del susto[27]. Me miró con com-
pasión y hasta creí ver en sus ojos algo parecido al entendimiento…

—Ven —me dijo—. Vamos a tu cuarto, que tenemos que hablar.
Le seguí balbuceando[28] excusas.
—Mami, te juro que no lo vuelvo a hacer, pero por favor no se lo digas a mi papá.
—Cállate y siéntate.
—Yo sé que hice algo malo, pero todas mis amigas en el colegio lo hacen y sus papás no les dicen nada.
—No has hecho nada malo y no te preocupes[29] que no voy a decirle nada a tu papá. Eso sí[30], me tienes que prome-
   ter que nunca más me darás la excusa, ni harás nada por la absurda razón de que los demás[31] lo hacen.
—Te lo prometo y te prometo que no lo vuelvo a hacer.
—Ése no es el problema. No quiero que te sientas culpable[32] por algo que no tiene nada de malo, mija[33]. Leer nove-
   las de amor no es pecado ni mucho menos…
Desde ese día mi mamá se convirtió en una especie[34] de aliada…

---

[1] farm   [2] manejo… business affairs   [3] cazar… hunt toads   [4] I wanted   [5] daba   [6] managed   [7] foolish ideas (lit. little birds)   [8] unglue   [9] school recess
time   [10] Me… would lock myself   [11] sin… without daring   [12] crime   [13] No… wasn't enough   [14] worn out   [15] pages   [16] to plunge into   [17] fiery
[18] rescued   [19] misunderstandings   [20] agarrar… to catch red-handed   [21] I hid   [22] ¿Se… Can I know   [23] No… Don't try to deceive me   [24] No… I didn't
have any other option but   [25] Me… she would leave me alone   [26] Me… was thumping   [27] fright   [28] babbling   [29] No… don't worry   [30] Eso… But
[31] los… everybody else   [32] guilty   [33] mi hija   [34] kind

¡Escucha!

Cuando era joven. Escucha las posibles actividades de la joven que narra en *Relato de una vida equivocada* e indica si lo que dice es lógico o ilógico.

	Lógico	**Ilógico**		**Lógico**	**Ilógico**
1.	_____	_____	5.	_____	_____
2.	_____	_____	6.	_____	_____
3.	_____	_____	7.	_____	_____
4.	_____	_____	8.	_____	_____

Taller

Una entrada en tu diario de viajes

En esta actividad vas a escribir una entrada en tu diario de viajes.

1. **Ideas.** Piensa en un viaje o un evento que te gustaría recordar por escrito. Haz una lista de los datos importantes. Vas a escribir la entrada como si acabaras de experimentarla (*as if you had just experienced it*).

¿Cuándo fue?	¿Qué pasó?	¿Qué hicieron los demás?
¿Cómo te sientes ahora?	¿Quiénes estuvieron?	¿Qué hiciste?
¿Cómo te sentías después?		

2. **Lugar.** Escribe la fecha y el lugar.

3. **Descripción.** Escribe dos o tres oraciones para dar información de fondo (*background*) y explicar el contexto.

4. **Acción.** Escribe qué pasó, quiénes participaron, etcétera.

5. **Resumen.** Escribe cómo te sientes ahora (un poco después del viaje o evento) y cómo vas a seguir el viaje o qué vas a hacer ahora.

6. **Revisión.** Revisa tu entrada para verificar los siguientes puntos.
   - ❏ el uso del pretérito e imperfecto
   - ❏ el uso de **por** y **para**
   - ❏ el uso de los adverbios terminados en **-mente**
   - ❏ la ortografía y la concordancia

7. **Intercambio.** Intercambia tu diario con un/a compañero/a para hacerle correcciones y sugerencias y responder a su entrada.

8. **Entrega.** Pasa tu entrada en limpio, incorporando las sugerencias de tu compañero/a, y entrégasela a tu profesor/a.

MODELO: *El Salto Ángel, 6 de abril de 2005*

Aquí estamos después de cuatro días de viaje en canoa por el río Orinoco. Es la temporada de lluvia y por eso llovió todo el día. Estoy completamente mojado/a (wet). Pero no importa porque hoy disfruté de (enjoyed) la vista más espectacular de mi vida, el Salto Ángel…

En la cultura Aymara de Bolivia y del Perú, el dios creador s[e] llamaba Viracocha. Cerca de la Paz, Bolivia, se encuentran l[os] restos de la ciudad Tiahuanaco y su famosa Puerta del Sol c[on] una imagen del dios creador.

Comunicación

Primera parte

¡Así es la vida!	¡Qué mal me siento!	Talking about health and health care
¡Así lo decimos! Vocabulario	Las partes del cuerpo humano	Inviting others to do something with you
¡Así lo hacemos! Estructuras	The Spanish subjunctive: an introduction and the subjunctive in noun clauses	
	The **nosotros** commands	
Comparaciones	El ejercicio y la dieta	

Segunda parte

¡Así es la vida!	Mejora tu salud	Expressing wishes, requests, and emotion[s]
¡Así lo decimos! Vocabulario	Los alimentos	Persuading others
¡Así lo hacemos! Estructuras	The subjunctive to express volition	Giving advice
	The subjunctive to express feelings and emotion	
Comparaciones	El uso de la hoja de la coca en Bolivia	

Cultura

Observaciones	*Toño Villamil y otras mentiras*, Episodio 10
Nuestro mundo	Los países sin mar: Bolivia y Paraguay
Ritmos	"Sol de primavera" (Inkuyo, Bolivia)
Páginas	"El ñandutí", una leyenda paraguaya
Taller	Un artículo sobre la salud

¡Así es la vida!

¡Qué mal me siento!

Don Remigio Campoamor es un señor paraguayo mayor que no se siente bien. Le duele todo el cuerpo. Ahora está hablando con su esposa doña Refugio.

Don Remigio: ¡Aaay, Refu! ¡Qué mal me siento!

Doña Refugio: Remigio, hace tres días que estás enfermo. Vamos al médico ahora mismo.

Don Remigio: De ninguna manera.

Doña Refugio: ¡Remi! Hagamos una cita con el doctor Estrada. Por favor, mi vida.

Don Remigio: ¡Está bien! No sé por qué tienes tanta confianza en los médicos.

En el consultorio del doctor Estrada en el centro de Asunción.

Dr. Estrada: Don Remigio, ¿cómo se siente? ¿Qué tiene? ¿Qué le duele?

Don Remigio: Me duele mucho la garganta y me duelen también el pecho y el estómago.

Dr. Estrada: A ver… ¡Respire! ¡Tosa!… Pues, mire, lo que usted tiene es bronquitis. ¿Es alérgico a los antibióticos?

Don Remigio: Sí, soy alérgico a la penicilina.

Dr. Estrada: Mire, Don Remigio. Quiero que se tome estas pastillas, una cada seis horas. Yo le garantizo que se va a sentir mejor. Deseo que venga la próxima semana. Quiero hacerle un examen físico.

Don Remigio: ¿Otra vez venir a visitarlo? Pero usted sabe que no me gustan las visitas al médico.

Dr. Estrada: Vamos, don Remigio, tranquilo. Usted sabe que para mí su salud es lo primero.

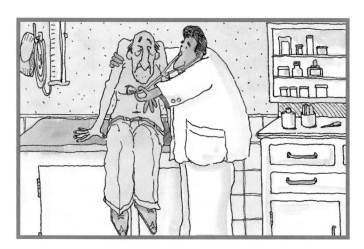

¡Así lo decimos!

Las partes del cuerpo humano

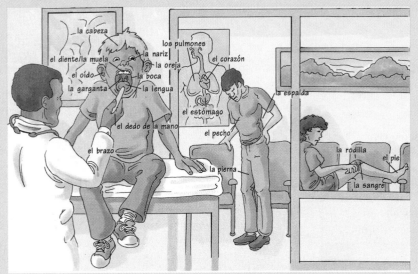

Labels in illustration: la cabeza, los pulmones, el diente/la muela, la nariz, la oreja, el corazón, el oído, la boca, la garganta, la lengua, el estómago, la espalda, el dedo de la mano, el pecho, el brazo, la rodilla, el pie, la pierna, la sangre

Problemas de salud

doler (ue)	*to hurt*
estar resfriado/a	*to have a cold*
estornudar	*to sneeze*
hacerse daño	*to hurt oneself*
romperse (un hueso)[1]	*to break (a bone)*
ser alérgico/a	*to be allergic*
tener dolor de cabeza	*to have a headache*
... espalda	*... a backache*
... estómago	*... a stomach ache*
... garganta	*... sore throat*
... muelas	*... a toothache*
tener fiebre[2]	*to have a fever*
... gripe[3]	*... the flu*
... una infección	*... an infection*
... un resfriado	*... a cold*
... tos[4]	*... a cough*
tener alergias a	*to be allergic to*
... náuseas	*... nauseous*
torcerse (ue) (z) (el tobillo)	*to twist (one's ankle)*
toser	*to cough*

Remedios y sugerencias médicas

cuidar(se)	*to take care (of oneself)*
dejar de fumar[5]	*to quit smoking*
guardar cama	*to stay in bed*
hacer una cita	*to make an appointment*
mejorarse	*to get better, to get well*
operar	*to operate*

Problemas de salud (cont.)

recetar	*to prescribe*
respirar	*to breathe*
tomar(le/se) la presión	*to take (some)one's blood pressure*
... la temperatura	*to take (some)one's temperature*

Medicinas comunes

el antiácido	*antacid*
el antibiótico	*antibiotic*
la aspirina	*aspirin*
el calmante	*pain killer, sedative*
el jarabe	*cough syrup*
la pastilla	*pill; lozenge*
la penicilina	*penicillin*

En el consultorio

el consultorio	*doctor's office*
el diagnóstico	*diagnosis*
el dolor	*pain*
la enfermedad	*illness*
el/la enfermero/a	*nurse*
el examen físico	*checkup*
la inyección	*shot*
el/la médico/a	*doctor, physician*
el/la paciente	*patient*
la prueba	*test*
la radiografía	*x-ray*
la receta	*prescription*
el síntoma	*symptom*

---

[1] **Quebrarse** is another word for *to break*.   [2] **la fiebre**   [3] **la gripe**   [4] **la tos**   [5] **Dejar de** is followed by an infinitive in Spanish, whereas the present participle (*-ing*) is used after *to quit* in English. **Fumar** means *to smoke*.

Expansión

En el consultorio

Doctor/a:	**Paciente:**
¿Cómo se siente?	Me siento bien (mal/mejor).
How do you feel?	*I feel fine (bad/better).*
¿Qué síntomas tiene?	Tengo fiebre y tos.
What are your symptoms?	*I have a fever and a cough.*
¿Que le duele?	Me duele la garganta.
What's hurting you?	*I have a sore throat.*

¡Escucha!

¡Qué mal me siento! Escucha la conversación entre doña Refugio y su médico y anota sus síntomas, un diagnóstico lógico y el consejo del médico.

Síntoma	**Diagnóstico**	**Consejo**
___ tos	___ alergias	___ tomar aspirina
___ fiebre	___ presiones del trabajo	___ descansar
___ dolor de cabeza	___ resfriado	___ tomar sopa
___ dolor de estómago	___ gripe	___ comer mejor
___ dolor de garganta	___ úlceras	___ hacer ejercicio
___ dolor de muela	___ mala dieta	___ tomar antibióticos

Practiquemos

10-1 ¿Qué le pasa? Describe lo que les pasa a estas personas y da una causa de su posible problema.

MODELO: *A Alicia le duele el estómago porque comió dos hamburguesas.*

Alicia

1. Alberto

2. Ana María

3. Samuel y Ricardo

4. Carlos

5. Ramiro y Marta

10-2 ¿Necesita un médico? Lee los avisos y contesta las preguntas a continuación.

MÉDICOS	**MÉDICOS**
Dr. Armando D. Rodrigo Medicina interna Avenida Piraí No. 134 Santa Cruz, Bolivia (591-3) 555366	**Dra. Carlota Ramírez** Cirugía cosmética Miembro de la Academia de Cirugía Cosmética Avenida Roca y Coronado No. 229 Santa Cruz, Bolivia (591-3) 552975
Dra. Iliana del Río Medicina optometrista Avenida Piraí No. 421 Santa Cruz, Bolivia (591-3) 555747	**Dr. Santiago Vilas** Urólogo Avenida Velarde No. 622 Santa Cruz, Bolivia • Avenida Manuel Ignacio Salvatierra 1003 Santa Cruz, Bolivia (591-3) 557414

1. ¿Qué tienen en común el doctor Rodrigo y la doctora del Río?
2. ¿Dónde tienen el consultorio todos los médicos?
3. ¿Cuál es la especialidad del doctor Vilas?
4. ¿A quién consultas si necesitas cirugía plástica? ¿si necesitas lentes de contacto?
5. ¿Por qué consultas al doctor Rodrigo?

10-3 ¿Qué tal? Imagínense que son el/la paciente y médico/a de la siguiente conversación y completen el intercambio.

    Doctor/a: Hola... ¿Qué tal? ¿Cómo ___?

    Paciente: ___

    Doctor/a: ¿Qué tienes? ¿Qué te pasa?

    Paciente: ___

    Doctor/a: Creo que tienes ___.

    Paciente: ___

    Doctor/a: Bueno, ___.

10-4A ¡Qué mal me siento! Túrnense para describir sus síntomas y dar consejos.

MODELO: E1: Tengo dolor de muelas.
        E2: *Ve a ver al dentista.*

Algunos consejos

guardar cama	ir a la clínica
hacer una cita con el médico	comer mejor
tomar aspirinas	hacer ejercicio
descansar	cuidarse

1. Me duelen las piernas.
2. Creo que tengo fiebre.
3. No tengo energía.
4. No me siento bien.
5. Tengo un resfriado terrible.
6. Me duele el estómago.

10-5 Consejos. Imagínense que cada uno/a de Uds. tiene un problema de salud. Mientras uno/a presenta su problema, los otros le dan consejos.

MODELO: **E1:** Creo que tengo fiebre.
   E2: *Ve a casa y toma aspirinas.*
   E3: *No, necesitas ir a la clínica.*

1. Me duele mucho la garganta.
2. Por la mañana estoy muy cansado/a.
3. Me hice daño a la espalda.
4. Siempre estoy resfriado/a en el invierno.
5. Sufro mucho de dolores de cabeza.

Comparaciones...
El ejercicio y la dieta

La preocupación por seguir una dieta saludable y por mantenerse en forma (*to stay in shape*) es un fenómeno reciente en los países hispanos. Muchos de los platos tradicionales de la cocina hispana tienen generosas cantidades de azúcar o un alto contenido de grasa animal, como la carne de cerdo y la carne de res. Afortunadamente, los hispanos preparan sus comidas con ingredientes naturales y frescos. En esto hay un gran contraste con el Canadá y los EE.UU., donde es muy frecuente que los alimentos se empaquen en fábricas (*factories*) y contengan conservantes. Según los expertos, los alimentos naturales son mucho más saludables y su consumo resulta en menos casos de cáncer y otras enfermedades. Otro beneficio de la dieta hispana es el equilibrio de platos. Típicamente una comida incluye legumbres, algún tipo de arroz y distintas variedades de frijoles. El postre es casi siempre alguna fruta, y hoy en día los hispanos comen menos carne de res que antes. Un delicioso y saludable aspecto de la comida hispana es el uso de aceites vegetales.

Los hispanos tienen la costumbre de caminar, una actividad excelente para mantenerse en forma. Pero generalmente, los hispanos no suelen tener un régimen de ejercicio, ni preocuparse por mantenerse en forma como los canadienses. Esto va cambiando entre los jóvenes de las ciudades que hoy en día hacen footing (*jog*) por los parques o van a clases de ejercicio aeróbico en los gimnasios.

¡Vamos a comparar!
¿Se preocupan mucho por mantenerse en forma tú y tus amigos? ¿Qué tipo de dieta haces? ¿Camina la gente mucho en el Canadá? ¿Por qué? ¿Hacen ejercicio regularmente tú y tus amigos? ¿Qué tipo de ejercicio? ¿Cómo son las comidas en el Canadá? ¿Cuáles son los postres preferidos en el Canadá? ¿Hay mucha diferencia en rutinas de ejercicio y dieta entre generaciones en el Canadá? Explica. Puedes comparar tu rutina con la de tus padres, abuelos o hijos.

¡Vamos a conversar!
Primero hagan una lista de las ventajas y desventajas de cada tratamiento. Luego, comparen sus opiniones sobre la utilidad de estos tratamientos.

MODELO: una copa de vino diaria para proteger el corazón
   E1: *Creo que es una buena idea tomar una copa de vino todos los días para proteger el corazón. Me parece muy saludable.*
   E2: *No estoy de acuerdo. No me gusta el vino, y creo que la gente toma demasiado.*

1. la quiropráctica para aliviar el dolor de espalda
2. el té de hierbas para dar energía
3. la acupuntura para aliviar el dolor del tobillo
4. los calmantes para combatir el estrés
5. los antibióticos para el dolor de garganta
6. la aspirina para proteger el corazón
7. los esteroides para fortalecer (*to strengthen*) los músculos
8. el ejercicio para prevenir (*to prevent*) las enfermedades

¡Así lo hacemos!

Estructuras

Quiero que tome dos pastillas y que descanse por unos días.

1. The Spanish subjunctive: an introduction and the subjunctive in noun clauses

With the exception of the command forms, you have been using verb tenses (present, preterit, and imperfect) in the **indicative mood**. The **indicative** is used to express real, definite, or factual actions or states of being.

The **subjunctive mood** is used to express the hypothetical or subjective, such as a speaker's attitude, wishes, feelings, emotions, or doubts. Unlike the indicative that states facts, the **subjunctive** describes reality subjectively.

Los verbos regulares del presente de subjuntivo

When you learned the formal commands, you learned the **usted** and **ustedes** forms of the present subjunctive. The present subjunctive is formed by deleting the final **-o** of the first-person singular of the present indicative and adding the subjunctive endings. As with the commands that you learned, **-ar** verbs in the subjunctive use **–e** endings and the **-er** and **-ir** verbs use **–a** endings.

hablar	habl~~o~~	→ habl + **e**	→ **hable**
comer	com~~o~~	→ com + **a**	→ **coma**
vivir	viv~~o~~	→ viv + **a**	→ **viva**

◆ The following chart shows the present subjunctive forms of regular verbs. Note that the endings of **-er** and **-ir** are identical.

	hablar	**comer**	**vivir**
yo	habl**e**	com**a**	viv**a**
tú	habl**es**	com**as**	viv**as**
él/ella, Ud.	habl**e**	com**a**	viv**a**
nosotros/as	habl**emos**	com**amos**	viv**amos**
vosotros/as	habl**éis**	com**áis**	viv**áis**
ellos/as, Uds.	habl**en**	com**an**	viv**an**

◆ Verbs that are irregular in the **yo** form of the present indicative use the same spelling changes in the present subjunctive.

Infinitive	Present Indicative (yo)	Present Subjunctive
decir	digo	diga, digas, diga, digamos, digáis, digan
hacer	hago	haga, hagas, haga, hagamos, hagáis, hagan
oír	oigo	oiga, oigas, oiga, oigamos, oigáis, oigan
poner	pongo	ponga, pongas, ponga, pongamos, pongáis, pongan
tener	tengo	tenga, tengas, tenga, tengamos, tengáis, tengan
traer	traigo	traiga, traigas, traiga, traigamos, traigáis, traigan
venir	vengo	venga, vengas, venga, vengamos, vengáis, vengan
ver	veo	vea, veas, vea, veamos, veáis, vean

◆ The spelling changes that you learned for the command forms of the verbs whose infinitives end in **-car, -gar,** and **-zar** also occur in all forms of the present subjunctive.

-car:	c→qu	buscar:	**busque, busques, busque, busquemos, busquéis, busquen**
-gar:	g→gu	llegar:	**llegue, llegues, llegue, lleguemos, lleguéis, lleguen**
-zar:	z→c	empezar:	**empiece, empieces, empiece, empecemos, empecéis, empiecen**

◆ The subjunctive forms of -**ar** and -**er** stem-changing verbs have the same pattern as the present indicative.

pensar (ie)		**devolver (ue)**	
piense	pensemos	devuelva	devolvamos
pienses	penséis	devuelvas	devolváis
piense	piensen	devuelva	devuelvan

◆ -**Ir** stem-changing verbs reflect both the present indicative stem changes and the preterit stem changes. The preterit stem changes occur in the **nosotros/as** and **vosotros/as** forms, where unstressed –**e**– changes to –**i**–, and the unstressed –**o**– changes to –**u**–. The other persons follow the present-tense pattern.

sentir (ie, i)		**pedir (i, i)**		**dormir (ue, u)**	
sienta	sintamos	pida	pidamos	duerma	durmamos
sientas	sintáis	pidas	pidáis	duermas	durmáis
sienta	sientan	pida	pidan	duerma	duerman

Los verbos irregulares del presente de subjuntivo

◆ The following verbs are irregular in the present subjunctive, since they do not use the stem of the **yo** form of the present indicative.

dar	estar	haber	ir	saber	ser
dé	**esté**	**haya**	**vaya**	**sepa**	**sea**
des	**estés**	**hayas**	**vayas**	**sepas**	**seas**
dé	**esté**	**haya**	**vaya**	**sepa**	**sea**
demos	**estemos**	**hayamos**	**vayamos**	**sepamos**	**seamos**
deis	**estéis**	**hayáis**	**vayáis**	**sepáis**	**seáis**
den	**estén**	**hayan**	**vayan**	**sepan**	**sean**

El subjuntivo en cláusulas nominativas

◆ A **main clause** is a construction that consists of at least a **subject** and a **conjugated verb form** and, as such, may stand on its own as a **complete sentence**. Here are examples of **main clauses** in Spanish and English:

Subject	+	Conjugated Verb	Subject	+	Conjugated Verb
Yo	+	espero.	*I*	+	*hope.*
Él	+	prefiere.	*He*	+	*prefers.*

◆ A **dependent clause** also consists of at least a **subject** and a **conjugated verb form** but only exists in relation to a **main clause**, often acting as the **direct object** of the **main verb**. This is called a **dependent noun clause**. Notice that the conjunction **que** is used in Spanish to connect the **dependent noun clause** to the **main clause**.

Main Clause + Dependent Noun Clause	Main Clause + Dependent Noun Clause
Yo espero + **que** tú te mejores pronto.	*I hope* + ***that** you are better soon.*
Él prefiere + **que** comamos juntos.	*He prefers* + ***that** we eat together.*

◆ Notice, however, that the English equivalents of the Spanish **dependent noun clauses** are often different in structure. In the two examples above, both Spanish and English use **dependent noun clauses**, whereas in the examples below, you see that the **infinitive** is used in English.

Main Clause + Dependent Noun Clause	Main Clause + Infinitive
Ella quiere + **que** yo la acompañe.	*She wants* + *me **to accompany** her.*
Yo necesito + **que** tú llegues temprano.	*I need* + *you **to arrive** early.*

◆ In the Spanish examples above, the **subjunctive mood** is used in the **dependent noun clause**, since the action or state expressed has yet to occur and may not occur at all. For instance, in the first example above, even though *she wants me to accompany her*, there is no indication that *I will accompany her*, and, in the second example, even though *I need you to arrive early*, there is no guarantee that *you will arrive early*.

Practiquemos

10-6 Cuestiones de la salud. Repite las frases, sustituyendo los sujetos indicados.

MODELO: Espero que *tú hables* con el médico. (él)
➡ *Espero que él hable con el médico.*

1. Rosa quiere que *yo llame* a la clínica. (ellas, nosotros, Andrés, tú, los chicos)
2. El médico recomienda que *nosotros comamos* mejor. (ella, tú, yo, ellos, Uds., mi padre)
3. La enfermera sugiere que *yo haga* ejercicio. (ellos, ella, mis amigas, nosotros, tú, Uds.)
4. La doctora Suárez espera que *yo tenga* cuidado. (él, ella, ellos, nosotros, tú, Uds., María)
5. Yo recomiendo que *ellos busquen* un buen médico. (tú, ella, tus amigos, nosotros, Uds.)
6. Los médicos desean que *yo duerma* más. (ellas, tú, Uds., nosotros, los estudiantes)
7. Todos esperan que *Uds. se sientan* mejor. (ella, tú, Marisa, tu primo, tus padres, nosotros)
8. La enfermera quiere que *tú vayas* a la clínica. (Uds., nosotros, yo, él, ellas, Ud., Juan)

10-7 Consejos médicos. Completa los consejos que la doctora García les da a sus pacientes, usando el subjuntivo de los verbos indicados.

- Marisa, yo sé que Ud. quiere que le (1 escribir) _____ una receta pero prefiero que primero usted (2 empezar) _____ a hacer ejercicio.
- Juan y Carlos, Uds. saben que yo no permito que mis pacientes (3 fumar) _____ en el consultorio. Si quieren fumar, prefiero que (4 salir) _____ al patio.
- Doña María, sugiero que Ud. (5 ir) _____ directamente al hospital y que (6 pedir) _____ información sobre el programa cardíaco.
- Lupe, como eres la recepcionista de esta oficina, necesito que (tú) (7 llegar) _____ temprano todos los días y que (8 recibir) _____ a los pacientes.
- Señores Echevarría, recomiendo que Uds. (9 dormir) _____ más de siete horas todas las noches. Prefiero que Uds. (10 tomar) _____ café descafeinado.
- Señor Gómez, si Ud. quiere que (yo) le (11 dar) _____ pastillas para la tos, yo insisto en que (12 seguir) _____ mis consejos.

10-8 El centro naturista. Eres dueño/a de un centro naturista (*health food store*). Quieres que tus empleados hagan las siguientes cosas.

MODELO: Marta/traer los cereales
➡ *Quiero que Marta traiga los cereales.*

1. Alberto/buscar todos los jugos
2. Julia y Ángela/preparar las ensaladas
3. Norma/pedirles a los clientes su dirección (*address*)
4. Roberto/traer las frutas orgánicas
5. Juan, José y Berta/poner las vitaminas en el mostrador
6. Ramón/buscar los frijoles negros
7. José/servirles a los clientes
8. Tú/hacer la limpieza de la tienda

10-9 En el consultorio. Completa las instrucciones que la doctora Medina le dejó a la persona que trabaja en su consultorio. Usa el verbo **querer**.

MODELO: llamar al laboratorio
➡ *La doctora Medina quiere que llames al laboratorio.*

1. llamar a la doctora Fernández
2. preparar las pruebas
3. pedir las recetas
4. ir por los termómetros
5. barrer el piso
6. lavar los vasos
7. buscar información para los pacientes
8. ordenar el consultorio
9. cerrar bien la oficina

10-10 Quiero que... Escribe cinco actividades que quieres que hagan tú y tu compañero/a. Luego, intercambia tu lista con la de tu compañero/a y, entre los/las dos, respondan si quieren hacer las actividades o no.

MODELO: E1: *Quiero que juguemos al tenis. ¿Qué piensas?*

E2: *Sí, es una buena idea. / No, no quiero jugar al tenis.*

Algunas actividades

ir de compras	salir con los amigos	nadar en la piscina
ver una película	dar una fiesta	preparar la cena
comer en un restaurante	leer el periódico	poner la televisión
tomar un café	pedir una pizza	hacer la tarea

2. The *nosotros* commands

◆ There are two ways to give a direct command to a group of persons that includes yourself: **vamos a** + infinitive or the **nosotros/as** form of the present subjunctive. As you know, **vamos a...** is also used to express a simple statement or to ask a question. The interpretation of *Let's...* results from intonation and context.

¿**Vamos a** llamar al médico? *Shall we call the doctor?*
Sí, **vamos a** llamarlo. *Yes, let's call him.*

◆ With the present subjunctive of **nosotros/as,** the command is clearly stated.

Hablemos con la enfermera. *Let's talk with the nurse.*
No miremos la radiografía ahora. *Let's not look at the x-ray now.*

◆ As with all command forms, object pronouns are attached to the affirmative forms and precede the negative commands. In affirmative commands with an attached pronoun, an accent is added to maintain the original stress.

Busquemos al enfermero. *Let's look for the nurse.*
Busquémoslo. *Let's look for him.*
No molestemos a la paciente. *Let's not bother the patient.*
No la molestemos. *Let's not bother her.*

◆ To express *Let's go...*, use the indicative **Vamos....** For the negative *Let's not go...*, however, you must use the command form.

Vamos al hospital a visitar a Linda. *Let's go to the hospital to visit Linda.*
No, no vayamos al hospital ahora. *No, let's not go to the hospital now.*

◆ When the pronoun **nos** is attached to the affirmative command of reflexive verbs, the final **-s** is deleted from the verb ending.

Vámonos.	*Let's leave.*
Levantémonos.	*Let's get up.*
Sentémonos.	*Let's sit down.*

Practiquemos

10-11 Para mejorar nuestra salud. Completa la conversación que tienen Roberto y Marisa García sobre su salud y lo que deciden hacer para mejorarla. Usa formas del presente de subjuntivo y mandatos de **nosotros**.

Marisa: Roberto, tenemos que hacer algo por nuestra salud. Te sugiero primero que nosotros no (1 cenar) _____ tan tarde y que (2 acostarse) _____ antes de las doce de la noche.

Roberto: Sí, Marisa, pero hay que tener en cuenta que volvemos muy tarde del trabajo.

Marisa: Sí, ya lo sé, pero estoy convencida de que la solución es ésta: (3 tener) _____ más cuidado, no (4 trabajar) _____ tanto, (5 llegar) _____ a casa más temprano, (6 decansar) _____ más y (7 cuidarse) _____ un poco más.

Roberto: De acuerdo, Marisa, pero llegamos a casa tan tarde que sólo tenemos tiempo para comer y dormir. ¿Qué vamos a hacer?

Marisa: Roberto, con calma, no (8 enfadarse) _____. Te propongo (*propose*) que (9 cambiar) _____ nuestra rutina diaria y que (10 buscar) _____ otro trabajo. ¿Qué te parece?

Roberto: Me parece que va a ser difícil pero estoy de acuerdo contigo en que nuestra salud es lo primero.

Marisa: Bueno, entonces, mañana (11 ir) _____ a ver al médico a pedirle que él nos (12 recetar) _____ un régimen más saludable.

A B **10-12A Nos sentimos mal.** Imagínense que Uds. tienen algunos problemas de salud. Túrnense para presentar los problemas y los remedios.

MODELO: E1: Nos duele la cabeza.
E2: *Tomemos aspirina.*

tomar jarabe	hacer una cita con el médico
tomar antiácido	ir a ver al dentista

1. Tenemos gripe.
2. Estamos resfriados/as.
3. Nos duele la espalda.
4. Nos torcimos el tobillo.

Segunda parte

¡Así es la vida!

Mejora tu salud

Una buena dieta para un corazón saludable

Todos sabemos lo importante que es cuidar la alimentación para mantener un buen estado de salud. Mantener un control del consumo de azúcar en la dieta contribuye a nuestro bienestar y también debemos tener en cuenta que hay alimentos que contribuyen a las enfermedades del corazón.

Las enfermedades del corazón cobran (*claim*) más vidas que cualquier otra complicación que genere la diabetes. Esto no debería ocurrir. Los cambios en nuestra dieta pueden reducir efectivamente el riesgo de las enfermedades cardíacas. Para disminuir estos riesgos, la "**Canadian Heart and Stroke Foundation**" ha preparado las siguientes recomendaciones dietéticas:

- ◆ Para limitar el consumo de colesterol, no comas alimentos con alto contenido de materia grasa. Utiliza aceites vegetales, especialmente de oliva, en tu cocina en lugar de mantequilla y manteca.

- ◆ Se recomienda también que consumas más fibra en la dieta, en forma de frutas y verduras, y también pan y cereales integrales (*whole-grain*). Estos carbohidratos complejos producen niveles más bajos de azúcar que los carbohidratos simples de los alimentos dulces y la harina (*flour*) blanca.

Como se espera, para la buena salud, el peso adecuado, el ejercicio, el control de los niveles de glucosa son importantes. Habla con tu médico, quien te ayudará a planear la dieta que te convenga (*suits*).

¡Así lo decimos!

Los alimentos

la bebida alcohólica
los carbohidratos
la proteína
el cigarrillo
la grasa
los productos lácteos
el colesterol

Otros sustantivos

el bienestar	*well-being*
el centro naturista	*health store*
la complexión	*body build*
la diabetes	*diabetes*
los ejercicios aeróbicos	*aerobics*
la estatura	*height*
el peso	*weight*
el riesgo	*risk*
el sobrepeso	*excess weight, obesity*

La salud y la línea (*figure*)

adelgazar, bajar de peso	*to lose weight*
alejarse (de)	*to get away (from)*
engordar, subir de peso	*to gain weight*
estar a dieta	*to be on a diet*
...bien/mal de salud	*to be in good/bad health*
...en (buena) forma	*to be in (good) shape*
guardar la línea	*to stay trim, to watch one's figure*
hacer jogging/footing	*to jog*
levantar pesas	*to lift weights*

nacer (zc)	*to be born*
padecer (zc) (de)	*to suffer (from)*
ponerse a dieta	*to go on a diet*
...en forma	*to get into shape*
tener en cuenta	*to take into account*
vigilar	*to watch*

Verbos para expresar recomendaciones

aconsejar	*to advise*
insistir (en)	*to insist*
mandar	*to order*
permitir	*to permit*
prohibir[1]	*to prohibit*
recomendar (ie)	*to recommend*
sugerir (ie, i)	*to suggest*

Verbos que expresan emoción

enojar	*to anger*
lamentar	*to regret*
sentir (ie, i)	*to regret*
sorprender(se)	*to surprise, to be surprised*
temer	*to fear*

Repaso

alegrarse (de)	desear	molestar	querer (ie)
correr	esperar	necesitar	tener (ie) miedo (de)
decir (i)	estar contento/a (de)	pedir (i, i)	

---

[1] prohíbo, prohíbes...

¡Escucha!

Una encuesta (*poll*) médica. Escucha y completa la siguiente encuesta telefónica. Después de completarla, compara tus respuestas con las de un/a compañero/a.

MODELO: ¿Cuántos cigarrillos fuma usted por día? a. ninguno b. de cinco a diez c. más de un paquete

➨ *a. ninguno*

1. a. 0 mg	**b.** 300 mg	**c.** 600 mg
2. a. muchos	**b.** algunos	**c.** ninguno
3. a. mucho	**b.** un poco	**c.** nada
4. a. de oliva	**b.** de maíz	**c.** de animal
5. a. 80%	**b.** 50-60%	**c.** 30%
6. a. menos de una vez	**b.** dos o tres veces	**c.** todos los días

Practiquemos

10-13 ¿Lógico o ilógico? Indica si cada una de las siguientes oraciones es **lógica** o **ilógica** y corrige las ilógicas.

1. Es importante controlar el colesterol para evitar las enfermedades del corazón.
2. Para reducir el riesgo de las enfermedades cardíacas, debemos utilizar mantequilla y manteca en la cocina.
3. Las bebidas alcohólicas tienen un alto contenido de grasa.
4. Los granos integrales son alimentos ricos en carbohidratos simples.
5. La avena es un cereal que ayuda a bajar el colesterol.
6. Según los médicos, tomar muchas bebidas alcohólicas es malo para la salud, sobre todo para el hígado (*liver*).
7. Si haces ejercicio y estás en forma, vas a sentirte mejor.
8. Se puede comprar vitaminas y comidas naturales en el centro naturista.
9. Si eres alérgico/a a los productos lácteos, no puedes comer pan.
10. Las personas que fuman aumentan el riesgo del cáncer.

10-14 Un chequeo para la salud. Completa el sondeo (*questionnaire*) sobre la diabetes y decide si estás a riesgo.

CHEQUEO PARA SU SALUD...
Los hispanos son más propensos a sufrir diabetes...¿por qué correr este riesgo sin necesidad?

En honor a la "Semana de Alerta a la Diabetes", hágase una simple prueba. Este servicio es **gratis** para la comunidad. A continuación unas preguntas, solamente necesita responder SÍ o NO y debe anotar 10 puntos por cada respuesta afirmativa.

Estoy sintiendo los siguientes síntomas con regularidad:	SÍ	NO
Sed excesiva	❏	❏
Orino con frecuencia	❏	❏
Mucho cansancio	❏	❏
Pérdida de peso inexplicable	❏	❏
Vista nublada a veces	❏	❏
Tengo más de 40 años:	❏	❏
Según las tablas de peso, tengo más peso del debido:	❏	❏
Soy mujer y he tenido niños que han pesado más de 9 lbs. al nacer:	❏	❏
Mi madre/padre es diabético:	❏	❏
Mi gemelo/a tiene diabetes:	❏	❏
Mi hermano/a tiene diabetes:	❏	❏

Si su total es de 20 o de más de 20 puntos, le recomendamos que se haga una prueba de diabetes, absolutamente gratis.

LAS PRUEBAS SE EFECTUARÁN:

Martes, 19 de marzo—8:00 am -11:00am
Vestíbulo del Hospital San Vicente
Calle Reina del Río
Asunción

Las personas que deseen hacerse esta prueba no deben comer <u>dos horas</u> antes del examen.

Contaremos con una dietista que podrá informarle sobre las comidas y contestar cualquier pregunta que pueda tener.

Para más informacion o si quiere recibir nuestra revista gratis, llame al
5-56-68-50.

Hospital San Vicente
Calle Reina del Río, Asunción, Paraguay

Vocabulario útil
cansancio	*fatigue*
nublado	*cloudy*
orinar	*to urinate*

10-15A Te recomiendo que… Túrnense para presentar los siguientes problemas mientras el/la otro/a ofrece unas recomendaciones. Pueden usar el verbo **recomiendo** con una cláusula nominativa en el subjuntivo.

MODELO: E1: Soy muy delgado/a.
E2: *Te recomiendo que comas más.*

Algunas recomendaciones

ponerse a una dieta especial
comer más fibra y menos grasa en la dieta
utilizar aceites vegetales en la cocina

bajar de peso y ponerse en forma
controlar el consumo de azúcar en la dieta
hacer una cita con el médico

1. Quiero bajar de peso.
2. Necesito bajar mi nivel de colesterol.
3. Fumo más de un paquete de cigarrillos por día.
4. Mi hermano/a quiere guardar la línea.
5. Mi tío padece de diabetes.

 10-16 Sus preocupaciones sobre la salud. Conversen entre sí para poner estas enfermedades y condiciones en orden de importancia para ustedes y para la sociedad.

MODELO: E1: *¿Cuál es más importante para ti?*
E2: *Para mí es el cáncer, para la sociedad es…*

	Para mí	Para mi compañero/a	Para la sociedad
el cáncer	_____	_____	_____
la diabetes	_____	_____	_____
las enfermedades del corazón	_____	_____	_____
el SIDA (*AIDS*)	_____	_____	_____
las enfermedades del pulmón	_____	_____	_____
la artritis	_____	_____	_____
el alcoholismo	_____	_____	_____
las enfermedades del riñón (*kidney*)	_____	_____	_____
otra: ___	_____	_____	_____

Comparaciones...
El uso de la hoja de la coca en Bolivia

La hoja de la coca se usa en Bolivia y otros países andinos con propósitos religiosos y medicinales desde hace más de 2.000 años. Es importante entender que la hoja de coca es tan diferente a su derivado alcaloide, la cocaína, como la cebada (*barley*) es al whisky escocés (*Scotch whiskey*).

Para los incas la coca era una planta sagrada (*sacred*). Aun hoy los chamanes (*shamans*) en Bolivia, Colombia y el Perú usan la hoja de coca en rituales religiosos.

El uso de la hoja de la coca no se limita a los chamanes. Los indios aimará en Bolivia y los quechua en el Perú mastican (*chew*) la hoja de coca. La hoja de coca ayuda a los indígenas a trabajar porque previene la fatiga, disminuye el frío y reduce el hambre. Investigaciones científicas sobre las actividades bioquímicas de la coca confirman estas observaciones. Con el consumo de la hoja de la coca, los intestinos absorben glucosa y el vigor (*stamina*) de la persona aumenta. Además, los vasos capilares (*blood vessels*) se encogen (*constrict*) y el calor del cuerpo se conserva. Por lo tanto, la coca ayuda a los indígenas a trabajar por largos períodos de tiempo en lugares fríos.

La hoja de la coca también tiene beneficios nutritivos porque es rica en vitaminas B-1 y C, que no son parte de la dieta tradicional andina. Los chamanes usan la hoja de la coca y otras hierbas (*herbs*) para hacer un té medicinal que se toma para tratar distintas enfermedades.

¡Vamos a comparar!

¿Qué hierbas medicinales conoces? ¿Hay alguien en tu familia que las use? ¿Por qué? ¿Crees que los indígenas de los Andes tienen otras opciones? ¿Cuáles?

¡Vamos a conversar!

Hablen entre ustedes de sus preferencias de consumo.
¿Qué tienen en común y cómo se diferencian?

MODELO: carne

> **E1:** *¿Cuántas veces al día (a la semana) comes carne?*
> **E2:** *Como carne...*

1. productos lácteos
2. los granos integrales
3. frutas y verduras
4. vasos de agua
5. ajo
6. suplementos de vitaminas

¡Así lo hacemos!

Estructuras
3. The subjunctive to express volition

¿Necesitan que los lleve a casa?

- ◆ Verbs of volition express the wishes, preferences, suggestions, requests, and implied commands of the speaker. When the verb in the main clause expresses volition, the verb of the dependent noun clause is expressed in the subjunctive mood.

aconsejar	insistir (en)	pedir (i, i)	querer (ie)
decir (i)	mandar	permitir	recomendar (ie)
desear	necesitar	prohibir	sugerir (ie, i)

- ◆ Note that the subject of the verb in the main clause tries to influence the subject of the dependent noun clause.

  Carmen **querer** + yo **ir** →
  Carmen **quiere** que yo **vaya** con ella al consultorio.   *Carmen wants me to go with her to the doctor's office.*

  ustedes **necesitar** + yo **llevar** →
  ¿**Necesitan** que los **lleve** al hospital?   *Do you need me to take you to the hospital?*

  la doctora **desear** + tú **recoger** →
  La doctora **desea** que **recojas** la receta.   *The doctor wants you to pick up the prescription.*

- ◆ When there is no change of subject for the two verbs, there is no dependent noun clause. Use the infinitive.

  Sofía **desear** + Sofía **ir** →
  Sofía **desea ir** a la farmacia.   *Sofía wants to go to the pharmacy.*

  yo **querer** + yo **engordar** →
  Yo no **quiero engordar**.   *I don't want to gain weight.*

- ◆ Sentences using verbs such as **aconsejar**, **decir**, **pedir**, **recomendar**, and **sugerir** require an indirect object pronoun. This indirect object refers to the subject of the dependent noun clause and is understood as the subject of the subjunctive verb.

  Le aconsejo a usted que **descanse** más.   *I advise you to rest more. (Literally, I advise you that you rest more.)*

  Nos piden que **hagamos** más ejercicio.   *They ask us to exercise more. (Literally, They ask us that we exercise more.)*

♦ When verbs of communication such as **decir** and **escribir** are used in the main clause, and the subject of the verb is simply reporting information (telling someone something), the indicative is used in the dependent noun clause. If the verb in the main clause is used in the sense of a command (telling someone to do something), the subjunctive is used.

Information:

Le **dice** a Juan que **levantamos** más pesas.	*She tells Juan that we are lifting more weights.*
Les **escribo** que volvemos el sábado.	*I'm writing them that we're returning on Saturday.*

Command:

Le **dice** a Juan que **levante** más pesas.	*She tells Juan to lift more weights.*
Les **escribo** que **vuelvan** el sábado.	*I'm writing (to ask) them to return on Saturday.*

Practiquemos

10-17 En el consultorio médico. Completa el párrafo con las formas correctas de los verbos indicados.

MODELO: Refugio (querer) *quiere* que Remigio (ver) *vea* al médico.

Nuestro médico es el doctor Medina y siempre quiere que nosotros le (1 hablar) _____ de lo que pasa en la familia. Por ejemplo, le aconseja a mi padre que (2 comer) _____ y (3 beber) _____ menos. Le prohíbe a mi madre que (4 fumar) _____ y siempre le sugiere que (5 ir) _____ a hacerse un examen físico todos los años. A mi hermana, Rosalía, le recomienda que (6 hacer) _____ una dieta equilibrada y que (7 dormir) _____ ocho horas todas las noches. Finalmente, a mí me pide que (8 ser) _____ más tranquilo y que (9 seguir) _____ sus consejos. Tenemos mucha confianza en el doctor Medina.

10-18 Consejo médico. Completa las frases con las formas correctas de los verbos indicados.

MODELO: Refugio (recomendar) *recomienda* que su esposo (ir) *vaya* a ver al médico.
1. El farmacéutico nos (aconsejar) _____ que (tomar) _____ las pastillas tres veces al día.
2. El paciente (desear) _____ que el médico le (hacer) _____ un examen físico.
3. El terapeuta me (sugerir) _____ que (caminar) _____ todos los días.
4. La doctora Reyes le (recomendar) _____ a mi hermana que (comer) _____ más.
5. Yo (necesitar) _____ que tú me (llevar) _____ al hospital.
6. El médico (insistir) _____ en que nosotros (dejar) _____ de fumar.
7. La enfermera nos (decir) _____ que (pagar) _____ la cuenta en la caja.
8. El hospital les (prohibir) _____ a los enfermos que (fumar) _____ dentro de los edificios.

10-19A ¿Qué hacer? Imagínate que necesitas pedirle consejos a tu compañero/a. Explícale tu problema y luego reacciona a su recomendación.

MODELO: Tienes un examen de química mañana.
>   **E1:** *Tengo un examen de química mañana.*
>   **E2:** *Te recomiendo que estudies mucho.*
>   **E1:** *Buena idea. / No tengo tiempo.*

1. Necesitas dinero.
2. Tienes problemas con un miembro de la familia.
3. Tu trabajo no te deja tiempo para estudiar.
4. Quieres un trabajo más interesante.
5. Tu casa está en desorden y tienes invitados este fin de semana.
6. Tienes que preparar una comida especial este fin de semana.
7. Quieres irte de vacaciones, pero no tienes mucho dinero.

10-20 En el consultorio. Imagínense que están en el consultorio médico. Uno/a está enfermo/a y el/la otro/a es el/la médico/a que le da consejos. Representen dos o tres situaciones. El/La enfermo/a puede imaginarse los problemas a continuación.

MODELO: E1: *Doctor/a, me siento muy mal.*
E2: *¿Qué síntomas tiene?*

Problemas posibles

la gripe   una fiebre   una tos   un resfriado   alergias   dolores de cabeza

Algunos consejos

Te recomiendo que...   Te aconsejo que...   Te sugiero que...

4. The subjunctive to express feelings and emotion

Temo que tu hija tenga una infección del oído.

◆ The subjunctive is used in dependent noun clauses after verbs that express emotions such as hope, fear, surprise, regret, pity, anger, joy, and sorrow.

alegrarse (de)	*to be glad*
enojarse	*to get angry*
esperar	*to hope*
estar contento/a (de)	*to be happy*
lamentar	*to regret*
molestar	*to bother*
sentir (ie, i)	*to regret*
sorprender(se)	*to surprise*
temer	*to fear*
tener (ie) miedo (de)	*to be afraid*

Julia **lamenta** que Carlos **esté** enfermo.	*Julia regrets that Carlos is sick.*
Espero que **hagas** más ejercicio esta semana.	*I hope that you exercise more this week.*
Juana **teme** que su madre **padezca** de diabetes.	*Juana fears that her mother is suffering from diabetes.*

◆ As with the verbs of volition, verbs that express feelings and emotions require the subjunctive in the dependent noun clause if the subject is different from that of the main clause. If there is only one subject, the infinitive is used instead of a dependent noun clause.

Carlos **lamenta estar** enfermo.	*Carlos regrets being sick.*
Esperamos hacer más ejercicio esta semana	*We hope to exercise more this week.*
Juana **teme padecer** de diabetes.	*Juana fears suffering from diabetes.*

Practiquemos

10-21 Lo que sentimos. Completa las frases con las formas correctas de los verbos indicados.

MODELO: Nosotros (esperar) _esperamos_ que el médico (llegar) _llegue_ temprano.

1. Yo (sentir) _____ que tu primo (estar) _____ tan enfermo.
2. Nosotros (alegrarse) _____ de que Uds. (sentirse) _____ mejor.
3. El médico (temer) _____ que su enfermedad (ser) _____ grave.
4. Me (molestar) _____ que tantos jóvenes no (dejar) _____ de fumar.
5. Mi madre (esperar) _____ que yo no (hacerse) _____ daño en el partido.
6. La enfermera (estar) _____ contenta de que nosotros (cuidarse) _____ mucho.
7. El terapeuta (enojarse) de que _____ sus pacientes no (seguir) _____ sus consejos.
8. Yo (tener) _____ miedo de que mis padres (tener) _____ el colesterol alto.

---

martes, 13 de abril
- Mario llega al gimnasio a las ocho en punto.
  (1 alegrarse: yo)_____ de que él (2 llegar)_____ temprano.
- Rosario nada muy bien pero me (3 enojar)_____ que no
  (4 nadar) _____ por lo menos cuatro días a la semana.
- Después de no hacer mucho ejercicio, Beto pesa más
  de 200 libras. (5 Sentir: yo)_____ que él (6 subir) _____ de
  peso. Mañana yo (7 querer) _____ que Beto (8 empezar)
  _____ una rutina de ejercicios aeróbicos.
- Alberto y Linda corren mucho. Me (9 sorprender) _____
  que ellos (10 correr)_____ por las tardes cuando hace
  mucho calor, pero ellos me (11 decir) _____ que
  (12 beber) _____ mucha agua.
- Yo (13 estar) _____ contenta de que Aurelio no
  (14 fumar)_____ esta semana porque tiene tos. Le
  (15 recomendar: yo) _____ que (16 dejar) _____ de fumar ahora.
- Diana no vino al gimnasio esta semana. (17 Temer:
  yo)_____ que ella no (18 volver)_____ más. (19 Esperar:
  nosotros) _____ que no (20 tener) _____ problemas de salud.

10-22 La entrenadora personal. Marisol, una entrenadora (*trainer*) personal de un gimnasio escribe apuntes (*notes*) sobre sus clientes todos los días. Completa su entrada (*entry*) con expresiones lógicas según el contexto.

MODELO: (Esperar: yo) _Espero_ que Luis (hacer) _haga_ ejercicio todos los días.

10-23 Entre amigos/as. Túrnense para presentar estos problemas de salud y dar consejos o expresar una emoción.

MODELO: E1: Mi madre no se siente bien.
E2: _Espero que se mejore pronto._

1. Nuestra tía está en el hospital.
2. Mi hermana tiene mucha tos.
3. Mi abuelo sufrió un ataque al corazón.
4. Mis padres quieren bajar de peso.
5. Mi abuela tiene el colesterol alto.
6. Mi prima quiere dejar de fumar.
7. Mi tío teme que tenga la presión alta.
8. Mi novio se enferma mucho en la universidad.

Algunas reacciones

Espero...	No me gusta...	¡Insiste en...!
Siento mucho...	Le recomiendo/	¡Dile...!
Esperemos...	sugiero	¿...?
	Me sorprende...	

---

www. **10-24 ¡Salud!** Divídanse en dos grupos. Cada grupo va a pensar en un problema de la salud (por ejemplo, una persona que quiere dejar de fumar o alguien que siempre está cansado). Luego intercambien sus problemas y busquen soluciones para el problema del otro grupo. Pueden usar éstos u otros sitios Web como referencias:

El Diario de la Salud: **http://www.diariosalud.com**

Latin Salud: **http://www.latinsalud.com/**

Observaciones

Toño Villamil y otras mentiras, Episodio 10

10-25 Isabel se encuentra mal. Lee el monólogo interior de Isabel y contesta las preguntas que siguen.

Hoy me desperté a las ocho de la mañana y me levanté inmediatamente. Pero, ay, ¡qué mal me siento! Me duelen la cabeza, los brazos, los músculos, las piernas... todo. No sé qué tengo, pero no puedo consultar al médico porque no quiero perder el autobús para la capital. ¿Qué hago? ¿Desayuno? ¿Me tomo una aspirina? ¿Me tomo la temperatura para ver si tengo fiebre? ¿Llamo al médico? Lucía va a insistir en que vaya al médico. Ojalá no me haga perder el autobús. ¡No quiero ver a nadie! Ni al médico, ni a Toño, ni a Manolo. Sólo quiero ver al chofer del autobús. ¡Ay, por Dios, salgamos de aquí...!

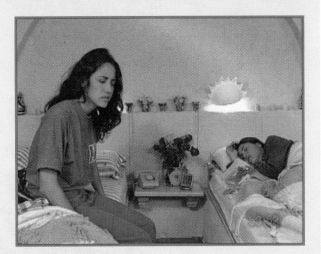

1. ¿Por qué se siente mal Isabel?
2. ¿Por qué no quiere consultar al médico?
3. ¿Adónde va hoy?
4. ¿Qué crees que tiene Isabel?
5. ¿Qué quiere hacer?

10-26 Isabel se va. Mira el décimo episodio de *Toño Villamil y otras mentiras* donde vas a ver la escena en que Isabel se prepara para irse de Malinalco. Luego, completa las siguientes oraciones.

1. Al levantarse, parece que Isabel está...
   a. preocupada.
   b. enojada.
   c. cansada.

2. Lucía la invita a...
   a. desayunar.
   b. un café.
   c. su casa en la capital.

3. Lucía espera que...
   a. el autobús llegue tarde.
   b. Toño venga por Isabel.
   c. Isabel le escriba una carta.

4. Si Isabel no sale hoy,...
   a. tiene que esperar dos días más.
   b. puede ir a las aguas termales de Malinalco.
   c. pierde su cita con el médico en la capital.

5. Lucía no quiere que Isabel...
   a. se vaya sin tomar dos aspirinas.
   b. vuelva a ver a Toño.
   c. se recete sin ver al médico.

10-27 Insisto en que... Imagínate que conoces a Isabel y que quieres darle consejos (*advice*). Completa estas frases para dárselos.

MODELO: Isabel, te recomiendo que *te tomes la temperatura.*

1. Isabel, sugiero que...
2. Insisto en que...
3. No creo que...
4. Temo que...
5. Ojalá que...

Nuestro mundo

Los países sin mar: Bolivia y el Paraguay

10-28 ¿Qué sabes tú? Identifica o explica las siguientes cosas.

1. las capitales de Bolivia y del Paraguay
2. la región de Bolivia donde hay llanos tropicales y selvas
3. la región de Bolivia cuyos productos principales son minerales
4. las lenguas oficiales del Paraguay
5. el nombre del té que es símbolo de la amistad en el Paraguay

En el noroeste de Bolivia hay llanos tropicales y selvas con abundantes y valiosas maderas (*lumber*) y cosechas (*crops*) tropicales como el banano. Aquí hace más calor que en el altiplano y hay mucha más humedad que en los llanos hacia el sur.
Bolivia Web
http://www.boliviaweb.com/es

Los instrumentos de viento son importantes para la música andina.
Instrumentos andinos
http://kuntur_huasi.en.eresmas.com/instrumentos/instrumentos.htm

El altiplano (*high plateau*) de Bolivia tiene 700 kilómetros de largo y unos 500 kilómetros de ancho con una altura media de 3.500 metros. Aunque el clima durante el día suele ser agradable en los altiplanos, las heladas (*frosts*) son frecuentes. En las montañas de los altiplanos, siempre hace frío y hay nieve perpetua en los picos (*peaks*) de más de 4.500 metros de altura. La región es muy rica en minerales como el estaño (*tin*), la plata, el cinc y el cobre (*copper*).

El cultivo de ganado es importante para la gente que vive en el altiplano (*high plateau*) de Bolivia.

El mate es una bebida muy popular por todo el Paraguay, el Uruguay y Argentina. El compartirlo con otra persona es símbolo de la amistad.
Descripción del Mate
http://platense.dyn.dhs.org/personal/argentina/ mate_desc_s.htm

BRASIL

Puerto
Bahía Negra•

CHACO

Filadelfia
•

Pedro Juan •
Caballero

PARAGUAY

✪Asunción
Ciudad del Este

Río Paraguai

Río Paraná

Río Paraguay

Río Paraná

Paraguay tiene dos lenguas oficiales, el español y el guaraní, la lengua indígena. Estos niños aprenden a leer y escribir las dos lenguas en la escuela.

10-29 ¿Cierto o falso? Indica si las siguientes oraciones son **ciertas** o **falsas**. Corrige las oraciones falsas.

1. El bilingüismo es importante en el Paraguay.
2. La extracción de minerales es importante en el Paraguay.
3. El mate es una bebida popular paraguaya.
4. El Paraguay y Bolivia tienen acceso al Lago Titicaca.
5. Los bolivianos que viven en el altiplano gozan de un clima bastante templado.
6. Los instrumentos de viento son muy populares en los Andes.

10-30 Identificar. Completen el cuadro con la información que falta.

MODELO: identidad: Potosí
descripción: *una ciudad boliviana*
ubicación: *cerca de Sucre y lejos de La Paz en Bolivia*

Identidad	Descripción	Ubicación
el guaraní	_____	Paraguay
el altiplano	_____	_____
_____	una bebida popular	_____
Asunción	_____	_____
_____	capital	Bolivia
el ganado	_____	
cobre	_____	el oeste de Bolivia
_____	región tropical	_____
_____	producto de la selva	_____

10-31 Investigar. Investiga uno de estos temas en el Internet y prepara un informe breve para la clase.

1. la situación política en el Paraguay
2. los idiomas indígenas de Bolivia
3. las ruinas de Tiahuanaco
4. la música andina
5. las misiones jesuitas del Paraguay

Ritmos

"Sol de primavera" (Inkuyo, Bolivia)

Esta canción es representativa del ritmo **taquirari,** originado en el oriente de Bolivia y resultado de la mezcla de las culturas y tradiciones musicales indígenas y españolas. En las ocasiones festivas, las mujeres llevan vestidos de colores brillantes y adornan sus cabezas con flores para bailar este tipo de música.

Antes de escuchar

10-32 Instrumentos. Aunque muchas canciones de **taquirari** tratan del tema del amor, "Sol de primavera" es una canción instrumental que no tiene letra. En grupos de tres contesten las siguientes preguntas.

1. ¿Qué estilos de música típicamente no tienen letra y son instrumentales?
2. ¿Qué prefieres, música con letra o música instrumental?
3. ¿En qué ocasiones te gusta escuchar música con letra? ¿música instrumental? ¿Por qué?

A escuchar

10-33 Asociación libre. Ahora escucha la canción. ¿En qué piensas o qué te hace sentir "Sol de primavera"? Escribe por lo menos cinco palabras o expresiones en español que se te ocurren mientras escuchas la canción. Después compara tu lista con las de tus compañeros/as.

Después de escuchar

10-34 Terapia musical. Se dice que la música nos afecta emocionalmente y que puede funcionar como terapia para las personas que padecen de una enfermedad o un problema emocional o médico. ¿Qué tipos de música pueden ayudarles en tu opinión a las siguientes personas? Responde a sus problemas usando el presente de subjuntivo.

MODELO: E1: Me duele la cabeza.

   E2: *No creo que la música rock te ayude a sentirte mejor.*

1. Me duelen los músculos.
2. Mis abuelos tienen la presión alta.
3. Mi madre tiene mucha tensión y estrés.
4. Quiero dejar de fumar pero es difícil.

Páginas

El ñandutí, una leyenda paraguaya

Las leyendas como tradición oral son populares en todo el mundo hispano. Sirven para transmitir la historia, la cultura y los valores de una generación a la siguiente. Aunque la leyenda se basa en un evento histórico, se hace propiedad de la persona que la cuenta. Por eso, existen muchas versiones de la misma leyenda, y puede transformarse a través de los años hasta que haya poca relación entre la original y la actual. A continuación tienes una leyenda paraguaya que se originó durante la colonia española. Representa una mezcla (*blending*) de la cultura indígena y la española. Explica el origen del encaje (*lace*) especial que se llama *ñandutí,* una palabra guaraní. Esta versión la cuenta Aitor Bikandi-Mejías, un joven español.

Estrategias

Las preguntas clave. Before you read a text, you may ask yourself some questions that you expect to be answered in the text. After reading the introduction above, make a list of three to four questions that you hope to be able to answer by the time you finish the legend.

MODELO: *¿Quiénes son los personajes de esta leyenda?*

El ñandutí

Antes de partir para América —en la época de la colonia—, Manuela, la esposa de un joven oficial del ejército español destinado al Paraguay, fue a decir adiós a su madre. El encuentro fue muy doloroso[1], pues no sabían cuándo iban a volver a verse en vida. Entre las muchas cosas que la madre le dio en aquella ocasión para su nuevo hogar[2], había una de especial belleza: una mantilla de un encaje[3] exquisito.

—Cuídala[4], porque es mi regalo a ti —le dijo su madre abrazándola—. Si así lo haces, vas a tener abundantes años de felicidad y prosperidad.

Manuela prometió cuidar la mantilla, besó a su madre y se despidió de ella, tal vez para siempre. Ella y su marido abandonaron[5] España al día siguiente.

Una vez en América, la joven pareja se estableció en el pueblecito de Itauguá. Vivían en una casa grande en el centro del pueblo. Poco después, empezó a vivir con ellos una muchacha guaraní, Ibotí. Ibotí ayudaba a Manuela con las tareas de la casa. Pronto nació entre ellas una amistad sincera y un cariño profundo. Se sentaban las dos en el patio por la tarde y Manuela le confesaba a Ibotí sus recuerdos de su casa en España. Le hablaba a Ibotí de su patria y de su madre. ¡Qué gran consuelo[6] era para ella poder hablarle a Ibotí!

En cierta ocasión, el marido de Manuela tuvo que irse del hogar, con motivo de una expedición militar. La casa ahora parecía más grande y vacía[7]. Como no tenía mucho que hacer, un día Manuela decidió revisar[8] todo lo que había traído[9] de España. Ibotí participaba en esta labor. Muchas cosas hermosas salieron a la luz: tejidos[10], vestidos, manteles, cubiertos, candelabros, joyas. Entre tantos objetos bellos, el recuerdo más íntimo, era la mantilla de su mamá.

Sin embargo, por el tiempo, la mantilla estaba amarilla y un poco gastada[11]. Manuela le pidió a Ibotí que la lavara con agua y jabón, recomendándole que fuera muy cuidadosa. La muchacha la lavó cuidadosamente; sin embargo, al sacarla del agua, vio que la mantilla estaba completamente deshecha[12]. Cuando Manuela supo lo ocurrido, sintió que una parte de su memoria se había perdido[13], y lloró con angustia. Esa noche soñó que su mamá estaba muerta. Pasaron muchos días en que tampoco recibió noticias de su esposo. Ibotí trataba de animar[14] a su señora. Era imposible.

Una noche, Ibotí soñó con el encaje de la mantilla. Se despertó agitada. —¡Voy a tejer[15] una mantilla igual que la de la señora!—, se dijo esperanzada[16].

Empezando esa misma noche, Ibotí se dedicó a tejer una nueva mantilla. Pero cada mañana, estaba desilusionada. Nada de lo que hacía era como la mantilla original. Y Manuela estaba más y más triste, más y más enferma.

Una noche de hermosa luna, Ibotí salió al patio a calmar su pena[17]. Ya no sabía qué hacer. De pronto, por la luz de la luna vio la tela que una arañita[18] hacía. El corazón de la buena Ibotí palpitó violentamente. ¡Las líneas que aquella araña dibujaba eran como las de la mantilla de Manuela! Durante las siguientes semanas, todas las tardes Ibotí salía al patio y observaba la tela de la araña[19]. Tan pronto como llegaba la noche, corría a su habitación y se ponía a tejer la mantilla. Tejía y tejía, y no conocía el cansancio[20]. Por fin, una madrugada, poco antes del alba[21], el trabajo estuvo completo.

Aquella mañana, cuando despertó Manuela, vio ante sus ojos una mantilla prácticamente idéntica a la que se había perdido. Creía estar soñando.

—¡Ibotí!, ¿qué es esto? —preguntó asombrada—. ¿De dónde ha salido esta mantilla?

—Es "ñandutí", tela de araña. La tejí yo misma —contestó Ibotí sonriendo.

Manuela recuperó gran parte de su alegría. Se sentía casi feliz. Y aquella misma tarde su felicidad fue completa, pues tuvo noticias de que su querido esposo estaba bien y pronto vendría a casa.

Ibotí, por su parte, encontró su camino. Siguió tejiendo y fabricó otras muchas mantillas maravillosas. También les enseñó a hacerlas a las jóvenes guaraníes del lugar. Desde entonces, el pueblo de Itauguá es conocido por sus bellos tejidos de ñandutí o "tela de araña".

---

[1] painful   [2] casa   [3] lace   [4] Take care of it   [5] salieron de   [6] consolation   [7] sin gente   [8] inspeccionar   [9] había... had brought   [10] weavings
[11] worn   [12] unravelled   [13] se... had been lost   [14] to comfort   [15] to knit, to weave   [16] full of hope   [17] sorrow   [18] small spider   [19] spider's web
[20] fatigue   [21] daybreak

10-35 ¿Comprendiste? Pon las oraciones en orden según la cronología de la leyenda.

_____ Manuela e Ibotí decidieron revisar los objetos que Manuela había traído de España.

_____ Manuela quedó asombrada cuando vio la nueva mantilla.

_____ Se hizo amiga de Ibotí, una joven que vivía en su casa.

_____ Manuela vivía en España durante la época de la colonia.

_____ Ibotí se dedicó a tejerle a Manuela una mantilla nueva.

_____ Se casó con un joven militar, quien la iba a llevar al Paraguay.

_____ Ese mismo día Manuela recibió noticias de que su esposo estaba bien y que venía a casa.

_____ Ibotí la lavó cuidadosamente pero se deshizo.

_____ Las mujeres del pueblo todavía tejen el bello encaje que se llama ñandutí.

_____ Antes de salir de España, su madre le dio una bella mantilla de encaje.

_____ Por fin, Ibotí vio una tela de araña y la usó como modelo para la mantilla.

_____ Al ver la mantilla deshecha, Manuela se puso muy triste.

_____ Su madre le dijo: "Si cuidas la mantilla, vas a tener muchos años de felicidad."

10-36 Entrevista. Divídanse en dos grupos. Un grupo representa a Manuela y el otro representa a Ibotí. Preparen preguntas para entrevistar al otro grupo, luego entrevístense.

MODELO: Grupo 1: _Manuela, ¿por qué fuiste al Paraguay?_
Grupo 2: _Fui con mi esposo que estaba en el ejército español._
Grupo 2: _Ibotí, ¿por qué quieres tejer una mantilla nueva?_
Grupo 1: _Porque siento que la señora Manuela esté triste._

¡Escucha!

¿Quién lo habrá dicho (_might have said it_)? Escucha cada oración e indica quién la habrá dicho según la leyenda.

Manuela	Ibotí	La madre	El esposo		Manuela	Ibotí	La madre	El esposo
1. ❑	❑	❑	❑	5.	❑	❑	❑	❑
2. ❑	❑	❑	❑	6.	❑	❑	❑	❑
3. ❑	❑	❑	❑	7.	❑	❑	❑	❑
4. ❑	❑	❑	❑	8.	❑	❑	❑	❑

Taller

Un artículo sobre la salud

En la prensa popular es común encontrar artículos que dan consejos sobre la salud. En este taller vas a escribir un artículo al estilo de esta prensa.

1. **Ideas.** Piensa en un problema o una condición que quieres tratar, por ejemplo, la falta de ejercicio, el sobrepeso, los efectos del sol sobre la tez (_skin_), etcétera.
2. **El problema.** Escribe un párrafo en que expliques el problema. Indica a cuánta gente afecta y por qué es importante hacer algo para solucionarlo.
3. **Estrategias.** Haz una lista de tres a cinco estrategias o consejos que ayuden al/a la lector/a a seguir tus consejos.
4. **Conclusión.** Concluye el artículo de una manera positiva, explicando cómo el/la lector/a va a sentirse mejor si sigue tus consejos.
5. **Revisión.** Revisa tu artículo para verificar los siguientes puntos.

   ❑ el uso del subjuntivo
   ❑ el uso de mandatos de nosotros
   ❑ la ortografía y la concordancia

6. **Intercambio.** Intercambia tu artículo con el de un/a compañero/a para hacer correcciones y sugerencias y para comentar sobre el contenido.

7. **Entrega.** Pasa el artículo en limpio, incorporando los comentarios de tu compañero/a, y entrégaselo a tu profesor/a.

MODELO: Las enfermedades respiratorias

Se dice que más de 200.000 personas sufren de alguna enfermedad respiratoria como el asma. Para muchas de ellas, la causa es genética. Para otras, es ambiental, o una combinación de los dos factores. ¿Qué puedes hacer si tú o uno de tus familiares sufre de una enfermedad respiratoria?

Lección 11

¿Para qué profesión te preparas?

Mar Caribe

VENEZUELA
GUYANA
SURINAM
GUYANA FRANCESA
COLOMBIA
ECUADOR
PERÚ
BRASIL
BOLIVIA
PARAGUAY
CHILE
ARGENTINA
URUGUAY
OCÉANO PACÍFICO
OCÉANO ATLÁNTICO

Las cataratas de Iguazú son cuatro veces más grandes que las de Niagara. Sus 275 cascadas fueron el resultado de una erupción volcánica. Ahora las cataratas son parte del patrimonio de la humanidad de la UNESCO.

Comunicación

¡Así es la vida!

El mundo del trabajo

Margarita Alfonsín Frondizi
Abogada
Centro Comercial Houssay
Torrego 2699
Buenos Aires, Argentina
Teléfono: 54-1-277-5561
Fax: 277-4268

Rafael Betancourt Rosas
Ingeniero industrial
Edificio Díaz de Solís,
Gral. Rivera 32
Montevideo, Uruguay
Teléfono: 8-283-1520
Fax: 283-9831

Ramón Gutiérrez Sergil
Analista de sistemas
Informática, S.A.
Torre las Brisas
Avenida Fernández Juncos
No. 500
San Juan, Puerto Rico 00979
Teléfono: (787) 597-8000
Telex: Informat

Dra. Julia R. Mercado
Contable/Asesora financiera
Plaza Letamendi 54
564 Barcelona, España
Teléfono: (93) 892-56-12
Fax: 892-67-09

Dra. Mercedes Fernández de Robles
Psicóloga clínica
Oficina
Hospital del Instituto Nacional de la Salud
Paseo de la Reforma 345
México, Distrito Federal
Teléfonos: 52-5-367-78-12
          52-5-367-54-34

Los oficios

Las profesiones

Términos y expresiones de trabajo

el desempleo	*unemployment*
el entrenamiento	*training*
el horario de trabajo	*work schedule*
la meta	*goal*
el puesto	*position (job)*
las responsabilidades	*responsibilities*
el salario, el sueldo	*salary, wages*

Cargos

el/la coordinador/a	*coordinator*
el/la director/a	*director*
el/la empleado/a	*employee*
el/la empresario/a	*businessman/businesswoman*
el/la funcionario/a	*civil servant*
el/la gerente	*manager*
el/la jefe/a	*boss*
el/la supervisor/a	*supervisor*

¡Manos a la obra! (*Let's get to work!*)

apagar (gu) (incendios)	*to put out, extinguish (fires)*
curar	*to cure*
diseñar	*to design*
escribir a máquina	*to type*
estar sin trabajo	*to be out of work*
reparar	*to repair*
repartir	*to deliver; to distribute*
trabajar a comisión	*to work on commission*

Repaso

el/la abogado/a	el/la profesor/a	es difícil	es posible
el/la enfermero/a	creer	es fácil	es probable
el/la médico/a	es bueno	es malo	

¡Escucha!

Las profesiones y los oficios. Escucha a las siguientes personas e indica la profesión o el oficio que le interese a cada una.

MODELO: Soy bilingüe. Me gusta escribir a máquina y contestar el teléfono.
➡ *secretario*

a. analista de sistemas   **c.** cocinero/a   **e.** dentista   **g.** peluquero/a
b. arquitecto/a   **d.** contador/a   **f.** (la mujer) mecánico   **h.** periodista

1. ____ **2.** ____ **3.** ____ **4.** ____ **5.** ____ **6.** ____ **7.** ____ **8.** ____

Practiquemos

11-1 ¿Qué es lo que hace? Identifica la profesión u oficio que corresponde a cada persona a continuación y describe lo que está haciendo.

MODELO: *Pilar es bombera. Está apagando un incendio.*

Algunas responsabilidades

apagar incendios   tomar la temperatura
cortar el pelo   sacar una muela
vender artículos   examinar un animal

Pilar

1. Don Lucas

2. el señor Castillo

3. Rafael

4. Doña Maruja

5. la doctora Zorilla

11-2 ¿A quién llamas? ¿A qué persona llamas en cada una de las siguientes situaciones?

MODELO: Tienes el pelo muy largo.
➡ *Llamo al peluquero/a la peluquera.*

1. No hay agua en el baño.
2. Tu coche tiene un ruido (*noise*) extraño.
3. Tu perra está enferma.
4. Quieres comprar una lavadora nueva.
5. Necesitas una carta traducida del inglés al español.
6. No recibiste ninguna carta u otro correo (*mail*) la semana pasada.
7. Quieres construir una casa nueva.
8. Estás enfermo/a hoy y no puedes ir a trabajar.
9. Necesitas una instalación eléctrica en tu cocina.
10. Quieres poner una ventana nueva en tu dormitorio.

11-3 Un aviso para el periódico. Contesta las preguntas a continuación basándote en los siguientes avisos.

1.

LA TIENDA DE COCINAS Y BAÑOS

necesita

VENDEDORES

–ambos sexos–

SE REQUIERE:
- Experiencia en venta de servicios.
- Capacidad de trabajo y ganas de superación.

SE OFRECE:
- Integración en la primera empresa del sector.
- Incorporación inmediata.
- Ingresos superiores a 1.300 pesos argentinos entre sueldo fijo y comisiones.

Para entrevista personal, llamar al teléfono
4978 0875

2.

CASALINDA

EMPRESA DE ÁMBITO NACIONAL QUE FABRICA CASAS MODULARES PRECISA PARA SU DELEGACIÓN EN MONTEVIDEO

ARQUITECTO TÉCNICO

- Buscamos un técnico con experiencia mínima de un año para incorporarse a empresa líder en el sector.

- Su trabajo consiste en realizar proyectos de producto, nuevos diseños de casas y promoción de productos.

- Cualidades necesarias: iniciativa, facilidad de trabajo con la gente, facilidad para convencer, capacidad de trabajo y espíritu competitivo.

- Salario mínimo inicial 23.000 pesos uruguayos al mes.

- Gastos de kilometraje y comida.

Interesados enviar CV, con carta de presentación escrita a mano y fotografía reciente, al apartado de Correos 20-037, Montevideo.

3.

EDITORIAL internacional de primer orden para su sede en Montevideo selecciona Jefes de venta de publicidad. Referencia JV.
- Se responsabilizan de la capacitación de publicidad, relaciones con agencias y obtención de nuevos clientes.
- Pensamos en profesionales con amplia experiencia comercial en departamento de publicidad y formación universitaria.
- Compañía internacional en expansión. Salario interesante.

Las personas interesadas deberán enviar C.V. y foto reciente, indicando teléfono de contacto y referencias en el sobre, al

Apartado de Correos número **10.745, 28080 Buenos Aires**

4.

Se necesita cocinero y ayudante para restaurante argentino. Preguntar por Julia. Tardes. (4153 2112)

1. ¿Cuál(es) tiene(n) puestos para hombres y mujeres?
2. ¿Cuál(es) anuncia(n) puesto(s) de restaurante?
3. ¿Cuál(es) es/son anuncio(s) para empresa(s) (*firms*) internacional(es)?
4. ¿Cuál(es) paga(n) salario y comisión?
5. ¿Cuál(es) paga(n) los gastos (*expenses*) de viaje?
6. ¿Cuál(es) está(n) en Uruguay?
7. ¿Cuál(es) quiere(n) una persona con experiencia?
8. ¿Cuál(es) busca(n) vendedor/a?
9. ¿Cuál(es) requiere(n) foto?
10. ¿Cuál(es) busca(n) una persona bilingüe?
11. ¿Cuál(es) requiere(n) experiencia con programas de computación?
12. ¿Cuál(es) requiere(n) que se sepa trabajar con otras personas?

5.

CARMINA EL MEJOR TRABAJO

Secretaria Bilingüe (inglés-español)

Para importante multinacional americana perteneciente al sector farmacéutico buscamos una secretaria bilingüe con excelente presencia, dominio de Word 2000, hoja de cálculo y que tenga experiencia previa de al menos dos años en el registro de productos farmacéuticos. Si éste es su perfil, envíenos urgentemente su *currículum vitae* con fotografía reciente a la Ref.: SEC-FAR

Graduado Social

Compañía multinacional busca graduados titulados en sociología con dominio del inglés y del portugués, experiencia en informática (Word, Excel) para trabajar en departamento de Administración de personal. Si usted es una persona abierta, tiene capacidad administrativa, ganas de trabajar y experiencia de tres años, le tenemos un puesto con una remuneración muy interesante. Envíenos su *currículum vitae* y una fotografía reciente a la Ref: G.SOC

Carmina Trabajo Temporal
Carmina Empleo Avenida La Paz 2560, Buenos Aires
Tel. 4358 9998

11-4 Ahora tú eres el/la jefe/a de personal. Escribe un aviso para el periódico universitario para anunciar un puesto en el restaurante del centro estudiantil. Luego, muéstraselo a un/a compañero/a para ver si quiere solicitar el trabajo, y por qué.

11-5 ¿En qué orden? Pongan individualmente las siguientes cosas en orden de importancia. Luego comparen sus listas. Cuando no estén de acuerdo, explíquense su punto de vista.

MODELO: E1: *Quiero un trabajo interesante porque no quiero estar aburrido/a.*
E2: *Bueno, para mí el sueldo es muy importante porque tengo muchos gastos.*

___ un trabajo interesante
___ el sueldo
___ la seguridad
___ el/la jefe/a
___ el número de días de vacaciones
___ trabajar a comisión

___ la oportunidad de aprender más
___ las responsabilidades
___ los compañeros
___ el horario de trabajo
___ la independencia en el trabajo
___ trabajar a sueldo fijo

Comparaciones...
La mujer hispana en el ambiente laboral

La presencia de la mujer en el ambiente laboral es cada vez mayor. Esto se debe no sólo al proceso de modernización que se está dando en la economía del mundo hispano, sino también al creciente desarrollo educativo de la mujer actual (*of today*). Sin embargo, la mujer hispana sigue enfrentando algunos obstáculos. Por ejemplo, las oportunidades de trabajo de las madres se ven limitadas, puesto que (*since*) el horario de trabajo fuera de la casa no es compatible con el cuidado de los hijos. Existen instituciones de apoyo, como la guardería (*day-care centre*) y la familia (los abuelos), que facilitan la maternidad y el trabajo fuera de la casa. Es importante añadir que el éxito que la mujer hispana obtiene actualmente en el ambiente laboral depende mucho de una distribución más equitativa de las tareas y responsabilidades domésticas entre hombres y mujeres. La población laboral femenina se concentra en tales (*such*) profesiones y oficios como empleadas domésticas, secretarias, empleadas de comercio, trabajadoras sociales, educadoras, enfermeras, dentistas, médicas, arquitectas, ingenieras, abogadas, contadoras y administradoras, entre otras. Sin embargo, la feminización de algunas profesiones no siempre se traduce en mejores condiciones laborales, puesto que aún existe la discriminación salarial.

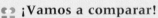 ¡Vamos a comparar!

¿Qué problemas tienen las mujeres canadienses en el ambiente laboral? ¿Los abuelos ayudan a cuidar de sus nietos en el Canadá? ¿Hay suficientes guarderías en el Canadá para las madres que trabajan? ¿Cuáles son las profesiones y los oficios más comunes que las mujeres desempeñan en el Canadá?

¡Vamos a conversar!

¿Hay una distribución equitativa de las responsabilidades domésticas entre hombres y mujeres en el Canadá? ¿Existe la discriminación salarial?

¡Así lo hacemos!

Estructuras

1. The subjunctive to express doubt, uncertainty, or denial

- The subjunctive is used in dependent noun clauses after expressions of doubt, uncertainty, or denial. The following verbs can express doubt and denial. Unlike the verbs that express volition and emotion, these verbs do not require a change in the subject of the noun clause in order to use the subjunctive.

| dudar | negar | no creer | no estar seguro/a (de) |

Dudo que **tenga** mucho trabajo.
I doubt that I will have much work.

No creo que ésta **sea** la peluquera.
I don't believe this is the hair stylist.

La profesora **niega** que **haya** mucho desempleo.
The professor denies that there is much unemployment.

- When there is no doubt, uncertainty, or disbelief about an action or event, and when the subject appears certain of the facts, the indicative is used in the noun clause. For most expressions of doubt or uncertainty, the indicative will be used for the opposing expression (**dudar** versus **no dudar; no creer** versus **creer**).

No **dudo** que **tienes** mucho trabajo.
I don't doubt that you have a lot of work.

Creo que ésta **es** la peluquera.
I believe (think) this is the hair stylist.

La profesora **no niega** que **hay** mucho desempleo.
The professor doesn't deny that there is much unemployment.

- When the verb **creer** is used in a question, it can imply doubt in the mind of the speaker, thereby triggering the subjunctive in the noun clause. If the speaker expresses no opinion, or does not anticipate a negative response, the indicative is preferred.

¿Crees que Claudia **sea** bombera?
Do you believe (think) that Claudia is a firefighter? (speaker implies doubt)

¿Crees que ella **es** bombera?
Do you believe (think) that she is a firefighter? (speaker has no opinion)

Practiquemos

11-6 Tus opiniones del trabajo. Completa los comentarios de certidumbre (*certainty*) e incertidumbre (*uncertainty*).

MODELO: Creo que ser arquitecto técnico (ser) *es* interesante pero no creo que (ser) *sea* fácil.

1. Creo que ser vendedor de cocinas y baños (ser) _____ difícil y dudo que las comisiones (ser) _____ muy buenas.
2. Estoy segura que ser secretaria bilingüe en Buenos Aires me (interesar) _____ pero no creo que (tener) _____ bastante experiencia.
3. Creo que un puesto en una compañía multinacional (ofrecer) _____ muchas oportunidades pero no estoy seguro/a que (hablar) _____ bastante bien el portugués.
4. Creo que ser cocinero en un restaurante canadiense no (pagar) _____ mucho y dudo que me (gustar) _____ el horario de trabajo.

11-7 Eres desconfiado/a. Imagínate que eres una persona que duda de todo lo que te dice la gente. Expresa tus dudas sobre las siguientes declaraciones, usando las expresiones **dudo, no creo** o **niego.**

MODELO: Jacobo es muy buen ingeniero
➥ *Dudo que Jacobo sea muy buen ingeniero.*

1. Ese analista de sistemas sabe mucho.
2. El sueldo es muy bueno.
3. La vendedora dice la verdad.
4. El cartero me va a traer buenas noticias.
5. La jefa es siempre amable con los empleados.
6. El gerente conoce muy bien a todos los empleados.
7. El secretario va a escribir a máquina el memorándum.
8. Sólo tres bomberos pueden apagar el incendio.

11-8 En la sala de espera. Mientras Camila y Samuel esperan en el consultorio del dentista, miran a los demás (*others*) y hablan de una de las señoras que ven. Completa su conversación con la forma correcta de cada verbo entre paréntesis.

Samuel: ¿Crees que esa señora (1 tener) ___ una oficina en el centro?

Camila: ¡Qué ridículo, Samuel! Dudo que ella (2 trabajar) ___. ¿No ves que tiene cinco hijos?

Samuel: Yo no creo que todos esos niños (3 ser) ___ suyos. Además, lleva una carpeta (*folder*) con muchos papeles. Yo creo que esa señora (4 ser) ___ abogada.

Camila: Yo dudo que ella (5 traer) ___ papeles del trabajo. Estoy segura que ella (6 tener) ___ las hojas médicas de sus hijos.

Samuel: ¡Qué sexista eres, Camila! No te entiendo.

Camila: No es ser sexista creer que una mujer con cinco niños no trabaja fuera de (*outside*) casa. ¡Tú eres sexista! ¿Dudas que cuidar niños (7 ser) ___ un trabajo? ¡Una madre trabaja más de cuarenta horas a la semana!

Samuel: Tienes razón, pero dudo que esa mujer (8 cuidar) ___ a sus hijos todo el día. Ahora habla por su teléfono celular. Escucha…

11-9 Tus opiniones. Combina los elementos para construir oraciones en español. Usa el subjuntivo si la oración expresa duda o incertidumbre.

MODELO: Yo / no creer / que / ese médico / trabajar / en la clínica.
➥ *Yo no creo que ese médico trabaje en la clínica.*

1. Mi madre / no estar seguro / que / el mecánico / reparar / el coche esta mañana.
2. Mi mejor amigo/a / dudar / que / el cartero / le traer / una carta hoy.
3. Mis profesores / creer / que / las secretarias / tener demasiado trabajo.
4. Nosotros / no creer / que / el plomero / terminar / el baño hasta mañana.
5. ¿Tú / creer / que / la carpintera / limpiar / el suelo / después de / reparar la mesa?
6. ¿Tú / creer / que / la electricista / poder / poner / otra luz / en el pasillo?
7. Yo / no dudar / que / los bomberos / tener miedo / de vez en cuando.
8. Mi padre / estar seguro / que / conocer / a esa periodista.
9. La veterinaria / no creer / que / mi perra / estar / muy enferma.
10. Los arquitectos / dudar / que / el nuevo edificio / construirse / este año.

11-10 Las ventajas (*advantages*) y desventajas. Hablen de las ventajas y desventajas de estos oficios y profesiones. Usen el subjuntivo si la oración expresa duda o incertidumbre.

MODELO: **E1:** *Creo que el sueldo de un arquitecto es muy bueno.*
E2: *Sí, pero dudo que el trabajo sea fácil.*

Algunos oficios y profesiones

el/la bombero/a	el/la dentista	el/la peluquero/a
el/la cartero/a	el/la electricista	el/la secretario/a
el/la cocinero/a	el/la ingeniero/a	el/la veterinario/a

2. The subjunctive with impersonal expressions

Es importante que estudies para ser médica.

◆ The subjunctive is used in noun clauses after impersonal expressions of necessity, doubt, frequency, probability, denial, opinion, pity, and uncertainty.

Es bueno	Es fácil	Es (una) lástima	Es preciso
Es común	Es importante	Es malo	Es preferible
Es difícil	Es imposible	Es mejor	Es probable
Es dudoso	Es increíble	Es necesario	Es triste
Es extraño	Es indispensable	Es posible	Es urgente

Some examples of the subjunctive are:

Es importante que ustedes **llamen** hoy al plomero.   *It's important that you call the plumber today.*

Es imposible que el dentista te **vea** hoy.   *It's impossible for the dentist to see you today.*

◆ The indicative is used when the impersonal expression conveys certainty or conviction on the part of the speaker. Some common impersonal expressions of certainty are:

Es cierto	**Es seguro**
Es evidente	**Es verdad**
Es obvio	

Es verdad que **es** muy honrada.   *It's true that she is very honest.*

Es evidente que el jefe no **está.**   *It's evident that the boss is not here.*

Es seguro que el electricista **viene** a repararla.   *It's certain that the electrician is coming to repair it.*

◆ Use the infinitive with impersonal expressions when there is no noun clause expressed.

Es difícil conseguir trabajo.   *It's hard to get work.*

Es mejor hablar con la secretaria.   *It's better to speak to the secretary.*

Practiquemos

11-11 Algunos consejos. Aquí tienes algunos consejos de un amigo para escoger una carrera en una universidad canadiense. Completa cada oración con el infinitivo o el subjuntivo del verbo entre paréntesis.

Es importante que (1 tomar: nosotros) ___ una decisión cuidadosa cuando escojamos (*we choose*) una carrera. A veces es difícil (2 saber) ___ qué carrera debemos seguir. Es bueno que las universidades les (3 ofrecer) ____ una variedad de clases a los estudiantes. Es mejor que tú (4 tomar) ___ varias clases porque es probable que (5 haber) ___ más de una carrera interesante para ti. Es común que los estudiantes (6 empezar) ____ los estudios para una carrera y que (7 graduarse) ____ en otra al final. En la universidad es fácil (8 explorar) ____ las posibilidades un poco antes de dedicarse a una carrera.

11-12 ¿Cuál es tu experiencia? Decide si cada una de las expresiones impersonales requiere el subjuntivo o el indicativo. Luego construye una oración usando las experiencias que siguen para describir tu propia experiencia en la universidad.

MODELO: Es posible *que el examen final sea de tres horas.*

Algunas expresiones impersonales

Es bueno...	Es posible...	Es cierto...	Es evidente...
Es malo...	Es probable...	No es cierto...	No es evidente...
Es importante...	Es dudoso...	Es verdad...	Es necesario...

Algunas experiencias

...que la comida de la cafetería (ser) cara.   ...que (haber) mucho vocabulario en esta lección.
...que el autobús siempre (llegar) a tiempo.   ...que los verbos (ser) difíciles de aprender.
...que nosotros no (faltar) a muchas clases.   ...que nosotros (hacer) los ejercicios escritos.
...que el examen de español (ser) el lunes.   ...que yo (ir) a la biblioteca esta tarde.
...que yo (tener) que entregar mi tarea.   ...que mis padres (venir) a visitarme.
...que el/la profesora siempre (llegar) tarde.   ...que yo (salir) esta noche con mis amigos.

 11-13 Su opinión. Túrnense para indicar los oficios o las profesiones que les interesan a Uds., a sus amigos y a sus familiares, y luego usen expresiones impersonales para dar sus opiniones.

MODELO: E1: *Mi hermano espera ser arquitecto.*
        E2: *Es cierto que va a gastar mucho dinero en su carrera universitaria.*

Algunas opiniones

gastar mucho dinero	viajar a varios países	aprender mucho
tomar mucho tiempo	tener un buen sueldo	ser un trabajo difícil
ayudar a la gente	tener muchas responsabilidades	interesarle mucho

 11-14A Consejo. Túrnense para contar sus problemas y darse consejos, usando expresiones impersonales.

MODELO: un/a amigo/a enojado/a
        E1: *Mi amigo/a está enojado/a conmigo.*
        E2: *Es indispensable que lo/la llames y que ustedes hablen del problema.*

Posibles problemas

padres exigentes	un/a profesor/a difícil	un problema con su novio/a o esposo/a
una entrevista importante	un coche viejo	¿... ?

Segunda parte

¡Así es la vida!

En busca de empleo

Isabel Urquiza Duarte es una chica argentina que se ha graduado de la universidad. Acaba de leer los avisos clasificados porque quiere conseguir un puesto como analista de sistemas.

La carta de Isabel

Después de leer los avisos clasificados, Isabel ha escrito la siguiente carta:

... tengo tres años de experiencia...

20 de julio de 2005

Sr. Germán Posada Galtieri, Gerente
Centro de Cómputos, S.A.
Apartado Postal 2225
Buenos Aires, Argentina

Estimado señor:
La presente es para solicitar el puesto de analista de sistemas que anunció su empresa en *La Nación*. Me gradué de la Universidad de Buenos Aires con especialización en informática y contabilidad. También tengo tres años de experiencia práctica.

Soy bilingüe y me considero una persona entusiasta, responsable y trabajadora. Adjunto mi currículum vitae.

Atentamente,

Isabel Urquiza Duarte

Anexo

La entrevista

Isabel llega al despacho del señor Posada para una entrevista.

Sr. Posada: Pase, señorita. Siéntese, por favor

Isabel: Muchas gracias.

Sr. Posada: Acabo de examinar su expediente y me ha gustado mucho. Para nosotros es importante que la finalista haya tenido experiencia en contabilidad. Además, sus recomendaciones son excelentes.

Isabel: Muchas gracias.

Sr. Posada: Dígame, ¿por qué quiere trabajar en nuestra empresa?

Isabel: Porque todo el mundo dice que es una gran empresa y que ustedes realmente se interesan por el bienestar de sus empleados.

Sr. Posada: Si le ofrecemos el puesto, ¿cuándo puede comenzar a trabajar?

Isabel: Inmediatamente, pero primero deseo saber cuál es el sueldo.

Sr. Posada: El sueldo es de mil pesos al mes. ¿Qué le parece?

Isabel: Me parece bien.

Sr. Posada: ¡Felicitaciones! (*Congratulations!*) ¡El puesto es de usted!

Dígame, ¿por qué quiere trabajar en nuestra empresa?

La búsqueda de empleo

el despacho
la empresa
Energía Uruguaya
la aspirante
el contrato
EL CONTRATO
el expediente
EL FORMULARIO
el formulario
LA SOLICITUD DE EMPLEO
LA VACANTE
la vacante
la solicitud de empleo
LA RECOMENDACIÓN
la recomendación

La búsqueda de empleo

la agencia de empleos	*employment agency*
el anexo	*(e-mail) attachment*
el/la aspirante,	*applicant*
el/la solicitante	
el contrato	*contract*
el despacho, la oficina	*office*
la empresa	*firm*
la entrevista	*interview*
la evaluación	*evaluation*
el expediente	*file, dossier*
la experiencia práctica	*practical experience*
el formulario	*blank form*
la oferta	*offer*
la recomendación	*recommendation*
la referencia	*reference*
el requisito	*qualification*
la solicitud (de empleo)	*(job) application*
la vacante	*opening, vacancy*

Los beneficios

el aumento	*raise*
la bonificación anual	*yearly bonus*
el plan de retiro	*retirement plan*
el seguro médico	*health insurance*
...de vida	*life insurance*

Verbos

acabar de (+ infin.)	*to have just (done something)*
adjuntar	*to enclose*
ascender (ie)	*to promote, to move up*
contratar	*to hire*
dejar un trabajo	*to quit a job*
despedir (i, i)	*to fire*
enviar	*to send*
firmar	*to sign*
jubilarse, retirarse	*to retire*
rellenar	*to fill out*
renunciar (a)	*to resign*

Adjetivos

capaz	*capable*
entusiasta	*enthusiastic*
honrado/a, honesto/a	*honest*
justo/a	*just, fair*

La carta comercial

Saludos

Estimado/a señor/a:	*Dear Sir/Madam:*
Muy señora nuestra:	*Dear Madam:*
Muy señores míos:	*Dear Sirs:*

Despedidas

Atentamente,	*Sincerely yours,*
Cordialmente,	*Cordially yours,*
Lo(s)/La(s) saluda atentamente,	*Very truly yours,*

¡Escucha!

La solicitud de empleo. Imagínate que trabajas en una agencia de empleo y que Alejandra es una clienta. Escucha mientras Alejandra explica su formación y experiencia. Luego completa su solicitud de trabajo. Puedes escuchar más de una vez, si quieres. ¡Ojo! Alejandra no da toda la información necesaria.

Solicitud de empleo

Fecha: _____ Referido por: _____

Información personal

Apellidos: _____ Nombre: _____

Dirección: _____

Teléfono: _____ Fecha de nacimiento: _____

Empleo deseado

Puesto: _____ Fecha de comienzo: _____

¿Actualmente empleado/a? _____ Sueldo deseado: _____

¿Permiso para ponernos en contacto con su jefe actual? _____

Educación: _____

	Nombre	Lugar
Primaria:	_____	_____
Secundaria:	_____	_____
Universidad:	_____	
Idiomas:	_____	Otras habilidades: _____

Empleos anteriores

Fechas	Compañía	Puesto	Sueldo	Jefe

Referencias

Nombre	Teléfono

Practiquemos

11-15 ¿Lógico o ilógico? Indica si cada una de las siguientes oraciones es **lógica** o **ilógica** y corrige las ilógicas.

1. Yo dejé mi puesto el año pasado porque me pagaban mucho.
2. Luego fui a una agencia de empleos a buscar trabajo.
3. El profesor Noriega me permitió usar su nombre como uno de mis requisitos.
4. El consejero (*advisor*) me dijo que había vacantes en Chiquita.
5. Según él, esa empresa tiene un buen plan de seguro médico.
6. Decidí enviar mi currículum vitae, junto con mi fotografía.
7. Dos semanas después, firmé un expediente con la empresa.
8. Trabajo muy bien porque quiero que me despidan del trabajo.
9. Ayer recibí un aumento de sueldo porque me consideran muy capaz.
10. Mis compañeros me dijeron: ¡Felicitaciones!

11-16 En busca de empleo. Lee estos pasos para conseguir un puesto y luego completa las oraciones con los términos más lógicos.

sueldo	despacho	el jefe/la jefa de personal
contrato	experiencia	entrevista
avisos	solicitud	expediente

1. Primero leo los _____ clasificados en el periódico.
2. Llamo para hacer una cita con _____.
3. Voy al _____ de personal para rellenar una _____.
4. Tengo una _____ con el jefe/la jefa de personal.
5. Contesto sus preguntas sobre mi _____ y mi _____ práctica.
6. Le hago preguntas sobre el _____ y los beneficios del trabajo.
7. Vuelvo a casa y espero que la empresa me _____.

11-17 Una carta de recomendación. Escribe una carta de recomendación para una persona que conoces. Incluye tu relación con la persona, sus cualidades y tu evaluación de su futuro en el trabajo.

MODELO:

> *9 de agosto de 2005*
> *Vancouver, B.C.*
>
> *A quien le corresponda:*
>
> ***Asunto:*** *Eduardo Mazuecos Villar*
> *El señor Mazuecos es un empleado en esta oficina donde trabaja como asistente del director de personal. Es una persona muy entusiasta y honrada, trabaja bien con los otros empleados y ...*
>
> *Atentamente,*
> *Ana María del Val*
> *Supervisora*
> *Editorial Pilar*

Comparaciones...

El desempleo en la Argentina

En el mundo hispano hay un alto nivel de desempleo. Cuando el/la joven universitario/a termina su carrera y encuentra trabajo, el salario es bastante bajo y va a pasar varios años antes de adquirir un nivel económico razonable. Un fenómeno que resulta de esta situación económica es el pluriempleo (*moonlighting*), porque para cubrir los gastos (*expenses*) los jóvenes tienen que tener a veces dos o tres trabajos diferentes.

La Argentina en los últimos años ha adoptado el sistema capitalista de economía de mercado y ha hecho grandes ajustes en su economía. Cuando el Brasil, socio (*partner*) de la Argentina en el Tratado de Mercosur,

decidió devaluar su moneda, el real, sus productos se volvieron más baratos que los productos argentinos. Esto ha resultado en un desempleo de un 17,5% en Buenos Aires y sus alrededores, y en una subocupación (*low occupancy rate*) de un 15,2%. Así, puede decirse que el 32,7%, o uno de cada tres trabajadores urbanos, sufre de problemas de empleo. Además hay atrasos (*delays*) en pagos a los empleados públicos, como a los maestros y a los profesionales médicos. Éstos recientemente se han ido a huelga (*strike*), agravando la crisis económica del país.

¡Vamos a comparar!

¿Qué nivel de desempleo hay en el Canadá? ¿Conoces a alguien que tenga más de un trabajo? ¿Por qué es menos común el pluriempleo en el Canadá? ¿En qué se diferencia la situación económica de una joven pareja canadiense a la de una joven pareja argentina?

¡Vamos a conversar!

Conversen entre ustedes sobre cuándo buscarían (*would look for*) un segundo empleo. ¿Tienen algunas circunstancias en común?

MODELO: E1: *¿Buscas un segundo empleo si necesitas dinero para pagar una escuela privada para tus hijos?*

E2: *Pues, depende de si las escuelas públicas son buenas...*

Por ejemplo, necesitas dinero para...
pagar una escuela privada para tus hijos
comprar un coche nuevo
financiar tus estudios
permitirle a tu esposo/a quedarse en casa con los hijos
comprar una casa más grande
financiar un viaje especial
pagar los gastos de la boda de tu hija
pagar las deudas de tu tarjeta de crédito
¿... ?

¡Así lo hacemos!

Estructuras

3. The past participle and the present perfect indicative

El participio pasado

The past participle is used in Spanish and English as an adjective or as part of the perfect tenses. In English, it is usually the *-ed* or *-en* form of the verb.

Nos hemos jubilado. *We have retired.*

Estamos jubilados. *We're retired.*

◆ In Spanish the participle is formed by adding **-ado** to the stem of **-ar** verbs and **-ido** to the stem of **-er** and **-ir** verbs.

tom**ar**	com**er**	viv**ir**
tom**ado** (*taken*)	com**ido** (*eaten*)	viv**ido** (*lived*)

◆ An accent is added to the past participle of **-er** and **-ir** verbs whose stems end in **-a**, **-e**, or **-o**.

caer	**caído**	*fallen*	oír	**oído**	*heard*
creer	**creído**	*believed*	traer	**traído**	*brought*
leer	**leído**	*read*	reír	**reído**	*laughed*

◆ The following verbs have irregular past participles.

abrir	**abierto**	*opened*	ir	**ido**	*gone*
cubrir	**cubierto**	*covered*	morir	**muerto**	*dead*
decir	**dicho**	*said*	poner	**puesto**	*put, placed*
descubrir	**descubierto**	*discovered*	resolver	**resuelto**	*resolved*
escribir	**escrito**	*written*	romper	**roto**	*broken*
freír	**frito**	*fried*	ver	**visto**	*seen*
hacer	**hecho**	*done; made*	volver	**vuelto**	*returned*

El presente perfecto de indicativo

◆ The present perfect in English and Spanish is considered a compound tense because its forms require two verbs. In English, the present perfect is formed with the present tense of the auxiliary verb *to have* + past participle. In Spanish, the present perfect is formed with the present tense of the auxiliary verb **haber** + past participle.

	haber	past participle	to have	past participle
yo	**he**		*I have*	
tú	**has**	**tomado**	*you have*	*taken*
él/ella, Ud.	**ha**	**comido**	*he/she has, you (sing.) have*	*eaten*
nosotros/as	**hemos**	**vivido**	*we have*	*lived*
vosotros/as	**habéis**		*you (pl.) have*	
ellos/as, Uds.	**han**		*they, you (pl.) have*	

◆ In general, the present perfect is used to refer to a past action or event that is perceived as having some bearing on the present.

¿Ya **has hablado** del plan de retiro?	*Have you already talked about the retirement plan?*
Estoy buscando a la gerente. ¿La **has visto**?	*I'm looking for the manager. Have you seen her?*

◆ The auxiliary verb **haber** agrees with the subject of the sentence. The past participle, however, is invariable when used in the perfect tense.

Mi jefe me **ha dado** una recomendación muy buena.	*My boss has given me a very good recommendation.*
Marisa **ha preparado** el formulario.	*Marisa has prepared the blank form.*

◆ The auxiliary verb **haber** and the past participle cannot be separated by another word. Object pronouns and negative words are always placed before **haber**.

No lo he visto.	*I haven't seen him.*
¿La has abierto?	*Have you opened it?*

◆ The verb **haber** is not interchangeable with **tener**. **Haber** means *to have* only when used as an auxiliary verb with the past participle. **Tener** means *to have* or *to own* in the sense of possession.

Isabel **tiene** muchos amigos en esa empresa.

Isabel has many friends in that company.

¿**Has tenido** experiencia en hacer contratos?

Have you had experience in doing contracts?

◆ You can use the present tense of **acabar de** + *infinitive* in order to describe an event that has just happened.

Acabamos de leer el expediente.

We have just read the file.

Acaban de comprar un seguro de vida.

They have just bought a life insurance policy.

El participio pasado usado como adjetivo

Lo siento, pero esta ventanilla está cerrada.

◆ In both English and Spanish, the past participle may be used as an adjective to modify a noun. In Spanish, when the past participle is used as an adjective, it agrees in gender and number with the noun that it modifies.

Recibimos una bonificación **recomendada** por nuestro supervisor.

We received a bonus recommended by our supervisor.

Hay una agencia de empleos **abierta** al lado del Banco Central.

There is an employment agency open next to the Central Bank.

◆ The verb **estar** may be used with the past participle to describe a state or condition that is the result of a previous action. In this resultant condition, the past participle is an adjective and agrees in gender and number with the noun it modifies.

El seguro médico **está hecho;** la secretaria lo hizo.

The health insurance policy is done; the secretary did it.

La solicitud de empleo **está terminada**; la terminó el aspirante cuando vino esta mañana.

The job application is completed; the applicant finished it when he came by this morning.

Practiquemos

11-18 Cuestiones del trabajo. Repite las frases, substituyendo los sujetos indicados.

MODELO: *He hablado* con la secretaria. (él)
➡ *Ha hablado con la secretaria.*

1. *Franklin ha llamado* a la agencia de empleos. (ellas, nosotros, Pili, tú, los chicos)
2. *Ellos han rellenado* varias solicitudes. (ella, tú, yo, nosotros, Uds., mi hermana)
3. *Ella no ha podido* enviar el contrato. (ellos, yo, la secretaria, nosotros, tú, Uds.)
4. *Hemos leído* los avisos clasificados. (él, ellos, Teresa y Ketty, tú, Uds., mi amigo)
5. *El director ha salido* a almorzar. (el director y el gerente, ella, tus amigos, nosotros, Uds.)
6. *¿Has visto* los formularios? (ellas, el jefe, Uds., Ud., los estudiantes, Marisa)
7. *Yo* le *he escrito* una buena recomendación. (ella, tú, ellos, tu tío, Uds., nosotros)
8. *¿Has abierto* el despacho? (Uds., el secretario, ellos, ella, Ud., el señor Posada)

11-19 La entrevista. Completa la conversación entre Teresa y su padre con el presente perfecto de cada verbo entre paréntesis.

Papá: ¿Ya le (1 decir: tú) ___ algo a mamá sobre las entrevistas?

Teresa: No, papá. Mamá aún no (2 volver) ___ de la oficina.

Papá: Pues, ¡cuéntame a mí! ¿Cuántas empresas te (3 entrevistar) ___?

Teresa: Esta semana (4 hablar: yo) ___ con sólo dos empresas, pero (5 enviar) ___ solicitudes a unas diez empresas.

Papá: ¡Diez! ¡Nunca (6 tener: yo) ___ que enviar tantas solicitudes para buscar un puesto.

Teresa: Pues, ahora es diferente. En total Luis y yo (7 completar) ___ más de cien solicitudes cada uno. Es muy difícil encontrar trabajo después de graduarte hoy en día.

Papá: ¿Algunas de estas empresas te (8 llamar) ___?

Teresa: ¡Claro! Dos empresas me (9 hacer) ___ ofertas, pero no me gustaron.

Papá: ¡Pero, ¿cómo (10 dejar: tú) ___ escapar esas ofertas?!

Teresa: No te preocupes, papá. Sé que una de las empresas que me interesan le (11 escribir) ___ una carta al profesor Morillas, una de mis referencias. El profesor me (12 dar) ___ una recomendación buenísima, y cree que esa empresa me va a hacer una oferta.

11-20 Una entrevista. Tienes una entrevista con la jefa de personal en su despacho. Contesta afirmativamente sus preguntas.

MODELO: ¿Ud. ha leído los requisitos para el puesto?
➡ *Sí, los he leído.*

1. ¿Ud. ha rellenado la solicitud?
2. ¿Ha incluido sus cartas de recomendación?
3. ¿Ha tenido mucha experiencia en contabilidad en su último puesto?
4. ¿Le ha gustado este tipo de trabajo?
5. ¿Su último jefe ha escrito una evaluación de su trabajo?
6. ¿Ud. ha examinado los beneficios del trabajo?
7. ¿Le han interesado?
8. ¿Ha visto los seguros que les ofrecemos a nuestros empleados?

11-21 ¿Quién…? Pregúntense si tienen algunos de estos artículos, usando el participio pasado como adjetivo.

MODELO: producto/hacer en la Argentina

> **E1:** *¿Tienes algún producto hecho en la Argentina?*
> **E2:** *Sí, tengo una chaqueta hecha en la Argentina.*

artículo/importar de Suramérica	solicitud/preparar para un trabajo
novela/escribir en español	libro/publicar en el Canadá
aparato/fabricar en el Canadá	ropa/hacer a mano
gastos/calcular para el año académico	hermano/a/casar
amigo/a/enamorar	abuelo/a/jubilar

 11-22 ¿Qué has hecho hoy? Conversen entre ustedes sobre lo que han hecho hoy hasta ahora.

MODELO: **E1:** *He desayunado en la cafetería con mis amigos, he ido a dos clases y he leído mi correo electrónico. Y ustedes, ¿qué han hecho hoy?*

> **E2:** *He preparado un ensayo, he…*

Algunas actividades

hacer la tarea	ver la televisión	comprar un libro
estudiar para un examen	lavar la ropa	leer mi correo electrónico
escribir un ensayo	limpiar mi cuarto	tomar un café con mis amigos/as
leer el periódico	llamar a mi novio/a	dar un paseo por la universidad
ir de compras al centro	hablar con un/a profesor/a	hacer ejercicio en el gimnasio

 11-23 Recuerdos. Túrnense para hablar de experiencias que han tenido, y también de experiencias que no han tenido pero que desean tener.

MODELO: ver películas

> **E1:** *¿Qué películas has visto este año?*
> **E2:** *Esta semana he visto "El Buena Vista Social Club".*
> **E1:** *¿Te gustó?*

Algunas experiencias

estudiar en un país de habla española	vivir en una ciudad muy grande
hacer un viaje interesante	vivir en un pueblo pequeño
visitar un país exótico	viajar por el norte/este/oeste del Canadá
hacer una película	aprender otro idioma
escribir un libro	trabajar en otro país

11-24 Diez preguntas. Formen dos o más grupos para retarse (*challenge each other*) a adivinar lo que han hecho. Pueden hacerse diez preguntas que pueden contestarse con **sí** o **no** hasta que adivinen la respuesta. Deben usar el presente perfecto de indicativo en sus preguntas y en sus respuestas.

MODELO: **E1:** *He hecho un viaje interesante.*

> **E2:** *¿Has viajado a un país de habla española?*
> **E1:** *No, no he viajado a ningún país de habla española.*
> **E3:** *¿Has visitado… ?*

Espero que hayas buscado trabajo hoy.

4. The present perfect subjunctive

The present perfect subjunctive is formed with the present subjunctive of the auxiliary verb **haber** + the past participle.

	Present Subjunctive of haber	Past Participle
yo	**haya**	
tú	**hayas**	
él/ella, Ud.	**haya**	**tomado**
nosotros/as	**hayamos**	**comido**
vosotros/as	**hayáis**	**vivido**
ellos/as, Uds.	**hayan**	

◆ The present perfect subjunctive, like the present subjunctive, is used when the main clause expresses a wish, emotion, doubt, denial, etc., pertaining to the subject of another clause. Generally, the verb in the main clause is in the present tense.

Dudamos que **hayan rellenado** el formulario.	*We doubt that they have filled out the form.*
¿**Crees** que la jefa le **haya hecho** una oferta a nuestra amiga?	*Do you think that the boss has made an offer to our friend?*
Espero que Pepe le **haya enviado** su currículum vitae al gerente.	*I hope that Pepe has sent his résumé to the manager.*

Practiquemos

11-25 Cuestiones del trabajo. Repite las frases, substituyendo los sujetos indicados.

MODELO: Dudo que *él haya llegado* hoy. (ellas)
➡ *Dudo que ellas hayan llegado hoy.*

1. Espero que *Franklin haya llamado* a la agencia. (ellas, mis amigos, Pili, tú, tus padres)
2. No creo que *ellos hayan rellenado* las solicitudes. (ella, tú, ellas, nosotros, Uds., mi hermana)
3. Es probable que *ella* no *haya podido* enviar el contrato. (ellos, la secretaria, nosotros, él, Uds.)
4. Dudo que *ellos hayan leído* los avisos. (él, Marisa, Teresa y Ketty, tú, Uds., mi amigo)
5. Temo que *el director haya salido* a almorzar. (los gerentes, la secretaria, mis amigos, ellas)
6. Es posible que *tú* no *hayas visto* los formularios. (ellas, el jefe, Uds., Ud., los estudiantes)
7. Espero que *él le haya escrito* una buena recomendación. (ella, tú, ellos, tu tío, Uds., su jefa)
8. Es dudoso que *ellos hayan abierto* la puerta. (ella, el secretario, alguien, Ud., el señor Posada)

11-26 La solicitud. Ángela ha solicitado un puesto, pero ahora se pregunta si ha hecho todo lo necesario. Completa su monólogo con la forma correcta de cada verbo entre paréntesis. Usa el presente perfecto de indicativo o de subjuntivo.

MODELO: Espero que el jefe (leer) <u>*haya leído*</u> mi solicitud primero.

Dudo que las cartas de recomendación (1 llegar) ___ al despacho. Espero que la doctora Mendoza le (2 decir) ___ buenas cosas al jefe de personal. Estoy segura que el jefe (3 ver) ___ mi currículum vitae. No creo que los otros aspirantes (4 hacer) ____ tantos preparativos como yo. Creo que yo (5 poner) ___ las tres mejores referencias, pero temo que el profesor Núñez (6 olvidar) ___ mandar su carta de recomendación.

11-27 Antes de la entrevista. Imagínate que buscas un nuevo puesto. Combina los elementos para describir tus emociones mientras te preparas para tu entrevista con la jefa de personal. Usa el indicativo o el subjuntivo, según corresponda.

MODELO: Espero/ la jefa de personal/ recibir/ documentos
➡ *Espero que la jefa de personal haya recibido mis documentos.*

1. Es posible/ cartas de recomendación/ llegar tarde.
2. Espero/ la jefa de personal/ no perder/ expediente.
3. Es dudoso/ ella/ tener tiempo/ leer toda mi documentación.
4. Sin embargo, estoy seguro/a/ ella/ leer/ documentos más importantes.
5. Es bueno/ levantarme temprano/ para no llegar tarde/ entrevista.
6. Pero no me gusta/ tener que/ vestirme/ tan rápido.
7. Es muy posible/ no prepararme bastante bien/ para la entrevista.
8. Además/ temo/ mejores aspirantes/ solicitar/ puesto.

11-28 ¿Qué han hecho hoy sus amigos/as? Túrnense para contar lo que ustedes creen que han hecho hoy los/las amigos/as que tienen en común. Su compañero/a expresa su reacción.

MODELO: E1: *Creo que Marisa ha preparado un ensayo esta mañana.*
E2: *Es posible que haya dormido tarde hoy. Se acostó muy tarde anoche.*

Algunas actividades

hacer la tarea	ver la televisión	comprar un libro
estudiar para un examen	lavar la ropa	leer su correo electrónico
escribir un ensayo	limpiar su cuarto	tomar un café en la cafetería
leer el periódico	llamar a su novio/a	almorzar en el restaurante
ir de compras al centro	hablar con un/a profesor/a	hacer ejercicio en el gimnasio

11-29 ¿Qué has hecho? Túrnense para contar dos acciones que han hecho esta semana para complacer (*please*) o ayudar a otra persona. Respóndanse de una manera apropiada.

MODELO: E1: *Le he comprado flores a mi mamá.*
E2: *Es bueno que le hayas comprado flores. Estoy seguro que le han gustado.*

11-30 Encontrar empleo. Divídanse en dos grupos. Cada grupo va a buscar un aviso de trabajo que encuentren interesante, y pasárselo al otro grupo, que va a hacer una lista de las calificaciones (verdaderas o imaginarias) que tienen para solicitar el empleo. Pueden usar éstos u otros sitios Web como referencias:

http://www.laopinion.com/clasificados/employment.html
http://www.lalinea.com/trabajo.htm
http://www.clasificadosonline.com/Jobs.asp

Observaciones

Toño Villamil y otras mentiras, Episodio 11

11-31 El pluriempleo. Es muy común que la gente tenga más de un empleo para poder ganarse la vida. Lee la autodescripción del gerente del hotel de Malinalco y escribe tres preguntas para él. Luego, hazle las preguntas a un/a compañero/a y contesta las de él/ella.

Hola, soy Javier Maldonado y soy gerente del hotel *El asoleadoro* en Malinalco. El hotel es de mi familia; mi esposa y yo somos los administradores. Esto significa que lo hacemos todo. Además de supervisar a los otros emplea-dos, soy el carpintero y el electricista. Mi esposa trabaja en la recepción, y también limpia las habitaciones y prepara el desayuno para los huéspedes. Ella también es la contadora y mantiene las cuentas. Es una vida dura porque traba-jamos muchas horas todos los días, y cuando hay un problema, tenemos que resolverlo. Para nosotros, dar un buen servicio es lo primero. Por eso, es preciso que tratemos a todos nuestros clientes con respeto y les ayudemos con sus necesidades.

1. _____
2. _____
3. _____

11-32 ¿Comprendes? Mira el Episodio 11 de *Toño Villamil y otras mentiras* donde vas a ver a Lucía pedirle consejos al gerente del hotel. Luego, completa las siguientes oraciones.

1. Según lo que lleva en su maleta, Lucía puede ser...
   a. viajante.
   b. médico.
   c. mujer mecánico.

2. Para bajar la temperatura, Lucía recomienda que Isabel...
   a. se bañe con agua fría.
   b. tome dos aspirinas y descanse.
   c. ponga el aire acondicionado.

3. Lucía llama a la recepción, pero...
   a. no funciona el teléfono.
   b. está ocupada la línea.
   c. no contesta nadie.

4. En el pueblo de Malinalco...
   a. hay un sólo médico.
   b. no hay ningún médico calificado.
   c. el médico también trabaja como veterinario.

5. El recepcionista también trabaja...
   a. como electricista y carpintero.
   b. de noche.
   c. en el restaurante.

6. Es importante que Isabel tenga...
   a. tarjeta de crédito.
   b. cheques de viajero.
   c. seguro médico.

11-33 Es imposible. En este episodio, los personajes usan varias expresiones impersonales. Anota cuatro de ellas y escribe una frase original relacionada con el episodio.

MODELO: *Es importante que Lucía encuentre un médico.*

Nuestro mundo

El Virreinato del Río de la Plata: la Argentina y el Uruguay

11-34 ¿Qué sabes tú? Identifica o explica lo siguiente.

1. las capitales de la Argentina y el Uruguay
2. el nombre de la mujer más famosa y adorada de la Argentina
3. el nombre de un escritor argentino
4. la profesión y nacionalidad de Gabriela Sabatini
5. la guerra entre Gran Bretaña y la Argentina

PERÚ

CHILE

CORDILLERA DE LOS ANDES

OCÉANO PACÍFICO

Co

A R

Ne

Río

San Car
de Baril

Río

Ch

Ushuaia

Buenos Aires es históricamente una de las ciudades hispanas más importantes. Cuando España estableció el Virreinato del Río de la Plata que incluía la Argentina y el Uruguay, Buenos Aires sirvió de capital. Sigue siendo la capital comercial de toda la región del Río de la Plata y la capital de la República Argentina. Es una metrópolis con un distinguido aire cosmopolita y europeo, famosa por sus teatros, bailes y su industria cinematográfica.
BuenosAires.com
http://www.buenosaires.com

Eva Perón ha captado la imaginación del mundo por su legendaria subida de cantante a esposa del presidente Juan Perón en los años cuarenta. La historia de su vida fue representada por Madonna en el musical, *Evita*.

El tango, música y baile popular, se originó en las calles de Buenos Aires a fines del siglo XIX. Su ritmo y estilo románticos tienen origen en los bailes caribeños como la habanera y el tangano. Es un baile para dos personas, con pasos precisos, guiados por una medida doble. El tango, un baile sensual y exótico, ha inspirado varias películas como *Tango* (1999) de Carlos Saura.
El Portal del Tango
http://www.elportaldeltango.com

Tanto en el Uruguay como en la Argentina, el fútbol es una pasión nacional.

Punta del Este, Uruguay, es un lugar muy apreciado por los turistas que gozan del sol y de sus bellas playas.
Intendencia Municipal de Montevideo
http://www.montevideo.gub.uy/

El Parque Nacional Iguazú es un lugar popular para los turistas. Ocupa 135.850 acres y ofrece bellas vistas de selva subtropical y deportes acuáticos como el de navegar en canoa o en kayak. El Salto Iguazú está ubicado en el parque, al este de la confluencia de los ríos Iguazú y Paraná.
Parque Nacional "Iguazú"
http://www.ambiente-ecologico.com/revist38/
parque38.htm

11-35 Para buscar. Busca esta información en **Nuestro mundo**.

1. dos metrópolis
2. dos mujeres argentinas famosas
3. un atractivo del Uruguay
4. un baile popular argentino
5. un lugar popular para los turistas
6. algunas películas cuyos temas son argentinos

11-36 Recomendaciones. Háganles recomendaciones a personas que planean hacer un viaje a la Argentina y al Uruguay. Recomiéndenles lugares para visitar, según sus intereses.

MODELO: Me gustan los deportes acuáticos.
➡ *¿Por qué no vas al Parque Nacional Iguazú?*

1. Me gusta visitar lugares de belleza natural.
2. Deseo visitar una ciudad grande.
3. Me gusta nadar en el mar y tomar el sol.
4. Quiero conocer un lugar con mucha vida nocturna.

11-37 Comparar. Comparen estos lugares y aspectos con otros lugares que ustedes conozcan o sobre los que hayan leído.

MODELO: Gabriela Sabatini
➡ *Es una deportista argentina que jugaba al tenis. Un/a deportista canadiense famoso/a es… Él/Ella jugaba…*

1. Buenos Aires
2. Eva Perón
3. Montevideo
4. el tango
5. el Salto Iguazú
6. Diego Maradona

11-38 Investigar. Consulta el Internet para buscar más información sobre estos temas.

1. la parrillada (una tradición culinaria)
2. el fútbol en el Uruguay o en la Argentina
3. Quino, el creador de Mafalda
4. La Boca (barrio de Buenos Aires)
5. los gauchos y la Pampa
6. la región de la Patagonia
7. la producción de vino argentino
8. el mate (bebida popular)
9. la guerra de las Malvinas
10. Manuel Puig, Julio Cortázar o Jorge Luis Borges, escritores argentinos
11. las Madres de la Plaza de Mayo

Ritmos

"Todo cambia" de Julio Numhauser (Interpretada por Mercedes Sosa, Argentina)

Esta canción es un ejemplo de la Nueva Canción latinoamericana, una forma artística musical en la cual el cantautor (*singer-songwriter*) expresa los sentimientos por su país y también sus opi-niones políticas. La Nueva Canción no se interesa por lo comercial ni lo material sino que muestra un respeto por la cultura tradicional de la gente, especialmente los pobres y los trabajadores, de un país.

Antes de escuchar

11-39 Los cambios de la vida. Haz una lista de las cosas que cambian y las que no cambian en este mundo. Después intercambia tu lista con un compañero/a. ¿Qué tienen en común?

MODELO: *Cambian:*   *No cambian:*
            los gobiernos   *los conflictos mundiales*

Todo cambia

1. Cambia lo superficial
   cambia también lo profundo
   cambia el modo de pensar
   cambia todo en este mundo
   cambia el clima con los años
   cambia el pastor su rebaño
   y así como todo cambia
   que yo cambie no es extraño.
   [...]

2. Cambia, todo cambia
   cambia, todo cambia.
   [...]

3. Pero no cambia mi amor
   por más lejos que me encuentre.
   Ni el recuerdo ni el dolor
   de mi pueblo, de mi gente.

4. Y lo que cambió ayer
   tendrá que cambiar mañana
   así como cambio yo
   en esta tierra lejana.
   [...]

A escuchar

11-40 Palabras e instrumentos. Escucha "Todo cambia" y señala con una cruz (X) cuáles de las palabras y expresiones siguientes crees que describen la canción.

_____ triste
_____ positiva
_____ cómica
_____ melancólica
_____ feliz
_____ seria
_____ complicada

¿Qué instrumentos musicales oyes en la canción?
_____ la guitarra
_____ la flauta
_____ el clarinete
_____ el tambor
_____ el piano
_____ las maracas
_____ la pandereta (*tambourine*)

Después de escuchar

11-41 Mi gente, mi país. Al escuchar las dos últimas estrofas de "Todo cambia" es evidente que Mercedes Sosa no quiere olvidar ni a su pueblo ni a su gente aunque ella está lejos. Imagina que tienes a unos amigos o familiares lejos de tu familia o de tu país. Dales mandatos formales para que no se olviden.

MODELO: *Piensen en mí, por favor.*

Páginas

No hay que complicar la felicidad

Marco Denevi, Argentina

Marco Denevi (1922–1998) es uno de los cuentistas latinoamericanos más conocidos. Nació en la Argentina en 1922. Escribió varias novelas, incluyendo *Rosaura a las diez* (1955) y *Ceremonia secreta* (1960). Ésta última fue convertida en una película estadounidense con Mia Farrow de protagonista. Denevi se conoce por sus narrativas, sus minidramas y sus minicuentos, los cuales comentan verdades humanas y sociológicas.

En *No hay que complicar la felicidad*, hay dos novios sin nombre que no están satisfechos con la felicidad que gozan. La conclusión es a la vez sorprendente (*surprising*) y misteriosa.

Estrategias

Ironía, o el poder de la imaginación. In literature there may be several levels of understanding. For example, the surface level is what is most obvious. The metaphorical or symbolic level requires you to reference some other occurrence to enrich your understanding, such as the symbol of the apple in the Garden of Eden ("Oda a la manzana"). When an author uses irony, you are often left with a feeling of ambiguity or tension because the action did not turn out the way you expected and you must use your imagination to finish the story. As you read the minidrama that follows, leave yourself open to surprise and irony, then use your imagination to fill in the gaps and bring closure to the action.

11-42 Antes de leer. Busca esta información en la primera página.

1. Las dos personas son ___.
    a. amigas
    b. enemigas
    c. novias
    d. hermanas

2. Están en ___.
    a. una iglesia
    b. una clase
    c. una casa
    d. un parque

3. Según la ilustración, están muy___.
    a. impacientes
    b. enamorados
    c. enojados
    d. histéricos

11-43 Anticipación. En este drama los protagonistas hacen acciones recíprocas. ¿Cuáles de estas acciones crees que se hacen?

___ Se miran.
___ Se besan.
___ Se aman (quieren).
___ Se gritan.
___ Se detestan.
___ Se matan *(kill each other)*.

No hay que complicar la felicidad

Un parque. Sentados bajo los árboles, Ella y Él se besan.

Él: Te amo.

Ella: Te amo.

Vuelven a besarse.

Él: Te amo.

Ella: Te amo.

Vuelven a besarse.

Él: Te amo.

Ella: Te amo.

Él se pone violentamente de pie.

Él: ¡Basta![1] ¿Siempre lo mismo? ¿Por qué, cuando te digo que te amo no contestas que amas a otro?

Ella: ¿A qué otro?

Él: A nadie. Pero lo dices para que yo tenga celos[2]. Los celos alimentan[3] al amor. Despojado de este estímulo, el amor languidece[4]. Nuestra felicidad es demasiado simple, demasiado monótona. Hay que complicarla un poco. ¿Comprendes?

Ella: No quería confesártelo porque pensé que sufrirías[5]. Pero lo has adivinado[6].

Él: ¿Qué es lo que adiviné?

Ella se levanta, se aleja[7] unos pasos.

Ella: Que amo a otro.

Él: Lo dices para complacerme[8]. Porque te lo pedí.

Ella: No. Amo a otro.

Él: ¿A qué otro?

Ella: No lo conoces.

Un silencio. Él tiene una expresión sombria[9].

Él: Entonces, ¿es verdad?

Ella: (*Dulcemente*) Sí, es verdad. Está allí.

Él se pasea haciendo ademanes[10] de furor.

Él: Siento celos. No finjo[11], créeme. Siento celos. Me gustaría matar a ese otro.

Ella: (*Dulcemente*) Está allí.

Él: ¿Dónde?

Ella: Nos espía. También él es celoso.

Él: Iré en su busca[12].

Ella: Cuidado. Quiere matarte.

Él: No le tengo miedo.

Él desaparece entre los árboles. Al quedar sola ella se ríe.

---

[1] Enough! [2] become jealous [3] nourish, add spice [4] languishes [5] you would suffer [6] you've guessed it [7] gets up, moves away [8] please me
[9] somber [10] gestures [11] I'm not faking [12] I'll look for him

Ella: ¡Qué niños son los hombres! Para ellos hasta el amor es un juego.

Se oye el disparo de un revólver[1]. Ella deja de reír.

Ella: Juan.

Silencio.

Ella: (*Más alto*) Juan.

Silencio.

Ella: (*Grita.*) ¡Juan!

Silencio. Ella corre y desaparece entre los árboles.
Después de unos instantes se oye el grito desgarrador[2] de ella.

Ella: ¡Juan!

Silencio. Después desciende el telón[3].

---

[1] a gunshot   [2] heartrending cry   [3] curtain

11-44 La cronología. Pon en orden las siguientes acciones.

___ La novia no lo toma en serio (*… doesn't take him seriously*).
___ El novio siente celos.
___ La novia grita.
___ Los novios se besan.
___ El novio quiere tener celos.
___ El novio desaparece.

11-45 ¿Comprendiste? Contesta las preguntas brevemente en español.

1. Según él, ¿por qué es importante tener celos?
2. ¿Tiene ella la misma opinión?
3. ¿Por qué dice ella que tiene otro novio?
4. ¿Qué busca él entre los árboles?
5. ¿Qué hace ella cuando él sale de la escena?
6. ¿Qué se oye desde los árboles? ¿Qué se oye al final?
7. En tu opinión, ¿qué ocurre al final?

11-46 Imagínate. Imagínate lo que pasa después. ¿Cuál de estas posibilidades te parece la más probable y por qué?

___ Todo es una broma (*joke*) del novio.

___ El segundo amante sale de los árboles. Besa a la novia.

___ Un policía llega y detiene (*arrests*) a la novia.

___ La novia se suicida.

___ ¿... ?

¡Escucha!

¿Quién lo habrá dicho *(might have said it)*? Escucha las declaraciones e indica quién las habrá dicho: Él, Ella, o Sus amigos.

	El	Ella	Sus amigos		El	Ella	Sus amigos
1.	☐	☐	☐	6.	☐	☐	☐
2.	☐	☐	☐	7.	☐	☐	☐
3.	☐	☐	☐	8.	☐	☐	☐
4.	☐	☐	☐	9.	☐	☐	☐
5.	☐	☐	☐	10.	☐	☐	☐

Taller

Un *currículum vitae* y una carta de presentación para solicitar un trabajo

En esta actividad, vas a escribir tu currículum vitae y una carta para solicitar un puesto.

1. **El puesto.** Primero, inventa el puesto que vas a solicitar. ¿Qué tipo de empresa es? ¿Qué tipo de trabajo?
2. **El currículum vitae.** Escribe tu *currículum vitae* en una hoja de papel aparte. Usa la información a continuación como guía. La información que incluyas (especialmente aficiones) debe reflejar de alguna manera el tipo de puesto que solicitas.

Datos personales
Nombre y apellidos
Fecha de nacimiento
Lugar
Estado civil
Domicilio actual
Teléfono
Correo electrónico
Datos académicos (en orden cronológico inverso)
(fechas)   (títulos)
Experiencia profesional (en orden cronológico inverso)
(fechas)   (títulos)
Publicaciones, colaboraciones, honores
(en orden cronológico inverso)
Idiomas
Aficiones (por ej., viajar, jugar al tenis, nadar)
Referencias

3. La carta de presentación. Incluye esta información:

Nombre
Dirección
Fecha
Destinatario
Saludo formal
Presentación. Trabajo que solicitas.
Breve resumen de tu formación (*training*)
Despedida formal
Firma

MODELO:

Manuel Martínez Gil
48 Calle Maple
Ottawa, ON
Tel. (613) 555-1950

27 de abril de 2005
José Sánchez García
Director de Recursos Humanos
Microduro, S.A.
Montevideo, Uruguay

Estimado señor Sánchez García:
   En respuesta al anuncio publicado en el Globe and Mail
de fecha 25 de abril en el que solicitan programadores,
me gustaría ser considerado como candidato.
   Como verá en el currículum vitae que adjunto, tengo
cinco años de experiencia trabajando...

Muy atentamente,

Manuel Martínez Gil
Anexo: Currículum vitae

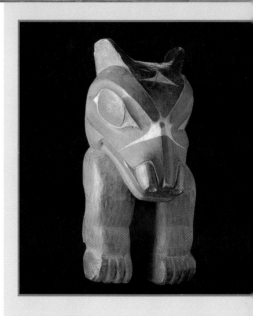

Un ejemplo del arte indígena canadiense. Esta escultura es d los haida de la costa occidental del Canadá y data del siglo diecinueve.

Comunicación

Primera parte

¡Así es la vida!

El impacto de la tecnología

En el mundo moderno es casi imposible vivir sin tener contacto con la tecnología. Las computadoras, los aparatos electrónicos y los nuevos medios de comunicación son parte de nuestra vida diaria. La tecnología ha tenido un gran impacto en los últimos veinte años en todos los aspectos de la vida moderna. Veamos la opinión de algunas personas que dependen de la tecnología para su trabajo.

Lorenzo Valdespino, estudiante de ingeniería

Yo no podría trabajar sin la computadora. En la universidad hacemos todos nuestros diseños en computadora. Además, tengo en casa una nueva computadora para mis trabajos y asuntos personales. Manejo todas mis cuentas en una hoja electrónica. Tengo también una impresora para imprimir mis cartas y tareas universitarias. Ahora que vivo lejos de casa usaré el correo electrónico para comunicarme con mis padres. Ojalá que mis amigos también me envíen mensajes electrónicos.

Hortensia Gómez Correa, abogada

La tecnología revolucionará el trabajo en nuestra oficina en los próximos años. En el pasado todas las cartas se escribían a máquina con papel carbón. Hoy en día usamos un procesador de textos en nuestra computadora y sacamos copias en la fotocopiadora. Antes, cuando necesitábamos enviar un mensaje urgente usábamos el télex, pero hoy con el fax y el correo electrónico podemos enviar cartas instantáneamente a cualquier parte del mundo. Queda por saber si en el futuro habremos podido ahorrar papel con esta nueva tecnología.

Adolfo Manotas Suárez, agricultor

La tecnología ha cambiado la forma de hacer las cosechas en nuestra finca. Analizamos el clima y los suelos con un programa de computadora, que también puede determinar el mejor momento para recoger la cosecha. Con esta tecnología, sabemos cuándo es el mejor momento para sembrar y cuáles son los mejores cultivos. Además de los equipos electrónicos, hoy en día la maquinaria agrícola está muy avanzada. Las cosas que antes hacíamos a mano en nuestra finca, hoy las hacemos con máquinas modernas. ¡Tal vez la tecnología agrícola mejore el estándar de vida de los pobres del mundo!

La computadora y los aparatos electrónicos

la pantalla

el escáner

el disco duro

el CD-ROM

la impresora

el disquete

el DVD

el teclado

el ratón

el correo electrónico	la calculadora

La computadora y los aparatos electrónicos

la base de datos	*database*
el disco compacto	*CD*
el enlace	*hyperlink*
el fax	*fax*
la hoja electrónica	*spreadsheet*
el Internet	*Internet*
el juego electrónico	*computer (electronic) game*
el procesador de textos	*word processor*

Verbos

apagar	*to turn off*
archivar	*to file; to save*
borrar	*to erase; to delete*
calcular	*to calculate*
cosechar	*to harvest*
encender (ie)	*to turn on*
funcionar	*to function, to work*
grabar	*to record*
imprimir	*to print*
instalar	*to install*
llevar cuentas	*to keep accounts, bills*
manejar	*to manage; to operate*
observar	*to observe; to adhere to*
programar	*to program*
recoger	*to pick up*
sacar fotocopias	*to photocopy*
sembrar (ie)	*to plant*

Adjetivos

electrónico/a	*electronic*
tecnológico/a	*technological*

Otras palabras y expresiones

la cosecha	*harvest*
los cultivos	*crops*
el diseño	*design*
la finca	*farm, ranch*
la marca	*brand*

Expresiones de esperanza

¡Ojalá (que)!	*I hope that*
quizá(s)	*perhaps, maybe*
tal vez	*perhaps, maybe*

la antena parabólica

el cajero automático

el contestador automático

la fotocopiadora

el teléfono inalámbrico

el teléfono celular

el lector de CD/DVD

la videograbadora

¡Escucha!

El impacto de la tecnología

Primera fase. Escucha las siguientes oraciones sobre Lorenzo, Hortensia y Adolfo de **¡Así es la vida!** Luego, indica a quién se refiere cada una.

MODELO: Utiliza con frecuencia el fax.
→ *H (Hortensia)*

L = Lorenzo	H = Hortensia	A = Adolfo

1.   3.   5.   7.
2.   4.   6.   8.

Segunda fase. Ahora escucha cada oración y complétala con las palabras correspondientes a continuación, según lo que has leído en **¡Así es la vida!**

MODELO: Lorenzo Valdespino dice que no puede trabajar sin ___.
a. la computadora b. una silla cómoda c. silencio en la oficina
→ *la computadora*

1. **a.** su vida personal **b.** sus trabajos para la universidad **c.** sus cuentas
2. **a.** hacer llamadas **b.** imprimir sus cartas **c.** juegos de video
3. **a.** estudiante de ingeniería **b.** agricultora **c.** abogada
4. **a.** en la impresora **b.** a máquina y con papel carbón **c.** a mano
5. **a.** teléfono **b.** fax y correo electrónico **c.** télex
6. **a.** enviar mensajes **b.** escribir cartas **c.** analizar el clima

---

Practiquemos

12-1 ¿Lógico o ilógico? Indica si cada una de las siguientes oraciones es **lógica** o **ilógica** y corrige las ilógicas.

1. Acabo de pasar varias horas escribiendo este documento importante y ahora lo voy a borrar.
2. Si quiero mandar un mensaje urgente, uso el fax.
3. Un procesador de textos se usa para llevar cuentas.
4. Un estudiante de ingeniería necesita saber sembrar y cosechar.
5. Tengo mucha música en discos compactos.
6. Es importante que una abogada tenga juegos electrónicos en la oficina.
7. La jefa quiere que su empleado imprima y saque fotocopias de los documentos.
8. Antes de usar un programa nuevo en la computadora, es necesario instalarlo.
9. Antes de entrar en el Internet hay que apagar la computadora.
10. Es necesario que la computadora funcione para que trabajemos.

12-2 El fax. Lee el anuncio y contesta las preguntas a continuación.

1. ¿Cuál es la marca del fax?
2. ¿Por qué dice el anuncio que los Fax Fujitsu hablan "Tu mismo (*own*) idioma"?
3. ¿Cuál es el modelo pequeño?
4. ¿Qué tipo de papel utiliza el dex 455?
5. ¿Qué ofrece la Fujitsu?
6. ¿Cuál es uno de los lemas (*slogans*) de la Fujitsu?

Este Fax habla tu mismo idioma

Facsímiles dex de FUJITSU

Los Fax Fujitsu se entienden a la primera. Porque el display, el teclado y hasta el manual están en castellano.

Y hay un Fax Fujitsu para cada necesidad. Desde el pequeño dex 11 con las prestaciones de los grandes como marcación automática, dieciséis tonos de gris, display, etc. hasta el dex 455, que utiliza el papel normal. Y todos con una garantía tecnológica y el buen servicio Fujitsu.

Facsímiles Fujitsu. Hablan tu mismo idioma.

FUJITSU
Tecnología hasta donde lleguen tus sueños

12-3A ¡Hagamos más fácil la vida! Túrnense para decir lo que necesita la otra persona para hacerse más fácil la vida.

MODELO: E1: *No puedo ver bien mi documento en la computadora.*
   E2: *Necesitas una pantalla más grande.*

1. Quiero enviarle una foto a un amigo.
2. Tengo que buscar la bibliografía de un autor para la clase de inglés.
3. Quiero que llegue una carta de recomendación esta tarde.
4. Trabajo esta noche y no puedo ver el partido de béisbol en la televisión.
5. Tengo que imprimir bien el trabajo para impresionar a la profesora.

 12-4A Una encuesta (*poll*). Túrnense para hacer esta encuesta. Empiecen con esta presentación.

MODELO: E1: *Buenos días. Con su permiso, me gustaría hacerle algunas preguntas sobre su forma de utilizar la tecnología…*
   E2: *Bueno, no tengo mucho tiempo, pero…*

1. ¿Usa una computadora para sus trabajos universitarios? ¿Qué marca de computadora tiene?
2. ¿Qué programa usa? ¿Le gusta o no le gusta?
3. ¿Cuánta memoria tiene su computadora?
4. ¿Tiene una pantalla grande o pequeña?
5. ¿Su computadora tiene un fax? ¿un módem?
6. ¿Qué importancia tiene la computadora en su vida?

Comparaciones...
La tecnología y el idioma

La tecnología avanza a un ritmo muy acelerado, pero el idioma, que tiene que adaptarse constantemente a los inventos que surgen todos los días, sigue un ritmo más lento. La mayoría de los nuevos productos electrónicos viene de los países industrializados. Por eso, muchas palabras relacionadas con la tecnología en español son anglicismos (palabras derivadas del inglés) y extranjerismos (palabras de otros idiomas). En esta lección ya hemos presentado palabras como **fax, disco compacto** y **disquete**. A continuación les damos una lista de palabras tecnológicas que vienen del inglés.

el casete	**el escáner**	**el láser**	**el módem**
el chip	**el home page**	**el monitor**	**el sóftware**

Sin embargo, entre los países hispanohablantes, algunos aparatos electrónicos varían de nombre. En España, por ejemplo, se dice **el ordenador** para referirse a la computadora. En ciertos países de Hispanoamérica también se dice **el computador** o **el microcomputador**.

¡Vamos a comparar!
¿Puedes nombrar algunas palabras que se usan en inglés que vienen de otros idiomas? ¿Cuáles vienen del español?

¡Vamos a conversar!
¿Cuánta variedad pueden encontrar en la terminología que se usa en diferentes países hispanos? Busquen anuncios en periódicos y sitios del Internet de varios países.

12-5 ¿Quién...? Hazles preguntas a tus compañeros/as para saber quién ha tenido cada experiencia con la tecnología o con la agricultura. Trata de encontrar un/a estudiante para cada una.

MODELO: perder un documento en la computadora
> ➡ *¿Has perdido un documento en la computadora?*

borrar un documento sin querer	programar una computadora	usar la computadora para calcular los impuestos
usar una máquina de escribir	sembrar flores en el jardín	cosechar vegetales en una finca
visitar sitios en español en el Internet	trabajar con una máquina que no funciona bien	apagar la computadora sin archivar el documento

¡Así lo hacemos!

Estructuras

1. The future and future perfect tenses

El futuro

Las nuevas microcomputadoras serán aun más pequeñas.

◆ The Spanish future tense is formed with only one set of endings for the **–ar, –er,** and **–ir** verbs. For most verbs, the endings are attached to the infinitive (do not drop the **–ar, –er,** or **–ir.**). Note that all endings, except for the **nosotros/as** forms, have a written accent.

	tomar	comer	vivir
yo	tomar**é**	comer**é**	vivir**é**
tú	tomar**ás**	comer**ás**	vivir**ás**
él/ella, Ud.	tomar**á**	comer**á**	vivir**á**
nosotros/as	tomar**emos**	comer**emos**	vivir**emos**
vosotros/as	tomar**éis**	comer**éis**	vivir**éis**
ellos/as, Uds.	tomar**án**	comer**án**	vivir**án**

Mañana **hablaremos** con la programadora.	*Tomorrow we will talk with the programmer.*
¿**Irás** a la finca conmigo?	*Will you go to the farm with me?*

◆ As in English, the Spanish future tense expresses what will happen in the future. The English equivalent is *will* + verb.

Estudiaré mucha informática en la universidad.	*I will study a lot of computer science at the university.*
Ustedes **comprarán** otro disco duro pronto.	*You will buy a new hard drive soon.*

◆ Remember that the present tense is often used to express immediate future in Spanish.

El técnico **viene** para arreglar mi computadora hoy.	*The technician will come (is coming) to fix my computer today.*
Termino mi trabajo a las cuatro.	*I will finish my work at four.*

◆ The future may also be conveyed with the present tense of **ir a** + infinitive.

Voy a arreglar el procesador de textos.	*I am going to fix the word processor.*
¿**Vas a archivar** ese documento?	*Are you going to save that document?*

◆ The idea of willingness sometimes expressed with the English future cannot be expressed with the Spanish future tense. Use verbs like **querer** or simple present tense to express willingness.

¿**Quieres** ayudarme con la impresora?	*Will you help me with the printer?*
¿Me **traes** el otro programa?	*Will you bring me the other program?*

◆ The irregular verbs in the future are formed by adding the future endings to an irregular stem. The irregular stems can be grouped into three categories.

Category 1: Drop two letters to form the stem of the future.

decir	**dir-**	diré, dirás,...
hacer	**har-**	haré, harás,...

Category 2: The **e** of the infinitive is dropped to form the stem of the future.

haber	**habr-**	habré, habrás,...
poder	**podr-**	podré, podrás,...
querer	**querr-**	querré, querrás,...
saber	**sabr-**	sabré, sabrás,...

Category 3: The **e** or the **i** of the infinitive is replaced by **d** to form the stem of the future.

poner	**pondr-**	pondré, pondrás,...
salir	**saldr-**	saldré, saldrás,...
tener	**tendr-**	tendré, tendrás,...
venir	**vendr-**	vendré, vendrás,...

El programa **hará** todos los cálculos.	*The program will make all the calculations.*
El técnico **vendrá** a las ocho.	*The technician will come at eight.*

El futuro perfecto

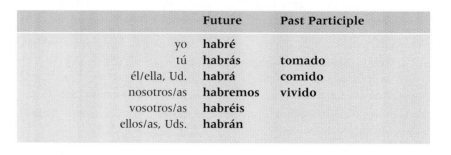

Para el próximo año, habrán escrito nuevas versiones y éstas serán inservibles.

◆ The future perfect is formed with the future of the auxiliary verb **haber** + past participle.

	Future	Past Participle
yo	**habré**	
tú	**habrás**	**tomado**
él/ella, Ud.	**habrá**	**comido**
nosotros/as	**habremos**	**vivido**
vosotros/as	**habréis**	
ellos/as, Uds.	**habrán**	

◆ The future perfect is used to express an action which will have occurred by a certain point in time.

¿**Habrás hecho** la hoja electrónica para las cinco?	*Will you have done the spreadsheet by five o'clock?*
No, no la **habré terminado** para las cinco.	*No, I won't have finished it by five.*

El futuro y la probabilidad

◆ Probability or conjecture in the present is often expressed in Spanish with the future tense. This use of the future has many equivalents in English; for example, *probably, may, I wonder,* etc.

La computadora estará pensando.

¿Dónde **estará** Antonio?	*I wonder where Antonio is?*
Estará jugando a juegos electrónicos.	*He's probably playing computer games.*
¿Qué hora **será**?	*What time can it be?*
Serán las ocho.	*It must be eight.*

◆ When the future perfect is used to express probability or conjecture, it refers to events that may have happened in the past, yet have some relation to the present. In English, *I wonder if* is often used to express probability in this context.

¿Habrá llegado el fax ya?	*I wonder if the fax has arrived already.*
¿Habrán instalado el nuevo programa?	*I wonder if they have installed the new program.*

Practiquemos

12-6 El mundo en el año 2050. Indica si estás de acuerdo o no con los siguientes pronósticos. Apunta **sí** o **no**.

1. Trabajaremos sólo veinte horas por semana.
2. No tendremos que ir a la oficina. Mandaremos nuestro trabajo por fax y correo electrónico.
3. No habrá restaurantes ni cocinas. Tomaremos toda la comida en forma líquida.
4. Los niños no irán a la escuela. Recibirán sus lecciones por computadora.
5. Viajaremos a cualquier parte del mundo en cinco minutos.
6. Habrá una sola nación.
7. Los coches eléctricos y solares habrán remplazado a los que usan gasolina.
8. Las computadoras habrán remplazado a la mayoría de los profesores universitarios.
9. Se habrá encontrado una cura para el cáncer.
10. Habrán descubierto una manera de viajar rápidamente a otros sistemas solares.

12-7 ¿Qué haremos? Repite las frases, sustituyendo los sujetos indicados.

MODELO: *Yo apagaré* la computadora antes de salir. (Juan)
➡ *Juan apagará la computadora antes de salir.*

1. *Juan apagará* la computadora antes de salir. (ellos, nosotros, Ud., el secretario, tú)
2. *Marta dirá* que es un buen programa. (los estudiantes, la profesora, Uds., yo, nosotros)
3. *¿Sabrás* usar el escáner? (yo, nosotros, Juana, los estudiantes, Uds.)
4. ¿A qué hora *vendrá el técnico*? (los agricultores, la abogada, tú, Ud., Lorenzo)
5. *Habré* hecho la tarea para mañana. (los estudiantes, la profesora, el técnico, tú, nosotros)

12-8 La empresa MicroCentro. Completa la siguiente conversación entre Isela y el director de personal de la empresa MicroCentro, usando el futuro de los verbos indicados.

Isela: Señor Mejías, ¿(1 trabajar: yo) _____ desde las nueve hasta las cinco?

Director: No. Los nuevos programadores trabajan desde las tres hasta las once.

Isela: ¿(2 Poder: yo) _____ trabajar con un programador veterano?

Director: Claro. Ud. (3 trabajar) _____ con varias personas.

Isela: ¿(4 Tener: yo) _____ muchas oportunidades para ser creativa?

Director: Bueno, los nuevos tienen que ayudar a los veteranos.

Isela: ¿(5 Escribir: yo) _____ programas para juegos electrónicos?

Director: Bueno, es más probable que escriba manuales para software.

También, Ud. (6 responder) _____ al correo electrónico de los clientes.

Isela: ¿Ud. me (7 decir) _____ cuánto me van a pagar?

Director: Sí, le (8 informar) _____ sobre su sueldo antes de salir hoy.

Isela: ¿Cuándo (9 saber: yo) _____ si me van a dar el puesto?

Director: La (10 llamar: yo) _____ dentro de una semana.

Isela: Gracias, señor Mejías. (11 Ser) _____ muy interesante trabajar en esta empresa.

Director: Ha sido un placer. Mi secretario la (12 acompañar) _____ a la salida.

12-9 En el taller *(workshop)* **de MicroCentro.** Completa las pequeñas conversaciones que se oyeron en el taller, usando el futuro perfecto de los verbos indicados.

MODELO: — ¿Tú (sacar) *habrás sacado* las fotocopias para mañana?

— Sí, las (hacer: yo) *habré hecho* antes de salir hoy.

— ¿Tú (1 empezar) _____ a preparar la cuenta para la señora Jiménez esta tarde?

— Sí, la (2 terminar: yo) _____ para las cuatro.

— ¿Nosotros (3 instalar) _____ los programas en esta computadora para la hora del almuerzo?

— Es posible. Creo que (4 copiar: yo) _____ los archivos necesarios.

— ¿Tú (5 borrar) _____ el virus en esta computadora para esta tarde?

— Estoy segura que (6 solucionar: yo) _____ el problema para las dos.

— ¿Uds. (7 hacer) _____ las copias del manual de instrucciones para mañana?

— Lo dudo mucho. Con todo el trabajo que tenemos, no (8 poder) _____ arreglar todavía la fotocopiadora.

— ¿(9 Encontrar) _____ Ud. las partes que necesitamos para esta tarde?

— Sí, señora, las (10 recoger: yo) _____ para la una.

12-10 ¿Qué harás en el verano? Túrnense para hablar de sus planes para el verano.

MODELO: **E1:** ¿Dónde pasarás el verano?

E2: *Lo pasaré con mi familia. ¿Y tú?*

1. ¿Dónde pasarás el verano? ¿Con quiénes?
2. ¿Trabajarás?
3. ¿Tendrás mucho tiempo libre?
4. ¿Tomarás algún curso durante el verano?
5. ¿Podrás tomar algunas vacaciones?
6. ¿Adónde irás? ¿Con quiénes?
7. ¿Qué otras cosas querrás hacer?
8. ¿Saldrás con tus amigos? ¿Adónde irán?
9. ¿Regresarás a esta universidad en el otoño? Si no, ¿qué harás?
10. ¿Qué cursos tomarás el año que viene?

12-11A ¿Por qué será? Responde a las situaciones que te comenta tu compañero/a con una conjetura. Puedes usar ideas de la lista a continuación o inventar respuestas originales. Luego, tú le contarás las situaciones que tienes abajo a tu compañero/a y él/ella responderá.

MODELO: E1: Hay peces *(fish)* muertos en el lago.
E2: *Estará contaminado.*

la fotocopiadora estar rota	estar en otro archivo
haber una película interesante	estar instalando un programa nuevo
ser mi jefe	estar grabando un programa

1. Recibo una llamada por teléfono a las siete de la mañana.
2. Las luces del laboratorio están encendidas.
3. ¡Toda la información en mi disco duro ha sido borrada!
4. Los niños están pasando mucho tiempo con la computadora.
5. No encuentro el manual para este programa nuevo.
6. Los agricultores tienen una buena cosecha este año.

 12-12 ¿Qué habrá pasado? Túrnense para expresar sus conjeturas sobre las situaciones a continuación.

MODELO: E1: El técnico no está en su oficina.
E2: *Le habrá pasado algo./ Habrá salido temprano./ ...*

1. El dependiente dice que ya no tienen el modelo que queremos.
2. El agricultor dice que todo está muy verde este año.
3. El ayudante del abogado dice que no terminó de imprimir las cartas.
4. El profesor dice que no encuentra el examen en su computadora.
5. El estudiante dice que no funciona su computadora.
6. La científica dice que no tiene su teléfono celular.
7. La profesora dice que no encuentra su videograbadora.
8. La ingeniera dice que no recibió sus mensajes.

 12-13 Para el año 2010... ¿Qué habrán hecho Uds. para el año 2010? ¿Qué no habrán hecho? Túrnense para contar sus planes para el futuro. ¿Tienen algunas metas en común?

MODELO: terminar
E1: *Para el año 2010 habré terminado mis estudios.*
E2: *¿Sí? ¿En qué?*

graduarse	viajar	escribir	terminar	visitar	¿...?
conocer	empezar	casarse	trabajar	vivir	

2. The subjunctive with *ojalá, tal vez,* and *quizás*

- The expression **¡Ojalá!** entered the Spanish language during the Arab occupation of Spain. It comes from an Arabic expression meaning *God (Allah) willing,* and is used in Spanish as the equivalent of *I hope that.* **¡Ojalá!** may be used with or without **que** and is followed by the subjunctive.

¡Ojalá (que) mamá **compre** la antena parabólica!	*I hope that Mom buys the satellite dish!*
¡Ojalá (que) el diseño **sea** bueno!	*I hope that the design is good!*
¡Ojalá (que) hayan instalado el juego electrónico!	*I hope that they have installed the computer game!*

- The expressions **tal vez** and **quizá(s)**, meaning *perhaps* or *maybe,* are followed by the subjunctive when the speaker wishes to convey uncertainty or doubt. Both expressions are used without **que**.

Tal vez funcione el contestador automático.	*Perhaps the answering machine will work.*
Quizás busque en el Internet.	*Maybe I'll look on the Internet.*

- When **tal vez** or **quizá(s)** follows the verb, the indicative is used.

Voy a comprarme una videograbadora, **tal vez**.	*I'm going to buy myself a VCR, perhaps.*
Grabo la canción, **quizás**.	*I'll record the song, maybe.*

Practiquemos

12-14 Artegráfico. Hay una nueva supervisora en la oficina de Artegráfico. Completa la lista de los cambios que los empleados esperan.

MODELO: Ojalá que ella (ser) *sea* organizada.

1. Ojalá que la supervisora (definir) _____ las responsabilidades de cada empleado.
2. Ojalá que yo (poder) _____ ayudarla.
3. Ojalá que nosotros (recibir) _____ un aumento de salario.
4. Ojalá que ella (establecer) _____ metas realistas.
5. Ojalá que los ingenieros (estar) _____ satisfechos con su trabajo.
6. Ojalá que la supervisora nos (aumentar) _____ los días de vacaciones.
7. Ojalá que ella (eliminar) _____ las fricciones en la oficina.
8. Ojalá que su supervisión (ser) _____ efectiva.

12-15 En la empresa Todosjabones. Completa la siguiente conversación de oficina, usando expresiones de la lista.

MODELO: *¿Es cierto* que Isabel ha enviado el mensaje urgente?

➥ No sé. *Tal vez* lo haya enviado.

quizás	tal vez	ojalá	es cierto

Jefa: ¿(1)___ que los secretarios han aprendido el nuevo programa?

Ayudante: No sé. (2) ___ lo hayan aprendido. (3) ___ que trabajaron hasta muy tarde anoche.

Jefa: ¿(4) ___ que tú vas a ayudar a la nueva programadora hoy?

Ayudante: (5)___ la ayude. Depende de si tengo tiempo.

Jefa: (6)___ tengas tiempo. Es muy importante que ella aprenda la rutina.

Ayudante: Está bien. (7)___ vaya ahora a buscarla.

Jefa: Dile que tiene que aprender nuestro sistema. (8) ¡___ que sea capaz!

12-16 Raúl busca trabajo. Raúl habla con su amigo, Paco, sobre un anuncio que han visto en el periódico. Completa su conversación con las formas correctas del presente de subjuntivo o de indicativo de los verbos indicados.

Paco: Raúl, ¿por qué no (1 solicitar) _____ el puesto de gerente de la tienda Telemundo? (2 Saber: tú) _____ mucho de aparatos electrónicos.

Raúl: No sé. Tal vez (3 ir) _____ a la tienda y (4 rellenar) _____ la solicitud esta semana. (5 Conocer) _____ al dueño, es muy amigo de mi padre. Ojalá que (6 tener) _____ un buen paquete de beneficios.

Paco: Creo que allí tienen seguro médico y de retiro. Ese puesto (7 ser) _____ una oportunidad excelente para ti.

Raúl: No sé. Quizás (8 encontrar) _____ un puesto más interesante en el periódico. Tal vez (9 comprar) _____ el periódico mañana. Ojalá que (10 poder) _____ encontrar uno.

Paco: ¡Ojalá que no (11 perder) _____ esta oportunidad!

A B

12-17A ¿Cómo reaccionas? Túrnense para reaccionar a sus comentarios, usando **ojalá, tal vez** o **quizás**. Comparen sus reacciones.

MODELO: E1: Las computadoras no funcionan.

E2: *Quizás el técnico pueda repararlas.*

E1: *¡Ojalá que venga un técnico bueno!*

1. No podemos usar ni el fax ni el correo electrónico.
2. La computadora que me gusta es muy cara.
3. Siempre pierdo mi conexión con este teléfono celular.
4. ¿...?

Segunda parte

El medio ambiente: hablan los jóvenes

Entre los jóvenes de hoy hay una gran preocupación por la protección del medio ambiente. Muchos jóvenes hispanos que ahora viven en el Canadá y en los EE.UU. tienen esta preocupación. Ellos saben que aunque sus países de origen tienen grandes riquezas naturales, el desarrollo industrial y la falta de preocupación de los gobiernos por proteger estos valiosos recursos naturales, hacen que el medio ambiente se deteriore. Como reacción a esta situación, en Hispanoamérica se han formado varios grupos de voluntarios que trabajan para proteger el medio ambiente. A continuación se presentan las opiniones de tres jóvenes hispanos que desean disminuir la contaminación en sus países de origen.

Liliana Haya Sandoval. El gran problema de la Ciudad de México es el de la contaminación del aire. En la capital hay 20 millones de habitantes y la contaminación que producen los carros y camiones es algo serio. Imagínense que los expertos dicen que respirar el aire de esta gran ciudad todos los días equivale a fumar un paquete de cigarrillos. Desde 1989, los residentes de la capital que tienen carro no pueden manejarlo un día por semana. El día se determina por los números de las placas (*plates*). Pertenezco a la organización Greenpeace, que constantemente analiza la situación en la Ciudad de México y es obvio que el gobierno tendrá que tomar medidas más fuertes para que se empiece a resolver el problema.

María Isabel Cifuentes Betancourt. El cólera en algunos países de nuestro hemisferio ha tomado proporciones epidémicas. Hoy en día tenemos casos de cólera en América del Sur y en varios países de América Central. La causa principal de esta enfermedad es la contaminación del agua. Mucha gente bebe agua que está contaminada con desechos humanos y contrae esta enfermedad. Cuando la gente practique mejores medidas de higiene, no existirá esta enfermedad. La Cruz Roja y Oxfam trabajan con varias comunidades para exterminar esta enfermedad.

Fernando Sánchez Bustamante. Aunque Costa Rica tiene varios parques y reservas protegidos, uno de los principales problemas de la nación es la deforestación. En 1960, el 50% del país estaba cubierto de bosques tropicales. Hoy sólo el 10% lo está. Los bosques y las selvas tropicales son esenciales para la producción de oxígeno. Aunque parezca obvia la solución, hasta que el gobierno tenga la voluntad de controlar el desarrollo industrial y la explotación de los bosques, la situación va a empeorar.

El medio ambiente

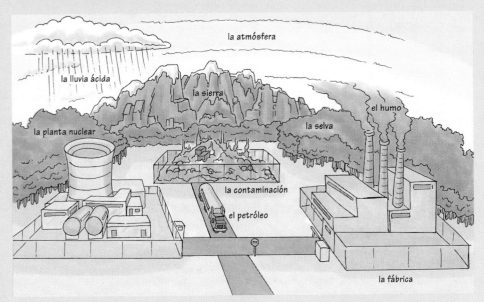

El medio ambiente — labels: la atmósfera, la lluvia ácida, la sierra, el humo, la planta nuclear, la selva, la contaminación, el petróleo, la fábrica

El medio ambiente

el aire	*air*
la naturaleza	*nature*
el recurso natural	*natural resource*

Nuestro mundo y el medio ambiente

la deforestación[1]	*deforestation*
los desechos	*waste*
la energía	*energy*
el envase	*container*
la escasez	*shortage*
la medida	*measure*
la multa	*fine*
los pesticidas	*pesticides*
la radioactividad	*radioactivity*
el reciclaje	*recycling*
la reforestación[1]	*reforestation*

Verbos

arrojar	*to throw out*
conducir (zc)	*to drive*
conservar	*to conserve; to preserve*
consumir	*to consume*
contaminar	*to contaminate, to pollute*
empeorar	*to worsen*
emprender	*to undertake*
multar	*to fine*
proteger (j)	*to protect*
reciclar	*to recycle*

Adjetivos

dispuesto/a	*ready; disposed*
industrial	*industrial*
obligatorio/a	*mandatory*

Conjunciones

a fin de que	*in order that*
a menos (de) que	*unless*
ahora que	*now that*
antes (de) que	*before*
con tal (de) que	*provided (that)*
desde que	*since*
después (de) que	*after*
en caso de que	*in case*
en cuanto	*as soon as*
hasta que	*until*
luego que	*as soon as*
mientras que	*as long as*
para que	*in order that, so that*
sin que	*without*
tan pronto como	*as soon as*
ya que	*now that*

Repaso

la basura	el basurero	el bosque
el lago	el mar	la montaña
el río		

---

[1] En España, **la despoblación/la repoblación forestal**

¡Escucha!

¿Quién lo habrá dicho (*might have said it*)? Indica cuál de los jóvenes —Liliana, María o Fernando— habrá hecho cada afirmación.

L = Liliana   **M = María**   **F = Fernando**

1.	**3.**	**5.**	**7.**	**9.**
2.	**4.**	**6.**	**8.**	**10.**

Practiquemos

12-18 ¿Qué solución? Empareja cada problema con la solución correspondiente.

1. ___ la contaminación del aire
2. ___ la deforestación
3. ___ arrojar botellas a la calle
4. ___ los desechos industriales
5. ___ la escasez de energía
6. ___ la escasez de agua
7. ___ echar basura en el parque

a. usar basureros en el parque
b. ahorrar agua
c. conservar electricidad
d. multar a las fábricas
e. establecer programas de reciclaje
f. plantar más árboles
g. usar un programa de inspección de emisiones de automóviles

12-19 ¿Qué acción? Completa cada oración con el verbo correspondiente.

arrojar   consume   contaminó   emprende   multó   protege

1. El accidente del Exxon *Valdez* ___ el agua alrededor de Alaska.
2. En vez de ___ los artículos de plástico, tenemos que aprender a reciclar.
3. La organización de Greenpeace ___ muchos programas de conservación.
4. El gobierno de la India ___ a la *Dow Chemical* por un accidente de pesticidas.
5. Medio Ambiente Canadá es una sección del gobierno que regula y _____ el medio ambiente.
6. En el Canadá se _____ más energía que en muchos otros países.

12-20 Problemas ambientales. Con un/a compañero/a de clase de la región canadiense donde tú vives, pongan estos problemas ambientales en orden de gravedad para esta región. Luego, comparen sus respuestas con una pareja de otra parte del país. ¿Son muy diferentes sus respuestas?

___ la escasez de agua limpia
___ los desechos químicos y radioactivos
___ la deforestación
___ la contaminación del aire
___ la pérdida de hábitat de muchas especies de plantas y animales
___ el uso excesivo de pesticidas en los cultivos

¡SALVE NUESTRO PARAÍSO!

En un ambiente desértico, nuestros recursos de agua son muy limitados. Para proteger esta situación crítica causada por las toneladas de detergentes utilizados anualmente para lavar la ropa de cama, ofrecemos una posible alternativa.

Generalmente, las sábanas se cambian diariamente, pero si usted cree que esto no es necesario, coloque esta tarjeta encima de la almohada por la mañana, y le arreglarán la cama pero no cambiarán las sábanas ese día.

FAVOR DE DECIDIR POR SÍ MISMO.

HOTEL IMPERIAL
SOUTH PADRE ISLAND

Comparaciones...

Chile y el Canadá trabajan juntos para establecer un bosque modelo

Muchos de los bosques del mundo están desapareciendo debido a la explotación forestal *(logging)*. Sin embargo, en algunos países la silvicultura *(forestry)* sostenible tiene prioridad y se puede encontrar un ejemplo inspirador en la isla de Chiloé.

Ubicada en la costa del sur de Chile, Chiloé tiene 150.000 habitantes en un área de aproximadamente 180 por 50 kilómetros. La isla se conoce por sus 150 iglesias *(churches)* de madera, algunas de las cuales tienen más de 150 años de edad.

A diferencia del resto de Chile, que exporta enormes cantidades de maderos *(lumber)*, toda la madera de la isla se usa domésticamente para cocinar y calentar las casas. Ahora sólo queda el 50 por ciento del bosque original.

Los ciudadanos de Chiloé, incluso los indígenas, son pequeños terratenientes *(landholders)* que se ganan la vida en la agricultura, la pesca y la explotación forestal. Sin una administración eficiente, lo que queda del bosque está desapareciendo.

En un intento por cambiar esta situación, el gobierno chileno invitó al Canadá a introducir su programa "Bosque Modelo" en Chile. Éste es un programa que consigue que todos los habitantes de un área forestal trabajen juntos para mantener la comunidad económica y socialmente al mismo tiempo que se conserva el medio ambiente. Es una idea canadiense que se ha puesto en práctica en varios países del mundo.

Actualmente, voluntarios de CUSO, una ONG *(Organización no gubernamental)* canadiense, se encuentran trabajando con sesenta comunidades en casi toda la isla de Chiloé. Estas comunidades están aprendiendo a planear y a mantener sus bosques para el futuro. Se enfatiza el uso de productos como la miel *(honey)* y las nueces *(nuts)*.

El ecoturismo también puede ser una fuente de ingresos *(income)* y las comunidades indígenas están participando en la administración del Parque Nacional de Chiloé.

Dice uno de los voluntarios: "Este bosque del futuro ofrece un ejemplo práctico e inspirador de trabajar con un ecosistema en vez de simplemente explotarlo".

¡Vamos a comparar!

¿Te interesa preservar el medio ambiente? ¿Qué problemas ambientales existen en tu comunidad? ¿Conoces a alguien que trabaje con una organización ambiental? ¿Qué es lo que hace?

¡Vamos a conversar!

¿Qué te parece este programa del Bosque Modelo? ¿Es necesario tener la cooperación de las comunidades locales para que un programa de este tipo tenga éxito? ¿Por qué? ¿Te gustaría servir de voluntario de CUSO en este tipo de programa ambiental? ¿En qué parte del mundo?

VACACIONES LIMPIAS

Procuraduría Federal de Protección al Ambiente

Secretaría del Medio Ambiente Recursos Naturales y Pesca

 12-21A ¿Cuál es tu opinión? Túrnense para responder a las afirmaciones que hace su compañero/a.

MODELO: E1: La contaminación del medio ambiente no es un problema serio. Vivimos en un país muy limpio.

E2: *No estoy de acuerdo. Lo que se hace en una parte del planeta nos afecta a todos.*

1. Es importante apagar las luces al salir de un cuarto para contribuir a la conservación de energía.
2. El gobierno hará lo necesario para asegurar que tengamos agua limpia.
3. La energía nuclear es una fuente de energía barata y limpia.
4. Es necesario invertir más dinero en los sistemas de transporte público.

 12-22 Debate. Formen dos equipos para debatir sobre algunos de los siguientes asuntos (*issues*). Usen las frases a continuación para expresar sus opiniones.

| En mi opinión… | Creo que… | Para mí lo más importante es… |
| Estás equivocado/a… | No estoy de acuerdo… | Desde mi punto de vista… |

- ◆ las ventajas y desventajas de la tecnología moderna
- ◆ las plantas nucleares y el peligro para el medio ambiente
- ◆ la destrucción de la selva del Amazonas
- ◆ el exceso de población en muchos países

¡Así lo hacemos!

Estructuras

3. The subjunctive and the indicative with adverbial conjunctions

Conjunciones que siempre requieren el subjuntivo

- ◆ Certain conjunctions are always followed by the subjunctive when they introduce a dependent clause, because they express purpose, intent, condition, or anticipation. The use of these conjunctions presupposes that the action described in the dependent clause is uncertain or has not yet taken place. The following are some of these conjunctions.

a fin de que	*in order that*	**en caso de que**	*in case*
a menos (de) que	*unless*	**para que**	*in order that, so that*
antes (de) que	*before*	**sin que**	*without*
con tal (de) que	*provided (that)*		

Dáselo **para que** lo **recicle.**	*Give it to him so that he recycles it.*
No comprará el basurero a **menos que bajen** el precio.	*He will not buy the garbage can unless they lower the price.*
No me enojaré **con tal que** no **contaminemos** el agua.	*I will not get angry provided that we don't pollute the water.*
Llevaré el pesticida **en caso de que** lo **necesites.**	*I will take the pesticide in case you need it.*
Visitaré la planta nuclear **antes de que** la **cierren.**	*I will visit the nuclear plant before they close it.*

Conjunciones que siempre requieren el indicativo

◆ A few conjunctions always use the indicative because they convey that the action in the subordinate clause is within our experience.

ahora que/ ya que/ desde que	*now that/ since*

| Voy a conservar agua, **ya que entiendo** la urgencia. | *I'm going to conserve water now that I understand the urgency.* |
| La fundación es más estable **desde que nos ayudó** el Banco Mundial. | *The foundation is more stable since the World Bank helped us.* |

Conjunciones que se usan con el subjuntivo y el indicativo

Llámanos tan pronto como llegues.

◆ The subjunctive is used after some conjunctions that introduce time clauses when they refer to an action that has not yet taken place. Since the action has yet to take place, we cannot speak with certainty about it. The main clause may be in the future tense, the present indicative (with future meaning), or the imperative (direct command).

cuando	*when*	**luego que**	*as soon as*
después (de) que	*after*	**mientras (que)**	*as long as*
en cuanto	*as soon as*	**tan pronto como**	*as soon as*
hasta que	*until*		

Hable con el técnico **cuando venga** a la oficina.	*Talk to the technician when he comes to the office.*
Mediremos la radioctividad **en cuanto limpien** la planta.	*We will measure the radioactivity as soon as they clean the plant.*
Podremos nadar en el río **después de que** limpien la contaminación.	*We will be able to swim in the river after they clean up the pollution.*
Van a hablar con la activista **hasta que se vaya**.	*They are going to talk to the activist until she leaves.*
Cuando funcione su impresora, se sentirá mejor.	*When her printer works, she will feel better.*

◆ However, if the action referred to in the time clause is habitual or has already taken place, the present or past indicative is used after these conjunctions because we can speak with certainty about things that have already occurred or that occur regularly.

Hablas con el técnico **cuando viene** a la oficina.	*You talk to the technician when he comes to office.* (habit)
Medimos la radioactividad **en cuanto limpiaron** la planta.	*We measured the radioactivity as soon as they cleaned the plant.* (past)
Pudimos nadar en el río **después de que** limpiaron la contaminación.	*We were able to swim in the river after they cleaned up the pollution.* (past)

Hablaron con la activista **hasta que se fue**. — *They talked with the activist until she left.* (past)

Cuando funciona mi impresora, me siento bien. — *When my printer works, I feel good.* (habit)

♦ When there is no change in subject, the following prepositions are used with the infinitive: **antes de, después de, para,** and **sin**.

Van a comprar un teléfono celular **después de hablar** con el dependiente. — *They are going to buy a cellular phone after talking to the clerk.*

No puedes recibir programas de Hispanoamérica **sin usar** una antena parabólica. — *You can't receive programs from Hispanic America without using a satellite dish.*

♦ The conjunction **aunque** is followed by the subjunctive when the speaker wishes to convey uncertainty. If the speaker wants to express certainty or refer to a completed event, the indicative is used.

Aunque conserve agua, no tendrá suficiente. — *Even though she may conserve water, she will not have enough.* (uncertainty)

Aunque hay un poco de humo, no me molesta. — *Although there's a little smoke, it doesn't bother me.* (certainty)

Arrojaste la basura a la calle, **aunque había** un basurero allí. — *You threw the garbage in the street even though there was a garbage can there.* (certainty)

¡Aprenderé a usar este programa aunque tarde un año!

Practiquemos

12-23 ¿Qué se dijo? Empareja lógicamente las siguientes oraciones incompletas con las terminaciones que aparecen a la derecha.

1. Te puedo enseñar cómo funciona la videograbadora con tal que…
2. Ayer te instalamos la fotocopiadora después de que tú…
3. El contador hará la cuenta tan pronto como…
4. ¿Me enviarás un fax antes de que la jefa…
5. Les voy a comprar una computadora para que los estudiantes…
6. Hablé con Mario cuando…
7. Los estudiantes aprenderán a usar las computadoras luego que tú…
8. No vemos nada en la pantalla aunque tú ya…

a. me llame por teléfono?
b. les expliques cómo usarlas.
c. saliste de la oficina.
d. volvió de su clase.
e. vengas al laboratorio.
f. la arreglaste.
g. consiga una calculadora.
h. puedan hacer mejor su trabajo.

12-24 En la planta nuclear. Completa de una manera lógica la conversación entre Sandra y su supervisora con las formas correctas de los verbos entre paréntesis. Usa el indicativo, el subjuntivo o el infinitivo, según el contexto.

Sandra: ¿Cuándo vamos a cambiar la maquinaria de la planta?

Supervisora: La cambiaremos en cuanto el gobierno nos (1 dar) ____ el dinero.

Sandra: ¿Y cuándo será eso? Aunque (2 trabajar: nosotros) ____ el doble, nunca vamos a poder hacer todas las reparaciones necesarias.

Supervisora: La burocracia es lenta.

Sandra: Tiene razón. Pero tal vez el ministerio nos (3 ayudar) ____ cuando (4 saber) ____ que el equipo ya tiene quince años. Seguramente saben que es importante para la seguridad del país.

Supervisora: Bueno, debemos escribirles para que (5 recibir) ____ la información necesaria. No queremos perder la oportunidad ahora que la economía (6 estar) ____ en buenas condiciones.

Sandra: Prepararé el informe para el ministerio tan pronto como (7 terminar) ____ este proyecto para el Departamento de Energía. Dicen que lo necesitan para cuando nos (8 visitar) ____ el ministro.

Supervisora: Es verdad. Él siempre nos visita después de que (9 tener: nosotros) ____ una inspección de sorpresa. Siempre nos critican aunque no (10 haber: nosotros) ____ hecho nada ilegal.

Sandra: ¿De veras? Entonces, vamos a tener una reunión con la prensa tan pronto como ellos (11 anunciar) ____ la visita. Tenemos que evitar la mala publicidad.

Supervisora: Bueno, no digas nada sin (12 consultar) ____ conmigo primero.

12-25 En la oficina de Guillermo García. El presidente de una compañía de sóftware está planeando la adquisición de otra compañía. Completa la entrada en su diario con conjunciones lógicas.

a menos que	cuando	hasta que	para que	tan pronto como
aunque	en cuanto	mientras que	sin que	

Hoy es 17 de mayo, y (1) ____ no sé cómo voy a hacerlo, mi plan es comprar la empresa Intelinet (2) ____ pueda. He estudiado todos los documentos (3) ____ entendamos bien su organización. Quiero hablar con todos sus empleados (4) ____ me lo impidan. He trabajado doce horas al día (5) ____ estoy agotado (*exhausted*). Quiero llamar al banquero (6) ____ abra el banco. ¡Estoy decidido! Voy a comprar Intelinet (7) ____ el banco me niegue el préstamo (*loan*).

12-26 Entrevista. Túrnense para hablar sobre sus planes para el futuro cercano y más lejano.

MODELO: **E1:** ¿Cuándo vas a casarte? (cuando)
E2: *Voy a casarme cuando tenga un buen trabajo. ¿Y tú?*

1. ¿Cuándo vas a hacer la tarea de español? (luego que)
2. ¿Cuánto tiempo vas a estudiar español? (hasta que)
3. ¿Cuánto tiempo vas a vivir en esta ciudad? (mientras que)
4. ¿Cuándo vas a saber usar bien la computadora? (aunque)
5. ¿Cuándo vas a comprar un coche? (tan pronto como)
6. ¿Cuándo vas a viajar a un país hispanohablante? (en cuanto)
7. ¿Cuándo vas a graduarte? (cuando)
8. ¿Cuándo vas a buscar casa? (después de que)

A B

12-27A Greenpeace. Ésta es una organización cuyo objetivo es la conservación del medio ambiente. Imagínate que tu compañero/a es el/la director/a de la organización y a ti te interesa ser miembro. Hazle las siguientes preguntas.

MODELO: **E1:** ¿Podré decidir el número de horas que trabajo como voluntario/a?
E2: ¡Claro que sí! Aunque sólo trabajes una hora por semana, será suficiente.

Preguntas del/de la interesado/a:

1. ¿Tengo que reclutar otros miembros?
2. ¿Necesito pagar inscripción?
3. ¿Vamos a hacer una campaña en contra de las fábricas?
4. ¿Podemos reciclar envases de aluminio?
5. ¿Debemos usar carros eléctricos?
6. ¿Hay una campaña de reforestación?
7. ¿Protegen ustedes los mares también?

WWW.

12-28 ¿Cómo podemos ayudar? En su grupo, investiguen algunos de los programas en que trabaja el Fondo Mundial para la Naturaleza (WWF) en varios países. ¿Cuáles les parecen más interesantes?

WWF México:
http://www.wwf.org.mx/

WWF Colombia:
http://www.wwf.org.co/colombia/index.php

Fundación Vida Silvestre Argentina:
http://www.vidasilvestre.org.ar/

Toño Villamil y otras mentiras, Episodio 12

12-29 El uso de la tecnología en una empresa pequeña. Aquí tienes una explicación de cómo usa Javier la tecnología en su hotel. Léela y contesta las preguntas que siguen.

Aunque parezca imposible, en nuestro hotel dependemos mucho de la tecnología, especialmente de la computadora. Tenemos un sitio en el Internet donde la gente que visita Malinalco puede hacer su reserva electrónicamente. El programa recibe la reserva, verifica que hay espacio y la confirma inmediatamente. Para nuestros clientes, tenemos una computadora que pueden usar para conectarse con el Internet y revisar su correo electrónico. Pueden imprimir su correspondencia en nuestra impresora láser. Y yo tengo además una microcomputadora que usa un lápiz especial para entrar y retirar información. El aparato me ayuda a servir a los clientes que necesitan información sobre Malinalco.

1. ¿Para qué usa Javier el Internet?
2. ¿Cómo le ayuda el programa de hacer reservas?
3. ¿Qué servicio tiene para los clientes del hotel?
4. ¿Qué información archiva en su microcomputadora?
5. ¿Cuáles de estos aparatos y programas has usado tú?

12-30 Toño descubierto. Mira el episodio 12 de *Toño Villamil y otras mentiras* donde vas a ver a Lucía descubrir más sobre Toño. Luego, completa las siguientes oraciones.

1. Lucía le pide a Javier que...
   a. pida una ambulancia de un pueblo cercano.
   b. busque el teléfono del doctor Villamil.
   c. vaya a la farmacia a comprar pastillas.

2. Isabel cree que fue infectada por...
   a. la radioactividad.
   b. un virus.
   c. una bacteria.

3. La microcomputadora de Javier tiene...
   a. juegos electrónicos.
   b. un procesador de textos.
   c. una hoja electrónica.

4. Isabel y Lucía descubren que Toño trabaja de...
   a. técnico en computadoras.
   b. taxista.
   c. mensajero.

5. En su tiempo libre, Toño...
   a. hace teatro.
   b. repara aparatos electrónicos.
   c. ayuda a un médico.

12-31 El futuro de Toño. ¿Qué pasará en el próximo episodio? Usa tu imaginación para escribir tres conjeturas.

MODELO: *Toño y Lucía se enamorarán.*

Los hispanos en el Canadá

12-32 ¿Qué sabes tú? Trata de identificar y/o explicar lo siguiente.

1. qué tipo de música toca Óscar López
2. tres razones por las cuales han venido inmigrantes hispanos al Canadá
3. dónde se puede ver un espectáculo de baile flamenco
4. las tapas
5. la razón por la cual vienen obreros mexicanos a Ontario
6. las regiones del Canadá donde hay mayor concentración de hispanos
7. una organización que enfoca los intereses de la población hispana en el Canadá

Los inmigrantes de España traen consigo *(with them)* su pasión por la danza. Algunos de ellos han establecido pequeñas escuelas donde se puede aprender a tocar la guitarra y a bailar el flamenco. En muchas ciudades existen grupos culturales que mantienen este arte. En los festivales multiculturales, que se llevan a cabo cada verano en muchas partes del país, es posible gozar de esta rica y animada tradición artística.
El flamenco en el Canadá
http://www.flamenco.ca

YUKÓN

TERRITORIES DEL NOROESTE

COLUMBIA BRITÁNICA

ALBERTA

SASKATCHEWAN

Nacido en Chile, Óscar López se había establecido como músico antes de inmigrar al Canadá en 1979, donde se arraigó *(settled)* en Calgary. Él lleva su música, una fusión de blues, jazz, flamenco, rumba y otros ritmos, en giras nacionales a todas partes del país. Él dice que aunque se ha adaptado a la vida canadiense, su música siempre tendrá un fondo latino porque representa gran parte de quién es.
Óscar López
http://www.oscarlopez.com/

En los años setenta los gobiernos de México y del Canadá iniciaron un programa que permite que cada año unos 12.000 obreros agrícolas mexicanos trabajen en la cosecha, principalmente en el sur de Ontario. Los agricultores canadienses les pagan los gastos de viaje y les ofrecen el mismo salario que reciben los obreros canadienses. Este programa ha tenido mucho éxito. Responde a la demanda canadiense de obreros agrícolas y les ofrece a los mexicanos la oportunidad de ganar más dinero.

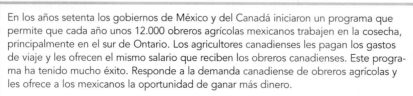

Elvira Sánchez de Malicki es la productora y conductora (*presenter*) del programa de televisión *Hispanos en Canadá* que se transmite en Toronto por el canal Telelatino. En 1984 Elvira fundó el Congreso Hispano Canadiense, una organización que ayuda, a nivel nacional, a los hispanos a participar más activamente en la vida económica, política, social y cultural de este país. El programa *Hispanos en Canadá* complementa estos objetivos del Congreso Hispano Canadiense.
Telelatino: *Hispanos en Canadá*
http://www.tlntv.com/main/shows/morning/hispanos.htm

La cocina hispana tiene tantas variantes como hay países en el mundo hispano. En todas las ciudades se encuentran restaurantes y cafés que se especializan en la comida de diferentes regiones. Una tradición española que está gozando de mucho éxito es el concepto de la tasca, un bar de tapas, donde se sirven porciones pequeñas y variadas a un precio económico.
La Sala Rosa, Restaurante Español
http://www.lasalarosa.com/

Hoy en día casi el 7 por ciento de la población del Canadá consiste en personas de origen hispano. Muchos se vinieron como refugiados (*refugees*) durante periodos de inestabilidad en Chile, en los años 70, y en la América Central, en los años 80. También han llegado inmigrantes de México, Suramérica, las islas del Caribe y de España, por razones de familia o como inmigrantes independientes. La gran mayoría se ha establecido en los centros urbanos de Toronto, Montreal y Vancouver, pero también existen pequeñas comunidades hispanas en otras ciudades canadienses. Ahora ha surgido una nueva generación de hispanocanadienses.

12-33 ¿Has comprendido? Indica si estas oraciones son **ciertas** o **falsas**. Corrige las oraciones falsas.

1. Más del 7 por ciento de la población del Canadá es de origen hispano.
2. Los inmigrantes hispanos han venido principalmente de Suramérica.
3. La cocina hispana está gozando de una popularidad cada vez mayor en el Canadá.
4. Los obreros mexicanos reciben sueldos inferiores a los de los canadienses.
5. Telelatino es una organización que ayuda a los hispanos.
6. Óscar López es un artista de origen español.
7. Para aprender a bailar flamenco, es necesario ir a España.

WWW. **12-34 Investigar.** Consulta el Internet para buscar información sobre estos temas.

1. la inmigración de los chilenos al Canadá en los años 70
2. la guerra civil en Guatemala en los años 80
3. los programas de televisión que se transmiten en español desde Toronto
4. los festivales multiculturales en Halifax, Ottawa, Winnipeg y otras ciudades
5. un restaurante hispano en tu ciudad
6. las conexiones económicas entre el Canadá y México
7. el itinerario de Óscar López
8. la comunidad hispana en tu región

12-35 Entrevistas. Entrevista una persona de origen hispano que estudie en tu universidad. Hazle preguntas sobre su experiencia y la de sus padres en este país. Toma apuntes durante la entrevista y prepara una breve presentación en español para la clase.

 Ritmos

"Caminando" (Millo Torres y El Tercer Planeta, Puerto Rico)

La música de Millo Torres y El Tercer Planeta, un grupo puertorriqueño, es conocida por la mezcla de varias influencias musicales: rock, reggae, música ska (parecida al reggae pero más rápida y con muchos más instrumentos) y ritmos afrocaribeños. Los problemas sociales frecuentemente aparecen como tema principal en sus canciones.

Antes de escuchar

12-36 El futuro. En esta canción, el autor canta sobre el porvenir y la necesidad de seguir adelante en la vida. Las siguientes oraciones vienen de la canción. Cambia los verbos entre paréntesis al tiempo futuro para indicar lo que pasará o lo que hará el narrador.

1. Mi alma_____(sonreír).
2. (Yo) _____(tener) que seguir.
3. (Nosotros) _____(navegar) con el viento y _____(buscar) un porvenir (*future*).
4. El tiempo _____(pasar).
5. (Yo) _____(seguir) caminando.
6. _____(hacerse) camino al andar.
7. Cada huella (*trace*) _____(ser) un impreso de enseñanza.
8. Tropezando (*stumbling*) (yo) _____(aprender) a caminar.
9. Alegría (yo) _____(encontrar).
10. Llegará _____(Llegar) un cambio.

A escuchar

12-37 Palabras clave. Completa la letra de "Caminando" con las siguientes palabras clave.

alegría   alma   cambio   enseñanza   esperanza   porvenir   seguir   vivir

Caminando

No hay segundo que detenga la _____,
Mi _____quiere sonreír
Si entre ruegos y suplicos de alabanzas (*praise*)
Anda y busca un trago lleno de _____
Que estoy sediento (*thirsty*) y tengo que____
Navegamos con el viento,
Buscando un _____, y el tiempo pasa
Yo sigo caminando...
No hay camino que se pierda en la distancia,
Se hace camino al andar
Cada huella es un impreso de _____y
Tropezando es que se aprende a caminar
Yo sigo caminando, ya tengo que llegar
_____estoy buscando, la tengo que encontrar
Ya tengo que llegar un _____, y el tiempo pasa
Yo sigo caminando...

Después de escuchar

12-38 El mensaje. En parejas, hablen de cuál es el mensaje (o mensajes) de "Caminando". Compartan sus opiniones y escriban una lista de posibles mensajes para esta canción. Refiéranse a las palabras clave con las cuales completaron la letra de la canción.

12-39 Experiencias. En parejas, contesten las siguientes preguntas y compartan sus opiniones. ¿Cómo se relacionan los mensajes con las experiencias de los hispanos en el Canadá? ¿Con las experiencias de sus antepasados (*ancestors*)?

Páginas

La casa en Mango Street (trozo) Sandra Cisneros (1954 –), EE.UU.

La escritora Sandra Cisneros es chicana (mexicoamericana). Nació en Chicago en 1954 y durante su vida se ha dedicado a mejorar y a enriquecer el futuro de los jóvenes. Es una de las escritoras americanas más importantes de la época. La novela *La casa en Mango Street* fue escrita originalmente en inglés y luego traducida al español por Elena Poniatowska, una importante figura literaria mexicana.

Estrategias

Dialectos. The dialect of each Hispanic country or region is influenced by the people who inhabit it. The Spanish spoken by Chicanos is influenced both by Mexico and by the U.S.

A characteristic of Spanish in many regions is the use of diminutives to imply that something is small, dear, or even unimportant, such as *cosita*, to mean a small or tiny thing. The suffix *-ito/a*, and *-illo/a* can be extended, such as *chiquitito*, which is even smaller than *chiquito*. In this selection, you will come across other diminutives. See if you can guess the meaning of the following expressions as they are used to describe the house on Mango Street.

1. Es pequeña y roja, con escalones apretados al frente y unas **ventanitas** tan chicas que parecen guardar su respiración.
2. No hay jardín al frente sino cuatro olmos **chiquititos** que la ciudad plantó en la banqueta.
3. Afuera, atrás hay un garaje **chiquito** para el carro que no tenemos todavía, y un **patiecito** que luce todavía más **chiquito** entre los edificios de los lados.
4. El **modito** en que lo dijo me hizo sentirme una nada.

Often Spanish terms are borrowed from English. Find another word for this term:

La casa de Mango Street es nuestra y no tenemos que pagarle **renta** a nadie,…

La casa en Mango Street

No siempre hemos vivido en Mango Street. Antes vivimos en el tercer piso de Loomis, y antes de allí vivimos en Keeler. Antes de Keeler fue en Paulina y de más antes, ni me acuerdo, pero de lo que sí me acuerdo es de un montón de mudanzas.[1] Y de que en cada una éramos uno más. Ya para cuando llegamos a Mango Street éramos seis: Mamá, Papá, Carlos, Kiki, mi hermana Nenny y yo.

La casa de Mango Street es nuestra y no tenemos que pagarle renta a nadie, ni compartir el patio con los de abajo, ni cuidarnos de hacer mucho ruido, y no hay propietario que golpee[2] el techo[3] con una escoba. Pero aún así no es la casa que hubiéramos querido.

Tuvimos que salir volados[4] del departamento[5] de Loomis. Los tubos del agua se rompían y el casero[6] no los reparaba porque la casa era muy vieja. Salimos corriendo. Teníamos que usar el baño del vecino y acarrear[7] agua en botes lecheros de un galón. Por eso Mamá y Papá buscaron una casa, y por eso nos cambiamos a la de Mango Street, muy lejos del otro lado de la ciudad.

Siempre decían que algún día nos mudaríamos[8] a una casa, una casa de verdad, que fuera nuestra para siempre, de la que no tuviéramos que salir cada año, y nuestra casa tendría agua corriente y tubos que sirvieran. Y escaleras interiores propias, como las casas de la tele. Y tendríamos un sótano, y por lo menos tres baños para no tener que avisarle a todo mundo cada vez que nos bañáramos. Nuestra casa sería blanca, rodeada de árboles, un jardín enorme y el pasto creciendo sin cerca[9]. Esa es la casa de la que hablaba Papá cuando tenía un billete de lotería y esa es la casa que Mamá soñaba en los cuentos que nos contaba antes de dormir.

Pero la casa de Mango Street no es de ningún modo como ellos la contaron. Es pequeña y roja, con escalones apretados[10] al frente y unas ventanitas tan chicas que parecen guardar su respiración[11]. Los ladrillos[12] se hacen pedazos en algunas partes y la puerta del frente se ha hinchado[13] tanto que uno tiene que empujar fuerte para entrar. No hay jardín al frente sino cuatro olmos[14] chiquititos que la ciudad plantó en la banqueta. Afuera, atrás hay un garaje chiquito para el carro que no tenemos todavía, y un patiecito que luce todavía más chiquito entre los edificios de los lados. Nuestra casa tiene escaleras pero son ordinarias, de pasillo, y tiene solamente un baño. Todos compartimos recámaras[15], Mamá y Papá, Carlos y Kiki, yo y Nenny.

Una vez, cuando vivíamos en Loomis, pasó una monja[16] de mi escuela y me vio jugando enfrente. La lavandería[17] del piso bajo había sido cerrada con tablas[18] arriba por un robo dos días antes, y el dueño había pintado en la madera SÍ, ESTÁ ABIERTO, para no perder clientela.

¿Dónde vives? preguntó.

Allí, dije señalando arriba, al tercer piso.

¿Vives *allí*?

Allí. Tuve que mirar a donde ella señalaba. El tercer piso, la pintura descarapelada[19], los barrotes[20] que Papá clavó en las ventanas para que no nos cayéramos. ¿Vives *allí*? El modito[21] en que lo dijo me hizo sentirme una nada. *Allí*. Yo vivo *allí*. Moví la cabeza asintiendo.

Desde ese momento supe que debía tener una casa. Una que pudiera señalar. Pero no esta casa. La casa de Mango Street no. Por mientras, dice Mamá. Es temporario, dice Papá. Pero yo sé cómo son esas cosas.

---

[1] moves [2] golpear: to pound [3] ceiling [4] in a rush [5] apartamento [6] dueño [7] carry [8] nos... we would move [9] fence [10] escalones... small and narrow steps [11] parecen... seem to be holding their breath [12] bricks [13] hinchar: to swell [14] elms [15] alcobas [16] nun [17] laundry [18] boards [19] peeling [20] bars [21] manner

12-40 Resumir. Trabajen juntos para resumir el contenido de esta selección. Pueden usar las preguntas a continuación como guía.

1. ¿Quién narra la selección?
2. ¿Cómo era su familia?
3. ¿Qué quería? ¿Por qué?
4. ¿Por qué se desilusionó?
5. ¿Por qué dice que se sintió como una "nada" cuando le habló la monja?
6. ¿Crees que la casa de Mango Street algún día sea la de sus sueños? ¿Por qué?

12-41 ¿Es ésa su casa? Compara la casa de los sueños de la narradora con la que encontraron en Mango Street. ¿Era mejor o peor?

MODELO:

La de sus sueños: *era blanca*   **La de Mango Street:** *era roja*

_____   _____
_____   _____
_____   _____
_____   _____
_____   _____

¡Escucha!

¿Probable o improbable? Escucha las siguientes oraciones. Luego, indica si cada una es probable (**P**) o improbable (**I**) según el trozo que has leído.

1.   6.
2.   7.
3.   8.
4.   9.
5.   10.

Taller

Un relato personal

En este taller, vas a narrar alguna experiencia que hayas tenido en el pasado, o una que hayas inventado. Puedes incluir un poco de diálogo entre los personajes también, si quieres.

1. **Escenario.** Piensa en el lugar, las personas, la situación y tus impresiones.
2. **Introducción.** Abre el relato con una oración para describir el contexto y el evento.
3. **Anzuelo (*Hook*).** Escribe de cuatro a cinco oraciones que piquen (*spark*) el interés del lector.
4. **Conflicto.** Presenta algún conflicto psicológico o personal.
5. **Diálogo.** Escribe dos o tres líneas de diálogo entre los personajes.
6. **Conclusión.** Resume o cierra el relato.
7. **Revisión.** Revisa tu relato para verificar los siguientes puntos.

   ❏ el uso del pretérito y del imperfecto

   ❏ el uso del futuro y del subjuntivo

   ❏ la concordancia y la ortografía

8. **Intercambio.** Intercambia tu relato con el de un/a compañero/a. Mientras leen los relatos, hagan comentarios y sugerencias sobre el contenido, la estructura y la gramática. Reaccionen también a los relatos.

9. **Entrega.** Pasa tu relato en limpio, incorporando las sugerencias de tu compañero/a, y entrégaselo a tu profesor/a.

MODELO: *Era el año 1985 cuando mi familia se mudó a esta ciudad. Éramos cinco personas, mi madre, mis tres hermanas y yo. Para mí fue difícil el cambio. No conocía a nadie y me sentía fuera de lugar, pero luego…*

Lección 1

 1-5B ¿Cómo está usted? Your partner will assume the role of instructor. You are his/her student. Greet each other and ask how things are. Use the following information about yourself and the day.

- ◆ It's morning.
- ◆ You know the professor's name (Sr./Sra. Pérez).
- ◆ You're not feeling well.

 1-9B Otra vez, por favor (*please*).

Primera fase. Spell the following names of cities, people, or things with Spanish origins for your classmate as s/he writes them out. If your partner does not understand, s/he will say, **Otra vez, por favor.**

MODELO: cosa *(thing)* (enchilada)
➥ *e- ene - ce - hache - i - ele - a - de - a*

1. persona   (señorita)
2. ciudad *(city)* (Buenos Aires)
3. cosa *(thing)*   (tortilla)
4. persona   (estudiante)
5. ciudad   (Caracas)
6. cosa   (teléfono)

Segunda fase. Now your classmate will spell his/her list to you. Write out each name, then place it in the corresponding category. Remember, if you need to hear the spelling again, say **Otra vez, por favor.**

1. persona   _____
2. ciudad   _____
3. cosa   _____
4. persona   _____
5. ciudad   _____
6. cosa   _____

 1-13B ¿Cuál es el número de teléfono? Take turns dictating the phone numbers to each other. Telephone numbers in Spanish are usually expressed in pairs of digits. Write down the numbers as you hear them in order to complete the telephone list. Then compare numbers.

MODELO: Pedro (412) 888-2362
E1: *El teléfono de Pedro es el cuatro, doce, ocho, ochenta y ocho, veintitrés, sesenta y dos.*
E2: *Pedro (412) 888-2362*

Teresa (201) 747-0026
Andrés _____
Emilio (205) 819-8605
Gabriela _____

Yolanda _____
Luis (332) 761-8558
Gloria _____
Marcos (543) 835-8283

1-18B Trivia. Take turns asking each other questions. One of you will use this page. The other will use the corresponding activity in **Lección 1**.

MODELO: E1: *un mes con veintiocho días*
E2: *febrero*

1. el número de meses en un año
2. el mes de tu cumpleaños
3. un mes con treinta días
4. tu mes favorito
5. un día bueno (*good*)

1-30B ¿Qué hay en la clase? Answer your classmate's questions about your classroom. Then ask him/her the following questions. To ask *How many?*, use the question word **¿Cuánto/a(s)?** Like regular adjectives, **¿Cuánto?** must agree in number and gender with the noun it modifies.

MODELO: E1: *¿Cuántos estudiantes hay en la clase?*
E2: *Hay veinticuatro.*

1. ¿Cuántos profesores (Cuántas profesoras) hay en la clase?
2. ¿Cómo se llama el profesor (la profesora)?
3. ¿Hay una mesa?
4. ¿Qué hay en la mesa?
5. ¿Cuántas estudiantes hay? (¡Ojo! *female students*)
6. ¿Hay dos relojes?

1-31B ¿Qué necesita? Ask each other what the following people or places need. Use the indefinite article.

MODELO: E1: *¿Qué necesita un profesor de informática (computer science)?*
E2: *Un profesor de informática necesita una computadora,…*

bolígrafos	computadora	estudiantes	mesa	papeles	pupitres
borradores	cuaderno	libros	paredes	reloj	ventanas
calculadora	diccionario	mapas	mochila	puerta	sillas

1. un profesor de literatura
2. una clase de español
3. una librería (*bookstore*)
4. un estudiante en la clase de español

Lección 2

AB **2-4B ¿De dónde es?** Take turns asking each other the country of origin and the nationality of these famous people. You will each ask the origin of the people for whom no country is indicated. You start.

MODELO: ¿el rey Juan Carlos?

E1: *¿De dónde es el rey Juan Carlos?*
el rey Juan Carlos / España
E2: *Es de España. Es español.*

1. ¿Fidel Castro?
2. ¿Isabel Allende?
3. ¿Gabriel García Márquez?
4. ¿Sammy Sosa?

5. Jorge Luis Borges/Argentina
6. Jorge (Papo) Ross/Canadá
7. Laura Esquivel/México
8. Rubén Blades/Panamá

AB **2-14B ¿A qué hora?** Ask each other at what time these events will take place. Use the times given below to answer your partner's questions.

MODELO: la fiesta de Adela (8:30 p.m.)

E1: *¿A qué hora es la fiesta?*
E2: *Es a las ocho y media de la noche.*

la fiesta de Adela	8:30 p.m.
el examen	1:45 p.m.
la clase	10:15 a.m.
el partido (*game*) de fútbol	4:30 p.m.

4. el programa *Amigos* en la televisión
5. la conferencia (*lecture*)
6. la fiesta el sábado

AB **2-15B El horario (*schedule*) de Gracia Roldán.** Complete Gracia's schedule by asking each other for the missing information. Once you've completed her schedule, ask each other the questions that follow.

MODELO: E1: *¿Qué clase tiene Gracia a las nueve?*
E2: *Tiene inglés a las nueve. ¿A qué hora es la clase de matemáticas?*
E2: *Es a la una y diez.*

1. ¿Qué clases tiene Gracia por la tarde?
2. ¿Cómo es el horario de Gracia?

inglés	9:00 a.m.
química	11:00 a.m.
matemáticas	——
español	——
——	4:45 p.m.
historia	7:15 p.m.

AB **2-19B ¿Es verdad?** Take turns answering your partner's questions. If you answer in the negative, you should add the correct information.

MODELO: E1: *¿Tú eres canadiense, ¿verdad?*
E2: *No, no soy canadiense; soy mexicano/a.*

1. Eres venezolano/a, ¿no?
2. Tus padres son jóvenes, ¿verdad?
3. Somos amigos, ¿no?
4. Eres de aquí, ¿cierto?
5. Tus clases son interesantes, ¿verdad?
6. ¿...?

2-36B Entrevista. Ask each other the following questions. Be prepared to report back to the class.

MODELO: E1: ¿Qué estudias en la universidad?
    E2: *Estudio español...*

1. ¿Te gustan los deportes? ¿Qué deportes practicas?
2. ¿Necesitas ayuda con tus clases?
3. ¿Qué música (clásica, popular, rock) escuchas?
4. ¿Cuándo preparas la lección de español?
5. ¿Conversas por teléfono con tus padres?
6. ¿Te gusta mirar la televisión? ¿Cuándo miras la televisión?

2-44B Entrevista. Ask each other the following questions.

MODELO: E1: ¿Cuántos años tienes?
    E2: *Tengo veintiún años. ¿Y tú?*

1. ¿Cuántos años tiene tu mejor *(best)* amigo/a?
2. ¿Qué tienes que hacer en la clase de español?
3. ¿Qué tienes ganas de hacer después de *(after)* clase?
4. ¿Tienes ganas de estudiar los verbos?
5. ¿Tienes sed ahora?
6. ¿Tienes sueño?

Lección 3

3-9B Inventario. Write the inventory numbers that your partner dictates to you. Then, dictate your inventory numbers to him/her. **¡Ojo!** Be careful with agreement!

MODELO: 747 mesas
   ➡ *setecientas cuarenta y siete mesas*

1. 689 ventanas
2. 444 luces
3. 101 relojes
4. 1.201 mochilas
5. 579 bolígrafos
6. 5.900.101 lápices
7. 161 puertas

3-10B ¿Cuánto cuesta? Ask your partner how much the following items cost. Then, respond to his or her answer.

MODELO: una taza de café
   E1: *¿Cuánto cuesta una taza de café?*
   E2: *Cuesta dos dólares.*
   E1: *Estoy de acuerdo. (or, ¡No! Cuesta...)*

1. un libro de texto de química
2. un bolígrafo
3. una pizza
4. ir a España en avión
5. alquilar *(rent)* un apartamento por un mes

3-16B Los detectives You have information about different people. Combine this information with that of your partner to make statements together about who owns what, using the "*de+noun*" construction.

MODELO: Katia estudia literatura. *El libro de Cervantes es de Katia.*

1. María estudia arte.
2. La señora Álvarez enseña informática.
3. Pepe estudia geografía.
4. El profesor González es de México.
5. Carmen es doctora.
6. Marcos lleva sus libros a la biblioteca.
7. Carlos busca información en el Internet.
8. Raquel es estudiante de música.

 3-25B Situaciones. Ask your partner the following questions to find out what he or she will do this weekend.

1. ¿Adónde vas este fin de semana?
2. ¿Qué vas a hacer allí?
3. ¿Vas a conversar con tus amigos?
4. ¿Vas a hacer ejercicio en el gimnasio?
5. ¿Cuándo vas a estudiar?
6. ¿...?

 3-36B ¿Qué estoy haciendo? Take turns physically role playing an activity while the other tries to guess what it is.

MODELO: mirar la televisión

    E1: *(imita una persona que mira la televisión) ¿Qué estoy haciendo?*
    E2: *Estás mirando la televisión.*

leer	comer	hablar por teléfono
caminar	escuchar	practicar el básquetbol

 3-41B Dibujos (*Drawings*). Take turns describing a person using the following information while the other tries to draw the person described. Then, compare your drawings with your descriptions.

MODELO: chica: 18 años, alta, bonita, triste, oficina

    E1: *Es una chica. Tiene dieciocho años. Es alta y bonita. Está triste. Está en la oficina.*
    E2: ...

1. chico, veinte años, delgado, bajo, enamorado, cafetería
2. mujer, cuarenta años, alta, gordita, cansada, gimnasio
3. mujer, noventa años, delgada, pequeña, ocupada, biblioteca

Lección 4

4-6B La familia real española. Ask each other questions to complete the Spanish Royal Family tree. Each of you has part of the information.

MODELO: **E1:** *¿Cómo se llama el abuelo de Juan Carlos?*
    E2: *Se llama...*

La familia real española

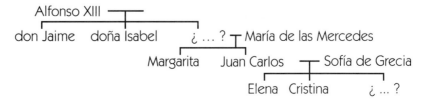

Now take turns describing your own family tree for your partner to draw. He/She may ask you questions but shouldn't show you the tree until it is finished.

 4-13B Una entrevista. Ask each other questions about your daily routine at home with your family and friends.

MODELO: E1: Generalmente, ¿a qué hora almuerzas?
E2: *Generalmente, almuerzo a la una.*

1. Durante la semana ¿cuánto tiempo puedes pasar con tus amigos?
2. ¿Cuántas horas duermes todas las noches?
3. ¿A qué hora vuelves a casa los sábados?
4. ¿Cómo piensas pasar este fin de semana?

 4-20B Los consejos. Take turns presenting and resolving problems. Try to think of three possible solutions to each problem.

MODELO: E1: Mis compañeros de casa hacen mucho ruido *(noise)* por la noche.
E2: *Hable con ellos. Cierre su puerta. Haga ruido también.*

Los problemas de Estudiante 2:
1. Hay una fiesta el jueves pero yo tengo que estudiar para un examen.
2. Mi novio/a no es estudiante y siempre quiere salir.
3. Vivo con mis padres y es difícil estudiar en casa.
4. Mi profesor/a piensa que yo no estudio para su clase.

Los consejos de Estudiante 2:

consultar...	estudiar...	
hablar...	buscar...	no comprar...
llamar...	escribir...	ir a visitar...
dormir...	comer...	hacer...

 4-25B ¡Estoy aburrido/a! Your partner is bored. Invite him/her to do something.

MODELO: E1: *Estoy aburrido/a.*
E2: *¿Quieres ir a bailar?*
E1: *Me encantaría. ¡Vamos! / Gracias, pero no puedo. No tengo dinero.*

Algunas actividades

ir a un partido de fútbol	salir a tomar un café	dar un paseo
jugar al béisbol	ver la televisión	ir al cine
ir a la playa	escuchar música	ir de compras

 4-34B Algunas actividades. Take turns asking each other about some of your weekend activities.

MODELO: E1: *¿Practicas el fútbol?*
E2: *No, no lo practico. ¿Y tú?*
E1: *Sí, lo practico los sábados.*

limpiar la casa	estudiar español
visitar a tu familia	escribir correos electrónicos
preparar un ensayo	tomar el sol

4-37B Una entrevista. I. Listen to your partner's statements and then ask the questions below, modifying them according to what your partner has said. **II.** In the second part of the exercise, complete statements a) to e) according to your own experiences and then read them one by one to your partner. Then answer his/her questions about that information.

MODELO: E1: ¿Conoces una persona famosa?
E2: Sí, conozco a *Shania Twain.*

I.

1. ¿Conoces a mucha gente allí?
2. ¿Qué otras cosas sabes hacer?
3. ¿Qué países conoces bien?
4. ¿Qué otros idiomas sabes hablar?
5. ¿Conoces un buen restaurante?

II.

a) Yo sé _____ bien.
b) En el verano vivo en _____.
c) Paso las vacaciones en _____.
d) Me interesa el arte/la música de _____.
e) Conozco muy bien la ciudad de _____.

Lección 5

AB **5-12B Tus responsabilidades domésticas.** Túrnense para hacer y contestar las siguientes preguntas sobre los quehaceres de la casa.

MODELO: **E1:** ¿Les sacas la basura a tus padres?
  E2: *Sí, les saco la basura. / No, no les saco la basura.*

1. ¿Le sacas la basura a tu padre?
2. ¿Les pasas la aspiradora a tus padres/hijos?
3. ¿Le barres el piso a tu madre?
4. ¿Le ordenas el garaje a tu padre?
5. ¿Les sacudes los muebles a tus padres/hijos?
6. ¿Le lavas la ropa a tu hermano/a?

AB **5-30B ¿Qué estoy haciendo?** Túrnense para representar cada actividad de la lista mientras el/la compañero/a adivina qué hace.

MODELO: **E1:** (Se despierta.)
  E2: *Te estás despertando. / Estás despertándote.*

1. Te lavas la cara.
2. Te secas.
3. Te lavas los dientes.
4. Te miras en el espejo.
5. Te maquillas.
6. Te lavas las manos.

Lección 6

AB **6-19B ¿Tienes?** Imagínate que tu compañero/a está muy enfermo/a y quiere saber si le puedes traer algunas cosas. Contesta sus preguntas para decidir qué puedes traerle de casa y qué necesitas comprar.

MODELO: **E1:** ¿Tienes naranjas?
  E2: *Sí, tengo naranjas. / No, no tengo naranjas.*
  E1: *¿Me las traes? / ¿Me compras unas naranjas?*
  E2: *Sí, te las traigo. / Sí, te las compro.*

En tu cocina, tienes…

azúcar	huevos	manzanas	pepinos	sal
café	jugo de naranja	pan	pimienta	tomates
chuletas	leche	papas	pollo	zanahorias

INGREDIENTES:

En tu cocina
1 litro de leche
medio kilo de azúcar
1 docena de huevos
1 limón
canela molida *(ground cinnamon)*
sal

 6-24B El arroz con leche. El arroz con leche es un postre muy conocido por todo el mundo hispano. Imagínate que tu compañero/a tiene la lista de ingredientes y tú tienes algunos de los ingredientes. Decidan qué ingredientes necesitan comprar.

MODELO: E1: *Necesitamos una taza de arroz.*
E2: *No tenemos arroz. Tenemos que comprarlo.*

 6-30B ¿Cuándo fue *(was)* la última vez que...? Primero, termina estas oraciones sobre las actividades que tú hiciste *(did)*. Luego, túrnense para hacer preguntas sobre estas experiencias.

MODELO: E1: *Anoche,* salí con *mi amiga Laura* al cine.
E2: *¿Qué película viste?*
E1: *Vi un drama argentino.*

1. _____ compré _____.
2. _____ visité a _____.
3. _____ vi la película _____.
4. _____ trabajé en _____.

¿Qué película viste?   ¿Quién pagó?
¿Te gustó?   ¿Cuánto tiempo pasaste allí?
¿Bailaste mucho?   ¿Qué ingredientes usaste?
¿Qué comiste/bebiste?   ¿Dónde compraste la comida?
¿Cuánto costó?   ¿....?

Lección 7

Escucha B. ¿Qué tiempo hace hoy? Conversen sobre el tiempo. Túrnense para contestar estas preguntas y hacer una pregunta original.

1. ¿Qué tiempo va a hacer mañana?
2. ¿Qué tiempo hace aquí en el invierno?
3. ¿Prefieres el sol o la lluvia? ¿Por qué?
4. ¿Adónde vas si quieres ver mucho sol?

7-7B ¿Qué te gusta hacer cuando...? Túrnense para preguntarse qué les gusta hacer en diferentes climas. Anoten y resuman las respuestas.

MODELO: E1: ¿Qué te gusta hacer cuando está nevando?
E2: *Me gusta esquiar.*

Algunas actividades

dar un paseo/una fiesta   dormir una siesta
esquiar en la nieve/en el agua   hacer un pícnic/una fiesta
invitar a los amigos   ir a un partido/al cine/a la playa
leer una novela/el periódico   nadar en la piscina/en la playa
tomar el sol/un refresco   ver una película/un concierto/la
                                         televisión

¿Qué te gusta hacer cuando...

1. hace mal tiempo?
2. hace sol?
3. hace mucho viento?
4. hace calor pero no tienes aire acondicionado?
5. hace mucho frío?
6. quieres esquiar pero no hay nieve?

AB **7-14B ¡Contéstame!** Conversen sobre sus planes. Túrnense para contestar estas preguntas. Háganse una pregunta original también.

MODELO: E1: ¿Siempre acompañas a tus padres cuando van al cine?
E2: *Sí, siempre los acompaño. (No, no los acompaño nunca.)*

1. ¿Vas a visitar algún museo (*museum*) este fin de semana?
2. ¿No tienes ningún plan esta tarde?
3. ¿Siempre vas al cine cuando hace mal tiempo?
4. ¿Conoces a alguien con carro convertible?
5. ¿Alguno de tus amigos va a hacer un pícnic el sábado?
6. ¿Tienes algo importante que hacer el domingo?

AB **7-21B Entrevista.** Túrnense para pedir más información sobre los gustos de su compañero/a. Expliquen sus respuestas. Vocabulario útil: **¿Qué...?, ¿Cuál es...?, ¿Cómo es...?**

MODELO: deportes que practicas
E1: *¿Qué deportes practicas?*
E2: *Practico gimnasia y natación porque...*

1. el deporte que más te interesa
2. ¿por qué?
3. tu equipo favorito
4. la estrella del equipo
5. un jugador que no te cae bien
6. ¿por qué?

AB **7-29B El año pasado.** Túrnense para contestar estas preguntas y hacer una pregunta original. Luego, comparen sus preguntas y respuestas.

MODELO: E1: ¿Conociste a alguien interesante el año pasado?
E2: *Sí, conocí a...*

1. ¿Tuviste que estudiar toda la noche para algún examen?
2. ¿Conociste una persona importante?
3. ¿Les dijiste "¡Adiós!" a tus padres al salir para la universidad?
4. ¿Hiciste planes especiales un fin de semana?
5. ¿... ?

AB **7-32B ¿Se hace...?** Pregúntense si se hacen las siguientes cosas.

MODELO: batear con un guante en el béisbol
E1: *¿Se batea con un guante en el béisbol?*
E2: *No, no se batea con un guante. Se batea con un bate.*

patinar sobre el hielo en el hockey	permitir correr con el balón en el básquetbol
jugar al golf con un balón	esquiar sobre el agua en el esquí
practicar el remo en la piscina	batear la pelota en el béisbol

Lección 8

AB **8-23B ¿Cómo eres?** Túrnense para preguntarse sobre su familia y sus amigos.

MODELO: más trabajador
E1: *¿Quién es el más trabajador de tu familia?*
E2: *Mi hermana es la más trabajadora de mi familia.*

1. menos impaciente
2. más imaginativo
3. peor cocinero
4. más atractivo
5. más activo
6. mayor

Lección 9

A B **9-12B Un viaje a un lugar interesante.** Ustedes piensan visitar un lugar interesante este verano. Háganse preguntas para planear el viaje y después hagan un resumen de sus planes.

1. ¿Qué regalos vamos a comprar para nuestros/as amigos/as?
2. ¿Es importante para ti hablar español todo el tiempo? ¿Por qué?
3. ¿Por qué vamos a ese lugar y no a… ?
4. ¿Cuánto tenemos que pagar por los billetes?
5. ¿Para cuándo tenemos que pagar?

A B **9-23B Maleta perdida.** Tú eres agente de AVIANCA, la aerolínea colombiana, y trabajas en el aeropuerto de Cartagena. Un/a pasajero/a acaba de perder su maleta y tú necesitas hacerle algunas preguntas para completar el formulario. Puedes usar estas preguntas como una guía.

1. ¿Cómo se llama usted?
2. ¿Cuál era el número de su vuelo? ¿En qué ciudad se originó?
3. ¿Cuál era su destino final?
4. ¿Cuántas maletas perdió usted?
5. ¿Cómo era(n) la(s) maleta(s)?
6. ¿Tenía(n) la(s) maleta(s) identificación?
7. ¿En qué hotel está usted en Cartagena?

> Nombre:_____
> Vuelo:_____ Ciudad de origen:_____
> Destino final del pasajero:_____
> Descripción de equipaje perdido:_____
> Identificación:_____
> Comentarios:_____
> Dirección local:_____
> Número de teléfono:_____

A B **9-27B ¿Cómo lo haces?** Túrnense para hacerse preguntas. Contesten cada una con un adverbio terminado en **–mente,** basado en un adjetivo de la lista.

MODELO: **E1:** ¿Qué tal lees en español?
 E2: Leo lentamente en español. ¿Y tú?

| alegre | animado | difícil | fácil | profundo | tranquilo |
| amable | cuidadoso | elegante | lento | rápido | triste |

1. ¿Qué tal hablas en español?
2. ¿Qué tal duermes cuando hace frío?
3. ¿Cómo te vistes cuando estás de vacaciones?
4. ¿Cómo trabajas cuando tienes sueño?
5. ¿Qué tal montas en bicicleta?
6. ¿…?

Lección 10

AB **10-4B ¡Qué mal me siento!** Túrnense para describir sus síntomas y dar consejos.

MODELO: E1: Tengo dolor de muelas.
E2: *Ve a ver al dentista.*

Algunos consejos

guardar cama	ir a la clínica
hacer una cita con el médico	comer mejor
tomar aspirinas	hacer ejercicio
descansar	cuidarse

1. Tengo gripe.
2. Tengo náuseas.
3. Tengo un dolor de cabeza terrible.
4. Toso mucho.
5. Me duele el pecho.
6. Soy alérgico a los camarones.

AB **10-12B Nos sentimos mal.** Imagínense que Uds. tienen algunos problemas de salud. Túrnense para presentar los problemas y los remedios.

MODELO: E1: Nos duele la cabeza.
E2: *Tomemos aspirina.*

llamar a la clínica	hacer menos ejercicio
tomar una pastilla de vitamina C	ir al hospital para una radiografía

1. Tenemos tos.
2. Tenemos náuseas.
3. Nos duele el oído.
4. Tenemos dolor de muelas.

AB **10-15B Te recomiendo que...** Túrnense para presentar los siguientes problemas mientras el/la otro/a ofrece unas recomendaciones. Pueden usar el verbo **recomiendo** con una cláusula nominativa en el subjuntivo.

MODELO: E1: Soy muy delgado/a.
E2: *Te recomiendo que comas más.*

Algunas recomendaciones

ponerse a dieta y en forma	dejar de fumar
comer más fibra y menos grasa	limitar el consumo de colesterol y controlar
comer más frutas, verduras y	los niveles de azúcar
granos integrales	

1. Mi jefe/a padece de úlceras.
2. A mi abuelo/a le preocupa su alto nivel de colesterol.
3. A mi amigo/a le falta energía.
4. No quiero engordar cuando voy de vacaciones.
5. Me duele el estómago

AB **10-19B ¿Qué hacer?** Imagínate que tu compañero/a te pide consejos. Después de escuchar cada problema, ofrécele un consejo. Usa verbos de la lista para introducir tus recomendaciones. Escucha su reacción.

MODELO: Tienes un examen de química mañana.
E1: *Tengo un examen de química mañana.*
E2: *Te recomiendo que estudies mucho.*
E1: *Buena idea./No tengo tiempo.*

te aconsejo	te digo	te mando	te pido	te recomiendo
deseo	insisto en	te permito	te prohíbo	te sugiero

Lección 11

 11-14B Consejo. Túrnense para contar sus problemas y darse consejos usando expresiones impersonales.

MODELO: un/a amigo/a enojado/a
>   E1: *Mi amigo/a está enojado/a conmigo.*
>   E2: *Es indispensable que lo/la llames y que ustedes hablen del problema.*

Posibles problemas

un desacuerdo con un/a amigo/a	un examen difícil	un trabajo aburrido
un virus en tu computadora	un/a jefe/a imposible	¿… ?

Lección 12

 12-3B ¡Hagamos más fácil la vida! Túrnense para decir lo que necesita la otra persona para hacerse más fácil la vida.

MODELO: E1: No puedo ver bien mi documento en la computadora.
>   E2: *Necesitas una pantalla más grande.*

1. Mi primo vive en España y es muy caro hablarle por teléfono.
2. Pierdo todas las llamadas telefónicas cuando no estoy en casa.
3. Me gustaría hacer llamadas desde mi coche.
4. Tengo que escribir una composición para mañana.
5. Quiero comprar un regalo para mi hermano de diez años.

 12-4B Una encuesta (*poll*). Túrnense para hacer esta encuesta. Empiecen con esta presentación.

MODELO: E1: *Buenos días. Con su permiso, me gustaría hacerle algunas preguntas sobre su forma de utilizar la tecnología…*
>   E2: *Bueno, no tengo mucho tiempo, pero…*

1. ¿Tiene un contestador automático en casa? ¿Qué mensaje tiene?
2. ¿Con qué frecuencia usa los cajeros automáticos?
3. ¿Tiene un teléfono inalámbrico en casa? ¿Cuáles son sus ventajas y desventajas?
4. ¿Tiene un teléfono celular en el coche? ¿Sabe cuánto cuesta la llamada?
5. ¿Tiene una videograbadora? ¿De qué marca?
6. ¿Qué importancia tiene la tecnologia en su vida?

 12-11B ¿Por qué será? Primero, cuéntale las situaciones que tienes abajo a tu compañero/a y él/ella responderá. Luego, responde a las situaciones que te comenta tu compañero/a con una conjetura. Puedes usar ideas de la lista a continuación o inventar respuestas originales.

MODELO: E1: Hay peces *(fish)* muertos en el lago.
>   E2: *Estará contaminado.*

ser felices	estar trabajando todavía
jugar con un juego electrónico nuevo	tener un virus
ser algo urgente	estar en la caja

1. Hay un mensaje en tu contestador automático.
2. Hay mucha gente esperando enfrente del cine.

3. Hay un técnico trabajando en la computadora.

4. El secretario no ha sacado las fotocopias.

5. La videograbadora está prendida.

6. No encuentro el documento que escribí ayer.

 12-17B ¿Cómo reaccionas? Túrnense para reaccionar a sus comentarios, usando **ojalá, tal vez** or **quizás**. Comparen sus reacciones.

MODELO: **E1:** Las computadoras no funcionan.

E2: *Quizás el técnico pueda repararlas.*

E1: *¡Ojalá que venga un técnico bueno!*

1. No archivé mis documentos en la computadora.

2. No entiendo cómo funciona esta hoja electrónica.

3. No encuentro la información que necesito en el Internet.

4. ¿... ?

 12-21B ¿Cuál es tu opinión? Túrnense para responder a las afirmaciones que hace su compañero/a.

MODELO: **E1:** La contaminación del medio ambiente no es un problema serio. Vivimos en un país muy limpio.

E2: *No estoy de acuerdo. Lo que se hace en una parte del planeta nos afecta a todos.*

1. La contaminación del agua es el problema medioambiental más serio de este país.

2. El gobierno hace lo suficiente para proteger los parques y otras áreas naturales.

3. La energía solar es una fuente de energía barata y limpia.

4. Hay que subir el precio de la gasolina para que la gente use menos sus coches.

 12-27B Greenpeace. Ésta es una organización cuyo objetivo es la conservación del medio ambiente. Imagínate que eres el/la director/a de la organización y a tu compañero/a le interesa ser miembro. Contéstale sus preguntas.

MODELO: **E1:** *¿Podré decidir el número de horas que trabajo como voluntario/a?*

E2: *¡Claro que sí! Aunque sólo trabajes una hora por semana, será suficiente.*

Algunas respuestas del/de la director/a:

¡Claro que sí! / ¡Claro que no!

cuando viajar…

aunque no querer…

en cuanto tener…

mientras que usted ser…

hasta que haber otras alternativas…

antes de que acabarse todos los recursos naturales…

tan pronto como usted organizar…

REGULAR VERBS: SIMPLE TENSES

Infinitive Present Participle Past Participle	Indicative					Subjunctive		Imperative
	Present	Imperfect	Preterit	Future	Conditional	Present	Imperfect	
hablar hablando hablado	hablo hablas habla hablamos habláis hablan	hablaba hablabas hablaba hablábamos hablabais hablaban	hablé hablaste habló hablamos hablasteis hablaron	hablaré hablarás hablará hablaremos hablaréis hablarán	hablaría hablarías hablaría hablaríamos hablaríais hablarían	hable hables hable hablemos habléis hablen	hablara hablaras hablara habláramos hablarais hablaran	habla tú, no hables hable Ud. hablemos hablen Uds.
comer comiendo comido	como comes come comemos coméis comen	comía comías comía comíamos comíais comían	comí comiste comió comimos comisteis comieron	comeré comerás comerá comeremos comeréis comerán	comería comerías comería comeríamos comeríais comerían	coma comas coma comamos comáis coman	comiera comieras comiera comiéramos comierais comieran	come tú, no comas coma Ud. comamos coman Uds.
vivir viviendo vivido	vivo vives vive vivimos vivís viven	vivía vivías vivía vivíamos vivíais vivían	viví viviste vivió vivimos vivisteis vivieron	viviré vivirás vivirá viviremos viviréis vivirán	viviría vivirías viviría viviríamos viviríais vivirían	viva vivas viva vivamos viváis vivan	viviera vivieras viviera viviéramos vivierais vivieran	vive tú, no vivas viva Ud. vivamos vivan Uds.

Vosotros commands

hablar	comer	vivir
hablad no habléis	comed no comáis	vivid no viváis

REGULAR VERBS: PERFECT TENSES

Indicative										Subjunctive			
Present Perfect		Past Perfect		Preterit Perfect		Future Perfect		Conditional Perfect		Present Perfect		Past Perfect	
he	hablado	había	hablado	hube	hablado	habré	hablado	habría	hablado	haya	hablado	hubiera	hablado
has	comido	habías	comido	hubiste	comido	habrás	comido	habrías	comido	hayas	comido	hubieras	comido
ha	vivido	había	vivido	hubo	vivido	habrá	vivido	habría	vivido	haya	vivido	hubiera	vivido
hemos		habíamos		hubimos		habremos		habríamos		hayamos		hubiéramos	
habéis		habíais		hubisteis		habréis		habríais		hayáis		hubierais	
han		habían		hubieron		habrán		habrían		hayan		hubieran	

IRREGULAR VERBS

Infinitive Present Participle Past Participle	Indicative					Subjunctive		Imperative
	Present	Imperfect	Preterit	Future	Conditional	Present	Imperfect	
andar andando andado	ando andas anda andamos andáis andan	andaba andabas andaba andábamos andabais andaban	anduve anduviste anduvo anduvimos anduvisteis anduvieron	andaré andarás andará andaremos andaréis andarán	andaría andarías andaría andaríamos andaríais andarían	ande andes ande andemos andéis anden	anduviera anduvieras anduviera anduviéramos anduvierais anduvieran	anda tú, no andes ande Ud. andemos anden Uds.
caer cayendo caído	caigo caes cae caemos caéis caen	caía caías caía caíamos caíais caían	caí caíste cayó caímos caísteis cayeron	caeré caerás caerá caeremos caeréis caerán	caería caerías caería caeríamos caeríais caerían	caiga caigas caiga caigamos caigáis caigan	cayera cayeras cayera cayéramos cayerais cayeran	cae tú, no caigas caiga Ud. caigamos caigan Uds.
dar dando dado	doy das da damos dais dan	daba dabas daba dábamos dabais daban	di diste dio dimos disteis dieron	daré darás dará daremos daréis darán	daría darías daría daríamos daríais darían	dé des dé demos deis den	diera dieras diera diéramos dierais dieran	da tú, no des dé Ud. demos den Uds.

IRREGULAR VERBS (CONTINUED)

Infinitive Present Participle Past Participle	Indicative Present	Imperfect	Preterit	Future	Conditional	Subjunctive Present	Imperfect	Imperative
decir diciendo dicho	digo dices dice decimos decís dicen	decía decías decía decíamos decíais decían	dije dijiste dijo dijimos dijisteis dijeron	diré dirás dirá diremos diréis dirán	diría dirías diría diríamos diríais dirían	diga digas diga digamos digáis digan	dijera dijeras dijera dijéramos dijerais dijeran	di tú, no digas diga Ud. digamos digan Uds.
estar estando estado	estoy estás está estamos estáis están	estaba estabas estaba estábamos estabais estaban	estuve estuviste estuvo estuvimos estuvisteis estuvieron	estaré estarás estará estaremos estaréis estarán	estaría estarías estaría estaríamos estaríais estarían	esté estés esté estemos estéis estén	estuviera estuvieras estuviera estuviéramos estuvierais estuvieran	está tú, no estés esté Ud. estemos estén Uds.
haber habiendo habido	he has ha hemos habéis han	había habías había habíamos habíais habían	hube hubiste hubo hubimos hubisteis hubieron	habré habrás habrá habremos habréis habrán	habría habrías habría habríamos habríais habrían	haya hayas haya hayamos hayáis hayan	hubiera hubieras hubiera hubiéramos hubierais hubieran	
hacer haciendo hecho	hago haces hace hacemos hacéis hacen	hacía hacías hacía hacíamos hacíais hacían	hice hiciste hizo hicimos hicisteis hicieron	haré harás hará haremos haréis harán	haría harías haría haríamos haríais harían	haga hagas haga hagamos hagáis hagan	hiciera hicieras hiciera hiciéramos hicierais hicieran	haz tú, no hagas haga Ud. hagamos hagan Uds.
ir yendo ido	voy vas va vamos vais van	iba ibas iba íbamos ibais iban	fui fuiste fue fuimos fuisteis fueron	iré irás irá iremos iréis irán	iría irías iría iríamos iríais irían	vaya vayas vaya vayamos vayáis vayan	fuera fueras fuera fuéramos fuerais fueran	ve tú, no vayas vaya Ud. vamos (no vayamos) vayan Uds.

IRREGULAR VERBS (CONTINUED)

Infinitive Present Participle Past Participle	Indicative Present	Imperfect	Preterit	Future	Conditional	Subjunctive Present	Imperfect	Imperative
oír oyendo oído	oigo oyes oye oímos oís oyen	oía oías oía oíamos oíais oían	oí oíste oyó oímos oísteis oyeron	oiré oirás oirá oiremos oiréis oirán	oiría oirías oiría oiríamos oiríais oirían	oiga oigas oiga oigamos oigáis oigan	oyera oyeras oyera oyéramos oyerais oyeran	oye tú, no oigas oiga Ud. oigamos oigan Uds.
poder pudiendo podido	puedo puedes puede podemos podéis pueden	podía podías podía podíamos podíais podían	pude pudiste pudo pudimos pudisteis pudieron	podré podrás podrá podremos podréis podrán	podría podrías podría podríamos podríais podrían	pueda puedas pueda podamos podáis puedan	pudiera pudieras pudiera pudiéramos pudierais pudieran	
poner poniendo puesto	pongo pones pone ponemos ponéis ponen	ponía ponías ponía poníamos poníais ponían	puse pusiste puso pusimos pusisteis pusieron	pondré pondrás pondrá pondremos pondréis pondrán	pondría pondrías pondría pondríamos pondríais pondrían	ponga pongas ponga pongamos pongáis pongan	pusiera pusieras pusiera pusiéramos pusierais pusieran	pon tú, no pongas ponga Ud. pongamos pongan Uds.
querer queriendo querido	quiero quieres quiere queremos queréis quieren	quería querías quería queríamos queríais querían	quise quisiste quiso quisimos quisisteis quisieron	querré querrás querrá querremos querréis querrán	querría querrías querría querríamos querríais querrían	quiera quieras quiera queramos queráis quieran	quisiera quisieras quisiera quisiéramos quisierais quisieran	quiere tú, no quieras quiera Ud. queramos quieran Uds.
saber sabiendo sabido	sé sabes sabe sabemos sabéis saben	sabía sabías sabía sabíamos sabíais sabían	supe supiste supo supimos supisteis supieron	sabré sabrás sabrá sabremos sabréis sabrán	sabría sabrías sabría sabríamos sabríais sabrían	sepa sepas sepa sepamos sepáis sepan	supiera supieras supiera supiéramos supierais supieran	sabe tú, no sepas sepa Ud. sepamos sepan Uds.
salir saliendo salido	salgo sales sale salimos salís salen	salía salías salía salíamos salíais salían	salí saliste salió salimos salisteis salieron	saldré saldrás saldrá saldremos saldréis saldrán	saldría saldrías saldría saldríamos saldríais saldrían	salga salgas salga salgamos salgáis salgan	saliera salieras saliera saliéramos salierais salieran	sal tú, no salgas salga Ud. salgamos salgan Uds.

IRREGULAR VERBS (CONTINUED)

Infinitive Present Participle Past Participle	Indicative Present	Imperfect	Preterit	Future	Conditional	Subjunctive Present	Imperfect	Imperative
ser siendo sido	soy eres es somos sois son	era eras era éramos erais eran	fui fuiste fue fuimos fuisteis fueron	seré serás será seremos seréis serán	sería serías sería seríamos seríais serían	sea seas sea seamos seáis sean	fuera fueras fuera fuéramos fuerais fueran	sé tú, no seas sea Ud. seamos sean Uds.
tener teniendo tenido	tengo tienes tiene tenemos tenéis tienen	tenía tenías tenía teníamos teníais tenían	tuve tuviste tuvo tuvimos tuvisteis tuvieron	tendré tendrás tendrá tendremos tendréis tendrán	tendría tendrías tendría tendríamos tendríais tendrían	tenga tengas tenga tengamos tengáis tengan	tuviera tuvieras tuviera tuviéramos tuvierais tuvieran	ten tú, no tengas tenga Ud. tengamos tengan Uds.
traer trayendo traído	traigo traes trae traemos traéis traen	traía traías traía traíamos traíais traían	traje trajiste trajo trajimos trajisteis trajeron	traeré traerás traerá traeremos traeréis traerán	traería traerías traería traeríamos traeríais traerían	traiga traigas traiga traigamos traigáis traigan	trajera trajeras trajera trajéramos trajerais trajeran	trae tú, no traigas traiga Ud. traigamos traigan Uds.
venir viniendo venido	vengo vienes viene venimos venís vienen	venía venías venía veníamos veníais venían	vine viniste vino vinimos vinisteis vinieron	vendré vendrás vendrá vendremos vendréis vendrán	vendría vendrías vendría vendríamos vendríais vendrían	venga vengas venga vengamos vengáis vengan	viniera vinieras viniera viniéramos vinierais vinieran	ven tú, no vengas venga Ud. vengamos vengan Uds.
ver viendo visto	veo ves ve vemos véis ven	veía veías veía veíamos veíais veían	vi viste vio vimos visteis vieron	veré verás verá veremos veréis verán	vería verías vería veríamos veríais verían	vea veas vea veamos véais vean	viera vieras viera viéramos vierais vieran	ve tú, no veas vea Ud. veamos vean Uds.

STEM-CHANGING AND ORTHOGRAPHIC-CHANGING VERBS

Infinitive Present Participle Past Participle	Indicative					Subjunctive		Imperative
	Present	Imperfect	Preterit	Future	Conditional	Present	Imperfect	
incluir (y) incluyendo incluido	incluyo incluyes incluye incluimos incluís incluyen	incluía incluías incluía incluíamos incluíais incluían	incluí incluiste incluyó incluimos incluisteis incluyeron	incluiré incluirás incluirá incluiremos incluiréis incluirán	incluiría incluirías incluiría incluiríamos incluiríais incluirían	incluya incluyas incluya incluyamos incluyáis incluyan	incluyera incluyeras incluyera incluyéramos incluyerais incluyeran	incluye tú, no incluyas incluya Ud. incluyamos incluyan Uds.
dormir (ue, u) durmiendo dormido	duermo duermes duerme dormimos dormís duermen	dormía dormías dormía dormíamos dormíais dormían	dormí dormiste durmió dormimos dormisteis durmieron	dormiré dormirás dormirá dormiremos dormiréis dormirán	dormiría dormirías dormiría dormiríamos dormiríais dormirían	duerma duermas duerma durmamos durmáis duerman	durmiera durmieras durmiera durmiéramos durmierais durmieran	duerme tú, no duermas duerma Ud. durmamos duerman Uds.
pedir (i, i) pidiendo pedido	pido pides pide pedimos pedís piden	pedía pedías pedía pedíamos pedíais pedían	pedí pediste pidió pedimos pedisteis pidieron	pediré pedirás pedirá pediremos pediréis pedirán	pediría pedirías pediría pediríamos pediríais pedirían	pida pidas pida pidamos pidáis pidan	pidiera pidieras pidiera pidiéramos pidierais pidieran	pide tú, no pidas pida Ud. pidamos pidan Uds.
pensar (ie) pensando pensado	pienso piensas piensa pensamos pensáis piensan	pensaba pensabas pensaba pensábamos pensabais pensaban	pensé pensaste pensó pensamos pensasteis pensaron	pensaré pensarás pensará pensaremos pensaréis pensarán	pensaría pensarías pensaría pensaríamos pensaríais pensarían	piense pienses piense pensemos penséis piensen	pensara pensaras pensara pensáramos pensarais pensaran	piensa tú, no pienses piense Ud. pensemos piensen Uds.

STEM-CHANGING AND ORTHOGRAPHIC-CHANGING VERBS (CONTINUED)

Infinitive / Present Participle / Past Participle	Indicative					Subjunctive		Imperative
	Present	Imperfect	Preterit	Future	Conditional	Present	Imperfect	
producir (zc) / produciendo / producido	produzco / produces / produce / producimos / producís / producen	producía / producías / producía / producíamos / producíais / producían	produje / produjiste / produjo / produjimos / produjisteis / produjeron	produciré / producirás / producirá / produciremos / produciréis / producirán	produciría / producirías / produciría / produciríamos / produciríais / producirían	produzca / produzcas / produzca / produzcamos / produzcáis / produzcan	produjera / produjeras / produjera / produjéramos / produjerais / produjeran	produce tú, no produzcas / produzca Ud. / produzcamos / produzcan Uds.
reír (i, i) / riendo / reído	río / ríes / ríe / reímos / reís / ríen	reía / reías / reía / reíamos / reíais / reían	reí / reíste / rio / reímos / reísteis / rieron	reiré / reirás / reirá / reiremos / reiréis / reirán	reiría / reirías / reiría / reiríamos / reiríais / reirían	ría / rías / ría / riamos / riáis / rían	riera / rieras / riera / riéramos / rierais / rieran	ríe tú, no rías / ría Ud. / riamos / rían Uds.
seguir (i, i) (ga) / siguiendo / seguido	sigo / sigues / sigue / seguimos / seguís / siguen	seguía / seguías / seguía / seguíamos / seguíais / seguían	seguí / seguiste / siguió / seguimos / seguisteis / siguieron	seguiré / seguirás / seguirá / seguiremos / seguiréis / seguirán	seguiría / seguirías / seguiría / seguiríamos / seguiríais / seguirían	siga / sigas / siga / sigamos / sigáis / sigan	siguiera / siguieras / siguiera / siguiéramos / siguierais / siguieran	sigue tú, no sigas / siga Ud. / sigamos / sigan Uds.
sentir (ie, i) / sintiendo / sentido	siento / sientes / siente / sentimos / sentís / sienten	sentía / sentías / sentía / sentíamos / sentíais / sentían	sentí / sentiste / sintió / sentimos / sentisteis / sintieron	sentiré / sentirás / sentirá / sentiremos / sentiréis / sentirán	sentiría / sentirías / sentiría / sentiríamos / sentiríais / sentirían	sienta / sientas / sienta / sintamos / sintáis / sientan	sintiera / sintieras / sintiera / sintiéramos / sintierais / sintieran	siente tú, no sientas / sienta Ud. / sintamos / sientan Uds.
volver (ue) / volviendo / vuelto	vuelvo / vuelves / vuelve / volvemos / volvéis / vuelven	volvía / volvías / volvía / volvíamos / volvíais / volvían	volví / volviste / volvió / volvimos / volvisteis / volvieron	volveré / volverás / volverá / volveremos / volveréis / volverán	volvería / volverías / volvería / volveríamos / volveríais / volverían	vuelva / vuelvas / vuelva / volvamos / volváis / vuelvan	volviera / volvieras / volviera / volviéramos / volvierais / volvieran	vuelve tú, no vuelvas / vuelva Ud. / volvamos / vuelvan Uds.

Appendix 3

A

a bordo on board
a buen precio inexpensive
a continuación following
a cuestas on one's back, shoulders
a eso de at about
a fin de que in order that (12)
a finales de at the end of
a fuego alto/medio/bajo on high/medium/low heat (6)
a la derecha (de) to (on) the right (of) (3)
a la izquierda (de) to (on) the left (of) (3)
a la parrilla grilled (6)
a la vez at the same time
a menos (de) que unless (12)
a menudo often (5)
a partir de from this point on
a pesar de in spite of
¿a qué se debe… ? what's the reason for…? (4)
a tiempo on time
a través de through; across
a veces sometimes, at times (5)
a ver… let's see… (10)
abajo downstairs… (5)
abandonar to abandon; to leave
abastecer to replenish; to store
abierto/a open (3)
abogado/a, el/la lawyer
abolir to abolish
abordar to board
aborto, el abortion
abrazar to hug
abrazo, el hug (4)
abrigo, el coat (8)
abril April (1)
abrir to open (3)
abrocharse to fasten (a seat belt) (9)
abuelo/a, el/la grandfather/grandmother (4)
aburrido/a boring (1); bored (3)
acabar (de + infin.) to finish; to have just (done something) (11)
accesorio, el accessory
aceite (de oliva), el (olive) oil (6)
aceituna, la olive
aceptar to accept (4)
acerca about
acercarse to approach
ácido/a acidic
acogedor/a cozy
aconsejar to advise (10)

acontecimiento, el happening, event
acordarse (de) (ue) to remember
acordeón, el accordion
acostar to put to bed (5)
acostarse (ue) to go to bed (5)
acostumbrarse to get used to
actitud, la attitude
actividad, la activity (4)
activista, el/la activist
acto, el act
actor, el/actriz, la actor/actress
actuación, la acting
actual *adj.* current
actuar to act
acuático/a water *adj.*
acudir to go; to present oneself
acuerdo, el agreement
adelgazar to lose weight (10)
ademán, el gesture
además de besides
adentro inside
adiós good-bye (1)
adivinar to guess
adivino/a, el/la fortune teller
adjuntar to attach; enclose (11)
administración de empresas, la business administration (2)
admirar to admire
adónde where
adornar to decorate
adquisición, la acquisition
aduana, la customs (9)
aduanero/a, el/la customs inspector (9)
advertir to warn
aerolínea, la airline
aeromozo/a, el/la stewardess, flight attendant (9)
aeropuerto, el airport (9)
afecto, el affection
afeitarse to shave (5)
afición, la hobby
aficionado/a, el/la fan (7)
afortunadamente fortunately
afortunado/a fortunate
afrontar to face
afuera outside
agarrar to grab; to catch
agencia, la agency (11)
agitar to shake up
agosto August (1)
agradable pleasant
agradar to be pleasing; to please
agradecer (zc) to thank
agrandar to enlarge

agravar to make worse
agrícola agricultural
agricultor/a, el/la farmer
agua (mineral), el (but *f.*) (mineral) water (3)
agua corriente, el (but *f.*) running water
agua dulce, el (but *f.*) fresh water
águila, el (but *f.*) eagle
ahí there (1)
ahora (mismo) (right) now (2)
ahora que now that (12)
ahorrar to save
aire, el air (12)
ajedrez, el chess
ají, el hot pepper (6)
ají verde, el green pepper
ajo, el garlic (6)
ajuste, el adjustment
al aire libre outdoors
al atardecer at dusk
al borde de on the verge (edge) of
al lado (de) next to (3)
al poco rato soon
alambrada, la wire fence
alambre, el wire
alba, el (but *f.*) daybreak
albergar esperanzas to have hopes
alcalde/alcaldesa, el/la mayor
alcantarilla, la culvert; sewer
alcanzar to reach
alcoba, la bedroom
aldea, la village
alegrarse (de) to become happy (5)
alegre happy (4)
alejarse (de) to get away (from) (10)
alemán/a *adj., n.* German (2)
alergia, la allergy (10)
alérgico/a allergic
alfabetización, la literacy
alfombra, la rug (5)
álgebra, el (but *f.*) algebra (3)
algo something (6)
algodón, el cotton (8)
alguien someone (7)
algún, alguno/a some (7)
algunas veces sometimes
alhaja, la jewel, gem
aliado/a, el/la ally
alimentar to feed
alimento, el food
aliviado/a relieved
aliviar to relieve
allí over there (1)

alma, el (but *f.*) soul
almacén, el department store (8)
almorzar (ue) to have lunch (4)
almuerzo, el lunch (3)
aló hello (answering the phone) (4)
alquilar to rent
alrededor around
alta costura, la high fashion
altibajos, los ups and downs
altiplano, el high plateau
alto/a tall (2); high (6)
altura, la altitude (9); height
alucinógeno, el hallucinogen
alumbrar to light
aluminio, el aluminum
ama de casa, el (but *f.*) housewife
amable friendly; kind (4)
amanecer (zc) to dawn
amante, el/la lover
amar to love
amarillo/a yellow (1)
ambiental environmental
ambiente, el environment
ambos/as both
ambulante, el/la vendedor/a ambulante street vendor
amigo/a, el/la friend (2)
amistad, la friendship
amistoso/a friendly
amor, el love (4)
ampliar to broaden
amplio/a extensive
analista de sistemas, el/la systems analyst (11)
anaranjado/a orange (1)
ancho/a wide
andar to walk
andén, el platform
anexo, el (e-mail) attachment (11)
anfitrión/anfitriona, el/la show host/hostess
angustia, la anguish
anillo, el ring (8)
animar to encourage (7)
anoche last night (6)
anotada: carrera anotada, la run scored
ansioso/a anxious
ante before (in front of); with regard to
anteayer *(adv.)* day before yesterday (6)
antena parabólica, la satellite dish (12)

antepasado, el ancestor
antes (de) before (3)
antes (de) que before (12)
antiácido, el antacid (10)
antiadherente nonstick
antibiótico, el antibiotic (10)
antiguo/a ancient
antigüedad, la antique
antipático/a unpleasant, mean (1)
antropología, la anthropology (3)
antropólogo, el anthropologist
anunciar to announce
anuncio, el announcement; ad
anzuelo, el hook
añadir to add (6)
año, el year
año (lunes, martes, etcétera) pasado, el last year (Monday, Tuesday, etc.) (6)
apagar (gu) to put out, extinguish (11); to turn off (12)
aparato, el appliance (6)
aparato electrónico, el electronics
aparecer (zc) to appear
apariencia, la appearance
apartar to separate
aparte separate
apellido, el last name, surname (4)
apilar to pile up
aplaudir to applaud
aplauso, el applause
apodo, el nickname
apoyar to support
apoyo, el support
apreciar to appreciate
aprender (a) (+ infin.) to learn (how) (to do something) (3)
apretado/a tight
aprobar (ue) to approve
apropiado/a appropriate
aprovechar to take advantage of
apunte, el note
apurado/a in a hurry
aquí here (1)
aquí tiene here you are
araña, la spider
árbitro, el referee (7)
árbol, el tree
archivar to file; to save (12)
ardilla, la squirrel
área de estudio, el (but f.) major
arete, el earring (8)
argentino/a n., adj. Argentine (2)
argumento, el plot
arma, el f. weapon
armario, el closet (5)
armarse to arm oneself
arpa, el f. harp
arquitecto/a architect (11)
arrastrar to drag

arrebolado/a blushing
arreglar, to arrange; to fix (8)
arreglo personal, el personal care (5)
arriba up; upstairs (5)
¡arriba! yeah!
arriba de above
arrimarse a to approach; to get near
arrodillarse to kneel
arrojar to throw out (12)
arroyo, el gulley
arroz, el rice (6)
arruga, la wrinkle
arte dramático, el acting
arte, el art (2)
artesanía, la handicrafts
artesano/a craftsman/ woman
artículo, el article
artículo de tocador, el personal care product (8)
asado/a roast (6)
ascender (ie) to promote, to move up (11)
asegurar to assure
asentir (ie) to assent; to agree
asesinar to murder
asesino/a, el/la murderer
asesor/a, el/la consultant, advisor
así such; thus
así así so-so (1)
¡así es la vida! that's life!
asiento, el seat (9)
asistencia social, la welfare
asistir a to attend (3)
asombrado/a surprised
aspiradora, la vacuum cleaner (5)
aspiradora: pasar la aspiradora to vacuum (5)
aspirante, el/la applicant (11)
aspirar (a) to run for election
aspirina, la aspirin (10)
astro, el star
asumir to assume
asunto, el matter; issue
asustado/a frightened
asustarse to be frightened
ataque de nervios, el nervous breakdown
atar to tie (up)
atardecer: al atardecer at dusk
atasco, el traffic jam
atender (ie) to serve; look after; wait on (8)
atentamente sincerely yours (11)
ateo/a, el/la atheist
aterrizaje, el landing (9)
aterrizar to land (9)
atleta, el/la athlete (7)
atletismo, el track and field (7), athletics
atmósfera, la atmosphere (12)
atractivo/a attractive (4)
atraer to attract
atrapado/a trapped

atrás back; backwards; behind
atraso, el delay
atravesado/a crossed
atreverse to dare
atún, el tuna (6)
audición, la audition
auditorio, el auditorium
aumentar to increase
aumento, el raise (11)
aun even
aún still
aun cuando even when
aunque although (6)
aurora, la dawn
auspiciado/a sponsored
autobiografía, la autobiography
autobús, el bus
automático: contestador automático, el answering machine (12)
autónomo/a autonomous
autopista, la highway
autoretrato, el self-portrait
ave, el (but f.) bird
avena, la oatmeal (10)
aventura, la adventure
averiado/a broken down
averiguar to check
avión, el airplane
aviso, el warning; ad
¡ay bendito! oh no!
ayer yesterday (6)
ayuda, la help (2)
ayudante, el/la helper
ayudar to help (2)
azafata, la stewardess, flight attendant
azafrán, el saffron (6)
azar, el chance
azúcar, el (or f.) sugar (6)
azul blue (1)

B

bacalao, el codfish
bádminton, el badminton (7)
bailar to dance (2)
bailarín/bailarina, el/la dancer
bajar to lower
bajar de peso to lose weight (10)
bajo, el bass (instrument)
bajo/a adj. short (2); adv. low (6); deep; prep. under
balbucear to babble
balcón, el balcony
balneario, el beach resort
balón, el ball (7)
baloncestista, el/la basketball player (7)
baloncesto, el basketball (2)
banana, la banana (6)
banano, el banana tree
banco, el bank; bench
banda, la band
bandera, la flag
bando, el faction; party
banqueta, la bench, stool
baño, el bathroom (5)

bañarse to bathe (5); to go swimming
barato/a cheap, inexpensive (1)
¡bárbaro! awesome!
barco, el ship
barítono, el baritone
barrer el piso to sweep the floor (5)
barrio, el neighborhood
barrote, el thick bar, rail
base de datos, la database (12)
básquetbol, el basketball (2)
bastante rather (3); enough
bastante bien pretty well (1)
basura, la garbage (5)
basurero, el garbage can (5)
bate, el bat (7)
batear to bat (7)
batería, la drums
batido, el shake
batir to beat (6)
baúl, el trunk
bebé, el/la baby
beber to drink (3)
bebida, la drink; refreshment (3)
bebida alcohólica, la alcoholic beverage (10)
béisbol, el baseball (2)
beisbolista, el/la m., f. baseball player (7)
bellas artes, las fine arts (2)
belleza, la beauty
bello/a beautiful
bendición, la blessing
beneficio, el benefit
besar to kiss
beso, el kiss (4)
biblioteca, la library (3)
bicicleta, la bicycle (7)
bien well; fine (1)
bien hecho/a well made
bienestar, el well-being (10)
bienvenido/a adj. welcome
bigote, el moustache
bilingüe bilingual
bilingüismo, el bilingualism
billar, el pool; billiards
billetera, la wallet (8)
binoculares, los binoculars (9)
biología, la biology (2)
bistec, el steak (6)
blanco/a white (1)
blanquillo, el egg (Mex.) (6)
blusa, la blouse (8)
boca, la mouth (10)
bocadillo, el sandwich (6)
boda, la wedding
boleto, el ticket (7)
bolígrafo, el pen (1)
bolsa, la bag (7); purse (8)
bolso, el purse
bombero/a firefighter (11)
bondad, la goodness
bonificación anual, la yearly bonus (11)
bonito/a pretty (2)
borde: al borde de on the verge (edge) of

bordear to border
borrador, el eraser (1)
borrar to erase (12)
bosque, el forest (9)
bota, la boot (8)
botar to throw out
bote, el jar; bounce; boat
botella bottle
botones, el/la bellhop (9)
boxeador/a boxer (7)
boxeo, el boxing (7)
brazo, el arm (10)
brevemente briefly
brillar to shine
broma, la joke
bronce: instrumento de bronce, el brass instrument
bucear to scuba dive (9)
buche, el craw; stomach
¡buen provecho! enjoy your meal! (6)
¡buen viaje! have a good trip
buen, bueno/a good (1)
buenas noches good evening; good night (1)
buenas tardes good afternoon (good evening) (1)
¡bueno! hello (*Mex.*) (answering the phone) (4)
buenos días good morning (1)
bufanda, la scarf (8)
buitre, el vulture
buscar to look for (2)
búsqueda, la search (11)
buzón, el drop-box

C

caballo, el horse (9)
cabeza, la head (10)
cacahuete, el peanut
cacho, el small piece
cachorro, el cub
cachucha, la cap
cacique, el chief
cada each
cadena, la chain (8); network
caer to fall
caerle bien/mal to like/dislike (a person) (6)
café, el coffee (3); cafe (4)
café al aire libre outdoor cafe (4)
café con leche coffee with milk (6)
café solo black coffee (6)
cafetera, la coffeepot (6)
cafetería, la cafeteria (3)
caja, la box; cash register (8)
cajero automático, el automatic teller (12)
cajuela, la small box
calavera, la skull
calcetín, el sock (8)
calculadora, la calculator (3)
calcular to calculate (12)
cálculo, el calculus (3)
calentar (ie) to heat (6)
calidad, la quality (8)

cálido/a warm
caliente hot (6)
calificación, la qualification
callarse to get quiet
calle, la street
calmante, el painkiller, sedative (10)
calor: tener calor to be hot (2)
caluroso/a warm
calzado, el footwear
calzar to wear (shoes) (8)
cama, la bed (5)
cama doble, la double bed (9)
cama grande, la king-size bed (9)
cámara, la chamber
cámara de representantes, la house of representatives
cámara de video, la video camera, camcorder (9)
cámara fotográfica, la camera (9)
camarero/a, el/la waiter/waitress (6)
camarón, el shrimp (6)
cambio, el change
camélido/a of the camel family
caminar to walk (2)
camino, el road
camión, el bus (*Mex.*)
camisa, la shirt (8)
camiseta, la T-shirt (8)
campamento, el camp
campaña, la campaign
campeón/campeona, el/la champion
campesino/a, el/la peasant
campo, el (playing) field (7)
campo de estudio, el field of study
canadiense, el/la *n., adj.* Canadian (2)
canal, el channel
cancelar to cancel (9)
cancha, la court, playing field (7)
canción, la song
candelabro, el candle holder
candidato/a candidate
canela, la cinnamon
cansado/a tired (3)
cansancio, el fatigue
cantante, el/la singer
cantero de jardín, el flower bed
cantidad, la quantity
canto, el song
capataz, el foreman
capaz capable (11)
capital, la capital city (2)
captar to capture
cara, la face (5)
carácter, el personality
característica, la characteristic
carbohidrato, el carbohydrate (10)
carecer de to lack
cargabate, el/la batboy
cargo, el charge; post

Caribe, el Caribbean Sea
caribeño/a Caribbean
cariño affection; love, dear (4)
cariñosamente love, affectionately (4)
caritativo/a charitable
carne, la meat (6)
carne de res, la beef (6)
carnero, el lamb
carnicería, la butcher shop (8)
caro/a expensive (1)
carpa, la tent
carpintero/a, el/la carpenter (11)
carrera, la career; profession
carrera anotada, la run scored
carrera impulsada, la run batted in
carretera, la highway
carro, el car (4)
carta, la letter (4)
cartelera, la entertainment section
cartera, la wallet
cartero/a mailman, mail carrier (11)
cartón, el cardboard
casa, la house (5)
casa de huéspedes, la guest house (3)
casa de ópera, la concert hall
casado/a (con) married (to) (3)
casarse to get married
casi almost
caso, el case
castillo, el castle (9)
catedral, la cathedral (9)
católico/a *n., adj.* Catholic
caudillo, el chief; leader
cavar to dig
cazadora, la jacket
cazar to hunt
cazuela, la stewpot, casserole dish, saucepan (6)
cebada, la barley
cebolla, la onion (6)
ceceo, el lisp; pronouncing *s* like *th*
ceder to cede; to relinquish
celebrar to celebrate
celos, los jealousy
cementerio, el cemetery
cena, la dinner; supper (3)
cenar to have dinner (6)
censurado/a censured
censurar to censure
centavo, el cent
centígrado/a centigrade
centro, el center (3); downtown (4)
centro comercial, el shopping center (8)
centro estudiantil, el student center (3)
centro naturista, el health store (10)
cepillarse to brush (5)
cepillo (de dientes), el (tooth)brush (5)

cerca, la fence
cerca (de) nearby (3); close to (3)
cercanía, la environs; vicinity
cerdo, el pork (6)
cereal, el cereal (6)
cerebro, el brain (10)
cerrado/a closed (3)
cerrar to close (1)
certamen, el contest; pageant
certidumbre, la certainty
cerveza, la beer (6)
césped, el lawn; grass (5)
cesto, el basket (7)
chamán/chamana, el/la shaman
champú, el shampoo (5)
chaqueta, la jacket (8)
cheque, el cheque (8)
cheque de viajero, el traveller's cheque
chicle, el gum
chico/a, el/la *n.* kid, boy/girl; man/woman (*coll.*) (3); *adj.* small
chileno/a *n., adj.* Chilean (2)
chino/a *n., adj.* Chinese (2)
chisme, el gossip
chismoso/a gossipy
chiste, el joke
chocar to crash
chocita, la hut
chuleta, la chop (6)
cicatriz, la scar
ciclismo, el cycling (7)
ciclista, el/la cyclist (7)
cielo, el heaven
ciencia, la science (2)
científico/a scientist
cierto/a true (11)
cigarra, la cicada; grasshopper
cigarrillo, el cigarette (10)
cilantro, el coriander; cilantro (6)
cine, el theater; movies (4)
cineasta, el/la film producer, filmmaker
cinematografía, la cinematography
cínico/a cynical
cinta, la tape; film
cinturón, el belt (8)
cinturón de seguridad, el seat belt (9)
ciprés, el cypress (tree)
ciruela, la plum
cirugía, la surgery
cita, la date; appointment (10)
ciudad, la city (2)
ciudadanía, la citizenship; citizens
ciudadano/a citizen
clarinete, el clarinet
claro of course (4)
clase, la class (3)
clase turista, la coach class (9)
clasificado/a classified
cláusula, la clause
clave, la *n.* key; *adj. inv.* key

cliente/a, el/la customer; client (6)

clima, el weather (7)

cobija, la blanket

cobrar to charge

cobre, el copper

coche, el car (4)

coche de caballo, el horse-drawn cart

cocina, la kitchen (5)

cocinero/a, el/la cook (11)

cocinita, la kitchenette (9)

código, el code

coger to catch; to gather

cognado, el cognate

cola, la line, tail

coleccionista, el/la collector

colegio, el high school

colesterol, el cholesterol (10)

colgado/a hung (up)

collar, el necklace (8)

colocar to place; to put

colombiano/a *adj.,* *n.* Colombian (2)

colonia, la colony; cologne

color, el colour (1)

comal, el hot plate

combatir to fight, to combat

comedia, la comedy

comedia musical, la musical comedy

comedor, el dining room (5)

comentario, el comment

comentarista, el/la newscaster, commentator

comentarista deportivo/a, el/la sportscaster

comenzar (ie) to begin

comer to eat (3)

comerciante, el/la merchant

comercio, el trade; commerce; business

comestible, el food

cometer to commit

cómico/a funny

comida, la meal; dinner (3)

comienzo, el beginning

¿cómo? how? what? (1)

¿cómo le va? how's it going? (*form.*)

¿cómo se llama usted? what's your name? (*form.*) (1)

¿cómo te va? how's it going? (*inf.*)

cómoda, la dresser (5)

comodidad, la amenity; comfort

cómodo/a comfortable

compadecerse to commiserate

compañero/a, el/la friend; workmate

comparar to compare

compartir to share

compatriota, el/la compatriot

competencia, la match; competition

complacer to please

complexión, la body build (10)

complicado/a complicated (3)

cómplice, el/la accomplice

componer to compose

compositor/a composer

compra, la purchase (5)

comprar to buy (2)

comprender to understand (3); to include

comprensivo/a comprehensive

compuerta, la floodgate

computación, la computer science (2)

computadora, la computer (3)

común common (11)

comunicación, la communication (2)

comunidad, la community

con with (1)

con frecuencia frequently

con motivo de because of

con tal (de) que provided (that) (12)

con todo el cariño with all my love (4)

concha, la shell

concierto, el concert (4)

concordancia, la agreement

concursante, el/la contestant

concurso, el contest; game show; pageant

condenado/a condemned

condenar to condemn

condimento, el condiment (6)

conducir (zc) to drive (12)

conexión, la connection

confeccionar to make

conferencia, la lecture

confianza, la confidence

confiar to confide

confitería, la candy store (8)

conflicto, el conflict

confundir to confuse

confuso/a confusing

congelador, el freezer (6)

congreso, el congress

conjuntamente jointly

conjunto, el outfit

conjunto musical, el musical group (4)

conjunto/a joined, linked

conocer (zc) to know or meet (someone); to be familiar with (4)

conocido/a well-known, famous

conocimiento, el knowledge

conquista, la conquest

conquistar to conquer

conseguir (i) to get, to obtain (4)

consejero, el advisor

consejo, el advice

conservador/a conservative

conservante, el preservative

conservar to conserve; to preserve (12)

construir (y) to construct

consuelo, el consolation

consultorio, el doctor's office (10)

consultorio sentimental, el advice column

consumidor/a, el/la consumer

consumir to consume (12)

consumo, el consumption

contabilidad, la accounting

contado: pagar al contado to pay cash (8)

contador/a, el/la accountant (11)

contaminación, la pollution, contamination (12)

contaminar to contaminate (12)

contar (ue) to tell; to count

contener (ie) to contain

contenido, el content

contento/a happy (3)

contestador automático, el answering machine (12)

contestar to answer (1)

contra against (5)

contraer to contract

contraer matrimonio to get married

contralto, el/la contralto

contrario/a contrary

contraseña, la password

contrastar to contrast

contratar to hire (11)

contrato, el contract (11)

contribuir (y) to contribute

contrincante, el/la opponent

controlar to control

controvertido/a controversial

convencer to convince

convento, el convent (9)

conversar to converse, to chat (2)

convertirse to become

coordinador/a, el la coordinator (11)

copa, la wine glass (6)

Copa Mundial, la World Cup

coquetear to flirt

coralígeno/a having to do with coral

corazón, el heart (10)

corbata, la tie (8)

cordialmente cordially yours (11)

cordillera, la mountain range

coreano/a *n,. adj.* Korean (2)

corneta, la horn

coro, el chorus

correo, el mail

correo electrónico, el e-mail (4)

correr to jog; to run (4)

corriente la *n.* current; *adj.* running, current

corrupción, la corruption

cortar to cut (5)

corte suprema, la Supreme Court

corteza, la peel

cortina, la curtain

corto/a short (5)

cosa, la thing

cosecha, la crop; harvest (12)

cosechar to harvest (12)

cosmopolita *n., adj.* cosmopolitan

costa, la coast

costar (ue) to cost

costarricense *adj., n.* (el/la) Costa Rican

costumbre, la custom

costura, la sewing; **el desfile de costura** fashion show

costurero/a, el/la dressmaker

cotizado/a popular

creador/a, el/la creator

creciente growing

crecimiento, el growth

creencia, la belief

creer to believe; to think (3)

crema, la cream (5)

cremoso/a creamy

criar to raise; to rear

criatura, la creature

crimen, el crime

cristiandad, la Christianity

criticar to criticize

crítico/a *adj., n.* critic; critical

crónica, la news story

crónica social, la social page

cronológico/a chronological

crucero, el cruise

crudo/a rare; raw (6)

cruzar to cross

cuaderno, el notebook (1)

cuadro, el table; chart; painting (5)

¿cuál(es)? which (one/s)? (2); what? (2)

¿cuáles son sus síntomas? what are your symptoms? (10)

cualquier/a *adj.* any

cuando when (3)

¿cuándo? when? (2)

¿cuánto cuesta(n)...? how much is...? how much are...? (1)

¿cuánto(s)...? how much? how many? (1)

cuarteto, el quartet

cuarto, el room (5); bedroom (5); quarter

cuarto doble, el double room (9)

cubano/a *adj., n.* Cuban (2)

cubierto, el place setting (6)

cubiertos, los silverware

cubo, el bucket, pail (5)

cubrir to cover (11)

cuchara, la spoon (6)

cucharadita, la tablespoon (6)

cucharadita, la teaspoon (6)

cucharita, la small spoon (6)

cucharón, el ladle (6)

cuchilla de afeitar, la razor blade (5)

cuchillo, el knife (6)

cuello, el neck (10)

cuenca, la basin

cuenta, la bill (6); account
cuento, el story
cuento de hadas, el fairy tale
cuerda, la cord; string
cuero, el leather (8)
cuerpo, el body
cuesta(n)... it costs..., they cost... (1)
cueva, la cave
cuidadosamente carefully
cuidado: tener cuidado to be careful (2)
cuidadoso/a careful
cuidar a los niños to babysit
cuidarse to take care of oneself (10)
culebra, la snake
culpable guilty
cultivo, el cultivation; crop (12)
culto/a educated
cumbre, la summit
cumpleaños, el birthday
cumplir (con) to make good; to fulfill (a promise)
cuna, la cradle
cuñado/a, el/la brother/ sister-in-law (4)
cura, el priest
curar to cure (11)
curso, el course (3)

D

daño, el damage
dar to give
dar un paseo to take a stroll (4)
dar una película to show a movie (4)
darse cuenta de to realize
dato, el information
de of, from (1)
de acuerdo fine with me; okay (4)
de cuadros checked; plaid (8)
de eso nada no way
de manga corta/larga short-/ long-sleeved (8)
de nada you're welcome (1)
de pasillo passing (through)
¿de qué color es...? what color is...? (1)
¿de quién(es)? whose? (2)
de rayas striped (8)
de repente suddenly
¿de veras? is that right? (really?) (2)
de vez en cuando from time to time (5)
debajo de under (5)
debatir to debate
deber, el duty
deber ought to, must; to owe (3)
debido a due to
débil weak (2)
década, la decade
decidir to decide (3)
décimo/a tenth

décimoctavo/a eighteenth
decir (i) to say; to tell (4)
decisorio/a decisive
dedicarse a to dedicate oneself to
dedo (de la mano), el finger (5)
dedo del pie, el toe (10)
defender (ie) to defend
defensa, la defense
definir to define (11)
deforestación, la deforestation (12)
dejar to allow, to let; (**un trabajo**) to quit (a job) (10)
delante (de) in front of (3)
delgado/a slender (2)
delito, el crime
demasiado/a too much; **demasiados/as** too many
democracia, la democracy
demócrata, el/la democrat
democratización, la democratization
demora, la delay (9)
denominar to name
dentista, el/la dentist (11)
dentro de within; inside of (5)
denunciar to denounce
departamento, el apartment (*Mex.*)
depender (ie) to depend
dependiente/a clerk (8)
deporte, el sport (7)
deportista, el/la sports figure
deportivo, el sports car
deportivo/a sporting (7)
derecho/a *adj.* right (3); straight
derecho, el law (2); right
derecho humano, el human right
derivado, el byproduct (6)
derretir (i, i) to melt (6)
derrocamiento, el overthrow
derrotar to defeat
desacuerdo, el disagreement
desafío, el challenge
desagradable unpleasant
desagüe, el drainage
desaparecido/a, el/la missing person
desaparición, la disappearance
desarme, el disarmament
desarrollo, el development (3)
desastre, el disaster (5)
desayunar to eat breakfast (6)
desayuno, el breakfast (3)
descafeinado/a decaffeinated
descansar to rest (4)
descargar to discharge
desconfiado/a distrusting; distrustful
desconocer (zc) to not know
desconocido/a unknown
describir to describe
descubrimiento, el discovery
descubrir to discover (11)
descuento, el discount
desde from; since

desde que since (12)
desear to want; to desire (6)
desecho, el waste (12)
desempeñar to serve
desempleo, el unemployment (11)
desenlace, el outcome
desesperado/a desperate
desfile, el parade
desfile de costura, de moda, el fashion show
desgarrador/a heart-rending
desgracia, la shame
desgranar to remove the grain
deshecho/a unraveled; undone
desierto, el desert
desilusionado/a disillusioned
desmilitarización, la demilitarization
desobedecer (zc) to disobey
desodorante, el deodorant (5)
desorden, el disorder
despacho, el office (11)
despacio/a slow; (*adv.*) slowly
despedida, la closing; farewell
despedir (i, i) to fire (11)
despedirse (i) to say good-bye (11)
despegar (gu) to take off (9)
desperdicio, el waste
despertador, el alarm clock (5)
despertarse (ie) to wake up (5)
despoblación, la depopulation
desprender to let loose; to loosen
desproporcionado/a disproportionate
después (de) after (3)
después (de) que after (12)
destacar to stand out
destinatario, el addressee
destino, el fate; destination
destrozar to destroy; to break into pieces
destruir (y) to destroy
desventaja, la disadvantage
detener (ie) to arrest
detenerse (ie) to stop
deteriorar to deteriorate
detrás (de) behind (3)
deuda (externa), la (foreign) debt
devaluar devalue
devolver (ue) to return (something) (8)
día, el day (1)
Día de la Raza, el Columbus Day
día festivo, el holiday
diabetes, la diabetes (10)
diagnóstico, el diagnosis (10)
diamante, el diamond (8)
diario/a daily
dibujar to draw
dibujo, el drawing
diccionario, el dictionary (3)
diciembre December (1)
dictador/a, el/la dictator

dictadura, la dictatorship
diente, el tooth (5)
dieta, la diet (10)
diferir (ie, i) to differ
difícil difficult (1)
dificultar to make difficult
difunto/a dead
¡diga! hello! (*Sp.*) (answering the phone) (4)
dineral, el fortune
dinero, el money
dios/a, el/la god/goddess
diputado/a, el/la representative
dique, el dike
dirección, la address
director/a, el/la director (11); conductor
dirigir to direct
disco compacto, el CD (12)
disco duro, el hard disk (12)
discurso, el speech
diseñador/a, el/la designer
diseñar to design (11)
diseño, el design (12)
disfraz, el disguise
disfrutar to enjoy
disidencia, la dissident group
disimular to hide
disminuir (y) to lessen
disparo, el gunshot
disponible available
dispuesto/a ready; disposed (12)
disquete, el diskette (12)
distinguido/a distinguished
distinguirse to distinguish oneself
distraer to distract
diva, la diva
divertido/a fun
divertirse (ie, i) to have fun (5)
dividir to divide
divino/a heavenly; marvelous
divorciado/a divorced (3)
divorciarse to get a divorce
doblar to fold (5); to turn
doble *adj., n.* (**el**) double (9)
docena, la dozen
documental, el documentary
dólar, el dollar
doler (ue) to hurt (10)
dolor, el pain (10)
doloroso/a painful
domicilio, el residence
domingo, el Sunday (1)
dominicano/a *adj., n.* Dominican (2)
donde where
¿dónde? where? (2)
dormir (ue) to sleep (4)
dormirse (ue, u) to fall asleep (5)
dormitorio, el bedroom (5)
dosis, la dose
dote, el/la dowry
drama, el drama
dramatizar to act out
dramaturgo/a, el/la playwright

drogadicción, la drug addiction

droguería, la drugstore (8)

ducha, la shower (5)

ducharse to shower (5)

duda, la doubt

dudar to doubt (11)

dudoso/a doubtful (11)

dueño/a owner

dulce *adj., n.* (el) sweet

duradero/a lasting

durante during

durar to last

durazno, el peach (6)

duro/a hard; difficult

E

echar to add; to throw in (6)

ecológico/a ecological

economía, la economics (3)

económico/a economical

edad, la age

edificación, la edifice

edificio, el building

editorial, el editorial page

educación física, la physical education (2)

educar to educate

educativo/a educational

ejecutivo/a executive

ejemplificar to exemplify

ejemplo, el example

ejercer to exercise

ejercicio, el exercise

ejercicios aeróbicos, los aerobics (10)

ejército, el army

el gusto es mío the pleasure is mine (1)

elástico, el elastic

elección, la election

electricista, el/la electrician (11)

electrodoméstico, el electrical appliance

electrónico/a electronic (12)

elegir (i, i) to elect

eliminar to eliminate; to end

embajada, la the embassy

embajador/a, el/la ambassador

embarcadero, el dock

embarque, el: la tarjeta de embarque boarding pass (9)

emisora, la radio station (business entity)

emocionante exciting (1)

empacar to pack; to crate

empatar to tie (the score) (7)

empeorar to worsen (12)

empezar (ie) to begin (4)

empleado/a, el/la employee (11)

empleo, el employment (11)

emprender to undertake (12)

empresa, la firm (11)

empujar to push

en cambio on the other hand

en caso de que in case (12)

en cuanto a with regard to

en cuanto as soon as (12)

en directo live (on television)

en liquidación on sale

en peligro de extinción endangered

en punto exactly; sharp (time)

en vano in vain

en vez de instead of (5)

en vivo live

enamorado/a de in love with (3)

enamorarse to fall in love (5)

encaje, el lace

encantado/a delighted (1)

encantador/a enchanting, delightful

encantar to delight; to be extremely pleasing (6)

encarcelado/a, el/la prisoner

encargar to be responsible

encargo, el request

encender (ie) to turn on (12)

encendido/a on fire; fiery

encerrar (ie) to enclose

encima de on top of (5)

enclavado/a embedded

encoger to pull in (one's legs)

encogerse to constrict

encontrar (ue) to find (4)

encontrarse (ue) to meet

encuentro, el encounter

encuesta, la survey; poll

enemigo/a, el/la enemy

energía, la energy (12)

enero January (1)

enfadado/a angry

enfatizar to emphasize

enfermar to make sick

enfermarse to become sick (5)

enfermedad, la illness (10)

enfermero/a, el/la nurse (10)

enfermo/a sick (3)

enfrentar to confront

enfrente (de) in front of, across from (3)

engañar to deceive

engordar to gain weight (10)

¡enhorabuena! congratulations!

enlace, el hyperlink (12)

enojado/a angry (3)

enojar to anger (10)

enojarse (con) to get angry (5)

enorme enormous

enredar to mix up

enredarse to twist around

enriquecer to make wealthy; to enrich

ensalada, la salad (3)

ensamblaje, el assembly

ensamblar to assemble

ensartado/a en una cuerda strung together

ensayar to rehearse

enseguida right away (6)

enseñar (a) to teach; show (2)

entender (ie) to understand (4)

entendimiento, el understanding

enterarse to find out

enterrado/a buried

entierro, el burial

entonces then (2)

entorno, el environment

entrada, la entry; entrance; admission ticket (4)

entre between (3)

entregar to turn in

entrenador/a coach, trainer (7)

entrenamiento, el training (11)

entrevista, la interview (11)

entrevistador/a interviewer

entrevistar to interview

entusiasmadamente enthusiastically

entusiasmo, el enthusiasm

entusiasta *m., f.* enthusiastic (11)

envase, el container (12)

enviar to send (11)

episodio, el episode

época, la period (time)

equilibrio, el balance

equipaje, el luggage (9)

equipo, el team; equipment (7)

equivaler to (be) equal (to)

equivocado/a mistaken

es la una... it's one (o'clock) (2)

esbozo, el outline

escala: vuelo sin escala nonstop flight

escalar to climb

escalera, la stairs (5)

escalón, el step

escandaloso/a scandalous

escándalo, el scandal

escáner, el scanner (12)

escaño, el seat (in Parliament)

escaparse to escape

escasez, la shortage (12)

escaso/a scarce; limited

escena, la scene

escenario, el stage

esclavitud, la slavery

escoba, la broom (5)

escocés/a *adj., n.* Scotch

Escocia Scotland

escoger to choose

esconder to hide

escribir to write (3)

escribir a máquina to type (11)

escritorio, el desk (1)

escuchar to listen to (2)

escuela, la school

escultura, la sculpture

esfuerzo, el effort

esmeralda, la emerald

esmoquin, el tuxedo

espacio, el space

espalda, la back (10)

espaldarazo, el accolade

español/a, el/la *n.* Spaniard; *adj.* Spanish (2)

espárrago, el asparagus

espátula, la spatula (6)

especial special

especialidad de la casa, la the specialty of the house (6)

especialmente especially

especie, la species

especiería, la grocery store (8)

espectáculo, el show

espectador/a spectator

espejo, el mirror (5)

esperanza, la hope

esperanzado/a hopeful

esperar to wait for; to hope; to expect (4)

espeso/a thick

espíritu, el spirit

espolvorear to sprinkle

esposo/a, el/la husband/wife (4)

esquela, la obituary

esqueleto, el skeleton (10)

esquí, el skiing (7); ski (7)

esquí (acuático; alpino; nórdico), el (water; downhill; cross-country) skiing (7)

esquiador/a, el/la skier (7)

esquiar to ski (7)

está despejado it's (a) clear (day) (7)

está lloviendo it's raining (7)

está nevando it's snowing (7)

está nublado it's cloudy (7)

estabilidad, la stability

estable *adj.* stable

establecer (zc) to establish (11)

estación de radio, la radio station (on the dial)

estación, la season (1); station

estacionar to park

estadía, la stay (9)

estadio, el stadium

estadística, la statistics (3)

estado civil, el marital status

estado libre asociado, el commonwealth

estadounidense *m., f. adj., n.* American (from the United States)

estampado/a printed (8)

estándar, el standard

estante, el bookshelf

estaño, el tin

estar to be (1)

estar a dieta to be on a diet (10)

estar a punto de to be about to

estar de acuerdo to agree

estar de moda to be in style (8)

estar de pie to be standing

estar en forma to be in shape

estar en paro to be out of work

estar en peligro to be in danger

estar muerto/a de to be dying to

estar resfriado/a to have a cold (10)

estar sin terminar yet to be finished

estar sin trabajo to be out of work (11)

estatal *adj.* state

estatua, la statue (9)

estatura, la height (10)

este, el east
estéreo, el stereo (5)
esteroide, el steroid
estilo, el style
estimado/a señor/a dear sir/madam (11)
estímulo, el stimulus
esto es un/a... this is a... (1)
estofado, el stew
estómago, el stomach (10)
estornudar to sneeze (10)
estrecho/a narrow; tight (8)
estrella, la star (7)
estrenar to present for the first time
estrés, el stress
estructura, la structure
estudiante, el/la student (1)
estudiantil *adj.* student (3)
estudiar to study (2)
estudio, el study
estudios (ambientales; canadienses; de la mujer; nativos) (environmental; Canadian; women's; native) studies (3)
estufa, la stove (6)
estupendo terrific, wonderful
ética, la ethics
étnico/a ethnic
eucalipto, el eucalyptus
evaluación, la evaluation (11)
evidente evident (11)
evitar to avoid
exagerar to exaggerate
examen, el exam (2)
examen físico, el checkup (10)
excavar to excavate
exceso de población, el overpopulation
exigente challenging, demanding (3)
éxito, el success
exitoso/a successful
expectativa, la expectation
expediente, el file, dossier (11)
experiencia práctica, la practical experience (11)
experimentar to experience
explicar to explain
explorar to explore (9)
explotado/a exploited
expresión, la expression (1)
exquisito/a exquisite
extranjerismo, el word from another language
extranjero/a foreign (2)
extraño/a strange (11)
extrovertido/a outgoing (1)

F

fábrica, la factory (12)
fabricación, la manufacturing
fabricar to manufacture
fábula, la fable
fácil easy (2)
facturar el equipaje to check in the luggage (9)

facultad de..., la school of...
falda, la skirt (8)
faltar to be lacking, needed (6)
farmacéutico/a pharmacist
farmacia, la pharmacy (8)
fascinante fascinating (1)
fascinar to fascinate (6)
fase, la phase
fastuoso/a ostentatious
fax, el fax (12)
febrero February (1)
fecha, la date
fecha límite, la deadline
felicidad, la happiness
¡felicitaciones! congratulations!
fenómeno, el phenomenon
feo/a ugly (2)
feria, la fair
fiebre, la fever (10)
fiesta, la party (2)
figurar to appear
fijarse to notice
fijo/a still; fixed
fila, la row
filete, el fillet (6)
filipino/a *n., adj.* Filipino
filmar to film
filme, el movie, film
filosofía, la philosophy
filosofía y letras, la humanities/liberal arts (2)
fin, el end
fin de semana, el weekend (7)
final, el *n.* end; *adj.* final, end result
financiar to finance
financiero/a financial
finca, la farm, ranch (12)
firma, la signature (4)
firmar to sign (11)
física, la physics (3)
físico/a *adj.* physical (2)
flaco/a skinny
flan, el caramel custard (6)
flanquear to flank
flauta, la flute
flor, la flower (9)
florería, la florist (8)
floristería, la florist
fluir (y) to flow
fogata, la fire
folleto, el brochure (9)
fondo, el background; bottom
forjar to shape
forma, la shape (10)
formación, la education; training
formular to form
formulario, el blank form (11)
foro, el forum
fortalecer (zc) to strengthen; fortify
fotocopiadora, la photocopy machine (12)
fotocopiar to photocopy
frasco, el bottle
frecuentemente frequently (5)

fregadero, el sink (6)
freír (i, i) to fry (6)
freno, el brake
frente, la forehead (10)
fresa, la strawberry
fresco/a fresh (6)
fresón, el *m.* strawberry
frijol, el (kidney, pinto, red) bean (6)
frío/a cold (6)
frito/a fried (6)
frontera, la border
frotar to rub
fruta, la fruit (6)
frutería, la fruit stand, store (8)
frutilla, la strawberry
fuego, el fire (6)
fuegos artificiales, los fireworks
fuente, la fountain (9); source
fuente oficial, la official source
fuera de outside
fuerte heavy; strong (2)
fuerte, el fort (9)
fumar to smoke (10)
función, la show (4)
funcionar to function, to work (12)
funcionario/a el/la civil servant (11)
fundación, la foundation
fundador/a founding
fundamento, el melting
fundar to found
furibundo/a raging
furioso/a furious (5)
fútbol, el soccer (2)
fútbol norteamericano, el football (2)
futbolista, el/la soccer player (7)

G

gabardina, la gabardine (lightweight wool)
gafas de sol, las sunglasses (9)
gaita, la bagpipes
galán, el leading man
galápago, el giant tortoise
galleta, la cookie; cracker (6)
gamba, la shrimp (6)
ganadería, la cattle raising
ganadero/a, el/la cattleman, rancher
ganado, el cattle
ganancia, la earning
ganar to earn; to win (7)
ganga, la bargain, good deal (8)
garaje, el garage (5)
garantizar to guarantee
garganta, la throat (10)
garza, la heron
gastado/a worn
gastar to spend (8)
gasto, el expense
gato, el cat
gazpacho, el cold tomato soup
generalmente generally (3)
generar to generate
género, el genre

generoso/a generous
genial pleasant; agreeable
gente, la people
geografía, la geography (2)
geología, la geology (3)
gerente, el/la manager (11)
gigantesco/a huge; gigantic
gimnasia, la gymnastics (7)
gimnasio, el gymnasium (3)
gimnasta, el/la gymnast (7)
gira, la tour
girar to turn
gitano/a, el/la gypsy
gobernador/a, el/la governor
gobernante governing, ruling
gobernar to govern
gobierno, el government
golf, el golf (7)
golpear to hit
gordito/a plump
gordo/a fat (2)
gorra, la cap (8)
gorro, el toque (8)
gota, la drop
gozar to enjoy
grabación, la recording
grabar to record (12)
gracias thank you (1)
gracioso/a funny
grado, el degree
graduarse to graduate
gran/grande big (1); great
grano, el grain (6)
grasa, la grease, fat (6)
grave serious
gremio, el trade union
grifo, el faucet
gripe, la flu (10)
gris gray (1)
gritar to shout (7)
grito, el cry; shout
grosella, la red currant
guacamayo escarlata, el Scarlet Macaw
guante, el glove (7)
guapo/a handsome (2)
guardar to keep; to put away (5)
guardar cama to stay in bed (10)
guardar la línea to stay trim, to watch one's figure (10)
guardia, la guard
guerra, la war
guerrero/a, el/la warrior
guía, la guidebook (9); **el/la guía,** tour guide (9)
guineo, el banana (6)
guión, el script
guionista, el/la screenwriter
güisqui, el whiskey
guitarra, la guitar
gusano, el worm
gustar to like (2)
gusto, el pleasure (1)

H

habichuela, la green bean (6)
habitación, la room; bedroom

habitante, el/la inhabitant; resident
habitar to live
hablar to talk (2)
hace…años …years ago
hace (mucho) calor it's (very) hot (7)
hace (mucho) frío it's (very) cold (7)
hace (mucho) sol it's (very) sunny (7)
hace (mucho) viento it's (very) windy (7)
hace buen tiempo it's nice out (7)
hace fresco it's cool (7)
hace mal tiempo the weather is bad (7)
hacer to do (3); to make (3)
hacer caso to pay attention to
hacer cola to stand in line (9)
hacer de "celestina" to matchmake
hacer ejercicio to exercise (3)
hacer el jogging/footing to jog (10)
hacer investigaciones to research
hacer juego (con) to match, to go well with (8)
hacer la cama to make the bed (5)
hacer la(s) maleta(s); hacer el equipaje to pack (a suitcase) (9)
hacer las compras to buy groceries (5)
hacer preguntas to ask questions (3)
hacer un pícnic/una merienda to have a picnic (7)
hacer una cita to make an appointment (10)
hacer una excursión to take a (day) trip/excursion, to take a tour (7)
hacerse daño to hurt oneself (10)
hacha, el (but *f.*) hatchet
hacia toward
hamaca, la hammock
hambre, el (but *f.*) *n.* hungry; **tener hambre** to be hungry (2)
hamburguesa, la hamburger (3)
hasta until (5)
hasta luego see you later (1)
hasta mañana see you tomorrow (1)
hasta pronto see you soon (1)
hasta que until (12)
hay there is/ there are (1)
hecho, el fact
hecho/a a mano handmade
helada, la frost
heladera, la cooler (7)
heladería, la ice-cream parlor (8)

helado, el ice cream (6)
helicóptero, el helicopter
hemisferio, el hemisphere
heredero/a, el/la inheritor
herencia, la inheritance
herido/a wounded
hermanastro/a, el/la stepbrother/ stepsister (4)
hermano/a, el/la brother/sister (4)
hervir (ie, i) to boil (6)
hielo, el ice (2)
hierro, el iron (metal)
hígado, el liver
higiene, la hygiene
higo, el fig
hijastro/a, el/la stepson/ stepdaughter (4)
hijo/a (único/a), el/la (only) son/daughter (4)
hinchar to swell
hipermercado, el superstore
hipervínculo, el hyperlink
hipótesis, la hypothesis
hispano/a Hispanic
hispanohablante, el/la *n.* Spanish-speaking person; *adj.* Spanish-speaking
historia, la history (2)
hockey, el hockey (2)
hogar, el home
hoja, la page; leaf
hoja electrónica, la spreadsheet (12)
¡hola! hi (1)
hombre, el man
honestidad, la honesty
honesto/a honest (11)
honradez, la honesty
honrado/a honest (11)
honrar to honour
hora, la hour (2)
horario, el schedule (3)
hornear to bake (6)
horno, el oven (6)
horno microondas, el microwave
horóscopo, el horoscope
horrendo/a horrendous
hospedaje, el lodging (9)
hospedar to lodge
hostilidad, la hostility
hotel, el hotel (9)
hoy today (2)
hoy en día nowadays
hoyo, el hole
huelga, la strike
hueso, el bone (10)
huesudo/a bony
huevo, el egg (6)
humilde humble
humo, el smoke (12)
humor, el mood

I

ibérico/a Iberian
ida y vuelta, de *(adj.)* round trip

idealista *m., f.* idealistic
idioma, el language (2)
iglesia, la church
igualmente same here (1)
ilustre illustrious
imagen, la image
impaciente impatient (5)
imperio, el empire
impermeable, el raincoat (8)
importante important (11)
importar to be important
imposible impossible (11)
impresionante impressive
impresionar to impress
impresora, la printer (12)
imprevisto/a unexpected
imprimir to print (12)
improvisar to improvise
improviso/a impromptu
impuesto, el tax
impulsada: carrera impulsada, la run batted in
inalámbrico: teléfono inalámbrico, el cordless phone (12)
incansable untiring
incendio, el fire (11)
incertidumbre, la uncertainty
incluir to include
incomodidad, la discomfort
incómodo/a uncomfortable
increíble incredible (11)
indeciso/a undecided; hesitant
índice, el index
indígena, el/la *n.* indigenous person; Indian *adj.* indigenous
indiscreto/a indiscreet
indispensable indispensable (11)
indudablemente undoubtedly
industria automovilística, la automobile industry
industria petrolera, la oil industry
industrial industrial (12)
infaltable indispensable
infección, la infection (10)
inferior lower
infidelidad, la infidelity
infierno, el hell
inflación, la inflation
inflar to inflate; to swell
influyente influential
informar to report
informática, la computer science (2)
informe, el report
ingeniería, la engineering (2)
ingeniero/a, el/la engineer (11)
ingerir to ingest
inglés/a *n., adj.* English (2)
ingreso, el income
iniciar to begin
inmobiliario/a *adj.* real estate
inodoro, el toilet
inolvidable unforgettable
inseguridad, la insecurity
insistir (en) to insist (10)

inspeccionar to inspect
instalar to install (12)
instauración, la installation
instrumento de bronces, el brass
instrumento de cuerdas, el stringed instrument
instrumento de percusión, el percussion
instumento de viento de madera, el woodwind
inteligente intelligent (1)
intentar to try
intercambio, el exchange
interés, el interest
interesante interesting (1)
interesar to be interesting (6)
internado, el internship
interno/a internal
intérprete, el/la interpreter (11)
interrumpir to interrupt
introducción, la introduction
inundación, la flood
inútil useless
inventario, el inventory
invernal *adj.* winter
inverso/a reverse
invertir to invest
investigar investigate
invierno, el winter (1)
invitación, la invitation (4)
invitado/a, el/la guest
invitar to invite
involucrado/a involved
inyección, la shot (10)
ir (a) to go (3)
ir al cine; a la playa to go to the movies; to go to the beach (4)
ir de compras to go shopping (8)
ir de excursión to go on an excursion; to tour (9)
irse to leave (3)
isla, la island (9)
italiano/a *n., adj.* Italian (2)
izquierdo/a left

J

jabón, el soap (5)
jamás never
jamón, el ham (6)
japonés/a *n., adj.* Japanese (2)
jarabe, el cough syrup (10)
jardín, el garden, yard (5)
jardinero/a, el/la outfielder; gardener
jefe/a, el/la boss (11)
jeroglífico, el hieroglyphic
jonrón, el homerun
joven young (2)
joya, la jewel
joyería, la jewelry store (8)
jubilado/a retired
jubilarse to retire (11)
judías, las green beans (6)
juego (electrónico), el (computer, electronic) game (12)

Juegos Olímpicos Olympic Games
jueves, el Thursday (1)
juez/a, el/la judge
jugada, la play (in/of a game) (7)
jugador/a, el/la player
jugar (ue) to play (4)
jugo, el juice (3)
julio July (1)
junio June (1)
junta directiva, la board of directors
junto/a together (3)
junto a... next to... (3)
jurado, el jury
jurar to swear
justo/a just; fair (11)
juventud, la youth

K

kilo, el kilogram (6)
kilómetro, el kilometer
kinesiología, la kinesiology (2)

L

labial: lápiz labial, el lipstick (5)
labio, el lip (5)
labor, la work, labour
laboratorio de lenguas, el language laboratory (3)
lado, el side
ladrar to bark
ladrillo, el brick
ladrón/ladrona, el/la thief
lago, el lake (9)
lágrima, la tear
lamentar to regret (10)
lámpara, la lamp (5)
lana, la wool (8)
lancha, la boat
langosta, la lobster (6)
languidecer to languish
lápida, la gravestone
lápiz, el; *pl.* **lápices** pencil (1)
lápiz labial, el lipstick (5)
largo/a long (5)
lástima, la pity (11)
lata, la can
lavadero, el utility room (5)
lavadora, la washer (5)
lavandería, la laundry
lavaplatos, el dishwasher (5)
lavar(se) to wash (oneself) (5)
lección, la lesson (1)
leche, la milk (3)
lechuga, la lettuce (6)
lector/a, el/la reader
leer to read (3)
legumbre, la vegetable; legume
lejos (de) far (3)
lema, el slogan; motto
lengua, la tongue (10)
lentejuela, la sequin
lentes (de contacto), los glasses; contact lenses
lento/a slow
león/leona, el/la lion, lioness
letra, la letter

letrero, el sign
levantar (pesas) to lift (weights) (10); to raise
levantarse to get up (5)
ley, la law
libertad, la freedom
libre free
librería, la bookstore (2)
librero, el bookcase (5)
libro, el book (1)
licuadora, la blender
liga, la league
ligero/a light
limón, el lemon (6)
limonada, la lemonade (6)
limpiar to clean (5)
limpieza, la cleaning
limpio/a clean (3)
lindo/a pretty
línea, la figure (10)
lírico/a lyrical
listo/a clever; ready
literatura, la literature (3)
litro, el liter (6)
liviano/a light (weight)
llamar to call (1)
llano, el plain
llavero, el key chain (8)
llegada, la arrival (9)
llegar to arrive (2)
llenar to fill (out) (11)
llevar to wear (8)
llevar cuentas to keep accounts, bills (12)
llorar to cry
llover (ue) to rain (7)
lluvia (ácida), la (acid) rain (12)
lo siento I'm sorry (1)
localizar to locate
loción, la lotion (5)
locura, la craziness; insanity
locutor/a announcer
lograr to achieve
loma, la hill
loro, el parrot
los demás everybody else
lucha, la fight
lucir to display; to shine
luego later; then (1)
luego que as soon as (12)
lugar, el place
lujo, el luxury (9)
lujoso/a luxurious
luna, la moon
luna de miel, la honeymoon
lunes, el Monday (1)
luz, la *pl.* **luces** light (1)

M

macabro/a macabre
madera, la wood; *pl.* lumber
madrastra, la stepmother (4)
madre, la mother (2)
madrina, la godmother (4)
madrugada, la early morning hours
maestro/a, el/la teacher (elementary school) (1)

maíz, el corn
majadero/a annoying
majestuoso/a majestic
mal *adv.* badly (1)
malo/a bad (1); evil; ill
maldición, la curse
maldito/a damned
malentendido, el misunderstanding
maleta, la suitcase (9)
mamá, la mom (mother) (4)
mandado, el errand
mandar to order (10)
mandatario, el chief executive of a country
mandato, el command
manejar to manage (12)
manera, la way
manglar, el mangrove
mano de obra, la manual labor
mano, la hand (5)
¡manos a la obra! let's get to work!
mansión, la mansion (9)
manteca, la lard (10)
mantel, el tablecloth
mantener (ie) to support (a family, etc.)
mantenerse en forma to stay in shape
mantequilla, la butter (6)
manzana, la apple (6)
mañana, la morning;
mañana *adv.* tomorrow (1)
mapa, el map (1)
mapache, el raccoon
maquiladora, la border factory
maquillador/a, el/la make-up artist
maquillaje, el make-up (5)
maquillarse to put on make-up (5)
máquina, la machine
máquina de afeitar, la electric razor (5)
máquina de escribir, la typewriter
maquinaria agrícola, la agricultural machinery
mar, el *f.* ocean (7); sea (9)
marca, la brand (12)
marear to make dizzy
mariposa, la butterfly
mariscos, los shellfish (6)
marítimo/a maritime; having to do with the sea
marrón brown (1)
martes, el Tuesday (1)
marzo March (1)
más more (2)
más o menos so-so (1)
masa, la dough
máscara, la mask
masticar to chew
matar to kill
matemáticas, las mathematics (2)
matemático/a, el/la mathematician

materia, la (academic) subject (3)
materno/a maternal (4)
matrimonio, el marriage
mayo May (1)
mayor older; oldest (4)
mayoría, la majority
mazorca, la ear (of corn)
me da igual it's the same to me
me encantaría I would love to (4)
me llamo... my name is...(1)
me muero de hambre / sed I'm starving (to death) / I'm dying of thirst (6)
mecánico, el/la *n.* mechanic (11), *adj.* mechanical
media, la stocking; pantyhose (8)
mediano/a medium
medianoche, la midnight
mediar to mediate
medicina, la medicine (2)
médico/a, el/la doctor, physician (10)
medida, la measurement; measure (12)
medio/a *adj., n.* medium (6), half
medio (de comunicación), el media
medio ambiente, el environment (12)
mediodía, el noon
mejilla, la cheek
mejor better (8); best
mejoramiento, el improvement
mejorar to improve
mejorarse to get better, to get well (10)
melocotón, el peach (6)
melodía, la melody
melón, el melon (6)
menor younger; youngest (4)
menos less
mensaje, el message
mensajero/a, el/la messenger
mensual monthly
mentir (ie, i) to lie (8)
menú, el menu (6)
mercadeo, el marketing
mercancía, la merchandise
merecer to deserve
merendar (ie) to snack; to picnic (6)
merienda, la afternoon snack (3)
mes, el month (1)
mesa, la table (1)
mesa de noche, la nightstand (5)
mesero/a, el/la waiter
meta, la goal (11)
meteorológico/a pertaining to the weather
meteorólogo/a, el/la meteorologist

meter to place; to put
mexicano/a *n., adj.* Mexican (2)
mezcla, la blending; mixture
mezclar to mix (6)
mezzosoprano,
  la mezzosoprano
mi amor my love (4)
mi cielo sweetheart, darling
  (*fig.*) (4)
mi corazón sweetheart (4)
mi vida darling (*fig.*) (4)
mi(s) querido/a(s)
  amigo/a(s) my dear friend(s)
  (4)
mi/mis my (1)
microcomputadora, la personal
  computer, microcomputer
microondas, el microwave (6)
microscopio, el microscope
miedo, el fear; **tener miedo** to
  be afraid (2)
miel, la honey; **la luna de**
  miel honeymoon
miembro, el member
mientras (tanto) (mean)while
  (1)
mientras que as long as (12)
miércoles, el Wednesday (1)
migra, la Immigration and
  Naturalization Service
  (slang)
migratorio/a *adj.* migrant
milenio, el millennium
minería, la mining
ministro/a, el/la minister
mirar to look at, to watch (2)
mirarse to look at oneself (5)
misa, la mass
misceláneo miscellaneous
mismo/a same
misterioso/a mysterious
mochila, la backpack (1)
moda, la fashion
modelo, el/la model
modo, el way, manner
mojado/a wet
mojarse to get wet
molde, el baking pan (6)
molestar to bother (annoy) (6)
molido/a ground
monarquía, la monarchy
moneda, la currency
monja, la nun
monopatín, el skateboard (7)
monótono/a monotonous
montaña, la mountain (9)
montañoso/a mountainous
montar a caballo/en bicicleta to
  go horseback/bicycle
  riding (9)
montón, el heap; pile
monumento, el monument (9)
morado/a purple (1)
moraleja, la moral
morcilla, la blood sausage
morder (ue) to bite
moreno/a brunette, dark (2)
morir (ue, u) to die (4)

morir de risa to have a great
  laugh
moro/a Moor
mosca, la fly
mostrador, el counter (8)
mostrar (ue) to show
mover (ue) to move
movimiento, el movement
muchacho/a, el/la boy/girl (2)
muchas veces often
mucho a lot (of) (1)
mucho gusto it's a pleasure (to
  meet you) (1)
mudanza, la move
mudar(se) to move
mueble, el (a piece of) furniture (5)
muela, la molar (10)
muerte, la death
muerto/a (de) dead (dying of)
  (3)
muestra, la sample
mujer, la woman
multa, la fine (12)
multar to fine (12)
mundano/a worldly; ordinary
mundialmente worldwide
mundo, el world
músculo, el muscle (10)
musculoso/a muscular
museo, el museum (9)
música, la music (3)
músico, el/la musician
muy very (1)

N

nacer (zc) to be born (10)
nacimiento birth
nación, la nation
nacionalidad, la nationality
nada nothing (7)
nadador/a, el/la swimmer (7)
nadar to swim (2)
nadie no one (7)
naranja, la orange (6)
narcotraficante, el/la drug dealer
nariz, la nose (10)
natación, la swimming (2)
naturaleza, la nature (12)
náusea, la; tener náusea to be
  nauseous (10)
navaja de afeitar, la razor blade
  (5)
navegar to navigate; to sail
neblina, la fog (7)
necesario/a necessary (11)
necesitar to need (2)
negar (ie) to deny (11)
negocio, el business
negro/a black (1)
nervio, el nerve; **el ataque de**
  nervios nervous breakdown
nervioso/a nervous (3)
nevar (ie) to snow (7)
¡ni modo! no way!
ni...ni niether... nor
nido, el nest

nieto/a, el/la grandson/ granddaughter (4)
nieve, la snow
nilón, el nylon (8)
niñez, la childhood
ningún, ninguno/a none; not
  any (7)
niño/a, el/la child (4)
nitrato de soda, el sodium
  nitrate
nivel, el level
nocturno/a nocturnal
nombrar to name
nombre, el name (1)
norte, el north
norteamericano/a *adj., n.* North
  American (2)
nota, la grade
notar to note
noticias, las news
noticiero, el newscast
noveno/a ninth
noviembre November (1)
novio/a, el/la boyfriend/ girlfriend; fiancé/ée (2);
  groom/bride (4)
nublado/a cloudy (7)
núcleo familiar, el nuclear
  family
nuera, la daughter-in-law
nuevo/a new (2)
número, el number
nunca never (5)
nutritivo/a nutritious

Ñ

ñato/a pug-nosed

O

o (u) or (1)
obedecer (zc) to obey
obligar to compel
obligatorio/a mandatory (12)
obra de teatro, la play (theater)
obra maestra, la masterpiece
obrero/a, el/la manual worker
  (11)
observar to observe; to adhere
  to (12)
obstáculo, el obstacle
obvio/a obvious (11)
octava, la octave
octavo/a, el eighth
octubre October (1)
ocupado/a busy (3)
ocupar to occupy
odiar to hate
oeste, el west
oferta, la sale; offer (11)
oficina, la office (11)
oficio, el occupation; job (11)
ofrecer to offer
ogro/a, el/la ogre
oído, el (inner) ear (10)
¡ojalá (que)! I hope that (12)
ojo, el eye (5)
¡ojo! be careful!
olmo, el elm

olor, el smell
olvidarse (de) to forget (5)
ondulante wavy
operar to operate (10)
opereta, la operetta
opinar to think, to give one's
  opinion
oportunidad, la opportunity
opresión, la oppression
oración, la sentence
orden, la order
ordenador, el computer (*Sp.*)
  (3)
ordenar to straighten up (5)
oreja, la ear (10)
órgano, el organ
orgullo, el pride
orgulloso/a proud
oriental *adj.* east
origen, el origin
originar to originate (from); to
  come (from)
orilla, la shore
orinar to urinate
oro, el gold (8)
orquesta, la orchestra; band (4)
orquesta sinfónica,
  la symphony
orquídea, la orchid
ortografía, la spelling
otoño, el fall (1)
otra vez again (5)
otro/a other (1)
oveja, la sheep
¡oye! listen! (3)

P

paciente *m., f., adj., n.* patient
  (10)
pacifista, el/la pacifist
padecer (zc) (de) to suffer
  (from) (10)
padrastro, el stepfather (4)
padre, el father (2); *pl.* parents
  (2)
padrino, el godfather (4)
pagar to pay (6)
pagar al contado to pay cash (8)
página, la page (1)
país, el country (2)
país en desarrollo, el developing
  country
paisaje, el scenery
paja, la straw
pájaro, el bird
palabra, la word (1)
palacio, el palace (9)
palito, el stick (7)
palmera, la palm tree
palo, el stick (7)
palomitas de maíz, las popcorn
pan, el bread (6)
pan tostado, el toast (6)
pampas, las plains (*Arg.*)
pana, la corduroy
panadería, la bakery (8)
panameño/a *n., adj.*
  Panamanian (2)

panecillo, el sweet roll
pantalla, la screen (12)
pantalones (cortos), los pants, slacks (shorts) (8)
pantano, el swamp
pantimedias, las stockings; pantyhose (8)
pañuelo, el handkerchief
papa, la potato (6)
papá, el dad (father) (4)
papas fritas, las french fries (6)
papel, el paper (1); role
papelería, la stationery shop
paquete, el package
par, el pair (8)
para chuparse los dedos finger-licking good
para (que) in order (that), so (that) (12)
parada, la stop
parado/a standing
paraíso, el paradise
parar en seco to stop dead
parecer to seem (6)
parecido/a similar
pared, la wall (1)
pareja, la couple
pariente, el relative (4)
paro: estar en paro to be out of work
parrilla: a la parrilla grilled (6)
parque, el park (4)
párrafo, el paragraph
parte, la part
partido, el (ball) game (sports) (4); party (political)
pasado/a past
pasaje, el fare, ticket (9)
pasajero/a, el/la passenger
pasaporte, el passport
pasar to spend (time); to come by (4)
pasar la aspiradora to vacuum (5)
pasar una película to show a movie (4)
pasarlo bien to have a good time (7)
pasatiempo, el pastime (4)
pasear to take a walk (4)
paseo, el walk (4); promenade; avenue
pasillo, el hall (5); aisle (9)
paso, el step
pasta de dientes, la toothpaste (8)
pastel, el cake; pie
pastelería, la pastry shop (8)
pastilla, la pill; lozenge (10)
pasto, el pasture
pata, la leg (animal)
patata, la potato (Sp.) (6)
patear to kick (7)
patente clear; evident
paterno/a paternal (4)
patinador/a skater (7)
patinar to skate (7)
patín, el skate (7)

patio, el patio (5)
pato, el duck
patrocinador/a, el/la sponsor
patrocinar to sponsor
pavo, el turkey (6)
paz, la peace
pecado, el sin
pecho, el chest (10)
pedagogía, la education (2)
pedazo, el piece (6)
pedir (i, i) to ask for, to request (4)
pegado glued
peinarse to comb (one's hair) (5)
peine, el comb (5)
peineta, la comb
pelar to peel (6)
pelea, la fight
pelearse to fight
peletería, la shop selling furs
película, la movie (4); film (9)
peligro, el danger
peligroso/a dangerous
pelirrojo/a redhead
pelo, el hair (5)
pelona, la barren
pelota, la baseball, tennis ball (7)
peluquería, la hair salon
peluquero/a, el/la hair stylist (11)
pena, la grief
pena de prisión, la prison term
pendiente, el earring
penicilina, la penicillin (10)
península (ibérica), la (Iberian) peninsula
pensar (ie) (+ inf.) to think; to intend (to do something) (4)
pensión estudiantil, la boardinghouse
peor worse; worst (8)
pequeño/a small (1)
percusión, la percussion
perder (ie) to lose (4)
perder (ie) tiempo to waste time
pérdida, la loss
perdido/a lost
perdonar to excuse; to pardon
perdurar to last
peregrino/a, el/la pilgrim
perejil, el parsley
perezoso/a lazy (1)
perfume, el perfume (8)
perfumería, la perfume shop (8)
periódico, el newspaper
periodista, el/la journalist (11); newspaperman/woman
perla, la pearl (8)
permanecer to remain
permiso, el permission
permitir to permit (10)
pero but (2)
perplejo/a perplexed

perseverancia, la perseverance
persona, la person (2)
personaje, el character
pertenecer (zc) to belong
peruano/a adj., n. Peruvian
pesar to weigh
pesca, la fishing
pescadería, la fish store (8)
pescado, el fish (6)
pescar to fish (9)
pesimista, el/la n. pesimist; adj. pessimist
peso, el weight (10)
pesticida, el pesticide (12)
petróleo, el oil; petroleum (12)
petrolero/a, la industrial petrolera oil industry
pez, el fish
picado/a chopped (6)
picante hot (spicy) (6)
picar to cut, to slice (6)
pico, el peak
pie, el foot (10)
piedra, la stone
piel, la leather, fur; skin
pierna, la leg (10)
pieza, la piece
piloto/a, el/la pilot (9)
pimienta, la pepper (6)
pimiento, el green pepper (6)
piña, la pineapple
pingüino, el penguin
pinta, la look
pintar to paint
pintarse to put on make-up (5)
pintor/a, el/la painter
pintoresco/a picturesque
pirámide, la pyramid
Pirineos, los Pyrenees
pisar to step
piscina, la swimming pool (2)
piso, el floor (1); apartment (Sp.) (5)
pista, la clue; track (7)
pizarra, la chalkboard (1)
pizca, la pinch (6)
placa, la (license) plate
placer, el pleasure
plan de retiro, el retirement plan (11)
plancha, la iron (appliance) (5)
planchar to iron (5)
planear to plan (9)
plano, el map
planta alta, la upstairs
planta baja, la downstairs; ground floor (5)
planta nuclear, la nuclear plant (12)
plata, la silver (8)
plátano, el plantain, banana (6)
platería, la silversmith's trade
plato, el course; dish (5); plate (6)
playa, la beach (4)
pleno/a full
plomero/a, el/la plumber (11)
pluriempleo, el moonlighting

poblado/a populated
pobre poor (2)
pobreza, la poverty
poco/a little (1)
poder (ue) to be able, may (4)
poder, el power
poderoso/a powerful
policía, la police (force)
policía, el/la policeman/woman
política, la politics
político/a political (2)
político, el/la politician
pollería, la chicken store (8)
pollo, el chicken (6)
polvo, el powder; dust
pomada, la salve ointment
poner to put (5)
poner la mesa to set the table (5)
poner una película to show a movie (4)
ponerse to put on (5); to become (+ emotion) (5)
ponerse de pie to stand up
ponerse en forma to get in shape
por ahora for now
por aquí around here
por by
por casualidad by chance
por Dios for God's sake
por ejemplo for example
por eso therefore
por favor please (1)
por fin finally
por la mañana (tarde/ noche) in (during) the morning (afternoon/ evening) (2)
por lo general in general
por lo menos at least
por lo tanto therefore
por otro lado on the other hand
¿por qué? why? (2)
por supuesto of course
por último finally
porcentaje, el percentage
porque because (2)
portada, la title page
portugués/a n., adj. Portuguese (2)
posible possible (11)
posteriormente afterwards
postre, el dessert (6)
pozo, el well
practicar to practice; to play (a sport) (2)
precario/a precarious
precio, el price (8)
preciso/a precise; exact; essential (11)
predecir (i) predict
preferir (ie, i) to prefer (4)
pregunta, la question (3)
preguntar to ask
premiar to award
premio, el prize
prenda, la garment

prender to light; to turn on (6)

prensa, la press; news media

preocupación, la worry; concern

preocupado/a worried (3)

preocuparse to worry

preparar to prepare (2)

prepararse to prepare oneself (5)

presenciar to witness

presentación, la introduction (1)

presentar to present; to introduce; to perform

presidente/a, el/la president

presión, la blood pressure (10)

preso, el prisoner

préstamo, el loan

prestar to lend

prestar atención to pay attention

presupuesto, el budget

prevenir to prevent; to warn

previo/a previous

primavera, la spring (1)

primer/o/a first (8)

primer piso, el first floor (5)

primera actriz, la leading lady

primera plana, la front page

primo/a, el/la cousin (4)

principal *adj.* main

príncipe, el prince

principiante, el/la beginner

principio, el beginning

prisa: tener prisa to be in a hurry (2)

probador, el fitting room (8)

probar (ue) to taste; to try (6)

probarse (ue) to try on (8)

problema, el problem (9)

procesador de textos, el word processor (12)

procurar to procure; secure

producir (zc) to produce

producto interior bruto, el gross domestic product

productor/a, el/la producer

producto lácteo, el milk product (10)

profesor/a, el/la professor (1); instructor (1)

profundo/a deep

programa radial, el radio program

programar to program (12)

programa social, el social welfare program

prohibir to prohibit (10)

promedio, el average

promesa, la promise

prometer to promise (9)

promover (ue) to promote

pronóstico, el forecast (7)

pronto soon (1)

pronunciación, la pronunciation

pronunciar to pronounce

propiedad, la property

propietario/a, el/la owner

propina, la tip (6)

propio/a own

propósito, el purpose

próspero/a prosperous

protagonista, el/la protagonist; star

protección del medio ambiente, la environmental protection

proteger (j) to protect (12)

proteína, la protein (10)

próximo/a close

proyecto, el project

prueba, la test (10)

psicología, la psychology (3)

psicólogo/a, el/la psychologist (11)

psiquiatra, el/la psychiatrist

publicar to publish

público, el audience

pueblo, el town; the people, the masses

puerta, la door (1)

puerta de salida, la gate (9)

puerto, el port

puertorriqueño/a *n., adj.* Puerto Rican (2)

pues (*conj.*) well (3)

puesto, el stall; position (job) (11)

pulga, la flea

pulmón, el lung (10)

pulposo/a pulpy; fleshy

pulsera, la bracelet (8)

puño, el fist

punto, el point

pupitre, el desk (1)

Q

¡qué barbaridad! what nonsense!

¿qué hay? what's new? (*inf.*) (1)

¿qué hora es? what time is it? (2)

¿qué pasa? what's happening? what's up? (*inf.*) (1)

¡qué suerte la nuestra! It's our tough luck!

¿qué tal? what's up? how's it going? (*inf.*) (1)

¿qué te parece? what do you think? (how do you feel about that?) (7)

¿qué tiempo hace? what's the weather like? (7)

¿qué? what? (2)

quebrar(se) to break

quedar to be left, remain (6)

quedarse to fit (clothes) (8); to stay (somewhere) (9)

quehacer doméstico, el household chore (5)

quejarse (de) to complain (about) (5)

quemar to burn

querer (ie) to want; to love (someone) (4)

queridísima... dearest... (4)

querido/a(s)... dear... (4)

queso, el cheese (6)

quien who

¿quién(es)? who? (2)

química, la chemistry (3)

quinto/a fifth

quiropráctica, la chiropractic

quitar to take away

quitar la mesa to clear the table (5)

quitarse to take off (5)

quizá(s) perhaps, maybe (12)

R

radial: programa radial, el radio program

radicar to be situated

radioactividad, la radioactivity (12)

radiografía, la x-ray (10)

radioyente, el/la radio listener

raíz, la root

rana, la frog

rápidamente quickly

raqueta, la racket (7)

raro/a unusual

rascacielos, el skyscraper

raspa, la sturdy wire comb

rato: al poco rato soon

ratón, el mouse (12)

raya: de rayas striped (8)

rayón, el rayon

razón, la reason

reaccionar to react

real royal

realizar to carry out

rebaja, la sale (8)

rebelde, el/la rebel

recámara, la room

recaudar to collect (money)

receta, la recipe (6); prescription (10)

recetar to prescribe (10)

rechazar to reject; to turn down (4)

rechinar to squeak

recibir to receive (3)

reciclaje, el recycling (12)

reciclar to recycle (12)

recién casado/a, el/la newlywed

recién recently

reciente recent

recipiente, el generic pot, bowl, dish, etc. (6)

reclamar to demand

reclutar to recruit

recoger to pick up (12)

recogida de equipajes, la baggage claim (9)

recomendación, la recommendation (11)

recomendar (ie) to recommend (10)

reconocible recognizable

Reconquista, la Reconquest

reconstruir (y) reconstruct

recordar (ue) to remember (4)

recorrer to go round; to travel through/across (9)

recreativo/a recreational

recreo, el school recess time

rector/a, el/la administrator

rectoría, la administration building (3)

recuerdo, el souvenir (9)

recurso (natural), el (natural) resource (12)

Red Informática, Red Mundial, la Internet

redactado/a written

redondo/a round

reducir (zc) to reduce

referencia, la reference (11)

reflejar to reflect

reforestación, la reforestation, (12)

refresco, el soft drink, soda (3)

refrigerador, el refrigerator (6)

regalar to give (a present)

regalo, el gift; present

regatear to bargain; haggle (8)

regresar to return (2)

regular so-so (1)

reina, la queen

reino, el reign

reírse (i, i) to laugh (5)

relajarse to relax (5)

relatar to tell

religioso/a religious

rellenar to fill completely; to fill out (11)

reloj, el clock (1)

reloj de pulsera, el wristwatch (8)

reluciente shining

remedio, el solution; remedy (10)

remo, el rowing (7)

renacentista *adj.* Renaissance

reñir (i, i) to quarrel (4)

renombre, el renown

renovable renewable

renunciar to resign (11)

reparar to repair (11)

repartir to deliver; to distribute (11)

reparto, el distribution; cast (theater)

repaso, el review

repertorio, el repertoire

repetir (i, i) to repeat; to have a second helping (4)

reportero/a, el/la reporter

representante, el/la representative

representar to perform

republicano/a Republican

requerir (ie, i) to require

requisito, el qualification; requirement (11)

res: carne de res, la beef (6)

rescatado/a rescued

rescate, el rescue

reseña, la review (of book, movie, etc.)

reserva, la reserve; reservation (9)
resfriado, el cold (10)
residencia estudiantil, la dorm
resolución, la resolution
resolver (ue) to resolve
respaldar to back (up)
respetar to respect
respetuoso/a respectful
respiración, la breathing
respirar to breathe (10)
responsabilidad, la responsibility (11)
responsable responsible (4)
respuesta, la answer
restaurar to restore
resultado, el result
resumen, el summary
resumir to summarize
resurgimiento, el resurgence
retar to challenge
reto, el challenge
retirarse to retire (11)
retiro, el retirement (11)
retractacción, la retraction
retrasar to delay
retrato, el portrait
retumbar to thump
reunión, la meeting
reunirse to get together (5)
revelar to reveal
revisar to check
revista, la magazine
revolver (ue) to stir (6)
revuelto/a scrambled
rey, el king
rezar to pray
rico/a rich (2); delicious (6)
ridículo/a ridiculous
riel, el rail
rienda, la rein
riesgo, el risk (10)
riñón, el kidney
río, el river (9)
riqueza, la wealth
ritmo, el rhythm
robo, el robbery
rodaje, el filming
rodeado/a surrounded
rodilla, la knee (10)
rojo/a red (1)
rollo de película, el roll of film (for camera) (9)
romper to break
romperse (un hueso) to break (a bone) (10)
ron, el rum
ropa, la clothes (5)
rosado/a pink (1)
rosal, el rosebush
rubio/a blond (2)
rugby, el rugby (7)
ruido, el noise
rumbo, el direction

S

sábado, el Saturday (1)
saber to know (how to do) something (4)

sabor, el flavour (6)
saborear to taste (6)
sacar to take out (5); to stick out (tongue) (10)
sacar fotocopias photocopy (12)
sacar fotos to take pictures (9)
saco, el suit jacket; coat (8)
sacudir to dust (5)
sacudirse to shake
sagrado/a sacred
sal, la salt (6)
sala, la living room (5)
sala de clase, la classroom
sala de espera, la waiting room (9)
sala de reclamación de equipaje, la baggage claim room
salario, el salary, wages (11)
salida, la departure (9)
salida de emergencia, la emergency exit (9)
salir to go out; to leave (4)
salmón, el salmon (6)
salsa (de tomate), la (tomato) sauce (6)
salsa picante, la hot sauce (6)
saltar to jump
salto, el waterfall (9)
salubridad, la healthiness
salud, la health (10)
saludable healthy
saludar(se) to greet (one another) (9)
saludo, el salutation, greeting
sandalia, la sandal (8)
sándwich, el sandwich (3)
sangre, la blood (10)
sanidad, la health
sano/a healthy
santo/a holy
sapo, el toad
sartén, la skillet, frying pan (6)
sastrería, la tailor shop
sátira, la satire
satisfacer to satisfy
satisfecho/a satisfied
saxofón, el saxophone
sazonar to season
se despide de usted(es) atentamente very truly yours (11)
secadora, la dryer (5); hair dryer (5)
secar(se) to dry (oneself) (5)
sección de no fumar, la no-smoking section
sección deportiva, la sports section
sección financiera, la business section
seco/a dry
secretario/a, el/la secretary (11)
secuela, la sequel
sed, la thirst; tener sed to be thirsty (2)
seda, la silk (8)
sede, la seat (of government)
segregar to secrete
seguir (i, i) to follow; to continue (4)

según according to
segundo/a second
seguro/a certain (11)
seguridad, la security
seguro de vida, el life insurance (11)
seguro médico, el health insurance (11)
seleccionar to choose
sello, el stamp
selva (tropical), la jungle; rainforest (12)
selvático/a of the jungle
semana, la week (1)
semana pasada, la last week (6)
Semana Santa, la Easter week
sembrar (ie) to plant (12)
semejante similar
semejanza, la similarity
semestre, el semester (3)
senado, el senate
senador/a, el/la senator
señal, la signal
señalar to indicate; to point out
sencillez, la simplicity
sencillo/a simple
sendero, el trail
señor (Sr.), el Mr. (1)
señora (Sra.), la Mrs. (1)
señorita (Srta.), la Miss (1)
sentarse (ie) to sit down (5)
sentido, el sense
sentir (ie, i) to regret (10)
sentirse (ie, i) to feel (5)
septiembre, el September (1)
séptimo/a seventh
sepulcro, el tomb
ser, el being
ser to be
ser alérgico/a to be allergic (10)
serenata, la serenade
servicio de habitación, el room service (9)
servilleta, la napkin (6)
servir (i) to serve (4)
sexteto, el sextet
sexto/a sixth
si if (3)
SIDA, el AIDS
siembra, la sowing; seed planting
siempre always (3)
sierra, la mountain range (12)
sigla, la call letter
siglo, el century
significado, el meaning
signo, el sign
siguiente following
silabeo, el syllabication
silbar to hiss
silbato, el whistle
silla, la chair (1)
sillón, el armchair, overstuffed chair (5)
simpatía, la fondness
simpático/a nice (1)
sin embargo nevertheless
sin manga sleeveless (8)

sin (que) without (5)
sindicato, el (trade) union
sinfonía, la symphony
sino but
síntoma, el symptom (10)
sirviente/a, el/la servant
sitio, el place
sobras, las leftovers
sobre on (5)
sobrenatural supernatural
sobrepeso, el excess weight, obesity (10)
sobrepoblación, la overpopulation
sobresalir to stand out
sobresalto, el sudden fright
sobretiempo, el overtime
sobrino/a, el/la nephew/ niece (4)
socio/a, el/la partner
sociología, la sociology (2)
sofá, el sofa (5)
sol, el sun (4)
solamente only (3)
soldado, el soldier
soledad, la loneliness
soler (ue) to be in the habit of (4)
solicitante, el/la applicant (11)
solicitar to apply
solicitud, la application
solicitud de empleo, la job application form (11)
solista, el/la soloist
sólo only (3)
soltero, el/la n. bachelor, bachelorette; adj. single
solucionar to solve
sombrero, el hat (8)
sombrilla, la beach umbrella (7)
sombrío/a somber
son las dos... it's two (o'clock)... (2)
soñar (ue) (con) to dream (about) (4)
sonar (ue) to ring
sondeo, el questionnaire
sonido, el sound
sonreír (i, i) to smile
sonrisa, la smile
sopa, la soup (6)
soplar to blow
soprano, la soprano
sorprendente surprising
sorprender(se) to surprise; to be surprised (10)
sorpresa, la surprise (4)
sorteo, el drawing
sospechoso/a suspicious; unfriendly
sostén, el bra
sótano, el basement (5)
suave soft
subida, la climb
subir to climb
subir de peso to gain weight (10)

subocupación, la low occupancy rate
subsuelo, el subsoil
sucio/a dirty (3)
suegro/a, el/la father-in-law/mother-in-law (4)
sueldo, el salary, wages (11)
sueño, el dream
suerte, la luck
suéter, el sweater (8)
suficiente enough
sufrir to suffer
sugerencia, la suggestion (7)
sugerir (ie, i) to suggest (10)
sumamente extremely
superar to overcome
superestrella, el/la superstar
supermercado, el supermarket
supervisor/a, el/la supervisor (11)
suponer to suppose
sur, el south
Suramérica South America
suramericano/a South American
surgir to spring up; to arise
suroeste, el southwest
sustantivo, el noun
susto, el fright

T

tabaquera, la snuffbox
tablero, el (bulletin) board
tablilla, la small (cutting) board
tal vez perhaps, maybe (12)
talco, el powder (8)
talentoso/a talented
talla, la size (8)
tallado, el carving
taller, el workshop
tamaño, el size
también also (2)
tambor, el drum
tampoco neither (7)
tan pronto como as soon as (12)
tanto so much
tapar to cover (6)
tapas, las appetizers
tapete, el rug
taquilla, la ticket booth
taquillero/a, el/la ticket seller
tardar to be late
tarde late (2)
tarea, la homework (3); task
tarjeta (de crédito; débito), la (credit; debit) card (8)
tarjeta de embarque, la boarding pass (9)
tarta, la pie; tart (6)
tasa, la rate
tatuaje, el tattoo
taxista, el/la taxi driver
taza, la cup (6)
té, el tea (6)
te quiero I love you (4)
te toca a ti it's your turn (1)
techo, el roof; ceiling (1)

teclado, el keyboard (12)
técnica, la technique
tecnológico/a technological (12)
tejer to weave
tejidos, los woven goods
tela de araña, la spiderweb
tela, la fabric (8)
teléfono celular, el cellular telephone (12)
teléfono inalámbrico, el cordless telephone (12)
telenovela, la soap opera
televidente, el/la television viewer
televisión por cable, la cable TV
televisor, el television set (5)
tema, el theme; topic
temblar to tremble
temblor de tierra, el earthquake
temer to fear (10)
temperatura, la temperature (10)
templado/a temperate
temporada, la season (7)
temprano early (2)
tenebroso gloomy
tenedor, el fork (6)
tener (ie) to have (2)
tener...años to be... years old
tener calor to be hot (2)
tener cuidado to be careful
tener dolor (de) to have a pain (10)
tener en cuenta to take into account (10)
tener éxito to be successful
tener fiebre to have a fever (10)
tener frío to be cold (2)
tener ganas de (+ infin.) to feel like (doing something) (2)
tener hambre to be hungry (2)
tener miedo to be afraid (2)
tener náuseas to be nauseous (10)
tener prisa to be in a hurry (2)
tener que (+ inf.) to have to (+ inf.) (2)
tener razón to be right (2)
tener sed to be thirsty (2)
tener sueño to be sleepy (2)
tenis, el tennis (2)
tenista, el/la tennis player (7)
tenor, el tenor
teoría, la theory
terapia, la therapy
tercer, tercero/a third
terciopelo, el velvet
término, el term
termómetro, el thermometer
ternera, la veal
terrateniente, el/la landowner
terraza, la terrace; balcony (5)
terremoto, el earthquake
terreno, el terrain
terrestre earthly; terrestial
tez, la skin
tibio/a warm; tepid

tiempo, el time; weather
tienda, la tent; store (8)
tienda de antigüedades, la antique shop
tierra, la land
tijera, la scissors (5)
tímido/a shy, timid (1)
tinta, la ink
tinto: vino tinto, el red wine (6)
tío/a, el/la uncle/aunt (4)
tío/a abuela/o, el/la great uncle/great aunt
tipo de cambio, el exchange rate
tipo, el type
tirar to throw
tiras cómicas, las comics
titular, el headline
título, el title (1); degree
tiza, la chalk (1)
toalla, la towel (5)
tobillo, el ankle (10)
tocador, el vanity table
tocar to touch; to play (a musical instrument) (7)
todas las noches every night (3)
todavía still; yet
todo *pron.* everything, all (3)
todo/a *adj., n.* all (3); *pl.* everyone (3)
todo el día all day (3)
todo el mundo everyone, everybody (3)
todos los días every day (3)
tolerar to tolerate
tomar to drink; to take (2)
tomar el sol to sunbathe (4)
tomate, el tomato (6)
tono, el tone
tonto/a dumb (1); silly (1)
topografía, la topography
tórax, el torso
torcerse (ue) (z) to twist (10)
tormenta, la storm
toronja, la grapefruit (6)
torre, la tower
torta, la cake (6); sandwich (*Mex.*)
tortilla, la flat cornmeal or wheat bread (*Mex., S.A., U.S.*); potato and onion omelette (*Sp.*) (6)
tortolito/a, el/la lovebird
tortuga, la turtle
tos, la cough (10)
toser to cough (10)
tostada, la toast
tostadora, la toaster (6)
tostar (ue) to toast (6)
trabajador/a hard-working (1)
trabajar to work (2)
trabajar a comisión to work on commission (11)
trabajo, el work (11)
traducir to translate
traductor/a, el/la translator (11)
traer to bring (5)
trago, el drink

traje, el suit (8)
traje de baño, el bathing suit (7)
tranquilo/a calm
transmisión, la transmission
transmitir to transmit
transporte, el transportation
tratado, el treaty
Tratado de Libre Comercio NAFTA
tratamiento, el treatment
tratar de (+ inf.) to try (to do something) (2)
trimestre, el trimester (3)
tripulación, la crew
triste sad (3)
tristeza, la sadness
triunfar to triumph
trombón, el trombone
trompeta, la trumpet
trono, el throne
tropa, la troop
trozo, el piece; fragment
tul, el tulle (silk or nylon net)

U

ubicación, la location
ubicarse to be located/situated
ufano/a conceited
úlcera, la ulcer
último/a last
uña, la finger/toenail (5)
una vez one time; once (5)
únicamente only
único/a unique; only
unido/a close, close-knit (4)
universidad, la university
universitario/a (*adj.*) university (3)
urgente urgent (11)
utensilio, el utensil (6)
útil useful
utilidad, la usefulness
utilizar to use
uva, la grape (6)

V

vacaciones, las vacation
vacante, la opening, vacancy (11)
vacío, el emptiness
vacuna, la vaccine
valer to be worth; to cost (8)
validez, la validity
valioso/a valuable
valle, el valley
valor, el value
vaqueros, los jeans (8)
variar to vary
variedad, la variety
varios/as several
varón, el male
vasco/a *n., adj.* Basque
vaso, el water glass (6)
vaso capilar, el blood vessel
vecino/a, el/la neighbor
vegetariano/a vegetarian (6)
vela, la candle

velocidad, la speed

vencer to conquer

vendedor/a, el/la salesperson (11)

vendedor/a ambulante, el/la street vendor

vender to sell (3)

venenoso/a poisonous

venezolano/a *n., adj.* Venezuelan (2)

venir (ie) to come (4)

venta, la sale

ventaja, la advantage

venta-liquidación, la clearance sale

ventana, la window (1)

ventanilla, la window (9)

ver to see, to watch (television) (3)

verano, el summer (1)

verdad, la truth (4)

¿verdad? really? (2)

verdadero/a real

verde green (1); not ripe

verdulería, la greengrocer's shop (8)

verdura, la vegetable (6)

vergonzoso/a embarrassing

verificar to verify; to check

verter (ie) to pour

vestido, el dress (8)

vestirse (i, i) to get dressed (5)

veterinario/a, el/la veterinarian (11)

vez, la time (5)

viajante, el/la travelling salesperson

viajar to travel (2)

viaje, el trip (2)

viajero/a, el/la traveller (9)

vibrar to vibrate

vida, la life (3)

videograbadora, la videocassette recorder (VCR) (12)

vidrio, el glass

viejo/a old (2)

viento, el wind

viernes, el Friday (1)

vietnamita *m., f. n., adj.* Vietnamese (2)

vigilar to watch (10)

vigor, el stamina

vinagre, el vinegar

vino, el wine (6)

violación, la *f.* violation; rape

violar to violate; to rape

violencia, la violence

violín, el violin

virreinato, el viceroyalty

virtuoso/a virtuoso

visitante, el/la visitor

visitar to visit (4)

vista, la view (9)

vitrina, la (store) window

viuda, la widow

vivienda, la housing

vivir to live (3)

vivo/a to be smart, cunning; to be alive

vocal, la vowel

volar (ue) to fly (9)

volcán, el volcano (9)

vólibol, el volleyball (7)

voltear to turn over, to toss (6)

voluntad, la will

volver (ue) to return; go back (4)

volverse to become

votar to vote

voto, el vote; ballot

vuelo, el flight (9)

vuelo sin escala, el nonstop flight (9)

Y

y (e) and (1)

ya already (3)

ya que now that (12)

yate, el yacht

yerba, la herb; grass (5)

yerno, el son-in-law

yogur, el yogurt (6)

Z

zanahoria, la carrot (6)

zapatería, la shoestore (8)

zapato (de tenis), el (tennis) shoe (8)

zapatos deportivos, los running shoes (8)

zarzuela, la (Spanish) operetta

zona franca, la duty-free zone

zorro, el fox

zumo, el juice (6)

Appendix 4

A

a lot (of) mucho (1)
abolish, to abolir
abandon, to abandonar
abortion aborto, el
about acerca
about to, to be estar a punto de
above *adv.* arriba; *prep.* arriba de
(academic) subject materia, la (3)
accept, to aceptar (4)
accessory accesorio, el
accolade espaldarazo, el
accomplice cómplice, el/la
according to según
accordion acordeón, el
accountant contador/a (11)
accounting contabilidad, la
(acid) rain lluvia (ácida), la (12)
achieve, to lograr
acidic ácido/a
acquisition adquisición, la
across from enfrente (de) (3); a través de
act acto, el
act, to actuar
act out, to dramatizar actuación, la; arte dramático, el
acting actuación, la; arte dramático, el
activist activista, el/la
activity actividad, la (4)
actor/actress actor, el/actriz, la
ad anuncio, el; aviso, el
add, to añadir (6); **(to a mix)** echar (6)
address dirección, la
addressee destinatario, el
adjustment ajuste, el
admire, to admirar
admission ticket entrada, la (4)
administration building rectoría, la (3)
administrator rector, el/la
advantage ventaja, la
adventure aventura, la
advice column consultorio sentimental, el
advice consejo, el
advise, to aconsejar (10)
advisor consejero/a, el/la; asesor/a, el/la
aerobics ejercicios aeróbicos, los (10)
affection afecto, el; cariño, el

afraid, to be afraid tener miedo (2)
after *adv.* después; *prep.* después de (3); *conj.* después de que (12)
after después (de) que (12)
afternoon snack merienda, la (3)
afterwards posteriormente
again otra vez (5)
against contra (5)
age edad, la
agency agencia, la (11)
agree, to estar de acuerdo; asentir (ie, i)
agreeable genial
agreement acuerdo, el; concordancia, la
agricultural machinery maquinaria agrícola, la
agricultural agrícola
AIDS SIDA, el
air aire, el (12)
airline aerolínea, la
airplane avión, el
airport aeropuerto, el (9)
aisle pasillo, el (9)
alarm clock despertador, el (5)
alcoholic beverage bebida alcohólica, la (10)
algebra álgebra, el (3)
all todo/a (3)
all day todo el día (3)
allergic alérgico/a
allergy alergia, la (10)
allow, to dejar (10)
ally aliado/a, el/la
almost casi
already ya (3)
also también (2)
although aunque (6)
altitude altura, la (9)
aluminum aluminio, el
always siempre (3)
ambassador embajador/a, el/la
amenity comodidad, la
American (from the United States) estadounidense *m., f. n., adj.*
ancestor antepasado, el
ancient antiguo/a
and y (e) (1)
anger, to enojar (10)
angry enfadado/a; enojado/a (3)
anguish angustia, la
ankle tobillo, el (10)
announce, to anunciar
announcement anuncio, el

announcer locutor/a, el/la
annoying majadero/a
answer respuesta, la
answer, to contestar
answering machine contestador automático, el (12)
antacid antiácido, el (10)
anthropologist antropólogo, el
anthropology antropología, la (3)
antibiotic antibiótico, el (10)
antique antigüedad, la
antique shop tienda de antigüedades, la
anxious ansioso/a
any cualquier/a *adj.*
apartment departamento, el *(Mex.)*, piso, el *(Sp.)* (5)
appear, to aparecer (zc), figurar
appearance apariencia, la
appetizers tapas, las
applaud, to aplaudir
applause aplauso, el
apple manzana, la (6)
appliance aparato, el (6)
applicant aspirante, el/la; solicitante, el/la (11)
application solicitud, la
apply, to solicitar
appointment cita, la (10)
appreciate, to apreciar
approach, to arrimarse a
appropriate apropiado/a
approve, to aprobar (ue)
April abril (1)
architect arquitecto/a (11)
Argentine argentino/a *adj., n.* (2)
arise, to surgir
arm brazo, el (10)
armchair sillón, el (5)
arm oneself, to armarse
army ejército, el
around alrededor
around here por aquí
arrange, to arreglar (8)
arrest, to detener (ie)
arise, to surgir
arrival llegada, la (9)
arrive, to llegar (2)
art arte, el (2)
article artículo, el
ask for, to pedir (i, i) (4)
ask questions, to hacer preguntas (3)
as long as mientras que (12)
as soon as en cuanto (12), luego que (12); tan pronto como (12)

ask, to preguntar
asparagus espárrago, el
aspirin aspirina, la (10)
assemble, to ensamblar
assembly ensamblaje, el
assent, to asentir (ie)
assume, to asumir
assure, to asegurar
at about (time) a eso de
at dusk al atardecer
at least por lo menos
at the end of a finales de
at the same time a la vez
at times a veces (5)
atheist ateo/a, el/la
athlete atleta, el/la (7)
atmosphere atmósfera, la (12)
attach, to adjuntar (11)
attend, to asistir a (3)
attitude actitud, la
attract, to atraer
attractive atractivo/a (4)
audience público, el
audition audición, la
auditorium auditorio, el
August agosto (1)
aunt tía, la (4)
autobiography autobiografía, la
automatic teller cajero automático, el (12)
automobile industry industria automovilística, la
autonomous autónomo/a
available disponible
average promedio, el
avoid, to evitar
award, to premiar
awesome! ¡bárbaro!

B

babble, to balbucear
baby bebé, el/la
babysit, to cuidar a los niños
bachelor soltero, el
bachelorette soltera, la
back espalda, la (10)
back; backwards; behind atrás
background; bottom fondo, el
backpack mochila, la (1)
back (up), to respaldar
bad mal, malo/a (1)
badly mal *adv.* (1)
badminton bádminton, el (7)
bag bolsa, la (7)
baggage claim room sala de reclamación de equipaje, la; recogida de equipajes, la (9)
bagpipes gaita, la
bake, to hornear (6)

bakery panadería, la (8)
baking pan molde, el (6)
balance equilibrio, el
balcony balcón, el
ball balón, el; pelota, la (7)
(ball)game partido, el (4)
banana banana, la (6); plátano, el (6); guineo, el (6)
banana tree banano, el
band banda, la; orquesta, la (4)
bank banco, el
bargain ganga, la (8)
bargain, to regatear (8)
baritone barítono, el
bark, to ladrar
barley cebada, la
barren pelona, la
baseball player beisbolista, el/la *m., f.* (7)
baseball béisbol, el (2)
baseball, tennis ball pelota, la (7)
basement sótano, el (5)
basin cuenca, la
basket cesto, el (7)
basketball player baloncestista, el/la (7)
basketball baloncesto, el (2); básquetbol, el (2)
Basque vasco/a *adj., n.*
bass (instrument) bajo, el
bat bate, el (7)
bat, to batear (7)
batboy cargabate, el/la
bathe, to bañarse (5)
bathing suit traje de baño, el (7)
bathroom baño, el (5)
be able, to poder (ue) (4)
be careful! ¡ojo!
be situated, to radicar; ubicar
be, to estar (1); ser (1)
beach playa, la (4)
beach resort balneario, el
beach umbrella sombrilla, la (7)
beans (kidney; pinto; red) frijoles, los (6)
beat, to batir (6)
beautiful bello/a
beauty belleza, la
because porque (2)
because of con motivo de
become, to convertirse (ie, i); volverse (ue) (+ emotion) ponerse
become frightened, to asustar
bed cama, la (5)
bedroom alcoba, la; cuarto, el; dormitorio, el (5); habitación, la; recámara, la
beef carne de res, la (6)
beer cerveza, la (6)
before *adv.* antes; *prep.* antes de (3); *conj.* antes de que (12); (with regard to) ante
begin, to comenzar (ie); empezar (ie) (4); iniciar
beginner principiante, el

beginning comienzo, el; principio, el
behind detrás (de) (3)
being ser, el
belief creencia, la
believe, to creer (y) (3)
bellhop botones, el/la (9)
belong, to pertenecer (zc)
belt cinturón, el (8)
bench banqueta, la; banco, el
benefit beneficio, el
besides además de
best mejor (8)
better mejor (8)
between entre (3)
bicycle bicicleta, la (7)
big gran, grande (1)
bilingual bilingüe
bilingualism bilingüismo, el
bill cuenta, la (6)
billiards billar, el
binoculars binoculares, los (9)
biology biología, la (2)
bird pájaro, el; ave, el (but *f.*)
birth nacimiento
birthday cumpleaños, el
bite, to morder (ue)
black negro/a (1)
black coffee café solo (6)
blanket cobija, la
blender licuadora, la
blessing bendición, la
blond rubio/a (2)
blood sangre, la (10)
blood pressure presión, la (10)
blood sausage morcilla, la
blood vessel vaso capilar, el
blouse blusa, la (8)
blow, to soplar
blue azul (1)
blushing arrebolado/a
board, to abordar; subir al avión (9)
board of directors junta directiva, la
boarding pass tarjeta de embarque, la (9)
boarding house pensión estudiantil, la
boat lancha, la
body cuerpo, el
body build complexión, la (10)
boil, to hervir (ie, i) (6)
bone hueso, el (10)
bony huesudo/a
book libro, el (1)
bookcase librero, el (5)
bookshelf estante, el
bookstore librería, la (2)
boot bota, la (8)
border factory maquiladora, la
border frontera, la
border, to bordear
boring, bored aburrido/a (1); (3)
born, to be born nacer (zc) (10)
boss jefe/a, el/la (11)
both ambos/as

bother (annoy), to molestar (6)
bottle botella, la; frasco, el
box; cash register caja, la (8)
boxer boxeador/a, el/la (7)
boxing boxeo, el (7)
bowl (generic) recipiente, el (6)
boy muchacho, el (2); chico, el (3)
boy/girl muchacho/a, el/la (2)
boyfriend novio, el (2)
boyfriend/girlfriend; fiancé/ée groom/bride novio/a (2); (4)
bra sostén, el
bracelet pulsera, la (8)
brain cerebro, el (10)
brake freno, el
brand marca, la (12)
brass instrument instrumento de bronce
bread pan, el (6)
break, to romper; quebrar; (a bone) romperse (un hueso) (10) (into pieces) destrozar
breakfast desayuno, el (3)
breathe, to respirar (10)
breathing respiración, la
brick ladrillo, el
bride novia, la (4)
briefly brevemente
bring, to traer (5)
broaden, to ampliar
brochure folleto, el (9)
broken down averiado/a
broom escoba, la (5)
brother hermano, el (4)
brother-in-law cuñado, el (4)
brown marrón (1)
brunette moreno/a (2)
brush, to cepillarse (5)
bucket cubo, el (5)
budget presupuesto, el
building edificio, el
(bulletin) board tablero, el
burial entierro, el
buried enterrado/a
burn, to quemar
bus autobús, el; camión, el (Mex.)
business comercio, el
business administration administración de empresas, la (2)
business section sección financiera, la
business negocio, el
busy ocupado/a (3)
but pero (2)
but sino
butcher shop carnicería, la (8)
butter mantequilla, la (6)
butterfly mariposa, la
buy, to comprar (2)
buy groceries, to hacer las compras (5)
by chance por casualidad
by por
byproduct derivado, el (6)

C

cable TV televisión por cable, la
cafeteria cafetería, la (3)
cake pastel, el
cake torta, la (6)
calculate, to calcular (12)
calculator calculadora, la (3)
calculus cálculo, el (3)
call, to llamar (1)
call letter sigla, la
calm tranquilo/a
camera cámara (fotográfica), la (9)
camp campamento, el
campaign campaña, la
can lata, la
Canadian canadiense *m., f. n., adj.*
Canadian studies estudios canadienses, los (3)
cancel, to cancelar (9)
candidate candidato/a
candle holder candelabro, el
candle vela, la
candy store confitería, la (8)
cap cachucha, la
cap gorra, la (8)
capable capaz (11)
capital city capital, la (2)
capture, to captar
car carro, el (4); coche, el (4)
careful, to be careful tener cuidado
caramel custard flan, el (6)
carbohydrate carbohidrato, el (10)
cardboard cartón, el
career carrera, la
careful cuidadoso/a
carefully cuidadosamente
Caribbean caribeño/a
Caribbean Sea Mar Caribe, el
carpenter carpintero/a, el/la (11)
carrot zanahoria, la (6)
carry out, to realizar
carving tallado, el
case caso, el
cash register caja, la (8)
castle castillo, el (9)
cat gato, el
catch, to coger; agarrar
cathedral catedral, la (9)
Catholic católico/a *n., adj.*
cattle raising ganadería, la
cattle ganado, el
cattleman ganadero, el
cave cueva, la
CD disco compacto, el (12)
cede, to; relinquish to ceder
ceiling techo, el (1)
celebrate, to celebrar
cellular telephone teléfono celular, el (12)
cemetery cementerio, el
censure, to censurar

censured censurado/a
cent centavo, el
center centro, el (3)
centigrade centígrado/a
century siglo, el
cereal cereal, el (6)
certain seguro/a (11)
certainty certidumbre, la
chain cadena, la (8)
chair silla, la (1)
chalk tiza, la (1)
chalkboard pizarra, la (1)
challenge, to retar
challenge desafío, el; reto, el
challenging exigente (3)
chamber cámara, la
champion campeón/campeona, el/la
chance azar, el
change cambio, el
channel canal, el
character personaje, el
characteristic característica, la
charge cargo, el
charge, to cobrar
charitable caritativo/a
chart cuadro, el
chat, to conversar (2)
cheap barato/a (1)
cheque cheque, el (8);
chequing account cuenta corriente, la (12)
check, to averiguar; revisar
check, to verificar
check in the luggage, to facturar el equipaje (9)
checked de cuadros (8)
checkup examen físico, el (10)
cheek mejilla, la
cheese queso, el (6)
chemistry química, la (3)
chess ajedrez, el
chest pecho, el (10)
chew, to masticar
chicken pollo, el (6)
chicken store pollería, la (8)
chief cacique, el; caudillo, el
chief executive of a country mandatorio, el
child niño/a (4)
childhood niñez, la
Chilean chileno/a adj., n. (2)
Chinese chino/a adj., n. (2)
chiropractic quiropráctica, la
cholesterol colesterol, el (10)
choose, to escoger; seleccionar
chop chuleta, la (6)
chopped picado/a (6)
chorus coro, el
Christianity cristiandad, la
chronological cronológico/a
church iglesia, la
cicada cigarra, la
cigarette cigarrillo, el (10)
cinematography cinematografía, la
cinnamon canela, la

citizen ciudadano/a, el/la; pl. ciudadanía, la
citizenship ciudadanía, la
city ciudad, la (2)
civil servant funcionario/a, el/la (11)
clarinet clarinete, el
class clase, la (3)
classified clasificado/a
classroom sala de clase, la
clause cláusula, la
clean limpio/a (3)
clean, to limpiar (5)
cleaning limpieza, la
clear patente
clear the table to, quitar la mesa (5)
clearance sale venta-liquidación, la
clerk dependiente/a (8)
clever; ready listo/a
client cliente/a, el/la (6)
climb subida, la
climb, to escalar; subir (a)
clock reloj, el (1)
close adj. próximo/a; unido/a (4)
close, to cerrar (ie) (1)
close to adv. cerca de (2)
close-knit unido/a (4)
closed cerrado/a (3)
closet armario, el (5)
closing despedida, la
clothes ropa, la (5)
cloudy nublado/a (7)
clue pista, la
coach entrenador/a, el/la (7)
coach class clase turista, la (9)
coast costa, la
coat abrigo, el (8)
code código, el
codfish bacalao, el
coffee café, el (3); black coffee café solo, el (6); coffee with milk café con leche, el (6)
café café, el (4)
coffeepot cafetera, la (6)
cognate cognado, el
cold frío/a (6); resfriado, el (10)
cold, to be cold tener frío (2)
collect (money) to, recaudar
collector coleccionista, el/la
Colombian colombiano/a n., adj. (2)
colony; cologne colonia, la
colour color, el (1)
Columbus Day Día de la Raza, el
comb peine, el (5); (sturdy, wire) raspa, la
comb (one's hair) to, peinarse (5)
combat, to combatir
come, to venir (ie) (4); (from, origin) originar de
comedy comedia, la
comfort comodidad, la

comfortable cómodo/a
comics tiras cómicas, las
command mandato, el
comment comentario, el
commerce comercio, el
commiserate, to compadecerse
commit, to cometer
common común (11)
commonwealth estado libre asociado, el
communication comunicación, la
community comunidad, la
compare, to comparar
compatriot compatriota, el/la
compel, to obligar
competition competencia, la
complain (about), to quejarse (de) (5)
complicated complicado/a (3)
compose, to componer
composer compositor/a, el/la
comprehensive comprensivo/a
computer computadora, la (3); ordenador, el (Sp.)
computer science informática, la; computación, la (2)
(computer, electronic) game juego (electrónico), el (12)
conceited ufano/a
concert hall casa de ópera, la
concert concierto, el (4)
condemn, to condenar
condemned condenado/a
condiment condimento, el (6)
conductor (symphony) direc-tor/a, el/la
confide, to confiar
confidence confianza, la
conflict conflicto, el
confront, to enfrentar
confuse, to confundir
confusing confuso/a
congratulations! ¡enhorabuena! ¡felicitaciones!
congress congreso, el
connection conexión, la
conquer conquistar; vencer
conquest conquista, la
conservative conservador/a
conserve, to conservar (12)
consolation consuelo, el
constrict, to encogerse
construct construir (y)
consultant asesor/a, el/la
consume, to consumir (12)
consumer consumidor/a
consumption consumo, el
contact lenses lentes de contac-to, los
container envase, el (12)
contain, to contener (ie)
contaminate, to contaminar (12)
contamination contaminación, la (12)
content contenido, el
contest; game show; pageant concurso, el

contest certamen, el
contestant concursante, el/la
continue, to seguir (i, i) (4)
contract contrato, el (11)
contract, to contraer
contralto contralto, el/la
contrary contrario/a
contrast, to contrastar
contribute, to contribuir (y)
control, to controlar
controversial controvertido/a
convent convento, el (9)
converse, to conversar (2)
convince, to convencer
cook cocinero/a, el/la (11)
cookie; cracker galleta, la (6)
cooler heladera, la (7)
coordinator coordinador/a, el/la (11)
copper cobre, el
cord; string cuerda, la
cordially yours cordialmente (11)
cordless telephone teléfono inalámbrico, el (12)
corduroy pana, la
coriander cilantro, el (6)
corn maíz, el
corruption corrupción, la
cosmopolitan cosmopolita m., f.
cost, to costar (ue); valer (8)
Costa Rican costarricense n., adj.
cotton algodón, el (8)
cough tos, la (10)
cough, to toser (10)
cough syrup jarabe, el (10)
counter mostrador, el (8)
country país, el (2)
couple pareja, la
course curso, el (3)
course; dish; plate plato, el (5); (6)
court, playing field cancha, la (7)
cousin primo/a, el/la (4)
cover, to cubrir (11); tapar (6)
cozy acogedor/a
cradle cuna, la
craftsman/woman artesano/a
crash, to chocar
craw; stomach buche, el
craziness; insanity locura, la
cream crema, la (5)
creamy cremoso/a
creator creador/a
creature criatura, la
credit card tarjeta de crédito, la (8)
crew tripulación, la
crime crimen, el; delito, el
critic crítico/a, el/la;
critical crítico/a
criticize, to criticar
crop cosecha, la (12)
cross, to cruzar
crossed atravesado/a

cruise crucero, el
cry; shout grito, el
cry, to llorar
cub cachorro, el
Cuban cubano/a *adj., n.* (2)
cultivation; crop cultivo, el (12)
culvert; sewer alcantarilla, la
cup taza, la (6)
cure, to curar (11)
currency moneda, la
current actual *adj.*
curse maldición, la
curtain cortina, la
custom costumbre, la
customer; client cliente/a, el/la (6)
customs inspector aduanero/a, el/la (9)
customs aduana, la (9)
cut, to cortar (5); picar (6)
cycling ciclismo, el (7)
cyclist ciclista, el/la (7)
cynical cínico/a
cypress (tree) ciprés, el

D

dad (father) papá, el (4)
daily diario/a
damage daño, el
damned maldito/a
dance, to bailar (2)
dancer bailarín/bailarina, el/la
danger peligro, el
dangerous peligroso/a
dare, to atreverse
dark (skin, hair) moreno/a (2)
darling (*fig.*) mi vida (4)
database base de datos, la (12)
date fecha, la; cita, la
date; appointment cita, la (10)
daughter hija, la (4)
daughter-in-law nuera, la
dawn aurora, la
dawn, to amanecer (zc)
day día, el (1)
day before yesterday anteayer, el (6)
daybreak alba, el (but *f.*)
dead (dying of) muerto/a (de) (3)
dead difunto/a
deadline fecha límite, la
deal, good ganga (8)
dear (endearment) cariño/a, el/la; (in a letter) **dear...** querido/a(s)... (4)
dear sir/madam: estimado/a señor/a (11)
dearest... queridísima... (4)
death muerte, la
debate, to debatir
debit card tarjeta de débito, la (8)
debt deuda, la
decade década, la
decaffeinated descafeinado/a
December diciembre, el (1)
deceive, to engañar

decide, to decidir (3)
decisive decisorio/a
decorate, to adornar
dedicate, to oneself to dedicarse a
deep profundo/a
defeat, to derrotar
defend, to defender (ie)
defense defensa, la
define, to definir (11)
deforestation deforestación, la (12)
degree grado, el (education) título, el
delay atraso, el; demora, la (9)
delay, to retrasar
delicious rico/a (6)
delight, to encantar (6)
delighted encantado/a (1)
delightful encantador/a
deliver, to repartir (11)
demand, to reclamar
demanding exigente (3)
demilitarization desmilitarización, la
democracy democracia, la
democrat demócrata, el/la
democratization democratización, la
denounce, to denunciar
dentist dentista, el/la (11)
deny, to negar (ie) (11)
deodorant desodorante, el (5)
department store almacén, el (8)
departure salida, la (9)
depend, to depender (ie)
depopulation despoblación, la
describe, to describir
desert desierto, el
deserve, to merecer
design diseño, el (12)
design, to diseñar (11)
designer diseñador/a, el/la
desire, to desear (6)
desk escritorio, el; pupitre, el (1)
desperate desesperado/a
dessert postre, el (6)
destroy destruir (y); destrozar
destroy, to; to break into pieces destrozar
deteriorate, to deteriorar
devalue, to devaluar
developing country país en desarrollo, el
development desarrollo, el (3)
diabetes diabetes, la (10)
diagnosis diagnóstico, el (10)
diamond diamante, el (8)
dictator dictador/a, el/la
dictatorship dictadura, la
dictionary diccionario, el (3)
die, to morir (ue, u) (4)
diet, to be on a diet estar a dieta (10)
differ, to diferir (ie)
difficult difícil (2); duro/a
dig, to cavar

dike dique, el
dining room comedor, el (5)
dinner cena, la; comida, la (3)
direct, to dirigir
direction rumbo, el
director director/a, el/la (11)
director; conductor director/a (11);
dirty sucio/a (3)
disadvantage desventaja, la
disagreement desacuerdo, el
disappearance desaparición, la
disarmament desarme, el
disaster desastre, el (5)
discharge, to descargar
discomfort incomodidad, la
discount descuento, el
discover, to descubrir (11)
discovery descubrimiento, el
disguise disfraz, el
dish (generic, serving) recipiente, el (6); **plate** plato, el (6)
dishes platos, los (5)
dishwasher lavaplatos, el (5)
disillusioned desilusionado/a
diskette disquete, el (12)
disobey, to desobedecer (zc)
disorder desorden, el
display, to; to shine lucir
disposed disponible
disproportionate desproporcionado/a
dissident group disidencia, la
distinguish, to oneself distinguirse
distinguished distinguido/a
distract, to distraer
distribute, to repartir (11)
distribution; cast (theater) reparto, el
distrusting; distrustful desconfiado/a
diva diva, la
divide, to dividir
divorced divorciado/a (3)
do, to; to make hacer (3); (3)
dock embarcadero, el
doctor, physician médico/a, el/la (10)
doctor's office consultorio, el (10)
documentary documental, el
dollar dólar, el
Dominican dominicano/a *n., adj.* (2)
door puerta, la (1)
dorm residencia estudiantil, la
dose dosis, la
dossier expediente, el (11)
double doble, el; *adj., n.* (el) (9)
double bed cama doble, la (9)
double room cuarto doble, el (9)
doubt duda, la
doubt, to dudar (11)
doubtful dudoso/a (11)
dough masa, la

downstairs; planta baja, la; abajo (5)
downtown centro, el (4)
dowry dote, el
dozen docena, la
drag, to arrastrar
drainage desagüe, el
drama drama, el
draw, to dibujar
drawing (art) dibujo, el
drawing (lottery) sorteo, el
dream sueño, el
dream (about), to soñar (ue) (con) (4)
dress vestido, el (8)
dresser cómoda, la (5)
dressmaker costurero/a, el/la
drink; refreshment bebida, la (3); trago, el
drink, to beber (3); tomar (2)
drive, to conducir (zc) (12)
drop gota, la
drop-box buzón, el
drug addiction drogadicción, la
drug dealer narcotraficante, el/la
drugstore droguería, la (8)
drum tambor, el
drums batería, la
dry seco/a
dry (oneself), to secar(se) (5)
dryer (hair and laundry) secadora, la (5)
duck pato, el
due to debido a
dumb tonto/a (1)
during durante
dust, to sacudir (5)
duty deber, el
duty-free zone zona franca, la

E

each cada
eagle águila, el (but *f.*)
ear (of corn) mazorca, la
ear (inner) oído, el (10)
ear (outer) oreja, la (10)
early morning hours madrugada, la; **early** temprano (2)
earn, to; to win ganar (7)
earning ganancia, la
earring arete, el (8); pendiente, el
earthly terrestre
earthquake temblor de tierra, el; terremoto, el
east este, el; *adj.* oriental
Easter week Semana Santa, la
easy fácil (2)
eat, to comer (3)
eat breakfast, to desayunar (6)
ecological ecológico/a
economical económico/a
economics economía, la (3)
edifice edificación, la
editorial page editorial, el
educate, to educar

educated culto/a

education pedagogía, la (2); formación, la

educational educativo/a

effort esfuerzo, el

egg huevo, el (6); blanquillo, el *(Mex.)*

eighteenth décimoctavo/a

eighth octavo/a

elastic elástico, el

elect, to elegir (i, i)

election elección, la

electric razor máquina de afeitar, la (5)

electrical appliance electrodoméstico, el

electrician electricista, el/la (11)

electronic electrónico/a (12)

electronics aparato electrónico, el

eliminate, to eliminar

elm olmo, el

e-mail correo electrónico, el (4)

e-mail attachment anexo, el (11)

embarrassing vergonzoso/a

embassy embajada, la

embedded enclavado/a

emerald esmeralda, la

emergency exit salida de emergencia, la (9)

emphasize, to enfatizar

empire imperio, el

employee empleado/a (11)

employment empleo, el (11)

emptiness vacío, el

enchanting, encantador/a

enclose, to encerrar (ie); adjuntar (11)

encounter encuentro, el

encourage, to animar (7)

end fin, el; final, el; *adj.* final

end, to eliminar

endangered en peligro de extinción

enemy enemigo/a

energy energía, la (12)

engineer ingeniero/a, el/la (11)

engineering ingeniería, la (2)

English inglés/inglesa *n., adj.* (2)

enjoy, to disfrutar; gozar

enjoy your meal! ¡buen provecho! (6)

enlarge, to agrandar

enormous enorme

enough suficiente

enrich, to enriquecer

entertainment section cartelera, la

enthusiasm entusiasmo, el

enthusiastic entusiasta *m., f.* (11)

enthusiastically entusiasmadamente

entrance entrada, la

entry entrada, la (4)

environment medio ambiente, el (12)

environmental ambiental

environmental protection protección del medio ambiente, la

environmental studies estudios ambientales, los (3)

environs cercanía, la

episode episodio, el

equal, to (be) equal to equivaler

equipment equipo, el (7)

erase, to borrar (12)

eraser borrador, el (1)

errand mandado, el

escape, to escaparse

especially especialmente

essential preciso/a (11)

establish, to establecer (zc) (11)

estar de moda to be in style (8)

ethics ética, la

ethnic étnico/a

eucalyptus eucalipto, el

evaluation evaluación, la (11)

event acontecimiento, el

even aun

even when aun cuando

every day todos los días (3)

every night todas las noches (3)

everybody todo el mundo (3), todos (3)

everybody else los demás

everyone, todo el mundo (3)

everything, all todo *pron.* (3); evident

evident evidente (11); patente

evil mal, malo/a (1)

exact preciso/a

exactly; (time) en punto

exaggerate, to exagerar

exam examen, el (2)

example ejemplo, el

excavate, to excavar

excess weight sobrepeso, el (10)

exchange intercambio, el

exchange rate tipo de cambio, el

exciting emocionante (1)

excuse, to; to pardon perdonar

executive ejecutivo/a

exemplify, to ejemplificar

exercise ejercicio, el

exercise, to hacer ejercicio (3); **(carry out)** ejercer

expect, to esperar (4)

expectation expectativa, la

expense gasto, el

expensive caro/a (1)

experience, to experimentar

explain, to explicar

exploited explotado/a

explore, to explorar (9)

expression expresión, la (1)

exquisite exquisito/a

extensive amplio/a

extremely sumamente

extremely, to be pleasing encantar (6)

eye ojo, el (5)

F

fable fábula, la

fabric tela, la (8)

face cara, la (5)

face, to afrontar

fact hecho, el

faction bando, el

factory fábrica, la (12)

fair feria, la

fair justo/a (11)

fairy tale cuento de hadas, el

fall asleep, to dormirse (ue, u) (5)

fall in love, to enamorarse (5)

fall otoño, el (1)

fall, to caer

familiar, to be (with) conocer (zc) (4)

famous conocido/a

fan aficionado/a, el/la (7)

far lejos (de) (3)

fare pasaje, el (9)

farm, ranch finca, la (12)

farmer agricultor/a, el/la

fascinate, to fascinar (6)

fascinating fascinante (1)

fashion moda, la

fashion show desfile de costura; de moda, el

fasten (a seat belt), to abrocharse (9)

fat gordo/a (2); grasa, la (6)

fate; destination destino, el

father padre, el (2)

father-in-law suegro, el (2)

fatigue cansancio, el

faucet grifo, el

fax fax, el (12)

fear, to temer (10)

February febrero (1)

feed, to alimentar

feel like (doing something), to tener ganas de (+ infin.) (2)

feel, to sentirse (ie, i) (5)

fence cerca, la

fever fiebre, la (10)

fiancé/fiancée novio/a, el/la (4)

field of study campo de estudio, el

fifth quinto/a

fig higo, el

fight lucha, la; pelea, la

fight, to combatir

figure línea, la (10)

file expediente, el (11)

file, to archivar (12)

Filipino filipino/a *n., adj.*

fill (out), to llenar; rellenar (11)

fillet filete, el (6)

film producer, filmmaker cineasta, el/la

film película, la (4); filme, el

film, to filmar

filming rodaje, el

finally por fin

finally por último

finance, to financiar

financial financiero/a

find out, to enterarse

find, to encontrar (ue) (4)

fine multa, la (12)

fine arts bellas artes, las (2)

fine, to multar (12)

fine with me; de acuerdo (4)

finger dedo (de la mano), el (5)

finger-licking good para chuparse los dedos

fingernail uña, la (5)

finish, to acabar (11)

fire fogata, la

fire fuego, el (6); incendio, el (11)

fire, to despedir (i, i) (11)

firefighter bombero/a (11)

fireworks fuegos artificiales, los

firm empresa, la (11)

first primer/o/a (8)

first floor primer piso, el (5)

fish pescado, el (6)

fish store pescadería, la (8)

fish, to pescar (9)

fishing pesca, la

fist puño, el

fit, to (clothes) quedar (8)

fitting room probador, el (8)

fix, to arreglar (8)

flag bandera, la

flank, to flanquear

flat cornmeal or wheat bread (Mex., S.A., U.S.); tortilla, la (6)

flavour sabor, el (6)

flea pulga, la

fleshy pulposo/a

flight vuelo, el (9)

flight attendant aeromozo/a, el/la (9); azafata, la (9)

flirt, to coquetear

flood inundación, la

floodgate compuerta, la

floor piso, el (1)

florist florería, la (8); floristería, la

flow, to fluir

flower bed cantero de jardín, el

flower flor, la (9)

flu gripe, la (10)

flute flauta, la

fly mosca, la

fly, to volar (ue) (9)

fog neblina, la (7)

fold, to; to turn doblar (5)

follow, to seguir (i, i) (4)

following a continuación

following, *adj.* a continuación, siguiente

fondness simpatía, la

food alimento, el (10); comestible, el; comida, la (3)

foot pie, el (10)

football fútbol norteamericano, el (2)

footwear calzado, el
for example por ejemplo
for God's sake por Dios
for now por ahora
forecast pronóstico, el (7)
forehead frente, la (10)
foreign extranjero/a (2)
(foreign) debt deuda (externa), la
foreman capataz, el
forest bosque, el (9)
forget, to olvidarse (de) (5)
fork tenedor, el (6)
form (blank) formulario, el (11)
form, to formular
fort fuerte, el (9)
fortunate afortunado/a
fortunately afortunadamente
fortune dineral, el
fortune teller adivino/a, el/la
forum foro, el
found, to fundar
foundation fundación, la
founding fundador/a
fountain fuente, la (9)
fox zorro, el
fragment trozo, el
free libre
freedom libertad, la
freezer congelador, el (6)
french fries papas fritas, las (6)
frequently con frecuencia
frequently frecuentemente (5)
fresh fresco/a (6)
fresh water agua dulce, el *(but f.)*
Friday viernes, el (1)
fried frito/a (6)
friend amigo/a, el/la (2); compañero/a, el/la
friendly amistoso/a; amable (4)
friendly; kind amable (4)
friendship amistad, la
fright susto, el
frightened asustado/a
frog rana, la
from de (1); desde
from this point on a partir de
from time to time de vez en cuando (5)
front page primera plana, la
frost helada, la
fruit fruta, la (6)
fruit stand, store frutería, la (8)
fry, to freír (i, i) (6)
fulfill, to cumplir (con)
full pleno/a
fun divertido/a
function, to funcionar (12)
funny cómico/a; gracioso/a
fur piel, la
furniture (a piece of) mueble (5)
furious furioso/a (5)

G

gabardine (lightweight wool) gabardina, la
gain weight, to engordar (10); subir de peso (10)
game partido, el (4)
garage garaje, el (5)
garbage basura, la (5)
garbage can basurero, el (5)
garden, yard jardín, el (5)
garlic ajo, el (6)
garment prenda, la
gate puerta de salida, la (9)
gather, to coger
generally generalmente (3)
generate, to generar
generous generoso/a
genre género, el
geography geografía, la (2)
geology geología, la (3)
German alemán/alemana *n., adj.* (2)
gesture ademán, el
get, to conseguir (i) (4)
get a divorce, to divorciarse
get angry, to enojarse (con) (5)
get away (from), to alejarse (de) (10)
get better, to mejorarse (10)
get dressed, to vestirse (i, i) (5)
get in shape, to ponerse en forma
get married, to casarse; contraer matrimonio
get near, to arrimarse a
get quiet, to callarse
get together, to reunirse (5)
get up, to levantarse (5)
get used to, to acostumbrarse
get well, to mejorarse (10)
get wet, to mojarse
gift regalo, el
gigantic gigantesco/a
girl muchacha, la (2); chica, la (3)
girlfriend novia, la (2)
give, to dar
give (a present), to regalar
glass vidrio, el; vaso, el (6); copa, la (6)
glasses lentes, los
gloomy tenebroso
glove guante, el (7)
glued pegado/a
go, to ir a (3) **(present oneself)** acudir
go back, to volver (ue) (4)
go horseback / bicycle riding, to montar a caballo/en bicicleta (9)
go on an excursion, to ir de excursión (9)
go out, to salir (4)
go round, to recorrer (9)
go shopping, to ir de compras (4)
go to bed, to acostarse (ue) (5)
goal meta, la (11)
god/goddess dios/a, el/la
godfather padrino, el (4)

godmother madrina, la (4)
gold oro, el (8)
golf golf, el (7)
good buen, bueno/a (1)
good afternoon (good evening) buenas tardes (1)
good deal ganga, la (8)
good evening buenas noches (1)
good morning buenos días (1)
good night buenas noches (1)
good-bye adiós (1)
goodness bondad, la
gossip chisme, el
gossipy chismoso/a
govern, to gobernar
governing, ruling gobernante
government gobierno, el
governor gobernador/a el/la
grab, to agarrar
grade nota, la
graduate, to graduarse
grain grano, el (6)
granddaughter nieta, la (4)
grandfather/grandmother abuelo/a, el/la (4)
grandson nieto, el (4)
grape uva, la (6)
grapefruit toronja, la (6)
grass yerba, la; césped, el (5)
grasshopper cigarra, la
great gran, grande
gravestone lápida, la
grease, fat grasa, la (6)
great-uncle/great-aunt tío/a abuelo/a, el/la
green (colour and not ripe) verde (1)
green beans habichuelas, las; judías, las (6)
green pepper ají verde, el (6)
green pepper pimiento, el (6); ají verde
greengrocer's shop verdulería, la (8)
greet (one another), to saludar(se) (9)
greeting saludo, el
grey gris (1)
grief pena, la
grilled a la parrilla (6)
grocery store supermercado, el; especiería, la (8)
groom novio, el (4)
gross domestic product producto interior bruto, el
ground molido/a
group (musical) conjunto musical, el (4)
growing creciente
growth crecimiento, el
guarantee, to garantizar
guard guardia, la
guess, to adivinar
guest invitado/a, el/la
guest house casa de huéspedes, la (3)
guide (tour) guía, el/la (9)

guidebook guía, la (9)
guilty culpable
guitar guitarra, la
gulley arroyo, el
gum chicle, el
gunshot disparo, el
gymnasium gimnasio, el (3)
gymnast gimnasta, el/la (7)
gymnastics gimnasia, la (7)
gypsy gitano/a

H

habit, to be in the habit soler (ue) (4)
hair pelo, el (5)
hair salon peluquería, la
hairstylist peluquero/a, el/la (11)
half medio, el (6)
hall aisle pasillo, el (5); (9)
hallucinogen alucinógeno, el
ham jamón, el (6)
hamburger hamburguesa, la (3)
hammock hamaca, la
hand mano, la (1)
handicrafts artesanía, la
handkerchief pañuelo, el
handmade hecho/a a mano
handsome guapo/a (2)
happiness felicidad, la
happy alegre (4), contento/a (3)
happy, to become happy alegrarse (de) (5)
hard duro/a; **difficult** duro/a
hard disk disco duro, el (12)
hard-working trabajador/a (1)
harp arpa, el *(but f.)*
harvest cosecha, la (12)
harvest, to cosechar (12)
hat sombrero, el (8)
hatchet hacha, el *(but f.)*
hate, to odiar
have to (+ inf.), to tener que (+ inf.) (2)
have a cold, to estar resfriado/a (10)
have a good time, to pasarlo bien (7)
have a good trip ¡buen viaje!
have a great laugh, to morir de risa (ue)
have a pain, to tener dolor (de) (10)
have a picnic, to hacer un pícnic/una merienda (7)
have dinner, to cenar (6)
have fun, to divertirse (ie, i) (5)
have hopes, to albergar esperanzas
have just (done something), to acabar de (+inf.) (11)
have lunch, to almorzar (ue) (4)
have, to tener (ie) (2)
head cabeza, la (10)
headline titular, el
health salud, la (10); sanidad, la

health insurance seguro médico, el (11)
health store centro naturista, el (10)
healthiness salubridad, la
healthy saludable; sano/a
heap montón, el
heart corazón, el (10)
heart-rending desgarrador/a
heat, to calentar (ie) (6)
heaven cielo, el
heavenly divino/a
heavy; strong fuerte (2)
height estatura, la (10); la altura
helicopter helicóptero, el
hell infierno, el
hello ¡hola!; (answering the phone) ¡aló! (4); ¡bueno! (*Mex.*) (4); ¡diga! (*Sp.*) (4)
help ayuda, la (2)
help, to ayudar (2)
helper ayudante, el/la
hemisphere hemisferio, el
here aquí (1)
herb; grass yerba, la (5)
here you are aquí tiene
heron garza, la
hi hola (1)
hide, to disimular; esconder
hieroglyphic jeroglífico, el
high fashion alta costura, la
high plateau altiplano, el
high school colegio, el
highway autopista, la; carretera, la
hill loma, la
hire, to contratar (11)
Hispanic hispano/a
hiss, to silbar
history historia, la (2)
hit, to golpear
hobby afición, la
hockey hockey, el (2)
hole hoyo, el
holiday día festivo, el
holy santo/a
home hogar, el
homerun jonrón, el
homework tarea, la (3)
honest honesto/a (11); honrado/a (11)
honesty honestidad, la; honradez, la
honeymoon luna de miel, la
honour, to honrar
hook anzuelo, el
hope esperanza, la
hope, to esperar (4)
hopeful esperanzado/a
horn corneta, la
horoscope horóscopo, el
horrendous horrendo/a
horse caballo, el (9)
horse-drawn cart coche de caballo, el
hostility hostilidad, la
hot caliente (6)

hot (spicy) picante (6)
hot plate comal, el
hot sauce salsa picante, la (6)
hot, to be hot tener calor (2)
hotel hotel, el (9)
hour hora, la (2)
house casa, la (5)
house of representatives cámara de representantes, la
household chore quehacer doméstico, el (5)
housewife ama de casa, la
housing *n.* vivienda, la
how? ¿cómo? (1)
how much is/are...? ¿cuánto cuesta(n)...? (1)
how's it going? ¿cómo le va? (form.) ¿cómo te va? (inf.)
how many? ¿cuántos/as? (1)
how much? ¿cuánto/a? (1)
hug abrazo, el (4)
hug, to abrazar
huge gigantesco/a
human right derecho humano, el
humanities filosofía y letras, la (2)
humble humilde
hung (up) colgado/a
hungry, to be hungry tener hambre (2)
hunt, to cazar
hurry, to be in a hurry tener prisa (2)
hurt, to doler (ue) (10)
hurt oneself, to hacerse daño (10)
husband esposo (4)
hut chocita, la
hygiene higiene, la
hyperlink hypervínculo, el; enlace, el (12)
hypothesis hipótesis, la

I

I hope that ¡ojalá (que)! (12)
I love you te quiero (4)
I would love to me encantaría (4)
I'm sorry lo siento (1)
I'm starving (to death) / I'm dying of thirst me muero de hambre / sed (6)
Iberian ibérico/a
(Iberian) peninsula península (ibérica), la
ice hielo, el (2)
ice cream helado, el (6)
ice-cream parlor heladería, la (8)
idealistic idealista *m., f.*
if si (3)
ill mal, malo/a
illness enfermedad, la (10)
illustrious ilustre
image imagen, la
Immigration and Naturalization Service migra, la (slang)

impatient impaciente (5)
important importante (11)
important, to be important importar
impossible imposible (11)
impress, to impresionar
impressive impresionante
impromptu improviso/a
improve, to mejorar
improvement mejoramiento, el
improvise, to improvisar
in (during) the morning (afternoon/evening) por la mañana (tarde/noche) (2)
in a hurry apurado/a
in case en caso de que (12)
in front of delante (de) (3); enfrente (de) (3)
in general por lo general
in love with enamorado/a de (3)
in order that a fin de que (12); para (que) (12)
in spite of a pesar de
in style de moda (8)
in vain en vano
include, to incluir (y); comprender
income ingreso, el
increase, to aumentar
incredible increíble (11)
index índice, el
indicate, to; to point out señalar
indigenous (person) indígena *m., f. adj., n.*
indiscreet indiscreto/a
indispensable indispensable (11)
industrial industrial (12)
inexpensive barato/a (1); a buen precio
infection infección, la (10)
infidelity infidelidad, la
inflate, to inflar
inflation inflación, la
influential influyente
information dato, el
ingest, to ingerir
inhabitant habitante, el/la
inheritance herencia, la
inheritor heredero/a, el/la
ink tinta, la
insanity locura, la
inside adentro; dentro de (5)
insecurity inseguridad, la
insist, to insistir (en) (10)
inspect, to inspeccionar
install, to instalar (12)
installation instauración, la
instead of en vez de (5)
instructor profesor/a, el/la (1)
intelligent inteligente (1)
interest interés, el
interesting interesante (1)
interesting, to be interesting interesar (6)
internal interno/a

Internet Internet, el (12); Red Informática, Red Mundial, la
internship internado, el
interpreter intérprete, el/la (11)
interrupt, to interrumpir
interview entrevista, la (11)
interview, to entrevistar
interviewer entrevistador/a
introduce, to presentar
introduction introducción, la; presentación, la (1)
inventory inventario, el
invest, to invertir
investigate investigar
invitation invitación, la (4)
invite, to invitar
involved involucrado/a
iron (metal) hierro, el; (appliance) plancha, la (5)
iron, to planchar (5)
is that right? (really?) ¿de veras? (2)
island isla, la (9)
issue asunto, el
it costs..., they cost... cuesta(n)... (1)
it's (a) clear (day) está despejado (7)
it's (very) cold hace (mucho) frío (7)
it's (very) hot hace (mucho) calor (7)
it's (very) sunny hace (mucho) sol (7)
it's (very) windy hace (mucho) viento (7)
it's a pleasure (to meet you) mucho gusto (1)
it's cloudy está nublado (7)
it's cool hace fresco (7)
it's nice out hace buen tiempo (7)
it's one (o'clock) es la una... (2)
it's our tough luck ¡qué suerte la nuestra!
it's raining está lloviendo (7)
it's snowing está nevando (7)
it's the same to me me da igual
it's two (o'clock)... son las dos... (2)
it's your turn te toca a ti (1)
Italian italiano/a *n., adj.* (2)

J

jacket cazadora, la
jacket chaqueta, la; (suit) saco, el (8)
January enero (1)
Japanese japonés/japonesa *n., adj.* (2)
jar; bounce; boat bote, el
jealousy celos, los
jeans vaqueros, los (8)
jewel joya, la
jewel, gem alhaja, la
jewelry store joyería, la (8)

job oficio,el (11)
job application form solicitud de empleo, la (11)
jog, to hacer el jogging/footing (10)
jog; to run, to correr (4)
joined v. conjunto/a
jointly conjuntamente
joke broma, la; chiste, el
journalist; newspaperman/woman periodista *m., f.* (11)
judge juez/a, el/la
juice jugo, el (3)
juice zumo, el (6)
July julio (1)
jump, to saltar
June junio (1)
jungle selva, la (12)
jury jurado, el
just justo/a (11)

K

keep, to guardar (5)
keep accounts, bills, to llevar cuentas (12)
key chain llavero, el (8)
key clave *adj., n.* (la)
keyboard teclado, el (12)
kick, to patear (7)
kid chico/a, el/la (3)
kidney riñón, el
(kidney, pinto, red) bean frijol, el (6)
kill, to matar
kilogram kilo, el (6)
kilometer kilómetro, el
kind amable (4)
kinesiology kinesiología, la (2)
king rey, el
king-size bed cama grande, la (9)
kiss beso, el (4)
kiss, to besar
kitchen cocina, la (5)
kitchenette cocinita, la (9)
knee rodilla, la (10)
kneel, to arrodillarse
knife cuchillo, el (6)
knit or woven cap gorro, el
know (someone), to conocer (zc) (4); **(how to do) something** saber (+inf.) (4)
knowledge conocimiento, el
Korean coreano/a *adj., n.* (2)

L

labour labor, la
lace encaje, el
lack, to carecer de
lacking, to be faltar (6)
ladle cucharón, el (6)
lake lago, el (9)
lamb carnero, el
lamp lámpara, la (5)
land tierra, la
land, to aterrizar (9)
landing aterrizaje, el (9)

landowner terrateniente, el/la
language idioma, el (2)
language laboratory laboratorio de lenguas, el (3)
languish. to languidecer
lard manteca, la (10)
large spoon cucharón, el (6)
last name apellido, el (4)
last night anoche (6)
last último/a
last week semana pasada, la (6)
last year (Monday, Tuesday, etc.) año (lunes, martes, etcétera) pasado, el (6)
last, to durar
last, to perdurar
lasting duradero/a
late tarde (2)
late, to be tardar
later; then luego (3)
laugh, to reírse (i, i) (5)
laundry lavandería, la
law derecho, el (2); ley, la
lawn césped, el (5)
lawyer abogado/a, el/la
lazy perezoso/a (1)
leader caudillo, el
leading lady primera actriz, la
leading man galán, el
leaf hoja, la
league liga, la
learn (how) (to do something)(3), to aprender (a) (+ infin.)
leather cuero, el (8); piel, la
leave, to irse (3); salir (4); abandonar
lecture conferencia, la
left (-hand side) izquierdo, el; *adj.* izquierdo/a
left, remain, to be quedar (6)
leftovers sobras, las
leg pierna, la (10); **(animal)** pata, la
lemon limón, el (6)
lemonade limonada, la (6)
lend, to prestar
less menos
lessen, to disminuir
lesson lección, la (1)
let loose, to desprender
let's get to work! ¡manos a la obra!
let's see... a ver... (10)
let, to dejar
letter carta, la (4); **(alphabet)** letra, la
lettuce lechuga, la (6)
level nivel, el
liberal arts filosofía y letras, la (2)
library biblioteca, la (3)
(license) plate placa, la
lie, to mentir (ie, i) (8)
life vida, la (3)
life insurance seguro de vida, el (11)
lift (weights) to raise, to levantar (pesas) (10);

light luz, la (*pl.* luces) (1); *adj.* ligero/a
light (weight) liviano/a
light, to alumbrar
light, to; to turn on prender (6)
like / dislike (a person), to caerle bien/mal (6)
like, to gustar (2)
limited escaso/a
line cola, la
linked conjunto/a
lion, lioness león/leona
lip labio, el (5)
lipstick lápiz labial, el (5)
lisp; pronouncing s like th ceceo, el
listen! ¡oye! (3)
listen, to escuchar (2)
liter litro, el (6)
literacy alfabetización, la
literature literatura, la (3)
little poco/a (1)
live (on television) en directo; en vivo
live, to vivir (3), habitar
liver hígado, el
living room sala, la (5)
loan préstamo, el
lobster langosta, la (6)
locate, to localizar
located, to be ubicarse
location ubicación, la
lodge, to hospedar
lodging hospedaje, el (9)
loneliness soledad, la
long largo/a (5)
look at oneself, to mirarse (5)
look at, to watch, to mirar (2)
look for, to buscar (2)
look pinta, la
loosen, to desprender
lose weight, to adelgazar; bajar de peso (10)
lose, to perder (ie) (4)
loss pérdida, la
lost perdido/a
lotion loción, la (5)
love amor, el; **(with love)** cariñosamente (4); **(endearment)** cariño/a, el/la; **(my love)** mi amor (4)
love, to amar; **(someone)** querer (ie) (4)
lovebird tortolito, el
lover amante, el/la
low bajo/a (6)
low occupancy rate subocupación, la
lower inferior
lower, to bajar
lozenge pastilla, la (10)
luck suerte, la
luggage equipaje, el (9)
lunch almuerzo, el (3); comida, la (3)
lung pulmón, el (10)
luxurious lujoso/a

luxury lujo, el (9)
lyrical lírico/a

M

macabre macabro/a
machine máquina, la
magazine revista, la
mail correo, el
mail carrier; mailman cartero/a, el/la (11)
main principal
main floor planta baja, la (5)
majestic majestuoso/a
major área de estudio, el (but *f.*)
majority mayoría, la
make an appointment, to hacer una cita (10)
make difficult, to dificultar
make dizzy, to marear
make good (on a promise), to cumplir con
make sick, to enfermar
make the bed, to hacer la cama (5)
make wealthy, to enriquecer
make worse, to agravar
make, to hacer (3); confeccionar
make-up maquillaje, el (5)
make-up artist maquillador/a, el/la
male varón, el
man hombre, el
manage, to manejar (12)
manager gerente, el/la (11)
mandatory obligatorio/a (12)
mangrove manglar, el
mansion mansión, la (9)
manual labor mano de obra, la
manual worker obrero/a, el/la (11)
manufacture, to fabricar
manufacturing fabricación, la
map mapa, el (1); plano, el
March marzo (1)
maritime marítimo/a
market mercado, el
marketing mercadeo, el
marriage matrimonio, el
married (to) casado/a (con) (3)
marvelous divino/a
mask máscara, la
mass misa, la
masses, the pueblo, el
masterpiece obra maestra, la
match competencia, la
match, to hacer juego (con) (8)
match-make, to hacer de "celestina"
maternal materno/a (4)
mathematics matemáticas, las (2)
mathematician matemático/a
matter asunto, el
May mayo (1)
may (to be able) poder (ue) (4)
maybe quizá(s) (12); tal vez (12)

mayor alcalde/alcaldesa, el/la
meal comida, la (3)
meaning significado, el
meanwhile mientras (tanto) (1)
measurement; measure medida, la (12)
meat carne, la (6)
mechanic mecánico, el/la (11)
mechanical mecánico/a (11)
media medio (de comunicación), el
mediate, to mediar
medicine medicina, la (2)
medium mediano/a; medio/a (6)
meet, to encontrarse (ue); conocer (ze) (4)
meeting reunión, la
melody melodía, la
melon melón, el (6)
melt, to derretir (i, i) (6)
melting fundamento, el
member miembro, el
menu menú, el (6)
merchandise mercancía, la
merchant comerciante, el/la
message mensaje, el
messenger mensajero/a
meteorologist meteorólogo /a, el/la
Mexican mexicano/a *n., adj.* (2)
mezzosoprano mezzosoprano, la
microscope microscopio, el
microwave (horno) microondas, el (6)
midnight medianoche, la
migrant migratorio/a *adj.*
milk leche, la (3)
milk product producto lácteo, el (10)
millennium milenio, el
(mineral) water agua (mineral), el (but *f.*) (3)
mining minería, la
minister ministro/a
mirror espejo, el (5)
miscellaneous misceláneo
Miss señorita (Srta.), la (1)
missing person desaparecido/a, el/la
mistaken equivocado/a
misunderstanding malentendido, el
mix, to mezclar (6)
mix up, to enredar
mixture mezcla, la
model modelo, el/la
molar muela, la (10)
mom mamá, la (4)
monarchy monarquía, la
Monday lunes, el (1)
money dinero, el
monotonous monótono/a
month mes, el (1)
monthly mensual
monument monumento, el (9)
mood humor, el

moon luna, la
moonlighting pluriempleo, el
Moor moro/a
moral moraleja, la
more más (2)
mother madre, la (2); mamá, la (4)
mother-in-law suegra, la (4)
motto lema, el
mountain montaña, la (9)
mountain range cordillera, la; sierra, la (12)
mountainous montañoso/a
mouse ratón, el (12)
mouth boca, la (10)
move mudanza, la
move, to mover (ue); mudar (se); **(up)** ascender (ie)
movement movimiento, el
movie película, la (4); filme, el
mow the lawn, to cortar el césped (5)
Mr. señor (Sr.), el (1)
Mrs. señora (Sra.), la (1)
murder, to asesinar
murderer asesino/a, el/la
muscle músculo, el (10)
muscular musculoso/a
museum museo, el (9)
music música, la (3)
musical comedy comedia musical, la
musician músico, el/la
musician músico/a, el/la
must (do something) deber + infin. (3)
my dear friend(s) mi(s) querido/a(s) amigo/ a(s) (4)
my mi/mis (1)
my name is... me llamo... (1)
mysterious misterioso/a

N

NAFTA Tratado de Libre Comercio
nail (finger/toe) uña, la (5)
name nombre, el (1)
name, to nombrar; denominar
napkin servilleta, la (6)
narrow; tight estrecho/a (8)
nation nación, la
nationality nacionalidad, la
native studies estudios nativos, los (3)
(natural) resource recurso (natural), el (12)
nature naturaleza, la (12)
nauseous, to be tener náuseas (10)
navigate, to navegar
nearby cerca (de) (3)
necessary necesario/a (11)
neck cuello, el (10)
necklace collar, el (8)
need, to necesitar (2)
neighbor vecino/a, el
neighborhood barrio, el
neither tampoco (7)

neither... nor ni...ni
nephew sobrino, el (4)
nervous breakdown ataque de nervios, el
nervous nervioso/a (3)
nest nido, el
network cadena, la
never jamás
never nunca (5); jamás
nevertheless sin embargo
new nuevo/a (2)
newlywed recién casado/a
news noticias, las
news media prensa, la
news story crónica, la
newscaster, commentator comentarista, el/la
newspaper periódico, el
next to al lado (de) (3); junto a (3)
nice simpático/a (1)
nickname apodo, el
niece sobrina, la (4)
nightstand mesa de noche, la (5)
ninth noveno/a
no one nadie (7)
no way de eso nada; ¡ni modo!
nocturnal nocturno/a
noise ruido, el
none ningún, ninguno/a (7)
nonstick antiadherente
nonstop flight vuelo sin escala, el (9)
noon mediodía, el
North American norteamericano/a *adj., n.* (2)
north norte, el
nose nariz, la (10)
no-smoking section sección de no fumar, la (9)
not any ningún, ninguno/a (7)
not know, to desconocer (zc)
note apunte, el
note, to notar
notebook cuaderno, el (1)
not know, to desconocer (zc)
nothing nada (7)
notice, to fijarse
noun sustantivo, el
November noviembre (1)
now (right) ahora (mismo) (2)
now that ahora que (12); ya que (12)
nowadays hoy en día
nuclear family núcleo familiar, el
nuclear plant planta nuclear, la (12)
number número, el
nun monja, la
nurse enfermero/a (10)
nutritious nutritivo/a
nylon nilón, el (8)

O

oatmeal avena, la (10)
obesity sobrepeso, el

obey, to obedecer (zc)
obituary esquela, la
observe, to observar (12)
obstacle obstáculo, el
obtain, to conseguir (i, i)
obvious obvio/a (11)
occupation oficio, el (11)
occupy, to ocupar
ocean mar, el (7)
octave octava, la
October octubre (1)
of de (1)
of course claro (4); por supuesto
offer oferta, la (11)
offer, to ofrecer
office despacho, el (11); oficina, la (11)
official source fuente oficial, la
often a menudo (5); muchas veces
ogre ogro/a, el/la
oh no! ¡ay bendito!
oil aceite, el (6); **olive oil** aceite de oliva, el
oil industry industria petrolera, la
oil; petroleum petróleo, el (12)
okay de acuerdo (4)
old viejo/a (2)
older; oldest mayor (4)
olive aceituna, la
Olympic Games Juegos Olímpicos
omelette (with onions and potatoes) tortilla, la *(Sp.)* (6)
on sobre (5)
on board a bordo
on fire; fiery encendido/a
on high/medium/low heat a fuego alto/medio/bajo (6)
on one's back/shoulders a cuestas
on sale en liquidación
on the other hand en cambio; por otro lado
on the verge (edge) al borde de
on time a tiempo
on top of encima de (5)
once una vez (5)
one time una vez (5)
onion cebolla, la (6)
only solamente (3); sólo (3); únicamente
(only) son/daughter hijo/a (único/a) (4)
open abierto/a (3)
open, to abrir (3)
opening vacante, la (11)
operate, to operar (10)
operetta opereta, la
opponent contrincante, el/la
opportunity oportunidad, la
oppression opresión, la
or o (u) (1)
orange *n.* naranja, la (6); *adj.* anaranjado/a (1)
orchestra orquesta, la (4)

orchid orquídea, la
order orden, la
order, to mandar (10)
ordinary mundano
organ órgano, el
origin origen, el
originate (from), to originar (de)
ostentatious fastuoso/a
other otro/a (1)
ought to (do something) deber + inf. (3)
outcome desenlace, el
outdoor cafe café al aire libre (4)
outdoors al aire libre
outfielder jardinero/a, el/la
outfit conjunto, el
outgoing extrovertido/a (1)
outline esbozo, el
outside afuera, fuera de
oven horno, el (6)
overcome, to superar
overpopulation exceso de población, el; sobre-población, la
overstuffed chair sillón, el (5)
overthrow derrocamiento, el
overtime sobretiempo, el
owe, to deber (3)
own propio/a
owner dueño/a, el/la; propi-etario/a, el/la

P

pacifist pacifista, el/la
pack empacar; **(a suitcase)** hacer la(s) maleta(s); hacer el equipaje (9)
package paquete, el
page página, la (1)
pageant certamen, el
pail cubo, el (5)
pain dolor, el (10)
painful doloroso/a
painkiller calmante, el (10)
paint, to pintar
painter pintor/a, el/la
painting cuadro, el (5)
pair par, el (8)
palace palacio, el (9)
palm tree palmera, la
Panamanian panameño/a adj., n. (2)
pants pantalones, los (8)
pantyhose (panti)medias, las (8)
paper papel, el (1)
parade desfile, el
paradise paraíso, el
paragraph párrafo, el
parents padres, los (2)
park parque, el (4)
park, to estacionar
parrot loro, el
parsley perejil, el
part parte, la
partner socio/a

party fiesta, la (2); **(political)** partido, el; **(faction)** bando, el
passenger pasajero/a
passing (through) de pasillo
passport pasaporte, el
password contraseña, la
past pasado/a
pastime pasatiempo, el (4)
pastry shop pastelería, la (6)
pasture pasto, el
paternal paterno/a (4)
patient paciente, el/la (10); adj. paciente
patio patio, el (5)
pay, to pagar (6)
pay attention to, to hacer caso; prestar atención
pay cash, to pagar al contado (8)
peace paz, la
peach durazno, el (6); melo-cotón, el (10)
peak pico, el
peanut cacahuete, el
pearl perla, la (8)
peasant campesino/a, el/la
peel corteza, la
peel, to pelar (6)
pen bolígrafo, el (1)
pencil lápiz, el (1) (pl. lápices)
penguin pingüino, el
penicillin penicilina, la (10)
people gente, la; **the people** pueblo, el
pepper pimienta, la (6); **(green)** pimiento, el; ají verde, el; **(hot)** ají, el (6); chile, el (6)
percentage porcentaje, el
percussion percusión, la; instrumento de percusión, el
perform presentar, representar
perfume perfume, el (8)
perfume shop perfumería, la (8)
perhaps quizá(s) (12); tal vez (12)
period (time) época, la
permission permiso, el
permit, to permitir (10)
perplexed perplejo/a
perseverance perseverancia, la
person persona, la (2)
personal care arreglo personal, el (5)
personal care product artículo de tocador, el (8)
personal computer microcom-putadora, la
personality carácter, el
Peruvian peruano/a n., adj.
pessimist pesimista, el/la
pessimistic pesimista m., f.
pesticide pesticida, el (12)
petroleum; oil petróleo, el (12)
pharmacist farmacéutico/a
pharmacy farmacia, la (8)

phase fase, la
phenomenon fenómeno, el
philosophy filosofía, la
photocopy machine fotoco-piadora, la (12)
photocopy, to fotocopiar; sacar fotocopias (12)
physical education educación física, la (2)
physical físico/a adj. (2)
physician médico/a, el/la (10)
physics física, la (3)
pick up, to recoger (12)
picturesque pintoresco/a
pie tarta, la (6); pastel, el
piece pedazo, el (6); pieza, la, trozo, el
piece; fragment trozo, el
pile montón, el
pile up, to apilar
pilgrim peregrino/a
pill pastilla, la (10)
pilot piloto/a (9)
pinch pizca, la (6)
pineapple piña, la
pink rosado/a (1)
pity lástima, la (11)
place lugar, el; sitio, el
place, to colocar; meter
place setting cubierto, el (6)
plaid de cuadros (8)
plain llano, el; pampa, la (Arg.)
plan, to planear (9); pensar (+inf.)
plant, to sembrar (ie) (12)
plantain plátano, el (6)
plate (dish) plato, el (6); **(license)** placa, la
platform andén, el
play (in/of a game) jugada, la (7); **(theater)** obra de teatro, la
play (theater) obra de teatro, la
play, to jugar (ue) (4); practicar (2); **(an instrument)** tocar (7)
player jugador/a, el/la
playing field campo, el (7); cancha, la
playwright dramaturgo/a, el/la
pleasant agradable, genial
please por favor (1)
please, to complacer; agradar
pleasing, to be pleasing agradar
pleasure gusto, el (1); placer, el
plot argumento, el
plum ciruela, la
plumber plomero/a, el/la (11)
plump gordito/a
point punto, el
poisonous venenoso/a
police (force) policía, la
policeman/woman policía, el/la
political político/a (2)
politician político, el/la
politics política, la
poll encuesta, la

pollution contaminación, la (12)
pool billar, el
poor pobre (2)
popcorn palomitas de maíz, las
popular cotizado/a
populated poblado/a
pork cerdo, el (6)
port puerto, el
portrait retrato, el
Portuguese portugués/a n., adj.
position (job) puesto, el (11)
possible posible (11)
pot (generic) recipiente, el (6)
potato (Sp.) patata, la (6)
potato papa, la (6)
pour, to verter (ie)
poverty pobreza, la
powder polvo, el
powder talco, el (8)
power poder, el
powerful poderoso/a
practical experience experiencia práctica, la (11)
practice, to practicar (2)
pray, to rezar
precarious precario/a
precise preciso/a (11)
predict, to predecir (i)
prefer, to preferir (ie, i) (4)
prepare, to preparar (2)
prepare oneself, to prepararse (5)
prescribe, to recetar (10)
prescription receta, la (10)
present regalo, el
present for the first time, to estrenar
present, to presentar
preservative conservante, el
preserve, to conservar
president presidente/a, el/la
press prensa, la
pretty bonito/a (2); lindo/a
pretty well bastante bien (1)
prevent, to prevenir (ie)
previous previo/a
price precio, el (8)
pride orgullo, el
priest cura, el
prince príncipe, el
print, to imprimir (12)
printed estampado/a (8)
printer impresora, la (12)
prison term pena de prisión, la
prisoner encarcelado/a
prisoner preso, el
prize premio, el
problem problema, el (9)
procure, to procurar
produce, to producir (zc)
producer productor/a
profession carrera, la
professor profesor/a, el/la (1)
program, to programar (12)
prohibit, to prohibir (10)
project proyecto, el

promise promesa, la
promise, to prometer (9)
promote, to promover (ue); ascender (ie) (11)
pronounce, to pronunciar
pronunciation pronunciación, la
property propiedad, la
prosperous próspero/a
protagonist protagonista, el/la
protect, to proteger (j) (12)
protein proteína, la (10)
proud orgulloso/a
provided (that) con tal (de) que (12)
psychiatrist psiquiatra, el/la
psychologist psicólogo/a (11)
psychology psicología, la (3)
publish, to publicar
Puerto Rican puertorriqueño/a *n., adj.*
pug-nosed ñato/a
pull in (one's legs), to encoger
pulpy pulposo/a
purchase compra, la
purple morado/a (1)
purpose propósito, el
purse bolso, el; bolsa, la (8)
push, to empujar
put away, to guardar (5)
put on, to ponerse (5)
put on make-up, to maquillarse (5); pintarse (5)
put out, to apagar (gu) (12)
put to bed, to acostar (ue) (5)
put, to poner (5); colocar; meter
pyramid pirámide, la
Pyrenees Pirineos, los

Q

qualification requisito, el (11)
quality calidad, la (8)
quantity cantidad, la
quarrel, to reñir (i, i) (4)
quartet cuarteto, el
queen reina, la
question pregunta, la (3)
questionnaire sondeo, el
quickly rápidamente
quit, to dejar de (10); (a job) dejar (un trabajo) (11)

R

raccoon mapache, el
racket raqueta, la (7)
radio radio, la **(machine)** radio, el
radio listener radioyente, el/la
radio program programa radial, el
radio station (on the dial) estación de radio, la
radioactivity radioactividad, la (12)
raging furibundo/a
rail barrote, el; riel, el
rain, acid lluvia ácida, la (12)

rain, to llover (ue) (7)
raincoat impermeable, el (8)
rainforest selva (tropical), la (12)
raise aumento, el (11)
raise, to; to rear criar
rape, to violar
rate tasa, la
rather bastante (3)
raw crudo/a (6)
rayon rayón, el
razor blade cuchilla de afeitar, la (5); navaja de afeitar, la (5)
reach, to alcanzar
react, to reaccionar
read, to leer (3)
reader lector/a, el/la
ready dispuesto/a (12); listo/a
real estate inmobiliario/a *adj.*
real verdadero/a
realize, to darse cuenta de
really? ¿verdad? (2)
reason razón, la
rebel rebelde, el/la
receive, to recibir (3)
recent reciente
recently recién
recess (school) recreo, el
recipe receta, la (6)
recognizable reconocible
recommend, to recomendar (ie) (10)
recommendation recomendación, la (11)
Reconquest Reconquista, la
reconstruct reconstruir (y)
record, to grabar (12)
recording grabación, la
recreational recreativo/a
recruit, to reclutar
recycle, to reciclar (12)
recycling reciclaje, el (12)
red rojo/a (1)
red currant grosella, la
red wine vino tinto, el (6)
redhead pelirrojo/a
reduce, to reducir
referee árbitro, el (7)
reference referencia, la (11)
reflect, to reflejar
reforestation, reforestación, la (12)
refreshment bebida, la (3)
refrigerator refrigerador, el (6)
regret, to lamentar (10); sentir (ie, i) (10)
rehearse, to ensayar
reign reino, el
rein rienda, la
reject, to rechazar (4)
relative pariente, el (4)
relax, to relajarse (5)
relieve, to aliviar
relieved aliviado/a
religious religioso/a
remain, to permanecer; **(left over)** quedar (6)

remedy remedio, el (10)
remember, to acordarse (ue) (de); recordar (ue) (4)
remove the grain, to desgranar
Renaissance renacentista *adj.*
renewable renovable
renown renombre, el
rent, to alquilar
repair, to reparar (11)
repeat, to repetir (i, i) (4)
repertoire repertorio, el
replenish, to abastecer
report informe, el
report, to informar
reporter reportero/a
representative diputado/a
representative representante, el/la
Republican republicano/a
request encargo, el
request, to pedir (i, i) (4)
require, to requerir (ie, i)
requirement requisito, el
rescue rescate, el
rescued rescatado/a
research, to hacer investigaciones
reserve; reservation reserva, la (9)
residence domicilio, el
resident habitante, el/la
resign, to renunciar (11)
resolution resolución, la
resolve, to resolver (ue)
respect, to respetar
respectful respetuoso/a
responsibility responsabilidad, la (11)
responsible responsable (4)
responsible, to be encargar
rest, to descansar (4)
restore, to restaurar
result resultado, el
resurgence resurgimiento, el
retire, to jubilarse (11); retirarse (11)
retired jubilado/a
retirement retiro, el (11)
retirement plan plan de retiro, el (11)
retraction retractacción, la
return, to regresar (2); volver (ue) (4)
return (something), to devolver (ue) (8)
reveal, to revelar
reverse inverso/a
review (of book, movie, etc.) reseña, la
review repaso, el
rhythm ritmo, el
rice arroz, el (6)
rich; delicious rico/a (2); (6)
ridiculous ridículo/a
right derecho, el; *adj.* derecho/a
right away enseguida (6)
(right) now ahora (mismo) (2)
right straight derecho/a *adj.* (3)

right, to be tener razón (2)
ring anillo, el (8)
ring, to sonar (ue)
risk riesgo, el (10)
river río, el (9)
road camino, el
roast asado/a (6)
robbery robo, el
role (in a play) papel, el
roll of film (for camera) rollo de película, el (9)
roof techo, el (1)
room cuarto, el (5); habitación, la
room service servicio de habitación, el (9)
room; bedroom habitación, la
root raíz, la
rosebush rosal, el
round redondo/a
round trip ida y vuelta, de *(adj.)*
row fila, la
rowing remo, el (7)
royal real
rub, to frotar
rug alfombra, la (5); tapete, el
rugby rugby, el (7)
rum ron, el
run, to correr (4)
run batted in carrera impulsada, la
run for election, to aspirar (a)
running shoes zapatos deportivos, los (8)
running water agua corriente, el (but *f.*)
run scored carrera anotada, la

S

sacred sagrado/a
sad triste (3)
sadness tristeza, la
saffron azafrán, el (6)
sail, to navegar
salad ensalada, la (3)
salary, wages salario, el (11)
sale rebaja, la (8)
sale venta, la
sale; offer oferta, la (11)
salesperson vendedor/a (11)
salmon salmón, el (6)
salt sal, la (6)
salutation saludo, el (11)
salve pomada, la
same here igualmente (1)
same mismo/a
sample muestra, la
sandal sandalia, la (8)
sandwich bocadillo, el (6); sándwich, el (3); torta, la *(Mex.)*
satellite dish antena parabólica, la (12)
satire sátira, la
satisfied satisfecho/a
satisfy, to satisfacer
Saturday sábado, el (1)

sauce salsa, la (6)
save, to ahorrar, archivar (12)
saxophone saxofón, el
say, to decir (i) (4)
say good-bye, to despedirse (i, i) (11)
scandal escándalo, el
scandalous escandaloso/a
scanner escáner, el (12)
scar cicatriz, la
scarce escaso/a
scarf bufanda, la (8)
Scarlet Macaw guacamayo escarlata, el
scene escena, la
scenery paisaje
schedule horario, el (3)
school escuela, la
school of... facultad de..., la
school recess time recreo, el
science ciencia, la (2)
scientist científico/a, el/la
scissors tijera, la (5)
Scotch escocés/escocesa *n., adj.*
Scotland Escocia
scrambled revuelto/a
screen pantalla, la (12)
screenwriter guionista, el/la
script guión, el
scuba dive, to bucear (9)
sculpture escultura, la
sea mar, el (or *f.*) (7)
seamstress costurera, la
search búsqueda, la
season estación, la (1); temporada, la (7)
season, to sazonar
seat asiento, el (9); **(in Parliament, etc.)** escaño, el; **(of government)** sede, la
seat belt cinturón de seguridad, el (9)
second segundo/a
secretary secretario/a (11)
secrete, to segregar
secure, to procurar
security seguridad, la
sedative calmante, el (10)
see you later hasta luego (1)
see you soon hasta pronto (1)
see you tomorrow hasta mañana (1)
see, to ver (3)
seed-planting siembra, la
seem, to parecer (6)
self-portrait autorretrato, el
sell, to vender (3)
semester semestre, el (3)
senate senado, el
senator senador/a
send, to enviar (11)
sense sentido, el
sentence oración, la
separate aparte
separate, to apartar
September septiembre (1)
sequel secuela, la
sequin lentejuela, la

serenade serenata, la
serious grave
servant sirviente/a
serve, to servir (i, i) (4); desempeñar
set the table, to poner la mesa (5)
seventh séptimo/a
several varios/as
sewing costura, la
sextet sexteto, el
shake batido, el
shake, to sacudirse
shake up, to agitar
shaman chamán/chamana, el/la
shame desgracia, la
shampoo champú, el (5)
shape, to be in shape estar en forma
shape, to forjar
share, to compartir
sharp (time) en punto
shave, to afeitarse (5)
sheep oveja, la
shell concha, la
shellfish mariscos, los (6)
shine, to brillar; lucir
shining *adj.* reluciente
ship barco, el
shirt camisa, la (8)
shoe zapato, el (8)
shoestore zapatería, la (8)
shop selling furs peletería, la
shopping center centro comercial, el (8)
shore orilla, la
short bajo/a (2); corto/a (5)
short; low; deep; (prep.) under bajo/a *adj., prep.* (2); (6)
short-/long-sleeved de manga corta/larga (8)
shortage escasez, la (12)
shorts pantalones cortos, los (8)
shot inyección, la (10)
shout, to gritar (7)
show espectáculo, el; función, la (4)
show, to mostrar (ue); enseñar (2)
show host/hostess anfitrión/anfitriona, el/la
show a movie, to dar una película (4); pasar una película (4); poner una película (4)
shower ducha, la (5)
shower, to ducharse (5)
shrimp camarón, el (6); gamba, la
shy, timid tímido/a (1)
sick enfermo/a (3)
sick, to become sick enfermarse (5)
side lado, el
sign, to firmar (11)
sign letrero, el; signo, el
signal señal, la

signature firma, la (4)
silk seda, la (8)
silly tonto/a (1)
silver plata, la (8)
silversmith's trade platería, la
silverware cubiertos, los
similar parecido/a; semejante
similarity semejanza, la
simple sencillo/a
simplicity sencillez, la
sin pecado, el
since desde (que) (12); como
sincerely yours atentamente (11)
singer cantante, el/la
single soltero/a
sink fregadero, el (6)
sister hermana, la (4)
sister-in-law cuñada, la (4)
sit down, to sentarse (ie) (5)
situated, to be radicar; ubicar
sixth sexto/a
size talla, la (8); tamaño, el
skate patín, el (7)
skate, to patinar (7)
skateboard monopatín, el (7)
skater patinador/a, el/la (7)
skeleton esqueleto, el (10)
ski esquí, el (7)
ski, to esquiar (7)
skier esquiador/a, el/la (7)
skiing (downhill, cross-country) esquí (alpino, nórdico), el (7)
skillet, frying pan sartén, la (6)
skin tez, la; piel, la
skinny flaco/a
skirt falda, la (8)
skull calavera, la
skyscraper rascacielo, el
slavery esclavitud, la
sleep, to dormir (ue, u) (4)
sleepy, to be tener sueño (2)
sleeveless sin manga (8)
slender delgado/a (2)
slice, to picar (6)
slogan lema, el
slow *adj.* lento/a; *adv.* despacio
slowly despacio
small pequeño/a (1)
small (cutting) board tablilla, la
small box cajuela, la
small piece cacho, el
small spoon cucharita, la (6)
smell olor, el
smile sonrisa, la
smile, to sonreír (i, i)
smoke, to fumar (10)
smoke humo, el (12)
snack, to merendar (ie) (6)
snake culebra, la
sneeze, to estornudar (10)
snow nieve, la
snow, to nevar (ie) (7)
snuffbox tabaquera, la
so much tanto
so that para que (12)

soap jabón, el (5)
soap opera telenovela, la
soccer fútbol, el (2)
soccer player futbolista, el/la (7)
social page crónica social, la
social welfare program programa social, el
sociology sociología, la (2)
sock calcetín, el (8)
soda refresco, el (3)
sodium nitrate nitrato de soda, el
sofa sofá, el (5)
soft suave
soft drink refresco, el (3)
soldier soldado, el
soloist solista, el/la
solution remedio, el
solve, to solucionar
somber sombrío/a
some algún, alguno/a (7)
someone alguien (7)
something algo (6)
sometimes algunas veces; a veces (5)
son hijo, el (4)
son-in-law yerno, el
song canción, la; canto, el
soon pronto (1); al poco rato
soprano soprano, la
so-so así así (1); más o menos (1); regular (1)
soul alma, el (but *f.*)
sound sonido, el
soup sopa, la (6)
South America Suramérica
South American suramericano/a
south sur, el
southwest suroeste, el
souvenir recuerdo, el (9)
sowing siembra, la
space espacio, el
Spaniard español/a, el/la (2)
Spanish español/a (2)
(Spanish) operetta zarzuela, la
Spanish-speaking person hispanohablante, el/la; *adj.* hispanohablante, *m., f.*
spatula espátula, la (6)
special especial
species especie, la
spectator espectador/a
speech discurso, el
speed velocidad, la
spelling ortografía, la
spend, to gastar (8); **(time)** pasar (4)
spider araña, la
spiderweb tela de araña, la
spirit espíritu, el
sponsor patrocinador/a, el/la
sponsor, to patrocinar
sponsored auspiciado/a
spoon cuchara, la; cucharita, la (6)
sport deporte, el (7)

sporting deportivo/a (7)

sports car deportivo, el

sports figure deportista, el/la

sports section sección deportiva, la

sportscaster comentarista deportivo/a, el/la

spreadsheet hoja electrónica, la (12)

spring primavera, la (1)

spring up to; to arise surgir

sprinkle, to espolvorear

squeak, to rechinar

squirrel ardilla, la

stability estabilidad, la

stable *adj.* estable

stadium estadio, el

stage escenario, el

stairs escalera, la (5)

stamina vigor, el

stamp sello, el

stand in line, to hacer cola (9)

stand out, to destacar; sobresalir

stand up, to ponerse de pie

standard estándar, el

standing parado/a

standing, to be estar de pie

star estrella, la (7); astro, el; **(of a show)** protagonista, el/la

state estatal *adj.*

stationery shop papelería, la

statistics estadística, la (3)

statue estatua, la

stay (somewhere), to quedarse (9)

stay estadía, la (9)

stay in bed, to guardar cama (10)

stay in shape, to mantenerse en forma

stay trim; to watch one's figure, to guardar la línea (10)

steak bistec, el (6)

step escalón, el; paso, el

step, to pisar

stepbrother hermanastro, el (4)

stepdaughter hijastra, la (4)

stepfather padrastro, el (4)

stepmother madrastra, la (4)

stepsister hermanastra, la (4)

stepson hijastro, el (4)

stereo estéreo, el (5)

steroid esteroide, el

stew estofado, el

steward/stewardess aeromozo/a, el/la (9); azafata, la

stewpot, casserole dish, saucepan cazuela, la (6)

stick palo, el (7)

still (fixed) fijo/a; *adv.* aún, todavía

stimulus estímulo, el

stir, to revolver (ue) (6)

stockings (panti)medias, las (8)

stomach estómago, el (10)

stone piedra, la

stool banqueta, la

stop dead, to parar en seco

stop parada, la

stop, to detenerse (ie)

store tienda, la (8)

store, to abastecer

(store) window vitrina, la

storm tormenta, la

story cuento, el

stove estufa, la (6)

straighten up, to ordenar (5)

strange extraño/a (11)

straw paja, la

strawberry fresa, la; fresón, el; frutilla, la

street calle, la

street vendor vendedor/a ambulante, el/la

strengthen; fortify, to fortalecer (zc)

stress estrés, el

strike huelga, la

stringed instrument instrumento de cuerdas, el

striped de rayas (8)

strong fuerte (2)

structure estructura, la

strung together ensartado/a en una cuerda

student estudiante, el/la (1); *adj.* estudiantil (3)

student center centro estudiantil, el (3)

study estudio, el

study, to estudiar (2)

sturdy wire comb raspa, la

style estilo, el

subject (academic) materia, la (3)

subsoil subsuelo, el

success éxito, el

successful exitoso/a

successful, to be successful tener éxito

such así

sudden fright sobresalto, el

suddenly de repente

suffer, to sufrir; padecer (zc) (de) (10)

sugar azúcar, el (or *f.*)

suggest, to sugerir (ie, i) (10)

suggestion sugerencia, la (7)

suit traje, el (8)

suitcase maleta, la (9)

summarize, to resumir

summary resumen, el

summer verano, el (1)

summit cumbre, la

sun sol, el (4)

sunbathe, to tomar el sol (4)

Sunday domingo, el (1)

sunglasses gafas de sol, las (9)

supermarket supermercado, el

supernatural sobrenatural

superstar estrella, la

superstore hipermercado, el

supervisor supervisor/a, el/la (11)

supper cena, la (3)

support apoyo, el

support, to apoyar **(a family, etc.)** mantener (ie)

suppose, to suponer

Supreme Court corte suprema, la

surgery cirugía, la

surname apellido, el (4)

surprise sorpresa, la (4)

surprise; to be surprised, to sorprender(se) (10)

surprised asombrado/a

surprising sorprendente

surrounded rodeado/a

survey encuesta, la

suspicious sospechoso/a

swamp pantano, el

swear, to jurar

sweater suéter, el (8)

sweep the floor, to barrer el piso (5)

sweet *adj.* dulce

sweetheart mi corazón (4); mi cielo (4)

sweet roll panecillo, el

sweets dulces, los

swell, to hinchar

swim, to nadar (2)

swimmer nadador/a, el/la (7)

swimming natación, la (2)

swimming pool piscina, la (2)

syllabication silabeo, el

symphony orquesta sinfónica, la; sinfonía, la

symptom síntoma, el (10)

systems analyst analista de sistemas, el/la (11)

T

T-shirt camiseta, la (8)

table mesa, la (1); **(chart)** cuadro, el

tablecloth mantel, el

tablespoon cucharada, la (6)

tail cola, la

tailor shop sastrería, la

take a (day) trip/ excursion, to take a tour, to hacer una excursión (7)

take a stroll, to dar un paseo (4)

take a walk, to pasear (4)

take advantage of, to aprovechar

take away, to quitar

take care of oneself, to cuidarse (10)

take into account, to tener en cuenta (10)

take off, to despegar (gu) (9)

take off, to quitarse (5)

take out; to stick out (tongue), to sacar (5); (10)

take pictures, to sacar fotos (9)

take, to tomar (2)

talented talentoso/a

talk, to hablar (2)

tall, high alto/a (2); (6)

tape; film cinta, la

task tarea, la

taste, to saborear

taste, to; to try probar (ue) (6)

tattoo tatuaje, el

tax impuesto, el

taxi driver taxista, el/la

tea té, el (6)

teach, to enseñar (a) (2)

teacher (elementary school) maestro/a, el/la (1)

team equipo, el (7)

tear lágrima, la

teaspoon cucharadita, la (6)

technique técnica, la

technological tecnológico/a (12)

television set televisor, el (5)

television viewer televidente, el/la

tell, to contar (ue); decir (i) (4)

tell, to relatar

temperate templado/a

temperature temperatura, la (10)

tennis tenis, el (2)

tennis player tenista, el/la (7)

(tennis) shoe zapato (de tenis), el (8)

tenor tenor, el

tent carpa, la; tienda, la

tenth décimo/a

term término, el

terrace terraza, la (5)

terrain terreno, el

terrestrial terrestre

terrific estupendo/a

test prueba, la (10)

thank you gracias (1)

thank, to agradecer (zc)

that's life! ¡así es la vida!

the pleasure is mine el gusto es mío (1)

the specialty of the house especialidad de la casa, la (6)

the weather is bad hace mal tiempo (7)

theater; movies cine, el (4)

theme tema, el

then entonces (2)

theory teoría, la

therapy terapia, la

there/over there ahí (1); allí (1)

there is/there are hay (1)

therefore por eso; por lo tanto

thermometer termómetro, el

thick espeso/a

thick bar barrote, el

thief ladrón/ladrona, el/la

thing cosa, la

think, give one's opinion, to opinar

think, to; to intend (to do something) pensar (ie) (+ inf.) (4)

third tercer, tercero/a

thirsty/to be thirsty tener sed (2)

this is a... esto es un/a... (1)

throat garganta, la (10)

throne trono, el

through a través de

throw out, to arrojar (12); botar

throw, to tirar

thump, to retumbar

Thursday jueves, el (1)

thus así

ticket boleto, el (7); entrada, la (4); pasaje, el (9)

ticket booth taquilla, la

ticket seller taquillador/a, el/la

tie (the score), to empatar (7)

tie (up), to atar

tie corbata, la (8)

tight apretado/a

time vez, la (5)

time; weather tiempo, el

tin estaño, el

tip propina, la (6)

tired cansado/a (3)

title page portada, la

title título, el (1)

toad sapo, el

toast pan tostado, el (6)

toast, to tostar (ue) (6)

toaster tostadora, la (6)

today hoy (2)

toe dedo del pie, el (10)

toenail uña, la (5)

together juntos/as (3)

toilet inodoro, el

tolerate, to tolerar

tomato sauce salsa de tomate, la (6)

tomato tomate, el (6)

tomb sepulcro, el

tomorrow mañana, (1)

tone tono, el

tongue lengua, la (10)

too much; too many demasiado/a/s

tooth diente, el (5); muela, la (5)

(tooth)brush cepillo (de dientes), el (5)

toothpaste pasta de dientes, la (8)

topic tema, el

topography topografía, la

toque gorro, el (8)

torso tórax, el

(giant) tortoise galápago, el

touch, to; to play (a musical instrument) tocar (7)

tour gira, la

toward hacia

towel toalla, la (5)

tower torre, la

town; the people, the masses pueblo, el

track pista, la (7)

track and field, athletics atletismo, el (7)

trade comercio, el

trade union gremio, el; sindicato, el

traffic jam atasco, el

trail sendero, el

trainer entrenador/a, el/la

training entrenamiento, el (11); formación, la

translate, to traducir

translator traductor/a, el/la (11)

transmission transmisión, la

transmit, to transmitir

transportation transporte, el

trapped atrapado/a

travel, to viajar (2)

traveller viajero/a (9)

traveller's cheque cheque de viajero, el

travelling salesperson viajante, el/la

treatment tratamiento, el

treaty tratado, el

tree árbol, el

tremble, to temblar

trimester trimestre, el (3)

trip viaje, el (2)

triumph, to triunfar

trombone trombón, el

trompet trompeta, la

troop tropa, la

true cierto/a (11)

trunk baúl, el

truth verdad, la (4)

try on, to probarse (ue) (8)

try, to probar (ue) (6); (to do something) intentar (+inf.); tratar de (+inf.) (2)

Tuesday martes, el (1)

tulle (silk or nylon net) tul, el

tuna atún, el (6)

turkey pavo, el (6)

turn, to girar

turn down, to rechazar (4)

turn in, to entregar

turn off, to apagar (gu) (12)

turn on, to encender (ie) (12); prender (6)

turn over; to toss, to voltear (6)

turtle tortuga, la

tuxedo esmoquin, el

twist around, to enredarse

twist, to torcerse (ue) (z) (10)

type tipo, el

type, to escribir a máquina (11)

typewriter máquina de escribir, la

U

ugly feo/a (2)

ulcer úlcera, la

uncertainty incertidumbre, la

uncle tío, el (4)

uncomfortable incómodo/a

undecided; hesitant indeciso/a

under debajo de (5); bajo

understand, to comprender (3); entender (ie) (4)

understanding entendimiento, el

undertake, to emprender (12)

undoubtedly indudablemente

unemployment desempleo, el (11)

unexpected imprevisto/a

unforgettable inolvidable

unfriendly sospechoso/a

unique; only único/a

university universidad, la, universitario/a (3)

unknown desconocido/a

unless a menos (de) que (12)

unpleasant antipático/a (1); desagradable

unraveled; undone deshecho/a

until *prep.* hasta (5); *conj.* hasta que (12)

untiring incansable

unusual raro/a

ups and downs altibajos, los

upstairs planta alta, la; arriba (5)

urgent urgente (11)

urinate, to orinar

use, to utilizar

useful útil

usefulness utilidad, la

useless inútil

utensil utensilio, el

utility room lavadero, el (5)

V

vacancy vacanta, la (11)

vacation vacaciones, las

vaccine vacuna, la

vacuum cleaner aspiradora, la (5)

vacuum, to pasar la aspiradora (5)

validity validez, la

valley valle, el

valuable valioso/a

value valor, el

vanity table tocador, el

variety variedad, la

vary, to variar

veal ternera, la

vegetable verdura, la (6); legumbre, la

vegetarian vegetariano/a (6)

velvet terciopelo, el

Venezuelan venezolano *n., adj.*

verify, to verificar

very truly yours se despide de usted(es) atentamente (11)

very muy (1)

veterinarian veterinario/a, el/la (11)

vibrate, to vibrar

viceroyalty virreinato, el

vicinity cercanía, la

video camera cámara de video, la (9)

videocassette recorder (VCR) videograbadora, la (12)

Vietnamese vietnamita *adj., m., f.*

view vista, la (9)

village aldea, la

vinegar vinagre, el

violate, to violar

violation violación, la

violence violencia, la

violin violín, el

virtuoso virtuoso/a

visit, to visitar (4)

visitor visitante, el/la

volcano volcán, el (9)

volleyball vólibol, el (7)

vote; ballot voto, el

vote, to votar

vowel vocal, la

vulture buitre, el

W

wait for, to esperar (4)

wait on, to atender (ie) (8)

waiter camarero/a (6); mesero/a, el/la

waiting room sala de espera, la (9)

wake up, to despertarse (ie) (5)

walk paseo, el

walk, to caminar (2); andar

wall pared, la (1)

wallet billetera, la (8)

want, to querer (ie) (4); desear (6)

war guerra, la

warm tibio/a

warn, to advertir (ie); prevenir (ie)

warning aviso, el

warrior guerrero/a, el/la

wash (oneself), to lavar(se) (5)

washer lavadora, la (5)

waste desecho, el (12); desperdicio, el

waste time, to perder (ie) tiempo

watch, to mirar (2); vigilar (10); (television) ver (3)

water agua, el (but *f.*); *adj.* acuático/a

water glass vaso, el (6)

water skiing esquí acuático, el (7)

waterfall salto, el (9)

wavy ondulante

way manera, la; modo, el

weak débil (2)

wealth riqueza, la

weapon arma, el *f.*

wear, to llevar (8)

wear (shoes), to calzar (8)

weather clima, el (7)

weave, to tejer

wedding boda, la

Wednesday miércoles, el (1)

week semana, la (1)

weekend fin de semana, el (7)

weigh, to pesar

weight peso, el (10)

welcome bienvenido/a *adj.*

welfare asistencia social, la

well *n.* pozo, el

well *adv.* bien (1)
well *conj.* pues (3)
well-being bienestar, el (10)
well-known conocido/a
well-made bien hecho/a
west oeste, el
wet mojado/a
what? ¿qué? (1); ¿cómo? (1)
what are your symptoms? ¿cuáles son sus síntomas? (10)
what color is...? ¿de qué color es...? (1)
what do you think? (how do you feel about that?) ¿qué te parece? (7)
what nonsense! ¡qué barbaridad!
what time is it? ¿qué hora es? (2)
what's happening? ¿qué pasa? *(inf.)* (1)
what's new? ¿qué hay? *(inf.)*
what's the reason for...? ¿a qué se debe... ? (4)
what's the weather like? ¿qué tiempo hace? (7)
what's up? ¿qué tal? *(inf.)* (1); ¿qué pasa? *(inf.)* (1)
what's your name? ¿cómo se llama usted? *(for.)* (1); ¿cómo te llamas? *(inf.)* (1)
when cuando (3)
when? ¿cuándo? (2)

where adónde
where donde
where? (2) ¿dónde?
which (one/s)? what? ¿cuál(es)? (2)
while mientras (1)
whiskey güisqui, el
whistle silbato, el
white blanco/a (1)
who quien
who? ¿quién(es)? (2)
whose? ¿de quién(es)? (2)
why? ¿por qué? (2)
wide ancho/a
widow viuda, la
wife esposa, la (4)
will voluntad, la
win, to ganar (7)
wind viento, el
window ventana, la (1); ventanilla, el (9)
wine vino, el (6)
wine glass copa, la (6)
winter invierno, el (1); *adj.* invernal
wire alambre, el
wire fence alambrada, la
with con (1)
with all my love con todo el cariño (4)
with regard to en cuanto a
within; inside of dentro de (5)
without sin (que) (5)
witness, to presenciar

woman mujer, la
women's studies estudios de la mujer, los (3)
wonderful estupendo/a
wood (lumber) madera, la
woodwind instumento de viento de madera, el
wool lana, la (8)
word palabra, la (1)
word from another language extranjerismo, el
word processor procesador de textos, el (12)
work trabajo, el (11); labor, la
work, to trabajar (2); **(machine)** funcionar
work on commission, to trabajar a comisión (11)
work, to be out of work estar sin trabajo (11)
worker (manual) obrero/a, el/la
workmate compañero/a, el/la
workshop taller, el
World Cup Copa Mundial, la
world mundo, el
worldly mundano/a
worldwide mundialmente
worm gusano, el
worn gastado/a
worried preocupado/a (3)
worry, to preocuparse; concernir
worse peor (8)
worsen, to empeorar (12)

worst peor (8)
worth, to be worth valer (8)
wounded herido/a *adj., n.*
woven goods tejidos, los
wrinkle arruga, la
wristwatch reloj de pulsera, el (8)
write escribir (3)
written redactado/a

X

x-ray radiografía, la (10)

Y

yacht yate, el
yeah! ¡arriba!
year año, el
years, to be... years old tener...años
yearly bonus bonificación anual, la (11)
...years ago hace...años
yellow amarillo/a (1)
yesterday ayer (6)
yet todavía
yet to be finished estar sin terminar
yogurt yogur, el (6)
you're welcome de nada (1)
young joven (2)
younger, youngest menor (4)
youth juventud, la

Credits

Text Credits

p. 28 "Huracán" written by M.O. Lacopetti, T. Romero, and I. Serna © BMG US Latin; **p. 64** "Cuéntame alegría" written by Salvador Puerta © Teddysound SL; **p. 98** "El Chapo" by Jesús Chávez © EMI Latin; **p. 147** "Marimba con punta" by César Castillo © MC Productions Inc.; **p. 168** "Ligia Elena" by Rubén Blades © Sony ATV Music Publishing; **p. 206** "Tren al Sur" by Jorge González © Sadaic Latin; **p. 207** "Oda a la manzana" by Pablo Neruda, used by permission of Agencia Literaria Carmen Balcells; **p. 236** "El Pregonero" by R. Rodríguez © TTH Records, Inc. **p. 238** "Sensemayá" by Nicolás Gillén, used by permission of Juan Pablos, editor; **p. 267** "Camino de la Montaña" © Producciones Iempsa SA; **p. 267** "Los rivales y el juez" by Ciro Alegría, used by permission of Los Morochucos; "Tu Ausencia" © Discos Fuentes SA; **p. 299** *Relato de una vida equivocada* by Rosaura Rodríguez used by permission of Editorial Grijalbo; **p. 300** Aurora & Quanto Productions Inc; **p. 302** Odyssey Productions, Inc.; **p. 314** Written and Translated by Stephen Leahy from Sean Kelly, IDEAS Story Service; **p. 326** "Sol de Primavera" by Gonzalo Vargas © Celestial Harmonies; **p. 328**, "El ñandutí." Aitor Bikandi-Mejías, used by permission of Aitor Bikandi-Mejías; **p. 359** "Todo Cambia" by Julio Numhauser © Warner Chappell Music Argentina; **p. 361** "No hay que complicar la felicidad" by Marco Denevi, used by permission of Marco Denevi; **p. 390** "Caminando" by Millo Torres © Millo Music; **p. 392** Excerpt from *La Casa en Mango Street*, copyright © 1984 Sandra Cisneros. Published by Vintage Español, a division of Random House Inc. Translation copyright © 1994 by Elena Poniatowska. Reprinted by permission of Susan Bergholz Literary Services, New York. All rights reserved.

Photo Credits

Photos in the Observaciones sections are stills from Toño Villamil y otras mentiras, video to accompany *¡Arriba!, Comunicación y cultura*, Canadian Edition © 2005 **p. 2** Diego Rivera, "Battle of the Aztecs and the Spaniards". Courtesy of the Art Museum of the Americas. © 2003 Banco de México Diego Rivera & Frida Kahlo Museums Trust. Av. Cinco de Mayo No. 2, Col. Centro, Del. Cuauhtémoc 06059, México, D.F. Reproduction; **p. 3** (top) Bob Daemmrich/Stock Boston, (bottom) Robert Frerck/Odyssey Productions; **p. 6** Robert Frerck/Odyssey Productions; **p. 19** Robert Frerck/Odyssey Productions; **p. 26** (top) Lana Slezic/CP Photo Archive, (bottom) Getty Images Inc./Stone Allstock; **p. 27** (top left) Stock Boston, (top right) Chris R. Sharp/D. Donne Bryant Stock Photography, (bottom right), Kevin Schafer (bottom left) Robert Frerck/Odyssey Productions; **p. 28** Reuters America Inc.; **p. 32** Art Resource, New York; **p. 33** (top) PhotoEdit, (bottom) Peter Menzel Photography; **p. 41** David Young-Wolff/PhotoEdit; **p. 48** (top right) Robert Frerck/Odessey Productions, (top left) Latin Focus Photo Agency, (bottom right) Daniel Aubry/Odyssey Productions, (bottom left) Gary Conner/PhotoEdit; **p. 52** Robert Frerck/Odyssey Productions; **p. 56** (left) Getty Images, Inc./PhotoDisc, (right) The Image Works; **p. 61** Getty Images, Inc. /Stone Allstock; **p. 62** (top) Daniel Aubry/Odyssey Productions; (bottom) J. Pavlovsky/Corbis Sygma; **p. 73** (top left) J. Pavlovsky/Corbis/Sygma, (top right) Leslye Borden/PhotoEdit, (bottom right) Eric Robert/Corbis/Sygma, (bottom left) Eric Vandeville/Gamma/Liaison Agency, Inc.; **p. 68** Frida (Frieda) Kahlo, "Frieda and Diego Rivera", 1931, oil on canvas, 39 3/8 in x 31 in. (100.01 cm x 78.74 cm). Ben Blackwell/San Francisco Museum of Art. © 2003 Banco de México Diego Rivera & Frida Kahlo Museums Trust. Estate of Frida Kahlo; **p. 69** Robert Frerck/Odyssey Productions; **p. 73** Bob Daemmrich/Stock Boston; **p. 81** Odyssey Productions, Inc.; **p. 88** Woodfin Camp & Associates; **p. 90** The Vestic Collection, Inc.; **p. 96** (top) Russell Gordon/Odyssey Productions, (centre) H. Huntly Hersch/D. Donne Bryant Stock Photography, (bottom) Getty Images, Inc./Stone Allstock; **p. 97** (top left) CORBIS/Bettmann, (top right) Getty Images, Inc./Image Bank, (bottom right) D. Donne Bryant/D. Donne Bryant Stock Photography, (bottom left) Frida Kahlo (1907-1954), "Self-portrait with Monkey," 1940. Private Collection; **p. 104** Dorling Kindersley Media Library; **p. 105** Latin focus photo agency; **p. 108** Robert Frerck/Odyssey Productions; **p. 110** Robert Frerck/Odyssey Productions; **p. 124** Latin Focus Photo Agency; **p. 134** (top) Micheline Pelletier/Corbis/Sygma, (centre) John Mitchell/D. Donne Bryant Stock Photography, (bottom) University of Cincinnati; **p. 135** (top) Oddyssey Productions, (centre) Index Stock Imagery, Inc., (bottom) The Viesti Collection, Inc.; **p. 142** © Jan Butchofsky – Houser/

CORBIS/MAGMA; **p. 147** Corbis; **p. 159** (both) Susan Bacon; **p. 165** Getty Images, Inc./Image Bank; **p. 166** (top) Kevin Schafer Photography, (bottom) Guillaume St.-Arnaud, (top left) Getty Images Inc./Taxi, (top right) Kevin Schafer, (bottom right) Eric Vandeville/Gamma/Liaison Agency, Inc., (bottom left) Corbis; **p. 174** Marlborough Gallery, Inc.; **p. 175** Odyssey Productions, Inc.; **p. 181** Robert Frerck, Odyssey Productions; **p. 185** Kevin Schafer; **p. 193** Eric Futran/Liaison Agency, Inc.; **p. 194** © Frederic Vasseur/Stock Food.ca; **p. 195** Helen Hughes/Panos Pictures; **p. 203** PhotoEdit; **p. 204** (top) Omni-Photo Communications, Inc., (centre) Panos Pictures, (bottom) Steve Allen/Liaison Agency, Inc.; **p. 205** (top) B. Gleasner/The Viesti Collection, Inc., (centre) Daniel Rivademar/Odyssey Productions, (bottom) Chris R. Sharp/D. Donne Bryant Stock Photography; **p. 207** Magnum Photos, Inc.; **p. 208** Rob van Nostrand Photography; **p. 209** Omni-Photo Communications, Inc.; **p. 210** (top) Museo Bellapart; **p. 211** (top) Getty Images Inc./Stone Allstock, (bottom) Getty Images, Inc./Image Bank; **p. 216** Oscar Guarin Martínez; **p. 222** (top) Robert Frerck/Odyssey Productions (centre left) SuperStock Inc., (centre right) Vincent DeWitt/Stock Boston, (bottom left) Robert Frerck/Odyssey Productions; **p. 227** Kevin Frayer/CP Photo Archive; **p. 234** (top) Bruce Paton/Panos Pictures, (centre) Lee Corkran/Corbis/Sygma, (bottom) © Photographer Håkan Rönnblad; **p. 235** (top) Marc French/Panos Pictures, (bottom) Jon Spaull/Panos Pictures, Robert Frerck/Odyssey Productions; **p. 238** Europa Press Reportajes, S.A.; **p. 239** Getty Images, Inc./PhotoDisc; **p. 240** Nicolás Osorio Ruiz; **p. 241** (top) Odyssey Productions, Inc., (bottom) Roger Allyn Lee/SuperStock, Inc. **p. 245** Eduardo Zayas-Bazán; **p. 254** PhotoEdit; **p. 255** Fabian/Corbis/Sygma/Photo News; **p. 264** (top) Jean-Leo Dugast/Panos Pictures, (centre) Robert Frerck Odyssey Productions, (bottom) D. Donne Bryant/D. Donne Bryant Stock Photography; **p. 265** (top) Peter Menzel Photography, (top right) Robert Franken/Stock Boston, (bottom right) Art Museum of the Americas, (bottom left) Dorling Kindersley Media Library; **p. 267** Photograph courtesy of Jaime S. Reyes; **p. 270** The Bridgeman Art Library International Ltd; **p. 271** Odyssey Productions, Inc.; **p. 274** (left) Painet Inc., (centre) Joe Gillespie/The Viesti Collection, Inc., (left) © John Van Hassell/CORBIS/MAGMA; **p. 275** Getty Images, Inc./Stone Allstock; **p. 276** CORBIS/Bettmann; **p. 282** Getty Images, Inc./Stone Allstock; **p. 286** Jacob Tremblay, Miranda Bowen, and Andrea Mills; **p 286** (left) Jacob Tremblay, Miranda Bowen, (right) Andrea Mills; **p. 290** (left) Michael Mitchell/firstlight.ca, (right) firstlight/ca; **p. 293** Photo Researchers, Inc.; (top) Greenberg/Monkmeyer Press; (centre) D. Goldberg/Corbis/Sygma/Photo News, (bottom) D. Goldberg/Corbis/Sygma/Photo News; **p. 295** (top) Peter Menzel Photography, (centre) Latin Focus Photo Agency, (bottom) CORBIS/Bettmann; **p. 307** Peter Menzel Photography; **p. 314** Digital Vision; **p. 318** Christian Inchauste/D. Donne Bryant/Stock Photography; **p. 323** Nancy Humbach; **p. 324** (top) Klause Inchauste/D. Donne Bryant Stock Photography, (centre) David Young-Wolff/PhotoEdit, (bottom) Alain Keler/Corbis/Sygma; **p. 325** (top) Andrew W. Miracle, (centre) Max Whitaker/Panos Pictures, (bottom) Francene Keery/Stock Boston; **p. 326** Celestial Harmonies; **p. 332** Susan Bacon; **p. 333** (top right) Owen Franken/Stock Boston, (top right) Peter Menzel Photography, (centre left) Robert Rathe/Stock Boston, (centre right) Peter Menzel Photography, (bottom) Comstock; **p. 338** CORBIS/MAGMA; **p. 343** (left) Robert Frerck/Odyssey Productions, (right) Robert Frerck/Odyssey Productions; **p. 346** Pablo Coral Vega/Corbis; **p. 356** (top) Robert Frerck/Odyssey Productions, (centre) Keystone-Sygma/Corbis Sygma, (bottom) Robert Frerck/Odyssey Productions; **p. 357** (top) Corbis Bettmann, (centre) D. Donne Bryant Stock Photography, (bottom) Bachmann/The Image Works; **p. 360** Editorial Atlátida, S.A.; **p. 366** Collected on Haida Gwaii in 1879 by Israel Powell Canadian Museum of Civilization VII-B1054 (S92-4297); **p. 370** A. Ramey/PhotoEdit Inc.; **p. 378** (top) Robert Frerck/Odyssey Productions, (centre) Stock Boston, (bottom) AP/Wide World Photos; **p. 381** Claire Dansereau; **p. 388** (top) © LACOMBE MATHIAS/CORBIS/SYGMA/MAGMA, (centre) Photograph by David Gray. Used courtesy of Narada, (bottom) James Leynse/CORBIS/MAGMA; **p. 389** (top) Elvira Sánchez, (centre) Owen Franket/CORBIS/MAGMA; **p. 389** María Antonieta Álvarez.

Index

Mar Caribe

OCÉANO
ATLÁNTICO

Barranquilla
Cartagena
Maracaibo Caracas
Barquisimeto
VENEZUELA *Río. Orinoco*
Medellín
Georgetown Paramaribo
Manizales GUYANA SURINAM Cayenne
Salto-Ángel
Bogotá GUAYANA
Cali COLOMBIA FRANCESA
(Francia)
Quito
ECUADOR *Ecuador*
Guayaquil Río Amazonas
Cuenca Manaus Belém
Iquitos
Islas Fortaleza
Galápagos
(Ec.) *Río Madeira*
Cajamarca B R A S I L
Trujillo Río Branco Recife
PERÚ
Machu
Picchu Cuzco Salvador
Lima BOLIVIA Brasília
Ayacucho *Lago
Titicaca* La Paz
Arequipa Belo
Cochabamba Santa Cruz Horizonte
Arica Sucre
Iquique Potosí PARAGUAY
Río de Janeiro
Antofagasta São Paulo
Salta Asunción Santos *Trópico de Capricornio*
*Salto
Iguazú*
CHILE San Miguel
de Tucumán
ARGENTINA Pôrto Alegre
Coquimbo
Córdoba Rivera
Valparaíso Rosario URUGUAY
Santiago Mendoza Buenos Aires
La Plata Montevideo OCÉANO
ATLÁNTICO
Concepción *Río de la Plata*
Bahía Blanca

OCÉANO
PACÍFICO

Puerto Montt

OCÉANO
PACÍFICO
I. Pinta
I. Fernandina I. Marchena
I. San Salvador
Santa Cruz
I. Isabela I. Santa Cruz
Puerto
Ayora I. San
Puerto Cristóbal
Villamil
Puerto
Baquerizo
Moreno
ISLAS GALÁPAGOS
(ECUADOR)

OCÉANO
PACÍFICO
Cabo Norte
Volcán
Katiki
Hanga Roa Cabo
Cumming
Mataveri
ISLA de PASCUA
(CHILE)

*Estrecho de
Magallanes* Islas
Malvinas
(Br.)
Punta Arenas
TIERRA DEL FUEGO
Cabo de Hornos

CORDILLERA DE LOS ANDES

Desierto de Atacama

CORDILLERA DE LOS ANDES

Río Paraná
Río Uruguay

América del Sur

Mar Caribe

OCÉANO
ATLÁNTICO

Barranquilla
Cartagena
Maracaibo
Caracas
Barquisimeto
Río Orinoco
VENEZUELA
Georgetown
Paramaribo
GUYANA
SURINAM
Cayenne
GUAYANA
FRANCESA
(Francia)

Medellín
Manizales
Bogotá
Cali
COLOMBIA
Salto
Ángel

Quito
ECUADOR
Ecuador

Islas
Galápagos
(Ec.)

Guayaquil
Cuenca
Iquitos
Manaus
Río Amazonas
Belém

Fortaleza

Cajamarca
Río Madeira
B R A S I L
Recife

Trujillo
PERÚ
Río Branco

Lima
Machu
Picchu
Cuzco
Salvador

Ayacucho
BOLIVIA
Lago
Titicaca
Brasília

Arequipa
Cochabamba
La Paz
Santa Cruz

OCÉANO
PACÍFICO

I. Pinta
I. Fernandina
I. Marchena
I. San Salvador
Santa Cruz
I. Santa Cruz
I. Isabela
Puerto
Ayora
Puerto
Villamil
I. San
Cristóbal
Puerto
Baquerizo
Moreno

ISLAS GALÁPAGOS
(ECUADOR)

Arica
Sucre
Potosí
Belo
Horizonte

Iquique
PARAGUAY
São Paulo
Río de Janeiro
Santos

Antofagasta
Salta
Asunción
Salto
Iguazú
Trópico de Capricornio

OCÉANO
PACÍFICO

Cabo Norte
Volcán
Katiki
Hanga Roa
Cabo
Cumming
Mataveri

ISLA DE PASCUA
(CHILE)

CHILE
San Miguel
de Tucumán
ARGENTINA
Pôrto Alegre

Coquimbo
Córdoba
Rivera

Valparaíso
Mendoza
Rosario
URUGUAY

Santiago
Buenos Aires
Montevideo
OCÉANO
ATLÁNTICO
La Plata
Río de la Plata

Concepción
Bahía Blanca

Puerto Montt

Estrecho de
Magallanes
Islas
Malvinas
(Br.)

Punta Arenas
TIERRA DEL FUEGO
Cabo de Hornos

América del Sur